早稲田中学校

〈収録内容〉

※第1回国語の大問一、第2回国語は、問題に使用された作品の著作権者が二次使用の許可を出していないため、問題を掲載しておりません。

便利な DL コンテンツは右の QR コードから

解答用紙

過去年度

国語の問題は
紙面に掲載

⇒

※データのダウンロードは 2025 年 3 月末日まで。
※データへのアクセスには、右記のパスワードの入力が必要となります。 ⇒ 932851

〈合格最低点〉

	第1回	第2回		第1回	第2回
2024年度	129点	123点	2020年度	137点	122点
2023年度	123点	114点	2019年度	118点	126点
2022年度	109点	133点	2018年度	121点	136点
2021年度	120点	129点	2017年度	108点	125点

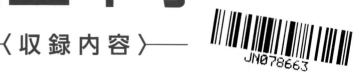

本書の特長

実戦力がつく入試過去問題集

- ▶ 問題 …………… 実際の入試問題を見やすく再編集。
- ▶ 解答用紙 …… 実戦対応仕様で収録。
- ▶ 解答解説 …… 詳しくわかりやすい解説には、難易度の目安がわかる「基本・重要・やや難」の分類マークつき（下記参照）。各科末尾には合格へと導く「ワンポイントアドバイス」を配置。採点に便利な配点つき。

入試に役立つ分類マーク

基本 確実な得点源！
受験生の 90%以上が正解できるような基礎的、かつ平易な問題。
何度もくり返して学習し、ケアレスミスも防げるようにしておこう。

重要 受験生なら何としても正解したい！
入試では典型的な問題で、長年にわたり、多くの学校でよく出題される問題。
各単元の内容理解を深めるのにも役立てよう。

やや難 これが解ければ合格に近づく！
受験生にとっては、かなり手ごたえのある問題。
合格者の正解率が低い場合もあるので、あきらめずにじっくりと取り組んでみよう。

合格への対策、実力錬成のための内容が充実

- ▶ 各科目の出題傾向の分析、合否を分けた問題の確認で、入試対策を強化！
- ▶ その他、学校紹介、過去問の効果的な使い方など、学習意欲を高める要素が満載！

解答用紙ダウンロード	解答用紙はプリントアウトしてご利用いただけます。弊社ＨＰの商品詳細ページよりダウンロードしてください。トビラのＱＲコードからアクセス可。
famima PRINT	原本とほぼ同じサイズの解答用紙は、全国のファミリーマートに設置しているマルチコピー機のファミマプリントで購入いただけます。※一部の店舗で取り扱いがない場合がございます。詳細はファミマプリント（http://fp.famima.com/）をご確認ください。
UD FONT	見やすく読みまちがえにくいユニバーサルデザインフォントを採用しています。

早稲田中学校

生徒数　958名
〒162-8654
東京都新宿区馬場下町62
☎03-3202-7674
東西線早稲田駅　徒歩１分

中高６カ年で早稲田の校風と
高い実践力を身につける
難関国公立大学、医学部にも多数進学

URL　https://www.waseda-h.ed.jp/

プロフィール　「誠」と「個性」の創立精神を実践

大隈重信の教育理念(倫理教育、外国語教育の重視、知・徳・体の円満)に基づき、1895(明治28)年に創立された。1948(昭和23)年の新学制により、高等学校が発足。中高一貫ならではの特色ある教育を実践しており、創立の精神である「誠」を基本とする人格の養成、「個性」伸張、国家社会に貢献し得る健康で民主的な「有為の人材」の育成を教育目標として掲げている。

環境　2023年度より新校舎での授業開始

早稲田駅の出口を上ると、すぐに堂々たる正門が見えてくる。付近には商店が建ち並び、活気にあふれている。

50室の普通教室のほか、多目的教室、記念大教室などが機能的に配されている。1･2号館に加え、2023年2月に新３号館と新興風館が竣工。伝統と新しさの融合により、新しい雰囲気へと生まれ変わった。３号館には理科実験室、情報教室、学習スペース、興風館には地下屋内プール、図書館、食堂、誠ホール(集会兼スポーツ施設)、アリーナ、柔剣道場、および屋上運動場が配され、より快適で機能的な施設へと変貌を遂げた。これらの新校舎の中間部分には６層吹き抜けの広々とした開放的なプラザが設けられており、休み時間や放課後に生徒たちが集う交流と憩いの場となっている。さらに、新校舎完成に伴う既存施設の移転により、校庭が拡張された。新３号館・興風館は新しい早稲田のシンボルとして、未来を生きる生徒たちの成長を力強く支えていく。

新校舎イメージ図

カリキュラム　話せる英語を重視　高2よりコース制に

中高6カ年の完全一貫教育のもと、一般教養を高めること、および希望する大学に進学できる学力を身につけることに主眼を置いたカリキュラムを編成している。

中学では、主要５教科では高校課程の先取り授業を実施。各教科とも週４～６時間配当し、基礎学力の定着を図る。中学２･３年次で母語話者による英会話の少人数制授業を週1時間組み込むなど、実践的な英語の習得にも力を入れている。理科･社会では、校外での体験学習を行っている。

高校では、進路希望や適性に合わせ、志望分野の学力を伸ばすカリキュラムを設置している。２年次より**文系・理系**のコース制を導入。３年次では生徒の様々な進学目標に対応すべく、学習内容をさらに深化させた授業を展開している。１・２年次に母語話者による少人数制の英語プレゼンテーションの授業を設定し、大学や社会で通用する実践的な英語力を養成する。また、長期休暇には高3対象の夏期講習や高2以下対象の促進講習、さらに夏休みには、高1を対象とした姉妹校との交換留学(オーストラリア)を実施している。

学校生活　早稲田の校風を伝える質実・自由な行事

5月の体育大会をはじめ、9月の興風祭(学芸大会)や12月のスキー学校

昼休み

など年間を通して豊富に実施されている。そのほか、中･高６年間で源流から犬吠埼まで踏破する利根川歩行や地学実習、芸術鑑賞等の校外授業も実施される。いずれの行事にも“早稲田”の質実剛健さと同校の自由闊達な校風が色濃く映し出されている。

クラブは、学芸部が12、運動部が17、さらに同好会も9あり、中・高が合同で活動している。活動は自由参加で、生徒の自治による運営が行われている。

進路　早大に推薦入学制度　難関大への高い合格実績

早稲田大学への推薦入学制度が導入されているが、(定員は約170名)他大学への進学を選択する生徒も多い。主な進学先は、東大、東京工業大、一橋大などの難関国公立大、慶應義塾大、東京理科大、上智大などの難関私立大。近年は医療の道を志す生徒が増加し、国公立・私立大医学部への進学者数が大きく伸びている。また、米国やカナダ等の海外の大学に進学する生徒もいる。

2024年度入試要項

試験日　2/1(第１回)　2/3(第２回)
試験科目　国・算・理・社

2024年度	募集定員	受験者数	合格者数	競争率
第１回	200	740	253	2.9
第２回	100	1015	214	4.7

過去問の効果的な使い方

① **はじめに**　ここでは，受験生のみなさんが，ご家庭で過去問を利用される場合の，一般的な活用法を説明していきます。もし，塾に通われていたり，家庭教師の指導のもとで学習されていたりする場合は，その先生方の指示にしたがって，過去問を活用してください。その理由は，通常，塾のカリキュラムや家庭教師の指導計画の中に過去問学習が含まれており，どの時期から，どのように過去問を活用するのか，という具体的な方法がそれぞれの場合で異なるからです。

② **目的**　言うまでもなく，志望校の入学試験に合格することが，過去問学習の第一の目的です。そのためには，それぞれの志望校の入試問題について，どのようなレベルのどのような分野の問題が何問，出題されているのかを確認し，近年の出題傾向を探り，合格点を得るための試行錯誤をして，各校の入学試験について自分なりの感触を得ることが必要になります。過去問学習は，このための重要な過程であり，合格に向けて，新たに実力を養成していく機会なのです。

③ **開始時期**　過去問との取り組みは，通常，全分野の学習が一通り終了した時期，すなわち6年生の7月から8月にかけて始まります。しかし，各分野の基本が身についていない場合や，反対に短期間で過去問学習をこなせるだけの実力がある場合は，9月以降が過去問学習の開始時期になります。

④ **活用法**　各年度の入試問題を全問マスターしよう，と思う必要はありません。完璧を目標にすると挫折しやすいものです。できるかぎり多くの問題を解けるにこしたことはありませんが，それよりも重要なのは，現実に各志望校に合格するために，どの問題が解けなければいけないか，どの問題は解けなくてもよいか，という眼力を養うことです。

算数

どの問題を解き，どの問題は解けなくてもよいのかを見極めるには相当の実力が必要になりますし，この段階にいきなり到達するのは容易ではないので，この前段階の一般的な過去問学習法，活用法を2つの場合に分けて説明します。

☆偏差値がほぼ55以上ある場合

掲載順の通り，新しい年度から順に年度ごとに3年度分以上，解いていきます。

ポイント1…問題集に直接書き込んで解くのではなく，各問題の計算法や解き方を，明快にわかるように意識してノートに書き記す。

ポイント2…答えの正誤を点検し，解けなかった問題に印をつける。特に，解説の 基本 重要 がついている問題で解けなかった問題をよく復習する。

ポイント3…1回目にできなかった問題を解き直す。同様に，2回目，3回目，…と解けなければいけない問題を解き直す。

ポイント4…難問を解く必要はなく，基本をおろそかにしないこと。

☆偏差値が50前後かそれ以下の場合

ポイント1～4以外に，志望校の出題内容で「計算問題・一行問題」の比重が大きい場合，これらの問題をまず優先してマスターするとか，例えば，大問2までをマスターしてしまうとよいでしょう。

理科

理科は1から順番に解くことにほとんど意味はありません。理科は，性格の違う4つの分野が合わさった科目です。また，同じ分野でも単なる知識問題なのか，あるいは実験や観察の考察問題なのかによってもかかる時間がずいぶんちがいます。記述，計算，描図など，出題形式もさまざまです。ですから，解く順番の上手，下手で，10点以上の差がつくこともあります。

過去問を解き始める時も，はじめに1回分の試験問題の全体を見通して，解く順番を決めましょう。得意分野から解くのもよいでしょう。短時間で解けそうな問題を見つけて手をつけるのも効果的です。くれぐれも，難問に時間を取られすぎないように，わからない問題はスキップして，早めに全体を解き終えることを意識しましょう。

社会

社会は1から順番に解いていってかまいません。ただし，時間のかかりそうな，「地形図の読み取り」，「統計の読み取り」，「計算が必要な問題」，「字数の多い論述問題」などは後回しにするのが賢明です。また，3分野（地理・歴史・政治）の中で極端に得意，不得意がある受験生は，得意分野から手をつけるべきです。

過去問を解くときは，試験時間を有効に活用できるよう，時間は常に意識しなければなりません。ただし，時間に追われて雑にならないようにする注意が必要です。“誤っているもの”を選ぶ設問なのに“正しいもの”を選んでしまった，“すべて選びなさい”という設問なのに一つしか選ばなかったなどが致命的なミスになってしまいます。問題文の“正しいもの”，“誤っているもの”，“一つ選び”，“すべて選び”などに下線を引いて，一つ一つ確認しながら問題を解くとよいでしょう。

過去問を解き終わったら，自己採点し，受験生自身でふり返りをしましょう。できなかった問題については，なぜできなかったのかについての分析が必要です。例えば，「知識が必要な問題」ができなかったのか，「問題文や資料から判断する問題」ができなかったのかで，これから取り組むべきことも大きく異なってくるはずです。また，正解できた問題も，「勘で解いた」，「確信が持てない」といったときはふり返りが必要です。問題集の解説を読んでも納得がいかないときは，塾の先生などに質問をして，理解するようにしましょう。

国語

過去問に取り組む一番の目的は，志望校の傾向をつかみ，本番でどのように入試問題と向かい合うべきか考えることです。素材文の傾向，設問の傾向，問題数の傾向など，十分に研究していきましょう。

取り組む際は，まず解答用紙を確認しましょう。漢字や語句問題の量，記述問題の種類や量などが，解答用紙を見て，わかります。次に，ページをめくり，問題用紙全体を確認しましょう。どのような問題配列になっているのか，問題の難度はどの程度か，などを確認して，どの問題から取り組むべきかを判断するとよいでしょう。

一般的に「漢字」→「語句問題」→「読解問題」という形で取り組むと，効率よく時間を使うことができます。

また，解答用紙は，必ず，実際の大きさのものを使用しましょう。字数指定のない記述問題などは，解答欄の大きさから，書く量を考えていきましょう。

早稲田の算数

――出題傾向と対策
合否を分けた問題の徹底分析――

出題傾向と内容

出題分野1　〈数と計算〉

「数の性質」の問題が，毎年，出題されている。「四則計算」は，年度により出題される。

2　〈図形〉

「平面図形」・「立体図形」の問題は毎年，出題されており，年度によって，難度にばらつきがある。「相似」，「図形や点の移動」の出題率も高い。

3　〈速さ〉

「速さの三公式と比」の問題も，ほぼ毎年，出題されており，「グラフ」が含まれることがある。「旅人算」，「時計算」・「通過算」・「流水算」も年度により，出題される。

4　〈割合〉

「割合と比」の問題も，出題率が高く，他の分野との融合問題として出題され，「速さの三公式と比」などや「面積比・体積比」の利用法に慣れておくと解法が楽になる。「仕事算・ニュートン算」もよく出題される。

5　〈推理〉

「論理・推理」の問題がよく出題されているほか，「場合の数」・「規則性」の出題率も高い。

6　〈その他〉

「和差算」・「植木算・方陣算」・「消去算」などが出題されており，難しめの消去算は注意が必要である。

出題率の高い分野

❶平面図形・面積　❷割合と比　❸速さの三公式と比　❹立体図形・体積

来年度の予想と対策

出題分野1　〈数と計算〉…「演算記号」の問題として「数の性質」が出題される場合がある。3つ以上の数の最小公倍数の求め方に注意しよう。「四則計算」や「単位の換算」は基本中の基本であるから，毎日，練習しよう。

2　〈図形〉…「平面」「立体」「相似」の応用問題，融合問題を徹底して練習しよう。過去問で「図形」の問題だけ，連続して解いてみると，年度による難度の差がわかり，参考になる。かなり難しい「図形」問題でも，小問によっては基本レベルの出題があるので，問題をよく読み，ヒントを探して，1問でも多く解くように，試行錯誤することが重要である。作図問題にも注意しよう。

3　〈速さ〉…比を使う「旅人算」の解き方を練習しよう。出題率が高くない「時計算」・「通過算」・「流水算」の標準・応用レベルの練習も必要である。

4　〈割合〉…「速さの比」「面積比」「比の文章題」の標準・応用問題を練習しよう。

5　〈推理〉…「論理・推理」・「場合の数」・「数列・規則性」などの標準・応用問題を練習しよう。

6　〈その他〉…比に関する「消去算」をマスターしよう。

学習のポイント

●大問数5題　小問数15題前後　　●試験時間50分　満点60点

●「図形」・「速さ」・「割合」のほか，比の「消去算」の問題がポイントになる。

年度別出題内容の分析表 算数

（よく出ている順に，☆◎○の3段階で示してあります。）

出題内容		27年		28年		29年		30年		2019年	
		1回	2回	1回	2回	1回	2回	1回	2回	1回	2回
数と計算	四則計算										
	単位の換算	○	○	○	☆		○	○			○
	演算記号・文字と式						◎		○		
	数の性質	☆	○	☆	○	☆	○	◎	◎	☆	☆
	概　数	○		○							
図形	平面図形・面積	◎	☆	☆	☆	☆	☆	☆	☆	☆	☆
	立体図形・体積と容積	☆	☆	☆	☆	○	☆	○	☆	☆	☆
	相似（縮図と拡大図）		◎	○	◎	○	☆	☆	☆	☆	○
	図形や点の移動・対称な図形	○	☆		☆	☆	☆	☆	○	○	○
	グラフ	☆							☆		
速さ	速さの三公式と比	☆	☆	○	☆	☆	☆	☆		☆	○
	旅人算										
	時計算					☆					
	通過算			○				☆			
	流水算	☆									
割合	割合と比	☆	○	○	☆	○	◎	☆	☆	☆	☆
	濃　度				☆				○		○
	売買算								○		
	相当算					○					
	倍数算・分配算		○								
	仕事算・ニュートン算		◎	☆			○	○			☆
	比例と反比例・2量の関係										
推理	場合の数・確からしさ	☆		☆		☆	○				
	論理・推理・集合	◎						○		○	○
	数列・規則性・N進法		○			○			☆		☆
	統計と表										
その他	和差算・過不足算・差集め算		○		◎			○		◎	
	鶴カメ算				○	○					
	平均算		○								
	年令算				○					○	
	植木算・方陣算				○			○			
	消去算	○	☆	○	○			○			○

（よく出ている順に，☆◎○の3段階で示してあります。）

出題内容		2020年		2021年		2022年		2023年		2024年	
		1回	2回	1回	2回	1回	2回	1回	2回	1回	2回
数と計算	四則計算						○	○	○	○	
	単位の換算	◎			◎	○	○	◎	◎	○	○
	演算記号・文字と式										
	数の性質	○		○	☆	○	◎	◎	○		◎
	概　数										
図形	平面図形・面積	☆	☆	☆	☆	☆	☆	☆	☆	☆	☆
	立体図形・体積と容積	☆	◎	☆	☆	☆	○	◎	○	☆	☆
	相似（縮図と拡大図）	○	☆	○	☆	◎	◎	○	☆	○	○
	図形や点の移動・対称な図形	☆	◎	☆	○	○	○	☆	○	○	○
	グラフ			☆			☆				
速さ	速さの三公式と比	☆	☆	☆	☆	☆	☆	☆	○	☆	☆
	旅人算				○		○				○
	時計算					☆					
	通過算							○	○	☆	
	流水算		☆					◎			
割合	割合と比	☆	☆	☆	☆	☆	☆	☆	☆	☆	☆
	濃　度	○					☆				
	売買算										
	相当算									○	
	倍数算・分配算										
	仕事算・ニュートン算				○	◎	○	○	☆		○
	比例と反比例・2量の関係										
推理	場合の数・確からしさ	☆		☆			◎		☆	○	○
	論理・推理・集合		○		○		☆	○	○	☆	
	数列・規則性・N進法	○	○		☆	☆		○	○		☆
	統計と表										○
その他	和差算・過不足算・差集め算									○	○
	鶴カメ算			○		○	○	○			
	平均算			○			○				
	年令算						○				
	植木算・方陣算				☆						☆
	消去算		○	○		◎			○	○	◎

早稲田中学校

2024年度 早稲田中学校 合否を分けた問題 算数

〔2〕（2）〈平面図形，割合と比〉

> 難問ではないが，簡単な問題でもなく，しかも，複数の解き方が存在しうる有意義な問題である。では，どんな方法があるのか？

【問題】

1辺の長さが10cmで面積が90cm²のひし形を，右図のように4つの三角形と1つの四角形に分けた。4つの三角形の面積の合計と1つの四角形の面積の差は何cm²か。

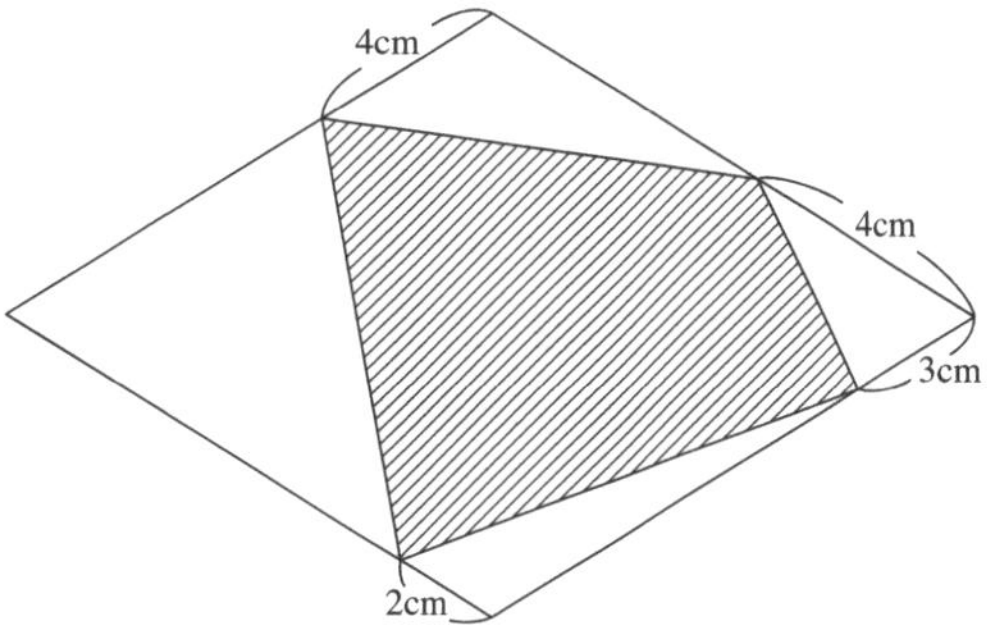

【考え方】

この手があった。4つの三角形の面積の合計と1つの四角形の面積の差…平行四辺形アの面積に等しい

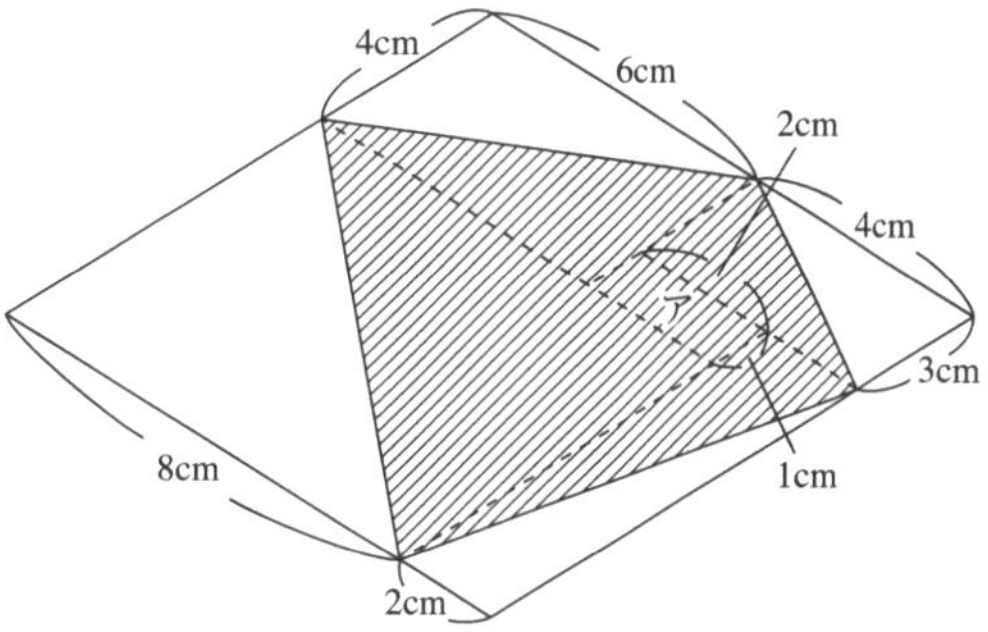

したがって，その面積は90÷(10÷1)÷(10÷2)＝1.8(cm²)

受験生に贈る「数の言葉」――――――――――「ガリヴァ旅行記のなかの数と図形」

作者　ジョナサン・スウィフト(1667～1745)

…アイルランド　ダブリン生まれの司祭

リリパット国…1699年11月，漂流の後に船医ガリヴァが流れ着いた南インド洋の島国

①人間の身長…約15cm未満　②タワーの高さ…約1.5m

③ガリヴァがつながれた足の鎖の長さ…約1.8m　④高木の高さ…約2.1m

⑤ガリヴァとリリパット国民の身長比…12：1　⑥ガリヴァとかれらの体積比…1728：1

ブロブディンナグ国…1703年6月，ガリヴァの船が行き着いた北米の国

①草丈…6m以上　②麦の高さ…約12m　③柵(さく)の高さ…36m以上

④ベッドの高さ…7.2m　⑤ネズミの尻尾(しっぽ)…約1.77m

北太平洋の島国…1707年，北緯46度西経177度に近い国

王宮内コース料理　①羊の肩肉…正三角形　②牛肉…菱形　③プディング…サイクロイド形

④パン…円錐形(コーン)・円柱形(シリンダ)・平行四辺形・その他

2023年度 早稲田中学校 合否を分けた問題 算数

〔1〕 (2)〈ニュートン算，鶴亀算，割合と比，単位の換算〉

よく出る「ニュートン算」の問題であり，線分図ではなく「消去算」の考え方で解く方法を理解しよう。後半では「鶴亀算」が使われる。

【問題】

ある会場前に入場待ちの列ができており，開場後も一定の割合で人が並ぶ。開場と同時に毎分10人ずつ入場すると14分で列はなくなり，毎分13人ずつ入場すると8分で列はなくなる。

開場してから毎分9人ずつ入場し，途中から15分ずつ入場すると，12分で列がなくなった。

9人ずつ入場した時間は何分何秒か。

【考え方】

入場待ちの人数＋毎分並ぶ人数×時間＝毎分入場する人数×時間

毎分，並ぶ人数… $(10\times14-13\times8)\div(14-8)=6$(人)

入場待ちの人数… $(13-6)\times8=56$(人)

したがって，求める時間は $\{(15-6)\times12-56\}\div(15-9)$ ◀── ツルカメ算

$=8\frac{2}{3}$(分)つまり8分40秒

受験生に贈る「数の言葉」──────── バートランド・ラッセル(1872～1970)が語る

ピュタゴラス(前582～496)とそのひとたちのようす(西洋哲学史)

①ピュタゴラス学派のひとたちは，地球が球状であることを発見した。

②ピュタゴラスが創った学会には，男性も女性も平等に入会を許された。

財産は共有され，生活は共同で行われた。科学や数学の発見も共同のものとみなされ，ピュタゴラスの死後でさえ，かれのために秘事とされた。

③だれでも知っているようにピュタゴラスは，すべては数である，といった。

かれは，音楽における数の重要性を発見し，設定した音楽と数学との間の関連が，数学用語である「調和平均」,「調和級数」のなかに生きている。

④五角星は，魔術で常に際立って用いられ，この配置は明らかにピュタゴラス学派のひとたちにもとづいており，かれらは，これを安寧とよび，学会員であることを知る象徴として，これを利用した。

⑤その筋の大家たちは以下の内容を信じ，かれの名前がついている定理をかれが発見した可能性が高いと考えており，それは，直角三角形において，直角に対する辺についての正方形の面積が，他の2辺についての正方形の面積の和に等しい，という内容である。

とにかく，きわめて早い年代に，この定理がピュタゴラス学派のひとたちに知られていた。かれらはまた，三角形の角の和が2直角であることも知っていた。

2022年度 早稲田中学校 合否を分けた問題 算数

〔2〕(2)〈平面図形，相似〉

> 簡単な問題ではないが，よく出題される重要な平行四辺形の問題である。
> 平行四辺形の性質を利用し，相似を利用し，台形の面積比を「上底＋下底」の長さの比から求める方法を利用する。
> 1度の計算で正解にたどりつけるように，試行してみよう。

【問題】

図の平行四辺形ABCDにおいて，
BE：EC＝5：2，CF：FD＝
2：3であり，三角形ADFとADG
の面積はともに210cm^2である。
斜線部分は何cm^2か。

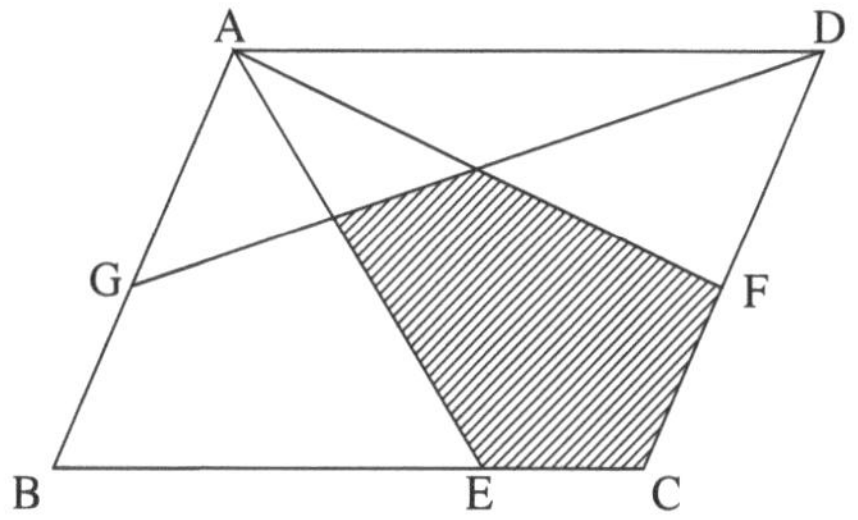

【考え方】

右図において，三角形ADFとADG
の面積が等しいので，GFとBCは平行
三角形DGF…210cm^2
三角形MFD…105cm^3
三角形AGLとABEの相似比…3：(3＋2)＝3：5
三角形NGLとDNAの相似比…3：(5＋2)＝3：7
GN：NM：MD…3：{(3＋7)÷2－3}：{(3＋7)÷2}＝3：2：5
したがって，三角形NGLは210÷(3＋7)×3÷7×3＝27(cm^2)
四角形NLFMは210－(27＋105)＝78(cm^2)
平行四辺形GBCF…210×2÷3×2＝280(cm^2)
台形GBELとLECFの面積比…(3＋5)：(4＋2)＝4：3
したがって，斜線部分の面積は78＋280÷(4＋3)×3＝198(cm^2)

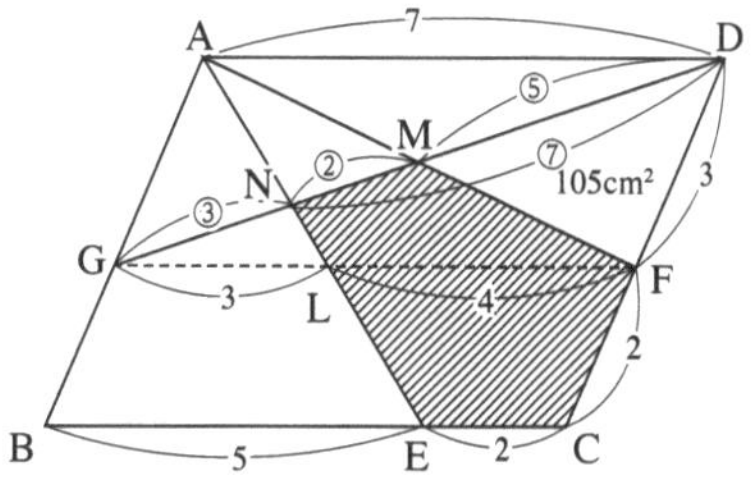

受験生に贈る「数の言葉」

数学者の回想　　高木貞治1875～1960

数学は長い論理の連鎖だけに，それを丹念にたどってゆくことにすぐ飽いてしまう。論理はきびしいものである。例えば，1つの有機的な体系というか，それぞれみな連関して円満に各部が均衡を保って進んでゆかぬかぎり，完全なものにはならない。

ある1つの主題に取り組み，どこか間違っているらしいが，それがはっきり判明せず，もっぱらそればかりを探す。神経衰弱になりかかるぐらいまで検討するが，わからぬことも多い。夢で疑問が解けたと思って起きてやってみても，全然違っている。そうやって長く間違いばかりを探し続けると，その後，理論が出来ても全く自信がない。そんなことを多々経験するのである。(中略)

技術にせよ学問にせよ，その必要な部分だけがあればよいという制ちゅう(限定)を加えられては，絶対に進展ということはあり得ない。「必要」という考え方に，その必要な1部分ですらが他の多くの部分なくして成り立たぬことを理解しようとしないことがあれば，それは全く危険である。

早稲田の理科

——出題傾向と対策
合否を分けた問題の徹底分析——

出題傾向と内容

例年，第1回入試，2回入試ともに，大問数は4問，小問数は20問程度である。物理，化学，生物，地学の4領域から1大問ずつ，ほぼ均等に出題されている。解答形式は，記号選択が多いが，数値計算の問題も多く出題されている。近年は，文記述や描図を含む設問が含まれる年度も多い。試験時間に対する設問数はほぼ適量だが，計算量の多い年度では時間が厳しいこともある。近年は，実験結果や問題文で与えられる知識を利用して解く設問が増加しており，点差がつきやすくなっている。

生物的領域　植物系と動物系がともにバランスよく出題されている。知識問題に加え，実験や観察を中心にした考察力の必要な問題が中心である。典型題にひと工夫加えられており，確かな思考力を問う問題となっている。数量を扱うことも多い。

地学的領域　天体，気象，地球から広く出題されており，時事的な素材が取りあげられる年度も多い。単なる知識を問うものばかりではなく，グラフや図表の読解や，立体的な位置関係や図形の把握など，想像力と思考力を問うものとなっている。

化学的領域　水溶液，気体など，広く出題されている。一般的な受験問題集に載っていそうな典型題が多いように見えるが，条件の与え方や，結果の捉え方にひと工夫がされており，条件の整理に手間のかかる設問もある。実験結果の表やデータをみたとき，それが何を示しているのか，原因は何なのか，よく考えることを求めている良問が多い。

物理的領域　第1回と第2回で力学系と電気系がバランスよく出題されている年度が多いが，同じ分野から出題される年や，どちらかで光などが出題される年度もある。特に電気系の問題は難度がやや高く，問題文や図，実験結果から科学的に考察する学力が求められる。

学習のポイント

●基本事項は根本的な考え方から身につけ，問題文や図表を的確に読み取れるようにしよう。

来年度の予想と対策

どの分野もまんべんなく学習をし，基礎力を固める必要がある。参考書を読むだけではなく，典型題を数多く練習し，捉え方，考え方を根本から習得する必要がある。本校の問題は，典型題をそのまま出題するのではなく，ひと工夫されているときが多い。実験結果からの考察題も増えている。また，時事的内容や，身近な素材がとり上げられることが多い。このように，ただパターン通りに解くのではなく，問題の文や図表に書かれていることの意味や原因を常に考える習慣をつけておきたい。長大な問題は少ないものの，思考力を要する難問をていねいに解き上げるのもよい学習になる。文記述や描図の設問は今後も増える可能性があり，練習が必要であろう。

年度別出題内容の分析表　理科

（よく出ている順に，☆◎○の3段階で示してあります。）

出題内容		27年		28年		29年		30年		2019年	
		1回	2回	1回	2回	1回	2回	1回	2回	1回	2回
生物的領域	植物のなかま	◎									
	植物のはたらき	○			○		☆		☆		
	昆虫・動物		☆		○	☆		○			☆
	人　体			☆							
	生態系	○	○		☆			☆		☆	
地学的領域	星と星座					◎				◎	
	太陽と月				☆	◎				◎	◎
	気　象	☆						☆			☆
	地層と岩石			☆			◎		○		
	大地の活動		☆	○			○		☆		
化学的領域	物質の性質			○				○			
	状態変化				☆		☆				
	ものの溶け方	☆		◎					○		
	水溶液の性質			◎				◎	☆	☆	
	気体の性質		◎				○	○			○
	燃　焼		◎		○	☆					☆
物理的領域	熱の性質				○			○	○	○	
	光や音の性質		☆								
	物体の運動			☆							
	力のはたらき	☆				○	☆	☆	☆	☆	
	電流と回路				☆						☆
	電気と磁石			○		◎					
その他	実験と観察	◎	◎	◎	◎	◎	◎	◎	◎	◎	◎
	器具の使用法		○			○					○
	環　境	○						○	○	◎	
	時　事	○				○			○	○	
	その他										

（よく出ている順に，☆◎○の３段階で示してあります。）

出題内容		2020年		2021年		2022年		2023年		2024年	
		1回	2回	1回	2回	1回	2回	1回	2回	1回	2回
生物的領域	植物のなかま	○									○
	植物のはたらき	◎		☆							◎
	昆虫・動物				☆		◎	☆	○	☆	
	人　体		☆			☆			◎		
	生態系						◎				
地学的領域	星と星座										☆
	太陽と月				☆				☆		
	気　象		☆				☆				
	地層と岩石	○				☆					
	大地の活動	◎		☆				☆		☆	
化学的領域	物質の性質		○			○	○	○	○		
	状態変化										◎
	ものの溶け方	☆	◎								
	水溶液の性質				☆	◎	◎	◎	◎		
	気体の性質			○						○	
	燃　焼			☆			○			◎	
物理的領域	熱の性質									☆	○
	光や音の性質					☆					
	物体の運動			☆							
	力のはたらき		☆						☆		☆
	電流と回路	☆			☆		☆	☆			
	電気と磁石										
その他	実験と観察	◎	◎	◎	◎	◎	◎	◎	◎	◎	◎
	器具の使用法					○					
	環　境						◎			○	
	時　事					◎	○				
	その他										

早稲田中学校

2024年度 早稲田中学校 合否を分けた問題 理科

■第1回入試，この大問で，これだけ取ろう！

〔1〕	火山の活動と形	標準	表にある情報をよく見て，よく考えて判断したい。失点は1つ以内に。
〔2〕	モンシロチョウの生活	標準	問4が難しく感じるかもしれないが，問1で日数に着目しているのがヒントである。失点は1つ以内に。
〔3〕	水素の燃焼	標準	水素と酸素の体積比をもとに考える問題。問3はていねいな計算が必要である。失点は1つ以内に。
〔4〕	残り湯の熱の利用	標準	問4，問5は，残り湯ときれいな水が同じ量ずつなので，順序よく計算を進めよう。失点は1つ以内に。

■鍵になる問題は〔2〕だ！

第1回，第2回ともに，例年通り，各領域から1大問ずつの出題である。問題文や図の条件から計算する設問や，実験の条件を考える設問など，思考力を要する問題が多かった。

〔2〕を取り上げる。モンシロチョウに関する問題である。問1は，実際に飼育したことのある受験生はだいぶ有利であっただろう。そして，この問1が，あとの問4のヒントになっている。

問3は，中学入試ではときどき見かける標識再捕獲法が扱われた。これは，ある地域に生息する生物の数を調べる方法である。一度捕まえて標識をつけ，再度捕まえることで，次の比を用いる

地域にいるモンシロチョウ全体の数：1回目に標識をつけたモンシロチョウの数

＝　2回目に捕獲したモンシロチョウの数：うち標識のついたモンシロチョウの数

問3では，2回目につかまえた50匹のうち，標識がついたものが10匹いたので，標識は地域のモンシロチョウの5匹に1匹の割合でついていると考える。標識をつけたモンシロチョウは50匹いるので，□：50＝50：10　の比が成り立ち，□＝250匹と分かる。

問4では，標識再捕獲法が使える条件を考える設問である。問題文の条件①②③が成り立っていないときには，標識再捕獲法が使えない。

本問では，1回目が5月10日，2回目が5月20日に捕獲している。一方，問1のことから，モンシロチョウは1～2週間で次の段階に成長している。1回目から2回目まで10日もあるので，新たにふ化した個体が増えているだろう。また，標識をつけた成虫の中には死んだものもいるだろう。

例えば，全体で1000匹いる地域で，1回目に50匹に標識をつけたとする。ただし，全体が1000匹であることは，観察者は知らない。10日後には全体が1500匹に増えていて，標識をつけたものが30匹に減っていたとする。すると，2回目に捕獲したものと標識したものの比は，1500：30と等しくなる。この比を信じて計算すると，□：50＝1500：30　より，□＝2500匹となり，実際の数よりもかなり大きい不確かな数字が出てきてしまう。

そのため，モンシロチョウの標識再捕獲法は，翌日か，2日後までに行うのがふつうである。

2023年度 早稲田中学校 合否を分けた問題 理科

■第1回入試，この大問で，これだけ取ろう！

〔1〕	地震波の伝わり方	標準	典型問題であり，手早く仕上げたい。問4の解き方に習熟しておこう。全問正解を狙いたい。
〔2〕	電気の利用	標準	問5では，まず2000mAhの意味をよく把握し，電流の量や流れる時間を求めたい。失点は1つ以内に。
〔3〕	メダカの生活	標準	問3，問4は，問題文の意味を正しく理解し，ていねいに考えを進めたい。失点は1つ以内に。
〔4〕	水溶液の区別	標準	難問ではないが，多くの水溶液を考えると時間が足りなくなる。整理して上手に解きたい。失点は2つ以内に。

■鍵になる問題は〔4〕だ！

例年通り，各領域から1大問ずつの出題である。第1回，第2回ともに，昨年度に比べると，オーソドックスで解きやすい問題が多く，高得点の勝負になったと予想される。ただし，実験の条件を整理して考える問題がいくつかあり，手早く解けたのか時間がかかってしまったか，試験時間の使い方によって差がついただろう。

〔4〕を取り上げる。基礎的な知識だけで解ける問題ではあるが，10種類もの水溶液に対し，【実験操作と観点】が8つあるので，要点を手早く見抜いて整理しなければならない。特に，問3，問4を解くのに，いちいち1つずつの水溶液を検討していたのでは，時間が足らない。

まず，【実験操作と観点】が8つあるが，アとイ，ウとエというように2つずつ対になっていることに気付けば，分類の観点は4つで，それぞれの組で合計は10種類である。そこで，初めに10種類の水溶液を分けておく。見やすく1行にするために，水溶液の名前は適当に短縮している。

ア	酢酸，石灰，塩酸，アンモ，食塩，炭酸，ホウ酸，水酸ナ	8種類
イ	砂糖，エタノ	2種類
ウ	酢酸，塩酸，エタノ，アンモ	4種類
エ	石灰，砂糖，食塩，炭酸，ホウ酸，水酸ナ	6種類
オ	石灰，アンモ，水酸ナ	3種類
カ	酢酸，砂糖，塩酸，エタノ，食塩，炭酸，ホウ酸	7種類
キ	塩酸	1種類
ク	酢酸，石灰，砂糖，エタノ，アンモ，食塩，炭酸，ホウ酸，水酸ナ	9種類

問3では，①で7種類なのはカであり，②で4種類を取り出すには，イの7－2＝5や，キの7－1＝6では無理なので，ウかエだけ検討すればよい。問4は問題文の意味をしっかり受け取り，水溶液Yが砂糖ではなかった場合を考えればよい。

2022年度 早稲田中学校 合否を分けた問題 理科

■この大問で，これだけ取ろう！（第1回）

〔1〕	新型コロナウイルス	標準	日ごろの関心が得点を左右するが，問題文の説明をよく読めばある程度は取れる。失点は 2 つ以内に。
〔2〕	光と音の性質	標準	問 2，問 4 がやや考えにくいものの，基本に忠実に考えれば難しくない。全問正解を狙いたい。
〔3〕	中和の量的関係	やや難	問 3 しだいで後が左右され，問 5，問 6 の計算量も多い。時間配分も気にしつつ，失点は 3 つ以内に。
〔4〕	地層と地質図	標準	A 層と B 層の境界面の標高がどうなっているのか読み取るのが鍵になる。失点は 1 つ以内に。

■鍵になる問題は〔4〕だ！

本年も，物理，化学，生物，地学の各分野からバランスよく出題された。第1回〔1〕は新型コロナウイルス，第1回〔2〕は近年に呼称が変わったアーティスティックスイミング，第2回〔1〕は前年に登録された世界自然遺産，第2回〔2〕は前年から運用が始まった災害の警戒レベルが出題された。日常からの科学への関心が得点につながる内容であった。特に，第1回〔1〕は世の中に情報があふれているため，適切な知識を身につけるのはかえって難しいかもしれない。しかし，本問で問題文に考える材料が示されているので，それに沿って考えれば，何とか得点できる。また，第1回〔3〕は，問3を間違うと残り3問が解けないうえ，問5，問6は時間も要する。差がつく大問ではあるが，時間配分も考えたうえで解く優先順位をつけ，必要な得点を確保したい。

〔4〕を取り上げる。問題の図は，地質の様子を地形図に書き込んだ地質図とよばれるものである。1枚の図からさまざまな情報が得られるので，専門的な地質学や地球科学ではよく使われる。

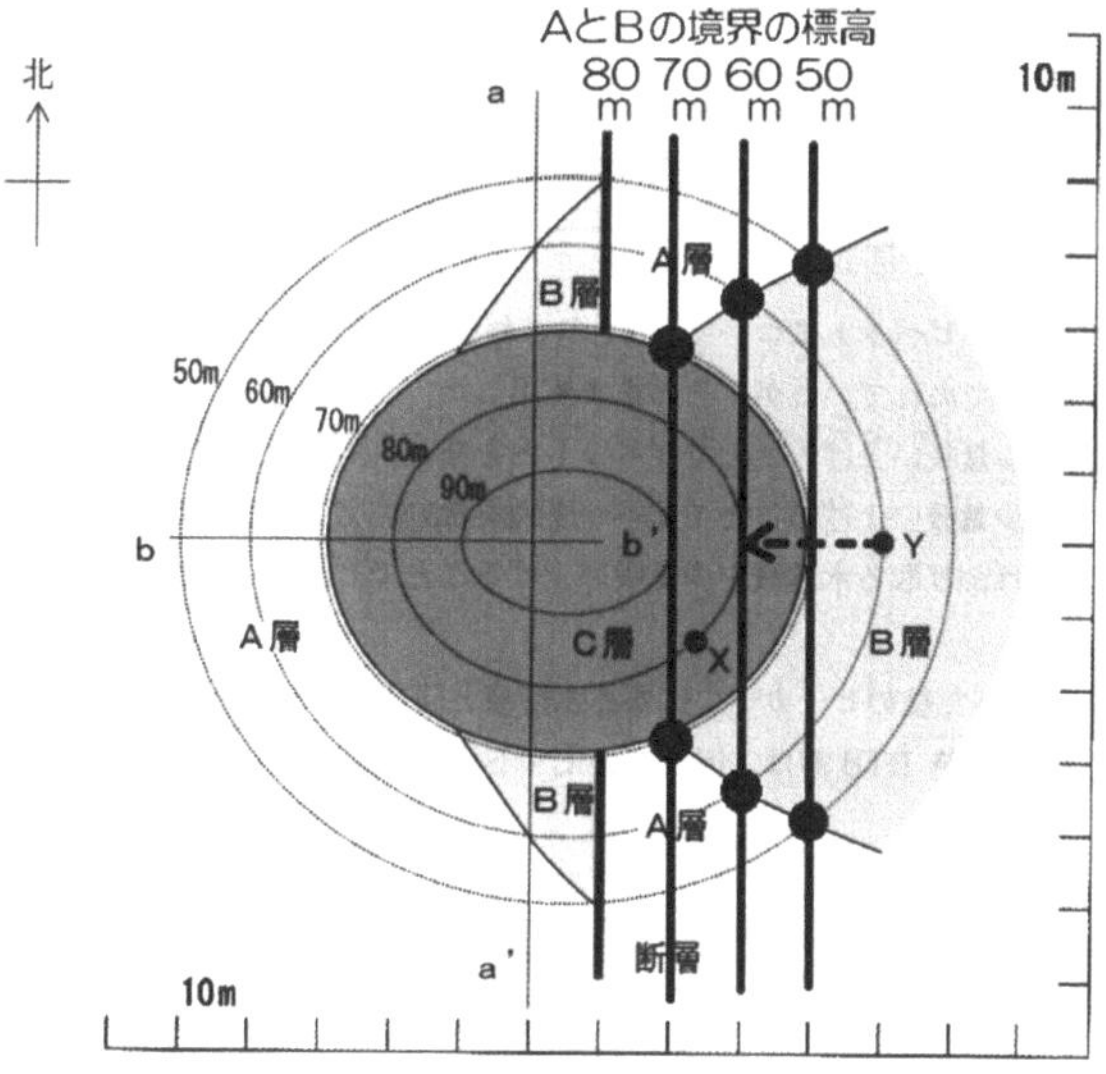

地質図では，A 層と B 層の境界面が曲線で描かれる。しかし，実際の境界面は傾いた平面であり，曲面ではない。そこで，同じ標高にある2地点を結んだ線を引けば，地形にじゃまされずに，境界面の位置が分かる。この線は「走向」とよばれ，専門的な地質調査では，走向の測定が第一歩になる。

問4では，地点Y の標高は60m だから，A 層とB 層の境界面の標高60m の走向にぶつかるまでトンネルを掘ればよい。

問5では，断層の東側（右側）で考えた標高80m の走向と，断層の西側（左側）で考えた標高50m の走向の位置が一致するので，東側が30m 隆起したと判断できる。

早稲田の社会

——出題傾向と対策
合否を分けた問題の徹底分析——

出題傾向と内容

大問は第1回，2回ともに3題で，小問数はいずれも30問程度で，例年と大差のない内容となっている。解答形式では半数が記号選択で，残りが語句記入。語句については漢字指定も多いので普段から必ず漢字で正確に書く習慣をつけておくことが大切である。記述問題は一行程度のものが第2回で1問のみ出されただけなので，あまり気にする必要はない。地理の問題で写真を見て，図の中のどの方向を向いて撮ったものかを考え，その理由を説明するものであった。

各回，大問1が地理と歴史の総合問題になっており，歴史と地理さらに時事的な内容やその他，さまざまな事柄が問われている。

地　理　第1回では万博に関連した事柄が出され，地理的な内容では焼き物の産地とそこの気候，有明海の海産物，2025年の大阪万博の会場に関する内容が問われている。第2回は青森の旅行に関する文章が出され，青森の地誌や水産物，農産物について問われている。

歴　史　第1回では万博関連の事柄の他，平安時代から現代までのさまざまな事柄が問われている。第2回では新井白石の『読史世論』をもとに，そこに書かれている古代から江戸時代までのさまざまな事柄が問われている。

政　治　第1回では，かなり時事的な色合いが濃い問題が出され，2022年以後の経済の動きに関する内容や，2023年の広島サミット，ジェンダーギャップ，労働に関する事柄，日本国憲法にある国民の義務などが問われている。第2回では祝日関連の事柄や，立憲君主制，省庁の役割，高齢社会，労働に関する事柄が問われている。

学習のポイント

- ●時事問題は基本として地理や歴史，政治などの学んだ事柄とつなげて学習するようにしよう。
- ●記述対策としても語句の意味を正確に覚えよう。

来年度の予想と対策

問題は基本的なものも多いが，やや難易度の高いものもある。重要事項の暗記だけでなく内容の理解を心がけたい。また，さまざまな事柄を縦割りでその分野のものとしてとらえるだけでなく，他分野との関係を考えながら学習していくことを心掛けたい。

地　理　各地の気候・産業・地勢などをまとめ，地図で場所を確認しておこう。資料集などを活用し，常に最新のデータを見ておきたい。また諸外国との関係，主な国の位置なども確認しておこう。時事問題で出てくるような場所がどこにあるのかを確認する習慣もつけよう。

歴　史　政治史を中心に社会・文化などを年代ごとにしっかりと理解できるようにしたい。教科書などにある有名な史料を読む練習も必要である。

政　治　日本国憲法や政治のしくみと働きについてまとめておこう。また，日頃から時事問題への関心を持つことも大切である。ニュースなどで目にする言葉の意味をできるだけわかるように調べたり，聞いたりしておきたい。

年度別出題内容の分析表　社会

（よく出ている順に，☆◎○の3段階で示してあります。）

出題内容				27年		28年		29年		30年		2019年	
				1回	2回	1回	2回	1回	2回	1回	2回	1回	2回
地理	日本の地理	テーマ別	地形図の見方										
			日本の国土と自然	◎	◎		○	◎	○	◎	◎	◎	◎
			人口・都市		○		○	○	○	○	○		
			農林水産業	○	○	○		◎	○	○	○	○	○
			工　業		○	○	◎	○	○	○	○	◎	
			交通・通信								○		
			資源・エネルギー問題	○						○	○	○	
			貿　易					○		○	○		○
		地方別	九州地方	○	○								
			中国・四国地方	○	○					○			
			近畿地方										
			中部地方										
			関東地方					○		○			
			東北地方										
			北海道地方					○					
	公害・環境問題			○				○			○	◎	
	世界地理				○	◎	◎		◎		○		◎
日本の歴史	時代別		旧石器時代から弥生時代	○			◎			○	○		○
			古墳時代から平安時代	◎	◎		◎	○	○	○	○		○
			鎌倉・室町時代	◎	○		○	○	○	◎	○		○
			安土桃山・江戸時代	◎	◎	◎	○	○	○	○	○	○	◎
			明治時代から現代	◎	○	◎	○	◎	○	○	◎	☆	○
	テーマ別		政治・法律	◎	◎	◎	◎	◎	◎	◎	◎	◎	◎
			経済・社会・技術		○	◎	○		○		◎	○	◎
			文化・宗教・教育	○	◎	○	◎	○	○	○	○	○	○
			外　交	○	○	◎	○	◎		○	○	◎	
政治	憲法の原理・基本的人権					◎		○	○	◎	○		○
	国の政治のしくみと働き			○	○				◎		○	☆	◎
	地方自治												
	国民生活と社会保障			○	○			○					○
	財政・消費生活・経済一般							○		○	○		
	国際社会と平和			○	○	○	◎				○		○
時事問題				○	○		○			○	○	○	○
その他					○	○	○	○	○	○	○	○	○

早稲田中学校

（よく出ている順に，☆◎○の３段階で示してあります。）

出題内容				2020年		2021年		2022年		2023年		2024年	
				1回	2回	1回	2回	1回	2回	1回	2回	1回	2回
地理	日本の地理	テーマ別	地形図の見方				○	○					
			日本の国土と自然	◎	○		○	○		◎	○	○	◎
			人口・都市	○				○		○			
			農林水産業	◎	○		○	◎		○	○	○	◎
			工　業	○	○		○	○	○	○	◎	○	
			交通・通信								○		○
			資源・エネルギー問題										
			貿　易				○						
		地方別	九州地方	○	○							◎	
			中国・四国地方	○				○			○		
			近畿地方		○								
			中部地方		○								
			関東地方	○									
			東北地方	○									◎
			北海道地方							○			
	公害・環境問題				◎						○		
	世界地理					◎	◎		◎				
日本の歴史	時代別		旧石器時代から弥生時代					○	○				◎
			古墳時代から平安時代	◎	○	○	◎	◎	○	◎	◎	◎	◎
			鎌倉・室町時代	○	○	○	○	○	○	○			◎
			安土桃山・江戸時代	○	○	○	○	○	○	◎	◎	☆	◎
			明治時代から現代	○	◎	◎	○	○	○	◎	◎	☆	○
	テーマ別		政治・法律	◎	○	◎	◎	◎	◎	◎	◎	◎	☆
			経済・社会・技術	○	○	○	◎	○	○	◎	○	☆	◎
			文化・宗教・教育	◎	○	○	○	◎		◎	○	◎	○
			外　交		◎	◎	○	○			○	◎	
政治	憲法の原理・基本的人権			○				○	○	○		◎	○
	国の政治のしくみと働き			◎			◎	○	○	○	◎		◎
	地方自治				○		○	○					
	国民生活と社会保障				○	○		○					○
	財政・消費生活・経済一般					◎	○					◎	○
	国際社会と平和				○			○		◎	○		
時事問題				○	○	○	○	○	○	○	○	☆	◎
その他					○	◎	○			○	○	◎	◎

早稲田中学校

2024年度 早稲田中学校 合否を分けた問題 社会

第1回〔1〕

〔1〕は万博に関連する，地理と歴史の総合問題。地理よりも歴史の方が比重が重く，一般的な地理の問題は問1の(2)，(3)ぐらいで，残りは歴史もしくはやや時事的な事柄の問題といえる。地理の問題では問2の(2)がやや手ごわい。そもそも，肥前藩があった場所が今の佐賀県のところであることを知らないと始まらない。瀬戸焼，有田焼，九谷焼，益子焼のそれぞれの生産地の県の県庁所在地の年間の気温と降水量を表を見て特定する問題。解答すべきなのは瀬戸焼の生産地の県の県庁所在地として，愛知県名古屋市のものを選ぶようになっているが，他の都市との見極めが結構難しいであろう。九谷焼の石川県金沢市は北陸地方の県の特徴として冬の降水量が多いので，割とわかりやすいが，残りの中で名古屋市，佐賀市，宇都宮市のものを見極めるのは結構難しい。気温が一番高いものが一番南で，気温が一番低いのが一番北と考えればなんとか選べるか。もう一つの地理の問題は，佐賀県がわかり，佐賀県の南側の海として有明海がわかれば，ノリの養殖が有名なことは知っているであろうから問題としては簡単であろう。

残りの歴史や時事などの問題の中にも悩むものもある。問1(1)は早稲田系の学校の場合に知らないとマズイ大隈重信に関するもの。肥前出身で，2回総理大臣を経験していることを知っていれば問題ない。問1の(4)で諫早湾の干拓事業のことが問題となっているが，これに関しては，最近ではニュースなどでも目にする機会が無いので，ややきつい問題かもしれない。(5)は干拓に関連した問題で，平安時代から戦国時代に干拓で造成された土地の面積と江戸時代に干拓によって造成された土地の面積を示してあり，1年あたりに増えた土地が，どちらが何倍広いのかを求めるものと，その理由を説明する文章の空欄を補充させる問題。まずは何をやらないといけないのかがわからなかったらどうしようもない。まずは平安から戦国時代が約800年とあるので，この期間に干拓された土地の面積をこの年数で割ることで，1年あたりの増えた土地面積がわかる。同様のことを江戸時代についてもやればよい。江戸時代の期間は書かれていないので，1603年から1867年の264年は自分の知識ででてこないといけない。江戸時代に新田開発が積極的に行われたことに関しては，受験生なら知っていてほしいことで，この理由としては人口増に対応するための食糧の増産がある。

問2は万博関連の問題。ここは，塾などでヤマを張って対策を立てていた受験生とそうでない受験生で大きく分かれたところではないだろうか。(1)が1970年，2005年，2025年の万博のそれぞれのテーマの組み合わせを選ぶもの。知らないとどうしようもないところ。(2)も知らないと厳しい問題で，2025年の万博の開催地の名称と位置を選ぶもの。大阪というだけではだめで，大阪のどこでやるのか，その場所が地図の上でもどこなのかを知らないとどうしようもない問題。開催地の地名は聞いたことがあればわからなくもないが，地図の上での位置の情報は知らなかったらどうしようもない。埋立地が大阪湾にはたくさんあるので，その位置をヤマ勘で当てるのは至難の業である。(3)は2025年の万博までで，3回同じ都道府県でやっているところを選ぶもの。過去の日本の万博の歴史をおさえてあれば難なくわかるものではあるが，これも知らないとどうしようもない問題といえる。

問3は1940年に開催が予定されていたが中止された万博に関するもので，その中止の理由を選択肢から選ぶもの。これはオリンピックの歴史でも同様の事例があるのだが，戦争で中止となっている。1940年ならば，日本の場合には日中戦争が選べればよい。

問4は1970年の大阪万博で展示されていたものに関して，世界初の人工衛星を打ち上げた国と，世界で初めて月面に人間を送り込んだ国をそれぞれ答えるもの。第二次世界大戦後の冷戦の中で，アメリカとソ連が宇宙への進出でも競い合い，初の人工衛星のスプートニクをソ連が打ち上げ，初の月面着陸を行ったアポロを打ち上げたのがアメリカであるとわかればよい。

2023年度 早稲田中学校 合否を分けた問題 社会

第1回〔3〕問2，問5

本校の問題は長文の記述といったものはないが，選択肢を含め判断に苦しむものが多い。時事問題を含め一般常識といった内容も多いため，普段から世の中の動きに関心を持ち幅広い知識を身に付けていないとなかなか対応できないといえる。そうした例として次の二つの設問を挙げてみよう。

〔3〕は昨年「本土復帰50周年」を迎えた沖縄についての文章からの出題である。沖縄は太平洋戦争中日本で唯一の地上戦が展開された地で，3か月にも及ぶ戦闘では多くの一般住民が巻き込まれ，ひめゆり部隊といった女性の学生からなる犠牲者も含め正規軍を上回る犠牲者が発生したことで知られている。さて，〔3〕問2は復帰後も残っている沖縄の米軍施設に関するもので，「沖縄県の面積が日本国土に占める割合とアメリカ軍の専用施設の何％が沖縄に集中しているか」というもの。もちろん解答は選択肢であるが，まるでテレビのクイズ番組のようである。狭い島にいかに多くの米軍施設が集中しているかを強調したいのであろうが，この数字をぱっと出せる受験生は皆無であろう。日本の国土面積は約38万km^2。北海道は本州の3分の1で九州は北海道の半分，そのまた半分が四国ということはよく知られている。この割合から計算すると4島の面積は12：4：2：1ということになり九州の面積は日本の19分の2，約4万km^2となる。九州本島には含まれないが沖縄を九州8県で等分すると約5千km^2，全国の約1.3％となる。日本で最も小さい県は香川の1897km^2で次いで大阪，東京と続き沖縄は第4位である。この狭い土地に50万人以上のアメリカ軍を迎え撃ったのである。約50万人の県民の10～15万人が犠牲になったのもうなずけよう。復帰後のアメリカ軍は沖縄から北海道まで日本全土に基地を含めた様々な施設を張り巡らせることになる。現在では統合整理され3分の2までに減少はしたというものの依然として各地に存在している。2021年開催の東京オリンピックに際し航空機の増便が図られたが，そこには東京上空に存在する横田空域という障害が横たわっていたことは広く知られた事実である。県面積の8％を広大なアメリカ軍施設が占め，日常的に航空機騒音や軍人による様々な犯罪など県民の生活に大きな影響を与えている。東アジアの政治情況を考えると沖縄の地理的な意味は今後ますます大きくなるのは確かであろう。だからといって現状のままで良しとするわけにはいかないのもまた事実である。

〔3〕問5は沖縄の基地負担について述べた3つの文の正誤問題である。Ⅰは「東京や神奈川にはアメリカ軍の施設は存在しないというもの。先に述べた横田空域の横田とは東京多摩地区にある在日米軍の司令部がある基地であり，東アジアおけるアメリカ軍の中核をなし，朝鮮戦争の休戦協定における国連軍の後方司令部も置かれている。また，横須賀は第7艦隊の空母(ロナルド・レーガン)の母港であり在日アメリカ海軍の司令部が置かれている。さらに，座間には陸軍司令部も置かれている。いずれも戦前の日本軍の主要基地であり戦後アメリカ軍が接収したというわけである。Ⅱは「山口県や青森県にはアメリカ軍の専用施設は存在しない」というもの。現在も一時利用を含めると30の都道府県にアメリカ軍の施設が存在している。山口県の岩国基地は垂直離着陸可能なステルス戦闘機の配備計画がされるなど極東最大の軍事基地に変貌しつつあるといわれる。また，青森県の三沢基地はアメリカ軍・航空自衛隊・民間の3者が使用する唯一の飛行場としても知られている。最後のⅢは「政府は1945年の終戦後からアメリカ軍の駐留経費の大部分を負担している」というもの。戦後アメリカは沖縄を占領していたのであり，日本復帰までその経費を負担するということはありえない。復帰後の駐留経費について日米行政協定では日本の負担義務はなかった。ただ，当時のアメリカはベトナム戦争で疲弊，それに対し経済大国に上り詰めた日本ということから一部費用の負担を開始したのが1978年である。当初は「思いやり予算」と呼ばれ額も数十億円であったが現在では2000億円にも拡大，駐留経費の70％程度を占めるまでに拡大している。さすがに「思いやり予算」から「同盟強靭化予算」と名称は変更されたがこれに対する批判も多い。

2022年度 早稲田中学校 合否を分けた問題 社会

第1回〔2〕問5 〔3〕問3（1）

〔2〕問5は「1940年から1949年までに起こった出来事として正しいものを4つ選び年代順に並べ替えよ」というもの。選択肢として与えられているのはア～カの6つであり，指定された期限以外のものや間違えているものを排除しなければならない。アは「日本国憲法の施行により女性参政権が実現した」というもの。日本国憲法は1946年11月3日に公布され翌年5月3日施行は常識であろう。もちろん選挙権は憲法の3大原則である基本的人権の尊重に含まれる参政権の一つである。また，男女平等は戦後の民主化の柱であることは明らかなのでこれを正しいと判断した受験生も多いのではないだろうか。しかし，憲法では成年者による普通選挙（15条）や両議院の議員や選挙人の資格（44条）の規定はあるがそれを具体的に規定したものではない。事実，戦後初の総選挙では39名の女性代議士が誕生したが，これは終戦翌年の1946年4月のことである。1945年12月に衆議院議員選挙法が改正され，女性参政権は新憲法制定の前に実現されている。イは「アメリカ軍により広島・長崎に原爆が投下された」というもの。人類史上初の原爆投下は1945年8月6日に広島，9日に長崎である。これは日本人にとって決して忘れてはいけない事実であろう。ウは「日本の陸軍がマレー半島を，海軍が真珠湾を攻撃した」というもの。海軍の真珠湾攻撃は有名だがマレー半島について詳しくない人も多いと思われる。1941年12月8日未明，イギリス領マレー半島北端のコタバルに陸軍の部隊が奇襲上陸した。正確に言うと真珠湾攻撃より1時間ほど早かったという。エは「毛沢東を主席とする中華人民共和国が成立した」というもの。日中戦争の勃発以来第2次国共合作が実現し日本と戦っていた国民党と共産党だが，日本の降伏後は再び対立を深め内乱に発展，1949年10月には毛沢東主席が中華人民共和国の成立を宣言する一方，国民党の蔣介石は台湾に逃亡し現在に至っている。オは「ソ連の指導により朝鮮半島南部に大韓民国が成立した」というもの。もちろん大韓民国は1948年8月にアメリカの支援の下に成立，ソ連の支配下にあった北朝鮮は翌9月に成立することになる。最後の選択肢カは「日本・ドイツ・イタリアの間で三国軍事同盟が結ばれた」というもの。ドイツがポーランドに侵入して第2次世界大戦が始まったのは1939年9月1日のことである。三国同盟はドイツの快進撃に目を奪われた日本が1940年9月に結んだものでこれにより太平洋戦争は不可避となるわけである。

〔3〕問3（1）は主導権をめぐって対立が激しくなっているアメリカと中国に関する3つの穴埋め問題である。空欄Aは「1国2制度を掲げて高度な自治を約束されていた」とある。1840年のアヘン戦争で奪われた香港は1997年イギリスから中国に返還されることになる。返還に先立つ日英共同声明では「従来の資本主義経済や生活様式は返還後50年間維持する」と明記されていた。しかし，最近では中国政府の関与が大幅に増え，選挙制度が改正され政治運動や政府批判を取り締まる国家安全維持法も制定されるなど保障されていたはずの「高度な自治」が脅かされつつある。空欄Bは「ここをめぐって米中の軍事衝突」とある。アメリカの援助の下で中国を代表していた中華民国だが，1971年に中華人民共和国が国連の代表権を得ると国連から脱退，1972年には日本，79年にはアメリカとも断交し現在外交関係を持っているのはわずか14か国に過ぎない。日米首脳会談では台湾海峡の平和と安全の重要性に触れ，台湾をめぐる米中の対立に日本を巻き込んできた。空欄Xは「2015年に日本が限定的に認めた権利」とある。安倍内閣ではこれまでの憲法解釈を変更し，集団的自衛権を容認する閣議決定を行った。自国が攻撃されたときにのみ反撃する「専守防衛」の視点を転換し，自国と密接な関係にある国に対する攻撃が行われたときにも自衛の措置としての武力の行使を認めることになる。国際連合憲章でも認められている権利であり，世界のスタンダートといえるのは事実である。今後は集団安全保障に貢献しながら積極的平和主義の道を模索していくことになるものといえるのだろう。

早稲田の国語

——出題傾向と対策　合否を分けた問題の徹底分析——

出題傾向と内容

文の種類：小説，論説文，随筆文

第1回は小説と随筆文，第2回は小説と論説文の大問2題構成で，例年通りの出題構成であった。小説は，内容は読みやすく，標準的な長さである。論説文・随筆文は長さは標準的だが，設問の難易度は高く，選択式・記述式いずれも深く的確な読解が必要とされる。

設問形式：選択式・抜き出し式・記述式

解答形式は三つの形式がバランスよく出題されている。選択問題は選択肢の文章が長く一読しただけでは判別が難しいものもあるので，選択肢と本文のていねいな照合が必要になる。抜き出し式は字数指定があるものの，本文全体の流れをしっかり把握しておかないと正答を見極められないので，やはりていねいな読解が必要だ。記述式は大問それぞれに必ず1題は出題され，50字程度と字数は少ないが，問われていることの要旨をつかんだ上で，本文の要約力が必須になる。

漢字，知識問題：標準～上級レベル

漢字は読み書きの問題が，本文の中から出題されている。訓読みも出題されているので，熟語だけでなく，各漢字の音読み・訓読みをしっかりおさえておきたい。小学校で習得する漢字以外のものも出題されるので，中学校の範囲まで幅広く学習しておく必要がある。慣用句にも慣れておきたい。

出題頻度の高い分野

①小説・随筆文　②論説文　③文章の細部表現の読み取り　④空欄補充　⑤抜き出し

来年度の予想と対策

出題分野：文学的文章，論理的文章

○　論理的文章と文学的文章はどちらも必ず出題されるので，それぞれの読解の進め方をしっかり身につけておく。論理的文章では筆者の考えを的確に読み取れるよう，段落ごとの要旨をおさえながら読み進める。文学的文章では心情の動きを正確にとらえ，心情の背景にある根拠も説明できるようにしておく。

○　選択問題は選択肢の文章が長いものが多く，判断に迷うものが多いので，各選択肢の文章を最後までていねいに読んで，要旨をしっかりとらえるようにし，必ず本文と比較しよう。

○　抜き出し問題は字数指定が手がかりになるが，設問では要約された形で出題されるので，全体の要旨をしっかりおさえる必要がある。段落，場面ごとをまとめる練習をして要約力をつけておこう。

○　記述問題は，抜き出し問題同様，的確な読解力と要約力が必要になる。過去問や同じような形式の問題を活用して，総合的な記述力をつけておこう。

学習のポイント

●問題数は少なめだが，各設問の考察に時間を要するので，時間配分に気をつけて読み進めるようにしよう。

●選択肢の文章，設問のまとめの文章は気を抜かずにていねいに確認し，本文としっかり照らし合わせていこう。

年度別出題内容の分析表 国語

（よく出ている順に，☆◎○の3段階で示してあります。）

	出題内容	27年 1回	27年 2回	28年 1回	28年 2回	29年 1回	29年 2回	30年 1回	30年 2回	2019年 1回	2019年 2回
設問の種類	主題の読み取り		○								
	要旨の読み取り			○	○	○	○		○	○	○
	心情の読み取り	◎	○	◎	◎	◎	◎	◎	◎	◎	◎
	理由・根拠の読み取り	◎	○				○	○			
	場面・登場人物の読み取り	○	○	○	○	○	○	◎	◎	◎	◎
	論理展開・段落構成の読み取り							○		○	
	文章の細部表現の読み取り	☆	☆	☆	☆	☆	☆	☆	☆	☆	☆
	指示語								○		○
	接続語										
	空欄補充	☆	◎	◎	◎	○	○	◎	◎	◎	◎
	内容真偽	○	○	○	○	○		○			
	根拠 文章の細部からの読み取り	☆	☆	☆	☆	☆	☆	☆	☆	☆	☆
	根拠 文章全体の流れからの読み取り	○	○	○	○	○	○	○	○	○	○
設問形式	選択肢	◎	◎	◎	◎	◎	◎	◎	◎	◎	◎
	ぬき出し	◎	☆	◎	☆	○	◎	◎	◎	◎	◎
	記　述	◎	◎	◎	○	◎	◎	◎	◎	◎	◎
記述の種類	本文の言葉を中心にまとめる	◎	◎	◎	◎	◎	◎	○	◎	◎	◎
	自分の言葉を中心にまとめる					○		○			
	字数が50字以内	◎	◎	◎	◎	○	◎	◎	◎	◎	◎
	字数が51字以上					○					
	意見・創作系の作文										
	短文作成										
語句・知識	ことばの意味					◎				○	
	同類語・反対語										
	ことわざ・慣用句・四字熟語	○		○			◎				○
	熟語の組み立て										
	漢字の読み書き	○	○	○	○	○	○	○	○	○	○
	筆順・画数・部首										
	文と文節										
	ことばの用法・品詞										
	かなづかい										
	表現技法										
	文学史								○		
	敬　語										
文章の種類	論理的文章（論説文，説明文など）	○	○	○	○	○	○	○	○	○	
	文学的文章（小説，物語など）	○	○	○	○	○	○	○	○	○	○
	随筆文										○
	詩（その解説も含む）										
	短歌・俳句（その解説も含む）										
	その他										

（よく出ている順に，☆◎○の3段階で示してあります。）

出題内容			2020年		2021年		2022年		2023年		2024年	
			1回	2回	1回	2回	1回	2回	1回	2回	1回	2回
設問の種類		主題の読み取り										
		要旨の読み取り	○	○	○	○	◎	○	○	○	○	○
		心情の読み取り	◎	◎	◎	◎	◎	◎	◎	◎	◎	◎
		理由・根拠の読み取り							○		○	○
		場面・登場人物の読み取り	○	◎	◎	◎	◎	◎	◎	◎	◎	◎
		論理展開・段落構成の読み取り										
		文章の細部表現の読み取り	◎	◎	☆	☆	☆	◎	◎	◎	◎	◎
		指示語										
		接続語										
		空欄補充	◎	☆	◎	◎	◎	◎	◎	◎	◎	◎
		内容真偽		○			○	○			○	◎
	根拠	文章の細部からの読み取り	◎	◎	◎	◎	◎	◎	◎	◎	◎	◎
		文章全体の流れからの読み取り	○	○	○	○	○	○	○	○	○	○
設問形式		選択肢	◎	◎	◎	◎	◎	◎	◎	◎	◎	◎
		ぬき出し	◎	◎	◎	◎	○		◎	◎	◎	◎
		記　述	◎	◎	◎	◎	◎		◎	◎	◎	◎
記述の種類		本文の言葉を中心にまとめる	◎	◎	◎	◎	◎	◎	◎	◎	◎	◎
		自分の言葉を中心にまとめる		○								
		字数が50字以内	◎	◎	◎	◎	◎	◎	◎	○	◎	◎
		字数が51字以上								○		
		意見・創作系の作文										
		短文作成										
語句・知識		ことばの意味		○		○		○		○	○	○
		同類語・反対語										
		ことわざ・慣用句・四字熟語			◎		○	○				
		熟語の組み立て										
		漢字の読み書き	○	○	○	○	○	○	○	○	○	○
		筆順・画数・部首										
		文と文節										
		ことばの用法・品詞										
		かなづかい										
		表現技法										
		文学史										
		敬　語										
文章の種類		論理的文章(論説文，説明文など)	○	○	○	○	○	○	○	○		○
		文学的文章(小説，物語など)		○	○	○	○	○	○	○	○	○
		随筆文	○								○	
		詩(その解説も含む)										
		短歌・俳句(その解説も含む)										
		その他										

2024年度 早稲田中学校 合否を分けた問題 国語

一　問4

★合否を分けるポイント

傍線部2「わたしたちの心は，いつでもわたしたちの体とはちがうところに在る」とあるが，この時の「わたし」の「心」と「体」はそれぞれどのような状態か，設問の指示に従って説明する記述問題である。本文の描写から読み取ったものを的確に説明できているかがポイントだ。

★設問の指示を手がかりに，的確に説明する

傍線部2までで，三おばさんの重病を知らされた大学院生の「わたし」は急いで台湾に戻り，三おばさんが入院している病院に行った→あわてて帰国してしまったが，かえって三おばさんの病状の重さを三おばさんに知らせるようなものだったと思い，「わたし」は帰国が失敗だったかもしれないと気づいた→そんな「わたし」を安心させることを話す三おばさんの笑顔に，小学生のころのことを思い出す→〈回想場面〉四おばさんに付き合って早朝ジョギングをしていたとき，コーチ気取りの三おばさんと四おばさんで言い争いになり，四おばさんにひどいことを言われても三おばさんは微笑んで言い返していた〈回想場面終わり〉→病院帰りに寄った植物園で三おばさんに思いをめぐらす→【自分が早くも三おばさんのいなくなった世界に順応しようとしていることに気づく→2→わたしの体はこの国の，この街の，この悲しみのただなかに在る。でも，わたしの心はすこしばかりまえを行っている】，ということが描かれている。この【　】部分について，設問の指示にある「死」ということばを用いて内容を整理すると，「自分が早くも三おばさんのいなくなった世界に順応しようとしている」「わたしの心はすこしばかりまえを行っている」→「心」は三おばさんがすでに死んだ後を考えている状態，「わたしの体はこの国の，この街の，この悲しみのただなかに在る」→「体」は三おばさんが死ぬかもしれないことを悲しんでいる，ということが，この時の「わたし」の「心」と「体」それぞれの状態の説明になる。設問の指示を記述の手がかりとして，本文の内容を的確に説明していくことが重要だ。

二　問4

★合否を分けるポイント

傍線部3「先生の方が，たいていの質問をすることの，それが理由です」の「理由」の説明として最もふさわしいものを選ぶ選択問題である。文脈と論の流れを的確に読み取れているかがポイントだ。

★選択肢の説明をていねいに確認する

筆者が引用している，傍線部3を含む《　》部分は，先生とは，生徒の心のなかに問題をあらためて作り出すようつとめる人であって，それをやる戦略は，生徒がすでにはっきりとは言葉にできないけれど知っていることを認めさせることであり，生徒が知っていることを本当に知ることをさまたげている，心の中の抑圧のいろんな力をこわすことが，先生が質問をする理由である，という内容である。さらに，《　》部分の「戦略」について，サッカーを例に，戦略として監督が大きい規模で方針を決め，戦術として選手が実際にこまかに進めることとともに，両親に認めてもらいたい要求を切り出す時，はっきり考えているわけではないけど，胸の中でなんとなく感じていることを戦略と戦術を持って話そうとすることを述べているので，これらの内容をふまえて「先生が大局的な方針をもとに」「生徒の胸の中で言葉にできずにいるものに，形を与えて生徒自身に気付かせる」とあるイが正解となる。他の選択肢は「先生」と「生徒」の説明が本文をふまえていないので，いずれもふさわしくない。選択肢の説明が本文そのままではないことに注意して，本文の内容の正しい要旨になっているかをしっかり確認していこう。

2023年度 早稲田中学校 合否を分けた問題 国語

一　問1

★合否を分けるポイント

傍線部1「その場で英弘の首を絞めあげたい，という突発的な欲望を止めることができた」とあるが，この時の毅の心情について説明した文の空欄に入ることばを書き抜く問題と，選択する問題である。本文の描写から具体的な心情を読み取れているかがポイントだ。

★直接描かれていない心情を読み取る

空欄ⅰは憲弘の性格で，傍線部1すぐ前「しかし思いやりが……」で始まる段落で「思いやりがあって空気を読める子(15字)」と描かれているので見つけやすいが，ⅱ・ⅲは傍線部1の描写から心情を読み取る必要がある。傍線部1前で，ハンバーグを作るはずが失敗して「挽き肉炒め」になってしまい，泣きそうになっている美佳子の気持ちを察して，「思いやりがあって空気を読める子」である憲弘が一生懸命美佳子をかばおうとしていることが描かれている。そんな憲弘とは対照的に「『あれ？ハンバーグじゃなかったんですか？予定変更？これは何ていう料理なんです？』」と英弘が言ったため「英弘の首を絞めあげたい」ほど毅は怒りで頭にきていたが，「憲弘が物凄い目つきで父親を睨みつけていた」ことで，毅は「突発的な欲望を止めることができた」ということである。「憲弘が物凄い目つきで父親を睨みつけていた」の感情として，ウの「憎悪」，オの「非難」が候補として考えられる。また，毅の「突発的な欲望を止めることができた」は，怒りや不満などを発散して解消するという意味の「うっぷんを晴らす」という表現より，憲弘のおかげで英弘に対する「怒りを抑えることができた」のほうが的確に説明されているので，オが正解であることがわかる。問6でもこの設問同様，本文の描写から心情を示した選択肢を選ぶ問題が出題されているが，このように，本文に言葉で直接的に描かれていない心情を読み取れることが小説や物語の読解では非常に重要だ。喜怒哀楽といった感情を直接的な言葉ではなく，表情や情景などで表現するのが小説や物語の面白さでもあり上手さでもある。描写にこめられた心情を楽しみながら読み取っていこう。

二　問6

★合否を分けるポイント

傍線部5「人間はじつに浅はかに利己的であった」とあるが，なぜそのようにいえるのか，解答欄に合うように指定字数以内で説明する記述問題である。明確に述べていないことを，本文の文脈から的確に読み取れているかがポイントだ。

★何を説明すればよいか，手がかりを見つける

傍線部5そのものについて詳しく述べていないが，設問の「動物たちとは異なり」ということが手がかりになる。5直前の段落で，「動物たち」のふるまいについて述べており，このことを人間にあてはめて説明することに着目しよう。この段落では「動物たちは利己的であるがゆえに，損することを極端に嫌う。浅はかに利己的にふるまいすぎてしっぺ返しを食ったときに，やっとそれをやめるのではなく，もっと『先』を読んでいるらしい。……損になりそうだと思ったら，もうそれ以上進まないのである。その点では，動物たちのほうが徹底して……きわめて賢く利己的である」ということを述べている。「賢く利己的な」動物たちのふるまいの説明から，その反対に「浅はかに利己的」な人間を説明するということになる。

この設問のように，問われている箇所が本文で明確に説明されていない場合，補われている解答欄の言葉や前後の段落を確認して，手がかりをしっかり見つけていこう。

2022年度 早稲田中学校 合否を分けた問題 国語

一　問3

★合否を分けるポイント

傍線部1「未来の自分を想像してみないか」とあるが，ここには川嶋先生のどのような思いが込められているか，ふさわしいことばを空欄に補う記述問題である。場面のつながりとともに物語全体の流れをとらえられているかがポイントだ。

★小説や物語をどのように読み取っていくか

本文の物語の流れを整理すると，観光客の小西さんが発作を起こし，あの日を思い出して迷っていた有人だが，「未来の自分を想像してみないか」という叔父＝川嶋先生の声を聞いて，助けるための行動に出る→小西さんが無事ドクターヘリで運ばれ，大人たちがヒーローの有人をねぎらいながら帰っていく中，有人と誠は二人でその場に残る→医者になりたかった思い，悔やみ続けたあの日の一部始終を話す有人は，誠に小西さんを助けた理由を聞かれ，冒頭の場面＝叔父の声を聞いて「十年後，二十年後の自分を想像して，今を振り返った。黙って突っ立っている己を後悔しないか考えた」ことを思い出す→島に住んでいる人は覚悟があり，最善を尽くしてくれる川嶋先生なら諦めがつく，そんな川嶋先生に似てた，と誠が話すのを聞いて，「灯」＝医師になりたい気持ちがもう一度生まれた，となる。物語全体の流れをつかむことで，冒頭の傍線部1「未来の自分を想像してみないか」は，誠に小西さんを助けた理由を聞かれた場面で具体的に描かれていることが読み取れる。この設問だけでなく，場面のつながりとともに物語全体の流れをとらえることで，問6，問7なども本文から的確に読み取ることができる。小説や物語では，時間や場所で区切られる場面ごとのつながりをおさえながら，物語がどのように展開しているのかを読み取っていくことが重要だ。

二　問5

★合否を分けるポイント

傍線部3「小説のタイトルは，誠実であることが大切だ」とあるが，それはなぜか，設問の説明の空欄にふさわしいことばを補う記述問題である。本文の要旨をとらえ，端的なことばで説明できているかがポイントだ。

★どこに着目し，どうまとめるか

空欄Xには〈作者が「門」というタイトルで表現することができること〉，空欄Yには〈そのようなタイトルを持つ小説を読んだ人が小説について受け止めること〉が入ることを確認する。〈作者が「門」というタイトルで表現することができること〉については，「たしかに『門』だけのほうが……」で始まる段落で，「門」は分かりづらいが，「『ああ，夏目漱石は深く悩み，深く考えてくれている』とほっとしただろう」と述べている。また〈そのようなタイトルを持つ小説を読んだ人が小説について受け止めること〉については，最後の2段落で，「小説は，『ちゃんと自分以上に悩んでいる，苦しんでいるやつがいる』って教えてくれる」から，「つらくなったとき，小説は唯一寄り添ってくれる存在かもしれない」と述べている。これらの段落内容をおさえ，設問の説明を補うと，

たとえば「門」というタイトルは，作者が「深く悩み，深く考えてくれている」ということを表現することができ，そのようなタイトルを持つ小説を読んだ人は，小説とは「悩みに寄り添う」ものだと受け止めるから。

というような説明になる。着目する段落をとらえ，その内容を説明の文脈に合わせてことばを端的にまとめられるようにしよう。

MEMO

大切なことはメモしておこうネ！

2024年度

入 試 問 題

2024年度

早稲田中学校入試問題（第1回）

【算　数】（50分）　＜満点：60点＞

【注意】 定規，コンパス，および計算機（時計についているものも含む）類の使用は認めません。

〔１〕 次の問いに答えなさい。

(1) 次の計算をし，約分できない分数で答えなさい。

$$\frac{5}{2\times3}+\frac{11}{3\times4}+\frac{19}{4\times5}+\frac{29}{5\times6}$$

(2) 次郎くんはある本を読み始めて最初の５日間は同じページ数を読み進め，そのあとの３日間は旅行中のため１日あたり６ページ減らして読みました。旅行から帰ったあとは毎日，旅行中の１日あたりの４倍のページ数を読んだところ，旅行から帰って４日目にはじめて200ページを超《こ》え，この日にちょうどこの本を読み終えました。この本は全部で何ページありますか。

(3) 下の図のような東西に４本，南北に６本の道があります。南スタート地点から東ゴール，西ゴール，北ゴール地点のいずれかに進む方法は全部で何通りありますか。ただし，南方向には進むことができませんが，北方向，東方向，西方向のいずれかに進むことができます。また，一度通った道を通ることはできませんが，遠回りすることはできます。

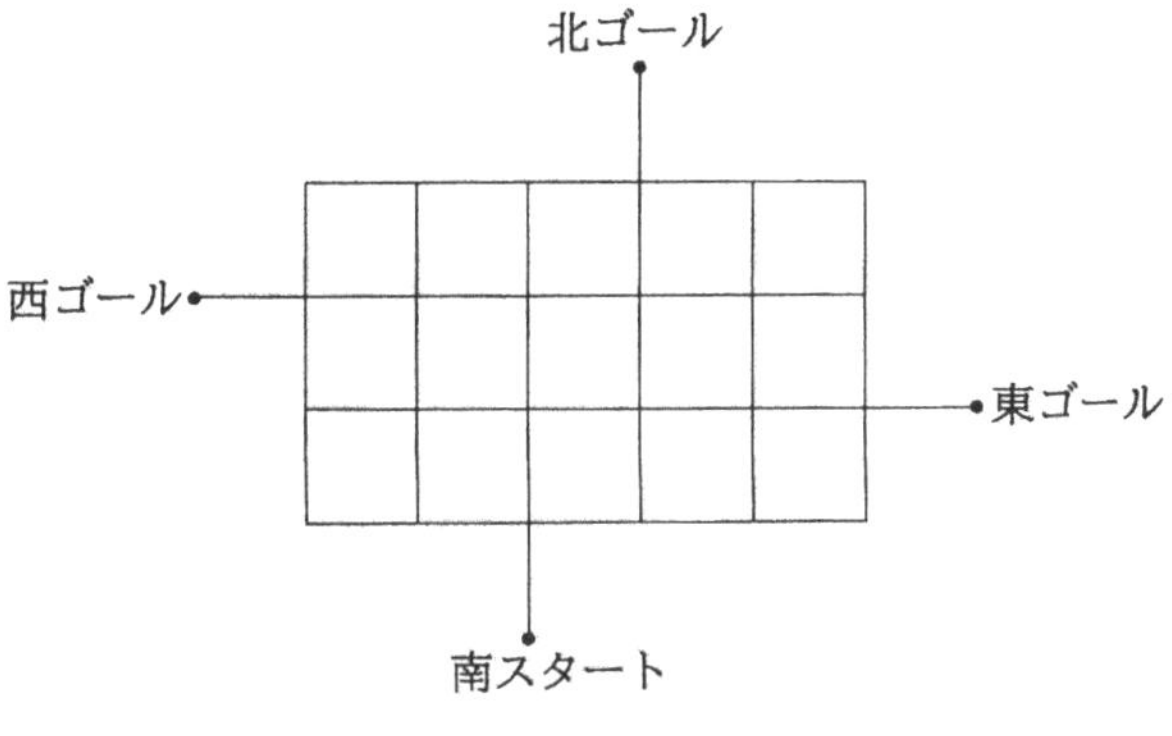

〔２〕 次の問いに答えなさい。ただし，円周率は3.14とします。

(1) 次のページの図において，角ア，イ，ウの大きさの比は１：２：３です。また，角エ，オの大きさの比は３：５です。角アの大きさは何度ですか。

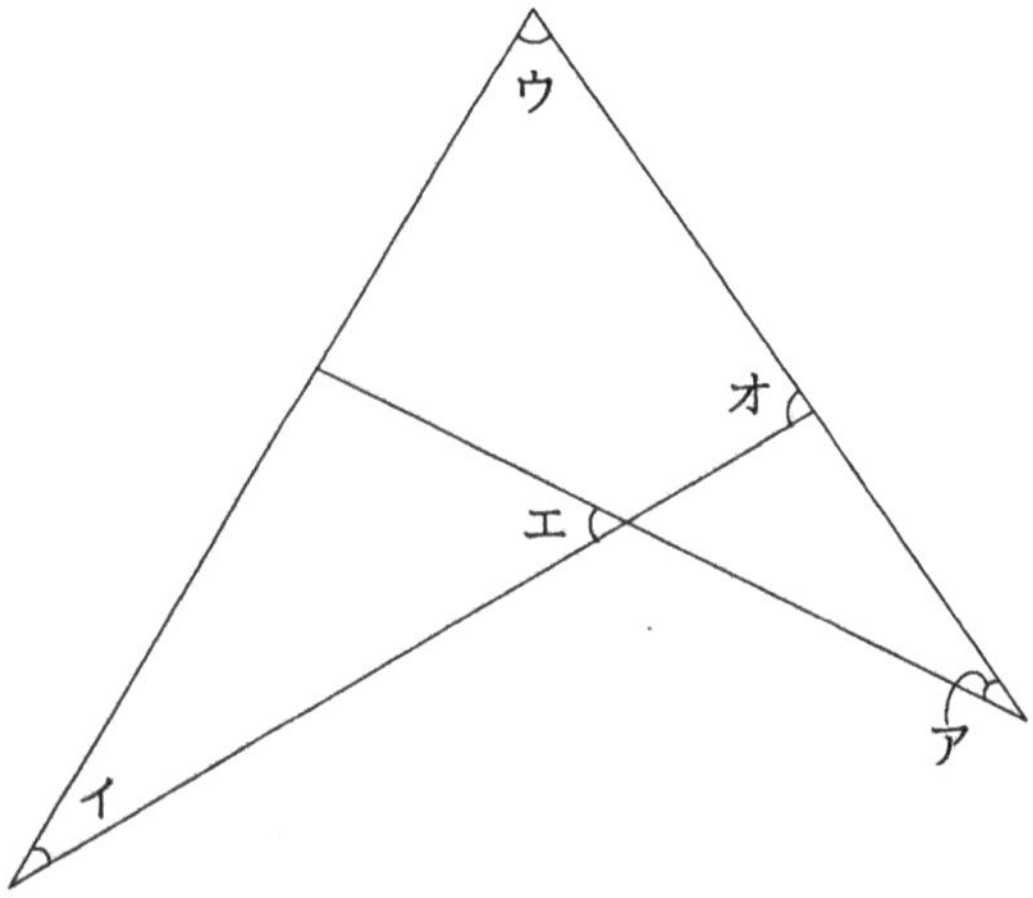

(2)　１辺の長さが10cmで面積が90cm²のひし形を，右の図のように４つの三角形と１つの四角形に分けました。４つの三角形の面積の合計と１つの四角形の面積の差は何cm²ですか。

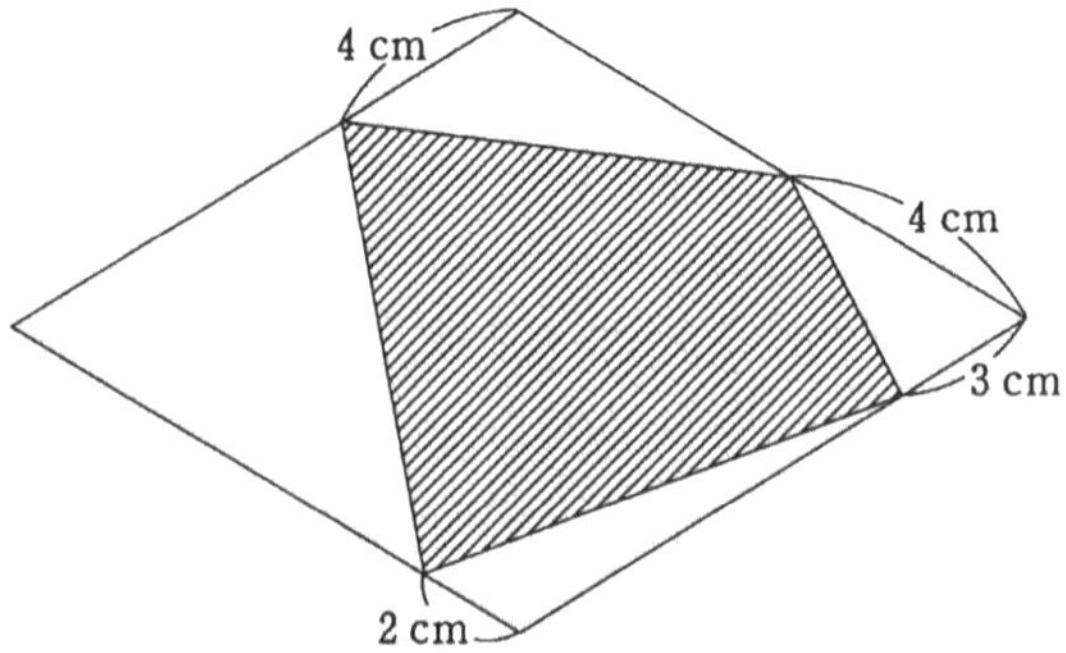

(3)　下の図のように線対称《しょう》なWの形の図形を，回転軸《じく》のまわりに１回転させてできる容器があります。その容器に上からいっぱいになるまで水を入れました。入れた水の量は何m³ですか。

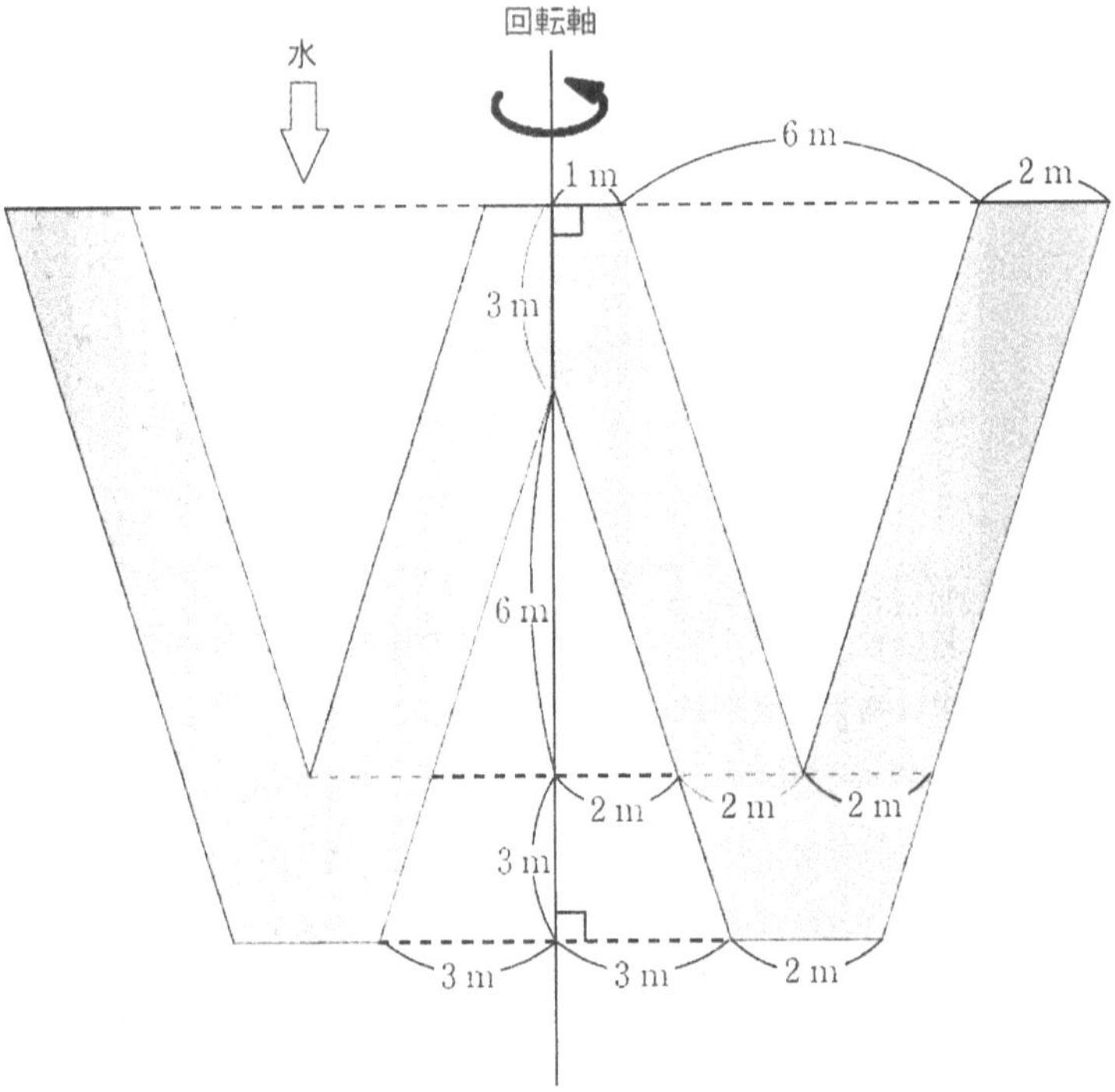

〔３〕 列車Ａと列車Ｂが，平行に敷《し》かれた線路の上をそれぞれ走っています。列車Ａの長さは列車Ｂの長さより42m短いです。次の問いに答えなさい。

(1) 列車Ａが車庫に入るために速度を落として時速21.6kmで走ったとき，停車している列車Ｂを完全に追いぬくのに33秒かかりました。列車Ｂの長さは何m ですか。

列車Ａと列車ＢはＰ駅からＱ駅まで走ります。342mのトンネルを完全にぬけるのに列車Ａは列車Ｂの２倍の時間がかかります。

(2) 列車Ｂの速度は列車Ａの速度の何倍ですか。

(3) Ｐ駅とＱ駅の間は16.5kmで，途《と》中に５つの駅があります。列車Ａはそれら５つの駅にそれぞれ１分間ずつ停車し，列車Ｂはそれら５つの駅をすべて通過します。Ｐ駅を列車Ａが出発してから15分後に列車Ｂが出発したところ，２つの列車は同時にＱ駅に着きました。列車Ｂの速度は時速何kmですか。

〔４〕 Ａ，Ｂ，Ｃの３人が２人で対戦するゲームを交代しながら行います。はじめにＡとＢが対戦し，Ｃが待機します。待機している人はゲームに負けた人と交代して，次のゲームを行います。これを繰《く》り返し，合計36回対戦を行ったところ，Ａ，Ｂ，Ｃの対戦回数の比は７：６：５でした。次の問いに答えなさい。

(1) Ａは何回対戦しましたか。

(2) 36回目の対戦でＡが勝ったとき，Ａは合計何回勝ちましたか。

(3) 36回目の対戦でＣが勝ったとき，Ｃは合計何回勝ちましたか。

(4) 31回目のゲームはＢとＣが対戦しました。36回すべてのゲームが終わったとき，31回目から36回目の６回の対戦の結果はＡが３勝１敗，Ｂが２勝２敗，Ｃが１勝３敗でした。36回目の対戦の結果として考えられるものを，次の**ア**～**カ**からすべて選びなさい。

ア．ＡがかちＢが負け　**イ**．Ｂが勝ちＣが負け　**ウ**．Ｃが勝ちＡが負け
エ．Ｂが勝ちＡが負け　**オ**．Ｃが勝ちＢが負け　**カ**．Ａが勝ちＣが負け

〔５〕 図１は１辺の長さが６cmの立方体で，点Ｐ，Ｑはそれぞれ辺ＦＧ，ＧＨの真ん中の点です。また，図２は図１の展開図です。あとの問いに答えなさい。

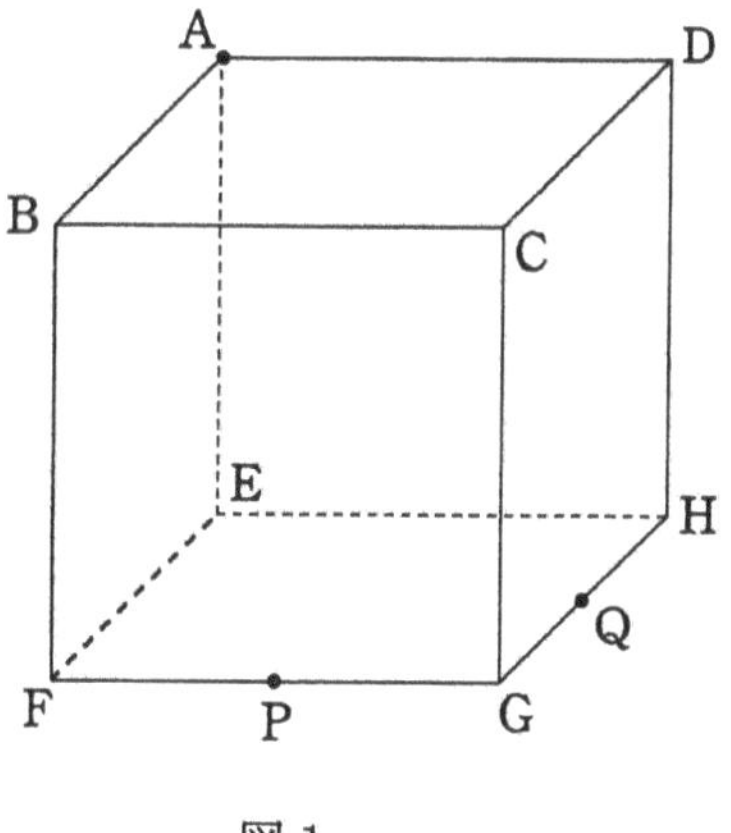

図１

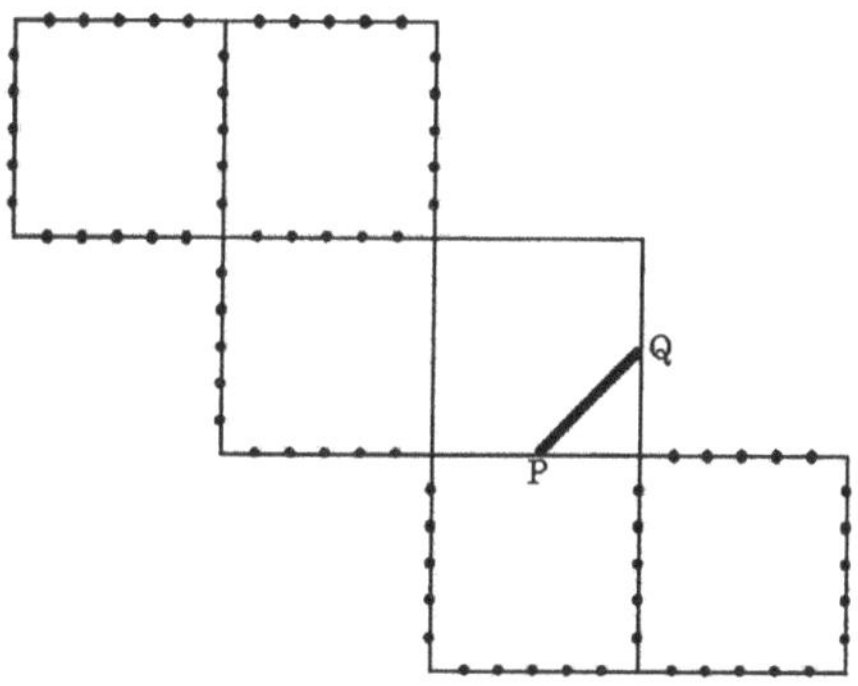

図２

(1)　図１の立方体を３つの点Ａ，Ｐ，Ｑを通る平面で切断しました。切り口の線をすべて解答らんの図にかき入れなさい。ただし，辺上の点は各辺を６等分した点です。

(2)　(1)の平面で切り分けてできた２つの立体のうち，頂点Ｅを含《ふく》む方の立体を**ア**とします。立体**ア**の体積は何㎝^{3}ですか。

(3)　(2)でできた立体**ア**を図１の３つの点Ｂ，Ｆ，Ｈを通る平面でさらに切断してできた立体のうち，小さい方の立体の体積は何㎝^{3}ですか。

【理　科】（30分）　＜満点：40点＞

【注意】定規，コンパス，および計算機（時計についているものも含む）類の使用は認めません。

〔1〕　火山の噴《ふん》火による被《ひ》害としては，噴火で吹き飛ばされた噴石や火山灰の降下，溶岩流，火山ガス，火さい流などが想定されます。想定される被害は，火山のマグマや溶岩の性質によって異なるため，火山ごとに対策をする必要があります。そのため，活動が活発な火山では，想定される災害やその規模などを地図上に示した（　①　）が作成されています。

表は，火山Aと火山Bが山頂の火口から噴火した場合の噴出物や想定される被害などを比べたものです。以下の問いに答えなさい。

表

比べる事がら	火山A	火山B
火山灰の特徴《とくちょう》	黒っぽい粒《つぶ》が多い	白やとう明な粒が多い
同じ条件で火山灰が届く範囲《はんい》	せまい	広い
噴石の特徴	黒っぽく、火口付近に多く降下する	白っぽく、より広い範囲に降下する
溶岩の量と範囲	放出される溶岩の量は多く、遠くまで流れ下っていく	放出される溶岩の量は少なく、山頂付近に留まる
火さい流の被害の範囲	想定されていない	山頂から全方位に広がり広い範囲にわたって被害が想定されている

問1　文章中の（①）にあてはまる語を，カタカナで記せ。

問2　火山Aの噴煙《ふんえん》の高さと火山の形を，火山Bと比べたものとして最もふさわしいものを選び，記号で答えよ。

	噴煙の高さ	火山の形
ア	火山Bより高くなる	なだらかな形
イ	火山Bより高くなる	ドーム状に盛り上がった形
ウ	火山Bより低くなる	なだらかな形
エ	火山Bより低くなる	ドーム状に盛り上がった形

問3　火さい流とは，高温の火山ガスが火山灰や噴石などとともに，火山の斜《しゃ》面を流れ下る現象である。火さい流が流れ下る速さは時速80㎞をこえることもあり，これは，火さい流と火山の斜面の間のまさつが小さいためである。まさつが小さい理由として最もふさわしいものを選び，記号で答えよ。

ア　火山灰や噴石の重さで火さい流が斜面に押し付けられるから

イ　火さい流にふくまれる火山灰や噴石の形が丸いから

ウ　最初に火山灰がたい積することで斜面が平らになるから

エ　火山ガスが火山灰や噴石と一緒になってうかび上がろうとするから

問4　火山Aの岩石名と，この岩石を顕微鏡で観察したときのスケッチの組合せとして最もふさわしいものを次のページから選び，記号で答えよ。

	ア	イ	ウ	エ
岩石名	玄武岩	玄武岩	花こう岩	花こう岩
スケッチ		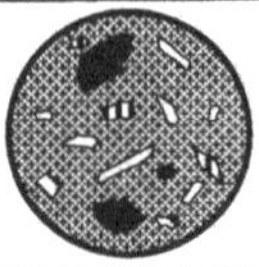		

問５　図は火山Ｃの火口と，火口からの距離を示したものである。この地域に風向が北西，風速が秒速９ｍの風がふいているとき，火山Ｃが噴火して多量の火山灰を噴出したとする。噴火してから２時間以内に火山灰が降り始めると予想される地点を**ア**～**ク**の中からすべて選べ。

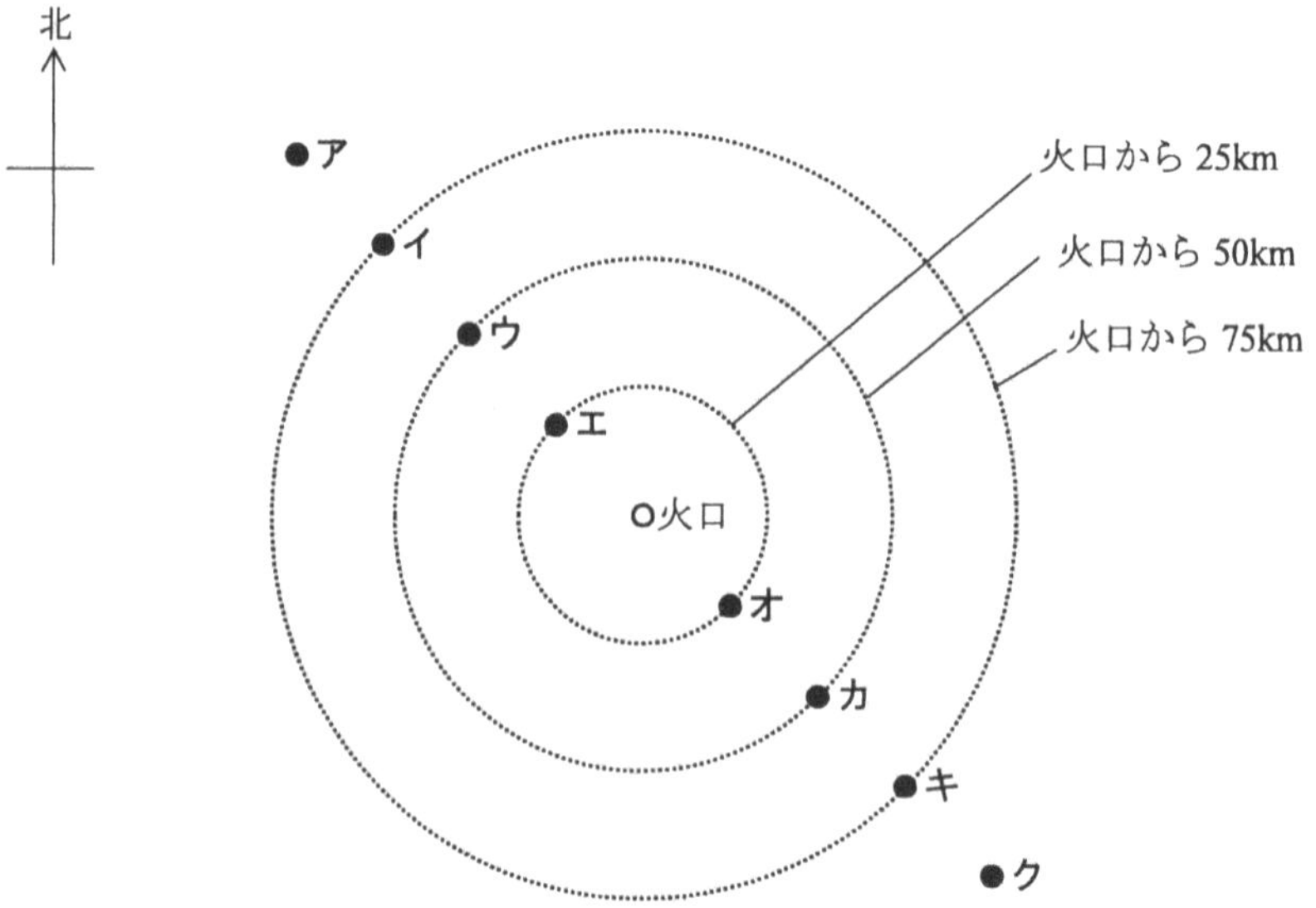

図

〔２〕　モンシロチョウについての文章を読み，以下の問いに答えなさい。

モンシロチョウはキャベツなどの葉に卵を産み付けます。卵は約１（　①　）でふ化し，幼虫が生まれます。幼虫は葉を食べて大きくなり，（　②　）回脱皮《だっぴ》をし，最終的には約３㎝の大きさにまで成長します。その後，幼虫は（　③　）のあたりから糸を出し，体を葉の裏側などに固定し，脱皮をしてさなぎになります。さなぎの中でチョウの体ができあがると，さなぎは羽化し，成虫になります。さなぎが成虫になるまでに約２（　④　）かかります。しかし，冬が近づくと，さなぎは羽ヒせずに，そのまま，春までその状態で冬越《こ》しをします。

問１　文章中の（①）～（④）にあてはまる語を，それぞれの選択肢から選び，記号で答えよ。

①の選択肢　**ア**　時間　**イ**　目　**ウ**　週間　**エ**　か月
②の選択肢　**ア**　３　**イ**　４　**ウ**　５　**エ**　６
③の選択肢　**ア**　口　**イ**　足　**ウ**　おしり
④の選択肢　**ア**　日　**イ**　週間　**ウ**　か月

問２　下線部について，モンシロチョウとは異なり，卵で冬越しをするこん虫をすべて選び，記号で答えよ。

ア　オオカマキリ　　**イ**　ナナホシテントウ　　**ウ**　カブトムシ　　**エ**　トノサマバッタ

ある地域のモンシロチョウの数を推定する方法として，標識再捕獲《ほかく》法という方法があります。モンシロチョウを一度つかまえて，標識をつけたら，自然にもどします。そして，再度つかまえて，そのなかの標識がついたモンシロチョウの数から，この地域のモンシロチョウの数を推定します。この方法は，主に次のような条件①～③が成り立つときに用いられます。

① この方法を行っている間に，この地域のモンシロチョウの数が変わらないこと

② 自然にもどしたモンシロチョウは，短い時間でほかのモンシロチョウとよく混じりあうこと

③ 自然にもどしたモンシロチョウと，まだつかまえられていないモンシロチョウの，つかまえられやすさに差がないこと

問３　モンシロチョウを50匹つかまえ，標識をつけてから自然にもどした。そして，再度50匹つかまえたところ標識がついているものが10匹いた。この地域にいるモンシロチョウの数は何匹と推定できるか。

問４　Ａ君がこの地域で，モンシロチョウを５月10日（晴れ）の朝方に50匹つかまえ，標識をつけてから自然にもどし，５月20日（くもり）の夕方に100匹つかまえた。このときの結果をもとにモンシロチョウの数を推定したところ，かなり不正確と思われる数が出てしまった。

(1)　Ａ君が得た不正確な数は実際の数と比べて，どのような値であったと考えられるか。最もふさわしいものを選び，記号で答えよ。

ア　多い　　**イ**　少ない

(2)　Ａ君の推定がよりうまくいくようにするにはどのように条件を変えればよいか。最もふさわしい文を選び，記号で答えよ。

ア　５月10日につかまえたら，再びつかまえるのは５月11日にする。

イ　５月10日につかまえたら，再びつかまえるのは５月30日にする。

ウ　最初に晴れの日につかまえたら，再びつかまえるのも晴れの日にする。

エ　最初に50匹つかまえたら，再びつかまえるのも50匹にする。

オ　最初に朝方につかまえたら，再びつかまえるのも朝方にする。

〔３〕　水素と酸素を混合した気体に火をつけると，それぞれが反応して水ができます。水素と酸素は必ず一定の割合で反応して，液体の水を生じます。

図１のような装置を用意し，水素50cm^3を入れた筒《つつ》に，さまざまな体積の酸素を混合して点火し，容器内に残る気体の体積を調べる実験をしました。点火すると，筒の中の水素と酸素が反応して気

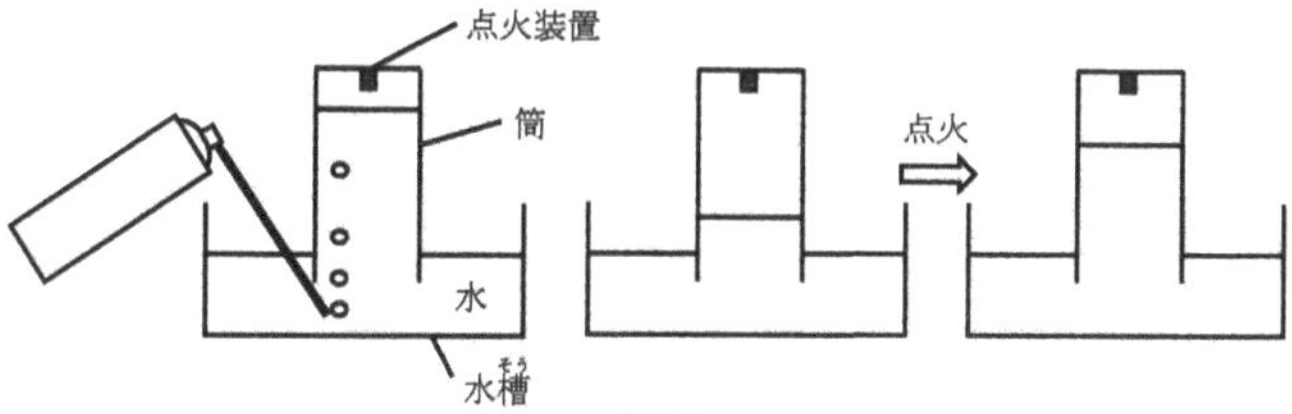

図１

体の体積が減り，水面が上がりました。加えた酸素と反応後に残った気体の体積の関係は，図２のようになりました。また，反応によって生じる水の重さは，図３のようになります。

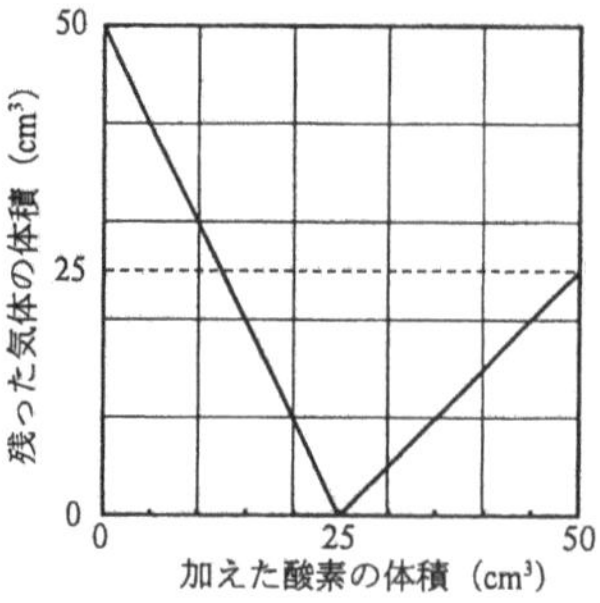

図２

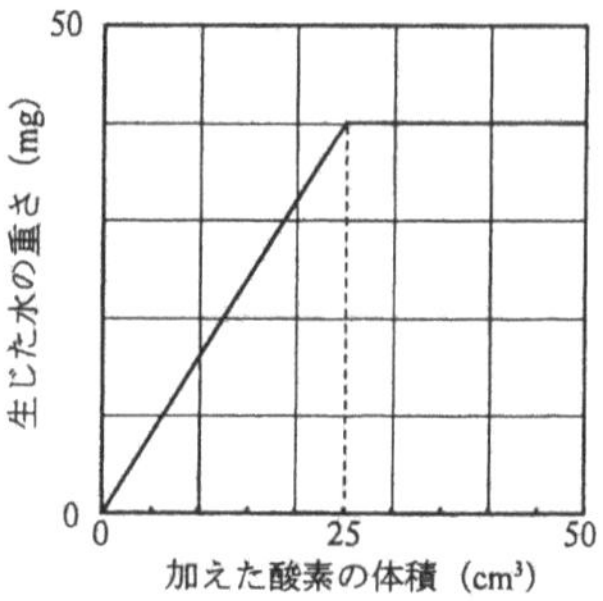

図３

問１　水素100cm^{3}と酸素70cm^{3}を混合した気体に点火すると，反応後に残る気体は何か。

問２　酸素50cm^{3}を入れた筒にさまざまな体積の水素を加えて反応させたときの，加えた水素と反応後に残った気体の体積を表すグラフを，解答らんに合うように図示せよ。

次に，水素，酸素，窒素《ちっそ》を混合した気体に点火し，残る気体の体積を調べる実験**Ａ**～**Ｄ**を行ったところ，以下の表のような結果が得られました。

表

	A	B	C	D
水素（cm^3）	50	50	60	60
酸素（cm^3）	20	30	20	30
窒素（cm^3）	10	20	20	10
残った気体（cm^3）	20	25	40	10

問３　水素40cm^3，酸素40cm^3，窒素20cm^{3}を混合した気体に点火すると，反応後に残る気体は何cm^{3}か。

問４　水素50cm^{3}と空気50cm^{3}を混合した気体に点火すると，反応後に気体が68.8cm^{3}残った。空気には酸素と窒素のみがふくまれているとすると，空気中にふくまれる酸素の体積の割合は何％か。

問５　表中の実験**Ａ**～**Ｄ**のうち，反応によって生じた水の重さが等しいものを２つ選び，記号で答えよ。

〔４〕　地球温暖化が問題になっていますが，二酸化炭素の排《はい》出量を減らすためには，エネルギーの使用量を減らす省エネルギー（省エネ）が大切です。中でも，物を温めたり冷やしたりするには多くのエネルギーが必要となるため，熱の伝わり方を工夫すると大きな省エネ効果が得られます。以下の問いに答えなさい。

問１　次の(a)，(b)は熱を伝わりにくくする工夫（断熱）をすることで省エネが実現できる例である。ここで減るように工夫している熱の伝わり方と，同じ熱の伝わり方をしている現象として最もふさわしいものを，あとの**ア**～**エ**からそれぞれ選び，記号で答えよ。

(a)　窓枠《わく》をアルミサッシから樹脂《じゅし》サッシに変えると，冬でも室温が下がりにくくなる。

(b)　夏の暑い日中，窓の外にすだれを垂らすことで，エアコンで使う電気の量を減らせる。

ア　みそ汁を温めたら，みそが入道雲のようにわき上がった。

イ　予防接種をする前に，アルコール消毒をしたらひんやりした。

ウ　フライパンを火にかけると，金属部分だけが熱くなり，木の持ち手は熱くならなかった。

エ　キャンプファイアで火にあたると温かかったが，人の後ろになると寒かった。

ある量の水の温度を10℃上げるには，5℃上げる場合の2倍の熱が必要になります。おふろが冷めると追いだき機能で温め直しますが，断熱材の入った浴槽《よくそう》に，そうでない浴槽に比べてお湯が冷めにくいので省エネになります。

同じ大きさ，形で断熱材入りの浴槽と断熱材なしの浴槽でのお湯の冷め方を比べる実験を行いました。表はその結果です。

表

	断熱材入り	断熱材入り	断熱材なし	断熱材なし
	ふたあり	ふたなし	ふたあり	ふたなし
24時間後のお湯の温度	34℃	20℃	28℃	20℃

問2　この実験では，2つの浴槽の形や大きさの他にもいくつかの条件を同じにする必要がある。その条件について書かれた以下の文の［　］にあてはまる語を答えよ。

「実験開始時の2つの浴槽内のお湯の［ ① ］で［ ② ］を同じにする。」

問3　実験結果からは，断熱材の効果はふたをしないと得られないことがわかる。ふたのはたらきを説明した以下の文の［　］にあてはまる語を答えよ。

「ふたをすると，冷たい空気と直接ふれることがなくなるのに加え，お湯が［　］しにくくなることが主な理由となって，温度が下がりにくくなる。」

断熱材を入れた浴槽では，1日たってもお湯の温度が34℃までしか下がりませんでした。そこで，翌日おふろを沸《わ》かしなおす際に，浴槽内の残り湯できれいな水を温めてから湯沸かしをすれば，省エネになります。実際にこのような仕組みを作るのは大変ですが，どのくらい省エネになるか考えてみましょう。

前日のおふろの残り湯が34℃，水道のきれいな水が10℃であったとします。同じ量の残り湯ときれいな水を，金属容器を通じて熱が伝わるように接触させ，両者を同じ温度にします。その際，熱はまわりににげないものとします。その後，温まったきれいな水を加熱しておふろを沸かします。

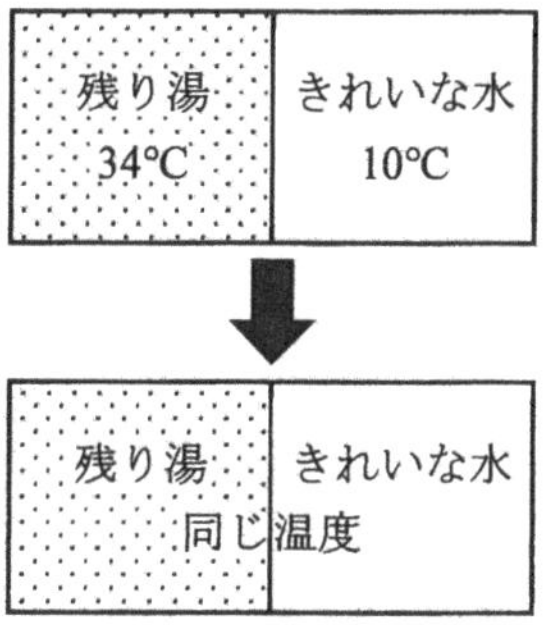

問４　このやり方で40℃のおふろを沸かすのに必要となる熱は，10℃の水から沸かした場合の熱に比べて，何％減るか。

このやり方では，お湯や水を分割して接触させることで，もっと水の温度を上げ，必要な熱を減らすことができます。いま，34℃，120Ｌの残り湯を60Ｌずつ Ａ と Ｂ の２つに分けます。また，きれいな10℃の水も60Ｌずつ Ｘ と Ｙ の２つに分けます。これを次の順序で接触させます。

〈１〉最初に Ａ と Ｘ を接触させて同じ温度にする。

〈２〉次に Ａ と Ｙ，Ｂ と Ｘ を接触させて，それぞれ同じ温度にする。

〈３〉次に Ｂ と Ｙ を接触させて，同じ温度にする。

〈４〉最後に得られた Ｘ と Ｙ を混ぜる。

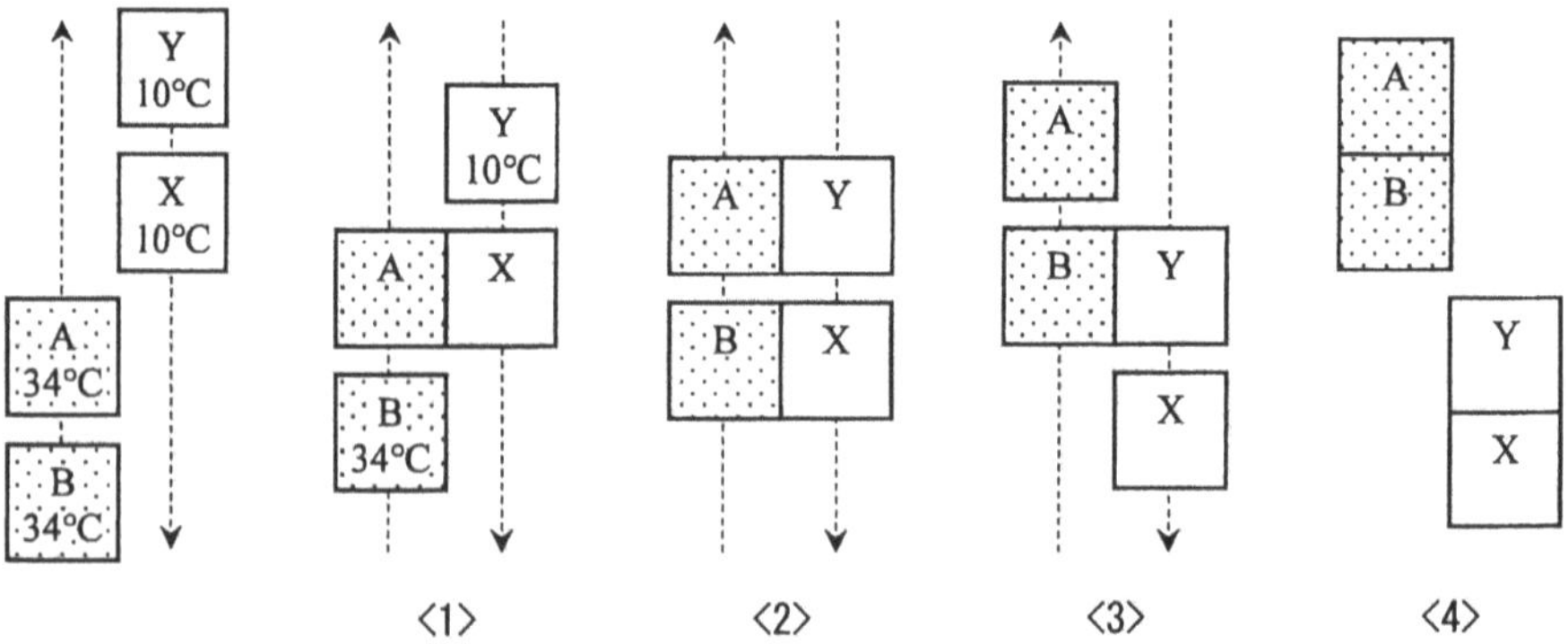

問５　最終的に得られた Ｘ と Ｙ を混ぜた水の温度は，何℃になるか。

【社　会】（30分）　＜満点：40点＞

〔１〕 万博について次の文章を読み，各問に答えなさい。

　万博とは，国際博覧会条約に基づき，フランスのパリに本部を置く博覧会国際事務局（BIE）に登録された国際博覧会のことです。世界で最初の万博は，ロンドン万国博覧会（1851年）でした。当時のイギリスでは産業革命が進み，会場ではイギリスの機械や薬品，陶磁器などが展示されました。イギリスはこの万博によって，自国の工業力を世界にアピールしました。

　日本が初めて万博に参加したのは，パリ万国博覧会（1867年）で，「幕府」および，①「肥前藩」，「薩摩藩」が参加しました。日本政府として公式に参加したのは，ウィーン万博（1873年）でした。②日本では過去に５回の万博が開催《かいさい》されましたが，実は幻《まぼろし》となった万博があります。1940年に東京・横浜を会場として予定され，入場券を印刷・販売《はんばい》するまで準備が進んでいたものの，（　あ　）のため中止となりました。そのため，最初の万博は1970年でした。この時，世界ではじめて人工衛星の打ち上げに成功した（　い　）のパビリオンには実物の人工衛星，（　う　）のパビリオンにはアポロ宇宙船の宇宙飛行士が月から持ち帰った「月の石」などが展示され，長蛇《ちょうだ》の列ができました。

　次回，2025年に日本で開催されますが，会場は人工島です。世界とつながる海と空に囲まれた万博として，ロケーションを生かした企画《きかく》や発信が行われる予定です。また，この年は「持続可能な開発目標（SDGs）」の目標年2030年まで残り５年となる年であり，その実現に向けての方策や貢献《こうけん》が求められることになります。

問１　文中の下線部①に関して，各問に答えなさい。

(1)　この藩の出身で，内閣総理大臣を２回務めた人物を**漢字**で答えなさい。

(2)　この藩の地域では古来，焼き物（陶磁器）の生産が盛んでした。次のＡ～Ｄは，この地域のものを含《ふく》む日本で代表的な焼き物です。表１の**ア～エ**は，この４ヵ所の産地がある県の県庁所在地の気温と降水量を示したものです。このうち，Ａの産地が位置する県の県庁所在地のものを**ア～エ**から１つ選び記号で答え，その都市名を**漢字**で答えなさい。

Ａ：瀬戸焼　　Ｂ：有田焼　　Ｃ：九谷焼　　Ｄ：益子焼

表１　　※　上段が月平均気温（℃）、下段が月降水量（㎜）、1991年～2010年の平均値。

	1月	2月	3月	4月	5月	6月	7月	8月	9月	10月	11月	12月	全　年
ア	4.8	5.5	9.2	14.6	19.4	23.0	26.9	28.2	24.5	18.6	12.6	7.2	16.2
	50.8	64.7	116.2	127.5	150.3	186.5	211.4	139.5	231.6	164.7	79.1	56.6	1578.9
イ	4.0	4.2	7.3	12.6	17.7	21.6	25.8	27.3	23.2	17.6	11.9	6.8	15.0
	256.0	162.6	157.2	143.9	138.0	170.3	233.4	179.3	231.9	177.1	250.8	301.1	2401.5
ウ	2.8	3.8	7.4	12.8	17.8	21.2	24.8	26.0	22.4	16.7	10.6	5.1	14.3
	37.5	38.5	87.7	121.5	149.2	175.2	215.4	198.5	217.2	174.4	71.1	38.5	1524.7
エ	5.8	7.0	10.4	15.3	20.0	23.5	27.2	28.2	24.5	19.1	13.3	7.8	16.9
	54.1	77.5	120.6	161.7	182.9	327.0	366.8	252.4	169.3	90.1	89.4	59.5	1951.3

（『データブック オブ・ザ・ワールド2023』）

(3)　この藩の南に位置する海において，現在最も多く養殖されているものを次の中から１つ選び，記号で答えなさい。

ア　のり　　**イ**　わかめ　　**ウ**　かき　　**エ**　ほたて　　**オ**　真珠

(4)　この藩の南に位置する海では，長年〔　X　〕が行われてきました。現在，同じ海に面している長崎県諫早《いさはや》湾では，この〔　X　〕事業によって生態系が崩《くず》れ，地域住民による抗議運動が起こり，裁判となりました。この〔X〕にあてはまる言葉を**漢字**で答えなさい。

(5)　(4)の〔X〕について，表２はこの〔X〕が行われた時代とその面積（単位：ha）を示したものです。この表から，①平安期～戦国末期（約800年間）と，②江戸時代を比較すると，１年あたりの〔X〕面積が増加したことが分かります。１年あたり，おおよそ何倍に増加したのか，**整数**で答えなさい。また，その理由を説明した次の文の空欄《らん》にあてはまる言葉を語群から１つずつ選び，記号で答えなさい。

（　a　）が増加し，（　b　）のために（　c　）する必要があったため。

表２

時　代	〔 X 〕面積
沖積世～奈良時代	30,600
①平安期～戦国末期	6,000
②江戸時代	5,928
明治時代	924
大正時代	272

（九州農政局の HP より作成）

（a）：　**ア**　人口　　**イ**　貿易　　**ウ**　疫病《えきびょう》　　**エ**　戦乱

（b）：　**ア**　商業拡大　　**イ**　食糧増産　　**ウ**　防衛　　**エ**　安全衛生

（c）：　**ア**　城郭《じょうかく》を整備　　**イ**　隔離病棟《かくりびょうとう》を建設　　**ウ**　耕地を拡大　　**エ**　街道を整備

問２　文中の下線部②に関して，表３は日本で過去に開催された５回の万博および，これから開催予定の万博についてまとめたものです。これを参考に，各問に答えなさい。

表３

番号	万博名	テーマ	開催年
1	日本万国博覧会	（　A　）	1970
2	沖縄国際海洋博覧会	「海 - その望ましい未来」	1975
3	国際科学技術博覧会	「人間・居住・環境と科学技術」	1985
4	国際花と緑の博覧会	「花と緑と生活の係わりを捉え　21 世紀へ向けて潤《うるお》いのある社会の創造を目指す」	1990
5	日本国際博覧会	（　B　）	2005
6	国際博覧会	（　C　）	2025

(1)　表３の空欄（A）～（C）にあてはまるテーマの組み合わせとして正しいものを，**ア**～**カ**から１つ選び，記号で答えなさい。

テーマ	ア	イ	ウ	エ	オ	カ
「いのち輝く未来社会のデザイン」	A	A	B	B	C	C
「自然の叡智《えいち》」	B	C	A	C	A	B
「人類の進歩と調和」	C	B	C	A	B	A

⑵　2025年の万博開催地を図１の**ア**～**エ**から１つ選び，その島名を次の**カ**～**ケ**から１つ選び，それぞれ記号で答えなさい。

カ　舞浜　　**キ**　夢洲

ク　舞洲　　**ケ**　ポートアイランド

図１　（地理院地図より作成）

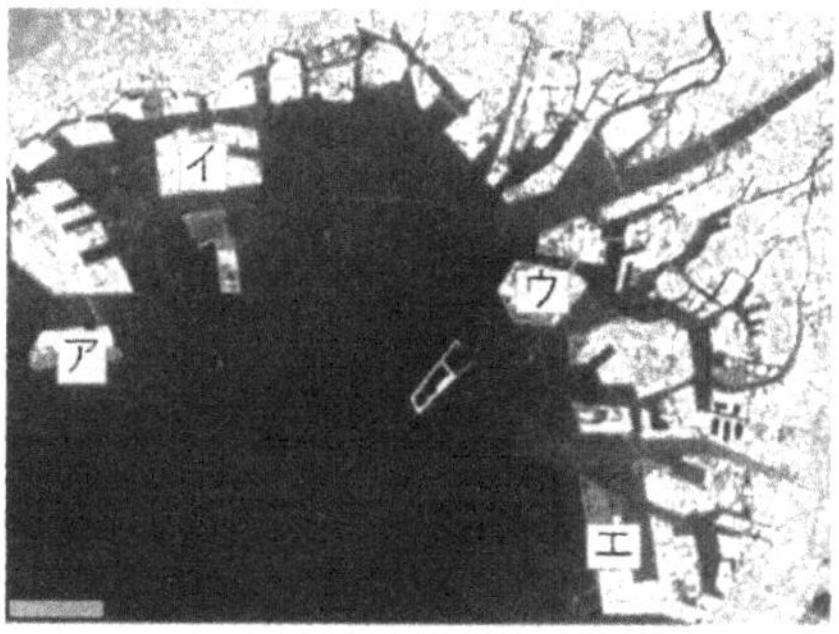

⑶　表３で開催地が同じ都道府県のものが３つあります。その**３つ**の番号を選び，**番号順**に答えなさい。

問３　文中の空欄（あ）にあてはまる出来事を次の中から１つ選び，記号で答えなさい。

ア　世界恐慌　　**イ**　第一次世界大戦　　**ウ**　日中戦争　　**エ**　関東大震災

問４　文中の空欄（い）と（う）にあてはまる国名を次の中から１つずつ選び，記号で答えなさい。

ア　アメリカ合衆国　　**イ**　イギリス　　**ウ**　ソ連　　**エ**　フランス　　**オ**　中国

〔２〕　次の文章を読み，各問に答えなさい。

ある中学校の歴史研究部の部室で３年生の沢田くん，２年生の石川くん，１年生の李くんが話しています。

沢田：ぼくの出身地は京都なんだ。794年に〈　A　〉天皇が平安京に都を移して平安時代が始まり，続く鎌倉時代や室町時代も京都は繁栄していたよ。応仁の乱で京都は荒廃《こうはい》したが，フランシスコ＝ザビエルは，天皇・将軍から①キリスト教を広める許可を得るために京都を訪れているんだ。

石川：織田信長は「（　②　）」という言葉を含む印章を用いましたが，信長の時代の「（　②　）」は，全国ではなく，京都を中心とする畿内を意味することが多いようですね。

沢田：③京都や大阪は江戸時代も経済や文化の中心だった。そして近代の京都や大阪にも，④大阪紡績会社のように産業の発展に大きな役割をはたした会社や工場が多くあったよね。また，⑤現在の天皇や上皇は東京で即位《そくい》の礼をしているが，昭和天皇や大正天皇は京都御所でおこなったんだ。

李　：私は東京生まれですが，両親は中国出身です。中国との関係も日本の歴史では重要だと思います。飛鳥時代や奈良時代の朝廷は遣隋使や遣唐使を派遣し，中国の進んだ制度や文化を取り入れました。遣隋使としては607年に派遣された〈　B　〉が有名です。平安時代には平清盛が（　⑥　）の商人との貿易を進めました。明治時代になると，日本は朝鮮半島への勢力拡大をめぐって清やロシアと対立し，⑦日清戦争や日露戦争では中国大陸が戦場になりました。

石川：私は北海道で生まれました。日本の歴史を考えるうえで，北海道や沖縄のことも忘れてはいけません。1669年にアイヌの人びとは〈　C　〉を中心に松前藩と戦いました。この戦いに敗れるまで北海道のアイヌの人びとの多くは，松前藩に支配されていたのではなく，商売の相手でした。2008年には国会で「アイヌ民族を（　⑧　）民族とすることを求める決議」が可決されています。15世紀初めに沖縄に成立した（　⑨　）王国は，日本・中国・東南アジアをつなぐ貿易の中継地として繁栄していました。

問１　〈A〉～〈C〉にあてはまる人名を解答欄に合わせて答えなさい。ただし〈A〉と〈B〉は**漢字**で，〈C〉は**カタカナ**で答えなさい。

問２　下線部①に関して述べた文として正しいものを次の中から１つ選び，記号で答えなさい。

ア　種子島に来たフランシスコ＝ザビエルは，鉄砲とキリスト教を同時に日本に伝えた。

イ　江戸時代の初め，貿易船に乗ってきた宣教師たちによって，急速にキリスト教が広められた。

ウ　徳川綱吉が将軍のとき，キリスト教の信者を中心とする人びとが島原･天草一揆を起こした。

エ　明治政府は五箇条の御誓文のなかで，人びとがキリスト教を信じることを公認した。

問３　（②）にあてはまる言葉を**漢字**で答えなさい。

問４　下線部③に関して，京都に住んだ近松門左衛門の作品として正しいものを次の中から１つ選び，記号で答えなさい。

ア　『曽根崎心中』　**イ**　『東海道五十三次』　**ウ**　『南総里見八犬伝』　**エ**　『奥の細道』

問５　下線部④に関して，大阪紡績会社が生産しているものとして正しいものを**ア**～**エ**から１つ選び，大阪紡績会社の写真として正しいものを**カ**～**ケ**から１つ選び，それぞれ記号で答えなさい。

ア　生糸　**イ**　綿糸　**ウ**　自動車　**エ**　航空機

カ

キ

ク

ケ

問６　下線部⑤に関して，大正，昭和，平成の時代に起こった出来事として正しいものを次の中から１つずつ選び，記号で答えなさい。

ア　竹島が島根県に編入された。　**イ**　菅義偉内閣が成立した。

ウ　冬季オリンピック札幌大会が開かれた。　**エ**　韓国併合が行われた。

オ　国際連盟が発足した。　**カ**　阪神・淡路大震災が起こった。

問７　（⑥）にあてはまる中国の王朝の名前を**漢字**で答えなさい。

問８　下線部⑦に関して，日清・日露戦争について述べた文として**誤っているもの**をあとの中から**すべて**選び，記号で答えなさい。

ア　日清戦争の講和条約で，清は朝鮮が独立国であることを認めた。

イ　日清戦争に日本が勝利したため，イギリスは治外法権の撤廃《てっぱい》に同意した。

ウ　日露戦争の日本海海戦で，日本の連合艦隊が勝利した。

エ　日露戦争の講和会議はアメリカ合衆国で行われた。

オ　日清戦争と日露戦争に勝利した日本は，清やロシアから多額の賠償金《ばいしょうきん》を得た。

問９　（⑧）にあてはまる言葉を**漢字２字**で答えなさい。

問10　（⑨）にあてはまる言葉を**漢字２字**で答えなさい。

〔３〕 次の文章を読み，各問に答えなさい。

日本では少子高齢化《こうれいか》が進み，生産活動を支える生産年齢人口（15歳以上65歳未満の人口）は1995年をピークに減少傾向が続いています。①今後もさらに減り続けると予測されていて，労働力の不足，経済規模の縮小など，さまざまな課題が深刻化することが心配されています。そのため，②女性や高齢者など，より多くの人が働きやすい労働環境を整えることが重要になっています。

安倍元首相は，それぞれの事情に応じた（　A　）を選べる社会を実現するために「（　A　）改革」を進めてきました。現在の③岸田首相は，働く人の賃金を引き上げるための政策を打ち出し，企業に賃上げを呼びかけています。日本は長い間賃金の上昇《じょうしょう》が少なく，賃金が上がる諸外国と比べて日本人は少しずつ貧しくなってきました。それが日本経済の成長が少ない要因になっています。

2022年は，（　B　）や（　C　）によって（　D　）しました。〔中略〕2023年度の春闘《しゅんとう》（労働条件の改善をめざす交渉《こうしょう》）では，企業に対し④労働組合が賃金の引き上げを要求するとみられています。しかし，原材料の価格が上昇するなか，企業が積極的に賃金引き上げを行うことは難しい状《じょう》況《きょう》です。

近年，コロナ禍《か》の新しい働き方として，テレワーク（リモートワークとも言います）が広がりました。今後も働き方の一つとして定着するとみられています。　　（『日本のすがた2023』より）

問１　（A）にあてはまる言葉を文中から抜き出し，**３字**で答えなさい。

問２　（B），（C），（D）にあてはまる言葉の組み合わせとして正しいものを次の中から１つ選び，記号で答えなさい。

ア	B　ミャンマーのクーデター	C　急速な円安	D　物価が下降
イ	B　ミャンマーのクーデター	C　急速な円高	D　物価が下降
ウ	B　ロシアのウクライナ侵攻《しんこう》	C　急速な円安	D　物価が上昇
エ	B　ロシアのウクライナ侵攻	C　急速な円高	D　物価が上昇

問３　下線部①に関して，この大きな要因の１つである「2025年問題」について述べた次の文中の（E）と（F）にあてはまる言葉をそれぞれ**漢字４字**で答えなさい。

> 「団塊《だんかい》の世代」と呼ばれる人々が（　E　）者になることで，医療《いりょう》・介護《かいご》などの（　F　）費が急増することが懸念《けねん》されている。

問４　下線部②に関して，各問に答えなさい。

⑴　現在の日本では男女間の社会的格差が大きな問題であり，労働環境が悪化する一因となっています。男女間の生物学的な性差ではなく，「男らしさ」や「女らしさ」といった社会的・文化的性差に基づく格差のことを〈　　　　〉・ギャップと言います。空欄にあてはまる言葉を**カタカナ**で答えなさい。

⑵　現在の日本における男女間の格差の例について述べた文として正しいものを次の中から１つ

選び，記号で答えなさい。

ア　衆議院と参議院の全議員のうち，女性の占める割合は全体の約３割程度である。

イ　男性雇《こよう》用者の平均給与は，女性雇用者の約３倍となっている。

ウ　これまでに三権の長（首相，衆参両院の議長，最高裁長官）を務めたのは，全て男性である。

エ　男性雇用者の８割近くが正規雇用者であるのに対し，女性雇用者は半数以上が非正規雇用者である。

問５　下線部③に関して，この人物は2023年５月に開催された広島サミットに議長として参加しました。この出来事について，各問に答えなさい。

(1)　岸田首相は今回のサミットを通して，各国に多くの大事なことを呼びかけました。それらについて説明している次の２つの文の正誤を示すものを１つ選び，記号で答えなさい。

Ｇ　気候変動やパンデミックで「グローバル・サウス」と呼ばれる新興国・途上国が深刻な影響を受けていることを指摘《してき》し，各国が協力して支援《しえん》していくことを呼びかけた。

Ｈ　世界で唯一《ゆいいつ》の戦争被爆国の首相として「核兵器のない世界」をつくることを訴え，各国に核兵器禁止条約への調印を呼びかけた。

ア　Ｇ・Ｈともに正しい　　**イ**　Ｇのみ正しい

ウ　Ｈのみ正しい　　**エ**　Ｇ・Ｈともに誤りである

(2)　広島サミットに**参加していない人物**を次の中から**２人**選び，記号で答えなさい。

ア

イ

ウ

エ

問６　下線部④に関して，このようなことは日本国憲法によって保障されています。憲法について各問に答えなさい。

(1)　憲法第28条に示されている労働三権の内容として**誤っているもの**を次の中から１つ選び，記号で答えなさい。

ア　労働条件を改善するために使用者と話し合う権利

イ　労働者のみの組織を作って団体活動を行う権利

ウ　労働者側が要求を実現するためにストライキを行う権利

エ　労働の機会を誰《だれ》もが自由に求めることができる権利

(2)　日本国憲法では国民の様々な権利とともに，果たさなければならない義務についても定めています。仕事に就いて働く義務，税金を納める義務とともに，日本国憲法の三大義務とされているのは何ですか。解答欄に合うように**11～13字**で答えなさい。

ア　先生が教えた文章を真似て「マナブ」。
イ　次々に自分で読むべき本を見つけて読みつないでいく。
ウ　書物にのっている外国語や人名を他の本で調べてみる。
エ　英語の文章の意味を詳細《しょうさい》に理解し自分なりに日本語に置き換《か》えて「オボエル」。
オ　教科書以外の書物も読んで興味を持ったり正しいと思ったりした言葉をノートにメモする。

問４　傍線部**３**「先生の方が、たいていの質問をすることの、それが理由です」の「理由」の説明として最もふさわしいものを次から選び、記号で答えなさい。

ア　先生が言葉による置き換えを目的としてさまざまな事例を出しながら、生徒がまだ知らない新しい考え方を、単純化して説明するため。
イ　先生が大局的な方針をもとに具体的な発問を通して、生徒の胸の中で言語にできずにいるものに、形を与《あた》えて生徒自身に気付かせるため。
ウ　先生が学習目標を明示して勉強方法を解説することで、生徒に正解が一つでないことを理解させて、生徒から積極的に質問をできるよう仕向けるため。
エ　先生がサッカーを例にとって戦略や戦術を教えることによって、生徒が全く知らない未知の世界に言葉を与えて、生徒に知ることの本当の意味を考えさせるため。
オ　先生が戦術や戦略をうまく使って、生徒が知っている事柄《ことがら》に対する別の側面をそれとなく解説することで、本当の意味では知っているとはいえないことを分からせるため。

問５　傍線部**４**「サドル」とありますが、筆者の実践《じっせん》した「勉強法」のうち「サドル」にあたるものを三十字以上四十字以内で答えなさい。

問６　［**A**］に入る最もふさわしい語を、章番号３の本文中から二字で書き抜きなさい。

でいえば、トルシエ監督《かんとく》が試合に勝った後の談話で、まず前半は守りを固めてゆこう、後半は攻撃《こうげき》してゆこうとした、という。あれは戦略strategyをきめた、ということなんです。そして後半になると、ゴールまぎわで、中村選手が高原選手に幾度もパスを送ります。この実際のこまかな進め方が、戦術tactics《タクティクス》なんです。皆さんも自分のどうしても認めてもらいたい要求をお父さんやお母さんに切り出す時、自分がはっきり言葉にしてそう考えているのじゃないけれど、胸のなかではなんとなく――これが、さきの引用のうちの④です――戦略と戦術を持って、そうするのじゃないですか?

しかも、そのことをはっきり口に出してお父さんやお母さんにいうのが、なんとなく悪い、と皆さんが感じてもいる場合、ということがこれまでにあったのじゃないですか？　それを心のなかでの抑圧、英語だとrepression《リプレッション》といいます。それが⑤。

問題という言葉の横に①と書いたのは、もともとはsubject《サブジェクト》という英語だからです。先生方は、それを主題と訳されるのが［A］でしょう。しかし、私は、いま考えるこの問題、と強める気持をこめてですけれど、もっと［A］の、問題という言葉で訳しました。

さて②と書きつけた、あらためて作り出す、という言葉にあたる英語はre-create《リクリエイト》です。reの後にハイフン - がついていて、つまり複合語であることが示されています。〔略〕

私がなぜこんなこまかいことをいったかというと、私は子供の時、とくに辞書を熱心に引いたからです。そして英語の文章の意味をこまかく自分の頭にいれて、自分の日本語で内容がいえるようにしたのです。そしてほかの場合にも、ああ、これはあの英文でいっていたことと同じだ、と自分で判断できるようにしたからです。英語を英語のまま理解するということは、もちろんいいことです――帰国[c]シジョの方は、実際にそうでしょう――。しかし、私はこうしたんです。私の育った環境《かんきょう》ではこうするほかなかったんですね。そうすると、英語の本を読む時間は――日本語の本でも、きちんと読むとそうですよ――長くかかりますが、あきらかに、ためになります。

柳田國男《やなぎたくにお》という学者が、先生から教えられたことをそのまま真似《まね》るような勉強の仕方をマナブ――マネブという古い言葉と同じ――、それを自分で活用することもできるようにするのがオボエル――自転車の乗り方をオボエルというでしょう――、そして教えられなくても自分で判断できることを[4]サトルと分けました。マナブからオボエルに進まなくてはならないし、できればサトルようになりたい、といっています。

（大江健三郎・大江ゆかり『「自分の木」の下で』〔朝日新聞社〕より）

問１　傍線部ａ～ｃのカタカナを漢字に直しなさい。

問２　傍線部１「それをよいことにして」の意味の説明として最もふさわしいものを次から選び、記号で答えなさい。

ア　すばらしい母の考えにしたがって

イ　良くないことだと自ら反省をしながら

ウ　歯みがき粉がまだなかったので仕方がなく

エ　母のしつけがゆるやかだったことにつけこんで

オ　良いか悪いか判断がつかないことにかこつけて

問３　傍線部２「自分ひとりで勉強してやろう、と思い立ったのです」とありますが、筆者の「勉強」に関する説明として誤っているものを次のページから一つ選び、記号で答えなさい。

います。敗戦直後のことで、小学校上級から新制中学にかけての、つまりいまの皆さんの年齢《ねんれい》のころの私の村、四国の森のなかの学校には、師《し》範《はん》学校や大学で、教育のことを学んだ先生は、あまりいられませんでした。年をとられた先生たちは師範学校出身で、ずっと村にいられた方たちでしたが、戦争中に教えていられたこととは別のこと、反対のことを、平気で教えられました。生徒たちは――とくに私は――あまり良いことではありませんが、その先生たちを信用していませんでした。

　そこで私は、bナマイキにも、それこそ良いことではありませんが、2自分ひとりで勉強してやろう、と思い立ったのです。そして見つけた勉強法は、教科書でも普通《ふつう》の本でもいいのですが、そこで発見した面白《おもしろ》い言葉、または正しいと思う言葉を、ノートに書きつけて覚えてゆく、というやり方でした。

　また、そこに出て来る、外国語や、人の名を書きとっておいて、それを他の本で調べてみるということでした。そして、これは高校や大学に進んで、さらに自由に、さらに積極的にやったこと――そして、いまも続けていること――ですが、いまいった仕方で知ることのできた本から次の本へと、自分で読んでゆく本を見つけて、つないでゆく、というやり方でした。

4

　いまも続けている、といいました。それが本当だということを、いちばん新しい例で示します。私は今度皆さんにお話しするときまった時、いくらかでも教育として役にたつ話をしたい、と思いたったのです。それは二〇〇〇年の夏のことです。そして、最近の数年に読んでは教育のことを考えた本の幾つかを、もう一度読んでみました。

　それらのひとつに、これは皆さんが大学に入ったころ思い出していただきたい、という気持で著者の名と本のタイトルをいうのですが、ノースロップ・フライというカナダの学者の本がありました。それは『大いなる体系』という題で日本語にも訳されています。しかしここでは、人間の文化での言葉の役割についての、その内容の話をするのではありません。

　そこに――私の訳で引用しますが――こういう一節があるのです。

《先生とは、本来、すくなくともプラトンの『メノン』以来認められてきたとおり、知らない人間に教えることを知っている誰《だれ》か、というのではありません。かれは、むしろ生徒の心のなかに①問題を②あらためて作り出すようつとめる人であって、それをやるかれの③戦略は、なによりも、生徒にかれがすでに、④はっきりとは言葉にできないけれど知っていることを認めさせることなのです。それは、かれが知っていることを本当に知ることをさまたげている、心のなかの⑤抑圧《よくあつ》の、いろんな力をこわすことをふくみます。生徒よりはむしろ3先生の方が、たいていの質問をすることの、それが理由です。》

　さて、とても難しかったでしょう？　この文章を、いま皆さんが理解してくださらなくてもいいのです。いま私は、この文章を実例にして、どのように自分で勉強するか、ということの、ここに出てきた大切な単語、文節の脇《わき》に書きつけた数字でいえば③の、戦略を覚えていただこう、としているのですから。

　戦略という言葉は、英語でいえばstrategy《ストラテジー》です。皆さんがゲームをやる時、まず攻《せ》めてゆく大きい規模での方針をきめるでしょう。サッカー

〜⑤の傍線も原文に付けられたものです。

私は小説家です。毎日、文章を書いては、それを書きなおす暮らしをしています。それが私の、小説家としての「人生の習慣」です。

この習慣という言葉ですが、それには、良い意味と悪い意味があります。あまりよくない習慣、たとえばタバコをのむこと。それは肺ガンの原因になる、と調査研究にもとづいて医学者がいっているのですから、皆《みな》さんも大人になってタバコをのむ習慣はつけない方がいいし、お父さんにも、できればその習慣はやめてもらったほうがいい。そのような、悪い意味での習慣。

それと、もちろん良い習慣があります。たとえば、しっかり歯をみがく、という習慣。私の子供のころは戦争中で、皆さんは驚《おどろ》かれるでしょうが、しっかりした歯ブラシと歯みがき粉を——そのころは、いまのペースト状になったものなど、見たこともありませんでした——手に入れるのが難しかったのです。先生からは、指に塩をつけてみがくようにいわれました。そういう事情もあって、私の母親は子供が本を読んだり勉強したりすることを大切に思う人だったのですが、歯をみがくようあまりきびしくはいいませんでした。1それをよいことにして、私はしっかり歯をみがく良い習慣をつけませんでした。そのおかげで、もう永年《ながねん》後悔《こうかい》しています。

文章を書くこと、とくに書きなおすこと。それも、良い習慣だと思います。すくなくとも私は、自分でいったん小説を書きあげてから、幾度《いくど》も書きなおします。この習慣をつけなかったとしたら、いまも小説家として生きていることはできなかったと思うほどです。

それでは、いったん書いた文章を書きなおすことに、どのような良い効果があるのか？

それには、自分の文章を、よりよく理解してもらえるようにするという、他の人に対しての効果と、文章をより良いものにするという、自分にとっての効果とがあります。〔略〕

3

さて、もひとつ、私が皆さんにお話ししておきたいのは、子供の時に自分で勉強を伸《の》ばしてゆく、ひろげて行きもするということを、どのようにやるかです。そして、それを大人になっての、働きながら生きる勉強にどうつないでゆくか、ということです。今日は、皆さんのお父さんやお母さんたちにも来ていただいていますから、これは父母の方たちにも聞いていただきたいとねがって、私のやってきたことをお話しします。

さて私は小説家です。教育についてa**センモン**的に教わったことはなく——じつは、大学で、教育概論《がいろん》というのと教育心理学というのと、ふたつの講座を大きい教室で聞いたし、教育実習にも行ったのですが——、この国で中、高校の教師をしたことはありません。メキシコシティーにはじまって、カリフォルニア大学の幾《いく》つものキャンパスで、またプリンストン大学やベルリン自由大学で教えましたが、それはa**センモン**の大学生に対してする、文学についての講義です。一般《いっぱん》的な教育とはちがいます。

そこで、私は教える側ではなくて、教わる側のこととして、自分がどのように勉強してきたかを、経験からお話しするのです。私の子供の時の学校の様子は、あらかじめ読んでいただいた私の文章にいくらか出て

置かれた状況《じょうきょう》に対し［A］と感じつつも、［B］ようにしている。

A　ア　はずかしい
　　イ　どうしようもない
　　ウ　腹立たしい
　　エ　もの足りない

B　ア　周囲に隠《かく》さない
　　イ　場を和《なご》ませる
　　ウ　気を抜かない
　　エ　表に出さない

問3　傍線部**a**「にべもない」のここでの意味として最もふさわしいものを次から選び、記号で答えなさい。

ア　感情のこもった　　イ　陰湿《いんしつ》な　　ウ　遠回しな
エ　いくじのない　　オ　つきはなした

問4　傍線部**2**「わたしたちの心は、いつでもわたしたちの体とはちがうところに在る」とありますが、この時の「わたし」の「心」と「体」はそれぞれどのような状態ですか。「心」と「体」のそれぞれの説明に「死」ということばを必ず一度ずつ用いつつ、解答欄に合うように、四十字以上五十字以内で説明しなさい。

「心」は〔　**四十字以上五十字以内**　〕状態。

問5　傍線部**3**「走りきりたかった」とありますが、走りきるというのは「わたし」がどうすることですか。解答欄に合うことばを、本文中から五字以上十字以内で書き抜きなさい。

〔　**五字以上十字以内**　〕ること。

問6　［X］に入ることばとして最もふさわしいものを次から選び、記号で答えなさい。

ア　待合室　　イ　通過点　　ウ　避難所《ひなんじょ》　　エ　中心点
オ　会議室

問7　二か所の傍線部**4**「彼女の台詞を横取りした」「顎をしゃくった」から読み取れる内容として、最もふさわしいものを次から選び、記号で答えなさい。

ア　「わたし」は「三おばさん」を怖がっており、その言いつけをよく守ることで、「三おばさん」から気に入られている。
イ　他人の言うことも途中《とちゅう》でさえぎるような不良性を、「わたし」がよく受け継《つ》いだことに、「三おばさん」は納得《なっとく》している。
ウ　「三おばさん」と「わたし」の上下関係が、病気をきっかけとして入れ替《か》わり、生意気を言う「わたし」を「三おばさん」は快く感じている。
エ　「わたし」は育ての親のような「三おばさん」の考え方を自分のものとし、「三おばさん」は「わたし」の成長を誇《ほこ》りに思っている。
オ　「三おばさん」の言いつけ通り、博士論文を書き続ける以外のことには目もくれない「わたし」を、「三おばさん」は称賛《しょうさん》している。

問8　［Y］・［Z］に入ることばの組み合わせとして最もふさわしいものを次から選び、記号で答えなさい。なお、［Y］・［Z］はそれぞれ二か所ずつあり、その二か所には共通のことばが入ります。

ア　Y　大人　Z　子供　　イ　Y　子供　Z　大人
ウ　Y　成熟　Z　未熟　　エ　Y　未熟　Z　成熟
オ　Y　善人　Z　悪人　　カ　Y　悪人　Z　善人
キ　Y　本音　Z　建前　　ク　Y　建前　Z　本音

二　次の文章を読んで、後の問に答えなさい。なお本文19・20ページの算用数字3、4は原文に付いている章番号であり、本文19ページの①

満足と、東京へ戻る飛行機の予定時刻だけだった。

わたしが病院に通いつめた日々、三おばさんの容態はずっと安定していた。このまま持ち直すのではないかとうっかり信じてしまうところだった。しかし、ほかのおばさんたちのやつれた顔を見ると、そうではないということを思い知らされた。大おばさんは三おばさんが怒《おこ》りっぽくなったと愚痴《ぐち》り、二おばさんはいつも泣き腫《は》らした目をしていた。だけど、わたしがいるあいだに三おばさんが癇癪《かんしゃく》を作裂《さくれつ》させたことは一度もない。〔略〕

空港へ向かうまえに立ち寄ったとき、おばさんたちはわたしが生まれたときのことを話題にしておおいに盛り上がった。〔略〕

たぶん、わたしの存在がおばさんたちの X になっていた。わたしを生贄《いけにえ》にしているかぎり、気まずい沈黙《ちんもく》につけ入られることはない。だれも望まない未来をすこしだけ先延ばしにすることができた。しかし、わたしは東京へ戻らねばならなかった。

「ちゃんと勉強しなさいよ」三おばさんが言った。

「うん」

「でも、男はそれだけじゃだめ」

「わかってるよ」

「あんたにはずーっと言ってきたけど、こうと決めたらぜったいに最後までやり遂げなきゃつまんない。でも、心を乱さないかぎり――」

「『ちょっとくらい悪いことをしなさい』」わたしは4彼女の台詞《せりふ》を横取りした。「だろ？」

三おばさんは満足そうにうなずき、ほら、やっぱりあたしの育て方は間違《まちが》ってなかったでしょ、というふうに4顎《あご》をしゃくった。

国際電話がかかってきたのは、それから半月ほど経《た》った夜のことだった。いくぶん湿《しめ》った夜風が、窓枠《まどわく》を物悲しくゆさぶっていた。

泣きじゃくる四おばさんの話によれば、三おばさんは、死にたくない、死にたくない、とうなされながら、最期《さいご》に涙《なみだ》をひと筋だけ流したそうだ。そんな三おばさんの姿を想像するのはとてもむずかしかった。三おばさんのことだから、煙草を一服させてもらい、あばよと笑って逝《い》くような気がしていた。とどのつまり、一九七九年のあのころは、 Y と Z の見分けがまだちゃんとつく時代だったのだ。三おばさんは最後の最後まで、わたしに対して Y でありつづけた。

わたしはすこしだけ泣いた。涙がとめどなく溢《あふ》れた、というほどではない。わたしにはやるべきことがあり、いつまでも Z でいるわけにはいかなかった。

（東山彰良「或る帰省」『走る？』〔文藝春秋〕より）

問１ W に入ることばとして最もふさわしいものを次から選び、記号で答えなさい。

ア 三おばさんに病状の重さを告知する

イ わたしがわざわざ帰国したことを教える

ウ 明るい雰囲気《ふんいき》の病室には不似合いすぎる

エ 日本での暮らしがうまくいっていないことを示す

オ 小おばさんとわたしがひそかに通じていることを暴露《ばくろ》する

問２ 傍線部１「困ったように煙草をくゆらせる三おばさんの姿」とありますが、この時の「三おばさん」の心情を説明した次の文の A ・ B に最もよくあてはまることばを、次の選択肢群からそれぞれ選び、記号で答えなさい。

のではないだろうか。

ともあれ、あの朝、三おばさんは朝靄のたちこめる植物園にひょこひょこくっついてきたのだった。三おばさんは脚《あし》が悪いので、もちろん走りはしない。しかし能弁家の彼女に知らないことなどあるはずもなく、すぐにコーチ気取りでわたしと四おばさんに檄《げき》を飛ばしはじめた。

「ほら、もっと手を大きくふる！　胸を張る！」

大王椰子《やし》の並木道や蓮池《はすいけ》のぐるりをまわって帰ってくるたびに、石のベンチに腰かけた三おばさんは手をパンパンたたいてわたしたちに発破をかけた。

「そんなに体を上下させない！　もっとスピードをあげて！」

三周走り終えるころには（ことによると二周、いや、一周だったかもしれない）、四おばさんは怒り心頭《いか》で、[a]にべもない言葉を三おばさんに浴びせかけた。

「あー、もー、ごちゃごちゃうるさい！」口の悪さでは、四おばさんもかなりのものだ。「そんなに言うならあんたが走ってみなさいよ！」

しまった、という表情が四おばさんの顔をよぎった。わたしはドギマギした。しかし三おばさんはただ困ったように微笑《ほほえ》み、煙草に火をつけ、それからいつもの名調子で四おばさんの益体《やくたい》もないダイエットをけちょんけちょんにけなしたのだった。

病院からの帰り道に、ひさしぶりに植物園に寄ってみた。

蓮池に睡蓮《すいれん》が咲《さ》くのはもうすこし先で、朧月《おぼろづき》の照り映《は》える水面は、そこが泥《どろ》の池であることをしばし忘れさせてくれた。散歩をする人から、東屋《あずまや》の欄干《らんかん》に腰かけて愛を語り合う若者たち、黙々《もくもく》と走りつづける人たち——夜空にそびえる大王椰子のシルエットを遠目に眺《なが》めながら、わたしはあの日のベンチを目指した。

石のベンチはまだそこにあり、人がすわっていた。

老夫婦がうちわを使って涼《りょう》をとっている。ベンチのまえをとおり過ぎながら、わたしは三おばさんがついぞ成し遂《と》げられなかったことについて思いをめぐらせた。恋愛や結婚。そして、書きかけの論文のことをすこし考えた。すると、自分が早くも三おばさんのいなくなった世界に順応しようとしていることに気づいて、悲しい気持ちになった。[2]わたしたちの心は、いつでもわたしたちの体とはちがうところに在る。わたしの体はこの国の、この街の、この悲しみのただなかに在る。でも、わたしの心はすこしばかりまえを行っている。いま駆《か》けだせば、先走った心を捕《つか》まえることができるのだろうか？　心をねじ伏《ふ》せ、頑丈《がんじょう》な鎖《くさり》で体につなぎとめ、ちゃんと躾《しつ》けることができるのだろうか？　それとも、これが生きていくということなのだろうか？

わたしはとぼとぼ歩いて両親の待つ家に帰った。まだ四月だというのに、忍冬《すいかずら》の香りは重苦しく、夜気は汗《あせ》ばむほどだった。

帰省していた九日間、わたしは毎日三おばさんを見舞った。ほかのおばさんたちからは、そんなふうに毎日来なくてもいいのにと言われた。それでも、わたしは毎日決まった時間になるとバスに乗って病院へ出かけた。そうしなければ、心においてきぼりを食ってしまうような気がした。たったの九日間ではあったけれど、せめて台湾にいるあいだだけは、自分で決めた距離《きょり》を止まらずに[3]走りきりたかった。ゴールなどない。あるのはやれるだけのことはやったのだという言い訳がましい自己

【国　語】（五〇分）〈満点：六〇点〉

【注意】字数制限のある問題については、かっこ・句読点も一字と数えなさい。

一　次の文章を読んで、後の問に答えなさい。

> 台湾《たいわん》出身で現在は日本の大学院生の「わたし」は、ある日、幼少期から親しんでいた張《チャン》家の五人姉妹のうち、三女の「三おばさん」の重病を知らされ、急いで台湾に戻《もど》り、病院に「三おばさん」を見舞《みま》った。

わたしたちは白くて長くて死のにおいの立ちこめる廊下をとおって、三おばさんの病室に行った。三おばさんはベッドの上に半身を起こし、椅子《いす》に腰《こし》かけた張婆々《ばあさん》となにか話しこんでいるところだった。

「だれが来たか見てみて」

明るく声をかける小おばさんの背後から、わたしはひょっこり顔を出してやった。三おばさんと張婆々がいっぺんに破顔し、わたしの名を呼び、手を取った。それから矢継早《やつぎばや》に質問を繰《く》り出してきた。わざわざ帰ってきてくれたの？　だれが知らせたの？　いつ着いたの？　日本での生活はどう？　飛行機は揺《ゆ》れた？　空港から直接来たの？　博士論文は進んでる？

彼女たちの質問にひとつひとつ答えながら、わたしはこの帰国が失敗だったかもしれないとはじめて気づいた。書きかけの論文をうっちゃって、取るものもとりあえず飛行機に飛び乗り、空港に着いたその足で病院にむかったわたしの焦燥《しょうそう》と浅はかさは、［　W　］ようなものだった。

「そんな顔しないで」三おばさんが言った。「大丈夫《だいじょうぶ》、そう簡単に死にゃしないわよ」

わたしはうなずいた。

「膵臓《すいぞう》なの」

「うん、四おばさんに聞いた」

「もうちょっと怖《こわ》いかと思ったけど……」言葉を切り、にっこり微笑《わら》う。

「さっさと死ぬのも悪くないわ」

その笑顔《えがお》が、わたしの記憶《きおく》の底から或《あ》る朝の風景をすくい上げる。それは朝靄《あさもや》のなかで、[1]困ったように煙草《たばこ》をくゆらせる三おばさんの姿だった。

わたしが小学生のころ、外見には人一倍気を遣《つか》う四おばさんは数年に一度、発作《ほっさ》的なダイエット熱に浮《う》かされた。たいていはテレビや映画に出てくる女優たちの素晴《すば》らしいボディラインに感銘《かんめい》を受けての一念発起なのだが、まるで狙《ねら》いすましたかのように、いつもわたしの夏休み中にこの発作は起こるのだった。思うに、ほんとうはもっと頻繁《ひんぱん》に発作に見舞われていたのだけれど、早朝ジョギングに付き合うような物好きはわたししかいないので、夏休みまでなあなあにしていたのだろう。なんの前触《まえぶ》れもなく「明日の朝から植物園を三周まわるわ」と宣言し、わたしの都合などおかまいなしに六時に起こしに来いと命令する。〔略〕

一度だけ、三おばさんがわたしたちの早朝ジョギングに付き合ってくれたことがある。三おばさんは長年にわたって不規則な生活を規則正しくつづけていたので、朝の六時にパジャマ以外の服を着て目を開けていることなどまずありえないのだが、その日ばかりはそのありえないことが起こった。おそらく徹夜《てつや》で麻雀《マージャン》かなにかして、帰宅したばかりだった

2024年度

早稲田中学校入試問題(第2回)

【算　数】（50分）　＜満点：60点＞

【注意】 定規，コンパス，および計算機（時計についているものも含む）類の使用は認めません。

〔１〕 次の問いに答えなさい。

(1) １箱300円のみかんと１箱600円のいちごを何箱かずつ買いに行って，１万円を支払いました。700円のおつりを受け取る予定でしたが，みかんといちごの箱の数をはじめの予定と逆に買ったため，おつりは2200円になりました。はじめに買う予定だったいちごは何箱ですか。

(2) ＡとＢの２人がじゃんけんを10回行ったところ，１度もあいこになりませんでした。２人が出した手は，Ａがグー２回，チョキ７回，パー１回，Ｂがグー５回，チョキ３回，パー２回でした。10回の勝負のうち，Ｂはグーで［ア］回，チョキで［イ］回勝ちました。［ア］，［イ］にあてはまる数を答えなさい。

(3) 同じ仕事をＡ，Ｂ，Ｃの３人が協力してくり返し４回行いました。下の表は，この仕事を終わらせるのにＡ，Ｂ，Ｃがそれぞれ働いた日数をまとめたものです。表の（　）にあてはまる数を答えなさい。

	A	B	C
１回目	４日	６日	０日
２回目	２日	１日	４日
３回目	６日	１日	１日
４回目	０日	（　）日	０日

〔２〕 次の問いに答えなさい。ただし，円周率は3.14とします。

(1) 下の図は，円の中心と円周上の７つの点を結んでできた図形です。角ア，イ，ウ，エの大きさの和は何度ですか。

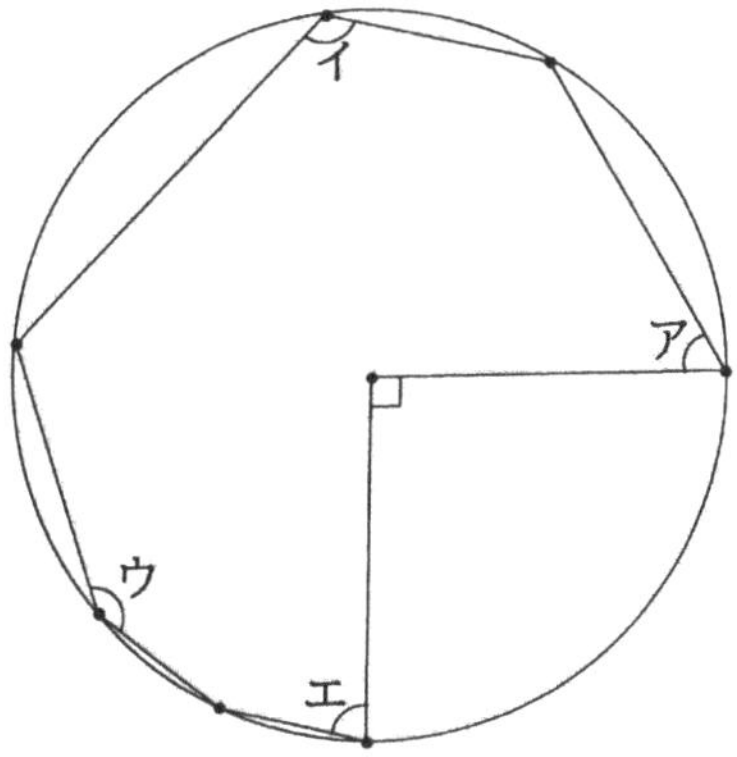

⑵　下の図の辺ABと辺EFは平行です。三角形ABCの面積は三角形ACDの面積の何倍ですか。

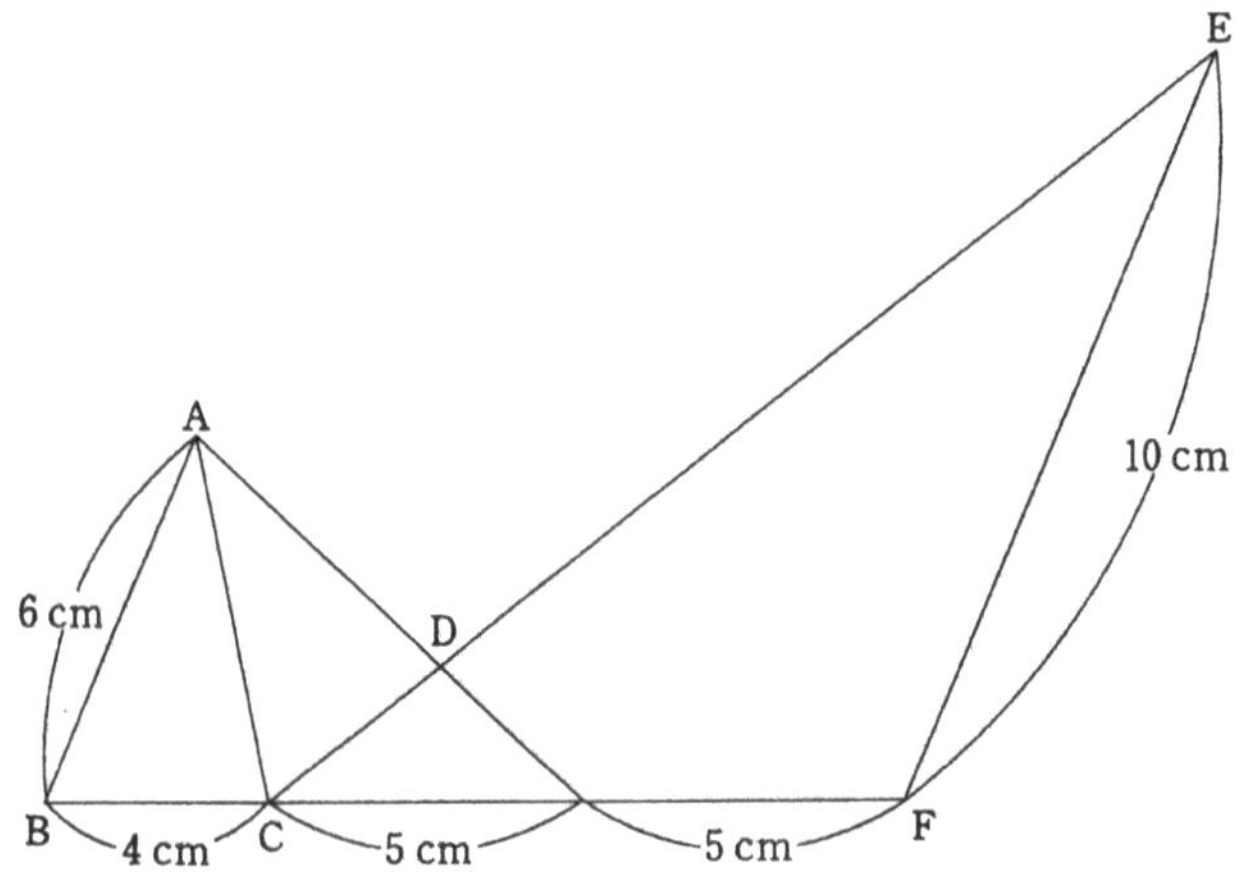

⑶　下の図のように１辺の長さが20㎝の正方形から大きさと形が同じ台形を２つ切り取った図形があります。半径１㎝の円がこの図形の内側を辺にそって１周するとき，円が通った部分の面積は何㎝^{2}ですか。

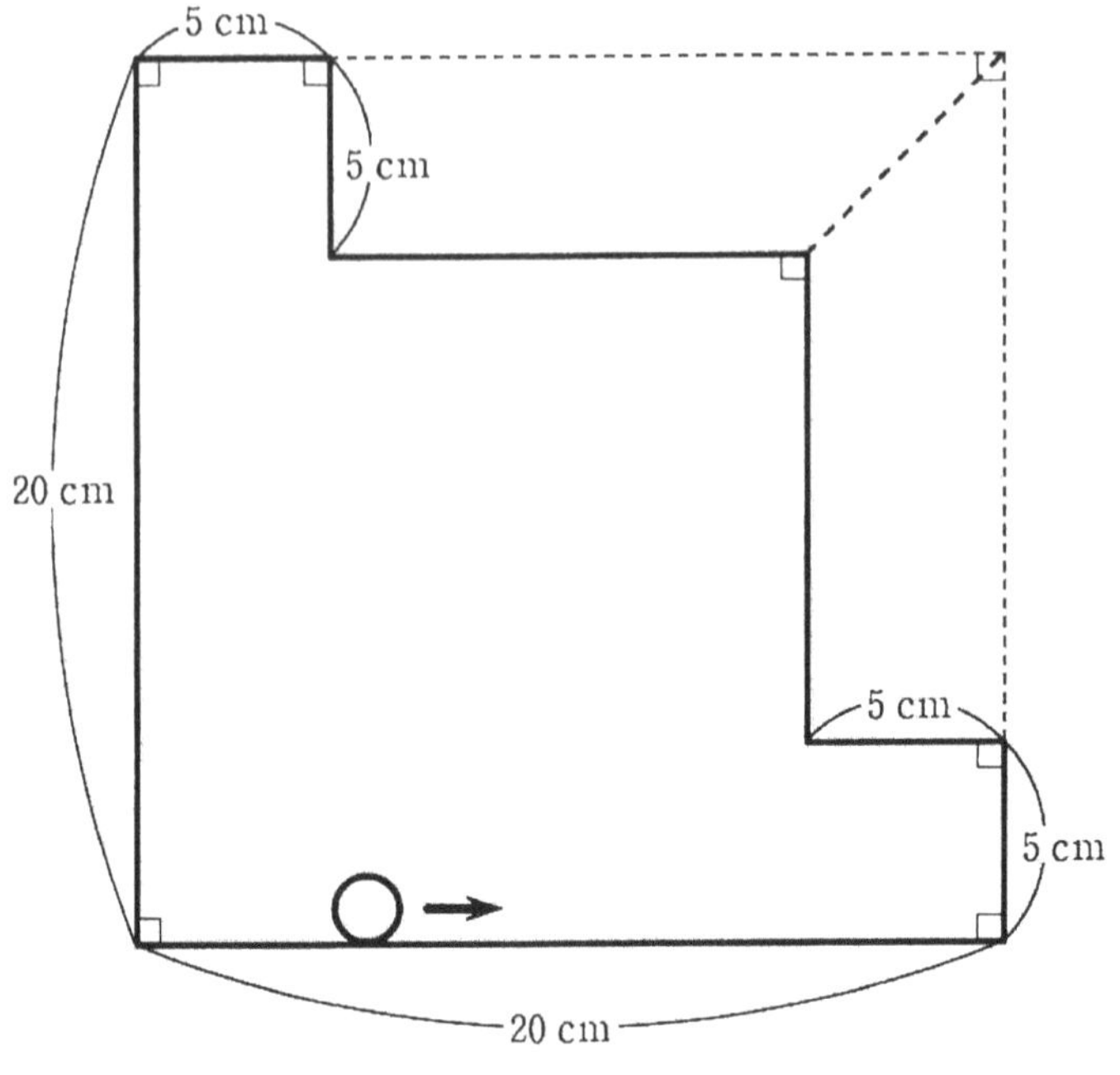

〔３〕　坂道に次のページの図のような順にバス停A，B，Cが並《なら》んでいます。赤バスは，Aを出発してAとCの間をくり返し往復します。青バスはCを出発してCとBの間をくり返し往復します。上り坂では２台のバスは同じ速度で走り，下り坂でも２台のバスは同じ速度で走ります。また，A，B，Cでの停車時間は考えないものとします。

赤バスは８時にAを出発し，８時40分にCに着きました。青バスは８時19分にCを出発し，８時28分にはじめて赤バスとすれちがいました。次の問いに答えなさい。

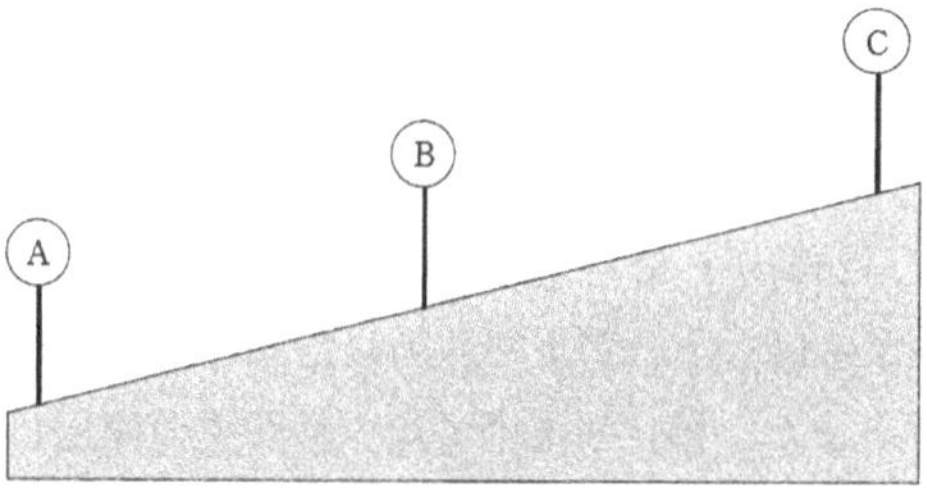

(1)　上り坂でのバスの速度は下り坂での速度の何倍ですか。

２台のバスが２度目にすれちがったのは，8時53分30秒でした。

(2)　ＡからＣまでの距離《きょり》はＡからＢまでの距離の何倍ですか。

(3)　２台のバスが３度目にすれちがうのは，何時何分ですか。

〔４〕　１辺の長さが２㎝の立方体33個をはり合わせて真正面，真上，真横のどの方向から見ても図１のように見える立体**ア**を作ります。次の問いに答えなさい。

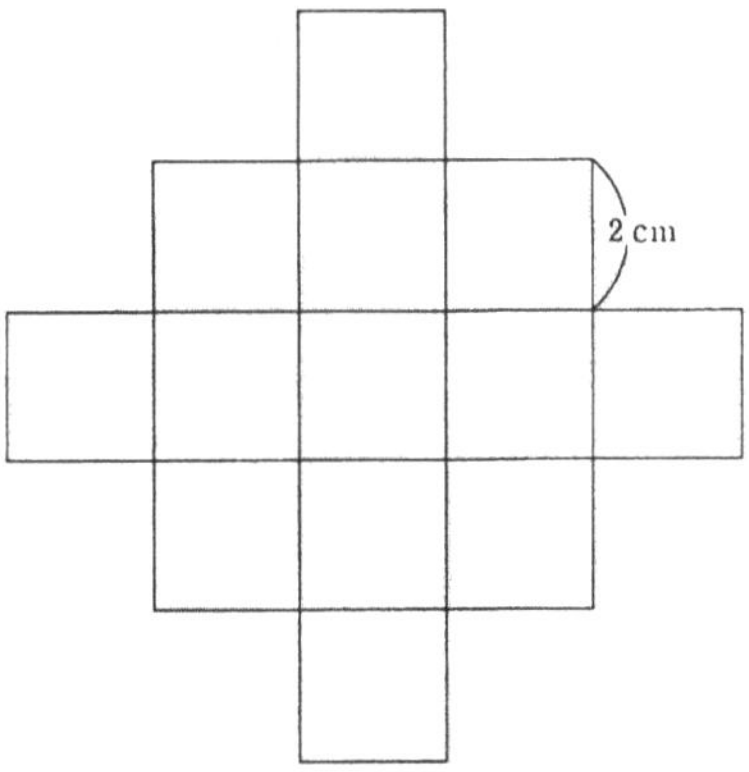

図１

(1)　立体**ア**の表面積は何㎠ですか。

(2)　立体**ア**の表面に色をぬってから，立方体を１つずつバラバラにはがしたとき，33個の立方体の面のうち色のぬられていない面は全部で何個ありますか。

(3)　立体**ア**の表面に，もとの立方体の頂点は何個見えますか。ただし，複数の頂点が重なっているところは１個と数えます。例えば図２のような，立方体を９個はり合わせた立体では，もとの立方体の頂点は30個見えます。

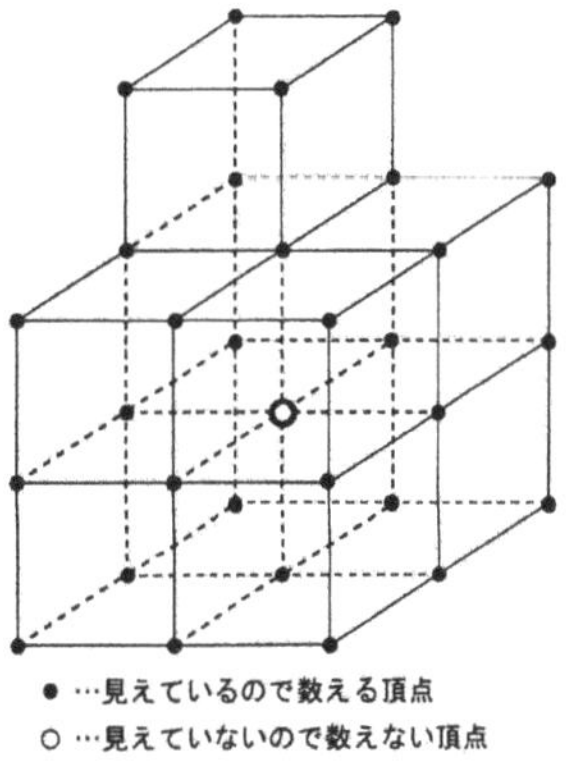

図２

〔５〕 エレベーターＡ，Ｂ，Ｃは，４階分上るのにも下るのにも５秒かかります。

エレベーターＡは１階から最も上の５階までの各階に停止します。

エレベーターＢは１階と，５階から最も上の25階までの各階に停止します。

エレベーターＣは１階と，25階から最も上の45階までの各階に停止します。

各エレベーターは，１階から最も上の階まで移動したあとは，上りと同じ階に停止しながら１階まで下り，往復し続けます。また，停止する階では５秒間ずつ停止します。例えば，エレベーターＡが１階を出発してから，最も上の５階にはじめて到《とう》着するまでにかかる時間は20秒です。次の問いに答えなさい。

(1) エレベーターＢ，Ｃが１階を出発してから，最も上の階にはじめて到着するまでにかかる時間はそれぞれ何秒ですか。

(2) ２つのエレベーターＡ，Ｂが１階を同時に出発してから，次に同時に１階に到着するまでにかかる時間は何秒ですか。

(3) ２つのエレベーターＢ，Ｃが１階を同時に出発してから，はじめて同時に25階に到着するまでにかかる時間は何秒ですか。

【理　科】（30分）　＜満点：40点＞

【注意】 定規，コンパス，および計算機（時計についているものも含む）類の使用は認めません。

〔１〕 冬の夜空には複数の１等星を見ることができます。そのうち，６つの１等星を結んでできる大きな六角形は「冬のダイヤモンド」または「冬の大六角形」とよばれています。図１は，2023年２月はじめの21時に関東地方で見上げた夜空全体のようすを示したもので，恒星を結んだ六角形が「冬のダイヤモンド」です。破線は星座の形の一郎を，太線は地平線，Ａ～Ｃは恒星，Ｄ，Ｅは方角を示しています。

恒星は太陽のように自ら光を放出する天体であり，放出する光の量が多いほど明るい恒星となります。しかし，地球から観測したときには，それぞれの恒星までの距離が異なるため，同じ光の量を放出していても明るさが異なっています。恒星までの距離が２倍になると明るさは$\frac{1}{4}$倍になり，恒星までの距離が４倍になると明るさは$\frac{1}{16}$倍になります。また，１等星は６等星よりも100倍明るく見えます。以下の問いに答えなさい。

問１　図１の恒星Ａはおおいぬ座のシリウス，恒星Ｂはおうし座のアルデバランである。恒星Ｃの名称と星座名を答えよ。

問２　図１のＤとＥの方角の組合せとして正しいものを**ア**～**エ**から選び，記号で答えよ。

	Ｄ	Ｅ
ア	北	東
イ	北	西
ウ	南	東
エ	南	西

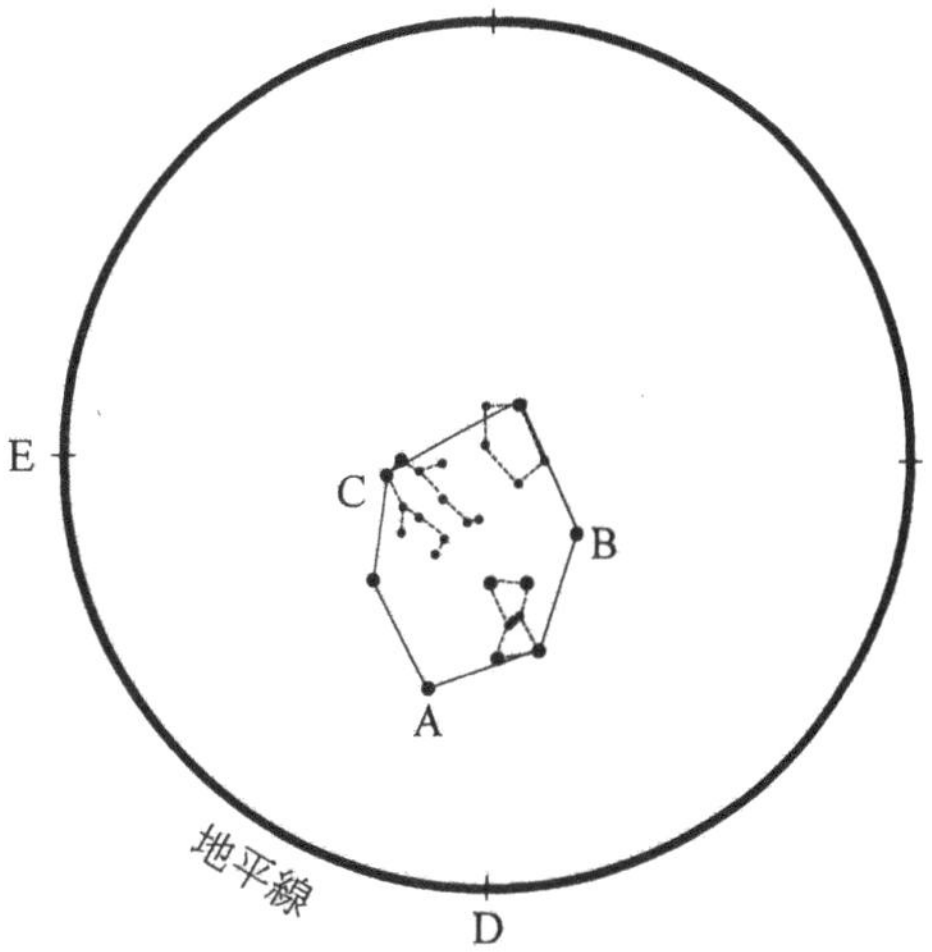

図１　2023 年２月はじめの 21 時の関東地方での夜空のようす

問３　東京（北緯35.7°）で北の空に見える恒星ａを観測した。２時間後にどのように動いたか。最も ふさわしいものを選び，記号で答えよ。

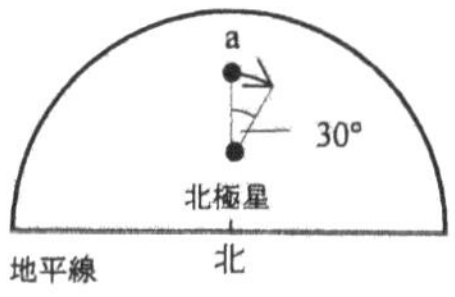

ア

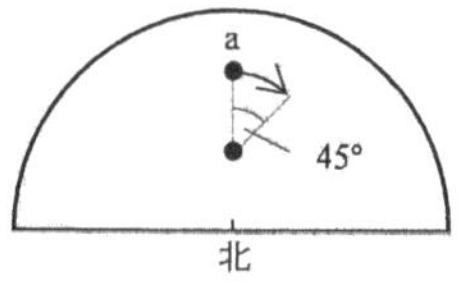

イ

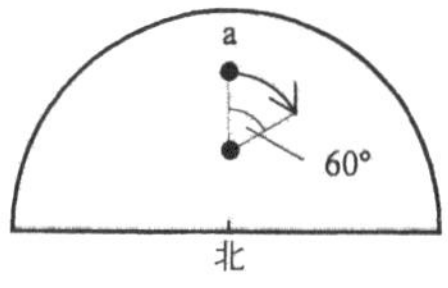

ウ

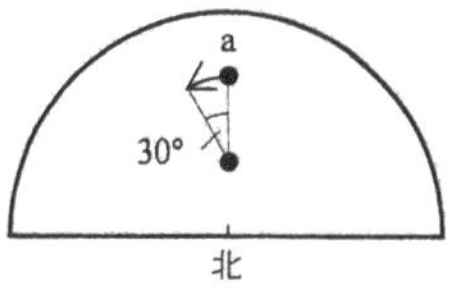

エ

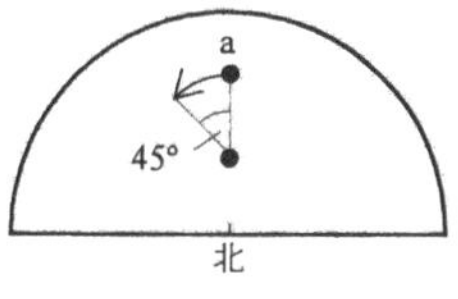

オ

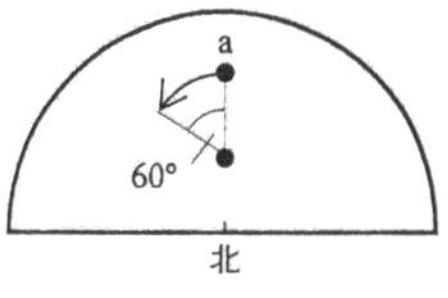

カ

問４　**問３**で観測した恒星ａを２か月後の同じ時刻に同じ場所で観測した。観測し始めの恒星ａの位置はどこか。最もふさわしいものを選び，記号で答えよ。

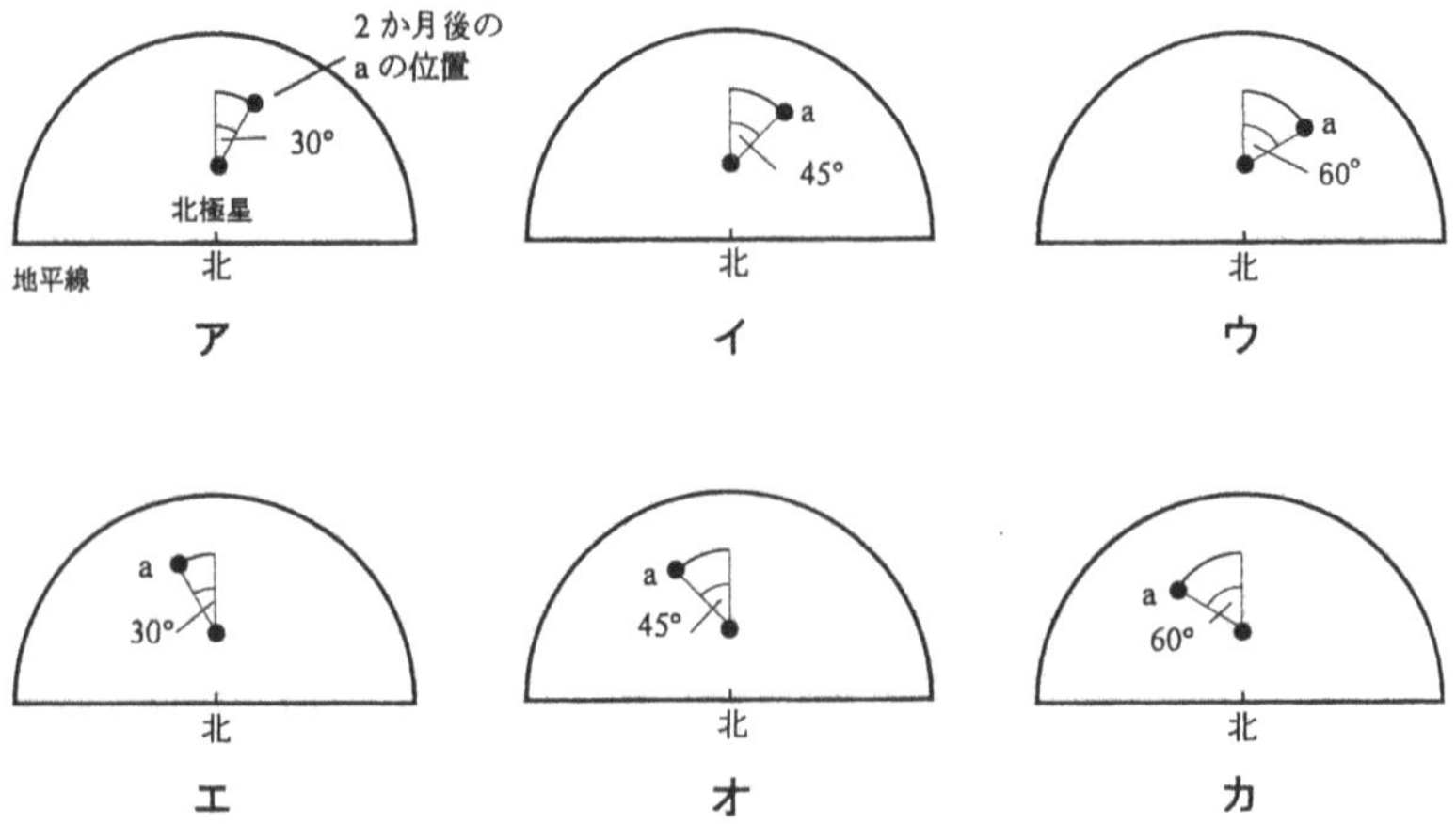

問５　恒星Ｘと恒星Ｙは同じ距離で観測すると，同じ明るさである。しかし，地球から観測すると恒星Ｘは６等星，恒星Ｙは１等星であった。地球から恒星Ｙまでの距離は，地球から恒星Ｘまでの距離の何倍か。最もふさわしいものを選び，記号で答えよ。

ア　$\frac{1}{100}$倍　　**イ**　$\frac{1}{10}$倍　　**ウ**　10倍　　**エ**　100倍

〔２〕　植物の種子に関する，以下の問いに答えなさい。

問１　右の図はインゲンマメの種子の内部をスケッチしたものである。発芽のための栄養がたくわえられている部分を図の**ア**～**ウ**から選び，記号で答えよ。また，その名称を答えよ。

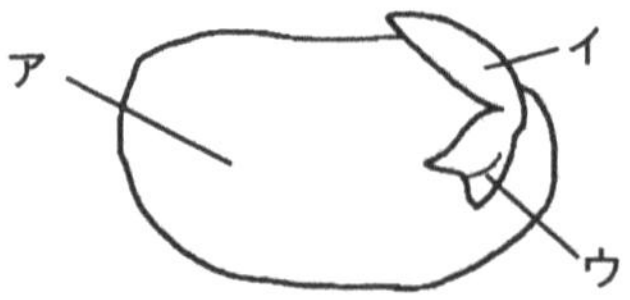

問２　①イネ，②ゴマ，③ダイズの種子に，それぞれ最も多くたくわえられている栄養分を選び，記号で答えよ。

ア　デンプン

イ　タンパク質

ウ　脂肪《しぼう》

問３　土の中にうめたインゲンマメの種子の発芽について，正しい文を２つ選び，記号で答えよ。

ア　種子は水分を吸収すると，デンプンの合成を始めて，発芽する。

イ　発芽したとき，芽をふくむ種子はうめる前より重くなっている。

ウ　芽が地上に出ると，光合成が始まり，盛んだった呼吸は止まる。

エ　芽が地上に出ると，芽は呼吸を続けながら光合成を始める。

オ　芽が地上に出ると，芽の成長に使われていた養分は光合成に使われる。

カ　芽が地上に出ても，種子の中の養分があるので，しばらくは光合成をしない。

問４　インゲンマメの種子を空気と水の入った袋の中に入れて密閉し，発芽させた。発芽した後，袋の中の気体を，試薬の入った溶液に通した。そのとき見られた変化として起こりうるものをすべて選び，記号で答えよ。

ア　BTB液が緑色から黄色に変化した。
イ　BTB液が緑色から青色に変化した。
ウ　石灰水が白くにごった。
エ　よう素液が青紫色に変化した。

いろいろな条件の下で，インゲンマメの種子が発芽するかを調べる実験を行いました。表は，その結果をまとめたものです。

表

	光	水	温度	肥料	結果
実験１	あり	あり	5℃	あり	発芽しなかった
実験２	あり	あり	25℃	あり	発芽した
実験３	あり	あり	5℃	なし	発芽しなかった
実験４	あり	なし	25℃	あり	発芽しなかった
実験５	あり	なし	5℃	あり	発芽しなかった
実験６	なし	あり	25℃	あり	発芽した
実験７	なし	あり	5℃	あり	発芽しなかった
実験８	なし	あり	25℃	なし	発芽した

問５　次の(a)，(b)が，実験１～８の結果から正しいとわかる場合には○，誤りとわかる場合には×の記号で答えよ。
　また，○の場合，そのことがわかるのは，どの実験とどの実験を比べたときか，それぞれ１～８の番号で答えよ。　×の場合，そのことがわかる実験を１つ選び，1～８の番号で答えよ。
(a)　発芽には水が必要である。
(b)　発芽には肥料が必要である。

〔３〕　水は温度によって氷・液体の水・水蒸気とすがたを変えます。そのすがたのちがいは，水をつくる小さな粒子の並び方と動き方のちがいです。図１で，小さな球●は水の粒子を表し，（あ）～（う）は水の３つのすがたを表しています。また，太線の矢印**ア**～**カ**はすがたが変化する方向を表しています。

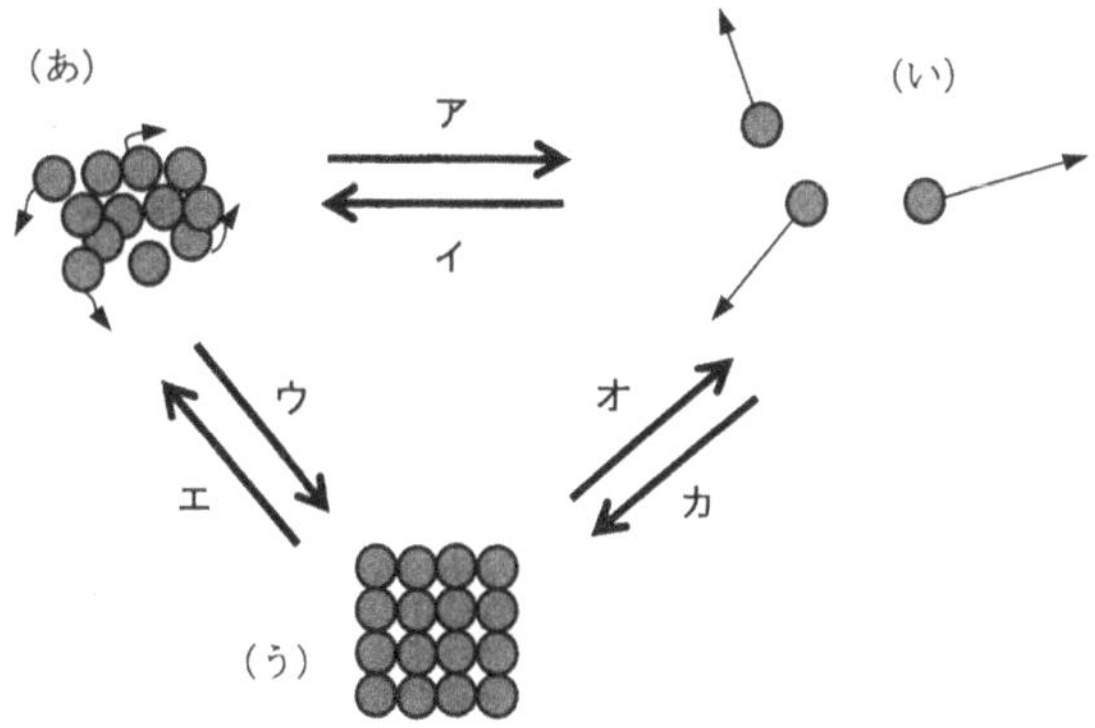

図１

問１　次の①，②で見られた変化は，図１の**ア**～**カ**のどれか。最もふさわしいものをそれぞれ選び，記号で答えよ。

①　冷とう庫の中にある氷が，次第に小さくなって，なくなった。

②　温かいスープから立ち上る湯気を観察していると，すぐに見えなくなった。

図１の変化と温度の関係をくわしく調べるために次の実験をしました。－20℃ の氷を100ｇ用意し，容器に入れて熱がにげないようにし，１分間あたりに与える熱の量を一定に保ちながら加熱しました。このときの加熱時間と温度の関係をグラフにすると，図２のようになりました。

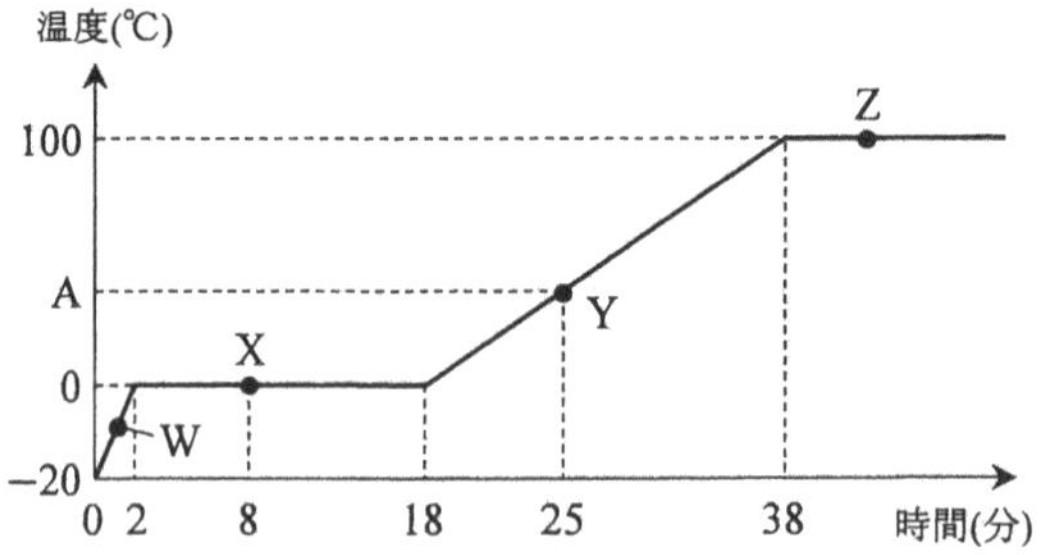

図２

問２　図１の（あ）の状態が存在しているものを，図２の点Ｗ～Ｚからすべて選び，記号で答えよ。

問３　点Ｙの温度Ａは何℃ か。

問４　点Ｘで氷は何ｇ存在するか。

問５　－10℃ の氷50ｇを用意し，下線部と同じ条件で加熱した。温度が30℃ になるのは，加熱を始めてから何分何秒後か。

〔４〕　長さが60㎝で重さが150ｇの棒があります。太さはどこでも同じです。この棒の左端《はし》を糸でつるし，別のもう１か所をばねばかりでつるして水平にしました。

問１　図１のように，棒の左端から45㎝の位置をばねばかりでつるすと，ばねばかりは何ｇを示すか。

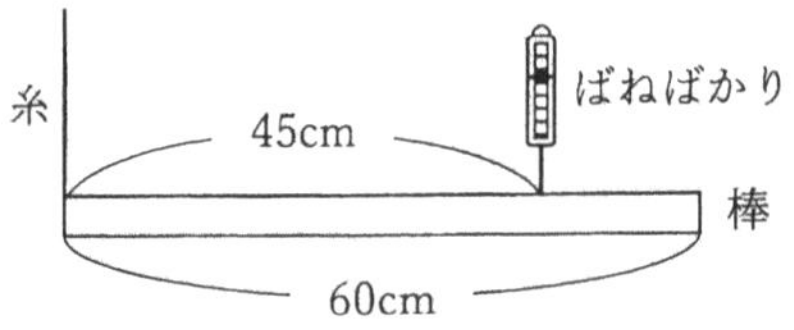

図１

問２　次に棒の別の位置をばねばかりでつるすと，ばねばかりは120ｇを示した。つるしたのは左端から何㎝の位置か。

問３　棒のみをつるした場合，ばねばかりでつるす位置が棒の中心より右側であれば棒を水平にすることができる。しかし，棒の中心より左側をばねばかりでつるすと，棒は右に傾《かたむ》いて水平を保てなくなる。いま，次のページの図２のように棒の右端に100ｇのおもりをつるした状態で棒を水平に保ちたい。このとき，ばねばかりでつるす位置をできるだけ左に寄せた場合，水平を保てるのは棒の左端から何cmまでか。

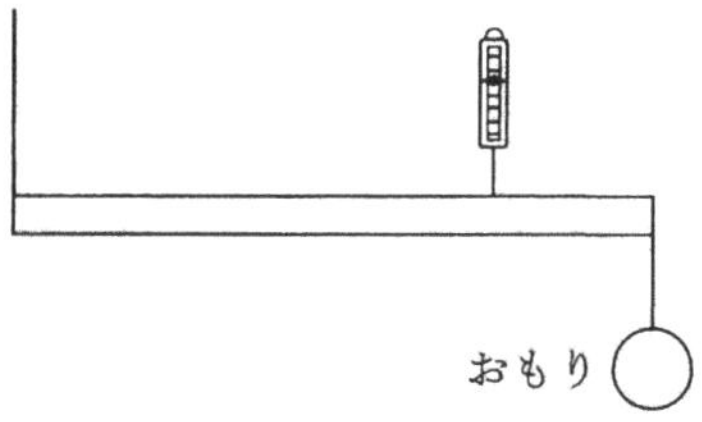

図２

長さが60cmの同じ大きさ，同じ形の何枚かの直方体の板を机の端に積み上げて，机から落とさずにどのくらいまで伸ばすことができるかを考えてみましょう。１枚の板の重さは200ｇです。１枚の板のみを使う場合，図３のようにちょうど半分の30cmまでは机からはみ出しても傾きませんが，それ以上はみ出すと板は傾いて落ちてしまいます。

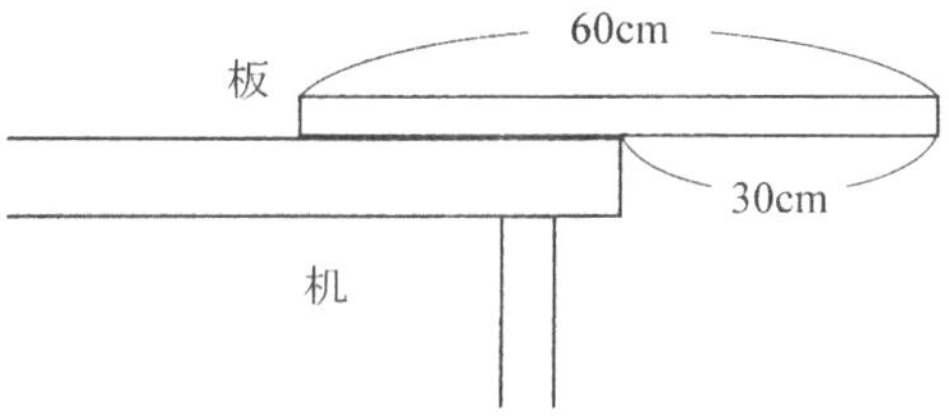

図３

問４　図４のように２枚の板を重ねた場合，上の板は下の板の端から30cmはみ出してもぎりぎり傾かない。では，このとき下の板が傾かずにはみ出すことができるのは机の端から何cmまでか。

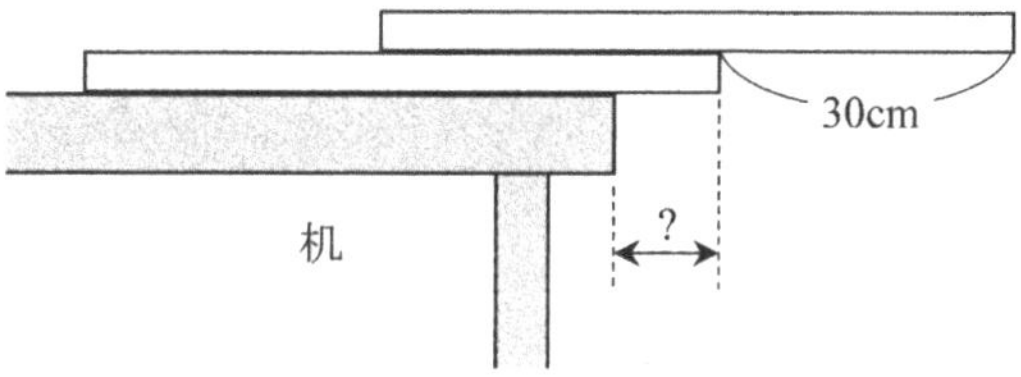

図４

問５　図５のように２枚の板を完全に重ねて，それを机の上からはみ出した板の重石《おもし》として用いて，一番下の板をできるだけ机の端からはみ出させたい。このとき，一番下の板が傾かずにはみ出すことができるのは机の端から何cmまでか。

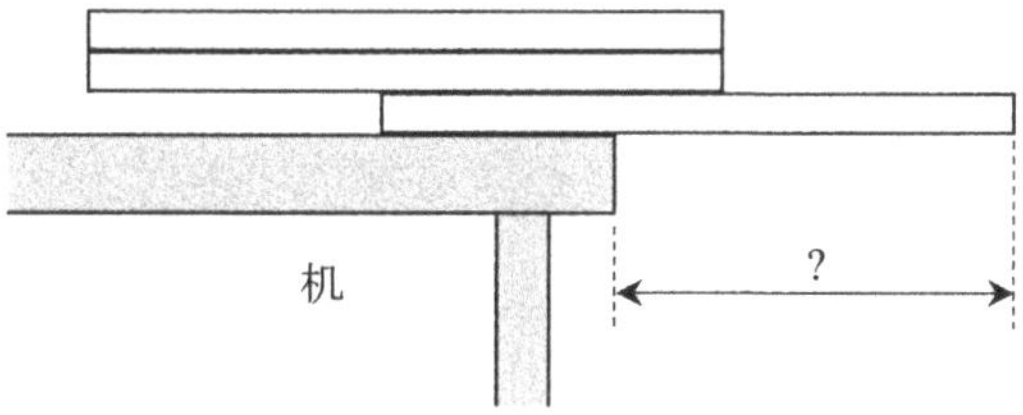

図５

問６　図６のように３枚の板を少しずつずらして，上の板ほど机の端からはみ出るようにしたい。このとき，一番上の板がはみ出すことができるのは机の端から何cmまでか。

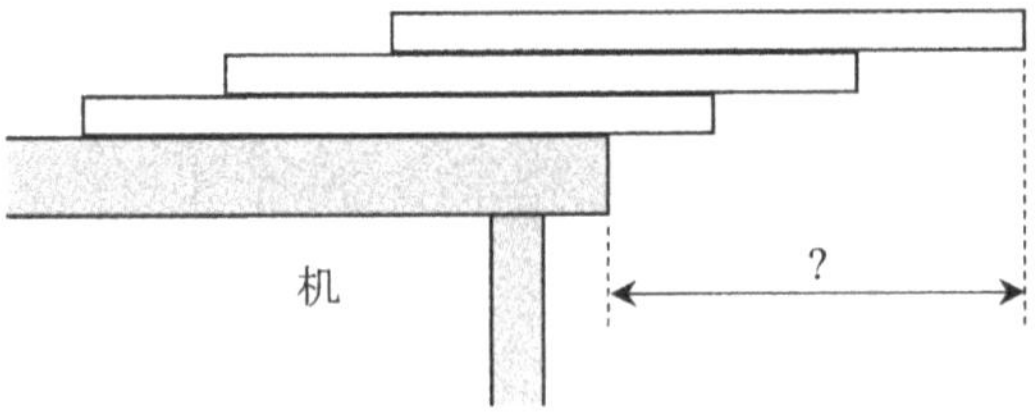

図６

【社　会】（30分）　＜満点：40点＞

〔１〕 次の文章を読み，各問に答えなさい。

冬休みに青森県を旅行中の修治くんとお父さんが車内で会話をしています。

修治：お父さん，斜陽館《しゃようかん》，楽しかったね。

父　：そうだね。①車窓からの景色を見てごらん。とても雪が多いね。そういえば，青森県には２つ，世界遺産に登録されているものがあるんだけど，知っているかい？

修治：知ってるよ。最初は，②1993年だったね。

父　：そうだね。何が評価されたか，知っているかい？

修治：うん。広範囲にわたって，（　あ　）の原生林が残っているからだよね？

父　：そのとおり！この木は保水力がとても高く，「緑のダム」や「森の女王」と呼ばれているんだ。ちなみに，もう１つも分かるかい？

修治：もちろん。2021年の「北海道・北東北の（　い　）遺跡群」だよね。その中でも，東北自動車道の青森インターチェンジのそばにある③（　う　）遺跡は，前から行ってみたいなぁと思っていたんだ。

父　：じゃあ，この後，行ってみるかい？雪が積もっていても，竪穴住居の内部で保存されている遺跡は見ることができるし，博物館はやっているから。

問１　（あ）～（う）にあてはまる言葉を答えなさい。ただし（い）と（う）は**漢字**で答えなさい。

問２　下線部①に関して，図１を見て各問に答えなさい。

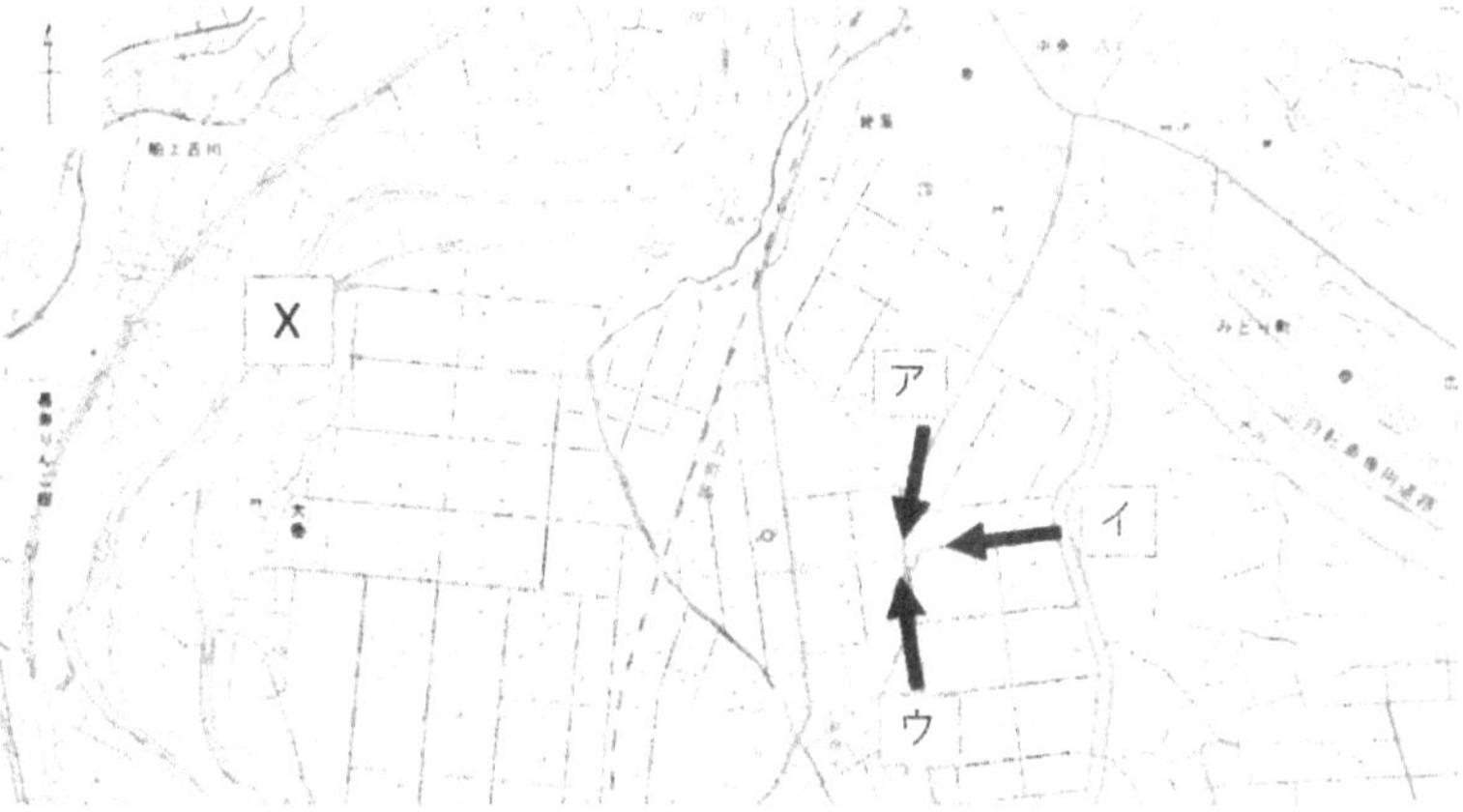

図１

（地理院地図より作成）

(1)　図１の西部を流れる X は，岩木川です。この河口部は鎌倉時代から室町時代にかけて，日本海沿岸の交易港として栄えた場所です。この場所はどこか，次の中から１つ選び，記号で答えなさい。

ア　八郎潟　　**イ**　十和田湖

ウ　十三湖　　**エ**　陸奥湾

(2)　写真１は，津軽平野を走行中の車内から修治くんが前方を撮影《さつえい》したものです。

写真１　（2023年１月撮影）

車は図１のどの方向に進んでいますか。**ア～ウ**から１つ選んで答え，さらにそう判断した理由を方位に触れながら説明しなさい。

問３　下線部②に関して，1993年に世界遺産に**登録されなかったもの**を次の中から**２つ選び**，記号で答えなさい。

ア　姫路城　　**イ**　法隆寺　　**ウ**　知床　　**エ**　厳島神社　　**オ**　屋久島

問４　下線部③に関して，図２を見て各問に答えなさい。

⑴　この（う）遺跡（図２の★）は，現在の青森市の中心部（◯囲みの部分）より約４㎞も内陸に入ったところに位置します。狩猟・採集のほか，漁業によって生活を営んでいた時代背景を考えると，かなりの不便さを感じます。なぜこの位置に集落があったのでしょうか。この理由を説明した次の文の空欄《くうらん》にあてはまる言葉を（　X　）は**漢字２字**，（　Y　）は**漢字２～３字**で答えなさい。

この時代は，現在よりも（　X　）が高いことにより，（　Y　）が高かったため。

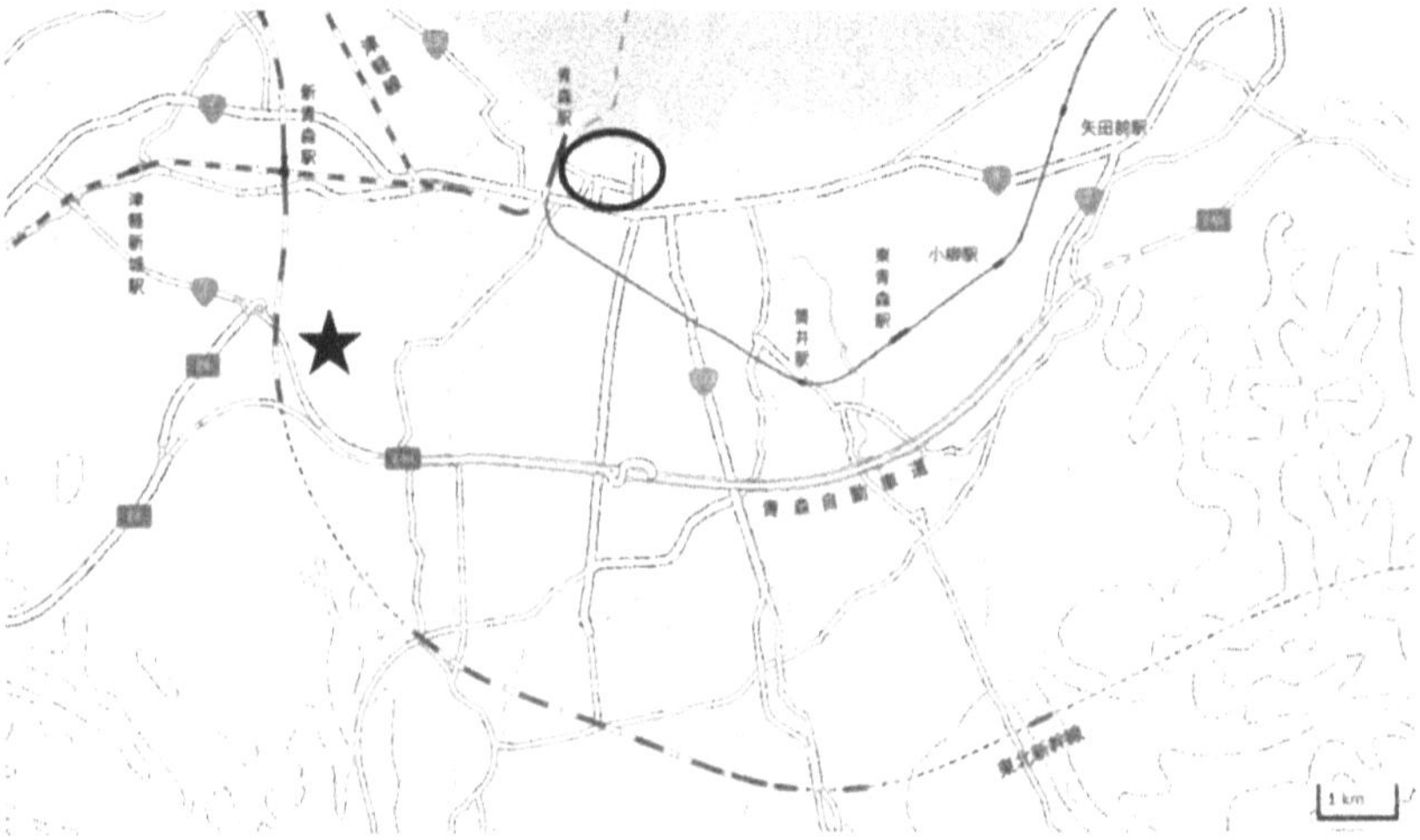

図２

（地理院地図より作成）

⑵　図２の北側に広がる海は，津軽半島と下北半島の間にある大きな湾の一部です。現在この湾で最も多く養殖されているものを次の中から１つ選び，記号で答えなさい。

ア　のり　　**イ**　わかめ　　**ウ**　かき　　**エ**　ほたて　　**オ**　真珠

問５　修治くんは自宅に戻ってから，青森県の特産物について調べてみました。表１の①～⑤は下の**ア～オ**の５つの農産物の主な生産地と生産量を示したものです。このうち，②と⑤にあてはまるものを１つずつ選び，記号で答えなさい。

表１　（農林水産省の 2021 年統計より作成）

	①		②		③		④		⑤	
1	茨城県	365	千葉県	148	青森県	416	青森県	512	青森県	1,350
2	熊本県	254	北海道	143	長野県	110	茨城県	136	北海道	90
3	北海道	204	青森県	114	岩手県	42	北海道	123	香川県	75
4	山形県	104	鹿児島県	93	山形県	32	宮崎県	99	岩手県	36
5	青森県	97	神奈川県	74	福島県	19	群馬県	75	鹿児島県	34
計	1,500(百トン)		1,251(千トン)		662(千トン)		1,328(百トン)		2,020(十トン)	

ア　リンゴ　　**イ**　メロン　　**ウ**　大根　　**エ**　にんにく　　**オ**　ごぼう

〔2〕 次の文章は18世紀前半に成立した『読史余論《とくしよろん》』という資料の一部分をわかりやすく書きかえたものです。この文章を読み，各問に答えなさい。

日本の政治は，9回変化して武家の世となり，武家の世も5回変化して今の時代にいたった。〔中略〕

天皇についての第1の変化

清和天皇は即位したとき幼かったため，母方の祖父の藤原良房が摂政となった。これが外戚《がいせき》（天皇の母方の親戚）が権力を握《にぎ》る例の最初だった。

天皇についての第2の変化

藤原基経は陽成天皇を退位させ，光孝天皇を即位させて，政治の権力は藤原氏が握った。その後，（　①　）を置くことも置かなかったこともあったが，藤原氏の権力はますますさかんになった。

天皇についての第3の変化

②冷泉天皇から後冷泉天皇までの8人の天皇の約100年間は，外戚の藤原氏が権力を独占《どくせん》した。

天皇についての第4の変化

後三条天皇と〈　A　〉の時代は天皇みずから政治を行った。

天皇についての第5の変化

堀河天皇から安徳天皇までの9人の天皇の約100年間は，③政治は上皇によって行われた。

天皇についての第6の変化

④後鳥羽天皇から順徳天皇までの3人の天皇の約40年間は，幕府の将軍が日本の軍事指揮権を分担した。

天皇についての第7の変化

後堀河天皇から後醍醐天皇・光厳天皇までの12人の天皇の約110年間は，天皇の臣下の将軍のそのまた臣下である（　⑤　）家が政治を行った。

天皇についての第8の変化

後醍醐天皇が再び天皇の位についたが，政治の権力が朝廷に戻《もど》ったのはわずか3年であった。

天皇についての第9の変化

その後，後醍醐天皇は都から逃《に》げ，〈　B　〉が光明天皇を即位させてから日本は長く武家の世となった。

武家についての第1の変化

〈　C　〉が幕府を開いて，父子3代が約30年間，日本の軍事指揮権を握った。

武家についての第2の変化

（　⑤　）義時は承久の乱の後，政治の権力を握った。その約110年後，（　⑤　）高時の代に（　⑤　）家は滅亡《めつぼう》した。この時代には藤原氏の将軍が2人，皇族の将軍が4人いた。

武家についての第3の変化

後醍醐天皇が政治の権力を取り戻した後，〈　B　〉が背いて後醍醐天皇は都から逃げ，〈　B　〉は光明天皇を北朝の天皇としてみずから幕府を開いた。子孫が将軍を継いで約240年間続いた。この時代に南北朝の内乱が約50年間続き，また⑥応仁の乱の後の約110年間，日本は大いに乱れた。約80年間は将軍の力が全国に及んでいたようではあるが，東国は（　⑦　）が管轄《かんかつ》していた。

武家についての第4の変化

室町時代の末期に（　⑧　）家が勢力を持つようになり，将軍を追放し，天皇のもとで日本に命令しようとしたが，実現途中《とちゅう》で，約10年で，家臣の〈　D　〉に殺害された。豊臣秀吉が（　①　）となって政治を独占することがおよそ15年間に及んだ。

武家についての第５の変化

その後，ついに⑨今の時代となった。

問１　〈A〉～〈D〉にあてはまる人物を次の中から１人ずつ選び，記号で答えなさい。

ア　徳川家康　**イ**　足利尊氏　**ウ**　源実朝　**エ**　明智光秀　**オ**　平清盛
カ　白河天皇　**キ**　足利義満　**ク**　鳥羽天皇　**ケ**　源頼朝　**コ**　石田三成
サ　足利義政　**シ**　後白河天皇

問２　（①）にあてはまる言葉を**漢字２字**で答えなさい。

問３　下線部②に関して，この期間に建てられたものを次の中から１つ選び，記号で答えなさい。

ア

イ

ウ

エ

問４　下線部③に関して，このような政治の形を何と呼びますか。**漢字２字**で答えなさい。

問５　下線部④に関して，この期間の朝廷と幕府の関係を説明した以下の文章の空欄にあてはまる言葉を答えなさい。ただし（ア）と（ウ）は**漢字２字**，（イ）は**漢字３字**で答えなさい。

京都の朝廷の力はまだ強く，その力は西日本を中心に全国に及んでいた。東日本を中心に勢力を持つ幕府は，朝廷から軍事・警察の権限を認められていた。朝廷は国ごとに貴族を（　ア　）に任命し，幕府は国ごとに（　イ　）を（　ウ　）に任命していた。

問６　（⑤）と（⑧）にあてはまる名字をそれぞれ**漢字２字**で答えなさい。

問７　下線部⑥に関して，この期間に九州地方に領地を**持っていなかった戦国大名**を次の中から１つ選び，記号で答えなさい。

ア　長宗我部　**イ**　島津　**ウ**　龍造寺　**エ**　毛利

問８　（⑦）にあてはまる言葉として正しいものを次の中から１つ選び，記号で答えなさい。

ア　町奉行　**イ**　執権　**ウ**　鎌倉府　**エ**　大宰府

問９　下線部⑨に関して，「今の時代」から20世紀までに起こった出来事として正しいものを次の中から**４つ**選び，年代順に並べかえて記号で答えなさい。

ア　米などの値段が急に高くなったことで米騒動が広まり，寺内正毅内閣が総辞職した。
イ　祖国復帰運動がねばり強く続けられ，中国に統治されていた沖縄が日本に返還された。
ウ　公害の被害にあった住民を中心に公害反対運動が広がり，公害対策基本法が成立した。

エ　天保のききんが起こり，農村では百姓一揆，都市では打ちこわしが起こった。

オ　普通選挙運動がさかんになり，25歳以上の男性すべてに貴族院議員の選挙権が認められた。

カ　ノルマントン号事件の判決をきっかけに，不平等条約改正を求める運動がさかんになった。

問10　この文章で取り上げられた時代よりも前の時代の出来事について述べた文として正しいものを次の中から**すべて**選び，記号で答えなさい。

ア　中国大陸や朝鮮半島から移り住んだ人びとにより，米づくりの技術や青銅器・鉄器が伝えられた。

イ　ワカタケル大王は関東や九州の豪族たちを従え，埼玉県の稲荷山古墳に葬《ほうむ》られた。

ウ　中大兄皇子や中臣鎌足は蘇我入鹿を藤原京で殺害し，天皇中心の国づくりを始めた。

エ　律令がつくられ，農民が都の工事で働いたり，兵士として都や北九州の守りについたりすることを定めた。

オ　鑑真をしたう多くの人たちが東大寺の大仏づくりに協力し，大仏の開眼式が行われた。

〔３〕　現在，法律で定められている国民の祝日は16日あります。祝日に関する各問に答えなさい。

問１　成人の日に関して，現在の成人年齢は18歳と法律で定められています。成人になると認められることとして**誤っているもの**を次の中から１つ選び，記号で答えなさい。

ア　衆議院議員選挙における，選挙権・被選挙権が認められる。

イ　クレジットカードの作成や，ローンを組むことが認められる。

ウ　男性・女性ともに結婚することが認められる。

エ　10年間有効のパスポートの取得が認められる。

問２　建国記念日は戦前の紀元節（神武天皇の即位したとされる日）をもとに定められています。イギリスや戦前の日本（1889年以後）では国王や天皇といった君主が存在していますが，実際は議会が法律や予算を決めており，今日の日本も同様です。このような政治体制は何と呼ばれていますか。解答欄にあうように**漢字２字**で答えなさい。

問３　２月23日は今上天皇の誕生日です。明治以降の天皇誕生日のうち，現在は名称を変えて国民の祝日となっている日が２つあります。この２つの祝日の現在の名称を解答欄にあうように**漢字２字**で答えなさい。

問４　みどりの日は「自然に親しむとともにその恩恵に感謝し，豊かな心を育むこと」を目的としています。環境問題を担当する官庁として環境省がありますが，環境省の扱う事業の内容として**誤っているもの**を次の中から１つ選び，記号で答えなさい。

ア　南極地域の環境の保護に関すること

イ　公害の防止のための規制に関すること

ウ　水害などから人々を守るための河川の整備に関すること

エ　原子炉《げんしろ》の事故で放出された放射性物質による環境汚染への対処に関すること

問５　敬老の日に関して，現在日本社会の高齢化《こうれいか》は深刻な状況《じょうきょう》になっています。次のページの人口推移の推計表についての説明として正しいものを次の中から１つ選び，記号で答えなさい。

ア　2020年と比べて2060年には，老年人口の割合は1.5倍になっている。

イ　生産年齢人口の割合は，2060年には，総人口の半分以下になっている。

ウ　2060年には，年少人口は1,000万人以下にまで減少している。

エ　2030年には，生産年齢人口1.5人で老年人口の１人を支えることになる。

年	総人口 （万人）	年齢別人口の割合(%)		
		0～14 歳	15～64 歳	65 歳以上
2020	12,615	11.9	59.5	28.6
2030	12,012	10.3	58.9	30.8
2040	11,284	10.1	55.1	34.8
2050	10,469	9.9	52.9	37.1
2060	9,615	9.3	52.8	37.9

（国立社会保障・人口問題研究所 2023 年推計〔出生中位・死亡中位予想〕より）

問６　現在10月の第二月曜日に定められているスポーツの日は，2019年までは別の名称であり，さらに1999年までは10月10日に固定されていました。この日付はあるイベントを記念して定められたものです。このイベントの名称《めいしょう》を答え，これと同じ年の出来事を次の中から１つ選び，記号で答えなさい。

ア　日米安全保障条約が改定された。

イ　東海道新幹線が全線開通した。

ウ　川端康成がノーベル文学賞を受賞した。

エ　日本と中華人民共和国の国交が正常化した。

問７　勤労感謝の日に関して，現在働く人々の環境改善が社会全体の課題となっています。労働環境に関する制度について述べた文として**誤っているもの**を次の中から１つ選び，記号で答えなさい。

ア　一定期間の勤務の実績がある場合，有給休暇《ゆうきゅうきゅうか》の取得が認められている。

イ　女性に対しては，時間外労働（残業）や深夜労働の制限が認められている。

ウ　子どもが１歳に達するまでの期間，男女とも育児休業が認められている。

エ　要介護《ようかいご》状態と認定された家族がいる場合，介護休業が認められている。

A　狡猾な

ア　難解な　**イ**　綿密な　**ウ**　あきれた

エ　卑怯《ひきょう》な　**オ**　悪賢《わるがしこ》い

B　ユートピア

ア　架空《かくう》の世界　**イ**　理想の世界　**ウ**　魔法の世界

エ　幸福な世界　**オ**　完全な世界

問３　傍線部**1**「単純化」とありますが、「単純化」した行動の例として最もふさわしいものを次から選び、記号で答えなさい。

ア　他人から文句を言われることを過剰に恐《おそ》れ、ビクビクと生きる。

イ　企業の経営のために、コンプライアンスの行き過ぎを抑《おさ》える。

ウ　相手の主張全体を、ある具体例だけに注目して拒絶する。

エ　問題への再発防止策を立てることを怠《おこた》り、同じ失敗を繰《く》り返す。

オ　簡単ではあるが、様々なケースに対応したルールを作り上げる。

問４　傍線部**2**「逸脱をポジティブに考える」とありますが、どういうことですか。その具体例として最もふさわしいものを次から選び、記号で答えなさい。

ア　ナチス・ドイツによるユダヤ人迫害という悪行すらも、合法であることを理由に許容すること。

イ　芸術家にはハチャメチャなところがあるという一見正しい主張を、昭和的であるとして排除すること。

ウ　盗んだバイクで走り出すことの迷惑性は理解しつつも、その解放的なイメージに憧《おこが》れを持つこと。

エ　押せば合法性の判断ができるボタンは、法曹の仕事を奪《うば》うとはいえ、公平な判決を下せること。

オ　戦時中のファシズムについて、戦争という観点から否定しつつも、その一体感を好むこと。

問５　傍線部**3**「今日」の状況に対して、筆者はどうすべきだと考えていますか。それを述べた次の文の空欄に最もふさわしいことばを、本文中から十七字で書き抜きなさい。

（　**十七字**　）心を抱《いだ》くべきだと考えている。

問６　傍線部**4**「僕は机の上に植物を置いています」とありますが、それはなぜですか。「僕」の状態と「植物」の働きにそれぞれ触《ふ》れつつ、四十字以上五十字以内で説明しなさい。

問７　本文の内容に合うものを次から一つ選び、記号で答えなさい。

ア　人間の歴史が「きちんとする」方向へと進んでいく中で、二〇世紀はそれとは反対の思想が力を持った時代であった。

イ　現実世界の具体的な問題を個別に尊重した結果、私たちの生活はクリーンではあるが、窮屈になってしまった。

ウ　「現代思想」は秩序ある世界を必要とする一方で、「差異」に注目して多様な人生の在り方を提案する。

エ　現代は、法や規則によってだらしないものを取り締まろうとするあまり、安心・安全がないがしろにされている。

オ　人が自由に生きることの困難は、皆が同じ方向を向いていないという現代の課題によって引き起こされている。

僕は一九七八年生まれで、九〇年代から二〇〇〇年代にかけて精神形成をした人間なので、二〇世紀的なものをずっと背負っているのですが、デジタル・ネイティブの世代からすると、[2]逸脱をポジティブに考えるというのは違和感があるかもしれません。

有名な「盗《ぬす》んだバイクで走り出す」という歌詞がありますが、あれはかつて、がんじ搦《がら》めの社会秩序の「外」に出ていくという解放的なイメージで捉えられていました。ところが今日では、「他人に迷惑《めいわく》をかけるなんてありえない」という捉え方がけっこう本気で言われているようです。そういう解釈は当初は冗談《じょうだん》だったのですが。

[3]今日では、秩序維持《いじ》、安心・安全の確保が主な関心になっていて、以前のように「外」に向かっていく運動がそう単純には言祝《ことほ》がれなくなっています。

そういう状況《じょうきょう》に対して僕は、さまざまな管理を強化していくことで、誰《だれ》も傷つかず、安心・安全に暮らせるというのが本当に[B]ユートピアなのかという疑いを持ってもらいたいと思っています。というのも、それは戦時中のファシズムに似ているからです。

僕は祖父母が戦争を経験しているので、皆が一丸となってひとつの方向を向くことへの警戒心をギリギリ教えられてきた世代です。そういう昭和の記憶《きおく》があるからこそ、一人の人間が逃《に》げ延《の》びられる可能性が[a]**リンリ**的につねに擁護《ようご》されるべきだと考えるのです。犯罪の抑止《よくし》は必要だとしても、過剰《かじょう》な管理社会が広がることへの警戒は言わねばならないし、現代思想はまさにその点に関わっており、人が自由に生きることの困難について語っている思想だと思うのです。

秩序をつくる思想はそれはそれで必要です。しかし他方で、秩序から逃《のが》れる思想も必要だというダブルシステムで考えてもらいたいのです。

たとえば机の上がめちゃくちゃだったら気分が悪いわけで、整理整頓《せいとん》したい。ところが、知人のアーティストから聞いた話ですが、机の上がキッチリ整理整頓されすぎていると、絵が「硬《かた》く」なってしまう。なので、むしろいい加減にしているのだと。この感覚は僕にもわかります。人間が人工的につくり出す秩序ではない、何かもっと有機的なノイズみたいなものがないと、思考が硬直化《こうちょくか》してしまいます。

[4]僕は机の上に植物を置いています。植物は自然の秩序ですが、同時に、人間の言語的な秩序からは逃れる外部を示している。植物は思い通りに管理できません。勝手な方向に延び、増殖《ぞうしょく》もする。そういう「他者」としての植物にときどき目をやると、物事を言葉でがんじ搦めにしようとしてしまう傾向に風穴を空けるような効果があります。

動物を飼うのもそうですね。他者が自分の管理欲望を攪乱《かくらん》することに、むしろ人は安らぎを見出《みいだ》す。ここが逆説的なのです。すべてを管理しようとすればするほど、わずかな逸脱可能性が気になって不安に駆《か》られるのです。むしろ秩序の攪乱を拒否しないことで不安は鎮《しず》まっていく。だから人は恋愛をしたり、結婚したりもするのです。それは秩序をつくるためというより、攪乱要因とともに生きていくことが必要だからでしょう。

（千葉雅也『現代思想入門』〔講談社〕より）

（注）コンプライアンス…企業が法律や規範《きはん》を守ること。

問１　傍線部ａ・ｃのカタカナを漢字に直しなさい。また、傍線部ｂの読みをひらがなで記しなさい。

問２　傍線部Ａ「狡猾な」・Ｂ「ユートピア」の意味として最もふさわしいものを次からそれぞれ選び、記号で答えなさい。

ていないでしょうか。今よりも「雑」だった時代の習慣を切り捨てることが必要な面もあるでしょう。しかし改革の刃《やいば》は、自分たちを傷つけることにもなっていないでしょうか。

こうした現代の捉え方を、ここではごく大ざっぱに言うだけにします。じゃあ具体的にどういう問題があるかと例を挙げると、その例だけに注目して拒絶《きょぜつ》され――「それをきちんとするべきなのは当然だ」と問答無用の反発を受けて――、話を聞いてもらえないかもしれないからです。

ですから時代の大きな傾向《けいこう》として言います。現代は、いっそうの秩序化、クリーン化に向かっていて、そのときに、必ずしもルールに収まらないケース、ルールの境界線が問題となるような難しいケースが無視されることがしばしばである、と僕は考えています。何か問題が起きたときに再発防止策を立てるような場合、その問題の例外性や複雑さは無視され、一律に規制を増やす方向に行くのが常です。それが単純化なのです。世界の細かな凹凸《おうとつ》が、ブルドーザーでb均されてしまうのです。

物事をちゃんとしようという「良かれ」の意志は、個別具体的なものから目を逸《そ》らす方向に動いてはいないでしょうか。

そこで、現代思想なのです。

現代思想は、秩序を強化する動きへの警戒心《けいかいしん》を持ち、秩序からズレるもの、すなわち「差異」に注目する。それが今、人生の多様性を守るために必要だと思うのです。

人間は歴史的に、社会および自分自身を秩序化し、ノイズを排除《はいじょ》して、純粋《じゅんすい》で正しいものを目指していくという道を歩んできました。そのなかで、**二〇世紀の思想の特徴《とくちょう》は、排除される余計なものをクリエイティブなものとして肯定《こうてい》したこと**です。

第四章で説明しますが、遡《さかのぼ》ると、その原点は一九世紀のニーチェの哲《てつ》学《がく》にあります。ニーチェは『悲劇の誕生』において、「ディオニュソス的なもの」という言い方で、荒《あら》ぶる逸脱のエネルギーをクリエイティブなものとして肯定しました。

逸脱にクリエイティブなものが宿るという考え方は、二〇世紀を通してポピュラーになりました。芸術家にはハチャメチャなところがある、みたいなイメージですね（それも「昭和的」になり、今では品行方正な人が好まれるのかもしれません）。

予定を超《こ》えて朝まで飲んでしまうとか、突然《とつぜん》「今から海に行くか」となってレンタカーでドライブに出かけてしまうとか、そのくらいなら日常起こりうる軽い逸脱で、青春映画みたいな爽《さわ》やかさです。「勢い」ですね。その一方で、最も極端《きょくたん》には、犯罪という逸脱がある。では、激しい社会運動で、法的にギリギリであるような行動などはどうなのか。法の隙《すき》をつくA狡猾《こうかつ》なビジネスはどうなのか。逸脱には実にさまざまな様態があります。考えてみてほしいのですが、ナチス・ドイツによるユダヤ人迫害《はくがい》は法によってc**スイコウ**されたのであり、抵抗《ていこう》するには違法行為《いほうこうい》＝逸脱が必要だったのです。

そもそも、ルールに則《のっと》っている状態とはどういうことなのか。法的にセーフかアウトかというのは解釈《かいしゃく》が必要で、だから法曹《ほうそう》の仕事があるのであって、ボタンを押したら答えが出るのではありません。ここには、ソール・クリプキというアメリカの哲学者が考えた「規則のパラドックス」という有名な問題が潜《ひそ》んでいます。詳《くわ》しく知りたい方は、飯田隆『規則と意味のパラドックス』（ちくま学芸文庫）を読んでみてください。

問6　傍線部**6**「このひとは、私に会いに来てくれたのだ、と人魚姫は思った」とありますが、どういうことですか。その説明としてふさわしいものを次から二つ選び、記号で答えなさい。

ア　正式の招待が王宮からあったということ。

イ　王女が人魚の子孫であると確信したということ。

ウ　王女に近づきたがっていたのは自分なのだということ。

エ　運命だと感じていたものが、確かな現実に変わったということ。

オ　待ち望んでいた、王女を助ける好機がついに訪《おとず》れたということ。

カ　王女の側も自分に好意を持っていたのだと、理解したということ。

問7　本文の内容と合っていないものを次から一つ選び、記号で答えなさい。

ア　滝上ひかりは、作品中の状況を台詞で説明することをよしとしていない。

イ　水無瀬樹は、ファンたちから男役としての容姿に憧れをもたれている。

ウ　栗林夏穂は、ことあるごとに部長である宇内瑠美をからかっている。

エ　王女マルグレーテは、最後まで海とともにありたいと願っている。

オ　人魚姫ミアは、意識を失った王女の体を温める方法を知っていた。

二　次の文章を読んで、後の問に答えなさい。

現代思想を学ぶと、**複雑なことを1単純化しないで考えられるようになります。単純化できない現実の難しさを、以前より「高い解像度」で捉《とら》えられるようになる**でしょう。

――と言うと、「いや、複雑なことを単純化できるのが知性なんじゃないのか？」とツッコミが入るかもしれません。ですが、それに対しては、「世の中には、単純化したら台無しになってしまうリアリティがあり、それを尊重する必要がある」という価値観あるいはa**リンリ**を、まず提示しておきたいと思います。そう聞いて、「ふむふむ、そうだよな」と思ってくださるならいいのですが、「なんじゃそれは」とイラつく人もいるかもしれない。ともかく読み進めてみて、役に立つものかどうかご判断いただければ幸いです。

もう少し、この冒頭《ぼうとう》で、今なぜ現代思想なのかを説明させてください。

大きく言って、現代では「きちんとする」方向へといろんな改革が進んでいます。これは僕《ぼく》の意見ですが、それによって生活がより窮屈《きゅうくつ》になっていると感じます。

きちんとする、ちゃんとしなければならない。すなわち、秩序《ちつじょ》化です。秩序から外れるもの、だらしないもの、逸脱《いつだつ》を取り締《し》まって、ルール通りにキレイに社会が動くようにしたい。企業《きぎょう》では「(注)コンプライアンス」を意識するようになりました。のみならず、我々は個人の生活においても、広い意味でコンプライアンス的な意識を持つようになったというか、何かと文句を言われないようにビクビクする生き方になってき

いったんフリーズした後、奥に引っ込んでいく。

「ああ、朝倉さんは大丈夫《だいじょうぶ》」奥から三年生の声が洩《も》れ聞こえる。「そのまま通してあげて」〔略〕

大理石の階段の上に王女を横たえ、人魚姫はじっとその顔を見下ろした。意識を失っているときだけは、哀しみの気配を漂《ただよ》わせていないその顔。大理石に彫《ほ》られたように静かなその顔。触《ふ》れると、大理石のように冷たく、人魚姫と同じくらい冷たかった。〔略〕

王女をあたためる手段はひとつしか思い浮かばなかった。

6このひとは、私に会いに来てくれたのだ、と人魚姫は思った。私に会いに来ようとしたばかりにこんなことになってしまったのだ。私の方から、このひとのそばに行くしかないのだ。

人魚姫は首から提《さ》げた薬壜《びん》を摑《つか》むと、蓋《ふた》を開け――中身を一気に飲み干した。

そして、王女の上に倒《たお》れ込んだ。

（川野芽生「Blue」『すばる』２０２３年８月号〔集英社〕より）

主要登場人物
朝倉真砂　ミア役。「私」と自称。
水無瀬樹《いつき》　マルグレーテ役。
栗林夏穂　魔女役。
宇内瑠美　裏方全般を経て演出も担当。演劇部の部長。「俺」と自称。
滝上ひかり　演劇部の部員ではない。宇内の依頼で脚本を担当。「僕」と自称。

問１　傍線部**１**「ト書き」とは、「脚本の中で、場面の状況・音響《おんきょう》・照明などの指定を台詞の間に書き入れたもの」のことです。本文中には「ト書き」の形式を利用した表現が複数ありますが、そのうち十字のものを書き抜きなさい。ただし、滝上の書いた脚本部分は除きます。

問２　傍線部**２**「俺こういうの好き」とありますが、宇内の滝上に対する気持ちが態度に明白に表れている一文を本文中から探し、その最初の五字を書き抜きなさい。

問３　傍線部**３**「ハッピーエンド」とは、どういうことですか。その説明として最もふさわしいものを次から選び、記号で答えなさい。

ア　人魚姫が人間へと変身したために海で命を失ってしまうということ。

イ　王女が自ら海に身を投じることで海辺の小国の平和がつづくこと。

ウ　王女がいなくなって人魚姫は海の中にとどまるということ。

エ　王子が死亡して政略結婚が回避されるということ。

オ　王子を殺害する場面が不要になるということ。

問４　傍線部**４**「私、人魚姫やりたい」とありますが、真砂は自分自身とミアとの間に共通点を見出したと考えられます。両者の共通点について、説明しなさい。答が解答欄からはみ出さないように注意すること。

問５　傍線部**５**「〈真砂〉という新しい名前を彼女は自分につけた」とありますが、なぜそのようにしたのですか。解答欄に合うよう、本文中から最もふさわしい部分を八字で書き抜きなさい。

〔　**八字**　〕ことを周囲にも表明するため。

舞台の上で自分ではない人間を演じることによる解放感というだけの話かもしれないとはじめは思った。しかし演劇部の中で、冗談《じょうだん》半分に〈女の子〉として扱《あつか》われるようになると、気持ちが楽になるのを感じた。〔略〕

――あさくら、女子の制服いる？

と演劇部の先輩《せんぱい》に言われたのが転機になった。――この春卒業したうちのお姉ちゃんのお下がりがあるんだけど、あさくらなら余裕《よゆう》で入るんじゃない？

女子の制服で学校に通いたい、と打ち明けると、両親はあっさりと受け容れた。〔略〕

〈真砂〉という新しい名前を彼女は自分につけた。病院に通い、二次性徴《せいちょう》をしばしの間止める治療《ちりょう》を受け、彼女は女性として生き始めた。〔略〕

王女は波間に浮かぶ顔に向かって微笑《ほほえ》んだ。おのれの、海の、どちらでもある顔。なぜならおのれは海とひとつになるのだから。迎《むか》えに来てくれたのだ、と王女は思った。頼《たよ》りない小舟《こぶね》の上に王女は立ち上がり、櫂《かい》を手放した。櫂は藍色《あいいろ》の中に沈《しず》んで、瞬《また》く間《ま》に見えなくなった。まるではじめからまぼろしでしかなかったかのように。そして、櫂《かい》の後を追うように、王女は水中に身を翻《ひるがえ》した。〔略〕

見下ろすと、碧《あお》い水と月の光が混ざり合う、汽水域に似た領域を、王女がいっしんに沈んでいく。身に纏《まと》った衣《ころも》がいそぎんちゃくのように開き、唇《くちびる》から小さな真珠《しんじゅ》に似た泡《あわ》が立ち上る。人間が沈んでいくところを、人魚姫ははじめて目にした。沈むということのない人魚には、おどろくほどの速さだった。泡が上っていくのと引き換《か》えに、からだは落ちていくように思えた。

人魚姫は王女を追って海に潜《もぐ》った。水の中で、王女のからだは今までになく自由に見えたし、あの哀《かな》しみの気配からも解き放たれているように見えた。人魚姫ははじめて間近に王女の顔を見て、このまま、このまま一緒《いっしょ》に海の底の宮殿《きゅうでん》へ行くことができたら、と願った。〔略〕

それからその思いを振《ふ》り払い、王女を抱《だ》いて水面に顔を出した。

「ごめん、来週の教室取れてなかった」

朝の教室に飛び込んでくるなり、宇内がそう言った。〔略〕

多目的室のような特別教室が他の部に取られてしまったときは、比較《ひかく》的空きのある通常教室で申請《しんせい》し直すしかない。〔略〕そういうときは、人海戦術、とまではいかずとも、部員をかき集めてできるだけ多くの申請を出す。

「三人ほど、学生証持ってきてくれる？」

真砂は周囲を軽く見回す。この時間に来ている部員は少ない。ほか数人の部員とともに、真砂は学生証の入ったパスケースを持って立ち上がった。

生徒会室に置いてあるファイルを開いて、教室の空き状況《じょうきょう》を調べ、備え付《う》けの申請用紙を埋める。申請者の名前と学生証番号まで記入して、学生証を添《そ》えて窓口に出す。

真砂の番になったとき、申請書と学生証をチェックしていた一年生らしき役員の、スムーズな作業が停滞《ていたい》する。申請書の〈朝倉真砂〉という名前と、学生証の〈朝倉正雄《まさお》〉という名前、それに真砂の顔を見比べて、

「ていうか、ミアの気持ちは水無瀬の役作りには関係なくない？」

「あるよ。ミアがどういう気持ちをマルグレーテに持ってるのかわからないと、マルグレーテとしてもミアにどう接したらいいのかわからない」

「理論派なんだよなあ、水無瀬は」と、魔女役の栗林。

「うだ」

と真砂は横で聞いていた部長を引き込《こ》んで、

「演出家的にはどう思うの？　そこの解釈《かいしゃく》」

と問いをパスした。

「そこって、どこ？」

「ミアの一目惚れについて」

「水無瀬は、一目惚れなんかないって立場？」

「ないっていうか、わからん。顔で好きになったってこと？　一目見ただけじゃ相手のことなんか何もわからないわけじゃん。それでそんな好きになる？」

容姿で憧れを持たれることの多い水無瀬の言葉にはたしかに説得力がある。

「一目惚れ、わかる気がするけどなあ、俺は」

宇内は何かを思い出そうとするようなゆっくりした口調で水無瀬の早口を受け止める。

「相手のことがわかってるから好きになるわけじゃないんじゃないの？　むしろ、わからなくて、わかりたいと思うのが、好きっていうことなんじゃないかなあ」

「ははあ」

横から栗林が意味深長に目配せをしてみせると、その場の皆にも、宇内の滝上に対する気持ちを茶化《ちゃか》しているのだとわかって、宇内は見るからに赤くなり、口籠《くちごも》った。

「他人ってわかんないもんじゃん。部長はたいていの人間のことは理解したつもりでいるってこと？」

水無瀬は空気を無視して更《さら》に切り込む。〔略〕

数年前に共学化した元女子校で、今でも男子の入学者が少ない高校を、真砂は進学先に選んだ。女子の集団に溶け込めると思ったわけではないけれど、男子の集団に問答無用で帰属させられるのだけは嫌《いや》だった。

演劇部に誘《さそ》われたのは、数少ない男子だからという理由もあったのだろうと、真砂は後になって思い当たった。

しかし実際に〈男〉としての役割を求められることはほとんどなかった。女子部員の多くは、むしろ男性の役を演じたがった。自分と異なるものを演じることこそ演劇の華《はな》だと思っているのか、あるいは舞台の上でのみ現すことができる男の姿をこそ自身の真の姿と見なしているのか。

新入生全員が役者を務める夏の公演で、真砂は男性の役を演ると思われていたのだが、男性役の志望者が多いからという理由で、女性の役に移ることを申し出た。

その時まで、女性として生きるという選択肢が、現実的なものとして浮かんだことはなかった。それは空を飛べるようになるといったたぐいの夢想と変わらなかった。

この世界の何も、彼女の悲しみを癒《いや》さない。

人魚姫は知らないが、この日船上で行われていたのは彼女の婚約披露の宴《うたげ》である。

栗林　で、この人魚姫では船は難破しないんだ。

滝上　しない。難破したら、許嫁《いいなずけ》も溺死《できし》してもう3ハッピーエンドだろ。

〔略〕

滝上　ただ難破のイメージというか、人魚姫の想像の中で船が難破するシーンはあってもいいかなと思うんだけど、演劇ってそういうのできる？　最初は現実に起きたことに見えて、後からこれは人魚姫の想像なんだとわかる感じにしたい。

水無瀬　無茶《むちゃ》言うよ先生。

宇内　できるよ。

真砂　部長、安請《やすう》け合いすんな。

栗林　部長は先生にべた惚《ぼ》れだから。

滝上　人魚姫と王女が見つめ合って立ってるんだ。多分、舞台の端《はし》と端とかに分かれてるのかな。〔略〕他に誰もいなくなって、二人の間に青い海だけが広がってて、二人は見つめ合ったまんま。でも実際にはそうはならないんだよね。人魚姫がそう願ってるだけ。船客も許嫁もいなくなって、世界に自分と王女二人っきりだったらなって。夢見てるだけ。

〔略〕

水無瀬　でもこれ小説じゃなくて演劇だからなあ。

宇内　まあまあ、言葉は役者がイメージを広げるのにも役立つから。

栗林　部長はこれだからな。

水無瀬　みんなやりたい役ある？

栗林　魔女気になるな。

水無瀬　うちは王女かな。真砂は？

（真砂、顔を上げて）

真砂　4私、人魚姫やりたい。

（暗転）

〔略〕

ほとんど女子ばかりのこの演劇部に、女性の役を演《や》りたがる部員はかえって少ない。水無瀬はその中では珍《めずら》しく、ヒロイン役の常連である。舞台上の彼女に憧《あこが》れを寄せるファンたちは皆、分厚い眼鏡をかけて髪をきつく束ね、眉根《まゆね》に皺《しわ》を寄せて早口でぶつぶつ言っている普段《ふだん》の姿に幻《げん》滅《めつ》すると言われている。

「どうって、好きなんでしょ」

ミア役の真砂が答えると、水無瀬はわかってないなあと言いたげな顔をして、

「何で好きになるのかがまず謎なんだよ」

と言いながら丸めた台本で机を軽く叩《たた》いた。

「船の上にいるのを海から一目見ただけじゃん。喋《しゃべ》ってもない。それで、故郷も捨てて家族も捨てて、本当の自分を捨ててまで会いに行く？」

【国　語】（五〇分）〈満点：六〇点〉

【注意】　字数制限のある問題については、かっこ・句読点も一字と数えなさい。

一　次の文章を読んで、後の問に答えなさい。

演劇部の部長であり演出も担当する宇内瑠美《うだいるみ》は、演劇部の部員ではない滝上ひかりに脚本《きゃくほん》の執筆《しっぴつ》を依頼《いらい》します。その脚本『姫と人魚姫』は、原作であるアンデルセンの『人魚姫』に大幅《おおはば》な脚色を加えたものとなっています。『姫と人魚姫』では、初めて海上に出た人魚姫が、船上での婚約披露宴《ひろうえん》に身をおく、美しく孤独《こどく》な王女マルグレーテに強くひきつけられます。人魚姫は、魔女である祖母から得た、人間の身体を得る薬を携《たずさ》えつつ、毎夜、岸へと泳いでいきます。海辺の小国の王女は、王子との結婚が内陸の大国に海を渡《わた》すことでしかないことに苦しみ、海へと身を投げますが、意識を失った王女を人魚姫が救い、「体温」を持つ人間と化して自らの体温で王女の体を温めます。

人魚姫は目を瞠《みは》った。はじめて目にした空のおそろしいほどの広さも、熱帯魚たちの鱗《うろこ》を全部奪《うば》ってきて一身にまとったような水面のまばゆさも、水底に形成される地形のひとつとばかり思っていた、尖《とが》った枝がいくつも突《つ》き出た巨大な構造物が水上に浮《う》かんでいることへの驚《おどろ》きも忘れた。広い世界を見に上ってきたはずだった人魚姫の心は、その構造物――船――の小さな開口部のうちに引き寄せられていた。こんなに美しいものは海の中にはいなかった、と人魚姫は思った。自分が世間知らずのお姫様などではなく、海という海を知り尽《つ》くした冒険家《ぼうけんか》でもあるかのように。

見たことがない、こんなに美しくて、こんなに、

水無瀬《みなせ》　どこまで1ト書《とが》き？

滝上　言っただろ、小説しか書いたことがないって。

栗林《くりばやし》　誰《だれ》だよ小説家先生を脚本に起用した奴《やつ》は。

宇内　いいじゃん文学的で、2俺《おれ》こういうの好き。

栗林　部長は小説家先生に甘《あま》い。

水無瀬　文学的な台詞《せりふ》がほしいとか言ってたくせに。

滝上　でも僕《ぼく》の小説はそういうのじゃないんだ。台詞で説明するようなのは無粋《ぶすい》だよ。

水無瀬　ト書きで説明する方がよっぽど無粋じゃん。

真砂　でも実際台詞で説明する芝居《しばい》ってだるいよね。

栗林　それは姫の演技力でなんとか。

水無瀬　ダブル姫の？

栗林　ダブル姫の。

こんなに美しくて、こんなに不幸そうな、それは人間の王女だ。豪奢《ごうしゃ》に着飾《きかざ》った数知れない人間たちに囲まれながら、人魚姫の目にはその姿だけが鮮《あざ》やかに浮かび上がって見える。星々をつらねたようなドレスにも、彼女は見劣《みおと》りしないだけの美しさを持っている。いな、星々を浮かべはじめたこの空と海のすべてが彼女のために誂《あつら》えられた長い長い裳裾《もすそ》であるかのように、海の上と陸の上と海の下の世界のすべてが彼女をそのうつろに容《い》れるためだけに作られた衣装《いしょう》であるかのように、美しい。

美しくて孤独だ。

MEMO

大切なことはメモしておこうネ！

第1回

2024年度

解　答　と　解　説

《2024年度の配点は解答欄に掲載してあります。》

＜算数解答＞《学校からの正答の発表はありません。》

[1]　(1)　$\frac{11}{3}$　　(2)　222ページ　　(3)　258通り

[2]　(1)　24度　　(2)　1.8cm²　　(3)　678.24m³

[3]　(1)　120m　　(2)　2.2倍　　(3)　時速118.8km

[4]　(1)　28回　　(2)　20回　　(3)　5回　　(4)　イ・カ

[5]　(1)　解説参照　　(2)　75cm³　　(3)　15cm³

○推定配点○

[4]　各3点×4((4)完答)　　他　各4点×12　　　計60点

＜算数解説＞

[1]　(四則計算，割合と比，相当算，場合の数)

(1)　$(50+55+57+58)\div60=220\div60=\frac{11}{3}$

重要　(2)　最初1日に読んだページ数…□

全体のページ数…□×5＋(□－6)×3＋(□－6)×4×4＝□×5＋□×3－18＋□×16－96

＝□×24－114

□×24－114＝200のとき…□＝314÷24＝13余り2

したがって，全体のページ数は14×24－114＝222(ページ)

重要　(3)　西ゴール

東西に延びる北1まで行く方法…6通り

東西に延びる北1から北2まで行く方法…6通り

西ゴールへ進む方法…6×6＝36(通り)

北ゴールへ進む方法…6×6×6＝216(通り)

東ゴールへ進む方法…6通り

したがって，全部で36＋216＋6＝258(通り)

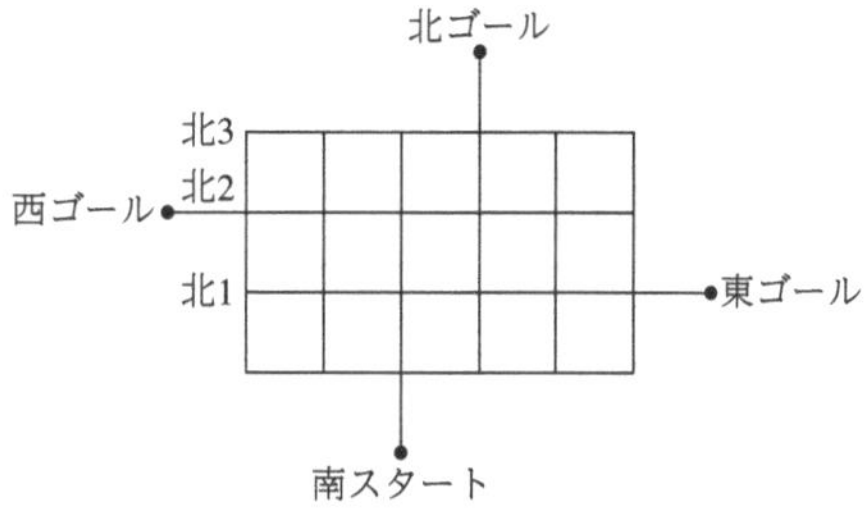

重要　[2]　(平面図形，相似，立体図形，図形や点の移動，消去算)

(1)　三角形ABC…図1より，③＋②＋$\boxed{5}$＝180

⑤＋$\boxed{5}$＝180

②＋$\boxed{2}$＝180÷5×2＝72　－X

オ…①＋$\boxed{3}$＝$\boxed{5}$より，①＝$\boxed{2}$　－Y

XとY…③＝72

したがって，角アは72÷3＝24(度)

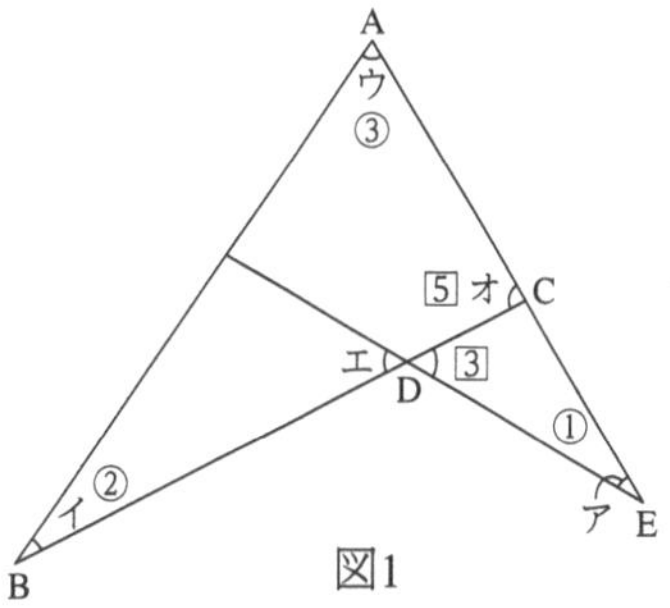

図1

(2)　三角形ABHの面積…図2より，90÷2×0.4×0.6
＝10.8（cm^2）
三角形CDBの面積…90÷2×0.8×0.6＝21.6（cm^2）
三角形DEFの面積…90÷2×0.2×0.7＝6.3（cm^2）
三角形HFGの面積…90÷2×0.4×0.3＝5.4（cm^2）
これらの三角形の面積の和…10.8＋21.6＋6.3＋5.4
＝44.1（cm^2）
したがって，求める面積の差は
90－44.1×2＝1.8（cm^2）

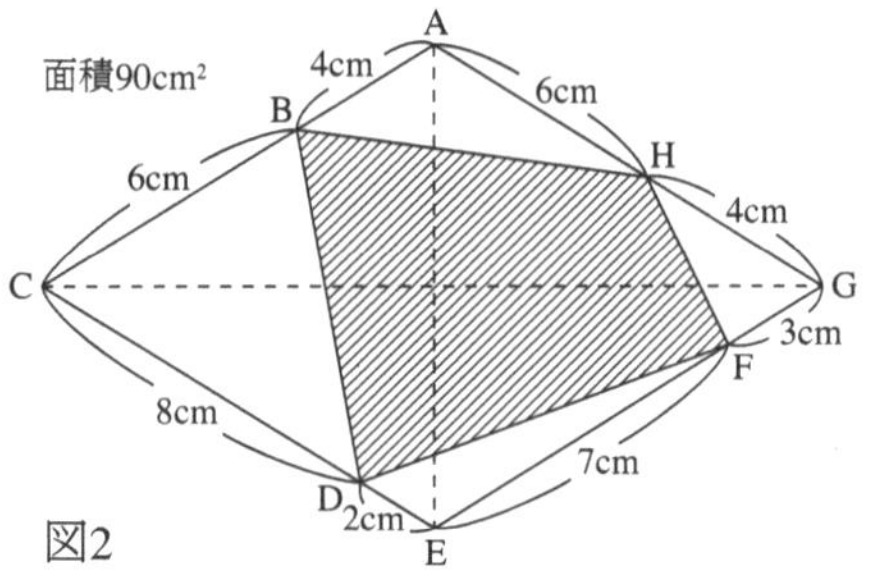

図2

やや難　(3)

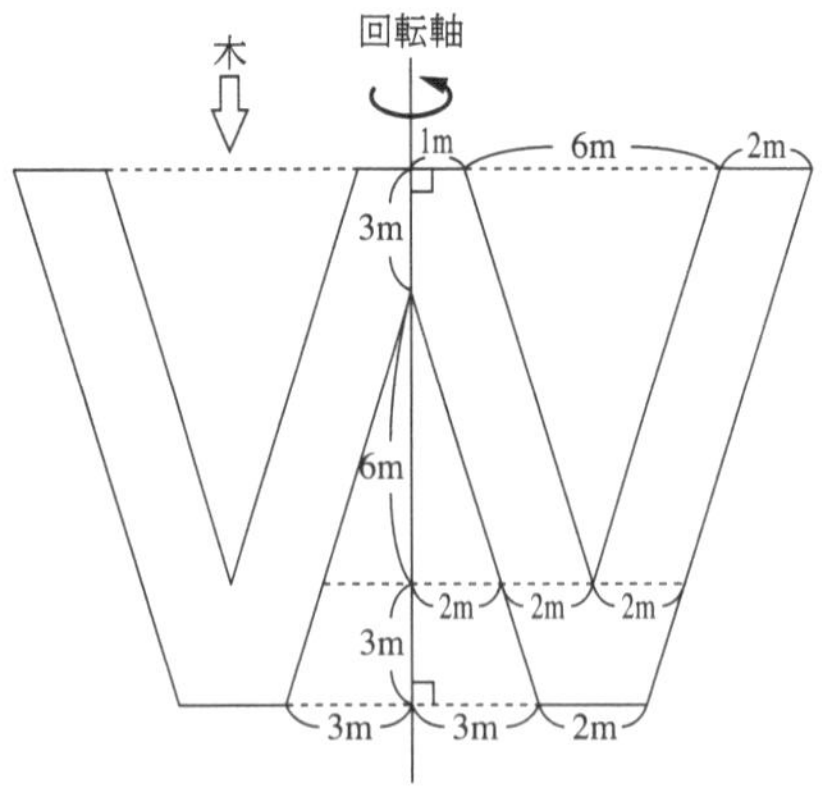

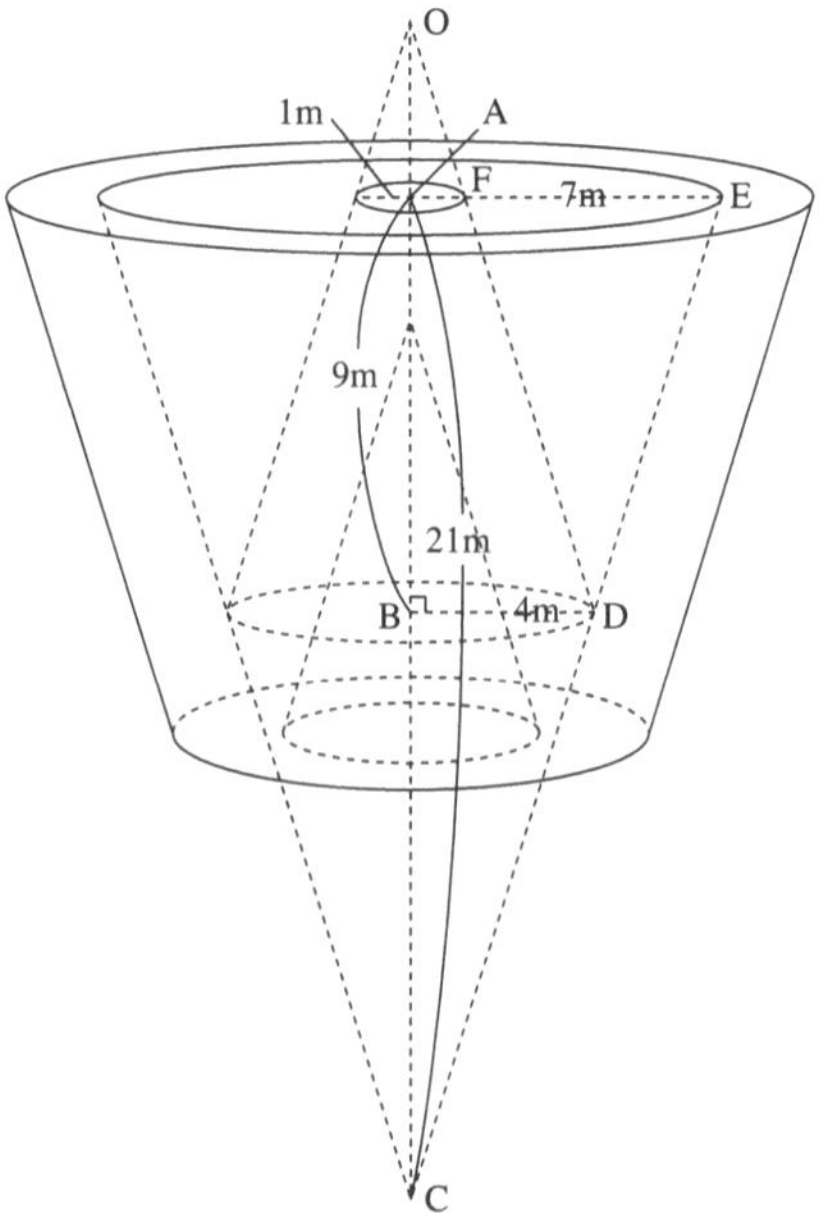

三角形ACEとBCDの相似比
…7：4
AC
…9÷（7－4）×7＝21（m）
底面の半径が9mの円錐部分と
半径が4mの円錐部分の体積比
…（7×7×7）：（4×4×4）＝
343：64
底面の半径が7mの円錐部分の体積
…7×7×3.14×21÷3＝343×3.14（m^3）
高さ9mの円錐台部分の体積
…343×3.14÷343×（343－64）＝279×3.14（m^3）
三角形OAFとOBDの相似比
…1：4
OB
…9÷（4－1）×4＝12（m）
底面の半径が1mの円錐部分と
半径が4mの円錐部分の体積比
…1：64
底面の半径が4mの円錐部分の体積
…4×4×3.14×12÷3＝64×3.14（m^3）

高さ9mの円錐台部分の体積

…$64\times3.14\div64\times(64-1)=63\times3.14$(m³)

したがって，求める体積は$(279-63)\times3.14=216\times3.14=678.24$(m³)

重要 [3] **(速さの三公式と比，通過算，和差算，割合と比，単位の換算)**

(1) 列車Aの長さ…列車Bより42m短い

列車Aが減速した秒速…$21600\div3600=6$(m)

列車Bの長さ…$(6\times33+42)\div2=120$(m)

(2) 列車Aの長さ…(1)より，$120-42=78$(m)

列車Aが342mのトンネルを出るまで走った距離…$78+342=420$(m)

列車Bが342mのトンネルを出るまで走った距離…$120+342=462$(m)

これらの距離の比…420：462＝10：11

列車AとBの速さの比…10：(11×2)＝5：11

したがって，求める割合は$11\div5=2.2$(倍)

(3) 列車AがPQ間を走る時間…(2)より，⑪

列車BがPQ間を走る時間…⑤

⑪－⑤＝⑥…$15-5=10$(分)

⑤の実際の時間…$10\div6\times5=\frac{25}{3}$(分)

したがって，列車Bの時速は$16.5\div\left(\frac{25}{3}\div60\right)=16.5\div\frac{5}{36}=118.8$(km)

やや難 [4] **(割合と比，論理)**

ゲーム…A・B・C3人が2人ずつ対戦する

初め…AとBが対戦して，負けた人がCと交代し，負けるまで同じ人が対戦する

ゲームの回数…36回

A・B・Cの対戦回数の比…7：6：5

(1) 1回のゲーム…2人が対戦するので対戦回数は2人で2回

したがって，Aの対戦回数は$36\times2\div(7+6+5)\times7=28$(回)

(2) 36回目まで対戦したAがゲームで対戦できなかった回数

…$36-28=8$(回)

したがって，Aが勝ったのは$28-8=20$(回)

(3) Cの対戦回数…(1)より，$28\div7\times5=20$(回)

1回目を除いて36回目まで対戦したCがゲームで

対戦できなかった回数…$36-1-20=15$(回)

したがって，Cが勝ったのは$20-15=5$(回)

	A	B	C	A	B	C
31回目		○	×		×	○
32回目	×	○		○		×
33回目		×	○	×	○	
34回目	○		×		○	×
35回目	○	×		○	×	
36回目	○		×	○		×

(4) 31回目…BとCが対戦

31回目～36回目まで…Aが3勝1敗

Bが2勝2敗

Cが1勝3敗

右表の例により，あてはまるのは36回目について

イ「Bが勝ちCが負け」・カ「Aが勝ちCが負け」

	A	B	C	A	B	C
31回目		○	×		×	○
32回目	○	×		○		×
33回目	○		×	○	×	
34回目	○	×		○		×
35回目	×		○	×	○	
36回目		○	×		○	×

重要 [5] (平面図形，立体図形，割合と比)

(1)　切り口の線

…見取り図の長さの関係から右図のようになる

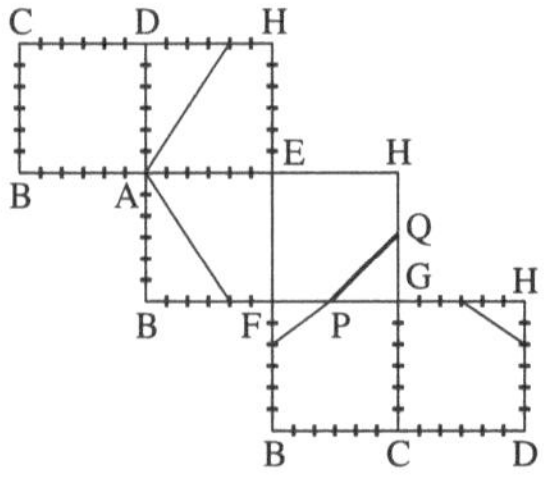

(2)　立体の体積

…見取り図より，9×9÷2×6÷3−3×3÷2×2÷3×2＝81−6＝75(cm^3)

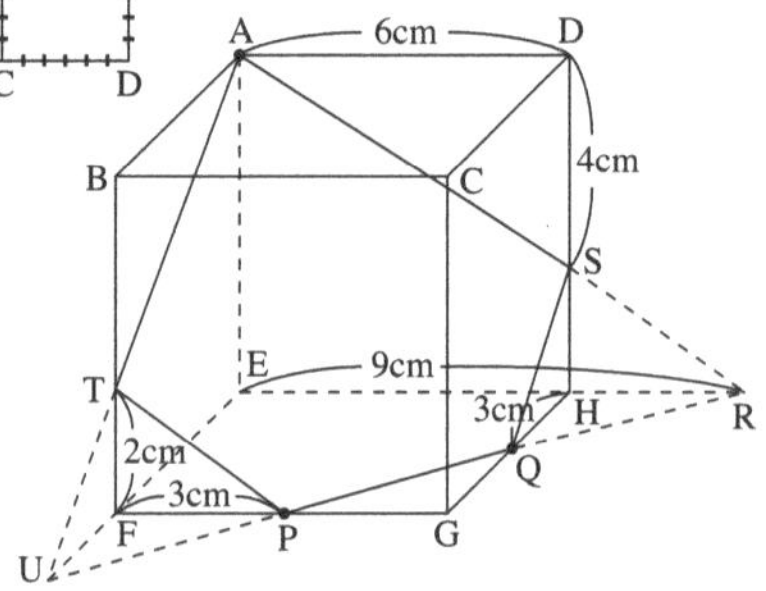

(3)　三角柱VTS−EFH

…右図より，6×6÷2×2＝36(cm^3)

三角錐A−VTS

…6×6÷2×4÷3＝24(cm^3)

したがって，(2)より，求める立体は75−(36＋24)＝15(cm^3)

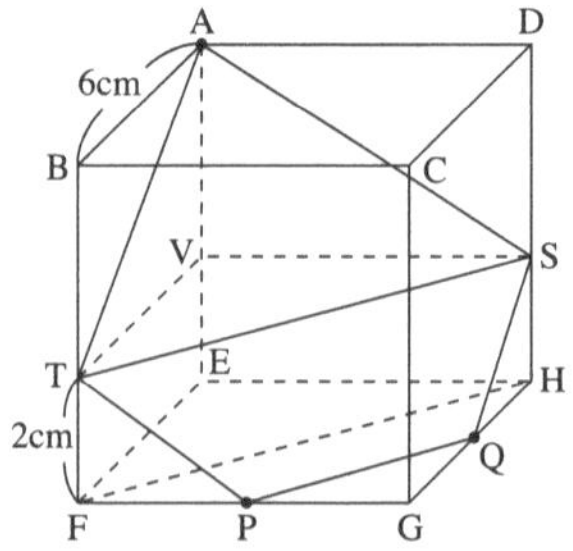

★ワンポイントアドバイス★

どの問題も，簡単に解けそうにはないと思われる問題が並んでいる。[2](3)「回転体」の体積は問題が複雑になっているため，時間がかかる。[3](1)「速度を落とした」という表現があり，(2)・(3)では注意が要る。

<理科解答> 《学校からの正答の発表はありません。》

〔1〕　問1　ハザードマップ　　問2　ウ　　問3　エ　　問4　イ　　問5　オ，カ

〔2〕　問1　①　ウ　　②　イ　　③　ア　　④　イ

問2　ア，エ　　問3　250匹

問4　(1)　ア　　(2)　ア

〔3〕　問1　酸素　　問2　右図　　問3　$40cm^3$

問4　20.8%　　問5　AとC

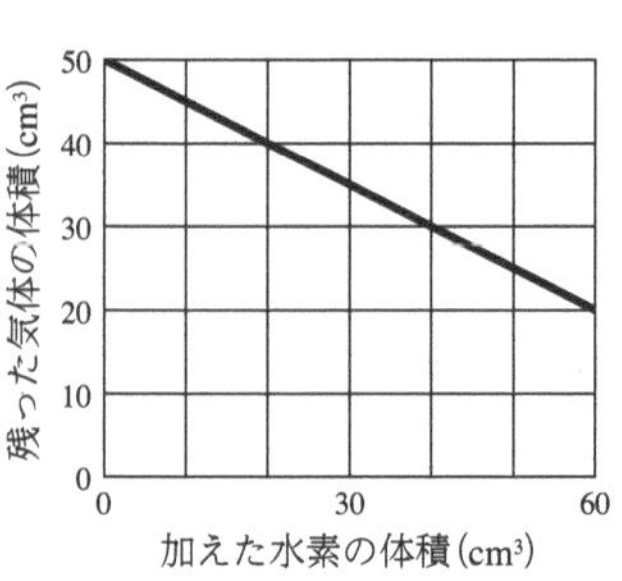

〔4〕　問1　(a)　ウ　　(b)　エ

問2　①　温度[量]　　②　量[温度]

問3　蒸発　　問4　40%　　問5　25℃

○推定配点○

〔1〕　各2点×5　　〔2〕　問1・問4　各1点×6　　問2・問3　各2点×2　　〔3〕　各2点×5

〔4〕　問1・問2　各1点×4　　問3～問5　各2点×3　　計40点

＜理科解説＞

〔1〕 (大地の活動―火山の活動と形)

問1　火山をはじめ，高潮や津波，水害などの災害の種類と範囲を予測し地図上に表したものをハザードマップという。地方自治体などが作成し，紙やインターネットで配布されている。

問2　火山Aは，黒っぽい火山灰がせまい範囲にだけ降っている。これは，黒っぽい溶岩を大量に流し出す火山の特徴である。粘り気が弱く，ガス成分が少ないマグマが活動しているため，爆発的に噴煙を上げるような噴火はしない。

問3　火砕流は，本質的には高温の火山ガスの流れなので軽いが，火山灰などを巻き込んでいるために，上空へ上がるのではなく斜面を高速で流下する。そのため，ある程度は浮力を持ち，小さな丘などは乗り越えていく。アならば摩擦は増える。イで火砕流の粒の形は角ばっており，大きさもそろっていない。ウは火山灰が積もったとしても樹木などが多く，平らとはいえない。

問4　黒っぽい溶岩は玄武岩である。マグマが地表で急に冷えるので，顕微鏡で見ると，大きな鉱物だけでなく，細かな部分も多い。花こう岩はマグマが地下深部でゆっくり固まってできるものであり，火山にはならない。

問5　風向は，風が吹いてくる向きである。北西の風は，北西から南東に吹くので，火山灰は南東に流される。秒速9mで2時間流されると，9×60×60×2＝64800で，64.8kmまで到達する。2時間以内に火山灰が降り始めるのは，図ではオ，カである。

〔2〕 (昆虫―モンシロチョウの生活)

問1　モンシロチョウの卵は，およそ1週間でふ化する。1齢幼虫から脱皮をするごとに2齢，3齢，4齢，5齢と成長するので，幼虫の間の脱皮は4回である。幼虫の期間はおよそ10日であり，口から糸を出す。5齢幼虫がさらに脱皮をするとさなぎになる。さなぎの期間はふつう1～2週間だが，越冬する場合は数か月である。

問2　カマキリは，木の枝などに付いた泡のようなものに包まれた卵の形で越冬する。ナナホシテントウは，成虫がからだを寄せ合って越冬する。カブトムシは土の中で幼虫の形で越冬する。バッタは，土の中に産み付けられた卵の形で越冬する。

重要　問3　地域にいるモンシロチョウ全体に対する標識のついたモンシロチョウの割合は，2回目につかまえたモンシロチョウに対する標識のついたモンシロチョウの割合と同じである。よって，モンシロチョウ全体の数は，□：50＝50：10　より，□＝250匹である。

問4　(1)　A君は10日後に再び捕まえた。しかし，5月の季節で10日間もあれば，さなぎから成虫になるものが多いので，数が増加していく。一方で，成虫の寿命は1～3週間だから，標識を付けた成虫の中には10日間で死ぬものもいる。この状態では，地域の中にいるモンシロチョウ全体に対する標識のついたモンシロチョウの割合が低下していくので，問3と同様に計算してしまうと，全体の数は多すぎる値が出てしまう。

やや難　(2)　最初に捕まえた5月10日のときのモンシロチョウの数とあまり変わらないようにするには，日数をおかない方がよい。翌日の5月11日でも，モンシロチョウはじゅうぶんに混じりあっている。イだと数が大きく変わってしまう。ウやオの工夫は，条件をそろえるという観点では好ましい。しかし，天気や時間帯によって飛んでいる個体数は違っても，個体数の割合が変わることは考えにくいので，さほど意味はない。エは割合なので，よほど少なくない限り，何匹でも関係がない。

〔3〕 (燃焼―水素の燃焼)

問1　図2より，水素50cm^3と反応する酸素は25cm^3であり，その体積比は2：1である。そのため，水素100cm^3と反応する酸素は50cm^3であり，酸素が70－50＝20(cm^3)残る。

問2　水素が0cm^3の場合，酸素50cm^3すべてが残る。水素：酸素＝2：1の体積比で反応するので，水素を20cm^3加えるごとに，酸素10cm^3が反応して，残る気体も10cm^3ずつ減少する。水素を60cm^3加えたとき，酸素は30cm^3が反応するので，残る気体は50－30＝20(cm^3)となる。

重要　問3　水素40cm^3と反応する酸素は20cm^3であり，酸素が40－20＝20(cm^3)残る。また，反応に関係しない窒素20cm^3も残る。よって，反応後の気体は20＋20＝40(cm^3)である。

問4　もし水素50cm^3がすべて反応したとすれば，酸素は25cm^3使われ，残った気体は50－25＝25(cm^3)となるはずで，条件に合わない。そもそも，空気50cm^3中に酸素は25cm^3も入っていない。よって，この実験では水素が残り，酸素は残っていない。最初の気体の合計は50＋50＝100(cm^3)で，反応後の残りが68.8cm^3だから，反応した気体は100－68.8＝31.2(cm^3)である。水素と酸素は2：1の体積比で反応するので，水素が20.8cm^3，酸素が10.4cm^3反応したことがわかる。空気中の酸素の体積の割合は，10.4÷50＝0.208より，20.8％となる。

問5　水素と酸素は2：1の体積比で反応する。表で反応した水素と酸素の体積は，Aが40cm^3と20cm^3，Bが50cm^3と25cm^3，Cが40cm^3と20cm^3，Dが60cm^3と30cm^3となる。同じ量だけ反応したのはAとCであり，できた水の重さも等しい。

〔4〕 **(熱の性質―残り湯の熱の利用)**

基本　問1　(a)は，熱が伝導しにくい材料に取り換えた例である。これは，ウの金属と木の例と同じである。(b)は，太陽からの熱の放射をさえぎった例である。これは，エで炎からの熱の放射をさえぎった例と同じである。アは対流の例で，イは液体が気体になるときに熱を奪う例である。

問2　この実験では，断熱材とふたの条件だけ変えて，他の条件は変えないようにする。浴槽の形や大きさだけでなく，中に入れておくお湯の最初の温度やお湯の量もそろえる必要がある。

重要　問3　お湯の熱は，水面から空気へ直接に伝導しただけでなく，水が蒸発するときに気化熱が奪われることでも逃げていく。気化熱は，1gあたり約2400J(560cal)とかなり大きい。お湯にふたをして蒸発を防ぐことで，温度が下がりにくくなる。逃げる熱が少ないと，お湯の中の温度差も少なく，対流も起こりにくい。

問4　34℃の残り湯と10℃の水を，同じ量ずつ接触させると，残り湯から水へ熱が移動して，どちらの温度も，平均の(34＋10)÷2＝22(℃)になる。この水を40℃のおふろにするには，22℃から40℃まで18℃上げればよい。一方，10℃の水から40℃へ直接温めた場合は30℃上げなければならない。よって，節約できた熱は，30－18＝12(℃)ぶんであり，12÷30＝0.4で40％の節約といえる。

問5　A，B，X，Yはどれも60Lだから，接触させた後の温度は，それぞれの温度の平均になる。〈1〉では，AとXの温度が(34＋10)÷2＝22(℃)になる。〈2〉では，AとYの温度が(22＋10)÷2＝16(℃)になり，BとXの温度が(34＋22)÷2＝28(℃)になる。〈3〉では，BとYの温度が(28＋16)÷2＝22(℃)になる。〈4〉では，XとYの温度が(28＋22)÷2＝25(℃)になる。これは，問4のときの22℃よりも少し高い。

★ワンポイントアドバイス★

それぞれの現象や，それぞれの実験が意味することをよく考え，順を追って考えていこう。

＜社会解答＞ 《学校からの正答の発表はありません。》

〔1〕 問1 (1) 大隈重信 (2) (記号) ア (都市) 名古屋(市) (3) ア
(4) 干拓 (5) 3倍 a ア b イ c ウ 問2 (1) カ
(2) (場所) ウ (島名) キ (3) 1・4・6 問3 ウ 問4 い ウ う ア

〔2〕 問1 A 桓武天皇 B 小野妹子 C シャクシャイン 問2 イ 問3 天下
問4 ア 問5 (生産物) イ (写真) キ 問6 (大正) オ (昭和) ウ
(平成) カ 問7 宋王朝 問8 イ，オ 問9 先住 問10 琉球

〔3〕 問1 働き方 問2 ウ 問3 E 後期高齢 F 社会保障
問4 (1) ジェンダー (2) エ 問5 (1) イ (2) イ・エ 問6 (1) エ
(2) 子どもに教育を受けさせる(義務)

○推定配点○

〔1〕 問1(2)，(5)abc，問2(3)，問4 各2点×4(各完答) 他 各1点×8
〔2〕 問5，問6 各2点×2(各完答) 他 各1点×10(問8完答) 〔3〕 各1点×10(問5(2)完答)
計40点

＜社会解説＞

〔1〕 (総合問題―万博に関連する地理と歴史の問題)

問1 (1) 1898年に板垣退助の自由党と大隈重信の進歩党が合同して憲政党を組織し，大隈重信を首相とするいわゆる隈板内閣が誕生したが，すぐに憲政党が分裂し，4か月で隈板内閣は終わった。その後，1914年に大隈重信が首相となり組閣，この大隈内閣の時代に第一次世界大戦に参戦
やや難 したり，中国への二十一か条要求を出したりした。 (2) 瀬戸焼は愛知県の瀬戸市で作る焼き物。有田焼は佐賀県，九谷焼は石川県，益子焼は栃木県。表1のアが愛知県，イが石川県，ウが栃木県，エが佐賀県。 (3) 肥前藩があったのが今の佐賀県。佐賀県の南に広がる海が有明海
重要 で，有明海で有名なのはのりの養殖。 (4) 長崎県諫早湾で問題となったのが湾を堤防で仕切って行う干拓事業。 (5) ①平安期～戦国末期の約800年で6000ha拡がったのだから，一年あたりだいたい7.5haになり，②江戸時代は1603年から1867年の264年で5928ha拡がったので一年あたりだいたい22.5haになる。22.5÷7.5＝3なので3倍となる。戦乱の世が終わり，江戸時代になると人口が増えていき，食料を増産する必要もあり耕地拡大のために新田開発や干拓事業が行われた。

問2 (1) 1970年の大阪万博は「人類の進歩と調和」，2005年の愛知で行われた日本国際博覧会は「自然の叡智」，2025年に開かれる国際博覧会は「いのち輝く未来社会のデザイン」がテーマ。 (2) 2025年の大阪で開催の万博は会場が夢洲で図1のウになる。ウのすぐ右上が舞洲，ウの右下が咲洲になる。カの舞浜は千葉県の地名，ケのポートアイランドは神戸の埋立地。 (3) 表3の1，4，6が大阪で開催の万博で，2が沖縄県，3が茨城県，5が愛知県のもの。

基本 問3 1940年に予定していて中止となったので，ウの日中戦争が該当する。アは1929年，イは1914年から18年，エは1923年。

問4 人工衛星を初めて打ち上げたのがソ連で1957年のスプートニク1号，人類初の月面到達がアメリカで，1969年のアポロ11号。

〔2〕 (日本の歴史―平安時代から現代の日本の歴史の問題)

基本 問1 A 桓武天皇は781年に即位し，政治の立て直しのために都を移転させた。 B 小野妹子は607年，608年の2回の遣隋使として隋に渡った。 C シャクシャインはアイヌの日高地方の一族長で，当時のアイヌと交易を独占していた松前藩が，交易の際には圧倒的に有利な状況であった

ために，アイヌの他の族にも呼びかけ蜂起した。

問2　江戸最初期は家康は特にキリスト教への弾圧を行っておらず，またその頃はスペインやポルトガルの他にもイギリスやオランダなども日本に来航し貿易を行い，その際に宣教師も来て布教を行っていた。アのザビエルは鉄砲伝来の6年後に鹿児島に来航。ウの島原・天草一揆は3代将軍徳川家光の時代。エの五箇条の御誓文では特にキリスト教については触れておらず，一般向けに出した五榜の掲示ではキリスト教は禁止され，欧米の国々の反発を受けその後は黙認とした。

問3　織田信長が用いた印章に「天下布武」とあり，天下に平和をもたらす，中国の古典にある七徳の武を天下にもたらすという気持ちを込めて使っていたのではないかとされる。空欄の前後を見ないで，天下布武と答えないこと。ここは天下のみ。

問4　近松門左衛門は，もともとは武士の身分であったが，浄瑠璃が好きで，この道に進んだという人物。『曽根崎心中』は『冥途の飛脚』『心中天網島』と合わせて世話物と呼ばれるジャンルのもの。イは歌川広重の浮世絵，ウは滝沢馬琴の読本，エは松尾芭蕉の俳諧紀行文。

問5　大阪紡績会社は1882年につくられた，イギリス製の紡績機械を採用した綿糸の生産会社。

重要　問6　大正が1912年から1926年，昭和は1926年から1989年，平成は1989年から2019年。オが1920年で大正，ウが1972年で昭和，カが1995年で平成。アは1905年で明治，イは2020年で令和，エは1910年で明治。

問7　宋という王朝は中国の歴史の中では，倭王武が朝貢した記録がある宋書倭国伝の宋と，平安時代から鎌倉時代にかけてあった宋の2つがあるので注意。前者は中国の歴史では5世紀から6世紀の南北朝時代の初期で，後者は10世紀から13世紀の頃。

問8　イ　日清戦争の終わりは1895年で，治外法権(領事裁判権)撤廃がなされたのは1894年の開戦前なので誤り。　オ　日露戦争では賠償金はなかったので誤り。

問9　アイヌ民族は明治時代の1899年に出された「北海道旧土人法」で「保護」されていたものの，実質的にはいろいろと差別をされていたが，1997年に出された「アイヌ文化の振興並びにアイヌの伝統等に関する知識の普及及び啓発に関する法律」で，旧土人法は廃止され，さらに2019年の「アイヌの人々の誇りが尊重される社会を実現するための施策の推進に関する法律」にとって代わられ，現在ではアイヌの人々が先住民として尊重されるものとされている。

問10　琉球王国は江戸時代初期の1609年に薩摩藩に支配されるようになったが，江戸時代を通じて，琉球王国は東アジア，東南アジアの国々の間での中継ぎ貿易をやっていた。

〔3〕 **(政治―日本国憲法，現代日本の問題，時事問題，などに関する問題)**

問1　働き方改革は，安倍晋三元首相の時代から推し進められてきたが，まだまだ難問も多い。

重要　問2　2022年の日本では物価が急騰したのが問題となったが，その一つの原因がウクライナ問題で，ウクライナから世界中に輸出されていた小麦などの輸出が止まったことと，ロシアからの原油や天然ガスの供給が不安定になり，世界中の経済に大きな影響を与え，さらに日本については円安が一気に進んだことで，輸入品の値段が急激に跳ね上がり，その結果，日本の物価も急騰した。

問3　「2025年問題」とは，団塊の世代とされる1947年から49年の頃の第一次ベビーブームの時期に生まれた世代が，75歳以上の後期高齢者と呼ばれる年代になることで，社会保障関連の費用が急激に膨らむ問題。これにより，社会保障費を支える生産年齢人口の人々の負担が重くなる。

重要　問4　(1)　ジェンダーとは男らしさ，女らしさといった性差のことで，これを際立たせて役割を分担させるのがジェンダーギャップ。　(2)　エが正しい。アは2023年末の段階で日本の国会議員に占める女性の比率は15%ほどなので誤り。イは男女雇用機会均等法により，男女の給与の差は原則的にはつけてはいけないことになっており，その差は小さくなっている。ウは，今までに参議院議長に女性がなったことはあるので誤り。

問5　(1)　Gは正しい。Hは核兵器のない世界への訴えはあるが，核兵器禁止条約への調印の呼びかけはなく，日本も調印していない。現時点ではCTBT包括的核実験禁止条約の早期発効が求められている。　(2)　イの中国の習近平国家主席，エのロシアのウラジーミル・プーチン大統領は広島サミットには参加していない。アはウクライナのウォロディミル・ゼレンスキー大統領，ウはアメリカのジョー・バイデン大統領。

問6　(1)　労働三権は労働者が組合をつくり集団で雇用主と対する権利であり，勤労権は社会権の一部の，人間らしい生活を営むための権利の一つなので別物。　(2)　日本国憲法第26条第2項に，「すべて国民は，法律の定めるところにより，その保護する子女に普通教育を受けさせる義務を負う。」とある。

★ワンポイントアドバイス★

問題をていねいに読んで，即答できない問題でも，とにかく考えること。知識で勝負する問題も多いが，問題の設定や条件などを良く把握し考えていけば答えにたどり着けるものも多い。選択肢の問題は，必ず問題の指示，設問の内容を見て，解答を選ぶこと。やや紛らわしいものもあるので要注意。

＜国語解答＞ 《学校からの正答の発表はありません。》

一　問1　ア　　問2　A　ウ　　B　エ　　問3　オ　　問4　(例)　(「心」は)三おばさんの死を受け入れた後の未来を考えているが，「体」は三おばさんが死ぬかもしれないことを悲しむ(状態。)　　問5　病院に通いつめ(ること。)　　問6　ウ　　問7　エ　　問8　ア

二　問1　a　専門　　b　生意気　　c　子女　　問2　エ　　問3　ア　　問4　イ
問5　(例)　日本語でいえるようにした英文の意味を，他の文章でも同じだと判断できるようにした。　　問6　普通

○推定配点○

一　問2　各3点×2　　問3　2点　　問4　6点　　他　各4点×5
二　問1・問2　各2点×4　　問5　6点　　他　各4点×3　　計60点

＜国語解説＞

一　(小説―心情・場面・細部の読み取り，空欄補充，ことばの意味，記述力)

重要　問1　Wのある段落は，「わたしはこの帰国が失敗だったかもしれないと……気づいた」のは，「書きかけの論文をうっちゃって，取るものもとりあえず飛行機に飛び乗り……その足で病院に向かった」ことで，そんなに急いで「わたし」が帰国するほど，病状が重いのかと三おばさんに思わせてしまったかもしれない，と「わたし」が自分の「焦燥と浅はかさ」に気づいたということなのでアが適切。「焦燥と浅はかさ」をふまえて説明していない他の選択肢は不適切。

問2　傍線部1は「三周走り終える……」で始まる場面の三おばさんの様子で，四おばさんに，脚が悪くて走れないことで傷つくようなことを言われても，三おばさんは腹を立てることもなく1のような様子だった，ということなので，Aにはウ，Bにはエがそれぞれあてはまる。

基本　問3　傍線部aは，冷たくてそっけない，つきはなした様子を表すのでオが適切。

やや難　問4　傍線部2前後で，「自分が早くも三おばさんのいなくなった世界に順応しようとしていること

に気づいて」「わたしの心はすこしばかりまえを行っている」こと，「わたしの体は……この悲しみのただなかに在る」と描かれていることをふまえ，三おばさんの死に対する「心」と「体」の状態を，設問の指示に従って指定字数以内で説明する。

問5　傍線部3のある段落冒頭にあるように，3は「毎日三おばさんを見舞った」ことなので，同様の表現として直後の段落冒頭の「病院に通いつめ(7字)」を書き抜く。

問6　Xは，三おばさんの容態が良くない状況の中，ほかのおばさんたちにとって「わたし」の存在は，「気まずい沈黙につけ入られることはな」く「だれも望まない未来をすこしだけ先延ばしにすることができ」る存在だった，ということなのでウが適切。安心できる場所という意味ではなく，X直後の描写をふまえていない他の選択肢は不適切。

重要　問7　一つ目の傍線部4では，三おばさんが話している途中で，三おばさんがよく言っていた台詞を「わたし」が続けて話し，二つ目の傍線部4では，そんな「わたし」を三おばさんは「満足そうにうなずき，ほら，やっぱりあたしの育て方は間違ってなかったでしょ，というふう」な様子が描かれているのでエが適切。育ててもらった三おばさんの考え方を自分の言葉として話し，そんな「わたし」を誇りに思っていることを説明していない他の選択肢は不適切。

問8　X・Yをふくむ最後の2段落で，最期に死にたくないとうなされながら涙をひと筋流した三おばさんの姿を「わたし」が想像できず，いつものように笑って逝くような気がしていたのは，三おばさんは「わたし」の前では取り乱すこともなく「大人」としてありつづけたからであり，三おばさんの死をいつまでも悲しむわけにはいかないのは，自分がもう「子供」ではないからである，ということが描かれているのでアが適切。

二　(随筆文―要旨・細部の読み取り，漢字の書き取り，ことばの意味，記述力)

基本　問1　傍線部aの「専」右上に「丶」はつけない，「門」は「問」とまちがえないこと。bは自分の年齢や能力を考えずに出すぎた言動をすること。cの「帰国子女」は保護者とともに国外転居した後，帰国した息子や娘，という意味。

問2　傍線部1は，母親が歯をみがくようあまり厳しくいわなかったことを理由に，しっかり歯を磨く習慣をつけなかった，ということなのでエが適切。1が「理由にして」という意味であることをふまえていない他の選択肢は不適切。

問3　傍線部2は「先生たちを信用してい」ないために行ったことであり，最後の段落で柳田國男の分け方からも，アは誤っている。イ・ウ・オは2のある段落と次段落，エは最後の2段落でそれぞれ述べている。

やや難　問4　傍線部3は直前で述べているように，先生の戦略として，生徒が言葉にできないけれど知っていることを生徒に認めさせ，本当に知ることをさまたげ，抑圧されているいろんな力をこわすために，先生は質問をする，ということである。また，このことを「戦略という言葉は……」で始まる段落で，要求を切り出す時，胸の中でなんとなく考えていることを，戦略として大きい規模での方針を決め，戦術としてこまかな進め方をする，とも説明しているので，これらの内容をふまえたイが適切。生徒の胸の中で言葉にできないものを，はっきり言葉にすることに気づかせるためであることを説明していない他の選択肢は不適切。

重要　問5　傍線部4は「教えられなくても自分で判断できること」で，「私がなぜ……」で始まる段落で，「ほかの場合にも……同じだ，と自分で判断できるように」するために「英語の文章の意味を……自分の頭にいれて，自分の日本語で内容がいえるようにした」ことを述べているので，この部分を「サトル」にあたる筆者の実践した「勉強法」として，指定字数以内でまとめる。

問6　Aには「ごくありふれたものである」という意味で，章番号3の「そこで私は……」で始まる段落の「普通」が入る。

★ワンポイントアドバイス★

随筆文では，実体験を通して筆者が何を述べようとしているのかをていねいに読み取っていこう。

第2回

2024年度

解　答　と　解　説

《2024年度の配点は解答欄に掲載してあります。》

＜算数解答＞《学校からの正答の発表はありません。》

[1]　(1)　12箱　　(2)　ア　5　　イ　1　　(3)　12

[2]　(1)　405度　　(2)　1.2倍　　(3)　140.99cm^2

[3]　(1)　0.75倍　　(2)　4倍　　(3)　9時28分

[4]　(1)　312cm^2　　(2)　120個　　(3)　112個

[5]　(1)　B　130秒　　C　155秒　　(2)　1345秒　　(3)　670秒

○推定配点○

[5]　各3点×4　　他　各4点×12([1](2)完答)　　　計60点

＜算数解説＞

重要 [1]　(割合と比，売買算，差集め算，消去算，場合の数，仕事算，統計と表)

(1)　初め予定したみかんといちごの個数…それぞれ㋯，㋑で表す

㋑－㋯…(2200－700)÷(600－300)＝5(箱)－①

予定の価格…300×㋯＋600×㋑＝10000－700＝9300より，㋯＋2×㋑＝31　－②

実際の価格…600×㋯＋300×㋑＝10000－2200＝7800より，2×㋯＋㋑＝26　－③

㋯＋㋑…(㋯＋㋑)×3＝31＋26＝57より，㋯＋㋑＝57÷3＝19　…④

①＋④…㋑×2＝5＋19＝24より，㋑＝24÷2＝12

したがって，いちごは12箱

(2)　グー，チョキ，パーの回数…それぞれを●，△，○で表す

Aが出した手…●＝2，△＝7，○＝1

Bが出した手…●＝5，△＝3，○＝2

したがって，右表より，Bはグーでア5回，チョキでイ1回勝った

	A	B	
○	●	△	×
○	●	△	×
×	△	●	○
×	△	●	○
×	△	●	○
×	△	●	○
×	△	●	○
○	△	○	×
○	△	○	×
×	○	△	○

(3)　A，B，Cの1日の仕事量…それぞれA，B，Cで表す

1回目と2回目…A×4＋B×6＝A×2＋B＋C×4より

A×2＋B×5＝C×4　－ア

2回目と3回目…A×2＋B＋C×4＝A×6＋B＋Cより

C×3＝A×4　－イ

イ…A＝3のとき，C＝4

ア…3×2＋B×5＝4×4より，B＝(16－6)÷5＝2

全体の仕事量…1回目より，3×4＋2×6＝24

したがって，求める日数は24÷2＝12(日)

	A	B	C
1回目	4日	6日	0日
2回目	2日	1日	4日
3回目	6日	1日	1日
4回目	0日	(　)日	0日

重要 [2]　(平面図形，相似，図形や点の移動)

(1)　(ア＋A＋B＋C＋D＋エ)×2

…次ページの図より，180×6－(360－90)＝810(度)

ア＋A＋B＋C＋D＋エ

…405（度）

ア＋イ＋ウ＋エ…405度

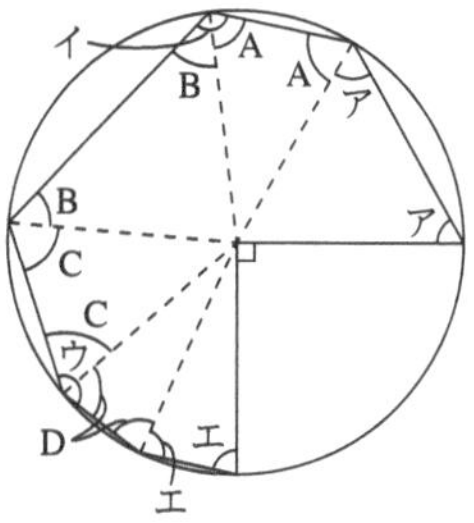

（2）　三角形ABHとGFH

…右図より，相似比は

（4＋5）：5＝9：5

FG

…$6\div9\times5=\frac{10}{3}$（cm）

三角形BJCとFEC

…相似比は4：（5×2）

＝2：5

BJ

…10÷5×2＝4（cm）

三角形AJDとGED

…相似比は（6＋4）：$\left(10+\frac{10}{3}\right)$＝3：4

AG…9＋5＝14と3＋4＝7より，14とする

AD…14÷7×3＝6　　AH…14÷14×9＝9

AD：DH…6：（9－6）＝2：1

三角形ABCの面積…$\boxed{12}$

三角形ACDの面積…12÷4×5÷3×2＝$\boxed{10}$

したがって，求める割合は12÷10＝1.2（倍）

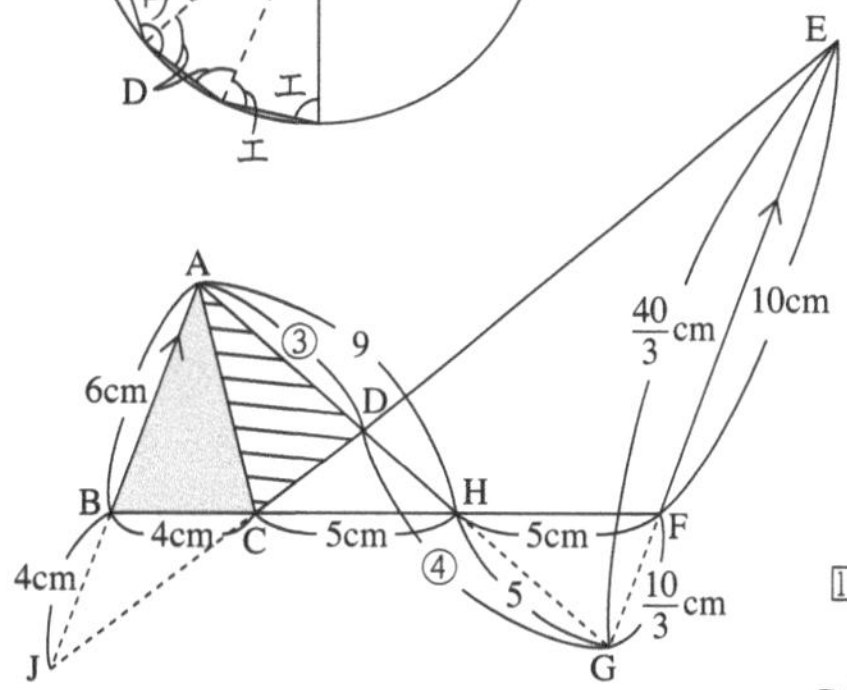

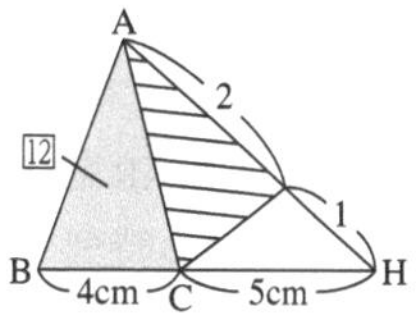

（3）　右図

（5×5－1×3＋13×2＋2×8＋2×2）×2＋

2×2×3.14÷2－（2×2－1×1×3.14）×1.5

＝142.28－1.29

＝140.99（cm^2）

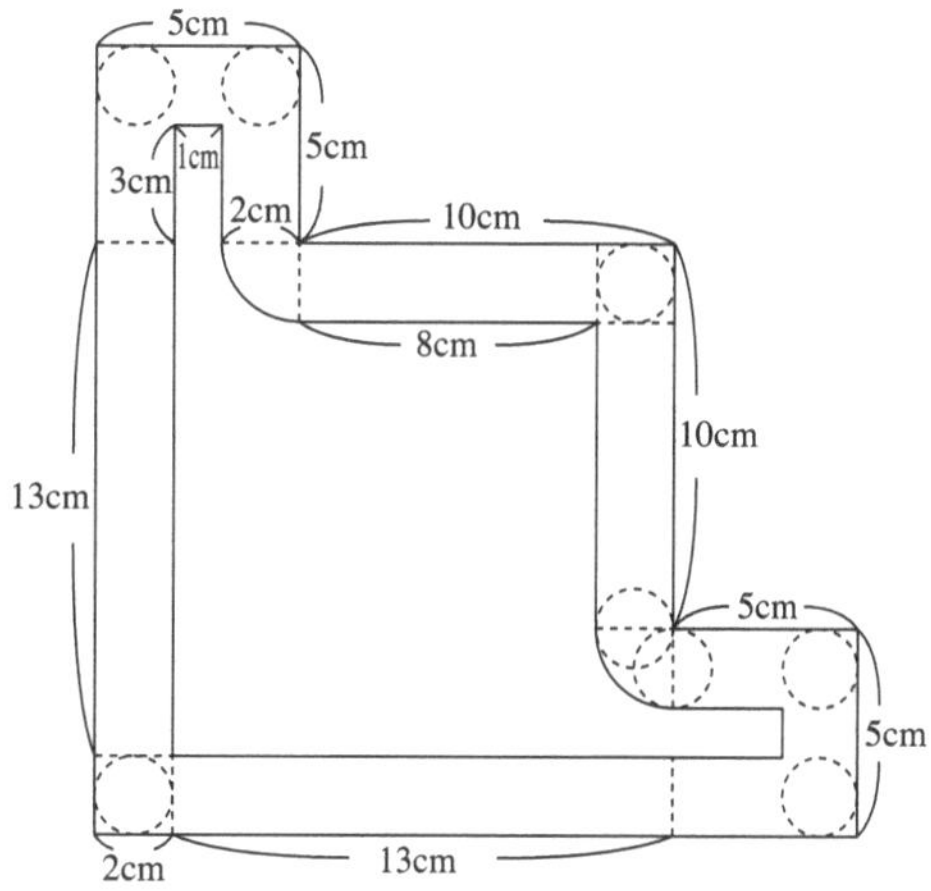

重要　［3］　**（速さの三公式と比，旅人算，割合と比，単位の換算）**

赤バス…8時にAを出発して8時40分にCに着き

AC間を行き来することを反復する

青バス…8時19分にCを出発して8時28分に

赤バスと出合い，Bに着いてCB間を

行き来することを反復する

速度…上り坂，下り坂で2台のバスの速度は

それぞれ等しい

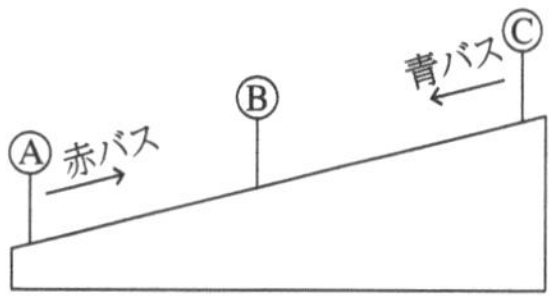

（1）　PC間を上る速度と下る速度の比

…右図より，（28－19）：（40－28）

＝9：12＝3：4

したがって，求める割合は3÷4＝0.75（倍）

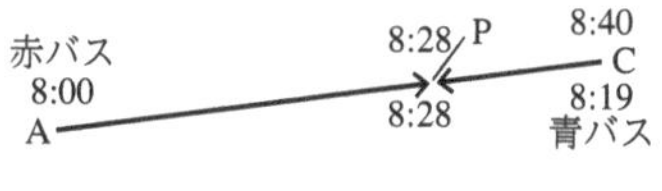

（2）　2台のバスが2度目にQで出合った時刻

…8時53.5分

赤バスが2度目に青バスに出合うまでに

CQ間を下った距離

…4×(53.5－40)＝54

青バスがQB間を下った時間

…{53.5－(19＋54÷4)}÷(4＋3)×3＝9(分)

CB…54＋4×9＝90

AC…(1)より，3×40＝120

したがって，求める割合は120÷(120－90)＝4(倍)

(3)　赤バスが2度目に上ってBに着く時刻…下図より，9時10分から30÷3＝10(分後)の9時20分

赤バスが2度目にBに着く時刻…9時10分＋40分＝9時50分

青バスが1度目にBに着く時刻…8時19分から90÷4＝22.5(分後)の8時41.5分

青バスがCに戻る時刻…8時41.5分＋30分＝9時11.5分

青バスが2度目にBに着く時刻…9時11.5分＋22.5分＝9時34分

頂点Rを共有する三角形の相似比…(34－20)：(50－11.5)＝14：38.5＝28：77＝4：11

Rの時刻…9時20分から(50－20)÷(4＋11)×4＝8(分後)の9時28分

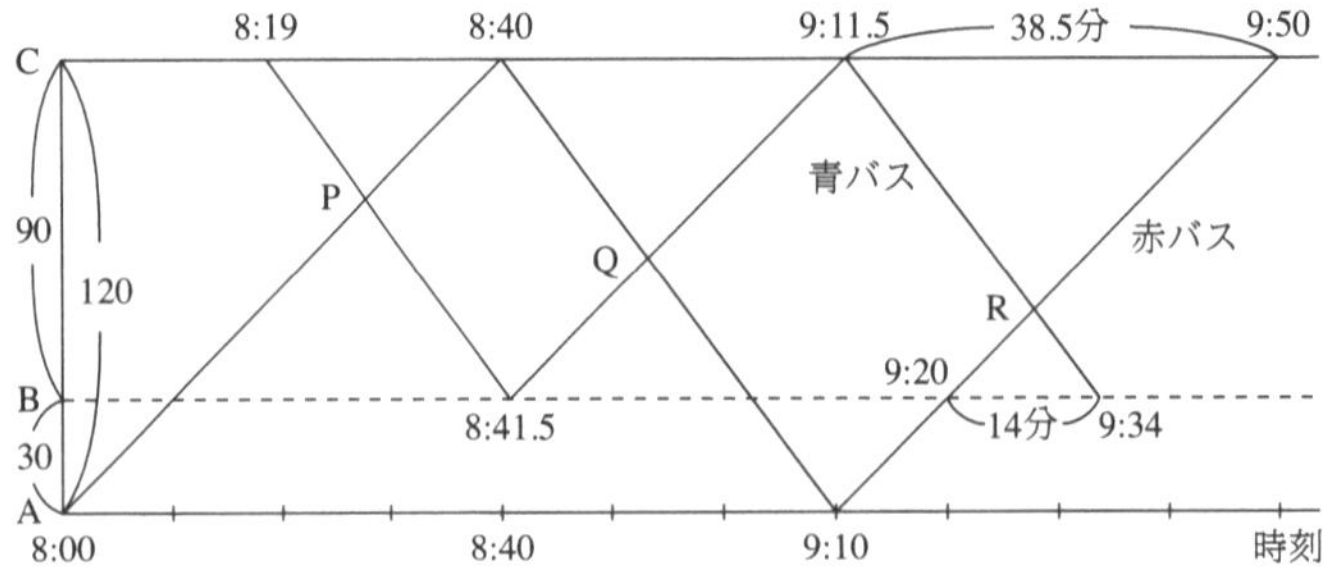

重要 [4]　(平面図形，立体図形)

(1)　右図

上から見える面の面積×2

…図1より，(6×6＋2×2×4)×2

＝104(cm^2)

1段目と5段目の立方体の側面積の和

…2×4×2×2＝32(cm^2)

2段目と4段目の立体の側面積の和

…2×3×4×2×2＝96(cm^2)

中段の立体の側面積

…2×5×4×2＝80(cm^2)

したがって，表面積は104＋32＋96＋80＝312(cm^2)

図1

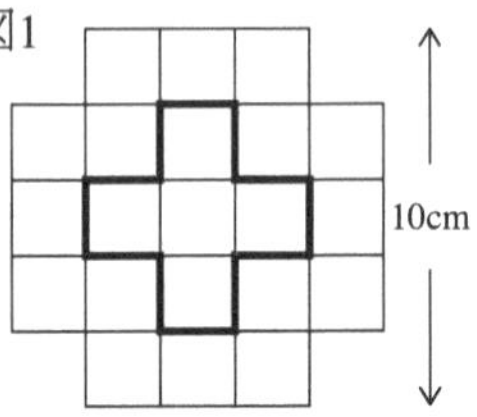

立体ア

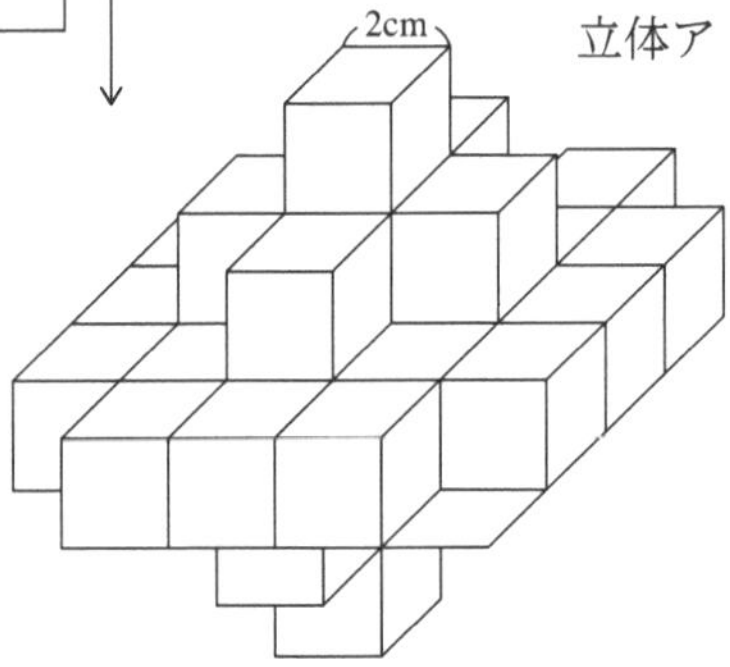

(2)　すべての面の数…6×33＝198(個)

上から見える面の数×2…(3×3＋4)×2＝26(個)

1段目と5段目の立方体の側面の面の数の和…4×2＝8(個)

2段目と4段目の立体の側面の面の数の和…3×4×2＝24(個)

中段の立体の側面の面の数…5×4＝20(個)

したがって，求める面の数は198－(26＋8＋24＋20)＝120(個)

(3)　高さAの頂点の数…4
高さBの頂点の数…4×4×2＝32
高さCの頂点の数…5×4＝20
したがって，求める頂点の数は(4＋32＋20)×2
＝112

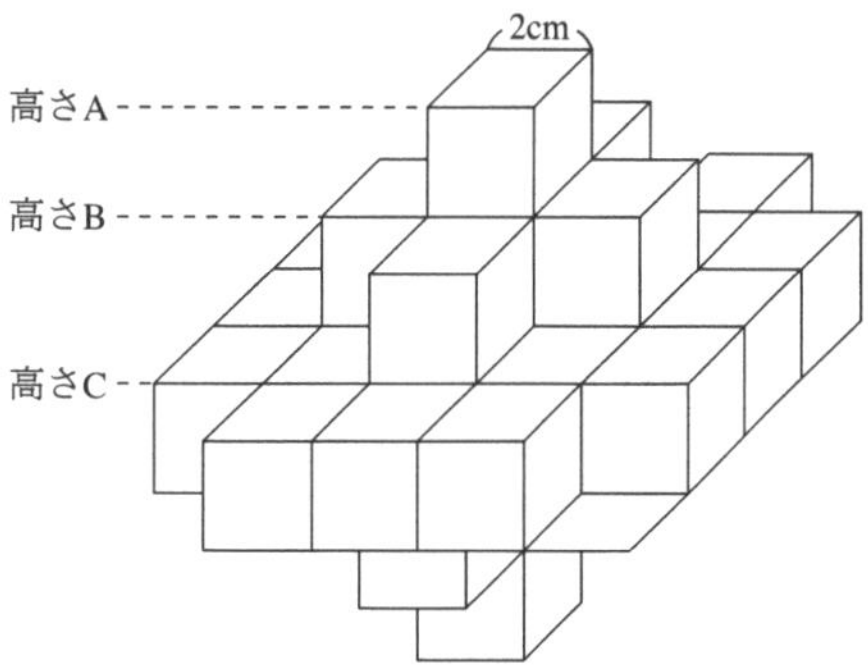

[5]　**(規則性，植木算，割合と比，消去算，数の性質)**
エレベーターが4階上る時間…5秒
エレベーターA…1階から5階まで5秒ずつ停止する
エレベーターAが1階から5階まで移動する時間…5×(4－1)＋5＝20(秒)
エレベーターB…1階，5階から25階まで5秒ずつ停止する
エレベーターC…1階，25階から45階まで5秒ずつ停止する

重要　(1)　エレベーターBが1階から25階まで移動する時間…5×(24－4)＋5×24÷4＝130(秒)
エレベーターCが1階から45階まで移動する時間…5×(44－24)＋5×44÷4＝155(秒)

やや難　(2)　エレベーターAが5階から1階まで移動する時間…5×(5－1)＋5＝25(秒)
エレベーターAが1階に着くまでの時間…20＋25＝45(秒)，45＋25×2＝95(秒)，～
エレベーターAが1階に着くまでの時間の式…45＋50×□　－ア
エレベーターBが25階から1階まで移動する時間…5×(25－4)＋5×24÷4＝135(秒)
エレベーターBが1階に着くまでの時間…130＋135＝265(秒)，265＋135×2＝535(秒)，～
エレベーターBが1階に着くまでの時間の式…265＋270×○　－イ
ア＝イ…265＋270×○＝45＋50×□より，220＋270×○＝50×□，22＋27×○＝5×□
○＝4のとき…22＋27×④＝5×[26]
したがって，求める時間は45＋50×26＝1345(秒)

(3)　エレベーターBが25階へ移動する時間の式…(1)・(2)より，130＋270×○　－ウ
エレベーターCが1階から25階まで移動する時間…5×24÷4＝30(秒)
エレベーターCが25階で停止して45階まで移動して25階にもどる時間
…5×40＋5×40÷4＝250(秒)
エレベーターCが25階で停止して1階まで移動して25階にもどる時間
…5×2＋30×2＝70(秒)
エレベーターCが25階に着くまでの時間…30秒，30＋250＝280(秒)，280＋70＝350(秒)，
350＋250＝600(秒)，600＋70＝670(秒)
○＝2のとき…ウより，130＋270×2＝670
したがって，求める時間は670秒

★ワンポイントアドバイス★

[4]「立方体33個でできた立体ア」とは，どういう形なのか，「中段の個数」が鍵。[5](2)・(3)「エレベーター2台が同時に到着する時間」は難しい。[2](2)「三角形の相似」も難しいが，解けるように練習すべき。

＜理科解答＞ 《学校からの正答の発表はありません。》

〔1〕 問1 ポルックス，ふたご(座)　問2 ウ　問3 エ　問4 カ　問5 イ

〔2〕 問1 ア，子葉　問2 ① ア　② ウ　③ イ　問3 イ，エ
問4 ア，ウ　問5 (a) ○ 実験2と実験4　(b) × 実験8

〔3〕 問1 ① オ　② ア　問2 X，Y，Z　問3 35℃　問4 62.5g
問5 11分30秒後

〔4〕 問1 100g　問2 37.5cm　問3 42cm　問4 15cm　問5 50cm　問6 55cm

○推定配点○

〔1〕 各2点×5(問1完答)　〔2〕 問5 各1点×2　他 各2点×4(各完答)
〔3〕 問1 各1点×2　他 各2点×4(問2完答)　〔4〕 問1・問2 各1点×2　他 各2点×4
計40点

＜理科解説＞

〔1〕 (星と星座―恒星の明るさ)

問1 冬のダイヤモンドは，おおいぬ座のシリウス(A)，オリオン座のリゲル，おうし座のアルデバラン(B)，ぎょしゃ座のカペラ，ふたご座のポルックス(C)，こいぬ座のプロキオンの6つの星を順に結んだものである。

問2 冬のダイヤモンドは，冬の南の空に見え，カペラが天頂近くに見える。よって，下側のDが南で，上側が北である。図1は空を見上げたものなので，地面を見る地図とは東西が逆である。南を向いたときに左側にあるEが東で，右側が西である。

基本 問3 北の空の星は，地上から見ると北極星のまわりを反時計回りに1時間に15°ずつ回る。2時間では15×2＝30°回る。

問4 恒星を同じ時刻に観察すると，1日に1°ずつ，1か月に30°ずつ先行する。2か月後の同じ時刻ならば，反時計回りに60°回った位置に見える。

問5 恒星Xと恒星Yは，本来は同じ明るさだが，地球から見るとYの方が100倍の明るさに見える。これは，Yの方が近くにあるためである。問題文にある規則性から考えると，明るさが100倍になるのは，距離が10分の1のときである。

〔2〕 (植物のはたらき―種子のつくり)

問1 インゲンマメなどマメ科の植物の種子には胚乳がない。そのため，種皮の内側はすべて胚であり，そのうちの子葉に栄養分が蓄えられている。図ではア～ウはすべて胚であり，そのうち，アが子葉で，イとウは根や葉になる部分である。

問2 ①イネの種子にはデンプンが多い。②ゴマの種子には脂肪が多く，しぼって食用油をとるのに使われる。③ダイズの種子にはタンパク質が多い。

重要 問3 ア…酵素がデンプンを分解し，ブドウ糖にしてから発芽に使う。イ…種子の栄養分は使われて減っているが，それ以上に水を吸収して重くなっている。ウ…生きている限り呼吸が止まることはない。エ…芽に葉緑体ができている。オ…光合成は養分をつくるはたらきであって，養分を使うはたらきではない。カ…種子の中の養分は，発芽のときにほとんど使い果たしており，芽で光合成を始める。

問4 種子が発芽するときは，呼吸がとてもさかんである。その結果，袋の中には二酸化炭素が増加している。BTB液は酸性を示す黄色に変わる。石灰水は白くにごる。ヨウ素液は気体には反応しない。

重要 問5 (a) 水以外の条件がそろっているもので，水を与えたものと与えないものを比較する。水を与えた実験2では発芽し，水を与えない実験4では発芽しないので，水が必要だといえる。なお，実験1と実験5の比較では，どちらも発芽しないので，水が必要かどうかはわからない。

(b) 肥料を与えていない実験8が発芽しているので，肥料は必要といえない。

〔3〕 **(状態変化─水の三態)**

問1 図1で，(あ)は液体，(い)は気体，(う)は固体を示す。①は氷が直接に水蒸気へ変化する昇華を表しており，(う)→(い)の変化である。②は，湯気は細かな水滴が空中に浮かんだものであり，その水が蒸発して水蒸気に変わると目に見えなくなるので，(あ)→(い)の変化である。

問2 図2で，Wは固体のみ，Xは固体と液体，Yは液体のみ，Zは液体と気体が存在する。よって，(あ)の液体が存在するのは，X，Y，Zである。

問3 18分から38分までの20分間で，水の温度は0℃から100℃まで上がっている。1分あたりでは，100÷20＝5(℃)ずつ上がる。よって，18分から25分までの7分間では，5×7＝35(℃)上がる。

問4 2分から18分までの16分間で，100gの氷がすべて融けた。1分あたりでは，100÷16＝6.25(g)ずつ融ける。よって，2分から8分までの6分間では，6.25×6＝37.5(g)融ける。残っている氷は，100－37.5＝62.5(g)である。

問5 －20℃の氷100gを0℃まで上げるのに2分かかっている。－10℃の氷50gの場合は，温度変化が半分で，氷の量も半分なので，時間は2÷2÷2＝0.5(分)である。次に，氷100gが融けるのに16分間かかるので，半分の50gの氷が融けるのには8分間かかる。最後に，水100gの温度は1分あたり5℃ずつ上がるので，水50gの場合は1分あたり10℃ずつ上がる。30℃になるには3分かかる。以上より，合計の時間は0.5＋8＋3＝11.5(分)となる。

〔4〕 **(力のはたらき─複数の板の重心)**

問1 図1では棒の左端を支点として，中央の30cmの位置に150gの重さがかかっていると考える。てこのつりあいから，30×150＝45×□ より，ばねはかりは□＝100gを示す。

基本 問2 てこのつりあいから，30×150＝△×120 より，△＝37.5cmの位置をつるした。

問3 棒のみの場合，棒の重心より左側をばねはかりでつるすと，右が下がり，糸のある左端がはね上がって，つりあわない。同じように，図2の場合は，棒とおもりの全体の重心よりも左側をばねはかりでつるすと，つりあわない。150gの棒と100gのおもりの全体の重心は，棒の中心と右端の間にある。その30cmを，重さの比3：2の逆比で，2：3に分けると，12cm：18cmとなるので，左端からの長さは，30＋12＝42(cm)となる。これより左側をばねはかりでつるしてもつりあわない。

重要 問4 上下2枚の板の全体の重心は，重なった部分の中心であり，上の板の左端から15cmで，下の板の右端から15cmの位置である。この位置が机の右端の真上にあればよいので，下の板は15cmはみ出すことができる。

やや難 問5 まず，上2枚の中心が下1枚の範囲から外れてはいけないので，上2枚と下1枚のずれは，最大で30cmである。次に，3枚の板の全体の重心の位置(下図の×)は，上2枚の板の重心と，下1枚の板の重心の間にある。ずらした30cmを，重さの比2：1の逆比で，長さ1：2に分けると，10cm：20cmであり，下1枚の板の左端から10cmの位置が全体の重心である。全体の重心が机から外れなければよいので，右側50cmまではみ出すことができる。

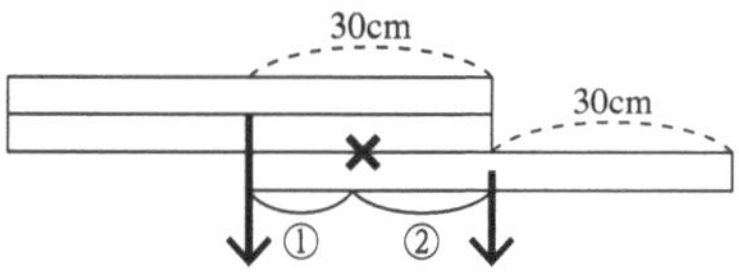

問6　上の板と中の板は，問4のとおり30cmまでずらすことができる。上と中の2枚をまとめた重心は，上の板の左端から15cm，中の板の右端から15cmの位置である。この位置が，下の板の範囲にあればよい。次に，3枚まとめた重心の位置(下図の×)を求める。上と中の2枚をまとめた重心と，下の板の重心の位置は，30cm離れており，重さの比2：1の逆比で長さの比1：2に分けると，10cm：20cmとなる。よって，下1枚の板の右端から10cmの位置が全体の重心である。全体の重心が机から外れなければよいので，求める長さは，30＋15＋10＝55(cm)となる。

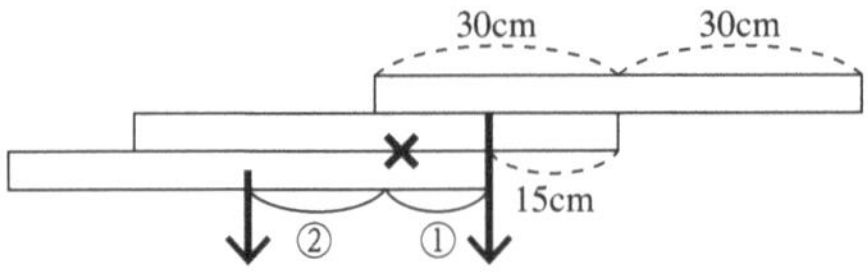

★ワンポイントアドバイス★

条件をメモしてまとめたり，図に描き込んだりして，見やすい状態にしてから計算に取り掛かろう。

＜社会解答＞ 《学校からの正答の発表はありません。》

〔1〕 問1　あ　ぶな　　い　縄文　　う　三内丸山　　問2　(1)　ウ　　(2)　(記号)　ウ
理由　木が右に傾いており，冬の北西風の影響なら，左が西で右が東になるから。
問3　ウ・エ　　問4　(1)　X　気温　　Y　海水面　　(2)　エ　　問5　②　ウ
⑤　エ

〔2〕 問1　A　カ　　B　イ　　C　ケ　　D　エ　　問2　関白　　問3　エ　　問4　院政
問5　ア　国司　　イ　御家人　　ウ　守護　　問6　⑤　北条　　⑧　織田　　問7　ア
問8　ウ　　問9　エ→カ→ア→ウ　　問10　ア，エ

〔3〕 問1　ア　　問2　立憲(君主制)　　問3　昭和(の日)　　文化(の日)　　問4　ウ
問5　ウ　　問6　(名称)　東京オリンピック[東京オリンピックの開会式]　　(記号)　イ
問7　イ

○推定配点○

〔1〕 問2理由　2点　　他　各1点×11(問3完答)　　〔2〕 問9　2点　　他　各1点×15
〔3〕 問6名称　2点　　他　各1点×8　　　計40点

＜社会解説＞

〔1〕 **(総合問題―東北地方に関連する地理，歴史の総合問題)**

基本　問1　あ　青森県と秋田県の県境に広がる白神山地はぶなの原生林が広がっているということで世界遺産に指定された。　い　2021年に世界文化遺産に指定されたのは北海道・北東北の縄文遺跡群。　う　三内丸山遺跡は青森県青森市にある縄文時代の大きな集落の遺跡。

問2　(1)　岩木川の河口にあるのが十三湖で，ここの西岸にかつての交易港であた十三湊があった。

やや難　(2)　写真を見ると，道沿いにある樹木がみな右に傾いているのがわかる。撮影が1月とあるので，冬の北西季節風で木が右に傾いていると考えられる。そうすると右が東になり，左が西になるので，その向きのものは地図中のウになる。

問3　ウの知床が世界自然遺産に登録されたのは2005年，エの厳島神社が世界遺産に登録されたのは1996年。

重要　問4　(1)　地球は比較的大きな周期で気温の上下を繰り返しており，縄文時代の前は氷期で寒く氷に閉ざされた時代であったが，縄文時代の頃は逆に気温が高くなり，地表の氷が溶けて，現在よりも海水面が高い状態になっていたとされる。　(2)　陸奥湾で養殖が有名なのはほたて。

問5　表の①がメロン，③がリンゴ，④がごぼう。

〔2〕　**(日本の歴史―『読史余論』の内容に関連する問題)**

重要　問1　A　藤原頼通と血縁関係になかった後三条天皇が天皇中心の政治に戻したのを受け，次の白河天皇も同様の路線をとったが，さらに白河天皇は譲位後も上皇として権力を握り続ける院政をとった。　B　足利尊氏は後醍醐天皇と対立し，後醍醐天皇の系統とは別の持明院統の光明天皇を即位させ，南北朝の対立を生みだした。　C　武士が朝廷の中の地位でなく，朝廷の外で幕府を開き武士独自の政治をとることを始めたのは源頼朝。鎌倉時代は源氏の直系の将軍は実朝で終わるが，その後も形式的には将軍を置くために，源氏と血のつながりがある京都の貴族や皇族から将軍をたてた。　D　1582年の本能寺の変で織田信長を倒したのは織田の家来であった明智光秀。

問2　藤原基経が初代の関白。藤原基経が病で関白を辞すと，その後，朝廷の中で力を持つようになったのが菅原道真だが，関白にはなっていない。

問3　下線部2の時代が藤原氏の摂関政治の全盛期。この時期の建築物がエの平等院鳳凰堂。アの東大寺南大門は鎌倉時代，イの東大寺正倉院は奈良時代，ウの慈照寺銀閣は室町時代のもの。

基本　問4　上皇が住む場所が院であり，そこで政治をとったから院政。

問5　鎌倉時代は朝廷と幕府が二重の支配をとった時代で，国に対しては朝廷が国司を置き，幕府は御家人を守護として置いた。

問6　⑤　北条氏はもともとは伊豆に流されていた源頼朝の番をする役割であった武士。その北条時政の娘の政子と源頼朝が結婚したことで，北条時政は初代の執権となり，その子で政子の弟の義時が2代目の執権となる。執権職はその後，北条氏が代々受け継いでいく。　⑧　織田氏はもともとは尾張の武士であったが，桶狭間の戦いで守護大名の今川義元を倒し，一気に勢力を広げていく。

やや難　問7　長曾我部氏は四国の大名。エの毛利氏は中国地方に拠点を持っていたが九州にも一時期勢力を伸ばしていた。

問8　室町幕府が東国を管理するために置いていたのが鎌倉府。

問9　設問のもとになった『読史世論』は江戸時代の新井白石が書いた歴史書。選択肢の中で明らかに誤りがあるのがイとオで，イは沖縄が1972年に返還されるまで統治をしていたのはアメリカなので誤り，オは1925年の選挙法改正で，すべての25歳以上の男性が選挙権を持ったのは衆議院議員の選挙。貴族院議員は華族たちの間で選出していたので一般の国民には選挙権はない。

エ　1832年→カ　1886年→ア　1918年→ウ　1967年の順。

問10　ア，エが正しい。イは稲荷山古墳に埋葬されたのはワカタケルではない。ウは藤原京は大化の改新の頃にはまだなく，持統天皇の時代に造営された。オは奈良時代の大仏造立に尽力したのは鑑真ではなく行基。

〔3〕　**(政治―祝日に関連する問題)**

基本　問1　成人年齢が18歳に引き下げられるきっかけが，憲法改正のための国民投票に関する制度で，18歳以上が投票できるとなったことで，選挙権も18歳以上に引き下げられたが，被選挙権はまだ衆議院が25歳以上，参議院が30歳以上のまま。

問2　立憲君主制は，君主の権力を憲法で規定するとともに国民の権利を守るために制限するもの。

問3　4月29日が昭和の日で，この日はもともとは昭和天皇の誕生日で，その後，平成の時代にはみどりの日となっていた。11月3日が文化の日で，この日は明治天皇の誕生日。

問4　河川の整備などを扱うのは国土交通省。

重要　問5　表の内容と照らし合わせていけば分かる。年少人口は0歳～14歳のものとすると，2060年は9615万人の9.3％なので894万人ほどで，1000万人を切っている。アは老年人口の割合は2020年が28.6％で2060年は37.9％なので1.3倍ほどで1.5倍にはならない。イは生産年齢人口は15歳から64歳のもので判断すると2060年は52.8％なので，まだ半分以下ではない。エは2030年の老人人口が30.8％で生産年齢人口は58.9％なので，まだ老年人口1人を支えるのは1.9人ほど。

問6　10月10日は1964年の東京オリンピックの開会式の日。このオリンピックの開催に合わせてつくられたのが東海道新幹線や首都高速道路。

やや難　問7　かつては女性に関しての規定があったが，男女雇用機会均等法によってその規定が取り払われた。

★ワンポイントアドバイス★

全体に難易度が高い問題が多いが，設問の設定などをしっかりと把握して，記号選択のものならストレートに正解が選べない場合には逆に消去法で考えてみるのも大事。

＜国語解答＞ 《学校からの正答の発表はありません。》

一　問1　(真砂，顔を上げて)　問2　横から栗林　問3　エ　問4　(例)　ミアも真砂も自分の意志でそれまでの自分を捨てた点が共通している。　問5　女性として生きる(ことを周囲にも表明するため。)　問6　ウ・カ　問7　イ

二　問1　a　倫理　b　なら(されて)　c　遂行　問2　A　オ　B　イ　問3　オ
問4　ウ　問5　過剰な管理社会が広がることへの警戒(心を抱くべきだと考えている。)
問6　(例)　思い通りに管理できない植物は，物事を言語的な秩序で考えようとする僕を撹乱し，不安を鎮めてくれるから。　問7　ウ

○推定配点○

一　問4　6点　他　各4点×6(問6完答)
二　問1　各2点×3　問2　各1点×2　問5　6点　他　各4点×4　計60点

＜国語解説＞

一　(小説―心情・場面・細部の読み取り，空欄補充，ことばの意味，記述力)

基本　問1　前半の，五人が会話をしている場面最後の「(真砂，顔を上げて)(10字)」が，(　)にくくられる形でト書きの形式になっている。

問2　ミアの一目惚れについて皆で話し合っている「ほとんど……」で始まる場面の，「横から栗林が意味深長に目配せをしてみせると，その場の皆にも，宇内の滝上に対する気持ちを茶化しているのだとわかって，宇内は見るからに赤くなり，口籠った。」という一文で，滝上に対する自分の気持ちを皆も知っていることがわかって，はずかしくなっている宇内の様子が描かれている。

問3　冒頭の説明にあるように，船上での婚約披露宴は王子との政略結婚のためであることに王女

マルグレーテは苦しみ，その船が難破したら，許嫁である王子も溺死して傍線部3である，ということなのでエが適切。王子の溺死によって政略結婚が回避されることが「ハッピーエンド」であることを説明していない他の選択肢は不適切。

やや難 問4　冒頭の説明や最後の場面で，ミアは王女を助けるために人魚から人間になっていること，「病院に通い，……」で始まる段落で，真砂は病院に通って男性から女性になって生き始めたことが描かれていることをふまえ，ミアも真砂もそれまでの自分を自分の意志で捨てた点が共通していることを説明する。

問5　傍線部5直後で描かれているように，女性として生き始めるために5のようにしたので，「その時まで……」で始まる段落の「女性として生きる(8字)」を書き抜く。

やや難 問6　「人魚姫は王女を……」で始まる段落で，海に沈む「王女の顔を見て，このまま……一緒に海の底の宮殿へ行くことができたら，と願った」，傍線部6直後で「私に会いに来ようとしたばかりにこんなことになってしまった」という人魚姫の心情が描かれているので，これらの心情をふまえたウ・カが適切。ア・イは描かれていないので不適切。エの「運命だと感じていたもの」，オの「待ち望んでいた」も不適切。

重要 問7　イの「男役」は「ほとんど女子ばかりの……」で始まる段落内容と合っていない。アは「でも僕の……」で始まる滝上のせりふ，ウは「部長は先生にべた惚れだから」「ははあ」などの栗林のせりふ，エは「王女は波間に……」で始まる段落，オは冒頭の説明と最後の脚本内容で，いずれも描かれている。

二　(論説文―要旨・細部の読み取り，漢字の読み書き，ことばの意味，記述力)

基本 問1　傍線部aは人として守り行うべき道，善悪などの判断において規準となるもの，という意味。bは平らにすること。cはなしとげること。

問2　傍線部Aの「狡」は身を交わして逃げるけもの，「猾」はずる賢いさまを表す。悪賢く先回りをするような動きをすることから，オの意味になったといわれる。Bは全ての人々が平等で幸せに生きられるような理想的な世界のこと。

やや難 問3　「ですから……」で始まる段落で，「何か問題が起きたときに再発防止策を立てるような場合，……例外性や複雑さは無視され，一律に規制を増やす方向に行くのが……単純化」であることを述べているのでオが適切。この内容をふまえていない他の選択肢は不適切。

問4　傍線部2の具体例として直後の段落で，「盗んだバイクで走り出す」という歌詞は，今日では迷惑に捉えられるが，かつては解放的なイメージで捉えられていたことを述べているのでウが適切。直後の段落内容を説明していない他の選択肢は不適切。

問5　傍線部3の「今日」の状況について直後の2段落で，秩序維持，安心・安全に暮らせる今日の状況に疑いを持ってもらいたいのは，戦時中のファシズムに似ているからであり，犯罪の抑止は必要だとしても「過剰な管理社会が広がることへの警戒(17字)」は言わねばならない，と述べているので，この部分が空欄にふさわしい。

重要 問6　傍線部4前後で，「思い通りに管理でき」ない「植物」は「人間の言語的な秩序からは逃れる外部」であり，「物事を言語でがんじ搦めにしようとしてしまう傾向に風穴を開けるような効果があ」ること，「他者が自分の管理欲望を撹乱することに，むしろ人は安らぎを見出」し，「秩序の撹乱を拒否しないことで不安は鎮まっていく」ことを述べているので，これらの内容から「僕」の状態と「植物」の働きをまとめ，4の理由を指定字数以内で説明する。

やや難 問7　ウは「現代思想は，秩序を……」で始まる段落，「秩序をつくる思想は……」で始まる段落の内容をふまえている。アの「力を持った」は不適切。イは「ですから……」で始まる段落，エは「今日では……」で始まる段落，オは「僕は祖父母が……」で始まる段落の内容と合わない。

★ワンポイントアドバイス★

論説文では，さまざまな角度から筆者の考えを述べているので，中心となる意見をしっかり読み取ろう。

2023年度

★★★★★★★★★★★★★★★★★★★★★★★★

入　試　問　題

2023年度

早稲田中学校入試問題（第１回）

【算　数】（50分）　＜満点：60点＞

【注意】 定規，コンパス，および計算機（時計についているものも含む）類の使用は認めません。

［１］ 次の問いに答えなさい。

(1) 0.00875×2896の答えを3.7で割ったときの商を小数第１位まで求めます。このときの余りを求めなさい。

(2) ある会場前に入場待ちの列ができています。開場した後も一定の割合で人が並びます。開場と同時に，毎分10人ずつ入場すると14分で列はなくなり，毎分13人ずつ入場すると８分で列はなくなります。

いま，開場してから毎分９人ずつ入場し，途《と》中から毎分15人ずつ入場すると，ちょうど12分で列はなくなりました。毎分９人ずつ入場した時間は何分何秒ですか。

(3) ４つのチームＡ，Ｂ，Ｃ，Ｄが総当たり戦を行い，勝ったチームには３点，引き分けたチームには１点ずつ入り，負けたチームには点は入りません。総当たり戦がすべて終わった後，各チームの監督《かんとく》は次のように言いました。Ｂ，Ｃ，Ｄはそれぞれ何点ですか。

Ａの監督　「私のチームの合計は７点でした。Ｄに勝っていれば全勝でした。」

Ｂの監督　「私のチームには引き分けがありません。」

Ｃの監督　「４チームの点をすべて足すと，16点になりました。」

Ｄの監督　「私のチームはＣより点が低かった。」

［２］ 次の問いに答えなさい。ただし，円周率は3.14とします。

(1) 中心角が105°のおうぎ形の紙を，図のように折りました。点Ｏが移った点をＰとすると，点Ｐはおうぎ形の周上にあります。角**ア**の大きさは何度ですか。

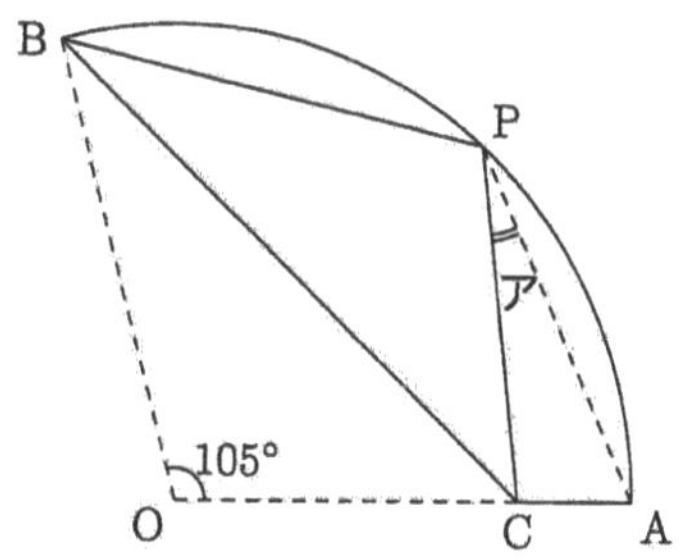

(2) 次のページの図のように，直角三角形にひし形**ア**とひし形**イ**がぴったりと入っています。ひし形**イ**の１辺の長さは何cmですか。

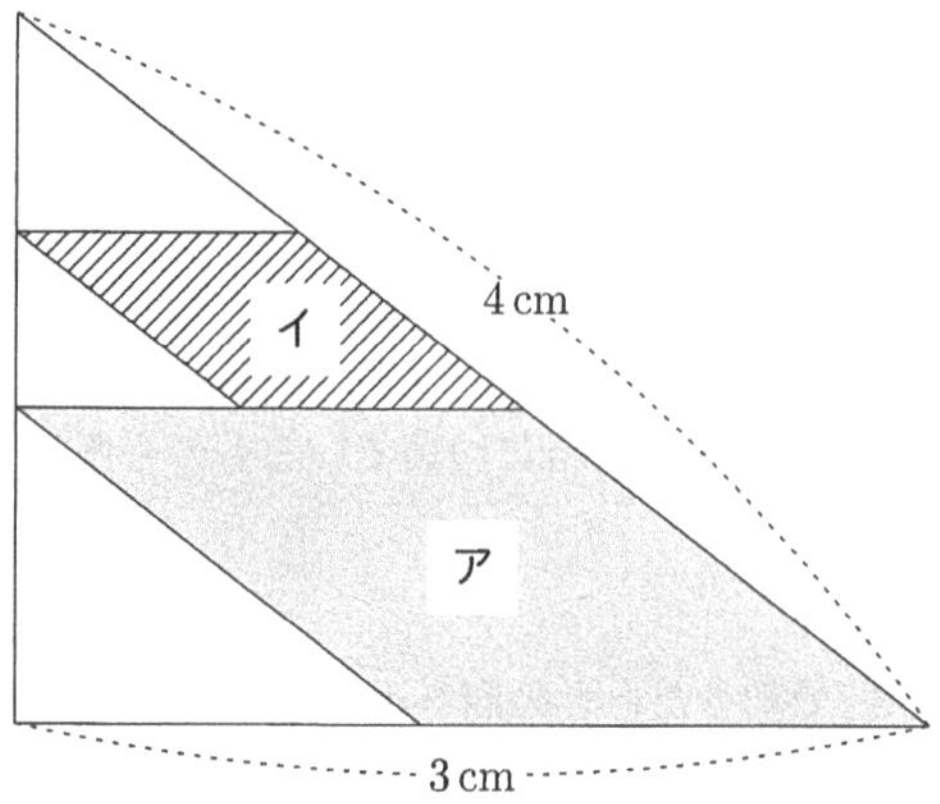

⑶　１辺が５㎝の正方形が２つあり，たてとよこをそれぞれ等分割して「早」と「田」の字を書きました。色の塗《ぬ》られた部分を図のように太線を軸にして１回転させた立体について，「早」のつくる立体の体積は「田」のつくる立体の体積の何倍ですか。

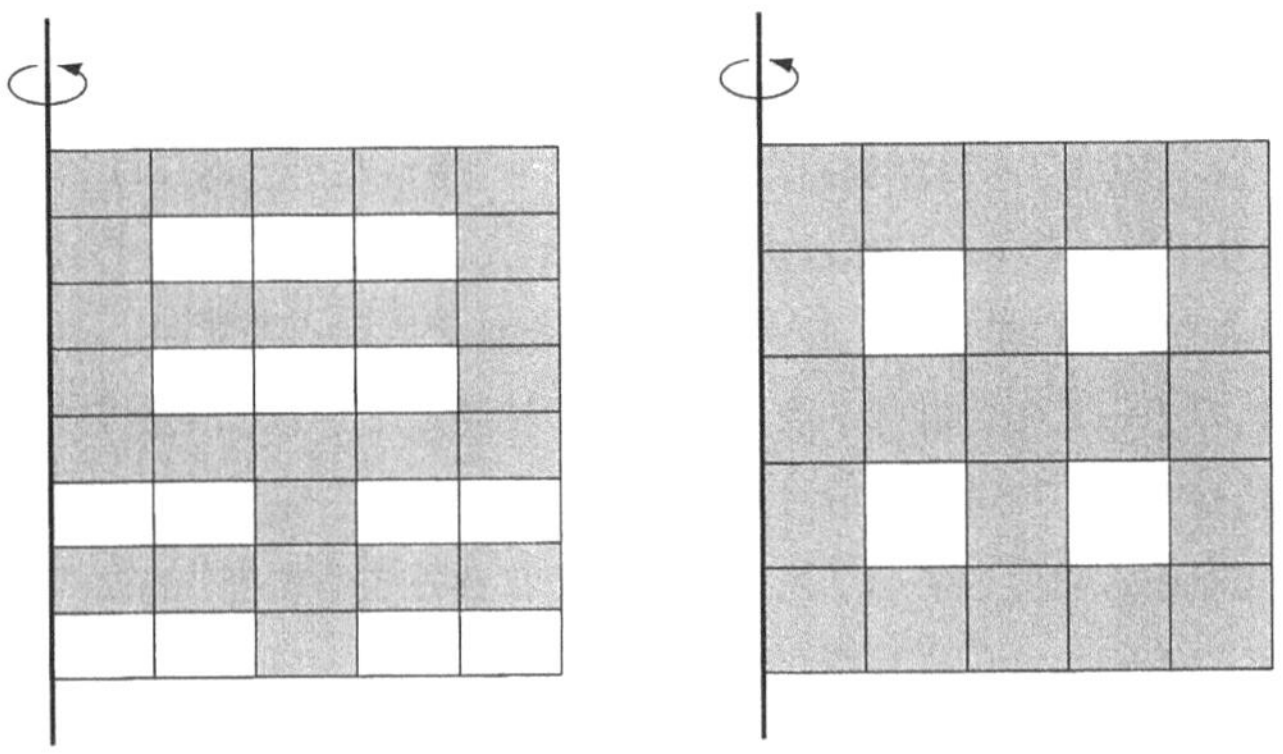

［３］　ある中学校の行事「Ａ川歩行」では，Ａ川に沿って数百人の生徒が一列になって一定の速さで歩きます。

今年は川上の左岸のＰ地から，Ａ川に垂直にかかった全長800ｍのＢ橋を一回だけ渡《わた》って，川下の右岸のＱ地まで歩きます。

列の先頭はＰ地を午前９時30分に出発しました。列の長さは，列の最後尾が歩き始めるときに1.6㎞になりました。この列はＢ橋を渡り始めてから渡り終えるまでに30分かかり，列の先頭は午前11時ちょうどに渡り終えました。Ｂ橋を渡り終えるとすぐに広い土手があって，着いた生徒から昼食休憩《けい》をとりました。その後，正午にＢ橋を渡り終えた場所から再び列の先頭が出発し，時速3.6㎞で歩きました。このときも，列の長さは1.6㎞になりました。列の先頭がＱ地に着いたのは午後２時40分でした。

また，ボートが午前８時55分にＱ地を出発しました。このボートは午前９時55分に生徒の列の先頭と出会いました。Ａ川の流れの速さを時速２㎞として，次の問いに答えなさい。

⑴　昼食休憩をとる前の生徒の列の速さは時速何㎞でしたか。

⑵　ボートの静水時の速さは時速何㎞ですか。

⑶　ボートはＱ地から31㎞上流にある右岸のＲ地に停泊《はく》して，そこで昼食休憩をとり，午前11時50

分に下流へ向けて出発しました。ボートが生徒の列の最後尾に追いつくのは午後何時何分ですか。

［４］ 同じ大きさの正方形のタイルをたくさん並べて長方形を作り，この長方形の対角線が何枚のタイルを通るかを考えます。たとえば，図１の場合は４枚のタイルを通り，図２の場合は２枚のタイルを通ります。次の問いに答えなさい。

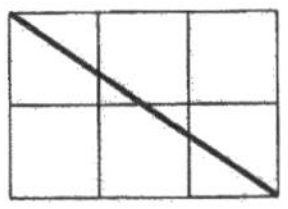
図１

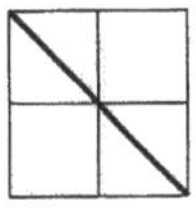
図２

⑴ 横に10枚，縦に７枚のタイルを並べて長方形を作るとき，その対角線は何枚のタイルを通りますか。

⑵ 横に2023枚，縦に84枚のタイルを並べて長方形を作るとき，その対角線は何枚のタイルを通りますか。

⑶ 横に135枚，縦に x 枚のタイルを並べて長方形を作るとき，その対角線は162枚のタイルを通ります。x にあてはまる数をすべて書きなさい。

［５］ 図１のような長さ６cmの針が，図形の辺から辺へ移動します。最初に，針はその頭を中心として，反時計回りに回転して移動し，辺とぴったりと重なると止まります。次に，針はその先を中心として，反時計回りに回転して移動します。このときも，針は辺とぴったりと重なると止まります。このように，針は辺とぴったりと重なるたびに止まって，回転の中心を順番に入れかえながら反時計回りに回転して，図形の辺から辺へ移動していきます。次の問いに答えなさい。ただし，円周率は3.14とします。

⑴ 図２のように，正三角形と正方形を組み合わせてできた五角形ABCDEがあります。はじめに針の頭は点Aに，針の先は点Eにあり，針は移動して，再び辺AEとぴったりと重なりました。

① 針の先のえがく線を解答らんの図に太線でかきいれなさい。

② 針の先のえがく線で囲まれた部分の面積の合計は何cm^{2}ですか。

⑵ 図３のようなひし形PQRSがあります。はじめに針の頭は点Pに，針の先は点Qにあり，針は移動して，再び辺PQとぴったりと重なりました。針の頭のえがく線で囲まれた部分の面積と，針の先のえがく線で囲まれた部分の面積の差は何cm^{2}ですか。

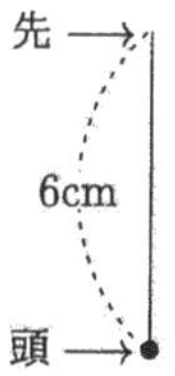

図１

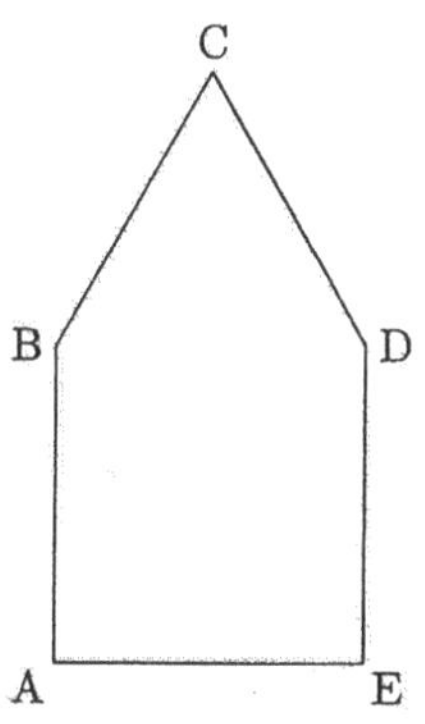

図２

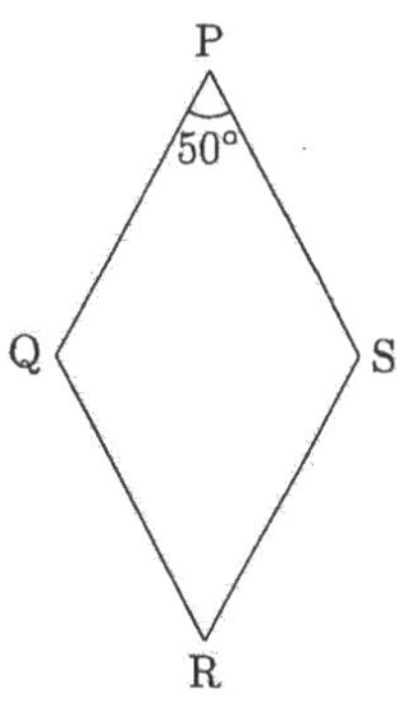

図３

【理　科】（30分）　＜満点：40点＞
【注意】 定規，コンパス，および計算機（時計についているものも含む）類の使用は認めません。

〔１〕 地下で岩盤《ばん》の破壊《かい》が起こると地震《しん》が発生し，最初に岩盤の破壊が起こった場所が震源となります。図１は，震源と観測点の位置関係を示した断面図です。地震は最初に小刻みなゆれを感じ，次に大きなゆれを感じることが多くあります。図２は，過去に発生した地震の地震波の記録です。図２のように，最初に感じた小さなゆれはＰ波と呼ばれる地震波が到《とう》達してからのゆれで，次に感じた大きなゆれはＳ波と呼ばれる地震波が到達してからのゆれです。Ｐ波もＳ波も，岩盤の破壊とともに同時に発生しています。表は，ある地震について，異なる３つの観測点Ａ～Ｃでの震源から観測点までの距離《きょり》（震源距離）と，Ｐ波，Ｓ波が観測点に到達したそれぞれの時刻の記録です。この地震について，以下の問いに答えなさい。

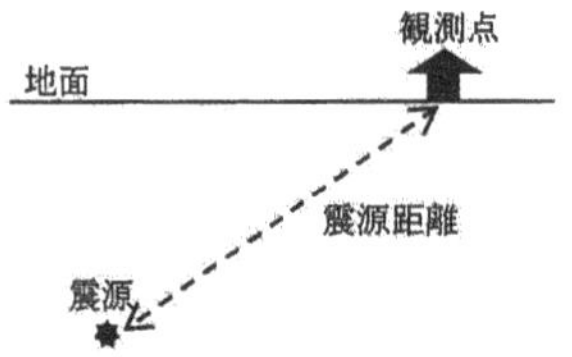

図１　震源と観測点の位置関係を示した断面図

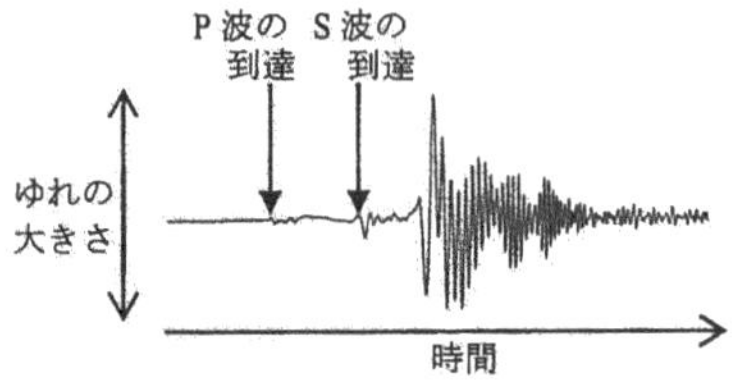

図２　地震波の記録

表　３つの観測点での地震の記録

観測点	震源距離	Ｐ波が到達した時刻	Ｓ波が到達した時刻
A	45km	午前 11 時 15 分　7 秒	午前 11 時 15 分 13 秒
B	75km	午前 11 時 15 分 13 秒	午前 11 時 15 分 23 秒
C	120km	午前 11 時 15 分 22 秒	午前 11 時 15 分 38 秒

問１　Ｐ波の速さは秒速何㎞か。ただし，この地震のＰ波は一定の速さで伝わったものとする。

問２　Ｓ波の速さは秒速何㎞か。ただし，この地震のＳ波は一定の速さで伝わったものとする。

問３　この地震が発生した時刻は，午前何時何分何秒か。

問４　この地震において，観測点ＤではＰ波が到達してからＳ波が到達するまでに９秒かかった。観測点Ｄでの震源距離は何㎞か。

問５　地震について，次のａ～ｃの文の正誤の組合せとして最もふさわしいものを**ア**～**ク**から選び，記号で答えよ。

ａ　震度は，観測点でのゆれの大きさを10段階で表したものである。
ｂ　液状化現象は，海岸沿いの埋《う》め立て地などで起こりやすい。
ｃ　津波《つなみ》の高さは，せまい入り江《え》の奥《おく》で沖合よりも低くなる。

	a	b	c
ア	正	正	正
イ	正	正	誤
ウ	正	誤	正
エ	正	誤	誤
オ	誤	正	正
カ	誤	正	誤
キ	誤	誤	正
ク	誤	誤	誤

〔２〕 回路や電気の利用について，以下の問いに答えなさい。

問１　次の回路の中で，乾《かん》電池が並列に接続されているものを全て選び，記号で答えよ。

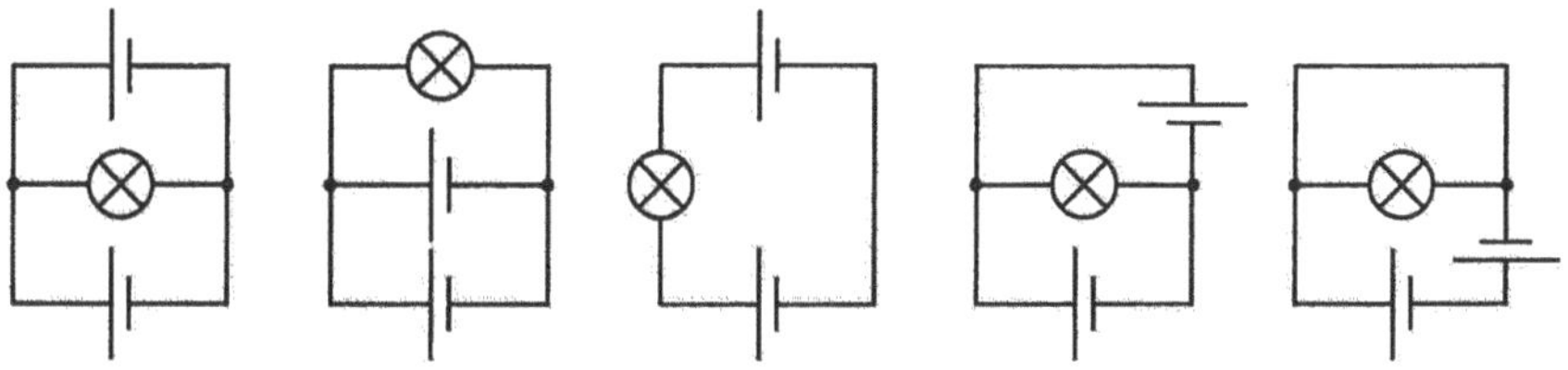

ア　　イ　　ウ　　エ　　オ

問２　図１のように，異なる種類の豆電球Ｐ，Ｑを乾電池に接続した。ＱはＰに比べて明るかった。次の**Ａ**さんから**Ｅ**さんの発言の中で正しいものを１つ選び，**Ａ～Ｅ**の記号で答えよ。

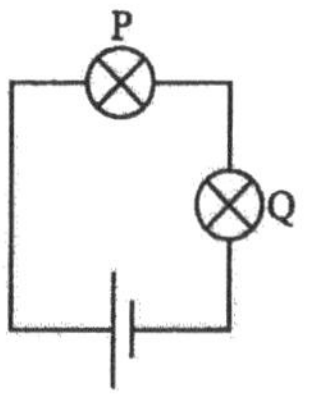

図１

Ａさん「Ｑの方が明るいから，Ｑに流れる電流はＰより大きいよ」
Ｂさん「Ｑの方が乾電池に近いから，Ｑに流れる電流はＰより大きいよ」
Ｃさん「Ｐで電流が消費されるから，Ｑに流れる電流はＰより小さいよ」
Ｄさん「Ｐで電流が消費されるけど，Ｑに流れる電流はＰより大きいよ」
Ｅさん「Ｑの方が明るいけど，Ｑに流れる電流はＰと同じだよ」

問３　図１の回路に導線１本を加えてＰだけを光らせるには，どのように接続すればよいか。解答欄《らん》の回路図に導線を描《か》き加えよ。

問４　わたしたちは電気を光，熱，音，運動などに変化させて生活を豊かにしている。次の**ア～ケ**の中で電気を主に光に変化させて使用しているものと，主に熱に変化させて使用しているものをそれぞれ２つ選び，記号で答えよ。

ア　アイロン　**イ**　液晶《しょう》画面　**ウ**　LED電球　**エ**　扇《せん》風機　**オ**　スピーカー
カ　掃《そう》除機　**キ**　電気自動車　**ク**　電気ストーブ　**ケ**　モーター

問５　電気をためるものとして，モバイルバッテリーなどの蓄《ちく》電池が用いられている。完全に充《じゅう》電された2000mAh（ミリアンペア時）の蓄電池は，100mAの電流なら20時間流すことができ，4000mAの電流なら30分間流すことができる。完全に充電された2000mAhの蓄電池を小型扇風機に接続して，表に示すような風の強さで使用する場合を考える。

表

風の強さ	使用可能な時間
弱風	10時間　0分
中風	5時間　0分
強風	3時間 20分

⑴　強風で連続使用したとき，小型扇風機に流れる電流は何ｍＡか。

⑵　全ての風の強さ（弱風，中風，強風）で同じ時間ずつ使用したら，ちょうど蓄電池の残量がなくなった。このとき，小型扇風機を弱風で使用した時間は何時間何分か。

〔３〕 メダカのひれは全部で（　①　）枚あります。おすはそのうちの（　②　）と（　③　）を使って，めすをはさみこみ，産卵をうながします。めすの（　④　）から出てきた卵に，おすは精子を出すことによって，受精します。

大型の魚であるブリのめすは，素早く泳ぎながら１度に10万個を超《こ》える数の卵を産み，この卵は水中を漂《ただよ》い始めます。するとおすも素早く泳ぎながら精子を出し，卵は受精します。受精した卵は水中を漂っていますが，ふ化するまでの日数はメダカよりも短いです。一方，メダカは１回の産卵で10～50個の卵しか産みません。これはメダカの体が小さいこと，メダカの卵が比較《かく》的外敵に襲《おそ》われにくく，ふ化する卵の割合が大きいことが関係しています。

問１　文章中の（①）～（④）にあてはまる数字，言葉として最もふさわしいものをそれぞれ選び，記号で答えよ。

①の選択肢《し》　**ア**　5　**イ**　6　**ウ**　7　**エ**　8　**オ**　9

②・③の選択肢　**ア**　むなびれ　**イ**　しりびれ　**ウ**　せびれ　**エ**　おびれ　**オ**　はらびれ

④の選択肢　**ア**　はらびれの頭側　**イ**　はらびれとしりびれの間　**ウ**　しりびれとおびれの間　**エ**　せびれとおびれの間

問２　メダカの卵とブリの卵の違いについての文章として**誤っているもの**を１つ選び，記号で答えよ。

ア　ブリの卵は水中を漂っているが，メダカの卵は水草などに付着している。

イ　メダカは卵に直接精子をふりかけるので，ブリよりも受精する割合が大きい。

ウ　ブリの卵は親によって守られないが，メダカの卵はふ化するまで親によって守られる。

エ　メダカの卵がふ化するまでの日数は，ブリの卵と比べて長く10～14日ぐらいである。

メダカは流れのないところを好んで生息しています。メダカを水槽《そう》に入れ，ゆるやかな水の流れを起こすと，メダカは流れの向きとは反対を向き，その場にとどまるように行動します。これは「水の流れに対する行動」と考えられます。また，メダカは水の流れがなくても，メダカから見た景色が変化しないように行動します。これは「視覚による行動」と考えられます。

図１のように，円筒《とう》形の水槽の外側に，画用紙を丸めて内側を均等に黒く塗《ぬ》った筒《つつ》を用意して実験を行いました。

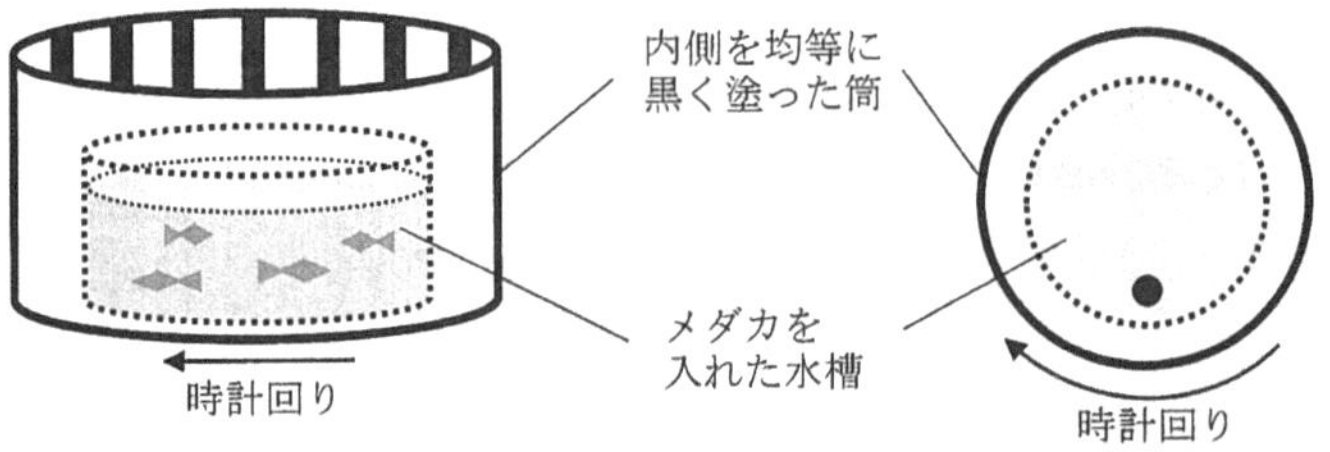

図１　実験装置（左図：横から見た図　右図：上から見た図）
内側にある水槽は点線で示している

問３　水の流れがない状態で，外側の筒をゆっくりと図１のように時計回りに回転させたとき，水槽の●にいるメダカは，どのように行動したか。最もふさわしいものを選び，記号で答えよ。

ア　メダカは時計回りの方向を向き，筒と同じ速さで泳いだ。

イ　メダカは時計回りの方向を向き，筒よりも速く泳いだ。

ウ　メダカは時計回りの方向を向き，その場にとどまった。

エ　メダカは反時計回りの方向を向き，筒よりも速く泳いだ。

オ　メダカは反時計回りの方向を向き，筒と同じ速さで泳いだ。

カ　メダカは反時計回りの方向を向き，その場にとどまった。

問４　「視覚による行動」が「水の流れに対する行動」より優先的にはたらくと仮定して，図１の装置を用いた実験を行うことを考える。どのような実験をして，メダカがどのように行動すれば仮定が正しいといえるか。次の文中の（⑤），（⑥）にあてはまる言葉の組合せとして最もふさわしいものを選び，記号で答えよ。

ゆるやかな水の流れを時計回りに起こし，周りの筒を（　⑤　）に動かして実験をする。このとき，図１の水槽の●にいるメダカが（　⑥　）の方向を向いて泳ぐという行動をすれば，仮定が正しいといえる。

	⑤	⑥
ア	時計回り	時計回り
イ	時計回り	反時計回り
ウ	反時計回り	時計回り
エ	反時計回り	反時計回り

〔４〕　成分の不明な無色の水溶液ＸとＹがあります。水溶液ＸとＹの候補は以下の10種類であることが分かっています。

【候補】
１　酢《さく》酸水溶液　２　石灰水　３　さとう水　４　塩酸
５　エタノール水　６　アンモニア水　７　食塩水　８　炭酸水
９　ホウ酸水　10　水酸化ナトリウム水溶液

いくつかの実験操作を行い，その結果からどの水溶液であるかを特定することを考えます。以下はその実験操作と結果をまとめたものです。

【実験操作と結果】
ア　乾電池に接続した電極を入れたところ，電流が流れた
イ　乾電池に接続した電極を入れたところ，電流が流れなかった
ウ　手であおいでにおいを確認したところ，においが感じられた
エ　手であおいでにおいを確認したところ，においは感じられなかった
オ　フェノールフタレイン液を加えたところ，溶液の色が赤色に変化した
カ　フェノールフタレイン液を加えたところ，溶液の色は変化しなかった
キ　スチールウールを加えたところ，激しく気体が発生した
ク　スチールウールを加えたところ，気体は発生しなかった

問１　【候補】の水溶液１～10のうち，【実験操作と結果】のウとオにあてはまる水溶液はそれぞれ何種類あるか。

問２　１つの実験操作とその結果より，水溶液Ｘを特定できた。行った実験操作とその結果として最もふさわしいものを【実験操作と結果】から選び，記号で答えよ。また，この結果から特定された水溶液Ｘを【候補】から１つ選び，番号で答えよ。

次に，水溶液Ｙを特定するために，以下の【実験１】～【実験３】を順番に行いました。

【実験１】（　　①　　）。これにより，水溶液Ｙの候補は７種類にしぼられた。

【実験２】（　　②　　）。これにより，水溶液Ｙの候補はさらに４種類にしぼられた。

【実験３】 少量の水溶液Ｙを蒸発皿に入れて十分に加熱したところ，水溶液Ｙが特定できた。

問３　空欄（①），（②）にあてはまる【実験操作と結果】として最も ふさわしいものをそれぞれ選び，記号で答えよ。

問４　水溶液Ｙが特定できたことから，【実験３】の結果は２つ考えられる。１つは黒い固体が得られ，水溶液はさとう水だと特定できる。考えられるもう１つの結果を10字以内で答えよ。また，この結果から特定される水溶液Ｙを【候補】から１つ選び，番号で答えよ。

【社　会】（30分）　＜満点：40点＞

〔１〕 淳一さんは夏休みに北海道へドライブ旅行に行きました。淳一さんが北海道について調べた内容に関する次の各問に答えなさい。

問１　洞爺湖温泉に宿泊した淳一さんは，ロープウェイで近くの山へ上り，山頂付近から昭和新山や洞爺湖を眺《なが》めました。この山は標高733mですが，過去に何度も噴火していて，2000年にも噴火していたことがわかりました。この山名を答えなさい。

問２　洞爺湖の美しい景観に感動した淳一さんは，北海道の湖に興味を持ち，阿寒湖，サロマ湖，摩周湖の特徴《とくちょう》について調べてみました。Ａ～Ｃとそれぞれの湖の組み合わせとして正しいものを**ア～カ**から１つ選び，記号で答えなさい。

Ａ　日本で最も透明《とうめい》度が高い湖

Ｂ　ホタテ貝の養殖で有名な湖

Ｃ　特別天然記念物「マリモ」で有名な湖

	ア	イ	ウ	エ	オ	カ
Ａ	阿寒湖	阿寒湖	サロマ湖	サロマ湖	摩周湖	摩周湖
Ｂ	サロマ湖	摩周湖	阿寒湖	摩周湖	阿寒湖	サロマ湖
Ｃ	摩周湖	サロマ湖	摩周湖	阿寒湖	サロマ湖	阿寒湖

問３　淳一さんは，北海道のガイドブックに載《の》っている札幌市と釧路市の月別平均気温を見て，ほぼ同緯度に位置するのに，夏の気温差が大きいことに気づき，その理由について調べてみました。淳一さんがまとめた文の空欄《らん》にあてはまる言葉を答えなさい。

	1月	2月	3月	4月	5月	6月	7月	8月	9月	10月	11月	12月	全年
札幌	−3.6	−3.1	0.6	7.1	12.4	16.7	20.5	22.3	18.1	11.8	4.9	−0.9	8.9
釧路	−5.4	−4.7	−0.9	3.7	8.1	11.7	15.3	18.0	16.0	10.6	4.3	−1.9	6.2

（『データブック 2021』より作成）

夏の釧路市は暖かく湿った南東の季節風が吹き，沖合を（　①　）が流れるため，（　②　）が発生し，日照時間が少なくなるから。

問４　淳一さんは，ホテルの朝食で飲んだ牛乳がおいしかったので，全国の牛乳の出荷量について調べました。次の表は「飲用牛乳等出荷量」の上位10都道府県を示したものです。北海道を除いた県から共通して読み取れることを10字以内で答えなさい。

（単位：キロリットル）

北海道	399,304
茨城	151,143
栃木	122,891
福岡	91,901
千葉	87,920
群馬	85,400
神奈川	78,809
熊本	75,381
埼玉	58,989
岐阜	58,531

（農林水産省　令和３年牛乳乳製品統計より作成）

問５　淳一さんは，苫小牧市の海岸沿いの道を走っていると，大規模な製紙工場があることに気づき，他には，日本のどの地域に製紙工場があるのか調べました。すると，北海道は「パルプ・紙・紙加工品」の製造品出荷額が全国５位だとわかりました。全国第１位と２位の県名を**漢字**で答えなさい。ただし，順番は問いません。

問６　淳一さんは，広大な畑が一面に広がっている風景を見て，色々な野菜が栽培されていることに気づき，全国の野菜の収穫《しゅうかく》量について調べました。すると，北海道が収穫量１位の野菜には，たまねぎ，にんじん，じゃがいもがあることがわかりました。次の統計はこの３つの野菜のいずれかの収穫量上位３都道府県を示したものです。Ａ～Ｃとそれぞれの野菜の組み合わせとして正しいものを**ア～カ**から１つ選び，記号で答えなさい。

（単位：百トン）

A		B		C	
北海道	8,862	北海道	1,832	北海道	17,320
佐賀	1,246	千葉	1,054	鹿児島	854
兵庫	985	徳島	497	長崎	846

	ア	イ	ウ	エ	オ	カ
A	たまねぎ	たまねぎ	にんじん	にんじん	じゃがいも	じゃがいも
B	にんじん	じゃがいも	たまねぎ	じゃがいも	にんじん	たまねぎ
C	じゃがいも	にんじん	じゃがいも	たまねぎ	たまねぎ	にんじん

（『データでみる県勢 2022』より作成）

問７　淳一さんは，白老町にある国立アイヌ民族博物館「ウポポイ」へ行き，アイヌの人々の文化について学びました。そこで学んだこととして，**誤っているもの**を次の中から１つ選び，記号で答えなさい。

ア　自然のめぐみに感謝して，すべてのものや生き物にカムイ（神）を感じてくらしてきた。

イ　北海道の地名の多くは，サッポロペッ，オタルナイなどアイヌ語が由来になっている。

ウ　魚や動物，山菜をとったり，あわなどの雑穀《ざっこく》を育てたりしながら生活してきた。

エ　かつて王国があったため，アジアの国々と貿易や交流を深め，豊かな文化を育ててきた。

問８　淳一さんは，札幌市の中心地を走っていると，交差点に方角と数字が組み合わさった表示がいくつもあるのを見て，なぜ町名ではないのかと疑問に思いました。調べてみると，東西南北に直線の道路が直交していることがわかりました。札幌市の道路がこのように区画整理されている理由として，次の文の空欄にあてはまる言葉を答えなさい。

（　①　）時代に，京都の街づくりを参考に（　②　）のような区画を構想したから。

問９　札幌市には路面電車が走っていました。そこで淳一さんは，路面電車が走っている都市について調べてみました。次の各文は，熊本市，広島市，松山市のいずれかの路面電車が通る街並みについて説明したものです。A～Cとそれぞれの都市の組み合わせとして正しいものを**ア～カ**から1つ選び，記号で答えなさい。

A　江戸時代に整備された美しい庭園の近くを通り白川を渡ると，正面には自然災害から復興を遂げた美しい城がそびえたっている。

B　世界遺産を見た後，郊外へ向かう路面電車に乗り換え終点まで行くと，対岸の島にはもうひとつの世界遺産がある。

C　城へのロープウェイ乗り場の近くを通り終点まで行くと，小説や映画などのモデルになったと言われている有名な温泉街がある。

	ア	イ	ウ	エ	オ	カ
A	熊本市	熊本市	広島市	広島市	松山市	松山市
B	広島市	松山市	熊本市	松山市	熊本市	広島市
C	松山市	広島市	松山市	熊本市	広島市	熊本市

〔2〕 次の各文章を読み，各問に答えなさい。

1　8世紀の初め，律令制度による政治のしくみがほぼ整ったころ，政治をになう役人を養成するために，朝廷は中央に大学，地方に国学をおきました。大学には貴族や文筆で朝廷に仕えてきた人々の子弟が，国学には郡司の子弟が，それぞれ優先的に入学を認められました。①9世紀になると，有力貴族は，大学で学ぶ一族の子弟のために大学別曹《べっそう》という寄宿舎を設けるようになりました。また，大学の教官である②文章博士《もんじょうはかせ》から高位の官職に出世して，政治に携《たずさ》わる者もいました。いっぽう唐に留学し，密教を学び真言宗を日本に伝えた（　A　）は，綜芸種智院《しゅげいしゅちいん》という学校を創設して，庶民《しょみん》に対しても教育を施《ほどこ》しました。

2　15世紀中ごろ，③上杉憲実《のりざね》が下野国に〔　④　〕を再興しました。以後，この施設《しせつ》では全国から集まった禅僧・武士に対して高度な教育が施され，多数の書籍《しょせき》の収集も行われました。16世紀中ごろに最盛期を迎《むか》え，学生数も3000人に達したと伝えられています。⑤キリスト教の宣教師フランシスコ＝ザビエルは書簡の中で，この学校を「日本国中の最大にして最も有名な坂東《ばんどう》の大学」と書き送っています。この施設は，江戸時代も存続しました。

3　江戸時代中期以降，社会の変化に対して，幕府の政治改革が何度か行われました。⑥1790年には朱子学以外の学問を幕府の学校で教えることを禁止しました。いっぽう各藩は藩士の育成のために藩校を設けました。学問の多様な発達の中で，江戸時代初期から学者たちはさまざまな私塾を開きましたが，中期以降，⑦新しい学問を教える学校もつくられました。また庶民の基礎《きそ》教育の場として，広く寺子屋が開校されました。

4　明治政府は，小学校から大学校までの教育制度を確立するため1872年に学制を公布し，全国の町や村に小学校を設けましたが，最初の就学率は3割に達しませんでした。その後，⑧1879年の教育令を経て，義務教育制度もしだいに整えられていき，1890年には3～4年間の義務教育が定められました。このころ義務教育の就学率は5割程度でしたが，政府による学校制度のさまざまな改正や社会の発展の中で，⑨1902年にはついに9割を超《こ》えるようになりました。

5　（　B　）首相が暗殺された五・一五事件以後，学問や思想に対する弾圧が強化され，大学をやめさせられたり，著書の出版が禁止となったりした学者もいました。戦争が激しくなっていく中で，⑩1941年には小学校が国民学校と改称されて，軍国主義にもとづく内容が教えられるようになりました。こうした体制は，日本が敗戦すると終わり，1947年には教育基本法と学校教育法が公布されて，民主主義にもとづく教育体制が整えられました。

問1　文中の（A）（B）にあてはまる言葉を**漢字**で答えなさい。

問2　下線部①について，9世紀の出来事について述べた文として正しいものを次の中から1つ選び，記号で答えなさい。

ア　桓武天皇が平城京から長岡京に遷都《せんと》した。

イ　坂上田村麻呂が前九年合戦で蝦夷を平定した。

ウ　藤原良房が臣下としてはじめて摂政の地位についた。

エ　平安京の南方に平等院鳳凰堂が建設された。

問3　下線部②について，大学の文章博士であった人物で，9世紀末に天皇に抜擢《ばってき》されて右大臣となり，藤原氏と対立した人物名を**漢字**で答えなさい。

問4　下線部③について，この人物は1438年に将軍と結んで，本来補佐しなければならない鎌倉公《く》方《ぼう》を滅ぼしました。この人物の役職として正しいものを次の中から1つ選び，記号で答えなさい。

ア　関東管領　　**イ**　執権　　**ウ**　侍所所司　　**エ**　六波羅探題

問5　文中の〔④〕にあてはまる言葉を次の中から1つ選び，記号で答えなさい。

ア　鳴滝塾　　**イ**　足利学校　　**ウ**　金沢文庫　　**エ**　弘道館

問6　下線部⑤について，日本におけるキリスト教について述べた文として**誤っているもの**を次の中から1つ選び，記号で答えなさい。

ア　鹿児島に上陸したザビエルは，大内氏や大友氏の保護を受けてキリスト教の布教を開始した。

イ　織田信長はキリスト教を保護し，安土にキリスト教の学校を建てることを許可した。

ウ　豊臣秀吉は文禄の役で九州に行った際，長崎が教会領になっていることを知り，バテレン追放令を出した。

エ　江戸幕府は1612年に幕府の直轄《ちょっかつ》地にキリスト教禁止令を出し，翌年，これを全国に広げた。

問7　下線部⑥について，この政策は幕政改革の一環として行われたものです。この時の改革の内容として正しいものを次の中から1つ選び，記号で答えなさい。

ア　飢饉《ききん》に備えて囲米の制を出した。

イ　幕府の収入の増加をはかるため，上げ米の制を実施した。

ウ　江戸・大阪周辺の地を幕府の直轄地にする，上知令を出した。

エ　商業の利益を幕府の収入に取り込むため，株仲間を積極的に公認した。

問8　下線部⑦について，右の肖像《しょうぞう》画の人物は新しい学問を広めました。この人物名を**漢字**で答え，この人物について述べた文として正しいものを次の中から1つ選び，記号で答えなさい。

ア　オランダ語の医学書を翻訳《ほんやく》して，『解体新書』を出版した。

イ　日本の正確な地図をつくるため，全国を測量した。

ウ　『古事記』などを研究して，国学を大成した。

エ　西洋の学問を幅広く研究し，モリソン号事件の幕府の対応を批判した。

問９　下線部⑧について，1879年以後の出来事として内容が正しいものを次の中から１つ選び，記号で答えなさい。

ア　田中正造に率いられ，秩父で農民運動が起こった。

イ　明治天皇が国会開設の詔を出し，政府が10年後に国会を開設すると約束した。

ウ　黒田清隆が最初の内閣総理大臣となり，大日本帝国憲法の制定の準備をはじめた。

エ　木戸孝允らが立憲改進党を結成し，明治政府の大久保利通と対立した。

問10　下線部⑨について，就学率が低かった原因の一つが，1900年に行われた政府の学校制度の変更でようやく解消されました。どのような変更だったのか，解答欄に合うように答えなさい。

問11　下線部⑩について，次の出来事を起こった順に正しく並べかえたものを**ア～カ**の中から１つ選び，記号で答えなさい。

Ⅰ　都市部の国民学校の生徒が，農村などへ集団で疎開《そかい》することになった。

Ⅱ　大都市の国民に対して，米が家族数に応じた配給制となった。

Ⅲ　国家総動員法が定められ，政府が国民を軍需《ぐんじゅ》工場で強制的に働かせることができるようになった。

ア	イ	ウ	エ	オ	カ
Ⅰ→Ⅱ→Ⅲ	Ⅰ→Ⅲ→Ⅱ	Ⅱ→Ⅰ→Ⅲ	Ⅱ→Ⅲ→Ⅰ	Ⅲ→Ⅰ→Ⅱ	Ⅲ→Ⅱ→Ⅰ

〔３〕　昨年５月，沖縄は「本土復帰」から50周年を迎えました。次の文章を読み，各問に答えなさい。

日本がアメリカを中心とする連合国と戦った太平洋戦争は1945年に終わり，敗戦した日本は連合国に占領されました。そして1952年４月，サンフランシスコ講和条約が発効して占領は終わりました。条約によって，日本は独立した国としての（　Ａ　）を回復しましたが，沖縄，奄美諸島，（　Ｂ　）諸島はアメリカの統治下に置かれました。

アメリカが沖縄を返さなかったのは，沖縄をアジアでの重要な軍事拠点《きょてん》としていたからです。1953年には，所有者の同意なしで土地を取り上げられる「土地収用令」が出され，住民の土地を基地にしていきました。統治下で日本の憲法は適用されず，基本的人権は守られませんでした。住民の自治機構としてつくられた「琉球政府」よりもアメリカ軍の決定が優先され，①アメリカ軍関係者による犯罪や事故が起こっても，琉球政府の裁判所で裁けませんでした。次第に日本に戻ることを求める声が高まり，復帰運動が広がりまた。②1969年11月，日米両政府は1972年に「（　Ｃ　）ぬき，本土なみ」で復帰することに合意しました。

沖縄の多くの人たちが望んだのは「（　Ｃ　）も基地もない平和な島」として復帰することです。政府は「本土なみ」を掲げ，沖縄の人たちは「③基地負担が本土と同じように少なくなる」と期待しましたが，復帰後の基地の大幅な縮小は約束されませんでした。④1972年５月15日午前０時，多くの基地を残したまま，沖縄は沖縄県として日本に戻りました。

日本にあるアメリカ軍の専用施設の総面積のうち（　Ｄ　）％（１万8483ヘクタール）が沖縄県に集中しています。復帰時から34％減りましたが，沖縄県の面積が日本の面積の約（　Ｅ　）％しかないことを思えば，いかに多いかがわかります。

（『月刊ニュースがわかる』2022年６月号より）

問１　文中の（A）（B）（C）にあてはまる言葉を**漢字**で答えなさい。ただし，（A）は**漢字２字**，（C）は**漢字１字**が入ります。

問２　文中の（D）（E）にあてはまる数字を次の中からそれぞれ選び，記号で答えなさい。

ア　0.6　**イ**　1.6　**ウ**　2.6　**エ**　3.6　**オ**　50.3　**カ**　60.3　**キ**　70.3　**ク**　80.3

問３　下線部①について，沖縄が復帰した後も事実上，日本に不利な状況が続きました。それはアメリカとの間にある協定が結ばれていたからです。その協定名を解答欄に合うように**漢字４字**で答えなさい。

問４　下線部②について，沖縄返還《へんかん》に合意した日本の総理大臣を**漢字**で答え，アメリカの大統領を**ア〜エ**から選び，記号で答えなさい。

ア　クリントン　**イ**　ケネディ　**ウ**　ニクソン　**エ**　ブッシュ

問５　下線部③について述べた各文の正誤の組み合わせを**ア〜ク**の中から１つ選び，記号で答えなさい。

Ⅰ　東京都や神奈川県などの首都圏にアメリカ軍の専用施設は存在しない。

Ⅱ　山口県や青森県などの地方にアメリカ軍の専用施設が存在する。

Ⅲ　日本政府は，1945年の終戦後からアメリカ軍の駐留《ちゅうりゅう》経費の大部分を負担している。

	ア	イ	ウ	エ	オ	カ	キ	ク
Ⅰ	正	正	正	正	誤	誤	誤	誤
Ⅱ	正	正	誤	誤	正	正	誤	誤
Ⅲ	正	誤	正	誤	正	誤	正	誤

問６　下線部④について，返還後の沖縄での出来事について述べた文として**誤っているもの**を次の中から**２つ**選び，記号で答えなさい。

ア　自動車の右側通行が左側通行に変わった。

イ　日常で使われる通貨がドルから円に変わった。

ウ　本土との行き来にパスポートが不要になった。

エ　公用語が英語から日本語になった。

オ　国鉄（のちのJR）による鉄道網《もう》の整備が実施された。

カ　サミット（主要国首脳会議）が開かれ，ロシアも参加した。

問７　1996年，日米両政府は普天間飛行場を含むいくつかの米軍施設の返還を決めました。普天間飛行場の返還をめぐっては，代替施設を名護市辺野古に移すことになりましたが，沖縄県と国との間で対立は今も続いています。A普天間飛行場の位置，B移転先の辺野古の位置を地図の中からそれぞれ選び，記号で答えなさい。

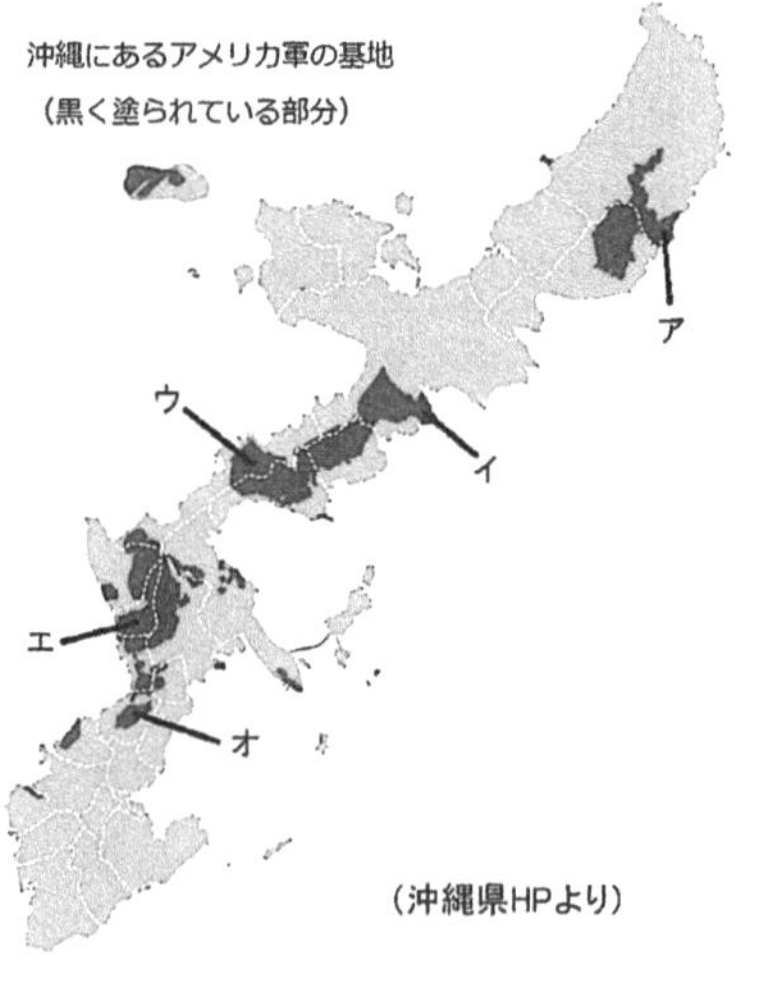

（沖縄県HPより）

問８　2000年12月，「琉球王国の（　　　）及び関連遺産群」が世界遺産に登録されました。（　）には一般に「城」という意味の言葉があてはまります。その言葉を**カタカナ**で答えなさい。

ことであり、時折自然の論理がはたらいている場である。

イ　人間が自然を開発した状態を言い、自然が人間の力を押し戻し、再生しようとして結果的に魅力的《みりょくてき》な外観を呈《てい》する場である。

ウ　新たな環境に移り変わる場であり、自然の状況でも人工的にも生じ得る、自然の再生と更新の場である。

エ　環境の移行と変化の場のことであり、かつては自然界の大部分を占《し》めていたが、現在は著《いちじる》しく減少してきている。

問３　傍線部**２**「人里ではなく、たんに擬似人里、人里もどきにすぎない」とありますが、「人里」や「人里もどき」について説明した選択肢として最もふさわしいものを次から選び、記号で答えなさい。

ア　いずれも自然の環境に人の手が入ったものだが、人里もどきでは自然の論理が破壊され、人工的で見せかけの自然のみが存在することになる。

イ　人里とは人間が自身のために作り上げた安らぎの場のことだが、いずれはエコトーンとなり純粋な自然に戻ってしまう。

ウ　人里もどきは、人間の都合のみで自然環境を破壊した結果生じた人工的なものだが、皮肉にも人間にとって懐《なつ》かしさを覚える環境となる。

エ　人里は人間の自分勝手な行動を出来るだけ排除《はいじょ》し、自然との共存共栄を目指すものであり、日本人は古来徹底してこの考え方を実践《じっせん》してきた。

オ　人里はエコトーンとして人間に悲壮《ひそう》な感情を抱《いだ》かせるが、人里もどきはエコトーンではあり得ず、幻想としての環境が現出されることとなる。

問４　傍線部**３**「昔の生態学」では、自然界をどのように捉《とら》えていましたか。本文中から三十字で探し、最初の二字を書き抜きなさい。

問５　傍線部**４**「きわめて利己的にふるまっている」とありますが、ここでいう「利己的」とはどういう意味ですか。最もふさわしいものを次から選び、記号で答えなさい。

ア　自分たちの種族を保存するために、他の個体を蹴落とそうとすること。

イ　共生状態を維持するよりも、自分の快楽を優先しようとすること。

ウ　他者との共生をはかる一方で、自身の利益にならないことは決してしないこと。

エ　自然環境に配慮《はいりょ》しないで、自身の幸福を最優先すること。

オ　他者の存在を顧《かえり》みずに、個体それぞれが自身の子孫を残そうとすること。

問６　傍線部**５**「人間はじつに浅はかに利己的であった」とありますが、なぜそのようにいえるのですか。解答欄に合うように、二十五字以上三十五字以内で説明しなさい。

動物たちとは異なり、人間は（　**二十五字以上三十五字以内**　）

「自然と共生する」姿勢を忘れているからだと言う人もいる。これも残念ながらあたっていない。

「自然界のバランス」「自然と人間の共生」というようなことはよく言われる。いかにも人を納得させるひびきをもったことばである。けれど、近年の動物行動学あるいは行動生態学の研究を見ていると、どうもそのようなものはわれわれの幻想《げんそう》にすぎなかったのではないかという気がしてくる。

3昔の生態学は、自然界のバランス、生態系（エコシステム）の調和、ということを強調した。そして、人間がこのバランスを崩さないようにすれば、自然と共生していけると考えた。しかしこの一〇年、二〇年ほどの間に明らかになってきたとおり、自然界の中では、動物も植物もそれぞれの個体がそれぞれ自分自身の子孫をできるだけたくさん後代に残そうとして、4きわめて利己的にふるまっているように見える。かつて信じられていた「種族保存のためのシステム」というものもなく、個体がそれぞれ他人を蹴落《けお》としてもいいから自分だけは子孫を残そうと、きわめて利己的にふるまっている結果として、種族が維持され、進化も起こるのである。「自然界のバランス」なるものも、そこになにか予定調和的なバランスがあって、自然はそれを目指して動いている、というようなものではけっしてない。ある個体が自分の利己を追求しすぎると、そのしっぺ返しを受けて引き下がらざるを得ない。こういう形で結果的にバランスが保たれているにすぎないのだ。

自然界に見られる「共生」についても同じような見方ができる。花と昆虫のみごとな共生に、われわれは心を打たれる。けれどこれも、花と昆虫が「お互《たが》いうまく生きていきましょう」と言ってやっていることではないらしい。花は昆虫に花粉を運んでもらえばよいのであって、つくるのにコストのかかる蜜《みつ》など提供したくはない。昆虫は昆虫で、自分たちの食物である蜜を花からできるだけたくさんcウバえばいいのであって、花粉など運んでやるつもりは毛頭ない。

この両者の「利己」がぶつかりあったとき、花はますます精巧《せいこう》な構造を発達させることになった。できるだけ少ない蜜を提供しつつ、なんとしても昆虫の体に花粉がついて、昆虫がいやでも花粉を運んでしまうような花の構造ができあがっていったのである。

人間も動物であるから、利己的にふるまうのは当然である。しかし、動物たちは利己的であるがゆえに、損することを極端《きょくたん》に嫌う。浅はかに利己的にふるまいすぎてしっぺ返しを食ったときに、やっとそれをやめるのではなく、もっと「先」を読んでいるらしい。どのようにしてそれを予知するのかわからないが、これはどうも損になりそうだと思ったら、もうそれ以上進まないのである。その点では、動物たちのほうが徹底して利己的である。きわめて賢《かしこ》く利己的だと言ってもよかろう。

5人間はじつに浅はかに利己的であった。しかしこれからは自然が自然の論理でふるまうのを許せるぐらいに「賢く利己的に」ふるまうべきではなかろうか？

（日高敏隆『日高敏隆選集Ⅷ　人間とはどういう動物か』〔ランダムハウス講談社〕より）

問１　傍線部a～cのカタカナを漢字に直しなさい。

問２　傍線部1「エコトーン」とありますが、これはどのようなものですか。最もふさわしいものを次から選び、記号で答えなさい。

ア　様々な環境が思わぬ外圧によって変化し、移り変わっていく場の

のもつ心なごむ景観は、人里がエコトーンであるがゆえに生まれるのである。

人が手を加えない自然の中で、エコトーンはつねにそれまでそこにあった姿の自然の再生、更新《こうしん》の場として存在している。いろいろな理由から深い針葉樹林であった場所に生じたエコトーンは、ほうっておかればしだいにその姿を変えていって、いずれは深い針葉樹林を再生するだろう。老木は枯《か》れて倒《たお》れるであろうが、いずれはあとから育ってきた木によって更新されるだろう。そして、そのエコトーンに生きていた植物や動物は、また別の場所に生じた新しいエコトーンへと移り住んでいくことであろう。自然ではいつもこのようなことが起こっている。

重要なのは、そこで起こっていることはすべて自然の「論理」にしたがったものだということである。

老木が倒れたり、雷で山火事が生じたりするかわりに、人間が住みついて林を切り開いても、同じような事態が生じる。そこには新しいエコトーンが生まれ、それまでの自然の再生のプロセスが始まる。

純自然の場合と異なるのは、人間がこの自然の再生を嫌《きら》い、つねにそれと闘《たたか》ってきたことである。その結果、自然の再生は完成することなく続けられる。そして、人間のそれに対する闘いも続けられてきた。

この闘いが続いている間、エコトーンはもとの自然の再生による最終的な消滅《しょうめつ》に至ることなく維持《いじ》される。この状態が人里なのである。人間はもとの形での自然は破壊《はかい》したかもしれないが、新しいaヨウソウの自然を生じさせ、しかもそれをほぼそのままに維持するというはたらきをすることになった。人里はこのようにbトクイな自然なのである。

人里においては、人間が人間の意図にもとづいて、そして人間の論理にしたがって、自然に変化を加える。しかし、自然は自然なりに、自然の論理にもとづいて押し戻《もど》してくる。この押し合いが続く間は、エコトーンとしての人里は維持される。

人里は心なごむ自然であり、人はそこに自然を見、そこから自然の論理を学ぶことができる。自然の論理を知ること――それは今日の人間にとってきわめて大切な意味をもっている。ぼくが「人里をつくろう」と訴《うった》えているのもそのためである。

では、人里をつくるにはどうしたらよいのか。それは人間の論理の無理押しをしないことである。自然が自然の論理で押し返してくるのを許すことである。

人間はしばしば自然の巻き返しを嫌い、自然の論理を徹底的につぶしてしまおうとする。道は完璧《かんぺき》に舗装《ほそう》し、側溝《そっこう》は水を流す目的だけのためにコンクリートで固める。林の木の侵入《しんにゅう》を食い止めるため芝生《しばふ》にして、それを維持する。そしていかにも自然らしく見えるように植木を植え、その植木はこぎれいに剪定《せんてい》する。

このようにして生じるものは2人里ではなく、たんに擬似《ぎじ》人里、人里もどきにすぎない。人里もどきには自然の論理ははたらいていない。わずかながらはたらくとしても、人間は人間の論理にしたがって、自然が生やした草を刈《か》り、虫を退治する。一見、自然のように見えても、そこに自然はない。徹底的に人間の論理で貫《つらぬ》かれているからである。今、あちこちでつくられている「自然の森」や「水と緑の公園」は、そのほとんどすべてがこのような人里もどきであると言ってよい。

なぜそれがいけないのか？　それは人間が「自然界のバランス」を崩《くず》しているからだ、と考える人がいる。残念ながらそうではない。人間が

関心が薄く自由気ままに生きている。

エ　細やかな気づかいは得意ではないが、自分や相手のありのままを受けいれることができている。

オ　自らの至らない部分への自覚はあるが、それを変えることができず現状に対して開き直っている。

問５　**文章Ａ**からわかる憲弘の家族に対する思いや考えとして最もふさわしいものを次から選び、記号で答えなさい。

ア　実の父母とその子どもが暮らす家族の形にあこがれを感じている。

イ　自分の家族は他の平凡《へいぼん》な家族よりもおもしろいと自慢《じまん》に思っている。

ウ　父親が二人いることに違和感を覚えているものの二人を好いている。

エ　家族構成や血のつながりにとらわれず家族に愛着をもっている。

オ　母親が死んでしまった寂《さび》しさをいまだに埋《う》めきれないでいる。

問６　傍線部**３**「なんだ……、フツーなの僕だけなんだ……」とありますが、**文章Ａ**もふまえ、この時の憲弘の心情について説明した選択肢として最もふさわしいものを次から選び、記号で答えなさい。

ア　自分の家族は「フツーじゃない」と感じていたが、周りの大人たちも皆彼ら自身を「フツーじゃない」と考えていたことを知り、うすうす感じていた事実を突きつけられることとなり、うろたえている。

イ　母親が亡くなって以来、家の中の環境が変わっていくことを受け入れつつも「フツー」の家族になれるよう願っていたのに、自分たちは「フツーじゃない」と開き直る大人たちの様子を見て、失望している。

ウ　自分たちのことを「フツー」の家族だと考えていたのに、自分以外の大人たちは皆彼ら自身のことを「フツーじゃない」というので、自身のことを「フツー」だと思っていたのは自分だけだと知り、とまどっている。

エ　「フツー」の小学生として、家族のために気をつかうのは「フツー」のことだと思い自分なりに頑張《がんば》ってきたが、そんな自分を尻目《しりめ》に大人たちが好き勝手なことを言い出すのを目《ま》の当たりにし、呆然としている。

オ　せめて実の父親には「フツー」であって欲しいと願っていたにもかかわらず、英弘は自身を「フツーじゃない」とあっさり認めてしまったので、父親への思いが裏切られたように感じられ、悲しんでいる。

問７　傍線部**４**「大人三人は涙が出るほど笑った」とありますが、この時の「大人三人」に共通する心情を示したことばとして最もふさわしいものを次から選び、記号で答えなさい。

ア　優越感《ゆうえつかん》とさげすみ　**イ**　感嘆《かんたん》と愉快《ゆかい》　**ウ**　後悔とむなしさ
エ　信頼と歓喜《かんき》　**オ**　愛情とおかしみ

二　次の文章を読んで、後の問に答えなさい。

1エコトーンは、環境の状態が移行する場所である。それはしたがって、けっして広大な面積にわたることはない。エコトーンが幅《はば》何百キロにわたって広がるということはあり得ないのである。

人里はまさにこのようなエコトーンなのだ。人里の特徴、そして人里

それには英弘が即座《そくざ》に明るく答えた。

「フツーじゃありまっせーん！」

そうして父親のそのことばを聞いた憲弘は、かなり真面目な口調で、それからなぜか少し残念そうに言った。

「3なんだ……、フツーなの僕だけなんだ……」

小学校六年生の真剣なその呟きを聞いて、4大人三人は涙が出るほど笑った。

（鷺沢萠「渡辺毅のウェルカム・ホーム」『ウェルカム・ホーム！』〔新潮社〕より）

問１　傍線部**１**「その場で英弘の首を絞めあげたい、という突発的な欲望を止めることができた」とありますが、次の文はこの時の毅の心情について説明したものです。文中の［ i ］に入ることばを**文章Ｂ**から十字以上十五字以内で書き抜き、［ ii ］・［ iii ］に入ることばの組み合わせとして最もふさわしいものを後の選択肢から選び、記号で答えなさい。

［ i ］に育った憲弘が懸命に美佳子をかばおうとしていたにもかかわらず、英弘が無神経なことばを発したことは頭にきたものの、憲弘が英弘に［ ii ］のこもった眼差《まなざ》しを向けているさまを見て、［ iii ］ことができた。

ア　ii―あわれみ　iii―頭を冷やす

イ　ii―不満　iii―意気投合する

ウ　ii―憎悪《ぞうお》　iii―うっぷんを晴らす

エ　ii―あきらめ　iii―心をなごます

オ　ii―非難　iii―怒りを抑《おさ》える

問２　傍線部**２**「でも、ヒロさんは男のヒトだもの……」とありますが、この時の美佳子の心情はどのようなものですか。**文章Ｂ**の中のことばを用いて、解答欄に合うように、四十字以上五十字以内で説明しなさい。

男の英弘はたとえ家事能力がなくてもおかしくはないが、〔　**四十字以上五十字以内**　〕と感じている。

問３　［ X ］に入ることばとして最もふさわしいものを次から選び、記号で答えなさい。

ア　誰もフツーじゃないし、誰もフツーじゃないんだから、逆にみんながフツーなんだよ

イ　みんなフツーじゃないし、みんなフツーじゃないんだから、結局俺だけはフツーなんだよ

ウ　俺たちはフツーだし、俺たちがフツーなんだったら、逆にみんながフツーじゃないんだよ

エ　俺もフツーじゃないし、美佳子もフツーじゃないんだから、結局俺たちはフツーじゃないんだよ

オ　みんなフツーだし、誰もがフツーなんだったら、逆に俺だけはフツーじゃなくていいんだよ

問４　**文章Ｂ**からわかる英弘の人物像についての説明として最もふさわしいものを次から選び、記号で答えなさい。

ア　人からは不躾《ぶしつけ》だと思われることもあるが、偏見《へんけん》に惑《まど》わされず知的に物事の本質を見据《みす》えている。

イ　無邪気《むじゃき》で飾《かざ》り気がなく人当たりもやわらかいが、正義感が強く心の中には譲《ゆず》れない信念を持っている。

ウ　気分によっては相手に配慮《はいりょ》することもあるが、基本は人に対する

美佳子のそのことばに対しては、英弘はあっさりと、とても軽快に言った。

「カンケイないんじゃないっすか」

「え……？」

「男とか女とか、そういうことカンケイない時代だと思いますよ、俺」

「カンケイない……？」

「ええ。自分が向いてない分野のことは、向いてるヒトに任せる。その代わり、自分は自分が向いてる分野で役に立つ。それでいいんじゃないっすかね」

　メシをかっこみながら英弘はそう言い、美佳子はしばらくのあいだ箸《はし》を動かす手を休めた。

「それって……」

　どことなくぼんやりとして美佳子が言ったので、英弘は視線をあげた。

「それって……、あたしが前から考えてたこととすごくよく似てます……」

　男とか女とかそういうことに関係なく、「外で働いて稼《かせ》いでくる人」と「家の中の仕事を担当する人」が一緒に住んでいるのは羨《うらや》ましい、とかつて美佳子が言っていたのを毅は思い出す。

「でも、そういうコト口に出して言うと、それは『フツーじゃない』みたいなこと言われちゃうんですよね……」

　一瞬、食卓に静寂《せいじゃく》が流れた。

　いみじくも毅は、憲弘の作文を読んでしまったあのとき、英弘に向かって言ったものだ。

――だってこれ、フツーのヒトが読んだら……！

　そうしていみじくも英弘はそのあとに言ったものだ。

――別に「いちおう父子家庭」じゃねえよ。「ちゃんとした父子家庭」だよ。

　毅の口が自然に動いた。

「フツー、とかさ。ちゃんとしてる、とかさ……」

　三人の目が自分のほうを向いたのを感じる。

「そういうの、もういいじゃん。[　X　]」

「え？」

　美佳子が物問いたげな視線を寄越《よこ》しながら言う。

「たとえば女なのにハンバーグひとつ満足に作れない美佳子はフツーか？」

「フツーじゃない、と自分では思う」

「ホントに？」

「俺は全然フツーのこととして受け容《い》れられるぞ」

「ホントに？」

「ホントに」

美佳子が泣き笑いみたいな顔になって頷き、毅は続ける。

「男なのにシュフやってる俺はフツーか？」

「………」

「自分ではフツーじゃないって思ってるけど、美佳子はフツーに受けとめてくれてるだろ？」

「うん……」

「七年も前に妻に先立たれてるのに、再婚しようともしないでオトコに家事と育児任せてるヒロはフツーか？」

ての行動であることが、毅には判った。

「ありがと……」

美佳子は悄然として答え、憲弘は手早く三つの茶碗を食器棚から取り出しながら言った。

「サイトウさんのはお客さま用のにするね！」

誰かの結婚式の引き出物で英弘がもらってきた、上等の京焼き茶碗セットがあり、それを憲弘は「お客さま用」と呼んでいた。憲弘は「お客さま用」を含めて四つの茶碗を炊飯《すいはん》ジャーの前にいる美佳子に渡す。美佳子は肩を落としてジャーから米飯をよそった。

「オレンジ色にまみれたインゲンのソテー」を大皿に移しながら片目でジャーの中を盗むように見てみたが、飯はふつうに炊《た》けているようだった。それだけでも奇跡としよう、と毅は思う。

食卓に「挽き肉炒め」と「オレンジ色にまみれたインゲンのソテー」と粉ふき芋と米飯が揃《そろ》い、四人は席についた。

「じゃ……」

英弘が言い、それが合図だったかのように四人で「いただきます」を唱えた。

悪い予感ほど的中することになっている。「挽き肉炒め」には味がなかった。それでも英弘と憲弘は黙々《もくもく》と味のしない「挽き肉炒め」を口に運んでいるが、毅は黙っていればいるほど他でもなく美佳子本人の気持ちが傷つくのではないか、と思い、笑ってしまうことにした。

「美佳子さあん！」

笑いながらそう言った。わざと「さん」を付けた。美佳子が観念したような顔になる。

「はい……」

「美佳子さん、下味に何を使いました？」

美佳子は今度はぎょっ、とした顔になり、果たして言った。

「したあじ……、って何……？」

そのことばを聞いて、毅はもう純粋《じゅんすい》に笑った。つられたように美佳子が情けない感じで笑い出し、そのことによって英弘と憲弘もようやく笑顔を見せた。毅は言う。

「醤油《しょうゆ》かけよう、醤油。な？」

「と、提案しようとあたしも思っていました」

美佳子がそう告白し、憲弘がそれでもどこか取りなしているように言う。

「醤油って便利だよね、こういうとき」

憲弘のその台詞で、全員が盛大に笑った。食卓を包む笑い声の中で、毅は静かに決心した。将来もし美佳子と一緒に住むようなことになったとしても、料理だけは俺《おれ》が担当しよう、と。

醤油味になった「挽き肉炒め」を食べながら、美佳子はどこか諦念《ていねん》の漂《ただよ》う呟きを洩《も》らした。

「あたしって、つくづく料理にムイてないんだわ……」

「誰にだって向き不向きはありますよ。俺だって家事能力ゼロだし。コイツに捨てられたら、明日着る服だってないんすから」

英弘が毅のほうを顎《あご》で指すようにしながら言った。捨てられる、などという言い方が可笑《おか》しくて毅は腹の中で笑ったが、美佳子は納得できないように言い返した。

「[2]でも、ヒロさんは男のヒトだもの……」

「ホントにハート形してたんだよ、タケッパー！　一緒に作ったんだもん！」

挽き肉の成形を、ふたりでやったのだろう。美佳子がどういう訳でいきなり「ハンバーグをハート形に成形する」などという難しいことにチャレンジしようとしたのかは判《わか》らないが、成形後の挽き肉を焼いたときに何らかの失敗があったのか、あるいは成形そのものの時点で失敗があったのだろう。

まあとにかく、ハンバーグの形はしていないが、炒めた挽き肉である。少なくとも、食べられないものではない。だから毅は言った。

「大丈夫だよ、食えるよ、充分」

そう言う毅のすぐ隣《とな》りで、憲弘が物凄《ものすご》い勢いで首肯《しゅこう》している。

――親が言うのもなんだけど、ノリってすげえいい子に育ってるじゃん……。

きのう聞いた英弘《ひでひろ》の呟《つぶや》きが耳の奥で甦《よみがえ》る。思いやりのある子だ。空気を読める子でもある。

しかし思いやりがあって空気を読める子の父親は、思いやりはともかくとして空気を読める男ではなかった。別のポロシャツに着替えて二階から降りてきた英弘は、「挽き肉炒め」の載《の》った皿を見て、開口一番で明るく言い放ったのだった。

「あれ？　ハンバーグじゃなかったんですか？　予定変更？　これは何ていう料理なんです？」

1その場で英弘の首を絞《し》めあげたい、という突発的な欲望を止めることができたのは、憲弘のおかげだった。憲弘は物凄い目つきで父親を睨《にら》みつけていたのである。

美佳子がふたたび泣き出しそうな顔になったのを見て、毅は英弘に向かって言った。

「おまえは黙《だま》って席につけ」

英弘もやっとのことで、なんとなく何が起きたのかを察知しはじめたらしく、言われたとおり黙って食卓の席についた。

毅は台所に入り、レンジの上に他にも鍋《なべ》がふたつ載っているのを発見した。予想どおりと言うべきか、鍋の中身はハンバーグにはつきものの粉ふき芋《いも》、それからインゲンとニンジンのソテーだった。粉ふき芋のほうはこのままでどうにか行けそうだ。

――そうそう、これって小学校の家庭科で習うんだよな……。

などということを考えながら、毅は言う。

「美佳子ー、芋はちゃんとできてるじゃん」

ニンジンは面取りをしていないために煮崩《にくず》れてしまっており、インゲンとニンジンのソテーであるべきものは「オレンジ色にまみれたインゲンのソテー」になっていたが、とにかくこれにしても、食えないわけではない。

「おいノリ、メシついでくれ」

習慣になった台詞《せりふ》を台所から言うと、慌《あわ》てたように美佳子が答えた。

「あ！　あたしがやるから！　せめてそれくらいは」

「うん。じゃ頼《たの》むよ」

それでも憲弘は台所に入ってきて、美佳子に向かって言った。

「サイトウさん、僕も手伝うよ」

どの茶碗《ちゃわん》が誰の茶碗なのか判らないであろう――最悪の想像をすれば味噌汁の椀《わん》に米飯をよそってしまう可能性すらある――美佳子を気遣《きづか》っ

【国　語】（五〇分）〈満点：六〇点〉

【注意】字数制限のある問題については、かぎかっこ・句読点も一字と数えなさい。

一　次の文章A・Bを読んで、後の問に答えなさい。

文章A

僕の家族　　六年二組　松本憲弘《のりひろ》

僕の家には、お父さんが二人いる。お父さんとタケパパだ。

お父さんが二人いるので、お母さんはいない。だから僕の家は三人家族だ。

二人のお父さんのうち、一人は僕の本当のお父さんだが、もう一人は本当のお父さんではない。本当のお父さんのほうは、僕が生まれたときから一緒に住んでいた。そこに新しいお父さんがやって来たのだ。でも、いつやって来たのかは、はっきりとは覚えていない。僕が小さかったからだ。

お父さんは新しいほうのお父さんのことを「タケシ」と呼ぶので、昔、僕もそう呼んだことがある。そしたら、新しいほうのお父さんはとても怒った。それで「タケパパ」と呼ぶことにした。

お父さんはサラリーマンだが、タケパパは家にいて、ご飯を作ったり掃除《そうじ》をしたり洗濯《せんたく》をしたりしている。タケパパの作るご飯はとてもおいしい。タケパパは料理のプロだ。

お母さんは僕が小さかったころに死んでしまった。僕は残念だが、よく覚えていない。だけど、お母さんがどういう感じの人なのかは、なんとなく分かる。タケパパには斉藤さんという女の友達がいて、斉藤さんが家に遊びに来るとき、僕はときどき「お母さんってこういう感じなのかなあ」と思う。

斉藤さんはとてもいい人で、僕の宿題を見てくれたりする。今日は斉藤さんと一緒にハンバーグを作った。とても楽しかった。

僕は一人っ子なので兄弟がいない。お父さんも一人っ子なので、僕には従兄弟《いとこ》もいない。時々、弟か妹がほしいな、と思うことがある。でもそれをお父さんに話したことはない。

だけど、僕にもいつか弟か妹ができるのではないか、と僕は想像している。タケパパも僕のお父さんだから、タケパパの子供は、僕の兄弟になるからだ。

弟や妹ができたときには、きっと一緒には住めないと思う。でも、一緒に住んでいなくても家族だと僕は思う。

文章B

美佳子《みかこ》は悄然《しょうぜん》としながら、かつてはハンバーグであったのであろうただの「挽き肉炒《いた》め」を食卓の上の皿に移しているところだった。

憲弘がやって来て、その「挽き肉炒め」を呆然《ぼうぜん》とした表情で見つめた。そんな憲弘に向かって、美佳子が泣きそうな声で言う。

「ノリくん！　これ、ちゃんとハートの形してたんだよね!?」

「う、うん……」

「証明してくれるよね!?　ハート形してた、って」

実際に泣き出さんばかりの声で美佳子がそう言い、憲弘は自分の役割を把握《はあく》したらしい、毅《たけし》に向かって美佳子をかばう口調になって言った。

MEMO

大切なことはメモしておこうネ！

2023年度

早稲田中学校入試問題（第２回）

【算　数】（50分）　＜満点：60点＞

【注意】 定規，コンパス，および計算機（時計についているものも含む）類の使用は認めません。

〔１〕 次の問いに答えなさい。

(1)　$\frac{1}{999}+\frac{1}{997}+\frac{1}{995}$を小数で表したとき，小数第８位の数字は何ですか。

(2)　長さが等しい車両が連結された８両編成の普《ふ》通電車と10両編成の急行電車があります。普通電車と急行電車が，ある電柱を通過するのにかかる時間の比は７：５です。また，普通電車と急行電車かすれ違《ちが》うのには24秒かかります。

急行電車がある鉄橋を渡《わた》り終えるのに１分28秒かかるとき，鉄橋の長さは電車１両の長さの何倍ですか。ただし，電車の連結部分の長さは考えないものとします。

(3)　Ａさんは2010年５月生まれ，Ｂさんは2010年８月生まれ，Ｃさんは2011年１月生まれであることがわかっています。うるう年でない年の１月１日から12月31日までの365日間について，［ア］，［イ］にあてはまる数を答えなさい。ただし，誕生日の午前０時に年をとるものとします。

①　ＡさんとＣさんの年令が同じなのは最も長くて［ア］日間です。

②　３人のうち１人だけ年令が違うのは最も長くて［イ］日間です。

〔２〕 次の問いに答えなさい。ただし，円周率は3.14とします。

(1)　図の長方形で，ABの長さが５cmのとき，角アの大きさは角イの大きさを［　　］倍して60度を加えたものです。［　　］にあてはまる数を答えなさい。

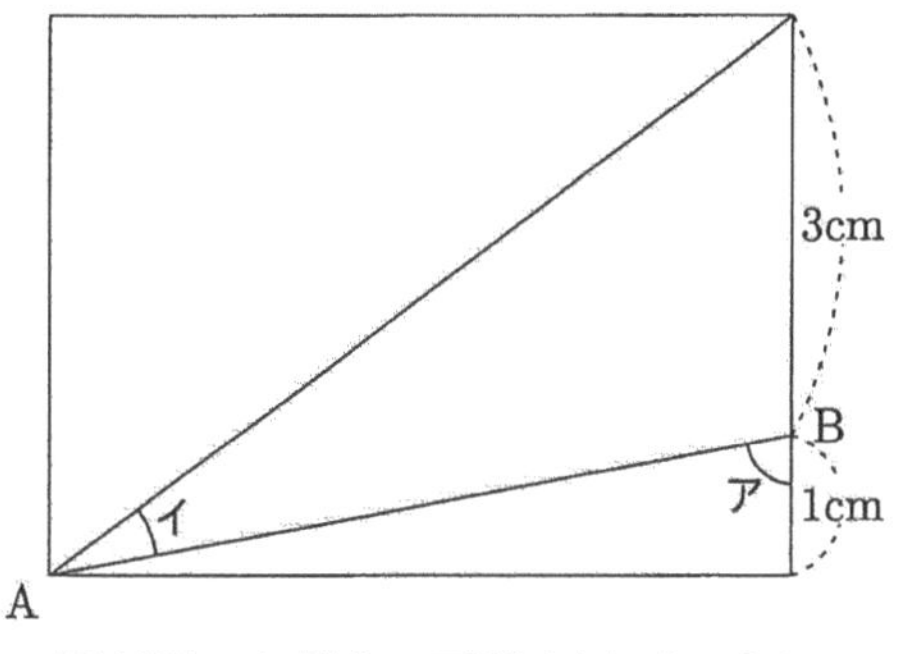

(2)　図の点Ａから点Ｂまで，半径１cmの円が転がります。円が通った部分の面積は何cm^2ですか。

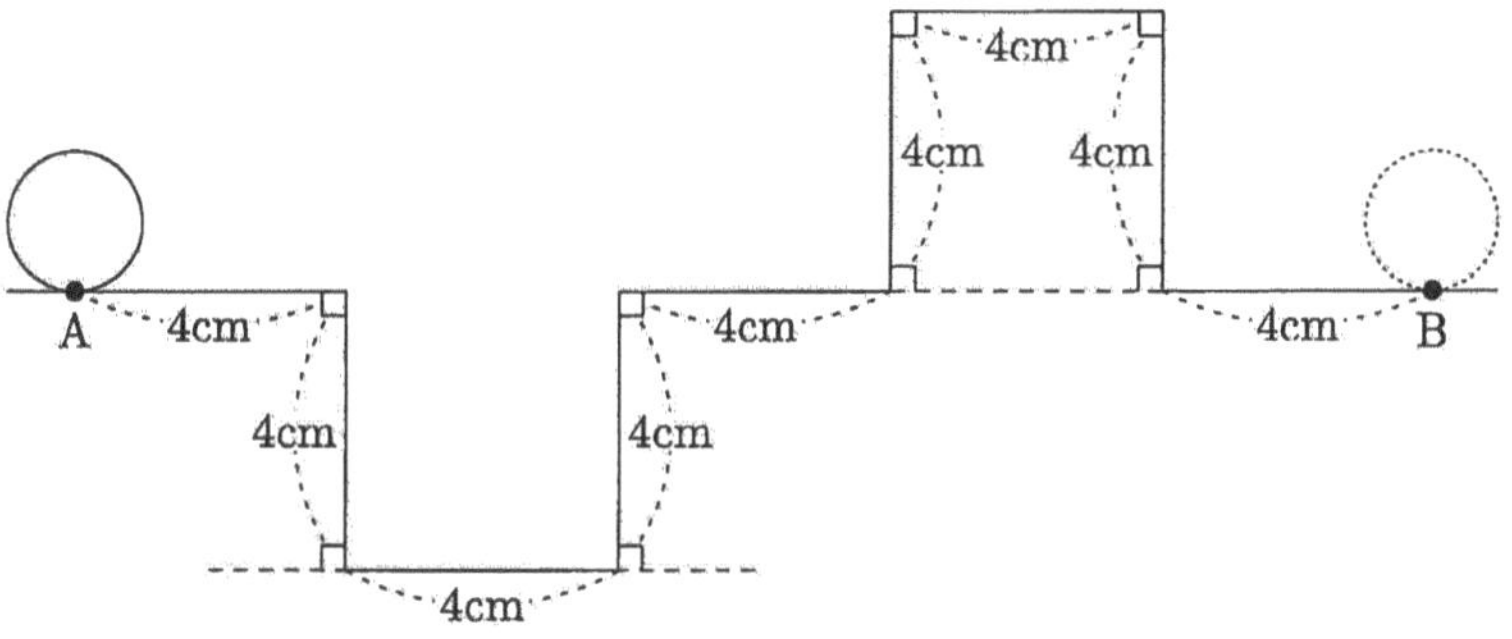

⑶　図の立体は，１辺６㎝の正方形１枚と，底辺の長さが６㎝，高さが４㎝の二等辺三角形４枚を組み立ててできます。３点Ｏ，Ｅ，Ｆを通る平面で２つの立体に切り分けるとき，表面積の差は何cm^2ですか。

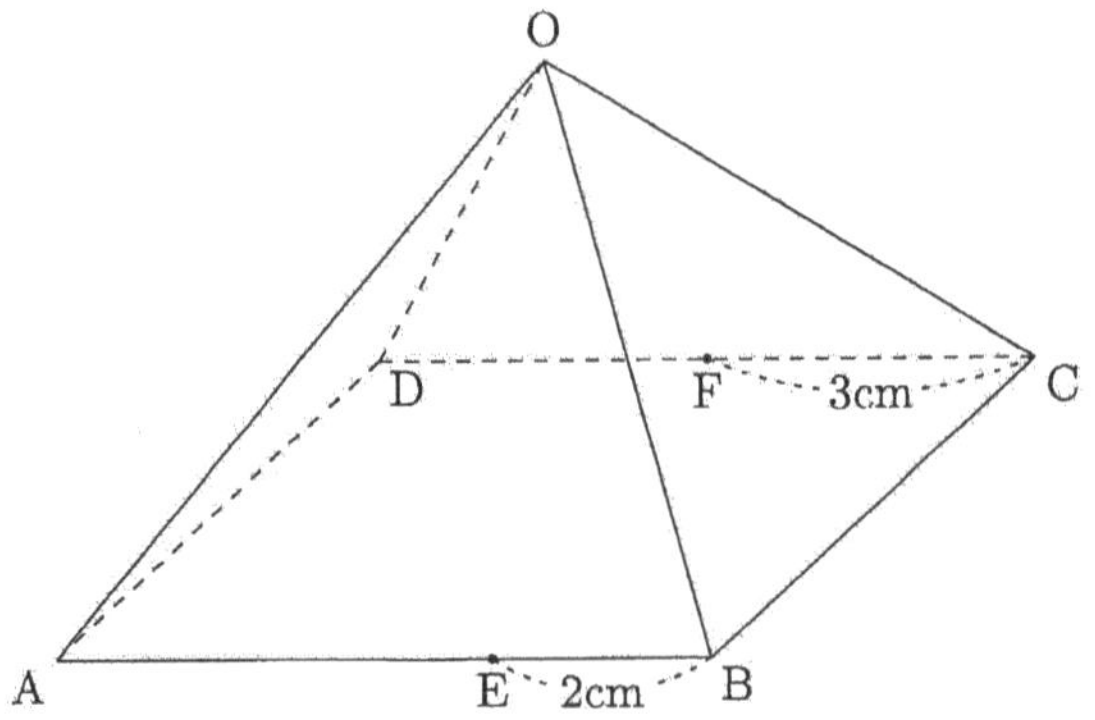

［３］　あるテーマパークでは，入場のときに機械窓口か係員窓口で，チケットを確認します。チケットを確認するのに１人あたりかかる時間はそれぞれ一定で，機械窓口でかかる時間は係員窓口でかかる時間の0.7倍です。このテーマパークでは午前９時ちょうどから入場を開始しますが，毎日午前９時より前の同じ時刻から毎分15人の割合でつぎつぎと人が並び始めます。

午前９時から機械窓口２つでチケットの確認を始めると，午前10時28分に入場を待つ人がいなくなります。

また，午前９時から機械窓口１つでチケットの確認を始めて，午前９時16分からさらに係員窓口を２つ開くと，午前10時12分に入場を待つ人がいなくなります。

次の問いに答えなさい。

⑴　機械窓口１つでチケットを確認するのにかかる時間は１人あたり何秒ですか。

⑵　人が並び始める時刻は午前何時何分ですか。

⑶　午前９時から係員窓口２つでチケットの確認を始めると，午前８時52分に並び始めた人が窓口に来るのは午前何時何分ですか。

［４］　図１の直角三角形の紙を何枚か使って，図２のように均等にずらして机の上に置いていきます。このとき，**全体の長さ**がいつも７㎝になるようにします。机を上から見たときに見えている紙の部分について，次の問いに答えなさい。

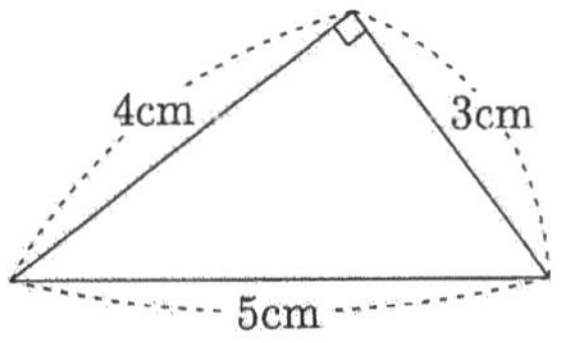

図１

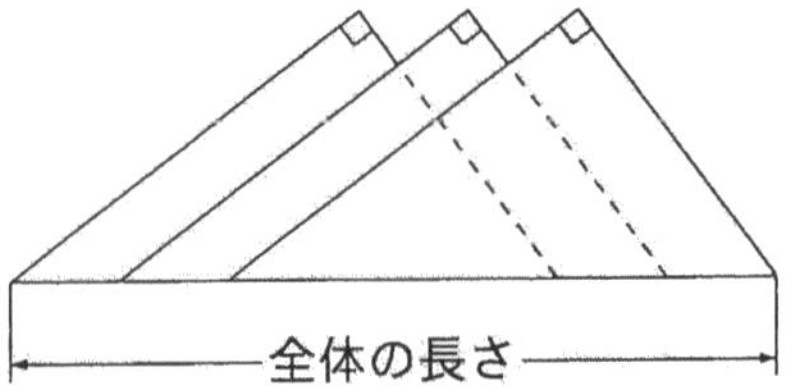

図２

⑴　紙を３枚置いたとき，２枚の紙が重なっている部分の面積は何cm^2ですか。

⑵　紙を４枚置いたときを考えます。

① ４枚の紙が重なっている部分の面積は何cm^2ですか。

② 紙どうしが重なっていない部分の面積は何cm^2ですか。

〔５〕 ある国には，貨幣《へい》として４円玉，９円玉，12円玉，25円玉の４種類の硬《こう》貨しかありません。次の問いに答えなさい。

⑴ ちょうど支払《はら》うことのできない金額は全部で何通りありますか。

⑵ 2023円の商品を買うとき，ちょうど支払うために必要な硬貨は最も少なくて何枚ですか。

⑶ Ａさんがもっている硬貨の枚数は，Ｂさんがもっている硬貨の枚数より１枚少ないですが，その金額は同じでした。このような金額のうち，最も少ないのは何円ですか。

⑷ ＰさんとＱさんはそれぞれ組み合わせが違う４枚の硬貨をもっていて，その金額は同じでした。このような金額のうち，最も少ないのは何円ですか。

【理　科】（30分）　＜満点：40点＞

【注意】 定規，コンパス，および計算機（時計についているものも含む）類の使用は認めません。

〔１〕 ヒトは母親の体内でできた卵と父親の体内でできた精子とが結びつくことで受精卵となり，体がつくられ始めます。ヒトの命の最初である受精卵は約（　①　）㎜ほどしかありません。これが母親の（　Ａ　）まで移動して（　Ａ　）の内側にある膜の中に入り込みます。そこで母親との間に（　Ｂ　）がつくられます。（　Ｂ　）では母親の血液と胎《たい》児の血液が接しており，母親から胎児に栄養分や酸素が渡《わた》されます。

受精後約30日で胎児の大きさは約（　②　）㎜となり，産まれる直前には約50㎝，約３㎏まで成長します。

問１　上の文章の（①），（②）にあてはまる数字として最もふさわしいものをそれぞれ選び，記号で答えよ。

ア　0.01　　**イ**　0.1　　**ウ**　5　　**エ**　50

問２　上の文章の（Ａ），（Ｂ）にあてはまる語をそれぞれ答えよ。

問３　図１はヒトの心臓を正面から見たときの様子を示している。胎児に渡す栄養分や酸素を多く含む血液が出ていく血管として最もふさわしいものを選び，記号で答えよ。また，その血管の名称《しょう》を**漢字３文字**で答えよ。

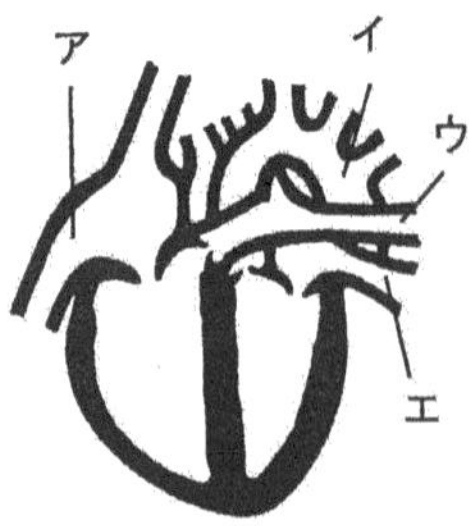

図１

問４　ヒトは親の体の中で子が栄養をもらって成長し，産まれてくる。このような産まれ方を胎生といい，胎生する動物は胎生動物と呼ばれる。次の**ア**～**オ**の中で胎生動物を全て選び，記号で答えよ。

ア　イモリ　　**イ**　クジラ　　**ウ**　コウモリ　　**エ**　カメ　　**オ**　ペンギン

問５　胎生動物の多くにみられる特徴として**誤っているもの**を１つ選び，記号で答えよ。

ア　胎生動物には，へそがある。

イ　胎生動物は，体温がほぼ一定である。

ウ　胎生動物の子は，産まれてしばらくは母乳で育つ。

エ　胎生動物は，親になったときの体が大きい種類ほど，一度に産む子の数が多い。

〔２〕 粉末物質の混合物Ａには【候補】にある７つの物質のいずれかが含《ふく》まれていることがわかっています。3.5ｇの混合物Ａについて，【実験】を行いました。次のページの問いに答えなさい。ただし，実験中，次のことが成り立っているものとします。

・粉末物質どうしを混ぜ合わせても，たがいには反応しない。
・粉末物質が水や水溶液に溶ける場合には，その物質の全てが溶ける。
・ろ過の際，沈殿《ちんでん》とろ液は完全に分かれる。
・水酸化ナトリウム水溶液は亜鉛《あえん》が溶けるくらい濃《こ》いものを使用している。
・表は各物質１ｇが水溶液に溶けた際に発生する気体の体積であり，各操作で気体の体積は同じ条件で測定している。

【候補】

１　石灰石　２　アルミニウム　３　銅　４　食塩　５　亜鉛　６　さとう　７　鉄

【実験】

［操作１］　袋《ふくろ》をかぶせた磁《じ》石を混合物Ａに近づけたところ，0.5ｇの粉末Ｂが分けられ，混合物Ｃが残った。

［操作２］　混合物Ｃを水に溶かしてろ過したところ，ろ液と2.0ｇの沈殿Ｄが得られた。このろ液を乾燥《かんそう》させて水分を取り除《のぞ》いたところ，1.0ｇの粉末Ｅが得られた。

［操作３］　2.0ｇの沈殿Ｄを別の容器に移して水酸化ナトリウム水溶液を加えたところ，260mLの気体が発生した。その後，溶液をろ過したところ，1.5ｇの沈殿Ｆが得られた。

［操作４］　1.5ｇの沈殿Ｆを別の容器に移して塩酸を加えたところ，沈殿は全て溶け，気体が発生した。

表　物質1gが各水溶液に溶けた際に発生する気体の体積(mL)

	亜鉛	アルミニウム	鉄	石灰石	銅
塩酸	340	1240	400	220	－
水酸化ナトリウム水溶液	340	1240	－	－	－

※溶けない場合は－で示している。

問１　粉末Ｅについて説明した文として最もふさわしいものを選び，記号で答えよ。

ア　１種類の物質であることが，この【実験】よりわかる。

イ　２種類の物質の混合物であり，この【実験】よりそれぞれ何ｇ含まれているかわかる。

ウ　２種類の物質の混合物であるが，この【実験】だけではそれぞれ何ｇ含まれているかはわからない。

エ　何種類の物質でできているか，この【実験】だけではわからない。

問２　混合物Ａに含まれる亜鉛は何ｇか。

問３　下線部で発生した気体の名称を答えよ。

問４　この【実験】より，混合物Ａに含まれていないと判断できる物質を【候補】より全て選び，番号で答えよ。

問５　3.5ｇの混合物Ａを十分な量の塩酸に加えた際に発生する気体は何mLか。

〔３〕　図１のように，マスクを収納するストッカーは，ばね２つでマスクを支え，取り出しやすくする仕組みです。これに関連して，重さの無視できる自然の長さが10㎝のばねと，重さ400ｇ，高さ９㎝のおもりを使って，ばねに関する実験をしてみました。図２のように，ばね２つを並列に床《ゆか》に設置し，その上におもりをのせて固定しました。すると，ばねが元の長さより２㎝縮んだ状態で静止しました。

（図１～図５は次のページにあります。）

問１　ばね１つの上に400ｇのおもりをのせて固定すると，ばねの長さは何㎝縮まるか。

問２　図３のように，ばねを直列に２つつなげて実験すると，ばねの長さは１つあたり何㎝縮まるか。

問３　図４のように，図２のおもりの上にばねを２つ並列に設置し，その上に重さ200ｇ，高さ4.5㎝のおもりをのせて固定した。このとき，装置全体の高さは何㎝か。

問４　**問３**の200ｇのおもりの代わりに，重さの異なる高さ4.5㎝のおもりをのせて固定したところ，装置全体の高さが26㎝だった。このとき，装置の一番上にあるおもりの重さは何ｇか。

問５　図５のように，図４の200ｇのおもりに糸を取り付けて，滑車《かっしゃ》を用いて重さのわからないおもりを新たに取り付けた。すると下段のばねの長さが11㎝だった。このとき，装置上段のばねの長さは何㎝か。

問６　マスクを収納するストッカーのように，ばねが利用されているものを**ア**～**カ**の写真から全て選び，記号で答えよ。

ア　LED 電球

イ　ステープラー（ホッチキス）

ウ　ノック式ボールペン

エ　はさみ

オ　ペットボトルのキャップ

カ　ポンプボトル

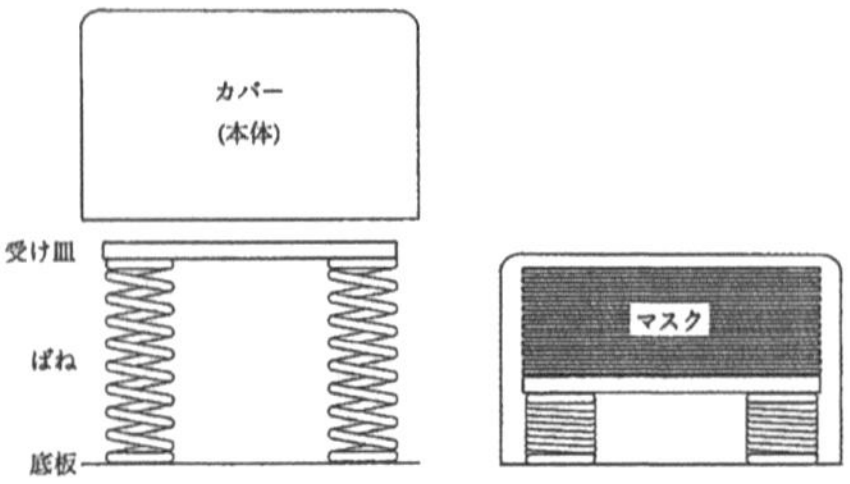

図１　マスクストッカーの断面図

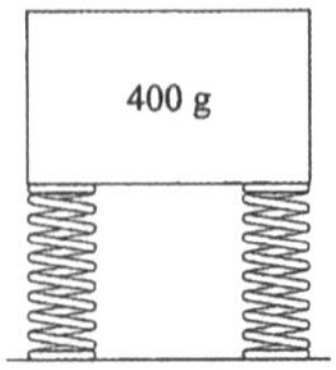

図２

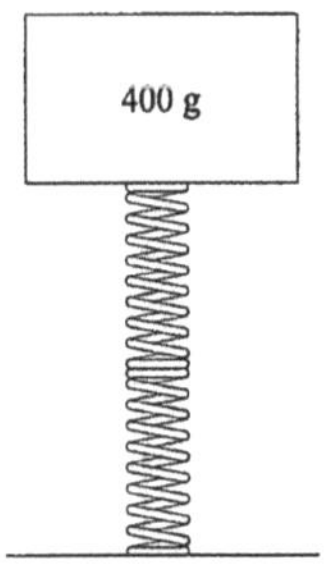

図３

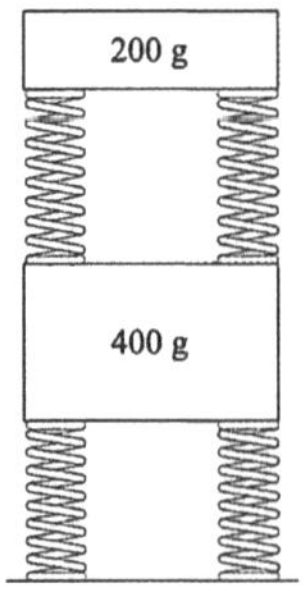

図４

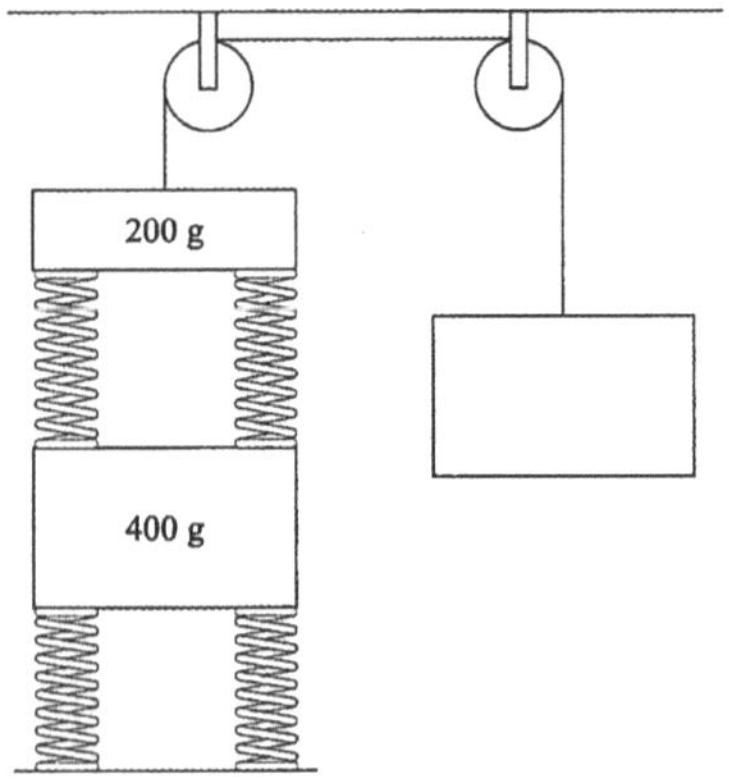

図５

〔４〕 図１は，2022年６月下旬《じゅん》の午前４時に東京で見えた惑《わく》星の位置を示しています。太陽系には，太陽のまわりをまわっている（公転している）惑星が８つあります。星が暗くて肉眼では見えませんでしたが天王星と海王星もこの時間帯の空にあり，望遠鏡を使えば地球以外の７つの惑星全てを同時に見ることができました。

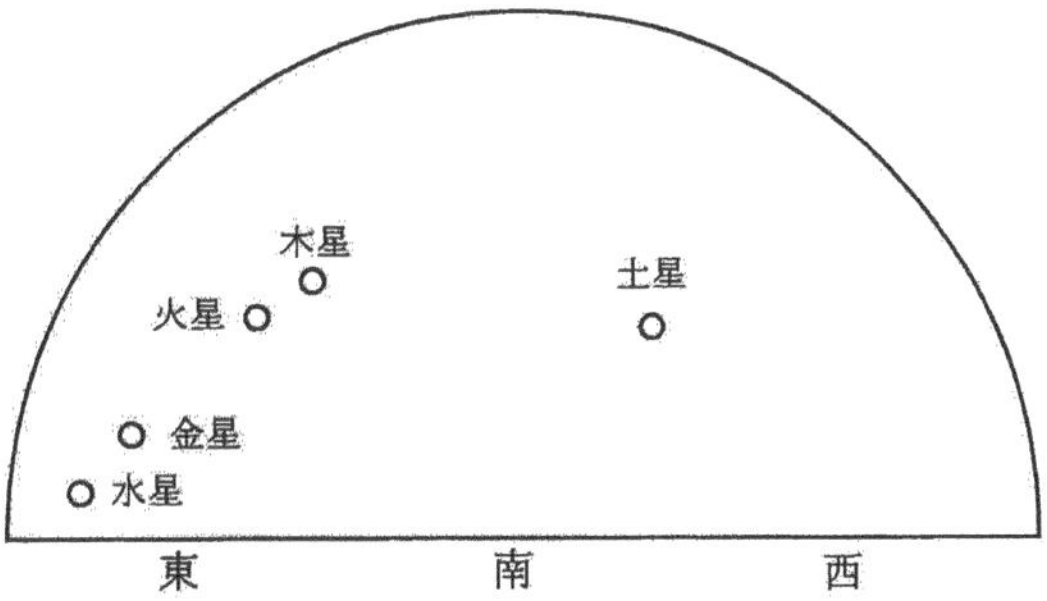

図１　2022年６月下旬の午前４時に東京で見えた惑星の位置

８つの惑星は，いずれも太陽を中心とした同じ面上の異なる半径の円の円周を公転しているとします。表は，地球の公転の軌道《きどう》の半径を１としたときの図１の５つの惑星の公転軌道の半径を示しています。

表　惑星の公転軌道の半径

惑星	水星	金星	地球	火星	木星	土星
公転軌道の半径	0.39	0.72	1	1.52	5.20	9.55

問１　図１中の５つの惑星のうち，地球から見て真夜中に南中することがある惑星を全て答えよ。

問２　2022年６月24日午前４時に，火星と金星の間に月を見ることができた。このときの月の見え方として最もふさわしいものを選び，記号で答えよ。ただし，選択肢《し》の図中の円が月の全体で，そのうち白い部分が光って見えている部分とする。

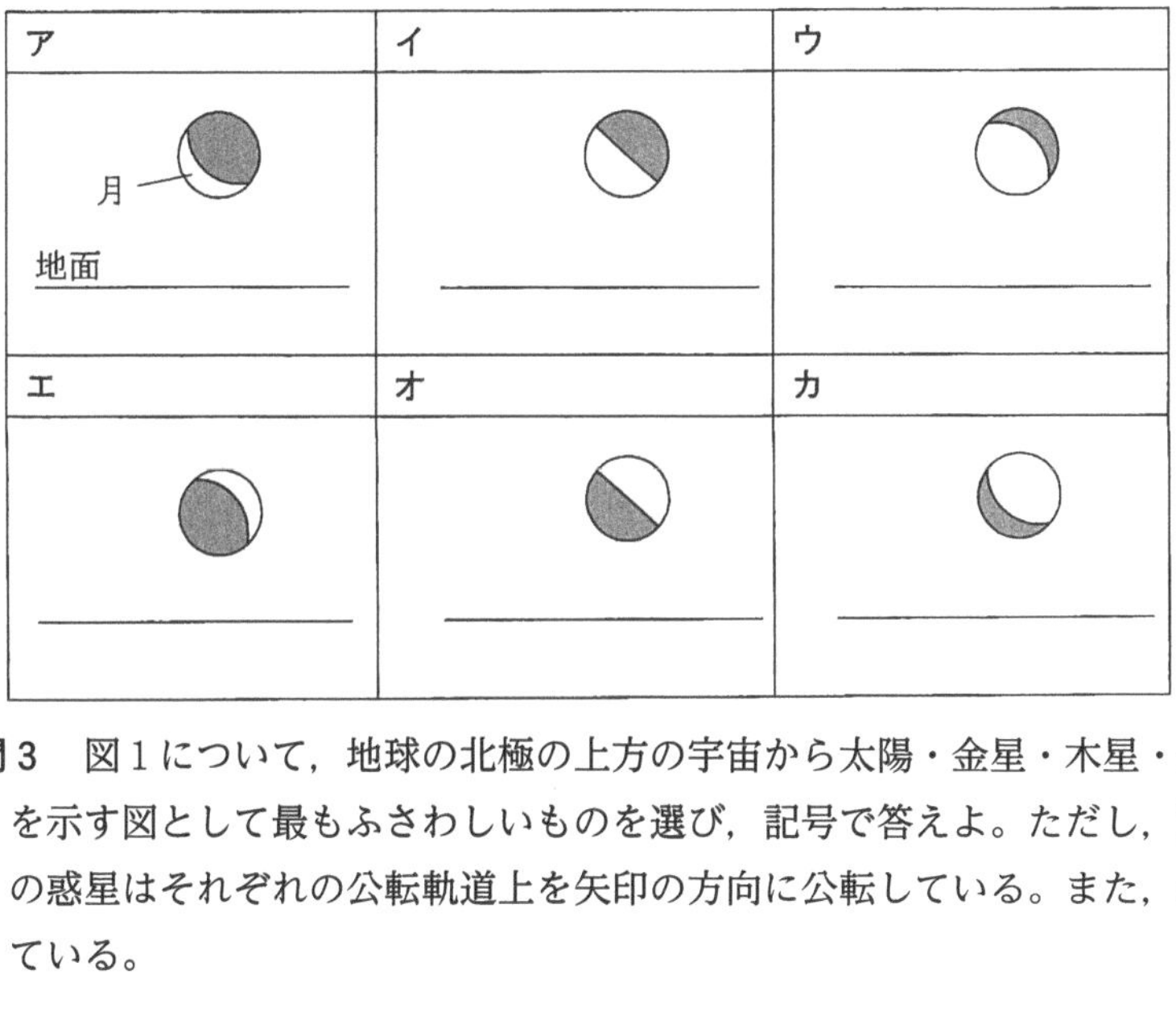

問３　図１について，地球の北極の上方の宇宙から太陽・金星・木星・土星を見たときの位置関係を示す図として最もふさわしいものを選び，記号で答えよ。ただし，選択肢の図において，全ての惑星はそれぞれの公転軌道上を矢印の方向に公転している。また，地球も矢印の方向に自転している。

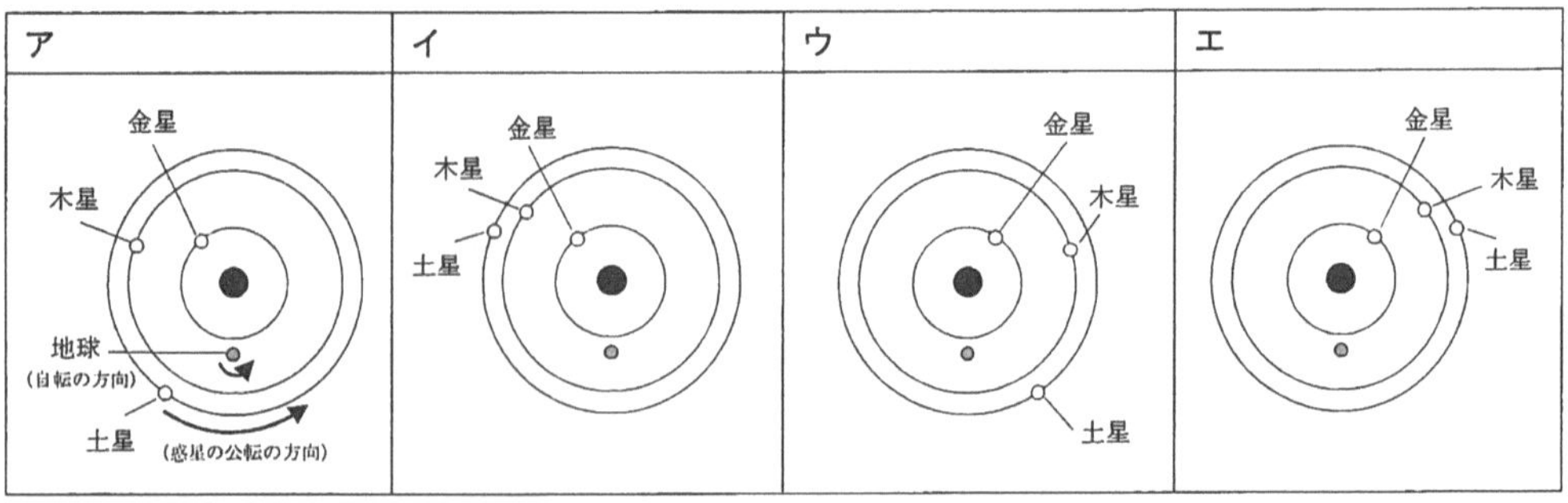

問４　惑星は，太陽のまわりを１周する時間がそれぞれ異なる。そのため地球に近づいたり遠ざかったりして，地球から見たときの惑星の見かけの大きさが変化する。表のように，地球の公転軌道の半径を１としたとき，次の問いに答えよ。

⑴　水星が地球に最も近づいたときの距離《きょり》を求めよ。

⑵　火星が地球から最も遠ざかったときの距離を求めよ。

⑶　太陽が明るかったり，太陽にさえぎられたりして，惑星は地球から見えなくなることがある。この太陽の影響《えいきょう》がないものとして，表に示した地球以外の５つの惑星のうち，地球に最も近づいたときと遠ざかったときで，地球から見たときの見かけの大きさの変化が最も大きくなる惑星を答えよ。

【社　会】（30分）　　＜満点：40点＞

〔１〕 はじめさんは，夏休みの自由研究で中国･四国地方について調べました。次の図を見て各問に答えなさい。

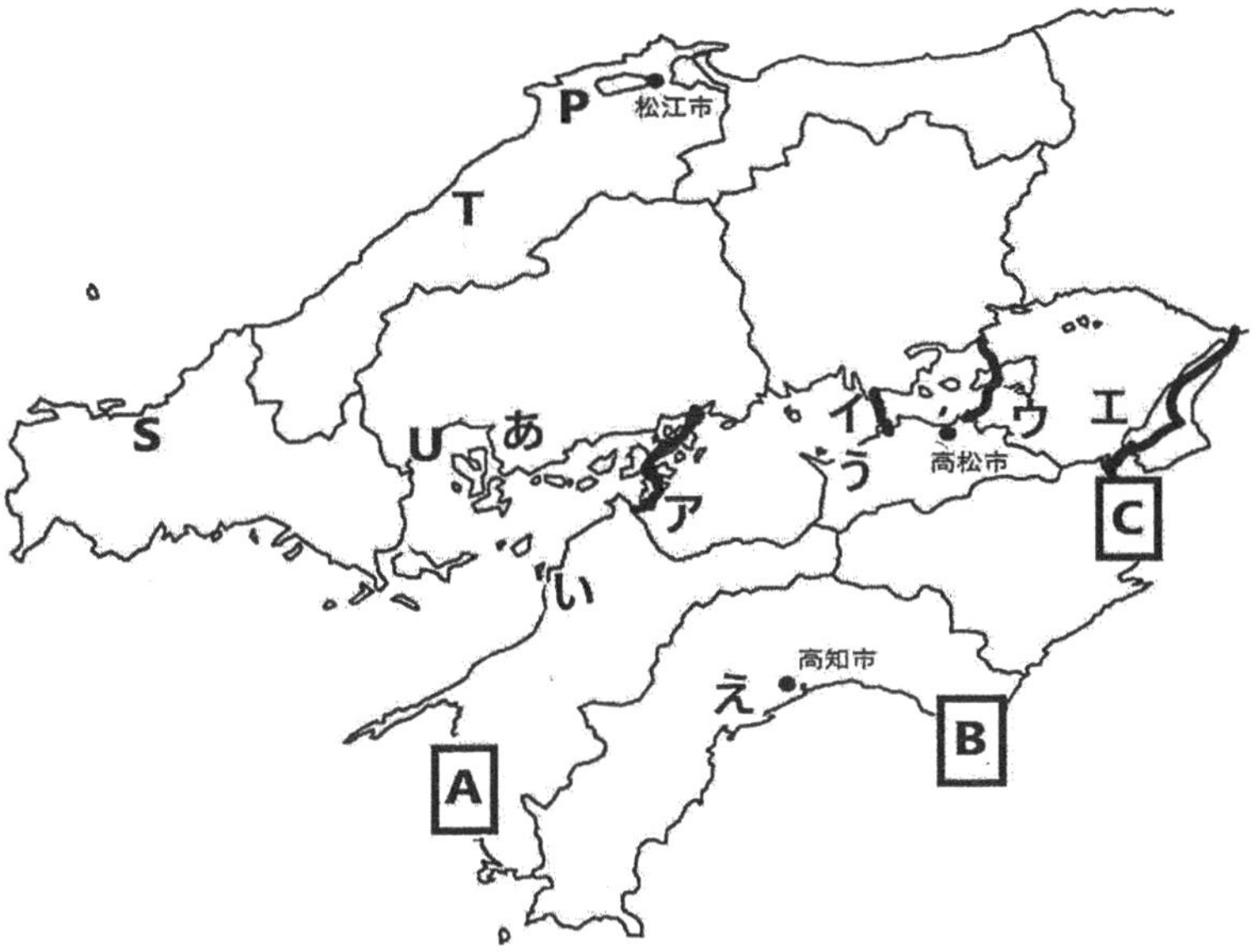

問１　はじめさんは，中国・四国地方の地図を作図しました。地図中Ａ～Ｃで示した地域でみられる地形を説明した文の組み合わせとして正しいものを**ア～カ**から１つ選び，記号で答えなさい。

①河口の干潟に多くの生物が生息している。

②複雑に入り組んだ海岸線が続いている。

③海岸に沿って階段状の地形が広がっている。

	ア	イ	ウ	エ	オ	カ
A	①	①	②	②	③	③
B	②	③	①	③	①	②
C	③	②	③	①	②	①

問２　はじめさんは，瀬戸内海の島々にはいくつも橋が架《か》かっていることを知り，本州と四国を結ぶルートを地図上に記入しましたが，ひとつ間違えて記入していました。地図中**ア～エ**から**実在しない**本州と四国を結ぶルートを１つ選び，記号で答えなさい。

問３　はじめさんは，かつて瀬戸内海には塩田が多かったことを知り，家にあった塩の産地を調べてみると瀬戸内海の大三島で製造されたものでした。瀬戸内海に塩田が多かった理由を答えなさい。

問４　はじめさんは，中国・四国地方にはいくつも伝統工芸品があることを知りました。次のページの伝統工芸品が作られている地域を地図中**あ～え**からそれぞれ選び，記号で答えなさい。

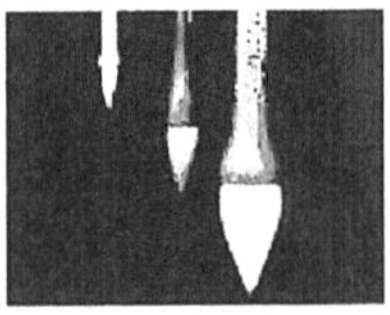

①熊野筆

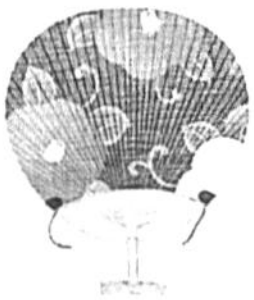

②丸亀うちわ

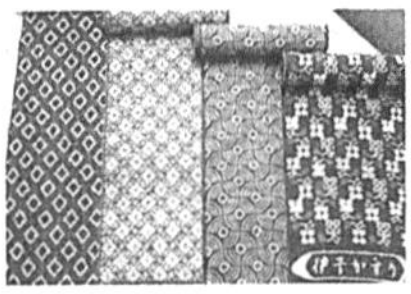

③伊予かすり

④土佐和紙

問５　はじめさんは，松江市，高松市，高知市の月ごとの降水量を調べました。都市とグラフの組み合わせとして正しいものを**ア〜カ**から１つ選び，記号で答えなさい。

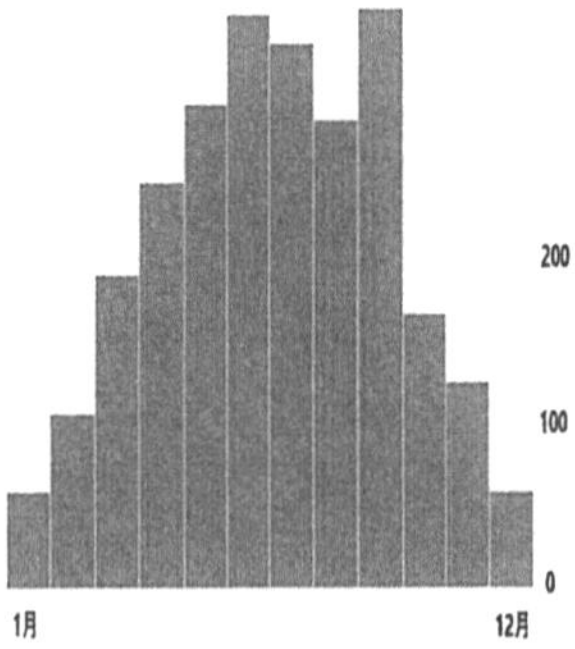

①

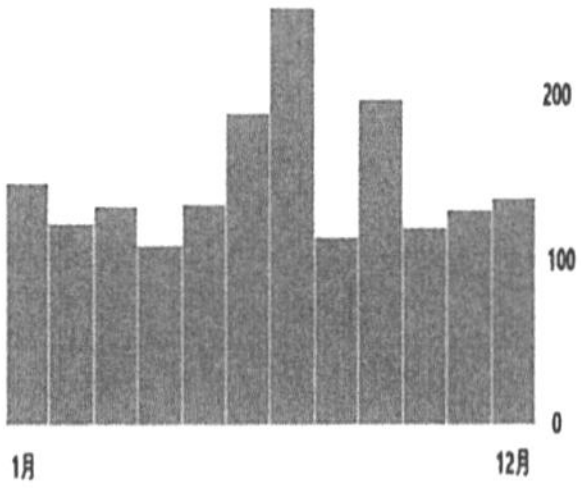

②

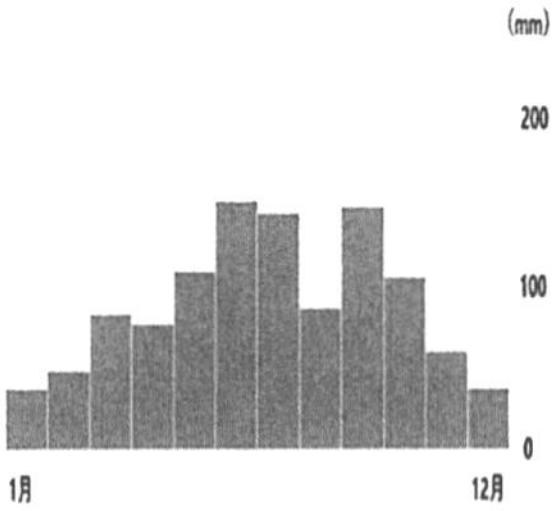

③

	ア	イ	ウ	エ	オ	カ
①	松江市	松江市	高松市	高松市	高知市	高知市
②	高松市	高知市	松江市	高知市	松江市	高松市
③	高知市	高松市	高知市	松江市	高松市	松江市

問６　はじめさんは，瀬戸内工業地域について調べました。次の表は，瀬戸内海に面する４県いずれかの「製造品出荷額の割合（％）と全国の順位（10位以内のみ）」を示したものです。②と③にあてはまる県名をそれぞれ**漢字**で答えなさい。

①		②		③		④	
輸送用機械器具	33.3（6）	石油・石炭製品	15.6（4）	非鉄金属	17.0（2）	非鉄金属	15.4（8）
鉄鋼	12.1（5）	化学	14.2	石油・石炭製品	14.1（8）	食料品	13.0
生産用機械器具	9.2（6）	輸送用機械器具	13.0	パルプ・紙	13.2（2）	輸送用機械器具	11.1
食料品	6.7	鉄鋼	12.4（7）	輸送用機械器具	10.0	金属製品	6.7
プラスチック製品	6.0（8）	食料品	7.2	化学	7.9	電気機械器具	6.5
その他	32.7	その他	37.6	その他	37.8	その他	47.3

『データで見る県勢　2022』より作成

問７　はじめさんは，中国・四国地方の人々が好んで購入《こうにゅう》しているものについて興味を持ち，調べてみました。次のページの表は，「かつお，しじみ，かき（貝），なし」の１世帯あたりの食料品等の年間購入額上位３県と全国平均額（2018〜2020年平均）を示したものです。①〜④にあてはまる中国・四国地方の県名をそれぞれ**漢字**で答えなさい。

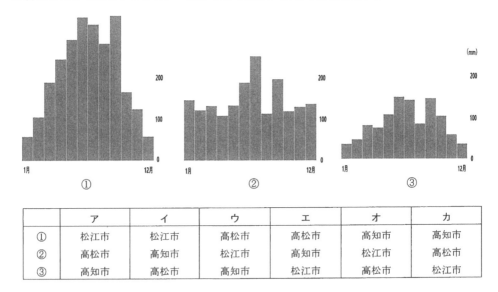

（単位：円）

かつお		しじみ		かき（貝）		なし	
（ ① ）	7,964	（ ② ）	1,827	（ ③ ）	2,642	（ ④ ）	8,133
宮城	3,208	茨城	1,027	宮城	1,408	（ ② ）	4,188
福島	2,835	青森	918	岡山	1,190	富山	3,855
全国	1,382	全国	387	全国	812	全国	1,674

『データで見る県勢　2022』より作成

問８　はじめさんは，地図中Ｐの地域では10月は「神無月」ではなく「神在月」と言われていることを知りました。それは，10月に全国の神様がこの地域に集まるからだと言われています。Ｐの地域の旧国名を**漢字**で答えなさい。

問９　はじめさんは，中国地方にある世界遺産を地図上に記入しました。地図中Ｓ～Ｕにある世界遺産の組み合わせとして正しいものを**ア～カ**から１つ選び，記号で答えなさい。

	ア	イ	ウ	エ	オ	カ
S	石見銀山	石見銀山	松下村塾	松下村塾	厳島神社	厳島神社
T	松下村塾	厳島神社	石見銀山	厳島神社	石見銀山	松下村塾
U	厳島神社	松下村塾	厳島神社	石見銀山	松下村塾	石見銀山

〔２〕　昨年９月，イギリスのエリザベス女王が亡くなり，国葬《こくそう》が行われました。日本からは天皇・皇后両陛下が参列しました。日本とイギリスはこれまで，歴史上さまざまな交流をしてきました。次の各問に答えなさい。

問１　1872年に大阪造幣寮《ぞうへいりょう》（のちの大阪造幣局）のお雇《やと》い外国人として来日したイギリス人ゴーランドは，古墳の研究者としても功績を残しました。古墳時代について述べた文として正しいものを次の中から１つ選び，記号で答えなさい。

ア　ヤマト政権は，中国の明王朝を征服しようとして朝鮮半島に出兵した。

イ　ヤマト政権は，豪族を血縁関係や家柄《いえがら》によって序列化して支配した。

ウ　前方後円墳は，ヤマト政権とは関係なく各地で独自に造られた。

エ　雄略天皇は，前漢の光武帝から金印を授けられた。

問２　1908年にロンドンで死去したアメリカ人フェノロサは，日本の建築や美術を再評価したことで知られています。彼は天武天皇が創建した寺院の建造物を「凍《こお》れる音楽」と評しましたが，その建造物を次の中から１つ選び，記号で答えなさい。

ア　東大寺南大門　　**イ**　唐招提寺講堂　　**ウ**　法隆寺夢殿　　**エ**　薬師寺東塔

問３　東京帝国大学で英文学を教授したイギリス人ラフカディオ＝ハーンは，『怪談《かいだん》』を著しました。その中の「耳なし芳一」の物語には，平氏の亡霊《ぼうれい》が登場します。平氏について述べた文として**誤っているもの**を次の中から１つ選び，記号で答えなさい。

ア　平清盛は日宋貿易の利益を財政基盤《きばん》とし，安徳天皇の外戚となって力を持った。

イ　桓武平氏は関東を中心に勢力を持ち，平将門などを輩出《はいしゅつ》した。

ウ　平治の乱は，上皇と天皇が双方《そうほう》の陣営《じんえい》に分かれて争った。

エ　平将門は関東の広い範囲《はんい》を勢力下におさめ，新皇を自称《じしょう》した。

問４　日本の文化や歴史を研究していたイギリス人外交官のサンソムは，『日本史』を著しました。

次の**ア～オ**の出来事を古い順に並べ替えなさい。

ア　石山本願寺が降伏《こうふく》し，跡地に巨大な城が築かれた。

イ　禁中並公家諸法度と武家諸法度が制定された。

ウ　長篠の合戦が起こり，武田勝頼が敗北した。

エ　島原や天草でキリシタンや農民が一揆を起こした。

オ　平戸のオランダ商館を長崎の出島に移した。

問５　開成学校（のちの東京帝国大学）で英文学や哲学《てつがく》を教授したイギリス人サマーズは，アイヌを研究して「エゾのアイヌ」と題する論文を書きました。江戸時代にアイヌとの交易独占権を認められていた藩の名前を**漢字**で答えなさい。

問６　1600年，オランダ船リーフデ号が漂着《ひょうちゃく》し，乗組員のイギリス人航海士は徳川家康に仕えることになりました。彼は家康から三浦按針の名をもらいましたが，この人物の本名を**カタカナ**で答えなさい。

問７　イギリスでは1837年にビクトリア女王が王位を継承《けいしょう》しました。この年，日本では右図のように人々が「救民」を掲《かか》げて代官所などを襲撃《しゅうげき》する事件が発生しました。この事件を主導した人物名を**漢字**で答えなさい。

問８　1872年，岩倉使節団はイギリスを訪問し，ビクトリア女王と面会しました。この使節団に加わった人物を次の中から**２人選び**，記号で答えなさい。

ア　西郷隆盛　　**イ**　伊藤博文　　**ウ**　山県有朋

エ　大久保利通　**オ**　勝海舟　　**カ**　福沢諭吉

問９　明治時代には，井上馨の外交方針の中で西洋化政策が進められました。この一環として，イギリス人建築家コンドルの設計により1883年に完成した洋館の名称を**漢字**で答えなさい。

問10　1894年，加藤高明は駐英《ちゅうえい》公使としてロンドンに赴任《ふにん》しました。この人物について述べた文として正しいものを次の中から１つ選び，記号で答えなさい。

ア　彼は外務大臣として不平等条約改正に尽力《じんりょく》し，治外法権撤廃《てっぱい》に成功した。

イ　彼は外務大臣として第一次世界大戦参戦を進め，1914年にロシアに宣戦布告した。

ウ　彼の内閣は，初の本格的な政党内閣として誕生した。

エ　彼の内閣のとき，「普通選挙法」が実現し，25歳以上の男性に選挙権が与えられた。

問11　日英同盟を結んだ日本は，日露戦争でロシアに勝利しました。しかし，日本ではこの戦争の講和条約の内容をめぐって民衆が強い不満を持ち，暴動が発生しました。この暴動が発生した理由を，**条約名を明らかにして**答えなさい。

問12　1921年，皇太子裕仁《ひろひと》親王（のちの昭和天皇）は外遊の途中でイギリスを訪問し，国王と親しく交流しました。1920年代に起きた出来事として**誤っているもの**を次の中から１つ選び，記号で答えなさい。

ア　関東大震災が起こった。　　**イ**　世界恐慌が始まった。

ウ　ベルサイユ条約が調印された。　**エ**　治安維持法が定められた。

問13　1952年にエリザベス女王が王位を継《つ》ぎました。70年の在位の間に起こった出来事として正しいものを次の中から１つ選び，記号で答えなさい。

ア　エリザベス女王は２人の女性首相を任命した。

イ　イギリスはホンコンとマカオを中国に返還《へんかん》した。

ウ　サンフランシスコ平和条約によって日本は全ての交戦国と講和した。

エ　ソ連の崩壊《ほうかい》によって冷戦の終結宣言が発表された。

オ　イギリスがEU（ヨーロッパ連合）を離脱《りだつ》した。

〔３〕　次の各問に答えなさい。

問１　昨年，日本で初めての鉄道が新橋～横浜間で開業してから150年が経ちました。2019年，品川駅改良工事の際に「高輪築堤《ちくてい》」と呼ばれる石垣の一部（右写真）が発見されました。鉄道敷設《ふせつ》に際して，「陸蒸気（おかじょうき）を海に通せ」と指示し，海上に堤《つつみ》を築いて，線路を通すことを決断した当時の鉄道開業の責任者の名前を**漢字**で答えなさい。

（佐賀県 HP より）

　なお，彼はその他にも太陽暦の導入，郵便制度の整備，富岡製糸場の設立，新貨幣制度の提案など，多くの事業に携《たずさ》わり，日本の近代化の基礎を築きました。

問２　昨年，被差別部落の人々が差別と貧困からの解放を求めた団体が結成されてから100年が経ちました。その団体の結成時には，「人の世に熱あれ，人間に光あれ」という有名な宣言が出されました。この団体名を**漢字５字**で答えなさい。

問３　昨年，日本と中国が国交正常化してから50年が経ちました。中国との国交正常化を成しえた日本の総理大臣名を**漢字**で答えなさい。

問４　昨年，参議院議員選挙に比例代表制が導入されてから40年が経ちました。現在の参議院議員選挙に関連する文として，**誤っているもの**を次の中から１つ選び，記号で答えなさい。

ア　参議院議員選挙での選挙区は都道府県別になっているが，１名を選ぶ１人区が存在する。

イ　参議院議員選挙の選挙区で立候補した人は，比例代表選での重複立候補はできない。

ウ　参議院議員選挙の比例代表選では，各政党は提出する名簿に順位をつけてもつけなくてもよい。

エ　参議院議員選挙の投票率は，「平成」の時代に入ってから50％台が続いている。

問５　昨年，PKO協力法（国連平和維持活動協力法）が成立してから30年が経ちました。PKO協力法に関連する文として，正しいものを次の中から１つ選び，記号で答えなさい。

ア　この法律に基づいて，湾岸戦争後のペルシャ湾に初めて自衛隊が派遣《はけん》された。

イ　この法律に基づいて，カンボジア，アフガニスタン，イラクなどに自衛隊が派遣された。

ウ　この法律に基づいて，道路や橋をつくるなどのインフラ整備が行われてきた。

エ　この法律に基づいて，自衛隊員のみが派遣されてきた。

問６　昨年，「国連環境開発会議（地球サミット）」が開催《かいさい》されてから30年が経ちました。2015年の「国連持続可能な開発サミット」では，2030年までに持続可能でよりよい世界を目指す国際目標「SDGs」が採択されました。このSDGsに関連する次の各問に答えなさい。

⑴　最近，コンビニエンス・ストアやスーパーでAのようなポップをよく目にします。これによって，政府はどのようなことを目指しているのか答えなさい。

⑵　ノートやトイレットペーパーにBのようなマークがついているのをよく目にします。このマークはどのようなことを示しているのか答えなさい。

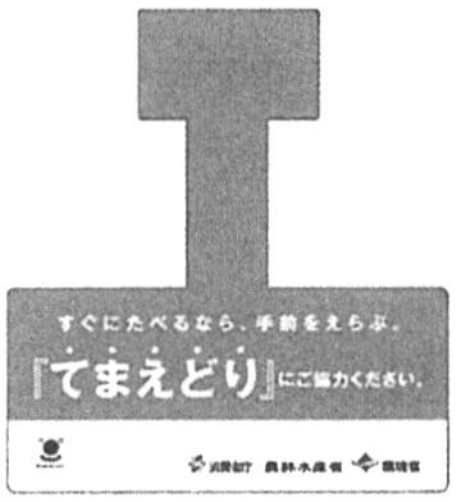

A

B

問７　昨年，EU（ヨーロッパ連合）加盟国の中で，共通通貨であるユーロ紙幣・硬貨《こうか》が流通開始されてから20年が経ちました。共通通貨ユーロについて述べた文として，**誤っているもの**を次の中から１つ選び，記号で答えなさい。

ア　EUに加盟しているすべての国がユーロを導入している。

イ　一部の国が財政上苦しくなると，ユーロの価値が下がる傾向《けいこう》がある。

ウ　ユーロの導入によってモノの価格が一目で比べられるようになった。

エ　ユーロの取引量はアメリカのドルに次いで世界第２位である。

問８　昨年，東京スカイツリーが開業してから10年が経ちました。次の各問に答えなさい。

⑴　東京スカイツリーは，観光地としても人気がありますが，地上デジタル放送の安定した送信をするための重要な電波塔《とう》です。この電波を公平かつ効率よく利用できるように「電波法」という法律が制定され，いろいろな規則が定められています。これらの電波に関する管理を中心に行っている省名を**漢字**で答えなさい。

⑵　東京スカイツリーが開業した年に復興庁が発足しました。この年よりも後に発足した庁を次の中から**すべて**選び，記号で答えなさい。

ア　デジタル庁　　**イ**　観光庁　　**ウ**　消費者庁　　**エ**　スポーツ庁　　**オ**　文化庁

イ　少年に対する〝不自然で、どこか緊張した戸惑い〟は、筆者にとって排除や嫌悪を意味せず、障害のある人との関係を実践的で処方箋的な知識を用いて成立させる契機《けいき》となったということ。

ウ　排除したり嫌悪したりしてはいないが障害のある人とのふさわしい距離がわからず、〝不自然で、どこか緊張した戸惑い〟を覚えつつも、少年に対して皆が表面上は自然な態度を繕《つくろ》ったということ。

エ　湯ぶねにつかって相互的信頼をつくりあげた全員が、少年に〝不自然で、どこか緊張した戸惑い〟を覚え、障害のある人を排除し嫌悪するというよりも、その場の雰囲気《ふんいき》に呑《の》まれたということ。

問５　傍線部**４**「「ちがい」ある他者とどのように向き合えばいいのでしょうか」とありますが、筆者は「「ちがい」ある他者」と向き合うためにはどうすることが必要だと考えていますか。本文中のことばを用いて、四十五字以上五十五字以内で答えなさい。

問６　［Ａ］に入る最も適切なことばを次から選び、記号で答えなさい。

ア　邪魔《じゃま》な障害
イ　豊かに生きる手段
ウ　従うべきものの見方
エ　他者を理解する助け
オ　差別や排除をなくす知

とであり、想像力を豊かにしていく楽しさを味わうことだと思います。「ちがい」がある他者を差別し排除すること。それは、他者への想像力が劣化《れっか》した結果生じるのであり、それは他者に深い傷や苦しみを与えるでしょう。でも同時に、それは私自身をも深く傷つけ、ひととしての厚みや豊かさを確実に私から奪っていくのです。

私が豊かに生きることができるかどうか。それはまさに私が、「ちがい」がある他者とどう出会おうとするのかにかかっているのです。

（好井裕明『「今、ここ」から考える社会学』〔筑摩書房〕より）

問１　傍線部**a**～**c**のカタカナを漢字に直しなさい。

問２　傍線部**1**「障害者スポーツに対する固定した見方」とはどのようなものですか。最も適切なものを次から選び、記号で答えなさい。

ア　障害者スポーツは、障害のある人のためだけに開かれたスポーツだという考え方。

イ　障害者スポーツは、障害のない人のスポーツよりも競技としての洗練度が高められているという考え方。

ウ　障害者スポーツは、障害のない人のスポーツよりも純粋《じゅんすい》にひととしての美しさを表現できるという考え方。

エ　障害のある人が心身を磨き上げて高みを目指す姿に私たちが抱《いだ》く感動と、通常のスポーツアスリートへの感動とは本質的に同じだという考え方。

オ　障害者スポーツは障害者向けのルールや規律が存在するという意味で特殊《とくしゅ》だが、それに従うならば障害のない私たちも参加できるという考え方。

問３　傍線部**2**「ブラインド、つまり目が見えない状態で行うサッカー」とありますが、それが障害のない人に及《およ》ぼす効果をどのようなことだと筆者は考えていますか。最も適切なものを次から選び、記号で答えなさい。

ア　視覚障害のある人のための競技に参加することで、障害という「ちがい」そのものの持つ意味や意義を障害のない人同士が共有できること。

イ　視覚障害に応じて設定されるルールや規律は、障害のない人に「見えること」をめぐる日常的な常識や価値の重要性を改めて認識《にんしき》させること。

ウ　視覚障害のある人のための競技に参加すると、障害のない人は「見えない」人の気持ちやより深いところにある思いなどを完璧に理解できること。

エ　視覚障害のある人と人間的に平等になるために、視覚障害に応じて設定されるルールや規律を障害のない人にも受け入れさせること。

オ　視覚障害に対応したルールや規律に従うと、障害のない人は「見えること」と「見えないこと」をめぐる常識や価値と向きあわざるをえなくなること。

問４　傍線部**3**「〝つくられた、ぎこちない〟自然さ」とありますが、それはどういうことですか。最も適切なものを次から選び、記号で答えなさい。

ア　普段は障害のある人を排除したり嫌悪《けんお》したりしないが、筆者は〝不自然で、どこか緊張した戸惑い〟を覚えたので、少年を「無視」してしまったということ。

行為《こうい》でもないし、障害ある人を嫌ったりする情緒でもありません。丸裸で無防備な私が、障害ある人を目の前にして、自分のふるまい方がわからずドギマギしている状態といえるかもしれません。また障害ある人と自分との距離をどのように〝適切に〟とっていいのかわからない、そんな戸惑いかもしれません。

　そんな細かいこと言ってどうするの。普段よくある場面だろうし、深く考えないで無視しておけばいいではないか。そんな声が聞こえてきそうです。でも「無視する」こともまた、なかなか難しいのです。「無視する」とは、ただ相手を見ないということではありません。それは、私が相手を見つめていないこと、関心がないことを相手や周囲にたいして、具体的なふるまいで〝適切に〟示さなければならない営みなのです。そして私の体験や銭湯での〝空気〟は、まさに障害という「ちがい」と〝適切〟に出会い、「ちがい」ある他者と〝適切〟にやりとりできている自然な日常ではなかったということなのです。

　少しめんどくさく言ってみましょう。他者を理解するということは、心の次元の問題ではありません。シュッツやエスノメソドロジーの考え方からすれば、それは、他者とどのように日常的な関係をつくりあげることができるのか、そうした関係がどのように実践《じっせん》的で処方箋《しょほうせん》的な知識を用いてできあがっているのかを考える問題なのです。またそれは、私と他者が日常的な関係のなかでどのように相互《そうご》的な信頼をつくりあげることができるのか、また距離を保つことができるのかなどを考える私と他者の相互行為の次元にある問題なのです。

　私たちは、普段他者と出会う時、その人を瞬時のうちに理解し、どのようにふるまえばいいかを判断しています。そうした判断の背後には他者を理解するために必要な幅広《はばひろ》く深い知識の在庫があり、この在庫から、その時その時に〝適切〟だと思う知識を引き出して、他者と向き合っているのです。

　とすれば、4「ちがい」ある他者とどのように向き合えばいいのでしょうか。まず言えることは、「ちがい」をめぐる知識の在庫をできるだけ豊かにすることでしょう。薄《うす》っぺらな知だけでは、〝適切に〟向きあうことができないでしょう。従って障害という「ちがい」に由来する豊かさに触《ふ》れることはできないだろうし、その豊かさを感じ取る想像力さえも私の中に、育ってくることがないからです。

　また言えることは、すでにある在庫の知識を常に疑ってかかることの大切さです。たとえばブラインドサッカーに実際に参加すれば、視覚障害という「ちがい」をめぐる私たちの知識在庫は確実に質量ともに豊かになるはずです。その結果、「ちがい」のある他者との出会い方や向きあい方も幅広く豊かに洗練されたものになるでしょう。

　私たちの日常的な知識は、常に支配的な価値や支配的なものの見方の影響《えいきょう》下にあるものです。そしてたいていの場合、支配的な価値やものの見方に従って暮らした方が楽であり効率がいいとは思います。ただ、「ちがい」のある他者と出会おうとするとき、こうした楽さや効率は、いったんカッコに入れておいた方がいいでしょう。むしろ支配的な価値が障害という「ちがい」がもつさまざまな新たな意味や創造の可能性を私が感じ取るうえで、まさに〝　A　〟となるからです。

　そして、一番大事かなと思うのは、「ちがい」がある他者との出会いで、生じるであろう新たな世界への入り口を見失わないように、私自身が他者を理解するためのセンス、いわば他者への想像力を常に磨いておくこ

もつもう一つの面白《おもしろ》さであり、感動を生みだすもとではないでしょうか。

もちろん、私がブラインドサッカーをして、少しばかり上手になったからと言って、視覚障害のある人々の気持ちやより深いところにある思いなどを完璧《かんぺき》に了解《りょうかい》できるなどとは思わないでしょう。でも障害をめぐるさまざまな決めつけや思いこみが息づいている支配的な常識や価値を「あたりまえ」だと思いこんでいた私の日常に、確実に亀裂《きれつ》が入るだろうし、私はそのことで障害という「ちがい」それ自体とよりまっすぐに向きあえるようになるでしょう。そして、「ちがい」が私の日常にとって、どのような意味や意義をもつかを考えていくための想像力もより豊かになっていくだろうと思うのです。（略）

さて私たちは「ちがい」のある他者とどう出会えるのでしょうか。私は以前、障害者を嫌《いや》がり、嫌《きら》い、恐《おそ》れるということの背後になにがあるのかについて考え書いたことがあります（好井裕明「障害者を嫌がり、嫌い、恐れるということ」石川准・倉本智明編著『障害者の主張』明石書店、二〇〇二年、八九－一一七ページ）。これを書きながら、そこでまとめたかつての個人的体験を思い出していました。詳細《しょうさい》は、私の論文を読んでいただければと思いますが、それは私のドッキリ体験であり、障害という「ちがい」になぜ私たちが普段から、まっすぐに向き合えないのかを考えることができる体験だったのです。

温泉につかって〝無〟になること。これは私のcシュミというか、生きがいというか、これをしなくては私が枯《か》れてしまうというとても大切な営みなのです。ちょっとぬるめの湯につかって完全に湯と一体化し〝無〟になるまでの時間、意識や思考はまだしっかりしているのですが、そのうちに身体は広い湯ぶねにくまなくとろけだし、ちょうど私の「頭」だけが湯にただよっている、そんな状態。このとき、私はえもいえない快感にひたります。そしておもしろいことに、この〝頭ただよい状態〟のとき、私の思考はbトぎ澄まされ、いろいろな発想がわいてきたり、ある問題への考えが一挙に進んだりするのです。

いつものようにスーパー銭湯にでかけ〝無〟になろうと湯ぶねにつかり、とろけようと全身の緊張感《きんちょうかん》をといて、ふと目をあけたところ、湯ぶねのふちに五、六歳くらいの少年が立っていたのです。〝あぁ、かわいい子やなぁ〟とまた目を閉じようとした瞬間、私の視線はその子に釘《くぎ》づけになっていました。彼の両腕《りょううで》は極端《きょくたん》に短く、彼はその小さい手で顔をかきながら、そこに立っていました。私は、さまざまな構えをはずし無防備になり、いわば丸裸《まるはだか》で〝無〟になろうとしていたのですが、瞬間、少年がすっと私のなかに入り込《こ》んできた、そんな感じがしました。不意をつかれ、ドキッとしたのです。つまり、私はいわばまったく無防備な状態で、両腕が極端に短い障害ある少年と出会ったのです。

私はなぜこんなにもドキッとしたのだろうかと考えながら、〝無〟にならずに、周囲を観察していました。みんな自然にふるまっていましたが、それは明らかに3〝つくられた、ぎこちない〟自然さでした。裏を返せばとても〝不自然で、どこか緊張した戸惑《とまど》い〟とでもいえる空気がそこに満ちていて、ただ少年のみが、そしていっしょに来ていた若いおとうさんがごく自然に風呂を楽しんでいたのです。

考えるべきは、この〝不自然で、どこか緊張した戸惑い〟であり、私のなかに生じたドッキリなのです。それは障害ある人を露骨《ろこつ》に排除《はいじょ》する

や精神を磨《みが》きあげ、スポーツのルールを遵守《じゅんしゅ》し、そのなかでより高みへと向かう障害ある人々の規律ある姿にひととしての美しさを感じ取り、私たちは感動しているのでしょう。こうした感動が、通常のスポーツアスリートの姿への感動とまったく同じ情緒《じょうちょ》に由来しているのか、そうでないのかを検討することは、障害者の問題を考えるうえで、とても重要だと思います。ただ、ここでは、ちょっと別の視角から障害者スポーツのことを考えてみることにします。

　先ほど注目の質が変わってきているように思えると言いました。それはマスコミの報道などを見ていて、1障害者スポーツに対する固定した見方が崩《くず》れつつあるという感覚と言ってもいいかもしれません。

　たとえば、車いすバスケットの試合を見ていて、私はこう思います。確かに足や下半身に障害がある選手が車いすを見事に操ってバスケットボールの試合をしている。しかし、この競技は障害ある人々だけが参加することができるスポーツなのだろうかと。下半身に障害のない人でも、何らかの形で下半身を固定し、車いすに乗ることができれば、車いすバスケットという競技をすることができるだろうと。

　またブラインドサッカーの試合を見ていて、私は同じことを思うのです。この競技は視覚障害の人だけに開かれたスポーツなのだろうかと。障害のない人の目を見えない状態にして、ブラインドサッカーができるのではないだろうかと。

　そしてこうした思いの先にある問いが、以下のようなものです。

　はたして障害者スポーツは障害のある人のためだけのスポーツなのだろうか。身体のどの部位に障害があるか、またその程度などで区分けして行われる水泳などの競技は、やはり障害ある人のための競技だと言えるでしょう。しかし私たちがひとくくりにする障害者スポーツは、障害ある人だけのためにという意味で一様ではなく、競技方法の工夫などに由来する違いや個性がさまざまにあります。それゆえ、車いすバスケットは、主に障害ある人々が行う競技であるとしても、障害者バスケットではなく、「車いす」バスケットと私たちは呼んでいますし、ブラインドサッカーも、視覚障害者サッカーではなく、2ブラインド、つまり目が見えない状態で行うサッカーと、私たちは呼んでいるのです。

　こうした見方は、障害者スポーツをめぐり私たちが持っている「あたりまえ」の知を確実に揺《ゆ》るがすのではないでしょうか。たとえば私がブラインドサッカーをやるとして、目隠《めかく》しし、視覚障害がある選手と対等に競技ができるでしょうか。できないでしょう。上手な選手の足手まといになるのがオチです。視覚が遮《さえぎ》られたなかで、周囲の声や音を聞きわけ、状況を瞬時に判断し、次のプレーに移れる能力において、私は視覚障害のある選手からはるかに劣《おと》っているからです。

　私が上手になるためには、ブラインドであることに慣れ、ブラインドであるからこそさらにbトぎ澄《す》まされるべき力に気づき、それを鍛《きた》えていかなければならないでしょう。つまり、ブラインドサッカーという競技や競技の現実において、「見えること」をめぐる常識や価値はすべて、いったん無効になります。そして、私は「見えない」なかでどのようにプレーができるのかを考えざるを得ないし、「見えないこと」をめぐる常識や価値と向きあわざるを得なくなるのです。

　ルールが守られ、厳格な規律が遵守される競技空間で、普段《ふだん》私たちが「あたりまえ」だと思いこんでいる支配的な常識や価値が見事に転倒《てんとう》されるのです。そしてこうした転倒が起こることこそ、障害者スポーツが

ア　簡潔だ　　イ　模範的《もはん》だ　　ウ　適切だ
エ　よどみない　　オ　あたりさわりがない

問４　傍線部３について、「私」が「打撲を負った」とはどういうことですか。本文中のことばを用いて三十字以上四十字以内で説明しなさい。

問５　傍線部４「なんだか猛烈にうらやましかった」とありますが、「私」は陽子ちゃんのどのようなところを「うらやましい」と感じたのですか。次から最も適切なものを選び、記号で答えなさい。
ア　よく知らない人の前でも自らの感情をさらけ出せる無邪気《むじゃき》なところ。
イ　ちょっとしたことにも涙を流してしまうような、感受性が豊かなところ。
ウ　初対面の「私」の前で悔《くや》し涙を流すほど、心から夢中になれるものを持っているところ。
エ　「私」も悲しい気持ちなのに、陽子ちゃんだけが素直に涙を流すことができるところ。

問６　傍線部５に関して、「いい方向」に小石を蹴ることができていない「私たち」について説明した次の文章の空欄に最も適切なことばを答えなさい。ただし、A、Cは本文中よりそれぞれ二字で書き抜き、Bは三十五字以上四十字以内で探して、その初めと終わりの三字を書き抜きなさい。

【パン教室で「打撲」を負った後、陽子ちゃんはそれをごまかして A 生きるようになっていった。一方、「私」はそれをやわらげるために遮二無二《しゃにむに》働きはじめた。だが、やがて「私」は B ことができなくなり、今は恋人にふられて会社も休んでいる。二人は別々の道を歩んでいるが、簡単には近づけないものに何があっても向かっていこうとする C を持っていない点で共通している。】

二　次の文章を読んで、後の問に答えなさい。

最近は、昔に比べ障害者スポーツへの注目度がかなり高まってきています。先日もパラアスリートを養成する大学が出てきていることが新聞記事になっていました。いまは誰もがオリンピックの後にはパラリンピックが開催《かいさい》されることを知っています。一九六〇年代、私が小学生の頃、少なくともテレビでパラリンピックの報道はなかったと記憶《きおく》しています。

では最近なぜ注目されるのでしょうか。やはり日本人選手の活躍《かつやく》が最大の原因でしょう。でもマスコミの報道などを見て、私は、最近このスポーツへの注目の質が変わってきているのではと思っています。

一枚のスキー板に乗り、急な斜面を猛《もう》スピードで滑走《かっそう》するスキー選手。上半身の筋力をフルに使い、疾走《しっそう》する車いすマラソン。見事に車いすを操《あやつ》りながら、相手が返せないところへボールを打つ車いすテニスの選手。車いすごと激しくぶつかりボールを奪《うば》いあう格闘技《かくとうぎ》のような車いすバスケット、等々。テレビなどを通して、障害者がスポーツする姿が流されるようになり、彼らが熱中している姿や本気度、競技そしてスポーツとしての洗練度に私たちは、改めて驚き、感動しているのではないでしょうか。

なぜ驚き、感動するのでしょうか。

多様な障害があるにもかかわらず、それをaコクフクし、自らの肉体

　それで私は、もう陽子ちゃんとは会わないほうがいいと思ったのだ。結び目はあるのに、たしかにあったはずなのに、ずいぶん遠く離れてしまった。今は話もほとんど通じない。

「楽に、ってどういうこと」

　できるだけ穏《おだ》やかに私は聞き返した。楽にパンを焼くなんてできない、といって泣いた陽子ちゃんが今では嘘《うそ》みたいだ。そうはいえずに、手探《てさぐ》りで結び目を確かめる。これだけが頼《たよ》りだった。たしかにきつく結ばれている。だけどその先、別々の方向へ二本の糸は続いている。（略）

　空港に降り立つ（注1）と完全に夏だ。空が真っ青で、空気が濃《こ》い。石垣島まであっという間だった。ここから先はフェリーだ。もうすぐ夕暮れのはずなのに、この明るさはなんなんだ。なんなんだ、なんなんだ、と辺りをきょろきょろしながら歩く。むせそうな暑さ、肌《はだ》に吸いつく人懐《ひとなつ》っこい空気は、いったいなんなんだ。

　次第《しだい》に足が軽くなるのがわかる。明るいことや楽しいことはずっと遠くのほうに去ってしまって、私にはもう訪《おとず》れることもないような気がしていた。それなのに、島を歩くうちにどんどん人恋しくなっている。

　そうか、陽子ちゃんもこんな気持ちになったのか。そう思うとおかしくて、いとおしさも満ちてくる。南の島をひとりで堪能《たんのう》するつもりが、海風に煽《あお》られ太陽に灼《や》かれ、とてもひとりじゃいられなくなったのだろう。その震《ふる》えが電波（注2）に乗って私に伝わった。道理で断れなかったわけだ。ふられたばかりのところにビリビリきたのだから。

　5私たちはもっといい方向に小石を蹴《け》らなきゃいけないんじゃないか。船着き場の桟橋《さんばし》で碧《あお》い碧い海を見ながら思った。到底《とうてい》かなわないような人に打ちのめされても、それでもパン屋になりたいと願う強さを育てなくちゃいけないんじゃないか。

　もちろん、陽子ちゃんにそんなことをいうつもりはない。ただ、そんなふうに思えただけで新しい風が吹いたような感じがしている。私はそっと結び目を確かめる。それはそこにちゃんと結ばれていて、やっぱり別の方向へ伸びていた。

（宮下奈都「転がる小石」『遠くの声に耳を澄ませて』〔新潮社〕より）

（注1）恋人にふられて会社を休んでいた「私」は、波照間島《はてるまじま》に来ていた陽子ちゃんに電話で強く誘《さそ》われ、その近くの石垣島まで飛行機でやってきた。

（注2）陽子ちゃんが「私」にかけた電話のこと。

問1　傍線部**a**、**b**のここでの意味を次からそれぞれ選び、記号で答えなさい。

a　無骨

ア　洗練されていないこと　**イ**　しなやかで強いこと

ウ　信念を持つこと　**エ**　気骨がないこと

b　不意に

ア　意図に反して　**イ**　無意識に　**ウ**　突然　**エ**　不用意に

問2　傍線部**1**「ガラスのように醒めた目で微笑む」とありますが、この表現から恋人のどのような状態がうかがわれますか。本文中より最も適切な箇所《かしょ》を十四字で探し、最初の五字を書き抜きなさい。

問3　傍線部**2**「つるつるした感想」とありますが、この表現に込められた「私」の思いとして最も適切なものを次から選び、記号で答えなさい。

陽子ちゃんはドーナツを食べながら、ごく簡単に自分のことを話した。都内の女子大を出て、文具メーカーに勤めているという。私とは二歳しか違わない。もっと若くふわふわして見えたから意外だった。

お互《たが》いに自己紹介《しょうかい》をしてしまうと私たちにはほとんど話すことがなかった。こういう可愛らしいタイプの女の子とは接点がない。私たちの間の共通点はたったひとつ。今日のパン教室に参加して、3打撲《だぼく》を負ったことだけだ。とはいえ、できたばかりの打撲傷の場所も深さもお互いに計りかねていたんだと思う。うすいコーヒーを飲んで、長い間ふたりとも黙《だま》っていた。

「ほんとはね」

と、やがて陽子ちゃんが口を開いた。

「あたし、パン屋になりたかったんだ」

「うん」

「でもやめた。あんなの見ちゃったら、楽においしいパンを焼こうなんて考えられなくなるもの」

それからb不意にうつむいた。涙が一粒《つぶ》トレイの上に落ちた。

とっさに私は目を逸《そ》らしていた。おかわりのコーヒーをもらうふりをしてあわてて立ち上がる。思いがけない涙だった。さっき初めて会ったばかりの人間の前で涙をこぼせる素直さにうろたえていた。うっとうしいと思った。そして同時に4なんだか猛烈《もうれつ》にうらやましかった。

それが三年ちょっと前だ。

何の共通点もなかった私たちだったのに、それからたまに会ったり電話で話したりするようになった。いろんなところが違っていても、パン屋で打たれてしまった、その点でしっかりと結ばれていた。あのとき、無難な感想をいった十数人の顔はひとつも覚えていない。打たれるにも資質がいるのだ。それを初めて知った。

私は私の仕事をきわめようと夢中で働きはじめた。パン屋で受けた打撲をやわらげるにはそれしかないと思った。照明器具をつくっている会社の営業事務だ。適当にやっていた頃《ころ》よりも仕事はどんどん面白《おもしろ》くなっていった。ただし、生活は変わった。外食が増え、肩こりがひどくなり、友人が目減りした。

陽子ちゃんとは、ずれていった。はじめから一点でしか結ばれていなかったのだ。会うたびに、そして話をするたびに、違う部分が大きくなりすぎてほどけてしまいそうになる。陽子ちゃんは陽子ちゃんで自分の打撲の手当に必死だったのかもしれない。でも、陽子ちゃんがどこへ向かっているのか私にはさっぱりつかめなかった。きっと陽子ちゃんにも私の進む方角は見えなかっただろう。

土手の上を走っていた自転車が小石につまずいて斜面《しゃめん》を転がりはじめるような勢いで、陽子ちゃんの髪はどんどん短くなっていき、前か後ろかわからないような服を着るようになり、話していることと顔の表情が食い違うようになった。文具メーカーも辞《や》めてしまったという。つまずいた小石がなんだったのか、実のところ私にはわからない。うろたえるほど大粒の涙を落としたあのときの陽子ちゃんが、私にとっての陽子ちゃんのすべてだったのだから。

陽子ちゃんは今ちょっと道に迷っているだけだ。そう思おうとしたけれど、気分は梅雨《つゆ》空みたいに曇《くも》るばかりだった。陽子ちゃんは陽子ちゃん自身にどんどんごまかされていくみたいに見えた。（略）

「梨香《りか》さんは頑《かたく》なすぎるよ。もっと楽にいこうよ」

想像していた優雅《ゆうが》な教室とは違い、課される作業はひたすら地道で厳しかった。しかも、主人がいちばん熱心なのだ。手を休めるわけにもいかなかった。いくつかの班に分かれてけっこうな重労働に励《はげ》んでいたせいで、別のグループの人とは言葉を交《か》わす機会もないほどだった。だから、実習中の陽子ちゃんの様子を私は見ていない。見ておきたかったな、と思う。柔《やわ》らかな髪《かみ》を白い頭巾《ずきん》に包んで一心不乱に粉をこねていたんだろう。

教室の終わりに、焼けたパンを試食してひとりずつ感想を述べた。私はへとへとだった。パンはたしかにおいしかった。イベントとしては成功かもしれない。しかし、あの工程を思うとてももう一度自分で焼く気にはなれなかった。

楽しかったです、おいしかったです。お店のパンが自分でも焼けるなんて感動しました——参加者たちが順々に2つるつるした感想を述べていき、いよいよ私は戸惑《とまど》った。楽しいというなら、のんびり映画でも観《み》ているほうが楽しい。おいしかったけれど、窯《かま》から出したばかりで、しかも贔屓目《ひいきめ》が入って三割増にはなっている。だいたい、手取り足取り教えられてなんとか焼き上がったのだ。余裕《よゆう》のある感想などまるで出てこなかった。

「私は自分では決して焼かないことにしました。この店でずっと買い続けます」

凜《りん》とした声でそう宣言した人がいた。まったく同じ気持ちだったから、私はうつむいていた目を上げて発言者の顔を見た。髪の長い、可愛《かわい》い女の子だ。それが陽子ちゃんだった。

帰り道で一緒になった。

「びっくりしたなあ。いくら挽《ひ》きたてがおいしいからって毎朝その日の分だけ小麦を製粉するなんて」

前を向いたまま陽子ちゃんがいっか。私は隣《となり》で小さくうなずいた。

「それをぜんぶ手で漉《こ》すんだもの。篩にかけて、混じってるかどうかもわからない外皮をくまなく探す」

毎日そこから始める人がいるのだ。私たちは言葉少なに商店街の中を歩いた。

上等だと思っていた世の中を、実はなめていたのかもしれない。適当にやっていれば、適当にやっていける。社会人生活十年目にしてそんなふうに思いかけていたところだった。適当にやってちゃ、あのパンは焼けない。いつどんなときに食べてもしみじみとおいしいものが、適当につくられるわけがなかった。

世の中にはいろんなすごい人がいて、ぱっと思いつくアイデアのすごい人もいれば、地道な作業を淡々《たんたん》とこなすパン屋の主人みたいな人もいる。あたりまえといえばあたりまえなのに、ぱっとするほうに目を奪《うば》われて、パン屋の主人に気づかない。少なくとも私はパン教室に参加しなければずっと見過ごしたままだったろう。

「今日は参加できてよかったよ」

陽子ちゃんが放心したようにつぶやいた。

「すごい人に会うと敬虔《けいけん》な気持ちになるね」

私たちはふたたびうなずきあった。

ちょうど分かれ道に来ていた。（略）ここで分かれたら広い空の下でひとりぼっちだ、という気がした。角のドーナツショップに、どちらからともなく入った。

【国　語】（五〇分）〈満点：六〇点〉

【注意】字数制限のある問題については、かぎかっこ・句読点も一字と数えなさい。

一　次の文章を読んで、後の問に答えなさい。

ふられて会社を休むなんてみっともないことを、まさか自分がするとは思ってもみなかった。もっと大人だと思い込《こ》んでいた。私自身が騙《だま》されていたくらいだから、恋人も、会社の同僚《どうりょう》たちも、まわりの人間は皆、私のことをしっかりした大人の女だと思っていたんじゃないだろうか。

悲しいときに泣けない。つらいのに微笑《ほほえ》んでいる。そうして、別れたくないのに追いすがれなかった。この、気持ちと身体がちぐはぐな感じ、身体の動きが気持ちの動きに追いつけない感じ。覚えがある。ゆっくりとわかる。もしかしたら恋人もこんなふうだったのかもしれない。

脇目《わきめ》もふらずに働くと、なぜだか仕事がどんどんまわってくる。ますます働くようになる。これでいいのだと思っていた。一所懸命働くことが私の道だと信じた。仕事にかまけて恋人との約束を何度もキャンセルした。

電話で断ってもメールで済ませても彼は怒らなかった。顔は見えなくても薄《うす》く微笑んでいるのがわかる。それが彼のやさしさだった。少なくとも、最初のうちは。ほんとうは怒ったり嘆《なげ》いたりしたいときでも、やさしい恋人であろうとして気持ちを抑《おさ》えていたに違いない。私はそれに甘えてしまった。そのうちに、感情を表すべきときにも、私の前ではうまく出すことができなくなったんだと思う。いつのまにか1ガラスのように醒《さ》めた目で微笑むばかりになった。

陽子ちゃんも似ていた。とってつけたような明るさは痛々しくて、そばで見ていると苛々《いらいら》するほどだった。でも、陽子ちゃんにもどうしようもなかったのだ。自分が苦しくなって初めてわかる。笑ったり泣いたり怒ったり、感情を素直《すなお》に出せるのは相手に恵《めぐ》まれているときなのだ。私は自分のことに精いっぱいで、恋人の気持ちの揺《ゆ》れも陽子ちゃんの反転も受けとめることができなかった。

陽子ちゃんと知り合ったのは近所のパン屋だった。

仕事の帰りに、あるいは週末に、家で食べるためのパンを買う。それにはこの店の、小麦の匂《にお》いのぷんと立ち上がる堅《かた》いパンがいちばんだった。小麦と水と天然酵母《こうぼ》だけで焼かれた素朴《そぼく》なパンだ。特に宣伝しているわけでもなさそうなのに、店には客足が途絶《とだ》えることがない。普段《ふだん》着で、ひとりで買いに来る女性客が多く、地味なパンがひっそりと売れていく。世の中は私が思っているよりも上等なのかもしれない。この店に来ると、そう思うことができた。

その小さな店で一度だけパン教室が開かれた。（略）

参加者は女性ばかり十五、六人だった。パンを焼くのがまったく初めてなのは、驚いたことに私ひとりだったようだ。みんな、家でパンなんか焼くんだろうか？　いつ？　なんのために？　聞いてみたい。聞いてみたい、と思いながら、篩《ふるい》に取った小麦を延々とかきまわし続けた。こうやってフスマを取り除くのだそうだ。休みなく粉をかきまわすうちに掌《てのひら》は赤くなり、額にはうっすらと汗《あせ》をかいていた。ふと顔を上げると、台の端《はし》で店の主人が黙々《もくもく》と小麦を篩い続けている。a無骨な求道者のようにも見えた。

第1回

2023年度

解　答　と　解　説

《2023年度の配点は解答欄に掲載してあります。》

＜算数解答＞《学校からの正答の発表はありません。》

[1]　(1)　0.18　　(2)　8分40秒　　(3)　B　3点　　C　4点　　D　2点

[2]　(1)　22.5度　　(2)　$\frac{48}{49}$cm　　(3)　$\frac{65}{84}$倍

[3]　(1)　時速4.8km　　(2)　時速16km　　(3)　午後1時10分

[4]　(1)　16枚　　(2)　2100枚　　(3)　28・36・54

[5]　(1)　①　解説参照　　②　1.68cm^2　　(2)　50.24cm^2

○推定配点○

各4点×15([1](3), [4](3)各完答)　　計60点

＜算数解説＞

重要 [1]　(四則計算，割合と比，ニュートン算，鶴亀算，単位の換算，推理)

(1)　2896÷8×7÷100＝25.34　　25.34÷3.7＝6.8…0.18

(2)　毎分，並ぶ人数…(10×14－13×8)÷(14－8)＝6(人)

入場待ちの人数…(13－6)×8＝56(人)

したがって，求める時間は{(15－6)×12－56}÷(15－9)＝$8\frac{2}{3}$(分)つまり8分40秒

(3)　A…B・Cに勝ってDと引き分けた。

B…C・Dに勝つと6点で，C・Dの得点の合計が16－(7＋6)＝3(点)になり，CがDに勝つとC・Dの得点の合計が3＋1＝4(点)で適さない。

したがって，B・C・Dの得点は右表のようになる。

	A	B	C	D	
A		○	○	△	7点
B	×		×	○	3点
C	×	○		△	4点
D	△	×	△		2点
					16点

[2]　(平面図形，相似，立体図形，図形や点の移動)

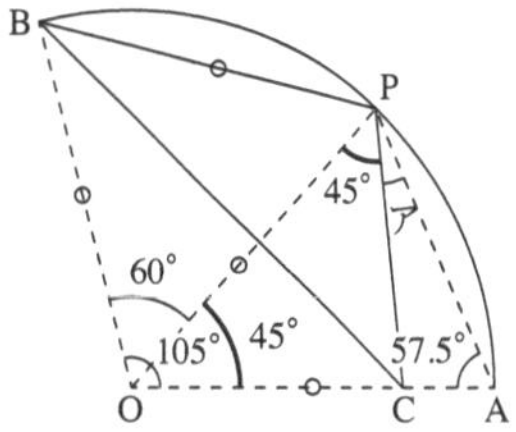

重要 (1)　右図より，四角形BOCPは凧形(たこがた)，三角形OPBは正三角形，三角形OAPは二等辺三角形であり，角APOは(180－45)÷2＝67.5(度)

したがって，角アは67.5－45＝22.5(度)

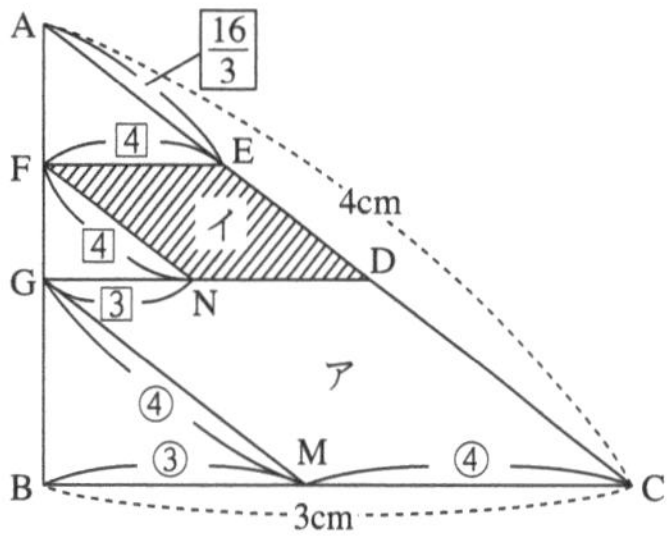

重要 (2)　右図より，④は3÷7×4＝$\frac{12}{7}$(cm)

FEが[4]のとき，AEは[4]÷3×4＝$\boxed{\frac{16}{3}}$

AE：ED…$\frac{16}{3}$：4＝4：3

したがって，EDの長さは$\left(4-\frac{12}{7}\right)$÷(4＋3)×3＝$\frac{48}{49}$(cm)

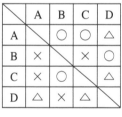

やや難 (3) 図アの立体の体積…$5\times5\times3.14\times\frac{15}{4}-(4\times4-3\times3+2\times2-1\times1)\times3.14\times\frac{5}{4}=\frac{325}{4}\times3.14$ (cm^3)

図イの立体の体積×2…$\left\{5\times5\times3.14\times\frac{5}{2}-10\times3.14\times1\right\}\times2=105\times3.14$ (cm^3)

したがって，$\frac{325}{4}\div105=325\div420=\frac{65}{84}$(倍)

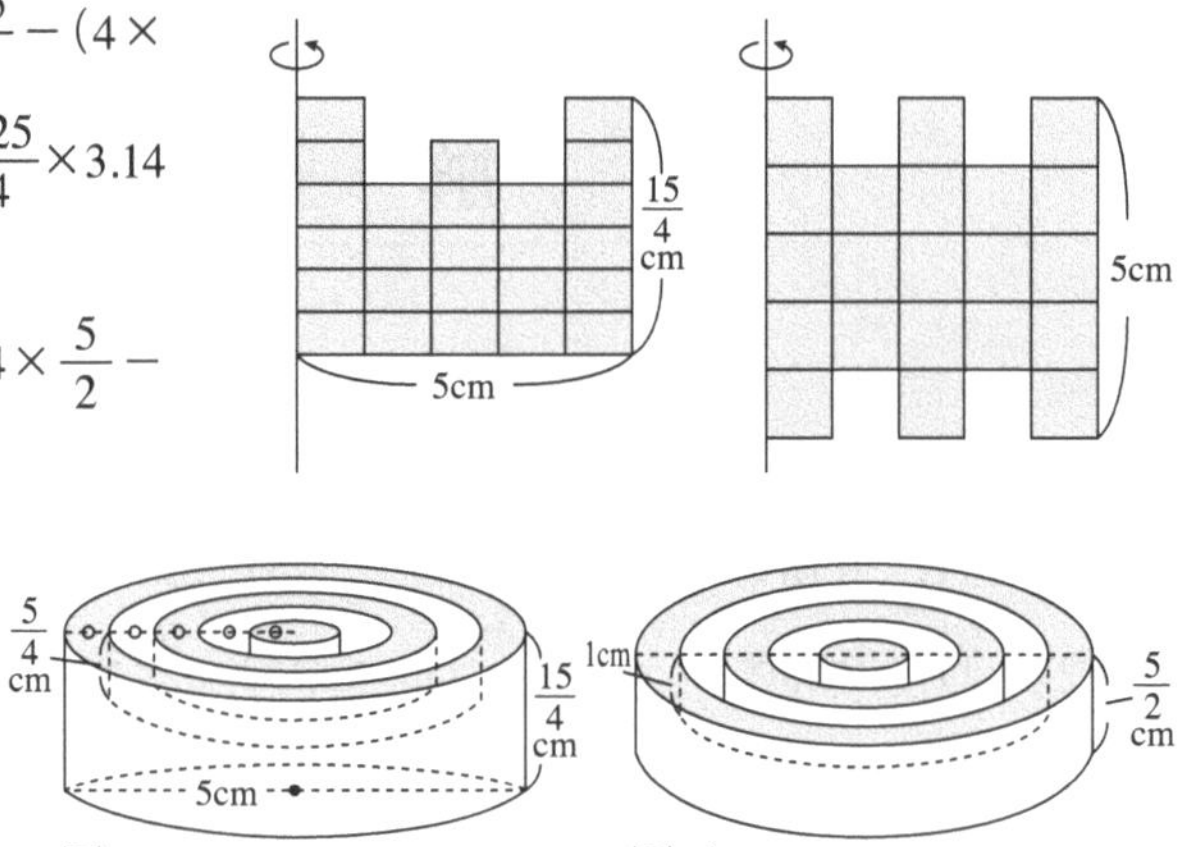

図ア　図イ

重要 [3] **(速さの三公式と比，流水算，通過算，割合と比，単位の換算)**

列の長さ…1.6km　休憩後の列の時速…3.6km　流速…時速2km

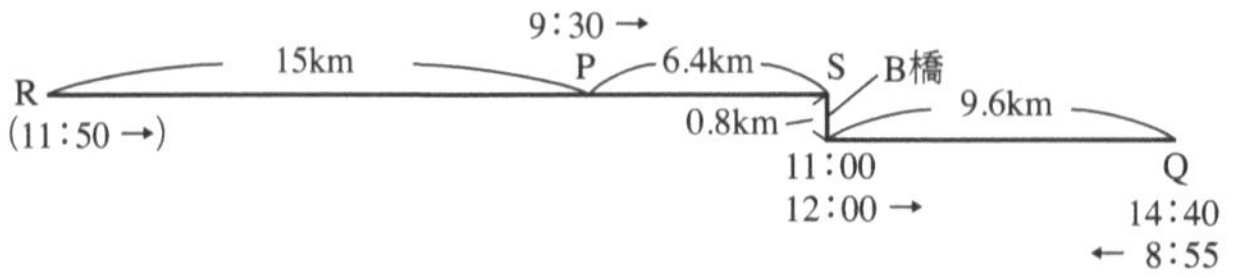

(1) $0.8+1.6=2.4$(km)を0.5時間で歩く→時速$2.4\times2=4.8$(km)

(2) 列の先頭がB橋に着いた時刻…$11-0.8\div4.8=10\frac{5}{6}$(時)

PからB橋までの距離…$4.8\times\left(10\frac{5}{6}-9\frac{1}{2}\right)=6.4$(km)

B橋からQまでの距離…$3.6\times2\frac{2}{3}=9.6$(km)

9時55分までに上ったボートの距離…$6.4+9.6-4.8\times\frac{25}{60}=14$(km)

したがって，静水時の時速は$14+2=16$(km)

(3) 列の最後尾がB橋から出発した時刻…$12+1.6\div3.6=12\frac{4}{9}$(時)

$12\frac{4}{9}$時のとき，ボートから列の最後尾までの距離…$31-9.6-(16+2)\times\left(12\frac{4}{9}-11\frac{5}{6}\right)=10.4$ (km)

したがって，列の最後尾に追いつく時刻は$12\frac{4}{9}+10.4\div(18-3.6)=13\frac{1}{6}$(時)　つまり13時10分，午後1時10分

[4] **(平面図形，数の性質)**

基本 (1) 対角線を左上から引くと，左端の縦線から右端の縦線まで10本の縦線を通過し，中間の横線を$7-1=6$(本)通過して，全部で$10+6=16$(枚)のタイルを通過する。

重要 (2) $84=7\times12$，$2023=7\times289$より，正方形を縦12枚，横289枚並べた長方形をもとにして計算すると$(289+12-1)\times7=2100$(枚)のタイルを通過する。

やや難 (3) 横に正方形5枚を並べる場合…$162-135=27$より，縦に$27+1=28$(枚)並べる。

$135=5\times27$，$162=6\times27$より横に正方形5枚を並べる場合

…縦に正方形2枚を並べると$5+2-1=6$(枚)のタイルを通過して全部で$6\times27=162$(枚)のタイルを通過する。→縦は$2\times27=54$(枚)

$135=15\times9$，$162=18\times9$より横に正方形15枚を並べる場合

…縦に正方形4枚を並べると$15+4-1=18$(枚)のタイルを通過して全部で$18\times9=162$(枚)のタイルを通過する。→縦は$4\times9=36$(枚)

$135=45\times3$，$162=54\times3$より横に正方形45枚を並べる場合

…縦に正方形10枚を並べると$45+10-1=54$(枚)→45，10は互いに素ではなく不適

やや難 [5] **(平面図形，図形や点の移動，規則性)**

中心…針の頭・針の先と交互に替える　　回転…左回りに辺と重なるまで回転させる

(1) ①「針の先」の軌跡を描くと，下図のようになる。

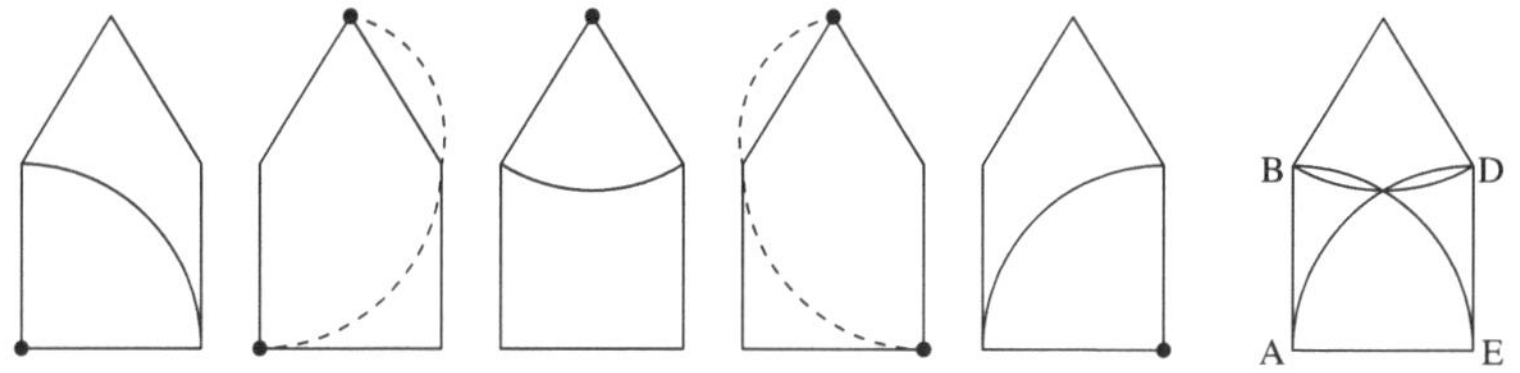

② ①より，「針の先が描いた線で囲まれた部分」の面積を求める。

右図より，$(6\times6\times3.14\div6-6\times3)\times2=0.84\times2=1.68(\text{cm}^2)$

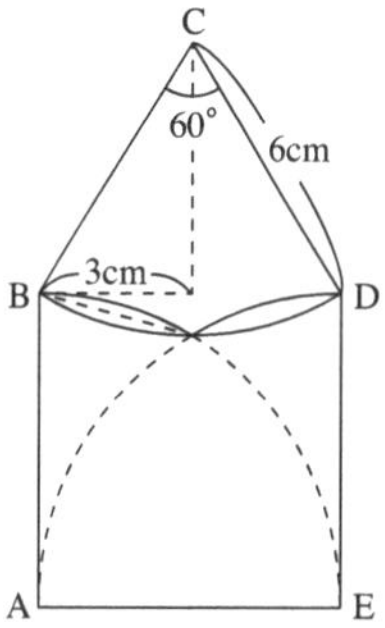

(2) 図ア… $(6\times6\times3.14\div360\times130-サ\times3)\times2=3.14\times26-サ\times6(\text{cm}^2)$

図イ… $(6\times6\times3.14\div360\times50-サ\times3)\times2=3.14\times10-サ\times6(\text{cm}^2)$

したがって，面積の差は$(26-10)\times3.14=16\times3.14=50.24(\text{cm}^2)$

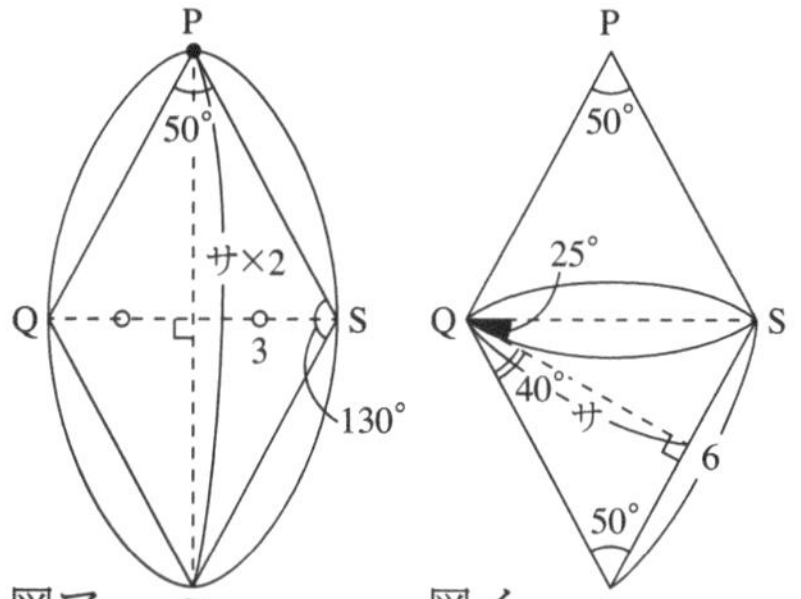

図ア　図イ

★ワンポイントアドバイス★

どの問題も，簡単に解けそうにはないと思われる問題が並んでいる。それでも各問題の(1)の問題は，なかでも解きやすい。ただし，[3]「列の歩行」，[5]「針の回転移動」など，各条件をつかまないと正解に到達できない。

＜理科解答＞ 《学校からの正答の発表はありません。》

〔1〕 問1 秒速5km 問2 秒速3km 問3 午前11時14分58秒
問4 67.5km 問5 イ

〔2〕 問1 ア，イ，エ 問2 E 問3 右図
問4 光 イ，ウ 熱 ア，ク
問5 (1) 600mA (2) 1時間40分

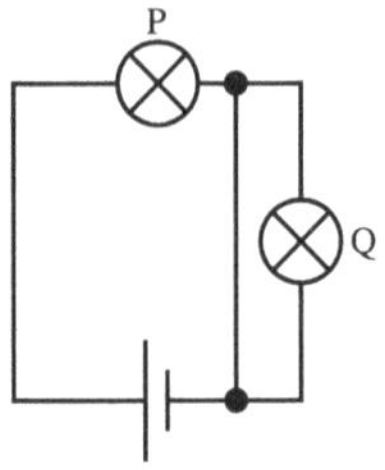

〔3〕 問1 ① ウ ② イ[ウ] ③ ウ[イ] ④ イ
問2 ウ 問3 ア 問4 ア

〔4〕 問1 ウ 4種類 オ 3種類 問2 キ，4 問3 ① カ ② エ
問4 固体が何も残らない，8

○推定配点○
〔1〕 各2点×5 〔2〕 問1・問2・問4 各1点×4(問1・問4各完答) 他 各2点×3
〔3〕 問1 各1点×4 他 各2点×3 〔4〕 各2点×5(問2～問4各完答) 計40点

＜理科解説＞

〔1〕 (大地の活動―地震波の伝わり方)

問1 観測点AとCを比べると，震源距離の差が120－45＝75kmで，P波が到達した時刻の差が22－7＝15秒なので，P波の速さは，75÷15＝5km/秒である。観測点AとBの比較や，観測点BとCの比較でも，同じ答えが得られる。

問2 観測点AとCを比べると，震源距離の差が120－45＝75kmで，S波が到達した時刻の差が38－13＝25秒なので，P波の速さは，75÷25＝3km/秒である。観測点AとBの比較や，観測点BとCの比較でも，同じ答えが得られる。

問3 震源からA地点までP波が伝わるのにかかる時間は，45÷5＝9秒である。つまり，観測点AにP波が到達した午前11時15分7秒よりも9秒前に，震源では地震が発生していた。よって，地震が発生した時刻は，午前11時15分7秒－9秒＝午前11時14分58秒である。

問4 観測点Aは震源距離が45kmであり，P波が到達してからS波が到達するまでの時間は，13－7＝6秒間である。P波が到達してからS波が到達するまでの時間は，震源距離に比例するので，観測点Dについて，45：6＝□：9 より，□＝67.5kmとなる。

問5 a：正しい。震度は，0～7のうち5と6が強弱に分かれており，10階級である。
b：正しい。海岸の平野や人工的な埋立地は，地盤が水分を多く含んでおり固まっていない。
c：誤り。入り江の奥では津波の速さが遅くなるため，海水がたまって波高が高くなる。

〔2〕 (電流と回路―電気の利用)

問1 乾電池が並列な回路は，両方の乾電池から電流が電球に流れ込んでいるア，イ，エである。これらは3つは見た目が違うが，全く同じ回路である。ウは乾電池を直列で逆向きにつないでおり，点灯しない。オはショートして危険な回路である。

基本 問2 図1で電流は，乾電池の＋極→P→Q→乾電池の－極のように，分かれ道なく一回りで流れる。そのため，回路のどの部分も電流は等しい。豆電球PとQの明るさがちがうのは，豆電球の性能がちがうためであり，電流の量にちがいはない。

重要 問3 図1でPだけを光らせるには，Qに並列に導線をつなげばよい。すると，Pを流れた電流は，すべて新しくつけた導線の方に流れ，Qには流れない。このとき，Pに流れる電流はもともとよりも多くなるため，明るくなる。

問4　電気エネルギーを光エネルギーに変えているのは，イ，ウである。また，電気エネルギーを熱エネルギーに変えているのは，ア，クである。他にも光や熱が発生するものはあるが，器具の使用目的ではない。なお，エ，カ，キ，ケは電気エネルギーを運動エネルギーに変えている。オは電気エネルギーを音エネルギーに変えている。

問5　(1)　問題文から，2000mAhの蓄電池では，電流×時間＝2000の関係が成り立っている。強風で使用したとき，電流は$3\frac{20}{60}$時間流れるから，電流の量は，□×$3\frac{20}{60}$＝2000より，□＝600mAである。

やや難　(2)　弱風だけで使用したときの電流は，△×10＝2000　より，△＝200mAである。また，中風だけで使用したときの電流は，○×5＝2000　より，○＝400mAである。弱風，中風，強風を同じ◆時間ずつ使ったとすると，200×◆＋400×◆＋600×◆＝2000となる。

この式は，(200＋400＋600)×◆＝2000　と同じなので，◆＝$1\frac{2}{3}$，つまり，1時間40分である。

〔3〕 (動物―メダカの生活)

基本　問1　メダカのひれは，5種類ある。胸びれと腹びれが2枚ずつで，背びれ，尾びれ，尻びれは1枚ずつの，計7枚である。そのうち，オスの背びれには切れ込みがあり，尻びれは平行四辺形の形で大きく，メスをはさみ込むのに役立っている。メスは，腹びれの後ろ側から産卵する。

問2　メダカ，ブリともに，魚類は親が卵や子の世話をすることがない。世話をするのは鳥類などである。なお，ブリの卵は水中を浮遊しており，受精すると2～3日でふ化する。

重要　問3　メダカは，その場所にとどまろうと行動する。まわりの景色が動くと，その景色についていくように泳ぐ。よって，筒の模様と同じ向きに同じ速さで動く。

問4　水の流れを時計回りに起こすと，それに逆らってメダカは反時計回りに動く。ここで，筒を反時計回りに動かすと，メダカは模様についていこうとするため，やはり反時計回りに動き，仮定が正しいのか誤っているのか確かめられない。一方，筒を時計回りに動かすと，メダカは模様についていくには時計回りに動くことになる。そこで，「視覚による行動」が「水の流れに対する行動」より優先的にはたらく仮定が正しいならば，視覚により時計回りに動く行動が，水の流れに対して反時計回りに動く行動に優先するため，結果として時計回りに動くことになる。

〔4〕 (水溶液の性質―水溶液の区別)

重要　問1　ウとエについて，においのある水溶液は，酢酸水溶液，塩酸，エタノール水，アンモニア水である。また，オとカについて，フェノールフタレイン液は，アルカリ性のときに赤色に変化し，酸性や中性では無色のままである。赤色に変わったアルカリ性の水溶液は，石灰水，アンモニア水，水酸化ナトリウム水溶液である。

問2　問1のことから，ウとエ，オとカでは，1種類の水溶液を特定できない。アとイでは，酸性とアルカリ性の水溶液はすべて電流を流すが，中性の水溶液には流さないものがある。イにあてはまるものは，砂糖水とエタノール水があり，これも1種類の水溶液を特定できない。キとクでは，スチールウールは鉄の繊維で，強い酸性の水溶液に溶けて水素が発生する。酸性の水溶液には，酢酸水溶液，塩酸，炭酸水，ホウ酸水があるが，鉄を溶かせるほど強い酸は，塩酸だけである。

重要　問3　問1，問2のことから，7種類にしぼることができる実験1はカである。カは，酢酸水溶液，砂糖水，塩酸，エタノール水，食塩水，炭酸水，ホウ酸水の7種類である。

　次に実験2だが，イは砂糖水とエタノール水の2種類しかなく，キは塩酸の1種類しかないので，4種類にはならない。そこで，カの7種類をウとエに分けると，エが砂糖水，食塩水，炭酸水，ホウ酸水の4種類である。

問4　実験2で残った砂糖水，食塩水，炭酸水，ホウ酸水の4種類を蒸発皿に入れて加熱すると，食塩水とホウ酸水では，どちらも白い固体が残るため，見た目では区別がつかない。砂糖水を加熱すると，黒くこげる。炭酸水を加熱すると，溶けていた気体の二酸化炭素が逃げていくので，蒸発皿には何も残らない。

★ワンポイントアドバイス★

問題文の条件は，整理してメモを取るなどして，かんちがいを防ぎ，解く時間を節約できるようにしよう。

＜社会解答＞ 《学校からの正答の発表はありません。》

〔1〕 問1 有珠山　問2 カ　問3 ① 親潮[千島海流]　② 濃霧[海霧]
問4 (例) 大消費地に近いこと。　問5 静岡県・愛媛県　問6 ア　問7 エ
問8 ① 明治　② 碁盤の目　問9 ア

〔2〕 問1 A 空海　B 犬養毅　問2 ウ　問3 菅原道真　問4 ア　問5 イ
問6 ウ　問7 ア　問8 本居宣長　(記号) ウ　問9 イ
問10 (例) 授業料が廃止されたこと。　問11 カ

〔3〕 問1 A 主権　B 小笠原　C 核　問2 D キ　E ア　問3 日米地位
問4 佐藤栄作　(記号) ウ　問5 カ　問6 エ・オ　問7 A オ　B イ
問8 グスク

○推定配点○

〔1〕 問1・問2・問6・問7・問9 各1点×5　他 各2点×4(問3・問5・問8各完答)
〔2〕 問8・問10 各2点×2(問8完答)　他 各1点×10
〔3〕 問4～問6 各2点×3(問4・問6各完答)　他 各1点×7(問2・問7各完答)　計40点

＜社会解説＞

〔1〕 (日本の地理―北海道の自然や産業など)

問1 直径2～3kmのカルデラを持つ火山で火口原には有珠新山も生まれた。2000年の大規模な水蒸気爆発では1万5000人もの住民が避難した。

問2 A かつては40mを超える透明度で世界1といわれたカルデラ湖。 B 砂州でオホーツク海と隔てられた日本第3位の潟湖。 C ヒメマスの原産地としても知られる堰《せき》止《とめ》湖《こ》。

問3 ① プランクトンが豊富で魚介類を育成することから親潮と呼ばれる。 ② 温暖な空気が冷たい海面により冷却されて発生，釧路は夏季に霧が発生し「霧の町」として知られる。

基本 問4 牛乳は新鮮さが命であり大都市の近郊で生産されることが多い。

問5 製紙工業では原料となる大量の木材を水ですすぐ必要があるため，林業が盛んで水の豊かな地に工場を建設することが多い。また，近年は輸入パルプを原料にすることも多いので消費地に近い臨海部での生産も増えている。

やや難 問6 季節によって生産地が異なり北海道以外でも重要な産地としての存在感を示している。玉ねぎは淡路島，ジャガイモは伝来の地としての長崎が知られている。

問7 ウポポイとは「大勢で歌うこと」を意味するアイヌ語で，差別のない多様な社会の象徴とされる。アイヌはコタンと呼ばれる共同体を営み生活，国家としての形成はみられなかった。

問8　①　北海道の本格的な開発は明治以降。　②　碁盤の目状の街は利用できない半端な土地が生まれず，住所もわかりやすいため新たに開発する地域には適している。

問9　A　2006年の熊本地震では震度7の地震が連続で発生，日本三大名城といわれた城も大きな被害を受けた。　B　対岸にあるのは日本三景で知られた安芸の宮島にある厳島神社。　C　万葉集にも登場，夏目漱石の「坊ちゃん」で知られる道後温泉。

〔2〕　**(日本の歴史―古代～現代の政治・社会・文化など)**

基本　問1　A　讃岐国から京に上り大学で役人を目指したが後に仏教に開眼。　B　護憲運動で活躍，「憲政の神様」といわれた人物。満州国承認に難色を示し軍部と対立して暗殺された。

問2　858年，娘明子の生んだ清和天皇が9歳で即位したことで事実上の摂政となった。長岡京遷都は784年，前九年合戦は源頼義・義家父子，平等院は11世紀中頃。

問3　代々学者の家に生まれたが異例の出世を果たした政治家。ライバル藤原時平により娘婿・斎世親王の即位の陰謀を疑われ大宰府に左遷された。

問4　南北朝後半から上杉氏が世襲，鎌倉公方をしのぐ勢力を誇った。後に越後の上杉謙信(長尾景虎)が上杉憲政から譲られることとなった。

問5　足利氏が一族の学校として建設，ザビエルによって「坂東の大学」と西洋に紹介された。

問6　1587年，豊臣秀吉が九州平定後に博多で発布した法令。ただ，貿易は従来通りと奨励したためあまり実効性はなかった。

重要　問7　老中・松平定信による寛政の改革。上米は祖父である徳川吉宗の享保の改革，上知令は水野忠邦の天保の改革，株仲間の奨励は田沼意次による政策。

問8　伊勢国・松坂の医師。賀茂真淵に師事し日本の古典を研究した人物。解体新書は杉野玄白ら，地図は伊能忠敬，モリソン号を批判したのは渡辺崋山や高野長英。

問9　1881年に出された国会開設の詔。秩父事件は自由党の急進派(足尾鉱毒事件の田中正造は立憲改進党)，最初の総理大臣は伊藤博文，立憲改進党は大隈重信。

問10　国民皆学は労働力を奪われる上，校舎の建設費など国民の負担も多かった。1900年，小学校令の改正で就学率は上昇，1907年には義務教育も6年に延長された。

問11　Ⅰは1944年，Ⅱは1941年，Ⅲは1940年。

〔3〕　**(政治・時事問題―憲法・政治のしくみ・国際社会など)**

重要　問1　A　主権とは国の方向性を決める最高意思で国民に属する。　B　東京の南方1200kmに位置する島々。2011年には世界遺産にも登録。　C　非核三原則の方針の下，米軍の所持する核兵器の持ち込みを拒絶。しかし，のちに核持ち込みの密約が暴露された。

問2　沖縄県の約8%が米軍施設であり，沖縄本島に限っては約15%となっている。

問3　1960年，在日米軍や軍人の権利義務，施設の使用・管理について取り決めた協定。米軍人の身分が保障され警察の捜査権も制限されている。

問4　東京オリンピック直後の1964年から72年までの長期政権を樹立，ノーベル平和賞も受賞した。1972年，現職として初めて訪中し国交正常化を実現した大統領。

問5　Ⅰ　横田は東京，横須賀や座間は神奈川。　Ⅱ　岩国は山口，三沢は青森。　Ⅲ　駐留経費は「思いやり予算」と呼ばれ1978年から日本の一部負担が始まった。

問6　街中に英語は氾濫していたが公用語とされたことはない。モノレールを除いて鉄道は走っていない。冷戦終了後，1998年から2013年まではロシアも参加。沖縄サミットは2000年。

問7　住宅地の中に位置する普天間飛行場は「世界でもっとも危険な飛行場」といわれる。沖縄中部に位置するキャンプシュワブの沿岸部。埋め立てには多くの県民が反対している。

問8　13～15世紀に建設された石垣で囲まれた防御施設。

★ワンポイントアドバイス★

時事問題に関する出題は近年増えているが，～周年という出題形式も多い。分野的にも一つに偏るのではなく多方面から考える習慣をつけることを意識しよう。

＜国語解答＞ 《学校からの正答の発表はありません。》

一　問1　i　思いやりがあって空気を読める子　　ii・iii　オ　　問2　(例)　(男の英弘はたとえ家事能力がなくてもおかしくないが，)女ならふつうに家事ができて当たり前だが，女なのにハンバーグひとつ満足に作れない自分はみっともない(と感じている。)

問3　ア　　問4　エ　　問5　エ　　問6　ウ　　問7　オ

二　問1　a　様相　　b　特異　　c　奪(えば)　　問2　ウ　　問3　ア　　問4　予定

問5　オ　　問6　(例)　(動物たちとは異なり，人間は)自然に対し，損にならないように先を読んでふるまうことをしなかったから。

○推定配点○

一　問1　各3点×2　　問2　6点　　他　各4点×5

二　問1　各2点×3　　問6　6点　　他　各4点×4　　計60点

＜国語解説＞

一　(小説─心情・登場人物・細部の読み取り，空欄補充，記述力)

重要　問1　iには文章B「しかし思いやりが……」で始まる段落の「思いやりがあって空気を読める子(15字)」が入る。iiは「物凄い目つきで父親を睨みつけていた」とあるので「非難」，iiiはiiのような様子の憲弘のおかげで，美佳子に無神経なことを言う英弘に対して「怒りを抑える」ことができた，ということである。

やや難　問2　傍線部2には「男のヒト」なら料理ができなくてもいいが，女のヒトはふつうに料理などの家事ができて当たり前だという美佳子の考えが読み取れる。このことと，「『たとえば……』」で始まる毅のせりふの「『女なのにハンバーグひとつ満足に作れない美佳子』」という言葉も参考にして，2のように話す美佳子の心情を説明する。

問3　X後の会話で，毅も美佳子も英弘も自分のことは「フツーじゃない」と思っているけれども，自分以外の人は「フツーのこと」として受けとめていると話していることから，「誰もフツーじゃない」のだから，そのことが「みんなフツー」だとあるアが適切。

問4　「しかし思いやりが……」で始まる段落で，英弘は「……思いやりはともかくとして空気を読める男ではなかった」と描かれていること，英弘の「『誰にだって……』『男とか……』『ええ。……』」というせりふから，エが適切。アの「知的に」，イの「正義感が強く」，ウの「人に対する関心が薄く」，オの「現状に対して開き直っている」はいずれも描かれていない。

基本　問5　憲弘は作文で「タケパパも～僕は思う」と書いていることから，エが適切。アの「あこがれを感じている」，イの「自慢に思っている」，ウの「違和感を覚えている」，オはいずれも不適切。

問6　傍線部3の「『なんだ……』」は，意外なことにあきれてとまどう気持ちを表し，3前で英弘，毅，美佳子たちが自分のことを「フツーじゃない」と話していることが描かれていることから，ウが適切。自分たちのことを「フツー」の家族だと思っていたこと，大人たちは自分自身のことを「フツーじゃない」と話していること，自分自身を「フツー」だと思っているのは憲弘だけであることを説明していない他の選択肢は不適切。

重要 問7　傍線部4は，みんなが自分自身を「フツーじゃない」と思っていることがわかったことと，小学六年生の憲弘が自分だけが「フツー」だと真剣につぶやいたことのおかしさ，そんな憲弘に対する大人たちの愛情が読み取れるのでオが適切。ア，イの「感嘆」，ウ，エの「歓喜」はいずれも不適切。

二 (論説文―要旨・細部の読み取り，漢字の書き取り，記述力)

基本 問1　傍線部aは，ありさま，状態のこと。bは普通と異なり特別なこと。cの音読みは「ダツ」。熟語は「争奪」など。

問2　傍線部1について「人が手を……」から続く3段落で，「エコトーン」は「自然の再生，更新の場として存在している」こと，「老木が倒れたり，雷で山火事が生じたりするかわりに，人間が住みついて林を切り開いても，同じような事態が生じる」と述べているのでウが適切。この3段落の内容をふまえていない他の選択肢は不適切。

重要 問3　「この闘いが……」で始まる段落で述べている「この状態が人里なのである」の「この状態」とは，自然の再生のプロセスに対する人間の闘いが続いている間，エコトーンが維持される状態のことである。また「人間はしばしば……」から続く2段落で「自然の論理を徹底的につぶして……いかにも自然らしく見えるように」して生じるものを傍線部2のように述べているので，アが適切。これらの内容をふまえていない他の選択肢は不適切。

問4　傍線部3の捉え方として，同段落後半で「予定調和的なバランスがあって，自然はそれを目指して動いている(30字)」と述べている。

問5　傍線部4について4後で「……個体がそれぞれ他人を蹴落としてもいいから自分だけは子孫を残そうと，きわめて利己的にふるまっている……」と述べているので，オが適切。アの「種族を保存するため」は不適切。4後の内容をふまえていない他の選択肢も不適切。

やや難 問6　傍線部5直前の段落で，「損することを極端に嫌」い，「浅はかに利己的にふるまいすぎてしっぺ返しを食ったときに，やっとそれをやめるのではなく，もっと『先』を読んでいる」点では「きわめて賢く利己的」である動物たちについて述べている。こうした動物たちとは対照的な人間のことを5のように述べているので，賢く利己的な動物たちのふるまいの説明をふまえて，人間が「浅はかに利己的」である理由を説明する。

★ワンポイントアドバイス★

小説や物語では，表情や行動，話している言葉などから的確に心情を読み取っていこう。

第2回

2023年度

解　答　と　解　説

《2023年度の配点は解答欄に掲載してあります。》

＜算数解答＞ 《学校からの正答の発表はありません。》

[1]　(1)　3　　(2)　32倍　　(3)　ア　150　　イ　275

[2]　(1)　$\frac{2}{3}$　　(2)　70.84cm^2　　(3)　10cm^2

[3]　(1)　6.4秒　　(2)　午前8時38分　　(3)　午前9時16分

[4]　(1)　3.36cm^2　　(2)　①　2.16cm^2　　②　$\frac{256}{75}\text{cm}^2$

[5]　(1)　12通り　　(2)　83枚　　(3)　36円　　(4)　37円

○推定配点○

[1]，[5]　各3点×8　　他　各4点×9　　計60点

＜算数解説＞

重要 [1]　(四則計算，規則性，速さの三公式と比，通過算，割合と比，単位の換算，論理)

(1)　1÷999＝0.001001001～，1÷997＝0.001003009～，1÷995＝0.001005025～，
したがって，これらの和の小数第8位の数は2＋1＝3

(2)　普通電車と急行電車の長さの比…8：10＝4：5

普通電車と急行電車の速さの比…$\frac{4}{7}:\frac{5}{5}=4:7$

普通電車と急行電車がすれ違う時間…$(4+5)\div(4+7)=\frac{9}{11}$が24秒に相当する。

急行電車が急行電車と鉄橋の距離を走る時間…88秒が$\frac{9}{11}\div24\times88=3$に相当する。

急行電車が10両編成の距離を走る時間…$\frac{5}{7}$

したがって，$3-\frac{5}{7}=\frac{16}{7}$より，鉄橋の長さは電車1両の10÷5×16＝32(倍)

(3)　Aさん…2010年5月生まれ　Bさん…2010年8月生まれ　Cさん…2011年1月生まれ

①　Cさんが1月1日生まれ，Aさんが5月31日生まれの場合
…CさんとAさんは5月30日まで同年令

したがって，31＋28＋31＋30＋30＝28＋(31＋30)×2＝150(日間)

②　Aさんが5月1日生まれ，Cさんが1月31日生まれの場合
…5月1日からBさんの誕生日までAさんは1人だけ年長，その後，1月30日までCさんは1人だけ年少

したがって，求める日数は31＋30＋31＋31＋30＋31＋30＋31＋30＝30×9＋5＝275(日間)

［2］（平面図形，相似，消去算，立体図形，図形や点の移動）

やや難 （1） 右図より，三角形DAEとFBEは相似，三角形AED，BEF，OFCはそれぞれ二等辺三角形
ア＋ウ×2＝180，ウ＝ア－イより，ア＋ア×2－イ×2＝ア×3－イ×2＝180
ア＝イ×$\dfrac{2}{3}$＋60

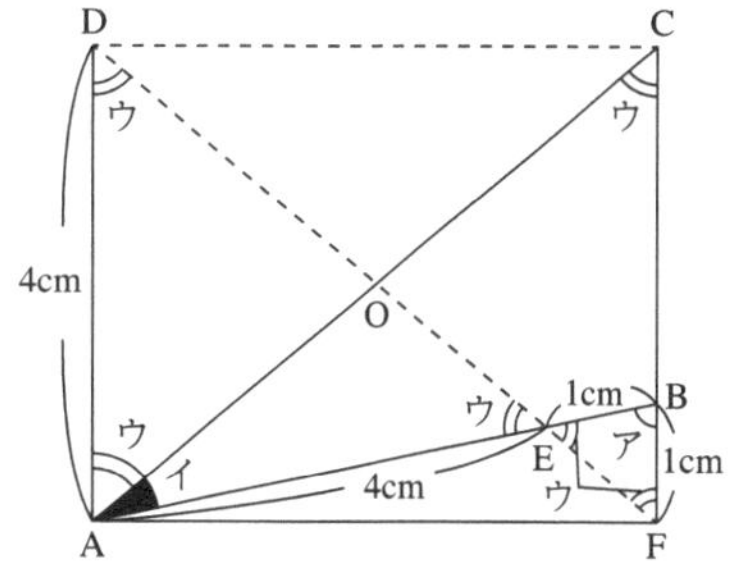

重要 （2） 右図より，求める面積は
1×1×3.14＋2×2×3.14＋2×4×7－（2×2－1×1×3.14）＝15.7＋56－0.86＝70.84（cm^2）

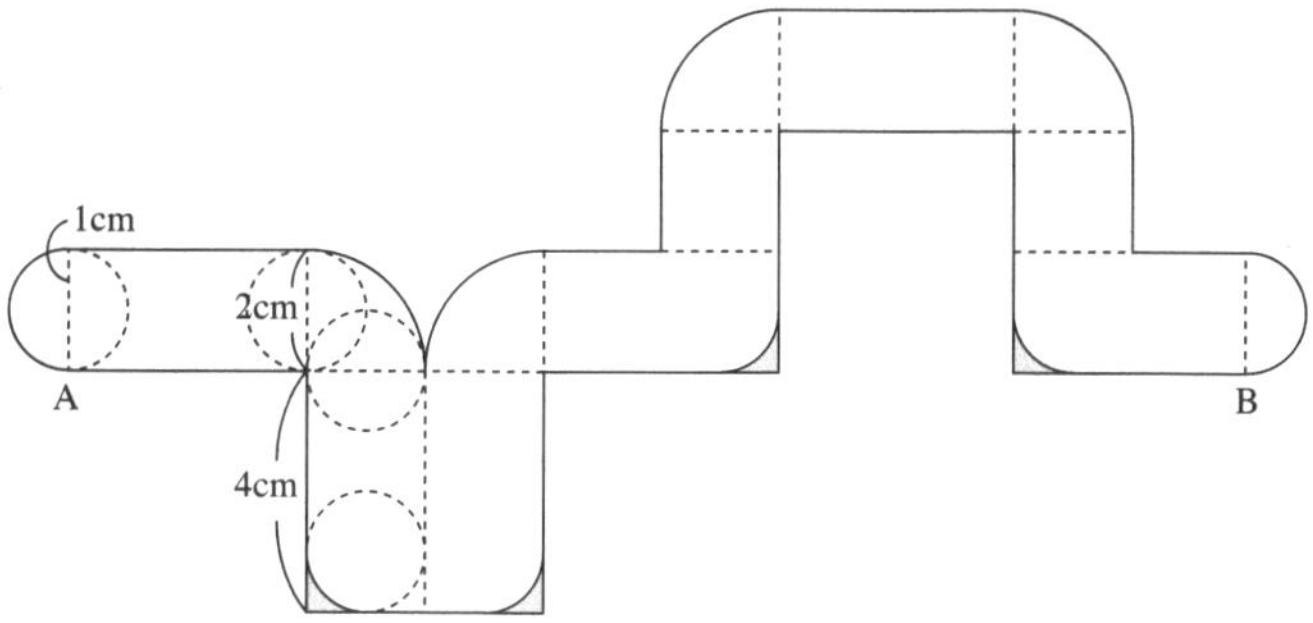

重要 （3） 右図より，計算する。
底面積の差…（4－2）×6÷2＝6（cm^2）
前面における側面積の差…（4－2）×4÷2＝4（cm^2）
したがって，表面積の差は6＋4＝10（cm^2）

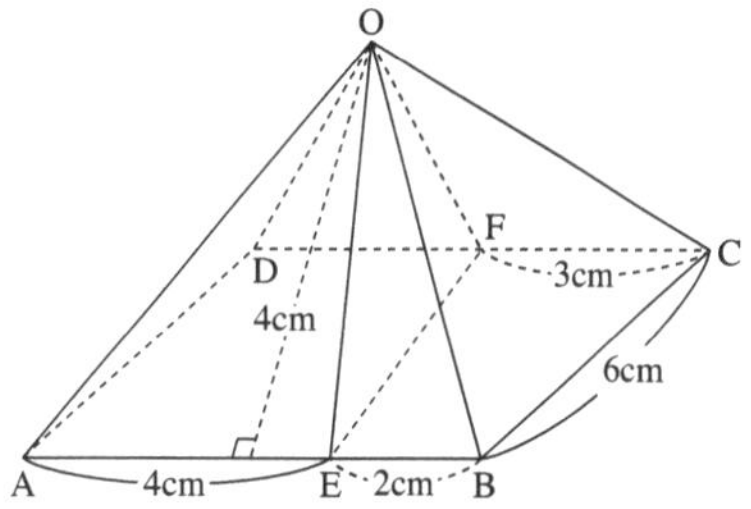

やや難 ［3］（ニュートン算，割合と比，単位の換算）

機械窓口と係員窓口の確認速度の比…$\boxed{1}$：$\boxed{0.7}$　開場時刻…9時　毎分並ぶ人数…15人

（1） 10時28分－9時＝88分，10時12分－9時＝72分，10時12分－9時16分＝56分
$\boxed{1}$×2×88＝$\boxed{176}$と$\boxed{1}$×72＋$\boxed{0.7}$×2×56＝$\boxed{150.4}$の差$\boxed{25.6}$が15×（88－72）＝240（人）に相当する。したがって，$\boxed{1}$は240÷25.6＝$\dfrac{75}{8}$（人）に相当し，この時間は60÷$\dfrac{75}{8}$＝6.4（秒）

（2） 開場前に並んだ人数…（1）より，$\left(\dfrac{75}{8}\times2-15\right)\times88=330$（人）
開場前に並んだ時間…330÷15＝22（分）
したがって，求める時刻は9時－22分＝8時38分

（3） 8時52分までに並んだ人数…（2）より，15×（52－38）＝210（人）
係員窓口の毎分の人数…（1）より，$\dfrac{75}{8}\times0.7=\dfrac{105}{16}$（人）
210人が入場する時間…$210\div\left(\dfrac{105}{16}\times2\right)=16$（分）
したがって，求める時刻は9時＋16分＝9時16分

重要 [4] **(平面図形，相似，割合と比)**

直角三角形ABC…$4\times3\div2=6(cm^2)$

(1) 三角形ABC，JBH，DBG

…図アより，相似比は5：4：3，面積比は25：16：9

台形JDGH…$6\div25\times(16-9)=1.68(cm^2)$

したがって，求める面積は$1.68\times2=3.36(cm^2)$

図ア

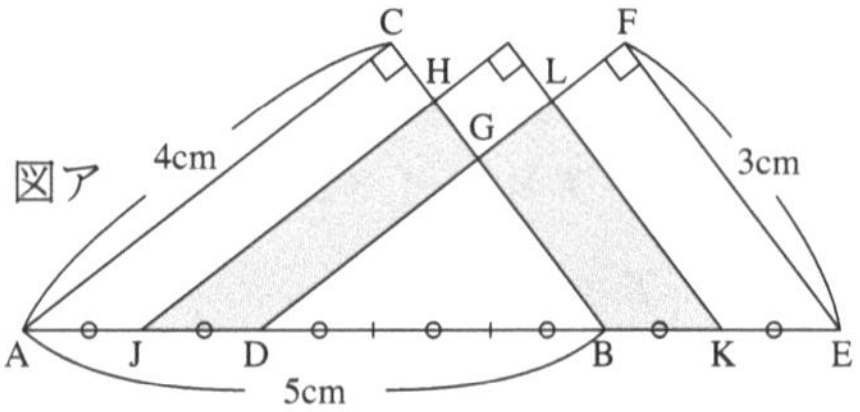

(2) ① (1)より，$6\div25\times9=2.16(cm^2)$

② AQ，QJ，JD

…図イより，それぞれ$(5-3)\div3=\frac{2}{3}(cm)$

三角形ABCとQBP

…相似比は$5:\left(5-\frac{2}{3}\right)=15:13$，面積比は225：169

三角形QBPとJBH…相似比は13：11

台形AQPC…$6-6\div225\times169=\frac{112}{75}(cm^2)$

台形QJMNと長方形PHMN

…面積比は$(15+13):\{(15-13)\times2\}=7:1$

したがって，求める面積は$\left(\frac{112}{75}+\frac{112}{75}\div7\right)\times2=\frac{256}{75}(cm^2)$

図イ

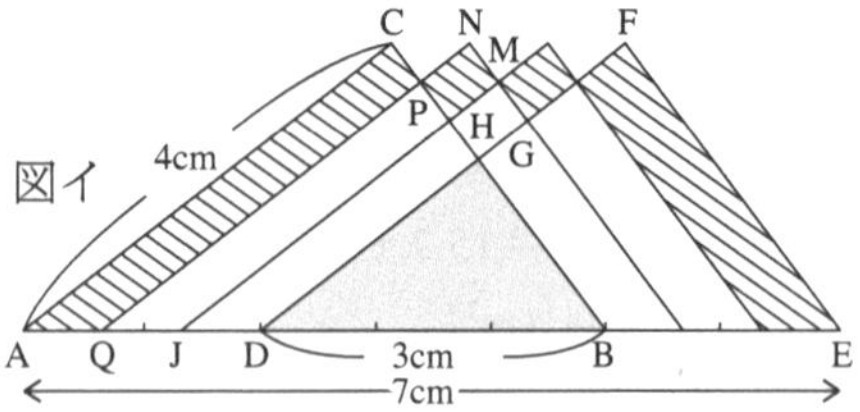

重要 [5] **(数の性質，場合の数)**

(1) 9円までで支払いができない金額…1・2・3・5・6・7円の6通り

10～19円までで支払いができない金額…10・11・14・15・19円の5通り

20円以上で支払いができない金額…23円の1通り

したがって，全部で$6+5+1=12$(通り)

(2) $2023=25\times79+12\times4$より，$79+4=83$(枚)

(3) $36=12\times3=9\times4$より，36(円)

(4) $37=25\times1+4\times3=9\times1+12\times2+4\times1$より，37円

★ワンポイントアドバイス★

[1] (3)②「1人だけ年令が違う」場合は，ミスしやすく，[2] (1)「角度の割合」は難しい。さらに，[3]「ニュートン算」も難しいが，[5]「4種類の硬貨」は難しくはないので，確実に得点したい問題である。

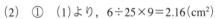

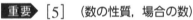

＜理科解答＞ 《学校からの正答の発表はありません。》

〔1〕 問1 ① イ ② ウ 問2 A 子宮 B 胎盤 問3 イ，大動脈
問4 イ，ウ 問5 エ

〔2〕 問1 ウ 問2 0.4g 問3 二酸化炭素 問4 3 問5 790mL

〔3〕 問1 4cm 問2 4cm 問3 29.5cm 問4 550g 問5 13cm 問6 イ，ウ

〔4〕 問1 火星，木星，土星 問2 ア 問3 ウ
問4 (1) 0.61 (2) 2.52 (3) 金星

○推定配点○

〔1〕 問1～問3 各1点×6 他 各2点×2 〔2〕 各2点×5 〔3〕 問1・問2 各1点×2 他 各2点×4 〔4〕 問1・問2 各1点×2 他 各2点×4 計40点

＜理科解説＞

〔1〕 (人体―胎生のしくみ)

問1 ヒトの受精卵の大きさは0.14mm程度である。受精卵は細胞分裂を繰り返し，約1か月で数mm，約4か月で数cm，そして，約10か月で50cmほどになり生まれてくる。

問2 卵管で受精を行ってできた受精卵は，子宮の内壁に着き，そこで成長する。胎児と母親の間の物質のやり取りは，胎盤を通じて行われる。そこでは，両者の血管が接近しており，酸素や栄養分は母親から胎児へ，二酸化炭素や不要物は胎児から母親へ渡される。

重要 問3 肺で酸素を受け取った血液は，肺静脈(エ)を通って心臓の左心房に入り，左心室から大動脈(イ)を通って全身および胎児に運ばれる。大静脈(ア)と肺動脈(ウ)は，全身や胎児から戻ってきた血液が通る。

問4 胎生の生物は，ホ乳類であり，選択肢ではクジラとコウモリがあてはまる。イモリは両生類，カメはハ虫類，ペンギンは鳥類であり，いずれも卵生である。

問5 ア：正しい。へそは，ホ乳類で，胎盤と胎児をつないでいたへその緒の跡である。
イ：正しい。胎生のホ乳類は，外の温度が変わっても，体温がほぼ一定の恒温動物である。
ウ：正しい。生後すぐのホ乳類は，母乳で育つ。
エ：誤り。ホ乳類は生む子の数が少なく，特にからだの大きいものほど少ない傾向にある。

〔2〕 (水溶液の性質―混合物の中身)

重要 問1 操作1で，3.5gの混合物Aのうち，磁石についた0.5gの粉末Bは鉄であり，残る混合物Cは3.0gである。操作2で混合物Cのうち，水に溶けた1.0gの粉末Eは食塩か砂糖かその両方であり，残る沈殿Dは2.0gである。これ以降の実験で粉末Eは出てこないので，粉末Eの中身が1種類か2種類かわからない。

やや難 問2 操作3では，沈澱Dのうち，水酸化ナトリウム水溶液に溶けなかった沈殿Fは1.5gだから，沈澱Dには0.5gのアルミニウムか亜鉛かその両方が含まれていた。なお，溶けてできた物質(アルミン酸ナトリウム，亜鉛酸ナトリウム)は溶液に溶けたままなので，沈殿Fには含まれない。操作3では気体が260mL発生しているが，表から，亜鉛0.5gが溶けると気体が170mL発生するので，90mL足りない。アルミニウムと亜鉛の1gあたりの気体の差が1240－340＝900mLだから，0.1gあたりの気体の差が90mLである。よって，0.5gのうち0.1gがアルミニウムで，残る0.4gが亜鉛である。

問3・問4 操作1で鉄が取り除かれ，操作2で食塩と砂糖，操作3で亜鉛とアルミニウムが溶けてしまったので，この時点で1.5gの沈殿Fに残っている可能性のあるものは，石灰石と銅である。そして，操作4で塩酸にすべて溶けたのだから，銅は含んでいないことがわかる。溶けたのは石灰石

であり，発生した気体は二酸化炭素である。

問5　問1～問4で分かった3.5gの混合物Aの内訳は，鉄が0.5g，食塩と砂糖が合計1.0g，亜鉛が0.4g，アルミニウムが0.1g，石灰石が1.5gである。これらをすべて塩酸に溶かしたときに派生する気体の量の合計は，400×0.5＋340×0.4＋1240×0.1＋220×1.5＝790mLとなる。

〔3〕（力のはたらき―マスクストッカーのしくみ）

問1　図2では，ばね2つで400gの重さを支えているので，ばね1つには200gの力がはたらいて，2cm縮んでいる。だから，ばね1つの上に400gのおもりをのせると，4cm縮む。

重要　問2　図3では，2つのばねのどちらにも400gずつの力がかかるので，4cmずつ縮む。

問3　上段のばねには，1つに100gずつの力がかかるので，1cm縮み，10－1＝9cmになる。下段のばねには，1つに(200＋400)÷2＝300gずつの力がかかるので，3cm縮み，10－3＝7cmになる。おもりの高さが，上は4.5cm，下は9cmなので，装置全体の高さは，4.5＋9＋9＋7＝29.5cmとなる。

やや難　問4　上のおもりを100g増やすと，ばね1つにかかる力が50g増えるので，上段のばねも下段のばねも0.5cmずつ縮み，装置全体の高さは1cm低くなる。装置全体の高さが26cmになったとき，これは問3のときよりも3.5cm低いので，上のおもりの重さは，100：1＝□：3.5　より，□＝350g増えた。よって，上のおもりの重さは，200＋350＝550gとなった。

問5　下段のばねは，元の長さの10cmよりも1cm伸びているので，1つあたり100gの力がかかっている。そのため，400gのおもりは，下段のばね2つから，合計200gの力で引っ張られている。上段のばねは，1本あたり(200＋400)÷2＝300gの力で下のおもりを引き上げており，3cm伸びている。元の長さが10cmだから，13cmになっている。なお，右側のおもりの重さは，200＋300×2＝800gである。

問6　イは，針を入れておく部分にばねが使われているほか，押した後に自然に戻るしくみにも別の形のばねが使われている。ウは，芯が戻るときにばねが使われている。アは動く部分がない。エとオの動きはすべて手動であり，力が戻るしくみは，容器内外の気圧の差による。

〔4〕（太陽と月―惑星の見え方）

問1　惑星が真夜中に南中したとき，太陽・地球・惑星がこの順で並んだ位置にある。これがありうるのは，地球よりも外側を公転している惑星であり，火星，木星，土星があてはまる。

問2　午前4時に，東に近い空に見える月なので，下弦の月よりももっと細い月である。また，太陽のある東の地平線側が明るく輝いている。

重要　問3　選択肢の図は地球の北極側から見ており，地球は反時計回りに公転しているので，図の左側が夕方の空，右側が朝方の空を表す。図1で，金星と木星は真南よりも東側(左側)に見え，土星は真南よりも西側(右側)に見えているので，ウが当てはまる。

問4　(1)　水星が地球に最も近づいたとき，太陽・水星・地球はこの順に一直線に並んでいる。表から，太陽・水星の距離が0.39で，太陽・地球の距離が1だから，水星・地球の距離は，1－0.39＝0.61である。

(2)　火星が地球から最も遠ざかったとき，火星・太陽・地球はこの順に一直線に並んでいる。表から，太陽・火星の距離が1.52で，太陽・地球の距離が1だから，火星星・地球の距離は，1＋1.52＝2.52である。

(3)　みかけの大きさの変化が最も大きいのは，最も近づいたときと最も遠ざかったときの距離の割合の大きい惑星である。(1)・(2)と同じように，それぞれの距離と割合を求めると，次のようになる。表でB÷Aは四捨五入している。

	水星	金星	火星	木星	土星
公転軌道の半径	0.39	0.72	1.52	5.20	9.55
A. 地球に最も近づいたときの距離	0.61	0.28	0.52	4.20	8.55
B. 地球から最も遠ざかったときの距離	1.39	1.72	2.52	6.20	10.55
B÷Aの値	2.28	6.14	4.85	1.48	1.23

このように，金星では遠いときの距離は近いときの距離の6.14倍である。これに反比例する見かけの大きさは，近いときが遠いときの6.14倍で，最も変化が大きい。なお，解答を出すには表のようにすべて計算しなくとも，およその見当がつけば充分に答えられる。

★ワンポイントアドバイス★

図を見たり，自分で図を描いたりすることで，どのような状態になっているのかよく理解してから計算を実行しよう。

＜社会解答＞ 《学校からの正答の発表はありません。》

〔1〕 問1 エ　問2 ウ　問3 (例) 晴れの日が多く波も穏やかだから。　問4 ① あ ② う ③ い ④ え　問5 オ　問6 ② 岡山(県) ③ 愛媛(県)
問7 ① 高知(県) ② 島根(県) ③ 広島(県) ④ 鳥取(県)　問8 出雲
問9 ウ

〔2〕 問1 イ　問2 エ　問3 ウ　問4 ウ⇒ア⇒イ⇒エ⇒オ　問5 松前[福山]藩
問6 アダムズ[ウィリアム・アダムズ]　問7 大塩平八郎　問8 イ・エ
問9 鹿鳴館　問10 エ　問11 (例) ポーツマス条約では賠償金が取れなかったから。
問12 ウ　問13 オ

〔3〕 問1 大隈重信　問2 全国水平社　問3 田中角栄　問4 エ　問5 ウ
問6 (1) (例) 食品ロスを削減すること。　(2) (例) 古紙を利用していること。
問7 ア　問8 (1) 総務省　(2) ア・エ

○推定配点○
〔1〕 問3・問4・問7 各2点×3(問4・問7各完答)　他 各1点×7
〔2〕 問4・問11 各2点×2　他 各1点×11(問8完答)　〔3〕 問6 各2点×2
他 各1点×8(問8完答)　計40点

＜社会解説＞

〔1〕 **(日本の地理―中国・四国地方の国土と自然・産業など)**

問1 A 典型的なリアス海岸が広がる豊後水道。 B 太平洋に突き出た海岸段丘と奇岩で知られる室戸岬。 C 四国三郎と呼ばれる吉野川などが紀伊水道に注ぐ地域。

重要 問2 本四連絡橋はアの尾道・今治ルート(しまなみ海道)，イの児島(倉敷)・坂出ルート(瀬戸大橋)，エの神戸・鳴門ルート。ウの小豆島を通るルートは存在しない。

問3 天候に加えて干満の差が大きく広大な干潟の広がる瀬戸内海は古代より塩の生産が盛んであった。しかし，戦後はイオン交換膜など新しい製法の導入や輸入塩に押されている。

問4　①　広島県南部の熊野町。　②　香川県西部の瀬戸内海に面した市。　③　愛媛県(旧伊予国)松山市周辺で作られる綿織物。　④　高知県(旧土佐国)中部で作られる和紙。

基本　問5　①　温暖で降水量の多い太平洋側の高知市。　②　冬季の雪による降水量が多い日本海側の松江市。　③　温暖で降水量の少ない瀬戸内の高松市。

やや難　問6　①　大手自動車メーカーの本社があり，東部の福山市は大規模な製鉄工場が存在。　②　倉敷市郊外の水島地区は石油化学や鉄鋼のコンビナートが存在。　③　愛媛県は静岡県に次ぐ紙・パルプの一大生産県。　④　坂出市の臨海部には銅やアルミなどの非鉄金属メーカーも進出。

問7　①　カツオの一本釣りで知られる高知県。　②　島根県宍道湖はヤマトシジミの大産地。　③　広島県は全国のかきの6割以上を占める。　④　鳥取県の20世紀ナシの生産は全国1。

問8　島根県東部の旧国名。全国の神々が旧暦の10月に出雲大社に参集するということから命名。

問9　S　萩の松下村塾は8県に点在する明治産業革命の遺跡の一つ。　T　16世紀に開発された日本最大クラスの銀鉱山。　U　平家一族の篤い信仰を受けた厳島神社。

〔2〕　(日本の歴史―古代～現代の政治・文化・外交など)

問1　豪族を大王家の支配体制に組み入れた氏姓制度。明の征服を図ったのは豊臣秀吉，前方後円墳は大和政権の伸長に伴って各地に普及，金印を授かったのは奴国王。

問2　天武天皇が皇后(持統天皇)の病気回復を願って創建した寺院。

問3　上皇と天皇が対立，源氏と平氏もそれぞれ双方に分裂して戦ったのは保元の乱。乱に勝利した平清盛と源義朝が3年後に対立したのが平治の乱で勝利した清盛が平氏政権を樹立。

問4　武田の騎馬隊を破った長篠の戦(1575年)→豊臣秀吉による大阪城(1583年)→大坂の陣後の武家諸法度(1615年)→島原・天草一揆(1637年)→鎖国の完成(1641年)の順。

問5　15世紀中ごろから北海道南部に進出，徳川家康からアイヌとの独占交易権を認められた。

問6　三浦半島に領地をあたえられた人物。按針とは水先案内人の意味。

重要　問7　大坂町奉行の元与力。乱は半日余りで鎮圧されたがその影響は全国に波及，幕府は危機感を持ち政治改革に乗り出さざるを得なかった。

問8　岩倉具視を大使とし，木戸孝允・大久保利通・伊藤博文・山口尚芳《なおよし》を副使として派遣。

問9　上野博物館やお茶の水のニコライ堂など数々の建物を設計，東京駅を設計した辰野金吾などを育て日本近代建築の父と称された。

問10　第2次護憲運動で政権を奪取，普通選挙法と同時に治安維持法も制定。治外法権の撤廃は陸奥宗光，第一次世界大戦はドイツに宣戦布告，初の本格的な政党内閣は原敬。

重要　問11　日露戦争では20万人以上の死傷者や戦費を賄うために増税をするなど大きな負担が発生，賠償金なしを知った国民は講和反対を叫び暴動を起こした(日比谷焼打ち事件)。

問12　第一次世界大戦の講和条約はパリ郊外のベルサイユ宮殿で調印。

やや難　問13　2016年，国民投票でEU離脱を決定，2020年1月31日正式に離脱が実現した。3人目の女性首相(トラス)誕生の2日後に死亡，マカオはポルトガルから返還，サンフランシスコ平和条約では旧ソ連や中国などとは講和できず，冷戦終結の2年後にソ連が崩壊。

〔3〕　(総合―環境問題・近現代の政治・政治のしくみ・国際社会など)

問1　生前に「狭軌レールの採用は一生の不覚」といったともいわれる。幕末屈指の軍事力を誇った肥前(佐賀)藩出身，渋沢栄一など優れた人材を多用して新政府をリードした。

問2　大正デモクラシーの社会運動の盛り上がりの中で誕生，水平・平等な社会を訴えた。

問3　1972年に訪中し日中共同声明で国交を回復した。「今太閤」などと絶大な人気を誇ったが金権疑惑で退陣，その後逮捕されたが政界には大きな影響力を持ち続けた。

やや難　問4　平成7年(1995年)実施された参議院選挙では過去最低の44％台を記録した。32の1人区が存在，重複立候補ができるのは衆議院，2018年の改正で比例代表に「特定枠」が採用，これにより優先的に当選できる候補者に順位をつけることが可能となった。

やや難　問5　PKOでは停戦や選挙監視などのほか，道路などの補修，現地警察の指導なども実施。協力法は湾岸戦争後，アフガニスタンやイラクなどは別の法律で派遣，カンボジアでは警察官が死亡。

問6　(1)　日本では年間600万トンもの食品が廃棄され大きな問題となっている。　(2)　トイレットペーパーは原則100％，新聞用紙は50％以上であれば表示できる。

重要　問7　スウェーデン・デンマークなどEU加盟27か国中8か国でユーロは導入されていない。

問8　(1)　行政組織や地方自治，選挙，情報通信，郵便，消防など国の基本的な制度を所轄する官庁。　(2)　復興庁は東日本大震災(2011年3月11日)の翌年に誕生。デジタル庁は2021年，スポーツ庁は2015年。観光庁は2008年，消費者庁は2009年，文化庁は1968年。

★ワンポイントアドバイス★

選択問題だからと安心は禁物である。正解が一つとは限らないし判断に苦しむものが多い。消去法で対応するのはもちろんだが，まずは知識量の増大を図ろう。

＜国語解答＞ 《学校からの正答の発表はありません。》

一　問1　a　ア　　b　ウ　　問2　気持ちと身　　問3　オ　　問4　(例)　自分には到底かなわないような，すごい人の実力に打ちのめされてしまったということ。　　問5　ア

問6　A　楽に　　B　自分の～とめる　　C　強さ

二　問1　a　克服　　b　研(ぎ)　　c　趣味　　問2　ア　　問3　オ　　問4　ウ

問5　(例)　「ちがい」をめぐる知識の在庫を質量ともに豊かにし，他者への想像力を常に磨いて豊かにする楽しさを味わうこと。　　問6　ア

○推定配点○

一　問1　各2点×2　　問4　6点　　問6　各3点×3　　他　各4点×3

二　問1　各2点×3　　問5　7点　　他　各4点×4　　計60点

＜国語解説＞

一　(小説―心情・場面・文章の細部の読み取り，空欄補充，ことばの意味，記述力)

基本　問1　傍線部aは「ぶこつ」と読む。bは思いがけず意外なこと，突然という意味。

問2　「悲しいときに……」で始まる段落で，自分の気持ちと重ねて恋人も「気持ちと身体がちぐはぐな感じ(14字)」だったのかもしれない，という「私」の心情が描かれている。

問3　傍線部2の感想について「何の共通点も……」で始まる段落で，「あのとき，無難な感想を……」と「私」が思い返しているので，特に悪い影響を与えないさまという意味のオが適切。「無難」は特に優れているわけではないが，欠点もないさま。

やや難　問4　傍線部3前で描かれているように，参加したパン教室で地道な作業を淡々とこなしておいしいパンを焼く「すごい人」であるパン屋の主人が「私」と陽子に打撲を負わせた人で，「私たちはもっと……」で始まる段落で「到底かなわないような人に打ちのめされ」たとも描かれていることをふまえ，パン教室で経験したことが「打撲を負った」ことであることを具体的に説明する。

問5　傍線部4とともに「さっき初めて会ったばかりの人間の前で涙をこぼせる素直さにうろたえて

いた」という「私」の様子も描かれているので，アが適切。4直前の描写をふまえていない他の選択肢は不適切。

重要 問6 「『梨香さんは……』」で始まる場面の「私」と陽子ちゃんのやりとりから，Aには「楽に」が入る。Bは恋人にふられて会社を休んでいる「私」の様子なので，「陽子ちゃんも似ていた。……」で始まる段落の「自分のことに精いっぱいで，恋人の気持ちの揺れも陽子ちゃんの反転も受けとめる(37字)」が入る。傍線部5直後で，5とともに「到底かなわないような人に打ちのめされても，それでもパン屋になりたいと願う強さを育てなくちゃいけないんじゃないか」と思っている「私」の心情が描かれているので，Cには「強さ」が入る。

二 (論説文一要旨・大意・細部の読み取り，空欄補充，漢字の書きとり，記述力)

基本 問1 傍線部aは努力して困難をのりこえること。bの音読みは「ケン」。熟語は「研修」など。cは個人が楽しみとして行っている事がら。

問2 「はたして……」で始まる段落で，傍線部1が崩れつつあるということを受けて「障害者スポーツは障害のある人のためだけのスポーツなのだろうか」と問いかけているので，アが適切。この問いかけをふまえていない他の選択肢は不適切。

重要 問3 傍線部2直後の3段落で，障害のない筆者がブラインドサッカーで対等に競技できないのは，プレーする能力が障害のある選手より劣っているからであり，「見えること」は無効になって「見えないこと」をめぐる常識や価値と向きあわざるを得なくなり，ルールや規律が厳格に遵守される競技空間では支配的な常識や価値が見事に転倒される，と述べているのでオが適切。この3段落の内容をふまえていない他の選択肢は不適切。

問4 傍線部3直後の段落で「〝不自然で，どこか緊張した戸惑い〟」である3について，「障害ある人を露骨に排除する行為でもないし，障害ある人を嫌ったりする情緒でも」なく，「障害ある人を目の前にして，自分のふるまい方がわからずドギマギしている状態」で「障害ある人と自分との距離をどのように〝適切に〟とっていいのか分からない」戸惑いであることを述べているので，ウが適切。3直後の段落内容をふまえ，距離をどのように〝適切に〟とっていいかわからなかったことを説明していない他の選択肢は不適切。

やや難 問5 傍線部4について，4のある段落から続く4段落で，「『ちがい』をめぐる知識の在庫をできるだけ豊かにすること」，「すでにある在庫の知識を常に疑ってかか」り「知識在庫」を「質量ともに豊かに」すること，「他者への想像力を常に磨いて……豊かにしていく楽しさを味わうこと」を述べているので，これらの内容を指定字数以内にまとめる。

問6 Aは直前で述べているように，「ちがい」のある他者と出会おうとするときには，カッコに入れておいた方がいい，すなわち考えに入れないほうがいいという「支配的な価値やものの見方」に対するものなので，否定的なことばであるアが適切。

★ワンポイントアドバイス★

論説文では，具体例を通して何を述べようとしているのか，具体例前後の段落を特に注意して読み取っていこう。

2022年度

★★★★★★★★★★★★★★★★★★★★★★★★

入　試　問　題

2022年度

早稲田中学校入試問題（第１回）

【算　数】（50分）　＜満点：60点＞

【注意】 定規，コンパス，および計算機（時計についているものも含む）類の使用は認めません。

［１］ 次の問いに答えなさい。

(1) 17で割ると３余り，23で割ると７余る整数を小さいものから順に並べたとき，３番目の整数はいくつですか。

(2) 63円はがき，84円切手，94円切手を合わせて72枚買ったところ，代金の合計は5100円になりました。このとき，買ったはがきの枚数は，買った切手の枚数の合計のちょうど２倍でした。84円切手は何枚買いましたか。

(3) Ａ，Ｂ，Ｃの容器に食塩水が入っています。ＡとＢの食塩水の濃度は，それぞれ３％，８％です。ＡとＢの食塩水をすべて混ぜると濃度は５％，ＡとＣの食塩水をすべて混ぜると濃度は９％，ＢとＣの食塩水をすべて混ぜると濃度は12％になります。容器Ｃに入っている食塩水の濃度は何％ですか。

［２］ 次の問いに答えなさい。ただし，円周率は3.14とします。

(1) 図のあの位置からいの位置まで，１辺の長さが４cmの正三角形がすべることなく矢印の方向に転がります。辺AB，BC，CDの長さがそれぞれ８cm，４cm，４cmであるとき，点Ｐが通った道のりは何cmですか。

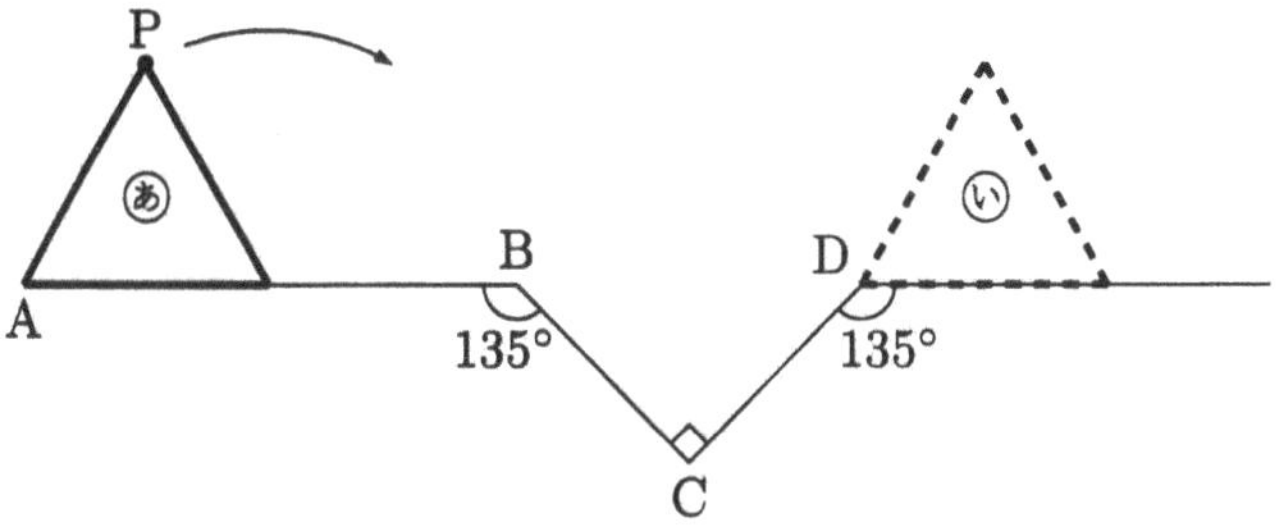

(2) 図の平行四辺形ABCDにおいて，BE：EC＝５：２，CF：FD＝２：３です。また，三角形ADFと三角形ADGの面積はともに210cm^2です。斜《しゃ》線部分の面積は何cm^2ですか。

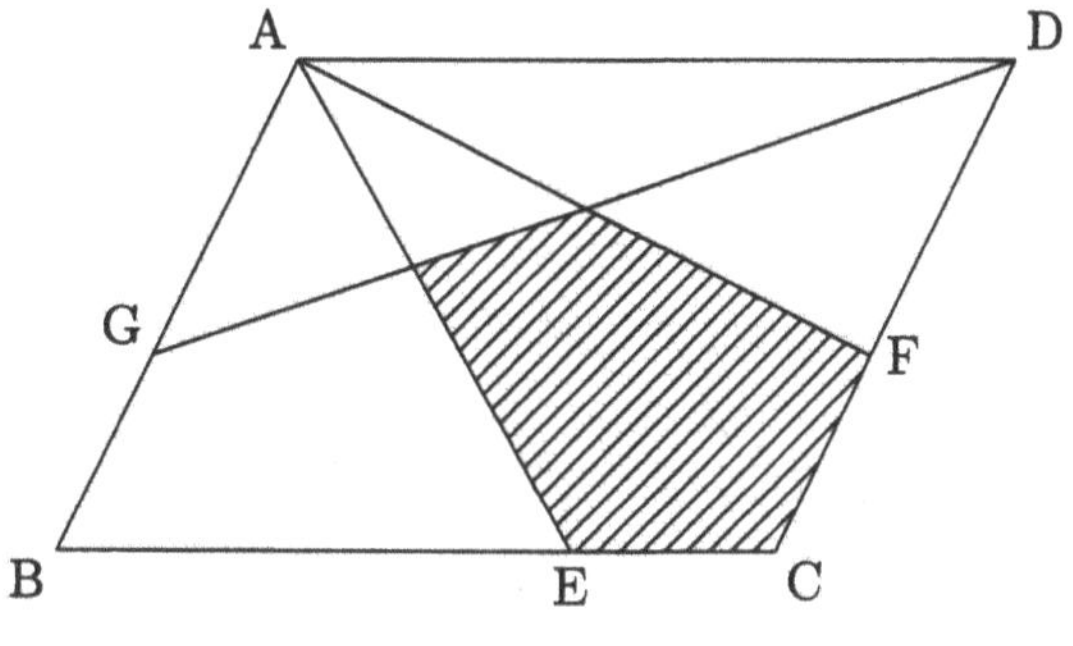

⑶　図１のように，各辺の真ん中の点どうしが点線で結ばれている正三角形があります。その正三角形を４つ組み合わせた図２のような三角すいがあります。

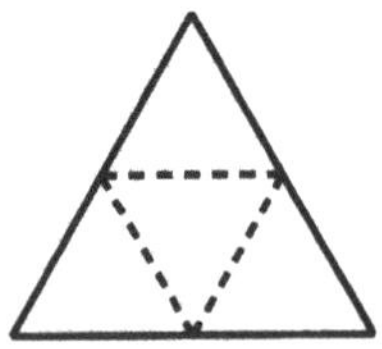

図１

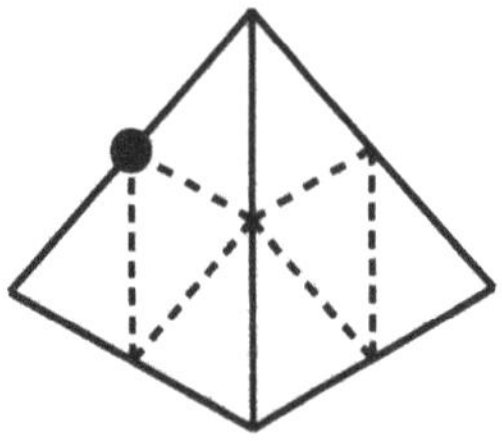

図２

図２の三角すいの12本の点線を次の**手順１～３**にそって一筆《ひとふで》書きでなぞりました。

手順１　図２の●から始めて，４つすべての面を１回ずつ通ります。

手順２　まだなぞっていない点線を選び，４つすべての面を再び１回ずつ通ります。

手順３　まだなぞっていない点線を選び，４つすべての面を再び１回ずつ通り，●で終わります。

なぞった順に①～⑫の番号をつけたところ，①と②のように，連続した２つの番号は同じ面にありませんでした。

図３は三角すいの展開図を表しています。①，②，④，⑩が，図３のようになったとき，⑥と⑧を**ア～ク**からそれぞれ選び，記号で答えなさい。

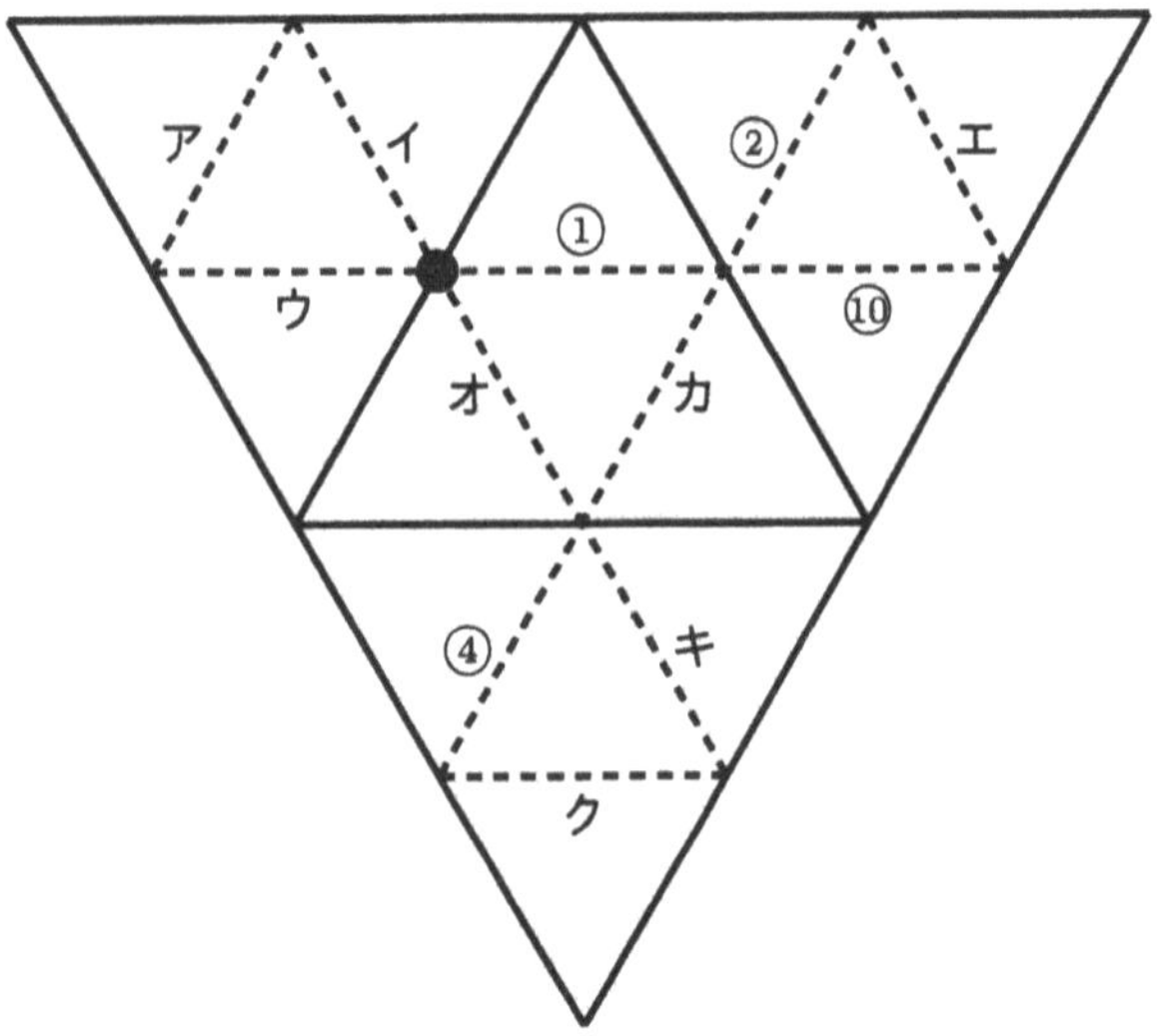

図３

［３］　１本の給水管と，３本の同じ太さの排《はい》水管がついている水そうに水が入っています。この水そうに給水しながら排水管２本で排水した場合，55分後に水がなくなります。また，最初の６分間は給水だけを行い，そのあと給水したまま排水管２本で排水した場合，排水し始めてから59分後に水がなくなります。

次の［ア］～［エ］にあてはまる数を答えなさい。

⑴　排水管１本の排水量は，給水管１本の給水量の［ア］倍です。

⑵　この水そうに給水しながら排水管３本で排水した場合，［イ］分後に水がなくなります。このときの総排水量は，排水管２本で55分かけて排水するときの総排水量より60Ｌ少なくなります。このことから，排水管１本の排水量は毎分［ウ］Ｌで，はじめに水そうに入っていた水の量は［エ］Ｌであることがわかります。

〔４〕　３本の針がある新しい時計をつくりました。図の●は，２つの点線の円周をそれぞれ等分していて，すべての針は時計回りにそれぞれ一定の速さで回転しつづけます。針を短い順にA，B，Cとするとき，針が一周するのにかかる時間は，Aは８時間，Bは３時間，Cは１時間です。午前０時ちょうどに，すべての針は数字の０を指しています。次の問いに答えなさい。ただし，解答らんには，【例】のように24時間表記に直した時刻を答えるものとします。

【例】午前10時30分 →「10時30分」，午後６時 →「18時」

⑴　図１では，針Cが数字の０を指しています。この時刻は何時ちょうどですか。

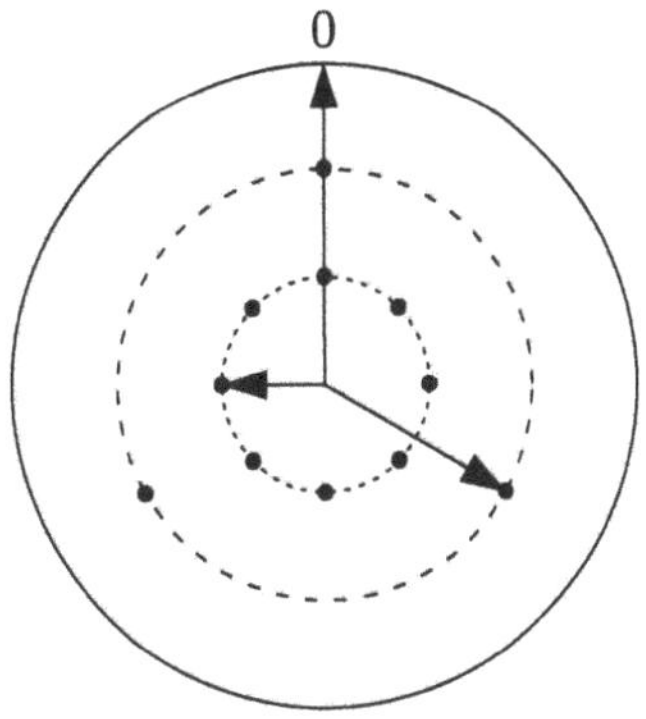

図１

⑵　図２では，針Aと針Bが重なっています。この時刻は何時何分ですか。

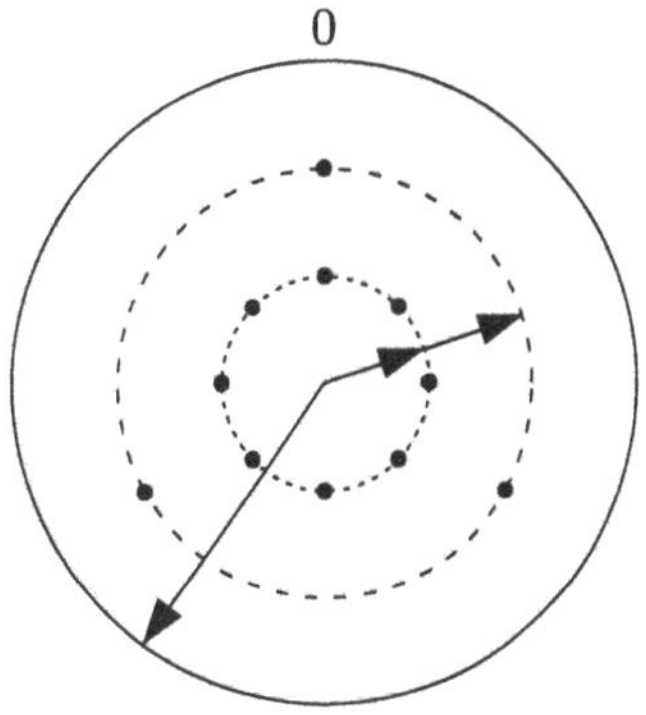

図２

⑶　図３では，針Aと針Cでつくられる角を針Bが２等分しています。この時刻は何時何分ですか。

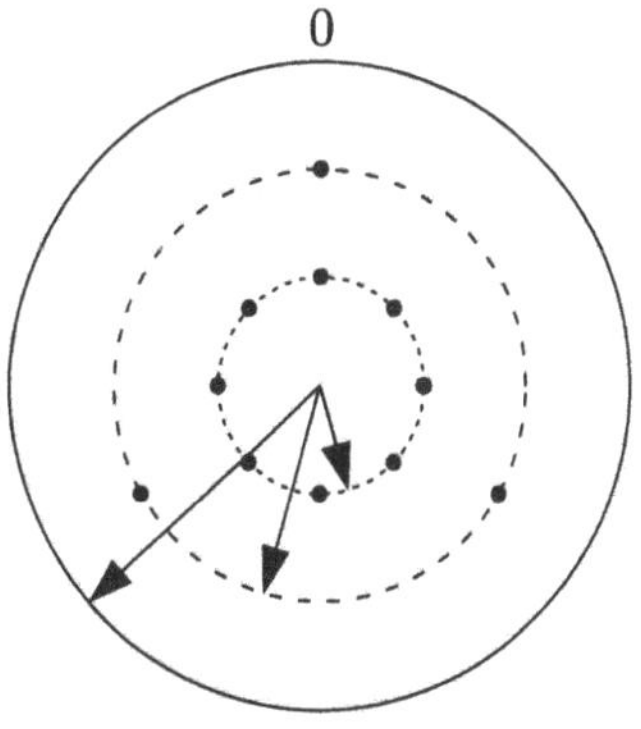

図３

〔５〕 図の直方体の体積は108cm^{3}です。図の●は，各辺の長さを３等分しています。次の問いに答えなさい。

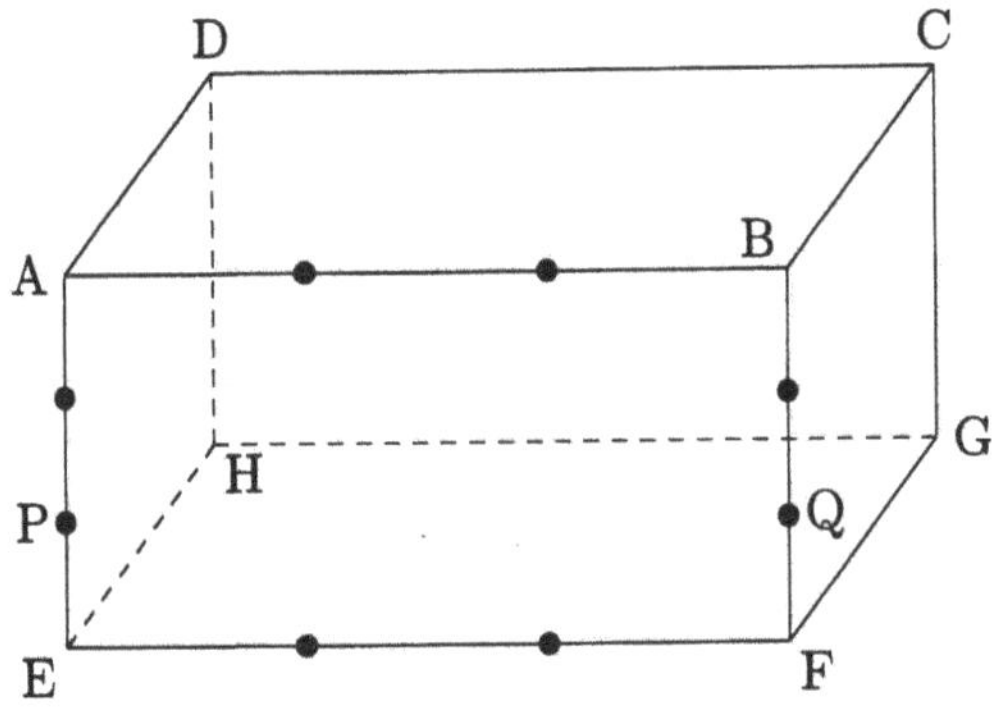

⑴ この直方体を３つの点D，P，Qを通る平面で２つの立体に切り分けるとき，小さい方の立体の体積は何cm^{3}ですか。

⑵ この直方体を３つの点D，P，Qを通る平面と，３つの点A，D，Gを通る平面で４つの立体に切り分けました。この４つの立体のうち，点Eを含む立体について，

① 立体の見取図を完成させなさい。ただし，解答らんの図には，その立体の見えている辺の一部は太線で，見えていない辺はすべて点線でかいてあります。

② 立体の体積は何cm^{3}ですか。

【理　科】（30分）　＜満点：40点＞

【注意】 定規，コンパス，および計算機（時計についているものも含む）類の使用は認めません。

〔１〕 コロナウイルスによる感染症《しょう》は，肺炎《えん》を起こす場合もあります。私たちのからだのさまざまな器官は，体内の状態を一定に保つように全体で働いており，ウイルスなどの病原体に対しても，体内での広がりを防ぐしくみをもっています。これらのことについて，以下の問いに答えなさい。

問１　肺は呼吸のための大切な器官である。ヒトでは肺の先端《たん》が肺胞《ほう》（図１）と呼ばれる小さな袋が集まったつくりになっている。このようなつくりになるのは，小腸の表面が柔《じゅう》毛という小さなでっぱりが集まったつくりになっているのと同じ理由である。その理由として最もふさわしいものを選び，記号で答えよ。

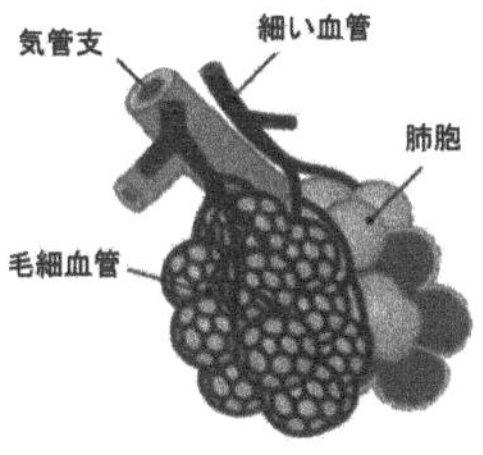

図１

ア　毛細血管にすることで，血液がより速く流れるようにするため。

イ　表面積を大きくすることで，物質のやり取りを効率よく行うため。

ウ　肺胞や柔毛にすることで，物質が当たったときの衝撃《しょうげき》をやわらげるため。

エ　表面をでこぼこにすることで，肺や小腸の中を物質がゆっくり移動するようにするため。

問２　コロナウイルスによって起こる肺炎では，肺表面が正常に働かなくなる。肺炎がひどくなると命が危険になるのはなぜか。その理由として最もふさわしいものを選び，記号で答えよ。

ア　肺の中を通る血管がつまって，血液がうまく流れなくなるから。

イ　肺から気管を通して口や鼻へ空気をはき出すことができなくなるから。

ウ　口や鼻から気管を通して肺へ空気を吸いこむことができなくなるから。

エ　肺へ吸い込んだ空気中の酸素を，肺の血管の血液へ取りこめなくなるから。

オ　肺の血管の血液中の二酸化炭素が，肺内部の空気の方へ放出されなくなるから。

問３　肺で取り込まれた酸素は，血液中の赤血球がふくむヘモグロビンという物質と結合し酸素ヘモグロビンになる。この赤血球が筋肉などの器官へ運ばれると，酸素ヘモグロビンは酸素を離《はな》して供給する。酸素ヘモグロビンの色は鮮紅《せんこう》色（あざやかな赤色）であり，ヘモグロビンの色は暗赤色（やや暗い赤色）である（図２）。また，ある血液中に存在する全ヘモグロビンに対する酸素ヘモグロビンの割合は「酸素飽《ほう》和度」と呼ばれ，健康な状態の動脈血では96～99％である。

コロナ肺炎の状態を調べるために，パルスオキシメーターという機器が使われる。これは指先の動脈に特別な光を当てて流れる動脈血の色を調べ，酸素飽和度を検出するものである。コロナ肺炎の状態が非常に悪くなっている場合，動脈血の色と酸素飽和度は健康な状態に比べてどのようになるか。最もふさわしいものを選び，記号で答えよ。

	動脈血の色	酸素飽和度
ア	暗赤色が少しあざやかになる	上がる
イ	暗赤色が少しあざやかになる	下がる
ウ	もとの暗赤色のまま変わらない	上がる
エ	もとの暗赤色のまま変わらない	下がる
オ	鮮紅色が少し暗くなる	上がる
カ	鮮紅色が少し暗くなる	下がる

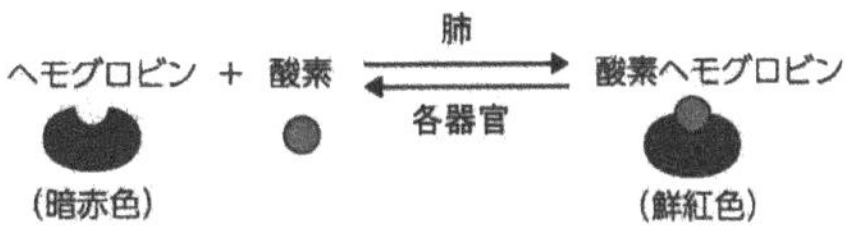

図２

問４　コロナウイルスの感染予防のために行われてきたのが予防接種である。これについて説明する次の文中の空欄《らん》**X**に適する語を，下の**ア**～**エ**から１つ選び，記号で答えよ。

コロナウイルス感染の拡大を予防するため，行われたのが（　X　）接種である。これは，コロナウイルスの遺伝子の一部から（　X　）をつくり，それを注射によって体内に接種するものである。（　X　）が接種されると，ヒトのからだの中で病原体などを取り除くしくみである免疫《めんえき》システムが働きだし，体内に入りこんだコロナウイルスに結合してその働きを止める抗体《こうたい》と呼ばれる特別なタンパク質がつくられるようになる。

ア　インフルエンザ　　**イ**　DNA　　**ウ**　RNA　　**エ**　ワクチン

問５　図３の０日目から40日目までのグラフは，あるウイルスに対する予防接種後の抗体の血液中での量の相対的な変化を示している。40日目に同じウイルスが感染した場合，抗体の量の変化として最もふさわしいグラフはどれか。図中の**ア**～**エ**から選び，記号で答えよ。

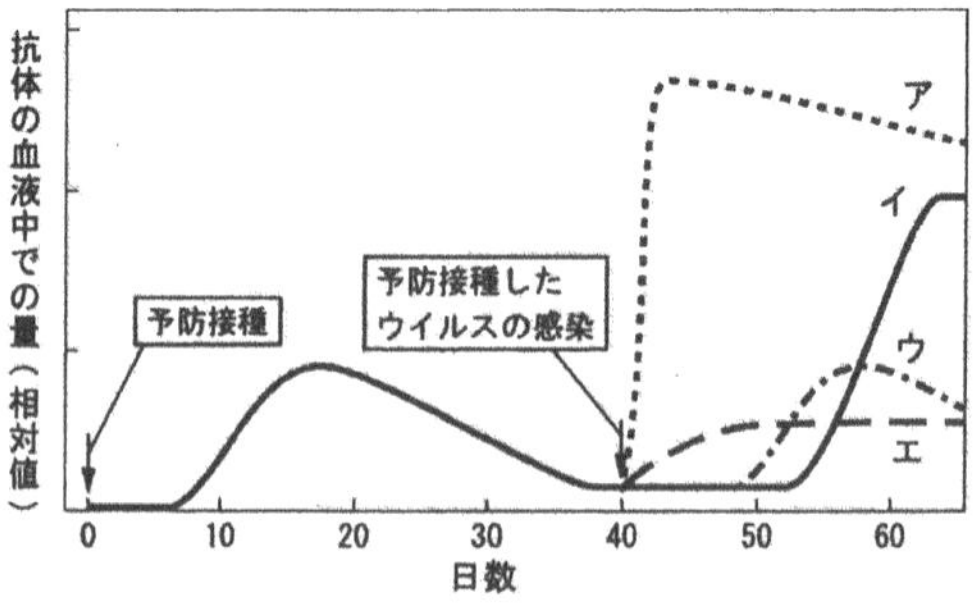

図３

問６　コロナウイルスを拡大してみると，図４のような形をしている。しかし，ウイルスは他の病気を起こす結核菌《けっかくきん》やコレラ菌のような生物ではない。この球状のカプセルの中では，他の生物が行うような呼吸などの生命活動をまったく行わないためである。それでも，生物がもつ別の特徴《ちょう》はあるため，ウイルスは「生物と無生物の間のもの」と表現される。ウイルスももつ生物的特徴とは何か，簡潔に述べよ。

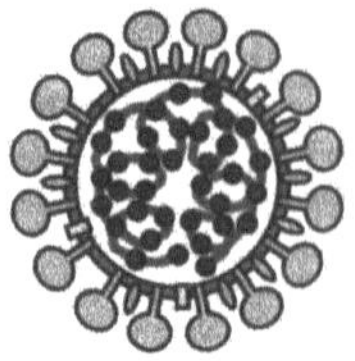
図４

〔２〕　音と光について，以下の問いに答えなさい。ただし，空気中の音速は秒速340m，水中の音速は秒速1500mとします。

問１　船Ａと船Ｂが水上で２㎞離れている。空気中で船Ａから船Ｂに向けて音を出し，それと同時に水中で船Ａから船Ｂに向けて音を出す。このとき，水中で受信する音は空気中で聞こえる音に比べて何秒速く聞こえるか。答えは四捨五入して小数第２位まで答えよ。

問２　アーティスティックスイミングの選手は水中で演技を行うが，空気中にあるスピーカーから出た音を水中で聞くとあまり聞こえない。そこで水中に防水スピーカーを入れて演技をする。水中にいる選手の演技の速さと演技を始める時刻は，空気中にいるときと比べてどうなるか。最もふさわしいものを選び，記号で答えよ。

	演技の速さ	演技を始める時刻
ア	空気中と同じ	約 3.4 秒早い
イ	空気中と同じ	約 3.4 秒遅い
ウ	約 3.4 倍の速さ	約 3.4 秒遅い
エ	約 3.4 倍の速さ	空気中と同じ
オ	約 0.77 倍の速さ	空気中と同じ
カ	空気中と同じ	空気中と同じ

問３　表１のように，異なる長さの管を用意する。管の一端は開いているが，他端はふたがされている。空気中でその管のふたをしていない方の近くで手をたたくと，特定の音の高さ（ド・ミ・ソなど）がよく聞こえた。この実験結果をもとに，図１のように同じ直径でさまざまな高さの円筒形のコップに水を注ぐときに聞こえる音の高さは以下のように説明できる。以下の文中の ① ～ ③ にあてはまる語の組合せとして最もふさわしいものを選び，記号で答えよ。

表１

長さ	音の高さ
63 cm	ド
49 cm	ミ
41 cm	ソ
31 cm	高いド

「コップ内の ① 柱の長さが ② ほど音が高く聞こえるので，水を注いでいくと聞こえる音がだんだん ③ なる。」

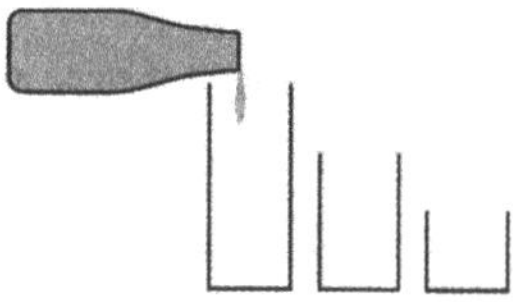

図１

	①	②	③		①	②	③
ア	水	長い	高く	**イ**	水	短い	高く
ウ	空気	長い	高く	**エ**	空気	短い	高く
オ	水	長い	低く	**カ**	水	短い	低く
キ	空気	長い	低く	**ク**	空気	短い	低く

問４　T字路に左右が確認できるカーブミラーが設置されている。図２のように鏡に車が見えていたとき，車はどの位置にあるか。上空から見た図として最もふさわしいものを選び，記号で答えよ。

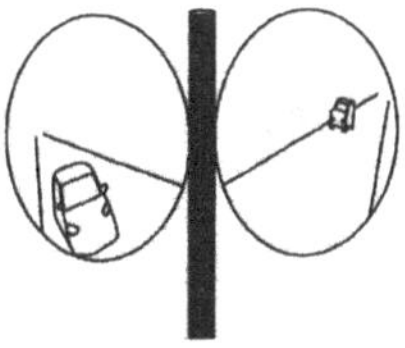

図２

ア

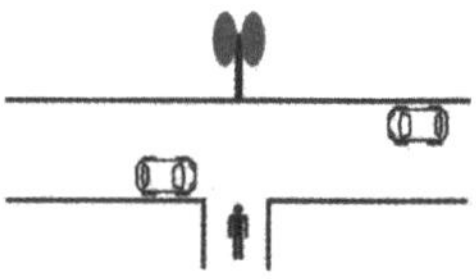

イ

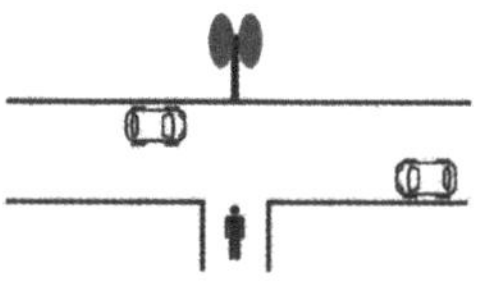

ウ

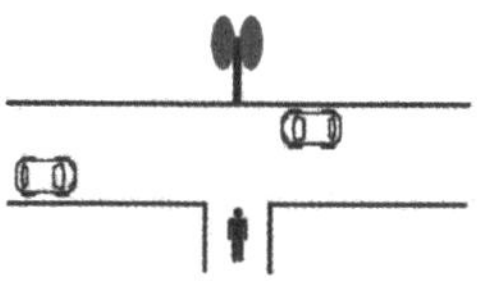

エ

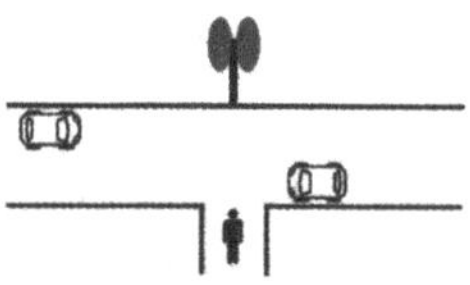

問５　図３のような双眼鏡《そうがんきょう》は，接眼レンズと対物レンズを用いて，見るものを拡大する。その内部には光を反射させるためのプリズムが配置されている。図４のように２つのプリズムが配置されているとき，対物レンズから入ってきた光はどのような経路を通り接眼レンズまで進むか。その光の経路を図示せよ。

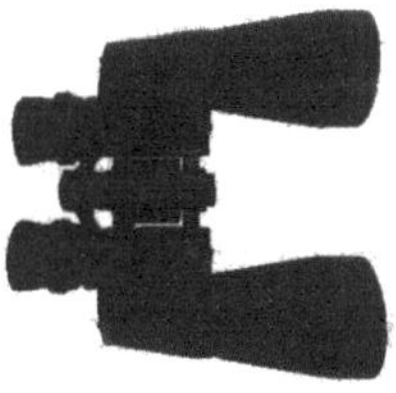

図３

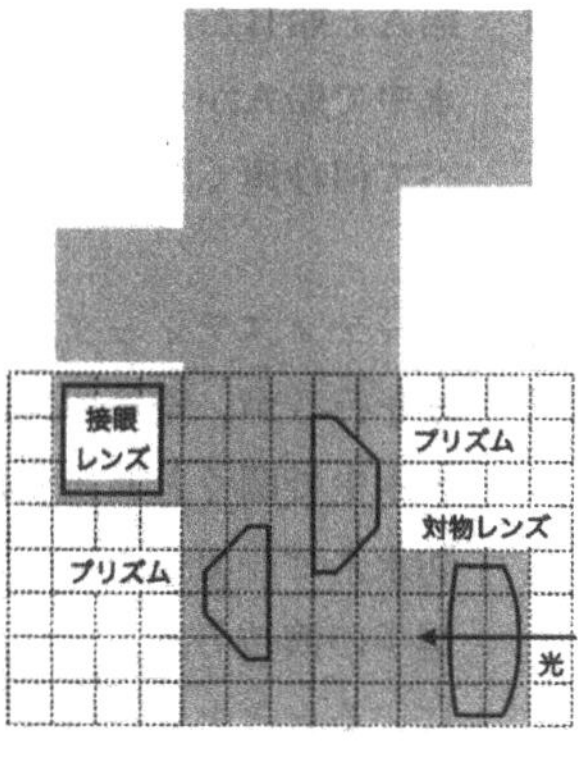

図４

〔３〕 次の実験操作を読み，以下の問いに答えなさい。なお，表は実験の結果をまとめたものです。

［操作１］ 固体の水酸化ナトリウム10ｇに水を加えて混合し，水酸化ナトリウム水溶《よう》液500cm^{3}を作った。

［操作２］ ある濃度のうすい塩酸を70cm^{3}ずつ６つのビーカーＡ～Ｆに入れた。

［操作３］ 図のようなこまごめピペットを用いて，［操作１］の水酸化ナトリウム水溶液を表の体積で，ビーカーＡ～Ｆに加え混合した。

［操作４］ ビーカーの水溶液を加熱し，蒸発させてビーカーに残った固体の重さをそれぞれ調べた。

ビーカー	A	B	C	D	E	F
加えた水酸化ナトリウム水溶液(cm^3)	30	40	50	60	70	80
ビーカーに残った固体の重さ(g)	0.90	1.20	1.50	1.76	1.96	2.16

図

問１ 下線部のこまごめピペットについて，最もふさわしい使用方法を選び，記号で答えよ。

ア 何かの液体でぬれていたが，そのまま使用した。

イ 蒸留水を少量吸い上げることでピペット内を洗い，そのまま使用した。

ウ 蒸留水を少量吸い上げることでピペット内を洗い，ドライヤーで乾燥させてから使用した。

エ これからはかり取る水溶液を少量吸い上げることでピペット内を洗い，そのまま使用した。

問２ ［操作３］を行った後のビーカーＣにある水溶液と同じものを用意し，中性の状態のBTB液を少量加えた。このときBTB液は，何色に変化するか。

問３ このうすい塩酸70cm^{3}とちょうど中和する水酸化ナトリウム水溶液は何cm^{3}か。

問４ ［操作４］を行った後のビーカーＤに残った固体の中で，食塩は何ｇか。

問５ ［操作４］を行った後のビーカーＥとＦに残った固体を別のビーカーに入れ，水を加えて完全に溶かした。これに［操作２］で用いたうすい塩酸70cm^{3}を加えたとき，水溶液は酸性になった。その後，この水溶液に再び［操作４］を行うと，残った固体の重さは何ｇか。

問６ ［操作３］を行った後のビーカーＢの水溶液11cm^{3}と，ビーカーＦの水溶液15cm^{3}をはかり取り混合した。この水溶液を中性にするには，ビーカーＢの水溶液をあと何cm^{3}加えたらよいか。

〔４〕 地層について，以下の問いに答えなさい。

次のページの図は，ある地域の地層の分布や断層のようすを示しています。このような図は，地質図と呼ばれます。図中の点線は等高線で，この地域には丘があることがわかります。この地域には異なる岩石でできているＡ層，Ｂ層，Ｃ層が分布していて，Ｂ層から見つかった化石のほうが，Ａ層で見つかった化石より，新しい時代に栄えた生物の化石でした。また，図中の実線は，Ａ層，Ｂ層，Ｃ層の互いの境界を示していて，太線は南北方向の断層を示しています。

この地質図から，断層の［ ① ］側が［ ② ］ｍ隆起《りゅうき》していることがわかります。

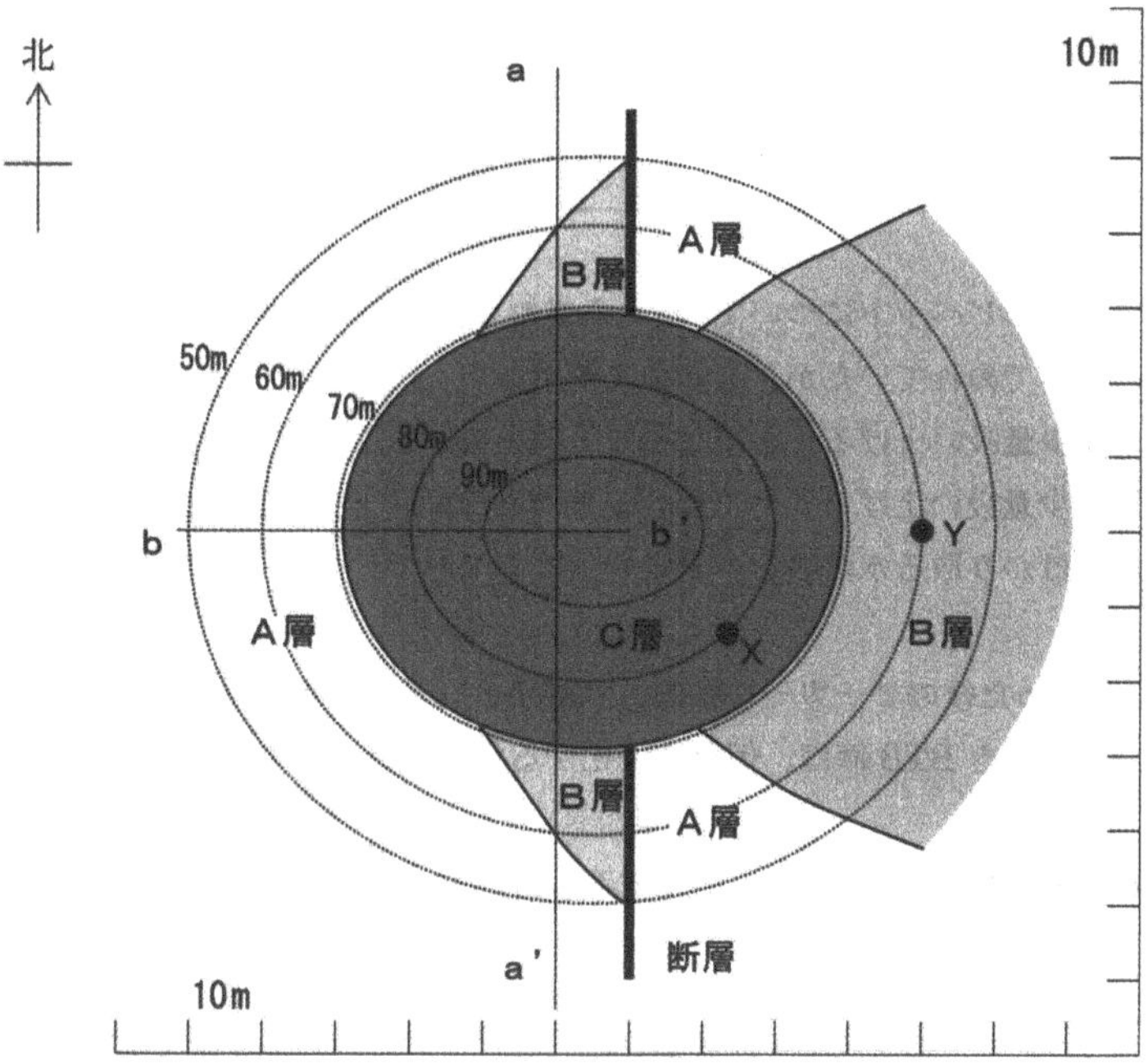

図

＊縦横の１目盛は 10 m を示す。

問１　図中の a ― a’ の地形の断面を，西側から見たときの図として最もふさわしいものを選び，記号で答えよ。

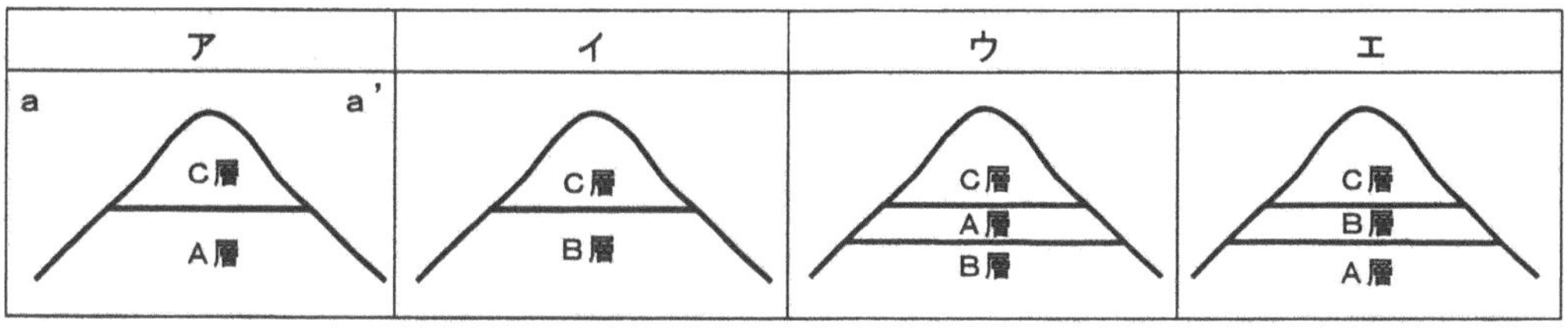

問２　図中の b － b’ の地形の断面を，南側から見たときの図として最もふさわしいものを選び，記号で答えよ。

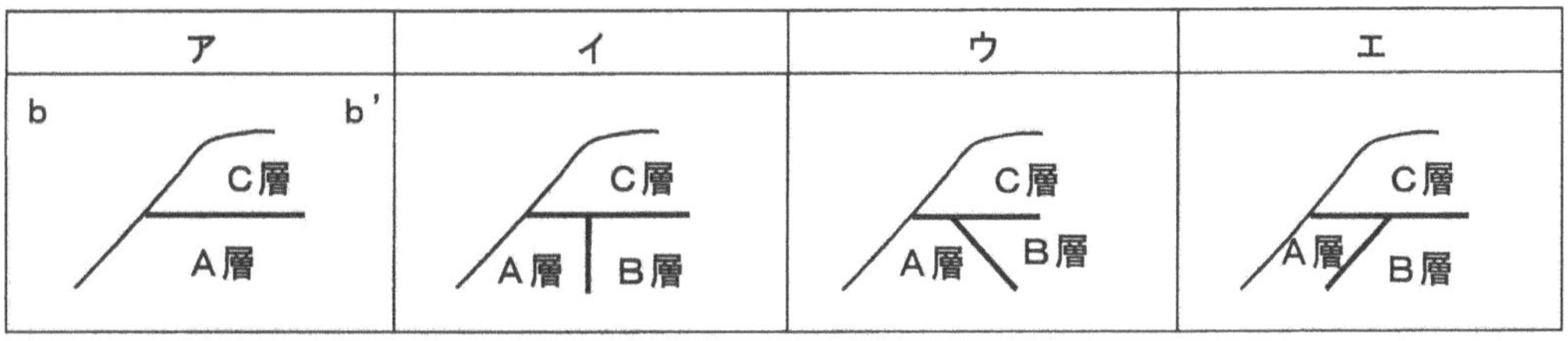

問３　C層は，砂が下から上に向かって順に堆《たい》積して形成されたことが分かっている。図中の地点Xでは C層の地層が見られ，地層中の砂の粒の大きさや浅い海だったときに生息していたカニの巣穴の化石に注目して観察した。観察したスケッチとして最もふさわしいものを選び（次のページ），記号で答えよ。

	砂粒の大きさの変化	カニの巣穴		砂粒の大きさの変化	カニの巣穴
ア	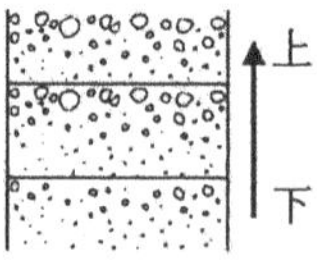	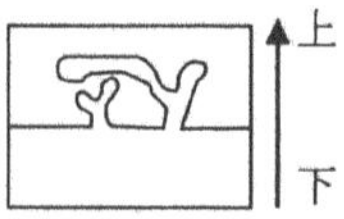	**イ**	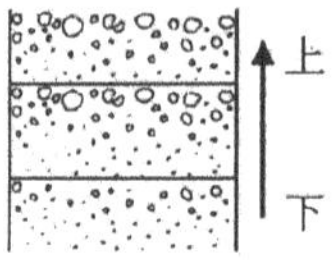	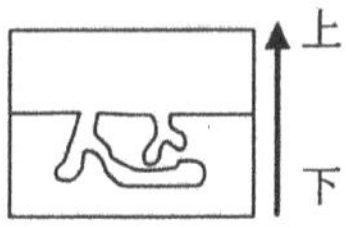
ウ	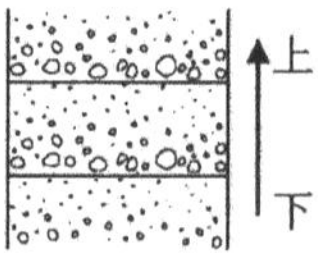	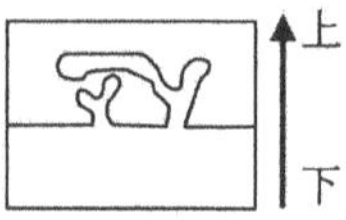	**エ**	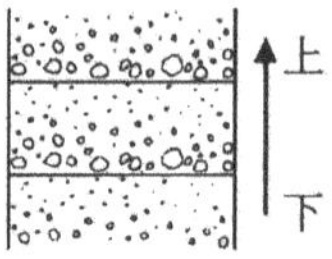	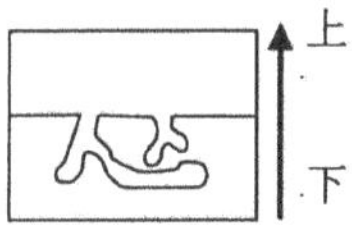

問４　前のページの図中の地点Ｙから水平に，西に向かってほり進めたところ，Ａ層とＢ層の境界面に達した。ほり進んだ距離として最もふさわしいものを選び，記号で答えよ。

ア　10m　　**イ**　20m　　**ウ**　40m　　**エ**　60m　　**オ**　80m

問５　文章中の ① ， ② にあてはまる語と数値の組合せとして最もふさわしいものを選び，記号で答えよ。

	①	②
ア	東	10
イ	東	20
ウ	東	30
エ	西	10
オ	西	20
カ	西	30

【社　会】（30分）　＜満点：40点＞

〔１〕 次の文章を読み，各問に答えなさい。

夏休みのある日，幸さんの家に，萩《はぎ》市に住むおばあちゃんから荷物が届きました。段ボールの中にはおばあちゃんからの手紙と①萩市の地形図と写真が入っていました。

> 元気にしていますか？今年こそ，お盆《ぼん》休みにさっちゃんたちにいっぱいおいしいものを食べさせてあげたかったんやけど，帰って来られないみたいだから，萩のものを送るね。さっちゃんの好きな②瓦《かわら》そばセットを入れておいたよ。③瀬つきアジの南蛮漬《づ》け，アマダイの煮《に》付けを作ったから，みんなでいっしょに食べてね。お父さんの大好物だから。それと④萩焼のブローチを作ってみたからいっしょに送るね。気に入ると良いな。
>
> お母さんから，さっちゃんが夏休みの自由研究で，萩のことを調べて発表すると聞きました。萩市の地形図と写真を入れておくから，良かったら使ってね。お正月には，みんなで遊びにきてね。体に気をつけてね。

問１　下線部①に関して，次の地形図を参照しながら，各問に答えなさい。

（編集の都合で85％に縮小してあります。）

国土地理院 1/25000 地形図「萩」より

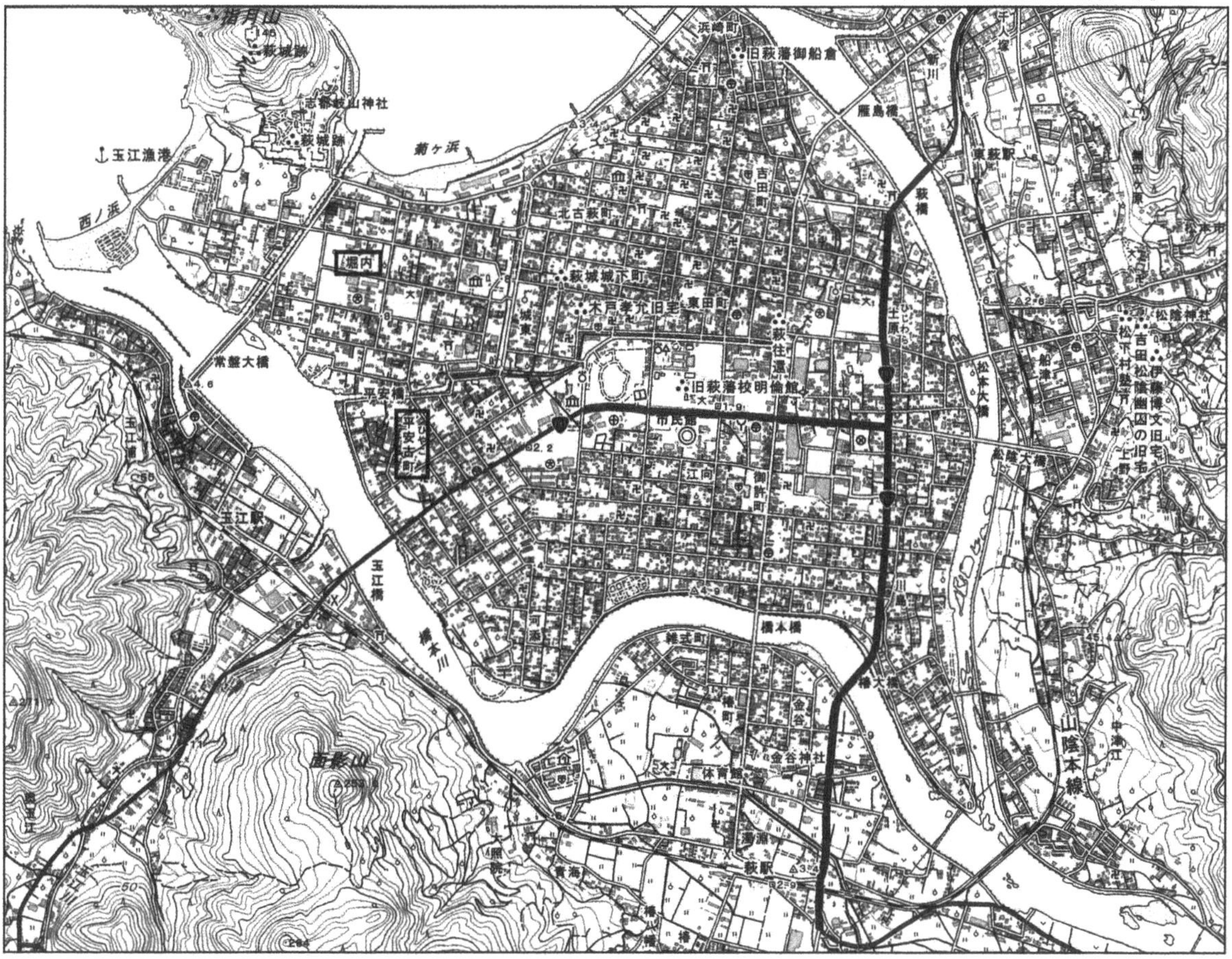

⑴　萩市の中心街はどのような地形上に立地していますか。**漢字**で答えなさい。

⑵　前のページの地形図中の松陰大橋から西へ直進し，玉江橋に至る道路沿いには**見られない**地図記号を次の中から**２つ**選び，記号で答えなさい。

ア　警察署　　**イ**　消防署　　**ウ**　神社　　**エ**　博物館　　**オ**　病院

⑶　地形図中の「堀内《ほりうち》」や「平安古《ひやこ》町」には，右の写真のような鉤《かぎ》の手に曲がった街路や丁字路が見られます。なぜこのような街路がつくられたのか，その役割を説明しなさい。

⑷　地形図中の「堀内」や「平安古町」では，の地図記号が多く見られます。その背景について述べた文として，最もふさわしいものを次の中から１つ選び，記号で答えなさい。

ア　世界遺産に指定されたため，観光客向けに温室を利用したイチゴの抑制栽培を行うようになりました。

イ　石油危機で燃料費が高騰《こうとう》し，生活に困った漁師たちが，副業として沿岸部に広がる砂丘《さきゅう》上でチューリップの栽培を行うようになりました。

ウ　日韓国交正常化後，地理的に近い韓国との交流がさかんになり，キムチ用の白菜の栽培が広まりました。

エ　廃藩置県後，困窮《こんきゅう》する士族たちを救うため，温暖な気候と広い武家屋敷地を利用した夏みかんの栽培が行われるようになりました。

⑸　地形図から読み取れることとして，最もふさわしいものを次の中から１つ選び，記号で答えなさい。

ア　堀内地区と市役所周辺の標高を比べると，堀内地区の方が低地にあります。

イ　面影《おもかげ》山の東斜面《しゃめん》と西斜面では，西側斜面の方が傾斜《けいしゃ》が緩《ゆる》やかです。

ウ　旧萩藩校明倫館《めいりんかん》から見て，萩城跡《あと》は北東方向にあります。

エ　市役所は鉄道の駅の近くにあり，駅を中心に発達した街だと分かります。

問２　下線部②に関して，瓦そばとは，熱した瓦に茶そばをのせ，牛肉・錦糸《きんし》卵・ねぎ・レモン・もみじおろし等を添え，つゆをつけて食べる郷土料理です（写真）。次の表は，瓦そばの食材のうち，そば，鶏卵《けいらん》，ねぎ，レモンのいずれかの生産量と肉牛の飼育頭数の上位４位までの都道府県を示しています。そば，鶏卵にあてはまるものをそれぞれ選び，記号で答えなさい。

	ア	イ	ウ	エ	オ
1位	広島県	北海道	千葉県	茨城県	北海道
2位	愛媛県	鹿児島県	埼玉県	鹿児島県	長野県
3位	和歌山県	宮崎県	茨城県	千葉県	山形県
4位	宮崎県	熊本県	群馬県	岡山県	栃木県

（『データでみる県勢 2021』
及び農林水産省 HP より作成）

問３　下線部③に関して，萩沖では，「瀬」や「グリ」と呼ばれる海底の岩礁《がんしょう》に，魚がたくさん集まることが知られています。例えば，海流に乗って萩沖合にやってくるアジは，「瀬」にとどまってたっぷりとエサを食べ，「瀬つきアジ」という脂《あぶら》ののった魚になります。

⑴　萩市の沖合を流れる海流名を**漢字**で答えなさい。また，この海流が暖流である場合は１，寒流である場合は２と答えなさい。

⑵　右の円グラフは，2018年の萩市の魚種別漁獲《ぎょかく》量における魚類の内訳を示しています。円グラフ中のＸの魚を，次の中から１つ選び，記号で答えなさい。

ア　サンマ　　**イ**　ブリ　　**ウ**　サケ　　**エ**　マグロ

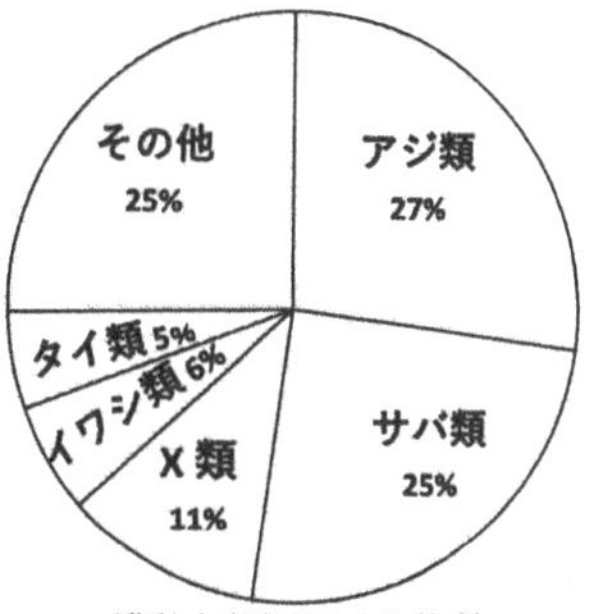

(農林水産省HPより作成)

⑶　近年，日本各地でアジなどの漁獲量が減少しており，大切な漁業資源を守るための取り組みが行われています。萩市でもトラフグ，ヒラメ，マダイ等の稚魚《ちぎょ》の放流に取り組んでいます。このように，稚魚を育成して川や海に放流し，成魚を漁獲することを何といいますか。**漢字**で答えなさい。

問４　下線部④に関して，萩焼はこの地域で作られる陶磁器《とうじき》です。次の雨温図は，萩市と下の枠《わく》内の陶磁器の産地がある都道府県の県庁所在地における気温と降水量の変化を示しています。このうち，萩市の雨温図を次の中から１つ選び，記号で答えなさい。

備前焼　　益子焼　　有田焼

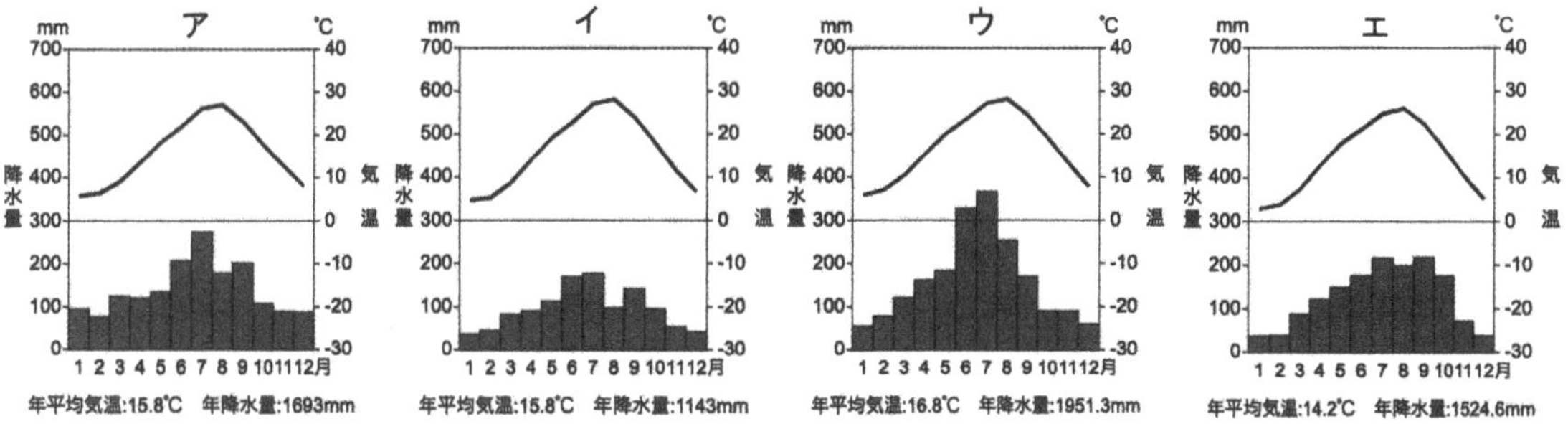

(気象庁HPより作成)

〔２〕 次の文章を読み，各問に答えなさい。

2021年８月，12歳《さい》になった小学校６年生の礼二くんは，お父さんといっしょに，東京国立博物館の特別展「聖徳太子と（　Ａ　）」を見学しました。帰宅後，２人は特別展に関連した話をしました。

礼二：博物館は広かったね。東京国立博物館はいつできたの？

父　：湯島聖堂で博覧会が開催《かいさい》された①1872年が創立の年とされているよ。その後，博物館は現在の所在地である上野公園に移った。上野公園の地は，江戸時代は全て寛永寺というお寺だった。寛永寺の山号は「東叡山」で，「東の比叡山」という意味だから，寛永寺は（　Ｂ　）宗のお寺ということになる。

礼二：特別展で見てきた聖徳太子といえば，（　Ｃ　）馬子と協力して冠位十二階を定めるなど，天皇中心の国づくりをめざして政治の改革を進めたよね。

父　：天皇を頂点とする中央集権国家が完成するまでには長い時間がかかったよ。律令制定後も，朝廷は，②先祖代々各地を治めてきた地方豪族を役人に任命し，彼らの力に依存《いぞん》して全国を支配した。地方豪族の先祖のなかには，弥生時代に③卑弥呼に従った「くに」の王だった者もいたかもしれない。

礼二：聖徳太子が建立した（　A　）についてもいろいろ知りたくなってきた。

父　：720年に完成した歴史書『（　D　）』には，天智天皇の時代に（　A　）が全焼したと書かれている。そのため，現在の（　A　）の建物が，聖徳太子が建立した当時のものか，再建されたものか論争が続いていたのだけど，発掘《はっくつ》調査によって再建されていたことが確定した。

礼二：（　A　）金堂壁画《へきが》も天智天皇の時代に燃えてしまったの？

父　：金堂の壁画は再建された後の（　A　）に描《えが》かれたものだ。しかし，④1949年に金堂壁画は焼損してしまった。特別展では1940年から行われていた模写作業でつくられたものが展示されていたよ。ところで，伝説や信仰《しんこう》も歴史を考えるうえでは重要だ。平安時代以降，聖徳太子は救世観音《くぜかんのん》の化身とされて多くの人びとの信仰を集めた。

礼二：⑤平安時代や鎌倉時代，室町時代に制作された展示品も多かったのはそのためだね。

父　：江戸時代の後半，幕府が（　E　）の改革を行っていた1842年には，（　A　）の宝物が江戸に運ばれ，奈良時代に作成された聖徳太子の肖像《しょうぞう》画が模写されている。特別展にもこの模写が出品されていたよね。

礼二：紙幣《しへい》に使われた聖徳太子の像は，この奈良時代の肖像画からとられたものだよね。

父　：明治時代以降も，聖徳太子は偉人《いじん》と考えられていたということだろうね。⑥聖徳太子を肖像とする5000円札と１万円札の発行が停止されたのは，お父さんがちょうど今の礼二と同じ年齢《ねんれい》だった1986年１月のことだよ。

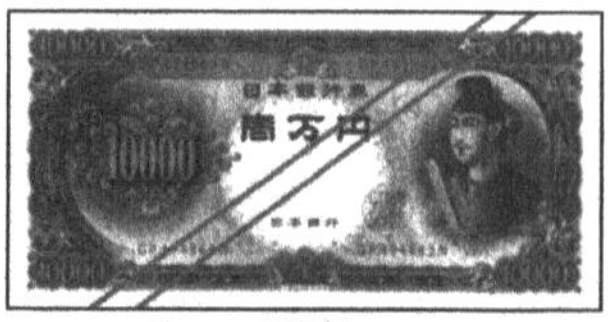

旧１万円札

問１　（A）～（E）にあてはまる言葉を**漢字**で答えなさい。

問２　下線部①に関して，1872年に出された学制は，義務教育の出発点になりました。明治時代の義務教育について，解答欄《らん》に合うように言葉を答えなさい。

問３　下線部②に関して，この役人の名称《めいしょう》として正しいものを次の中から１つ選び，記号で答えなさい。

ア　地頭　　**イ**　国司　　**ウ**　郡司　　**エ**　防人

問４　下線部③に関して，卑弥呼が魏の皇帝から与えられた称号として最もふさわしいものを次の中から１つ選び，記号で答えなさい。

ア　邪馬台国国王　　**イ**　倭王　　**ウ**　大王　　**エ**　日本国王

問５　下線部④に関して，1940年から1949年までに起こった出来事として正しいものを次の中から**４つ**選び，年代順に並べかえて記号で答えなさい。

ア　日本国憲法の施行《しこう》によって，女性参政権が実現しました。

イ　アメリカ軍によって，広島・長崎に原子爆弾が投下されました。

ウ　日本の陸軍がマレー半島を，海軍が真珠湾を奇襲《きしゅう》攻撃しました。

エ　毛沢東を主席とする中華人民共和国が成立しました。

オ　ソビエト連邦の支援《しえん》によって，朝鮮半島南部に大韓民国が成立しました。

カ　日本・ドイツ・イタリアの間で三国軍事同盟が結ばれました。

問６　下線部⑤に関して，平安時代から室町時代までの出来事について述べた文として，正しいものを次の中から１つ選び，記号で答えなさい。

ア　平安時代，天皇のきさきに仕えた紫式部は，『枕草子』という随筆《ずいひつ》を書きました。

イ　鎌倉時代，執権の北条泰時は，朝廷が行う裁判の基準として御成敗式目を定めました。

ウ　鎌倉時代，幕府は，御家人になっていなかった武士たちにも元と戦うように求めました。

エ　室町時代，琉球王国は日本や宋，朝鮮，東南アジアの国々との貿易で栄えました。

問７　下線部⑥に関して，礼二くんのお父さんが生まれた年と最も近い年に起きた出来事を次の中から１つ選び，記号で答えなさい。

ア　男女雇用機会均等法が公布されました。

イ　日本の国民総生産の額が，初めて世界第２位になりました。

ウ　元号が昭和から平成に変わりました。

エ　沖縄が日本に復帰し，沖縄県となりました。

〔３〕　次の文章を読み，各問に答えなさい。

新型コロナウイルスの感染が広がり，国民の健康と生活を守るための①さまざまな取り組みが行われている中で，政治の役割があらためて問われています。そうした中で，②生活に困ったりするのは個人の責任であり，あくまで個人の努力でやっていくべきだという，1980年代から強まった考え方を見直す動きが現れています。

国民一人一人の命や生活を大切にしていこうという政治のあり方は，1990年代以後唱えられてきた，人間一人一人に注目し，貧困・環境破壊《はかい》・感染症《しょう》・自然災害などの脅威《きょうい》から各個人を守る取り組みが平和で安全な世界をつくるという「人間の安全保障」の考えに通じるものがあります。

一方で，③自国の利益だけを最大限追求しようという動きや，核兵器の削減《さくげん》や廃絶に逆行する動きが出てきているのは心配なことです。日本国憲法の，基本的人権の尊重や平和主義などの原則を私たちがどのように活かすかが問われているといっていいでしょう。

問１　下線部①に関して，次の問に答えなさい。

⑴　次の文の空欄にあてはまる言葉を下から１つずつ選び，記号で答えなさい。

2020年から2021年にかけて新型コロナウイルス感染症対策のため，いくつかの法改正が行われました。その中で，事業者に営業時間の短縮などを命令できるようにしましたが，日本国憲法第29条の（　A　）権にもとづく営業の自由を侵害《しんがい》するのではないかという意見があります。一方，第29条には（　A　）権を制限できる「公共の福祉」という言葉がありますが，その場合でも「正当な補償《ほしょう》」が必要であるとされます。

また，入院措置《そち》に応じない人に罰則《ばっそく》を科すことも可能にしましたが，人権侵害をまねかないよう，慎重《しんちょう》な運用が求められます。それは，日本で過去に，（　B　）にかかった人々が法律によって強制的に療養《りょうよう》所に入れられ，その必要性がないことがわかってからもこの政策が見直されなかったために，差別や偏見《へんけん》に苦しめられた事例があるからです。

ア　勤労　　**イ**　経済　　**ウ**　財産　　**エ**　社会　　**オ**　コレラ

カ　天然痘《とう》　　**キ**　ハンセン病　　**ク**　水俣病

⑵　新型コロナウイルス感染症対策のために補正予算がつくられました。国の予算について述べた文として，正しいものを次のページの中から１つ選び，記号で答えなさい。

ア　国の各機関から提出された翌年度の要望をまとめて予算を作成し，国会に提出するのは財務省の仕事です。

イ　予算は国の方針に関わるものなので，国会に提出されるとまず衆議院の国家基本政策委員会で審議《しんぎ》されます。

ウ　予算について衆議院と参議院が異なった議決をして両院協議会でも一致《いっち》しないときには，衆議院の議決が国会の議決となります。

エ　一度決まった予算を年度途中に変更する補正予算は，国会の議決を経ずに内閣の責任で決めることができます。

問２　下線部②に関して，次の問に答えなさい。

⑴　このような考え方は，政府の役割を減らす政策と結びついています。次の各文は，この30年間の政府に関する数字の変化を述べたものです。**下線部が誤っているもの**を１つ選び，記号で答えなさい。

ア　1980年代の歴代内閣では20人だった国務大臣（内閣総理大臣を除く）の数はその後，中央省庁再編のために減らされましたが，2020年９月に発足した菅義偉内閣では特別法などにより20人となっています。

イ　1989年（平成元年）４月に3252あった市町村の数は，「平成の大合併」もあり，2021年４月には大幅《おおはば》に減っています。

ウ　1989年度の国の歳出で約12兆円だった社会保障費は，高齢化もあり，2019年度には大幅に増えています。

エ　1989年に全国で848カ所におかれていた保健所は，感染症対策のために2020年12月にはそれより100カ所以上増えています。

⑵　日本国憲法ではこのような考え方とは逆に，貧困は個人の力だけで解決するには難しい面があり，社会全体で解決すべき問題であるという考え方をとっています。そのことを最もよく表している憲法の条文を，次の中から１つ選び，記号で答えなさい。

ア　公務員を選定し，及びこれを罷免《ひめん》することは，国民固有の権利である。

イ　すべて国民は，健康で文化的な最低限度の生活を営む権利を有する。

ウ　何人も，公務員の不法行為《こうい》により，損害を受けたときは，法律の定めるところにより，国又は公共団体に，その賠償《ばいしょう》を求めることができる。

エ　この憲法が国民に保障する自由及び権利は，国民の不断の努力によつて，これを保持しなければならない。

問３　下線部③に関して，次の問に答えなさい。

⑴　次の文の空欄（Ａ）（Ｂ）にあてはまる言葉を下から１つずつ選び，記号で答え，**【X】**にあてはまる言葉を**漢字５字**で答えなさい。

今後の世界での主導権をめぐって米国と中国の争いが目立つようになり，東アジアでも緊張《きんちょう》が高まる可能性があります。特に，「一国二制度」をかかげて高度な自治を約束されていたはずの（　Ａ　）で言論や政治活動の自由が制限されるようになり，それと関連して（　Ｂ　）の今後が注目されています。

2021年４月，日米首脳会談の共同声明で「（　Ｂ　）海峡《かいきょう》の平和と安定の重要性を強調する」とされたことに中国は反発しています。万が一，（　Ｂ　）をめぐって米中の軍事衝突《しょうとつ》が起きた場合，2015年に【　X　】権の限定的な行使を認めた日本は難しい立場に立たされることが考えられます。

ア　台湾　　　**イ**　香港　　　**ウ**　尖閣　　　**エ**　千島
オ　チベット　**カ**　ウイグル　**キ**　マラッカ　**ク**　ホルムズ

⑵　2020年10月25日，ある条約の批准《ひじゅん》国・地域が条約の発効に必要な50に到達《とうたつ》しました。次の文は，この条約ができた背景について中満泉《なかみついずみ》国連事務次長が語ったことの抜粋《ばっすい》です。文中の【Y】にあてはまる条約の名称を解答欄に合うように**漢字**で答えなさい。

条約ができた背景には，近年，核兵器がもたらす「壊滅《かいめつ》的な人道的結末」に焦点《しょうてん》が当たるようになったこと，核兵器をめぐる国際環境が非常に悪くなったことなどがありますが，核保有５大国による核軍縮が遅々《ちち》として進まないことへの不満が高まったことが大きいと思います。とりわけ，【　Y　】再検討会議の交渉《こうしょう》が決裂した2015年は転換《てんかん》点でした。

【　Y　】は，米露英仏中に永遠に核兵器の保有を認めるものではありません。第６条では核軍縮交渉を誠実に行う義務を定めています。しかもこの第６条は，核保有５大国が単に交渉をすればいいというものではないのです。1996年の国際司法裁判所の勧告《かんこく》では，全面的な核軍縮に向けて交渉を完結させる義務を負っていると踏《ふ》み込んで指摘《してき》しています。

核保有国が国際法上の義務を負っている核軍縮が遅々として進んでこなかったこと，むしろ逆方向に進んでいること。それがこの条約ができた背景にあるということは，重く受け止めるべきではないでしょうか。

（『毎日新聞』2021年１月22日から）

エ　小説に描かれる悩みにはこれといった解決がないが、自己啓発本に描かれる悩みには読者が納得する正しい答えがある。

オ　小説のタイトルは読者の悩みのために練られたものであるが、自己啓発本のタイトルは読者が誤解しないことを重視したものである。

問２　傍線部**２**「悩みの正体」とありますが、それはどのようなものですか。『門』の内容に基づいた次の説明の中から最もふさわしいものを選び、記号で答えなさい。

ア　夫婦仲が良いので子供が生まれると思っていたが、子どもが生まれないという悩み。

イ　自分と妻は成育歴の違いがあるため、家庭の理想の在り方が異なってしまうという悩み。

ウ　夫婦の問題は取り巻く状況が入り組んでいるために、その状況が解決しないという悩み。

エ　当時の経済事情や社会事情の問題について夫婦という切り口で描写できるかという悩み。

オ　夫婦の問題を「門」というタイトルのひとことで表して象徴化できるかという悩み。

問３　［　］に入る最もふさわしいことばを漢字で答え、慣用句を完成させなさい。

問４　点線部「タイトルから内容が想像できる」「分かりやすいタイトル」とありますが、このような自己啓発本に対して、小説のタイトルはどのようなものですか。次の空欄《らん》に入る最もふさわしいことばを［　］より後の本文中から十字程度で探して、書き抜きなさい。

内容を［**十字程度**］タイトル。

問５　傍線部**３**「小説のタイトルは、誠実であることが大切だ」とありますが、それはなぜですか。次の［X］・［Y］にふさわしいことばを、［X］は十字以上十五字以内、［Y］は五字以上七字以内で補って答えなさい。

たとえば「門」というタイトルは、作者が［X　十字〜十五字］ということを表現することができ、そのようなタイトルを持つ小説を読んだ人は、小説とは［Y　五字〜七字］ものだと受け止めるから。

問６　次の中から本文の内容に合うものを二つ選び、記号で答えなさい。

ア　勧善懲悪小説は扱われる悩みが浅く、一見主張が明確であるが、かえって読者は受け取り方を考えさせられる。

イ　小説と自己啓発本はどちらも、人が生きる上での痛みや苦しみに作者が向き合った結果として生まれたものである。

ウ　作者が悩みの本質に迫ろうとするあまり抽象的な内容になった小説は、悩みに共感できない読者にとっては難解である。

エ　読者は自分の悩みにそったタイトルを探して小説を選ぶので、的確なタイトルは豊かな読書経験のために重要である。

オ　小説は、簡単に片づけられない悩みを持つ人間にとっては、孤独から解放され、安心するために読むものである。

カ　我々が小説を読むのは、いかに思慮深い作者であっても悩みの解決は難しいということを知り、自分を慰《なぐさ》められるからである。

立ち尽くすしかなかった主人公」を描くに至った。

　この場合、タイトルが「俺と仲の良いはずの妻のあいだに子どもがいないという件について」と、「門」だったら、どちらが、より悩みに対して誠実で、的確だろう？　「悩んだけど解決しなかった」と言うのと、「門の前で立ち尽くすしかなかった」と言うのでは、どちらがより状況を誠実に描写しているといえるのだろう？　どちらが、より、私たちに、その悩みの深さを伝えてくれるだろう？

　たしかに「門」だけのほうが、分かりづらい。というか、一見しただけでは、分からない。だけど実際に小説の文脈を知り、その悩みにいったん共感してしまうと、私たちは、「門」と名付けた夏目漱石を信頼せざるをえない。少なくとも、私はそうだ。きっと私が同じようなことで悩んでいたとしたら、「ああ、夏目漱石は深く悩み、深く考えてくれている」とほっとしただろう。自分よりこの悩みについて考えている人が、ここにいたんだ、と感じるだろう。

　それ――つまり「門」とかいう一見分かりづらくて複雑なタイトルは、分かりやすく直接的なタイトルよりももっと、実は、伝わるものの多い表現なのだ。

　だからこそ、小説は分かりづらいタイトルをつける。一見、なにが書いてあるか分からないタイトルを。内容を私たちに事前に教えてくれない言葉で。それは不親切に見えるかもしれない。自己啓発本みたいにうまいタイトルつけろよ、と思うかもしれない。だけど、分かりやすさ以上に、小説と同じ深さの悩みを持った読者に対して、3小説のタイトルは、誠実であることが大切だ。それが小説のタイトルのルールである。

（中略）

　私は、小説のタイトルは分かりづらくあるべきだ、と思う。だって、えんえん語っているように、小説のタイトルは、悩んでいる、苦しんでいる読者に、「俺のことを信頼してよ」って説く誘う文句だから。それは、「俺はきみと同じくらい、またはきみ以上につらいよ」って言うものだからだ。

　小説は、「ちゃんと自分以上に悩んでいる、苦しんでいるやつがいる」って教えてくれる。悩んでいるのは、苦しんでいるのは、つらいのは、自分だけじゃない。この問いについてここまで考えている人がいる。その一点を感じるためだけに、私たちは小説を読む。ずっと読む。ずっと読んできたのだ。昔から。

　だから、今つらい人はもちろん、今つらくない人も、小説を読んだらいいのになあ、と私はやっぱり思ってしまう。だって、あなたがつらくなったとき、小説は唯一寄り添ってくれる存在かもしれないよ。


（三宅香帆『（読んだふりしたけど）ぶっちゃけよく分からん。あの名作小説を面白く読む方法』〔笠間書院〕より）

問１　傍線部１「小説と自己啓発本では、異なる」とありますが、どういうことですか。その説明として最もふさわしいものを次から選び、記号で答えなさい。

ア　小説の主旨は読者が作者の思考に基づき適切に解釈するものだが、自己啓発本において読者は解釈をしてはならない。

イ　小説の作者は難解な悩みの過程しか描かないが、自己啓発本の作者はさらにその明快な結末まで表現している。

ウ　小説では悩みの行き着く先が読者の視点にゆだねられているが、自己啓発本では作者がそれを完全に指定してしまっている。

あるか、「読者の解釈が定まっている結末」があるか、のちがいが分かりやすい自己啓発本と分かりづらい小説の差を生み出している。

小説は、基本的に「私はこんなふうに悩みを持ってるよ。そんで、その悩みに対してこう考えたり、こんな体験をしたりしたけれど、まあ、これが解決になったかどうかは、あなたの解釈にゆだねるよ。ていうか、解決なんてしないかもしれないけど」と伝える（ことの多い）メディア。もちろん作品によっては「悩み、完全解決！」といえる結末を用意してくれることもあるけど、たとえそのような勧善懲悪《かんぜんちょうあく》小説であっても、それが本当にハッピーエンドかどうかは、読者が決めていい。

反対に、自己啓発本の場合は、「私はこんな悩みを持ってるよ。そんで、こうやって解決したよ！」と伝える。結末を解釈にゆだねてはいけない。結末は作者が用意して、それを読者に渡すものだ。これが自己啓発本のルール。今抱えている悩みに対する結末を、どういうふうに、読者に渡すか。1小説と自己啓発本では、異なる。（中略）

で、この「悩みのためのモノ＝小説」という事実は、小説のタイトルが分かりづらいことと関係している（タイトルの話、まだ続きます。長くてごめん！）。

なぜなら先ほど言ったように、小説は扱う「悩み」に対して、明確な答えを出さない。その答えはきわめて不明瞭《ふめいりょう》なことが多い。その2悩みの正体を綴《つづ》っただけで終わることもある。

たとえば、夏目漱石は『門』で「夫婦ってなんなんだよ」という悩みを扱った。が、『門』のなかで夏目漱石は「夫婦ってなにか」に明確な答えは出さない。というか、物語の主人公ですら、「夫婦ってなんだろうな」なんてとくに言わない。小説の中でただすることといえば、門の前に立ち尽くすことだけである。夫婦という悩みを扱って、門の前に立つ。意味が分からない。解決もしていない。もちろん答えもない。だけど、それがひとつの小説になっている。

そしてこの物語を、夏目漱石は「門」と名付けた。それは、そうとしか名付けられなかったからだ。「俺と仲の良いはずの妻のあいだに子どもがいないという件について」なんてタイトルはつけられない。だって、『門』という小説が扱っている悩みは、ただ夫婦の話だけじゃなくて、その夫婦を取り巻くもっと複雑に入り組んだ悩み全体のことだから。

実際、私たちが人生で抱く悩みなんて、ひとことでばしっと名付けてしまえるほど単純じゃない。

たとえばもしあなたが自分と妻の問題について悩んでいたとしたら、そこには自分の仕事が今どういう状態か、とか、そもそも結婚することになった青春時代の経緯《けいい》とか、さらに妻の幼少期から続く性格や親戚《しんせき》事情とか、自分の昔持っていた理想のありかたやそれを作った父母の関係とか、現在の経済事情や社会事情とか、それはもういろんな要素が絡《から》み合った状況を、「夫婦」という切り口で悩んでいるにすぎない。ひとくちに「夫婦の問題」とか言ったって、それは［　　］の一角で、おそらくもっと問題は根深い。だからこそ私たちは悩む。絡まりすぎてほどけない糸を、どうしよっかなあ、と眺《なが》める。本当は、夫婦の状態だけが問題じゃないはずなのだ。ちょっとどうにかしようとしてみたって、本当は問題なんて解決しなくて、だけどそこに問題があることはたしかだ。

で、その状態を夏目漱石は「門」と言った。いや言ったわけじゃなくてタイトルなんだけど、夫婦を扱った小説の中で夏目漱石は「門の前に

問5　三か所の□に入る最もふさわしいことばを、「＊」以後傍線部2以前の本文中から探して、書き抜きなさい。

問6　傍線部3「おまえ、川嶋先生に似てた」とありますが、誠がこのように言った理由として最もふさわしいものを次から選び、記号で答えなさい。

ア　自分が窮地《きゅうち》に立たされる可能性のあることを知りながら、有人は自らエピペンを打ったから。

イ　善きサマリア人の法を守ることよりも、目の前で苦しむ病人を救うことを有人は優先したから。

ウ　緊急時であっても医師ではない人間による処置は認められないのに、有人は名乗り出て治療を施したから。

エ　たとえ結果が伴わなかったとしても、患者にとって諦めがつく最善のことを有人はやり遂げたから。

オ　過去のあやまちを反省し、川嶋先生と同じく患者本位の姿勢を有人は崩《くず》そうとしなかったから。

問7　本文中には、医師になりたいという有人の気持ちをたとえた一語があります。それを、傍線部2より後の部分から書き抜きなさい。

二　次の文章を読んで、後の問に答えなさい。

本書は、「小説の読み方入門」をテーマにした本である。って誰でも分かる。だって、この本のタイトルに書いてあるから。これって意外と面白い話だ。あなたは、この本の内容をなんとなく分かっているから、読もうと思ってこの本を手に取る。

でもこれ、小説だとあまりない現象なのだ。小説は、「タイトルだけではどんな話か分からない」本だから。

たとえばこの瞬間、あなたが小説を書店で買うとすれば。それは、「タイトルで惹《ひ》かれても、中身が面白いかどうかは分からない」という博打《ばくち》をしているも同然だ。（中略）

じゃあ反対に、タイトルから内容が想像できる本って何だろうか？たとえばビジネス書。実用書。あるいは、自己啓発本《けいはつぼん》。

自己啓発本って、本の中でもぶっちぎり「タイトルから中身が想定できる」ジャンルだ。というか、分かりやすいタイトルじゃないと買ってもらえなさそう。たとえば有名な自己啓発本の『7つの習慣―成功には原則があった！』なんて、タイトルですべて本の内容のオチまで言ってしまっている。この本を買う読者はもちろん「成功する原則とされる7つの習慣が知りたい人」だろうし、本の中身とタイトルの印象がちがった！　なんて齟齬《そご》もないはずだ。

そんなわけで、まったくちがうジャンルだと思われる小説と自己啓発本だけど。実は、小説も、ある種、自己啓発本と同じ効用があるのではないか。（中略）

なぜなら、小説も、自己啓発本も、「現在の自分が抱えている、どうにもならない不安」を扱いつつ、それに対して作者が「私はこう考えてるよ、私もがんばってるから、あなたもがんばろう」というものだから。

人生を過ごすのに、不安や、痛みや、苦しみは、避けられない。――小説も、自己啓発本も、これを前提としている。

人生は、悩まされるものだ、と。

ただその悩みの行きついた先に「読者の解釈にゆだねられた結末」が

「……うん」

「俺ら、川嶋先生ならいいやって思えてたんだ。なんかあって結局駄目でも、診《み》てくれたのが川嶋先生なら諦《あきら》めつく。最善を見つけてくれる、絶対それをやってくれるって信じられた」

土日もたゆまず資料に目を通していた叔父の姿が思い起こされる。

「うん……わかる」（中略）

誠の声がどんどん大きくなる。

「川嶋先生、やっぱすげーよ。その、善きサマリア人の法？　ヤバい状態の人を救うために最善を尽くしたら、結果が伴《ともな》わなかったとしてもおとがめなしみたいな決まり、日本にはないのに、機内で名乗り出て助けたんだろ？」

有人は懸命に首を縦に振る。

「俺、そのときの川嶋先生、どんなだったかわかる。小西さんのところに向かってったおまえだ。3おまえ、川嶋先生に似てた」

まるで、全世界に自慢するように、怒鳴る。

「おまえ、あのとき、すっげー、かっこ良かった！」

かつて一度は消えた灯が、その瞬間、もう一度生まれた。

（乾ルカ『明日の僕に風が吹く』〔KADOKAWA〕より）

注　1　涼先輩……有人が通う高校の先輩。
2　エピペン……食物アレルギー等によるショック症状を和らげる注射。
3　誠……有人が通う高校の同級生。
4　森内……島の診療所の事務職員。
5　柏木……本島の大学病院に勤務する研究医。川嶋先生を慕っていた。
6　叔父……川嶋先生は、この少し前に癌《がん》のため他界している。
7　和人……有人の兄。
8　バイタル……脈拍・血圧など、患者の生命に関する基本的な情報。

問１　傍線部ａ～ｃのカタカナを漢字に直しなさい。

問２　次の一文を入れるのに最もふさわしいのはどこですか。本文中の**Ａ～Ｆ**より選び、記号で答えなさい。

しかし、脳裏に焼き付いていた。

問３　傍線部**１**「未来の自分を想像してみないか」とありますが、ここには川嶋先生のどのような思いが込められていますか。次の空欄《らん》にふさわしいことばを二十五字以上三十字以内で補って答えなさい。

有人に、［**二十五字～三十字**］、ということを考えて行動してほしい。

問４　傍線部**２**「その子なら喜ぶんじゃないか」とありますが、誠がこのように思ったのは、有人の話に、どのような内容が含まれていたからだと考えられますか。その内容として最もふさわしいものを次から選び、記号で答えなさい。

ア　エピペンをはじめとする医療器具の使い方を学び直し、医師になる決意を早く固めてほしいと道下は言った。

イ　かつて川嶋先生がそうしたように、うまくいくという確信を得てから行動に移した方がよいと道下は言った。

ウ　確かとは言えない医学的知識を用いて医師の真似をするのはよくないことだと思う、と道下は言った。

エ　有人が傍観《ぼうかん》するのではなく、自分に人工呼吸をして助けようとしてくれたことを嬉《うれ》しく思っていると道下は言った。

「すげーな、有人」

「……す、すごくないよ。全然」言葉が夜に白く漂《ただよ》う。「全然すごくないんだ……だって、あれを知っていたのには……わけがある」

あまりに気が抜けて、心のガードもcユルんでしまっている。有人は両手で顔を覆《おお》った。

「僕は……医者になりたかったんだ」

星の下で、雪の上で、有人は叔父への憧《あこが》れを抱いた幼い日のこと、それから、悔やみ続けたあの日の一部始終を話した。

すべて聞き終わるまで、誠は口も挟まず、寒そうなそぶりも見せなかった。話し終えると、有人の震えも治まっていた。

「そっか」誠は立ち上がった。「その道下さん、元気になってよかったな」

「……うん」

「今夜のこと、教えてやれよ」

「え、なんで？」

「いや、なんとなく。2その子なら喜ぶんじゃないかと思った」（中略）

「もしも［　　］がなかったらって、ずっと思ってた」手の中の雪玉を、握って潰《つぶ》す。「こんなことになってないのにって」

「でも、もしも［　　］がなかったら、小西さんはヤバかったな」誠は尻についた雪を素手で払い落とした。「今はどうなのよ」

「今？」

「今は［　　］のこと、どう思ってんだよ？　やっぱ、なかったほうがいいか？」

有人はもう一度雪玉を作って、今度は誠に投げつけた。誠がやり返してくる。

「なあ、なんで今夜は行ったんだよ！　あのとき！　涼ちゃんと小西さんのところに！　エピペンのありかと打ち方知ってるって！」

打ち方なんて、一度見ただけだった。【Ｅ】もちろん、電話で的確な指示を出し続けてくれた医師のサポートは大きいが、ともかく有人は名乗り出てやり遂げた。

「涼ちゃんのことが好きだからかよ！」

「ま、誠って馬鹿だろ！」

誠は笑いながらグラウンドを駆けだした。

「……誠だってわかってるくせに」

叔父の言葉を知っている誠なら。

あのとき有人は、一瞬で未来の自分を考えた。【Ｆ】十年後、二十年後の自分を想像して、今を振り返った。黙って突っ立っている己を後悔しないか考えた。

次に思い出した誠の父、兄、それからなにより誠の声。号砲みたいだった。

「あのさ、有人！　救急車のかわりにドクターヘリがあるとか言うけどさ、俺や親父含めて島に住んでる人は、どっか覚悟してるところあんだよ」誠は飛び去ったヘリが雪面に残した跡の上に立った。「なんかあったら、しゃーない。駄目なときは駄目だって。都会じゃもしかしたら助かるかもしんなくても、ここじゃどうしようもないときがある」

「……うん」

「それでもさー。俺らだって人間だから、せめて医者がいたら、あわよくばすげー医者だったら、もしかしたらって思う」

有人は足を踏み出していた。

＊

観光客の男性は、小西さんといった。ヘリでaハンソウされる際、同乗の医師に名を問われ、自分で答えた。

「エピペンを打ったのは君？」小西の(注８)バイタルを確認した医師は、小さく頷《うなず》いた有人に大きく頷き返した。「ありがとう、頑張ったね」

やりとりはあっという間だった。【C】ヘリはすぐに小西を乗せて、北海道本島に飛び去った。

ドクターヘリのライトが星に紛《まぎ》れてしまうと、有人はどすんと雪の上に尻もちをついた。

「なした、有人」

大人たちが訊《き》いてくるが、なにも答えられない。キャパシティを超えた緊張からようやく解放され、力がすっかり抜けた有人は、立ち上がることなんてできなかった。

怖かった。今になって震えが有人を襲う。

「でも、よくやったなあ、有人」

「あの、カチッてやるやつの使い方、よく知ってたな」

大人たちが口々にねぎらう中、涼先輩が涙ぐんで有人の前に膝をついた。

「有人くんが帰ってきてて、本当に良かった……」

「涼ちゃんも大変だったな。さ、帰るべ帰るべ」誠の父が有人の頭にぽんと手を乗せた。「今夜のヒーローも帰るど」

「……俺は」

「そんな格好で雪の上に座ってたら風邪ひくべ。ガタガタやってるしよ」

集まっていた人々は、三々五々帰りはじめている。こんな大騒動があっても、数時間後には船に乗って海に出る人たちなのだ。涼先輩も両親に連れられて去っていく。何度もbナゴリ惜しそうに有人たちを振り返りながら。

「親父。先帰ってろよ。俺、ちょっとここで一休みしてから、有人を寮に送ってく」

「そうか」誠の父は深追いしなかった。「なら、そうせ」

自分が着ていた防寒服を有人に投げてよこして、誠の父は車で去っていった。

さっきまでの喧騒《けんそう》が嘘みたいに静かなグラウンドだった。誠が兄のように防寒服を有人にはおらせた。有人は少し魚臭い温かみに包まれながら、空を見上げた。月は削《そ》がれたように薄く、そのぶん満天に広がる星の光は強い。

「小西さん、写真ちょっとは撮れたかな」誠が隣に腰を下ろした。「こんな空、俺らには普通だけどな」【D】

「……ここ、すごくきれいに……ほ、星が見えるよ」歯の根が合わず、声にも力が大らない。

「夏の……花火のときも……そう思った」

「ふーん」誠は天を仰いだ。「全然関係ないけど、さっきのおまえ、おまえじゃないみたいだった」

誠の爪先《つまさき》が、器用に雪を有人へと蹴り上げてくる。目をやると、誠はにかっと笑った。

【国　語】（五〇分）〈満点：六〇点〉

【注意】字数制限のある問題については、かぎかっこ・句読点も一字と数えなさい。

一　次の文章は、乾ルカ『明日の僕に風が吹く』の一節です。主人公「有人《ゆうと》」は、中学校のクラスメートである「道下」が食物アレルギーによるショックのため倒れたとき、放っておくことができずに人工呼吸を試みようとした。しかし、人工呼吸はこの場合に意味をなさない処置であり、その一部始終を見ていた友人たちから「有人」は軽蔑《けいべつ》の言葉を浴びせられた。「有人」は自室にひきこもり不登校を続けたが、中学を卒業後、叔父《おじ》の「川嶋先生」が常駐医として赴任《ふにん》している離島の高校に入学したのだった。

　これに続く以下の場面は、島にやって来た「小西さん」という観光客が発作を起こした日のことを描いたものである。文章を読んで、後の問に答えなさい。

(注1)涼先輩の父が通話先にいっそう大声で問い返した。

「え？　エビ？　(注2)エピペン？」

有人の心臓が硬く縮まり、続いて一気に膨《ふく》らんだ。あの日覚えた、忘れようがない単語。スティックのりみたいな形状のあれ。めくられたスカート。養護教諭の白衣。

「……保健の先生」有人は呟いていた。「学校の、保健の先生は」

あのとき道下に処置をしたのは、養護教諭だった。しかし、(注3)誠が即座に首を横に振った。

「島の外から来た先生たちは、みんないない」

そうだった。教職員住宅には人の気配が無かった。冬休みが明けるまではまだ一週間あるのだ。

「エピペンってのを使えばいいのか？」涼先輩の父が、(注4)森内にがなる。

「診療所にエピペンってのはあるか？　エピペンだ」

森内の答えのかわりに、有人は過去の音を耳にした。【A】棚の戸を開ける音だ。診療室にあった薬剤を保管する棚に、六月に来島していた(注5)柏木が、二本のエピペンをしまっていた。

もし、あの日と同じなら。あの人が道下と同じなら。でもわからない。間違えるかもしれない。黙っていても誰も責めない。

なにも、しなくてもいい。

なにも動かなければ。

――有人。

――1未来の自分を想像してみないか。

そのとき有人は、(注6)叔父の声を聞いた。

進んだ先にあるもんなんだよ。

――動け。行動しろ。

誠の父と(注7)和人の声も。そして。

――俺は出る。

誠。

突如、凄《すさ》まじい向かい風が吹きつけてきた。息もできないくらいの風だ。それを真正面から受ける。

前に進むときに感じるのは、必ず向かい風だ。

元旦の海に消えたマフラーがまなうらをよぎる。【B】

MEMO

大切なことはメモしておこうネ！

2022年度

早稲田中学校入試問題（第２回）

【算　数】（50分）　＜満点：60点＞

【注意】 定規，コンパス，および計算機（時計についているものも含む）類の使用は認めません。

〔１〕 次の問いに答えなさい。

⑴　次の □ にあてはまる数を答えなさい。

$$70.35 \div \left(3\frac{3}{40} \div 0.375 - \square\right) - 3\frac{3}{8} = 13.375$$

⑵　年令が２才離《はな》れた兄弟がいます。現在から４年後に，父の年令は弟の年令の５倍になります。また，現在から９年後に，父の年令は兄の年令の３倍になります。兄と弟の年令の和が父の年令と等しくなるのは現在から何年後ですか。

⑶　２人の職人A，Bが，ちょうど18日間で工場Xと工場Yの仕事を終わらせます。初めは，職人AがX，職人BがYで働き，途《と》中のある日から働く工場を交換《かん》します。Aの１日あたりの仕事量は，Bの１日あたりの仕事量の1.5倍です。また，Yで必要な仕事量は，Xで必要な仕事量の1.25倍です。職人AはXで何日間働けばよいですか。

〔２〕 次の問いに答えなさい。ただし，円周率は3.14とします。

⑴　辺ABと辺CDの長さが等しい台形の紙を図のように折りました。角アの大きさは何度ですか。

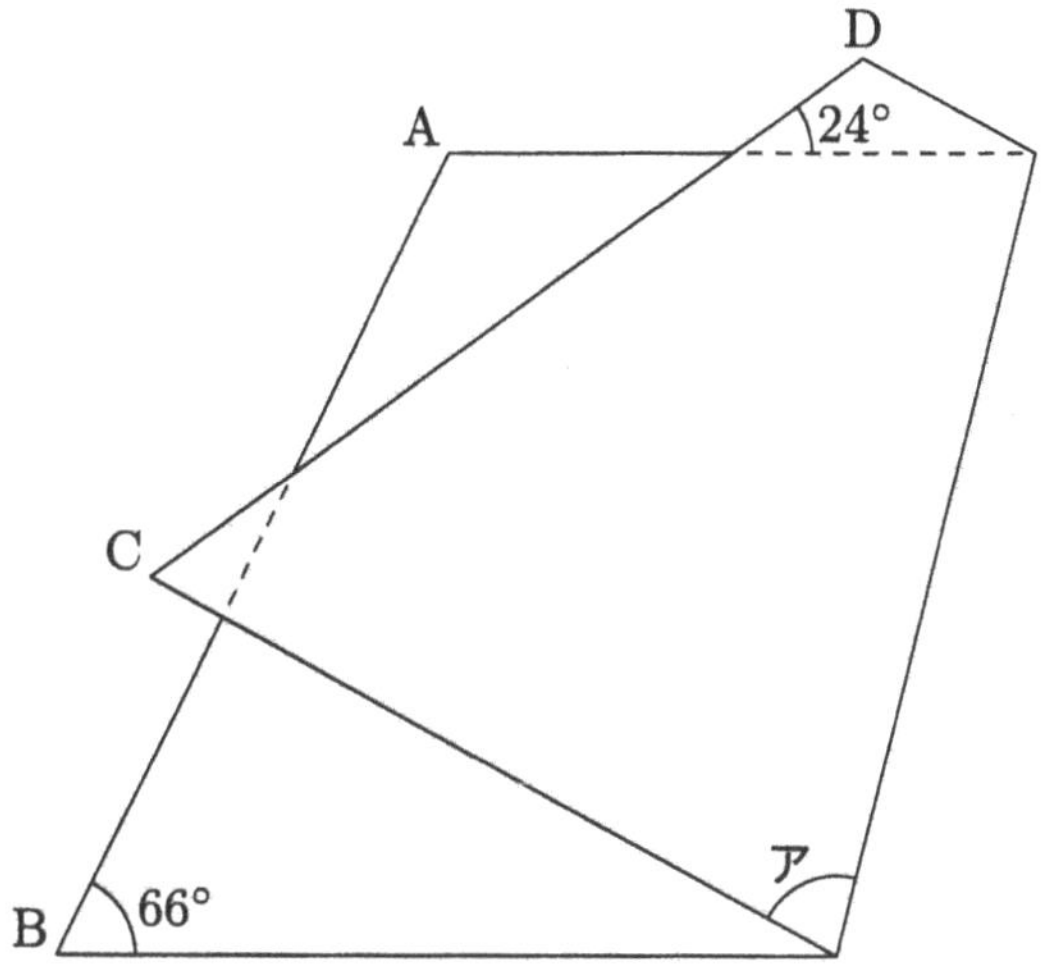

⑵　図の３つの点線PAとPBとPCの長さの和は何㎝ですか。

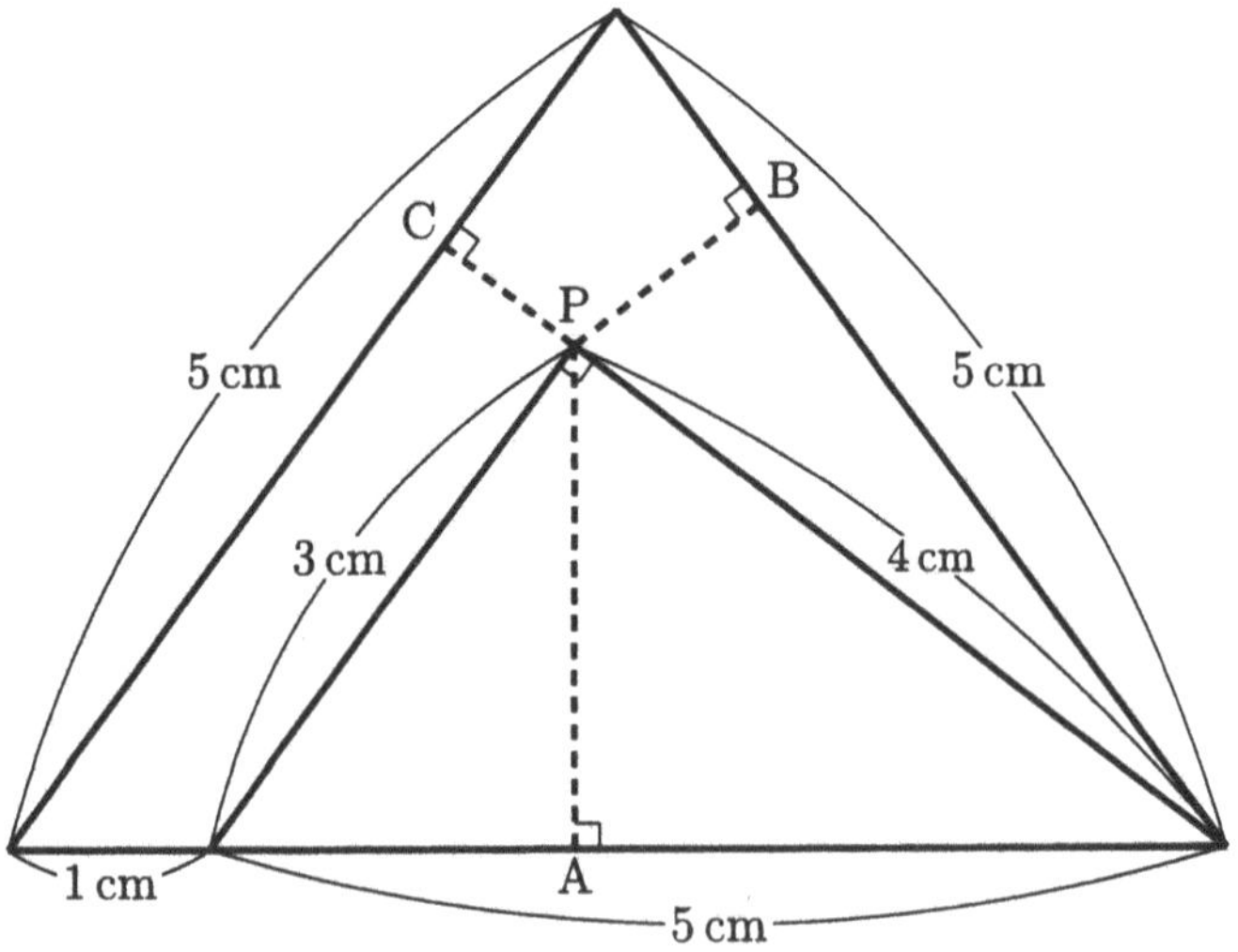

⑶　底面の半径が８㎝で高さが40㎝の円柱の容器と，底面の半径が５㎝で高さが40㎝の円すいの形をしたおもりがあります。図のように，円柱の容器におもりを置いて，深さ24㎝まで水を入れました。おもりを取り出すと水の深さは何㎝になりますか。

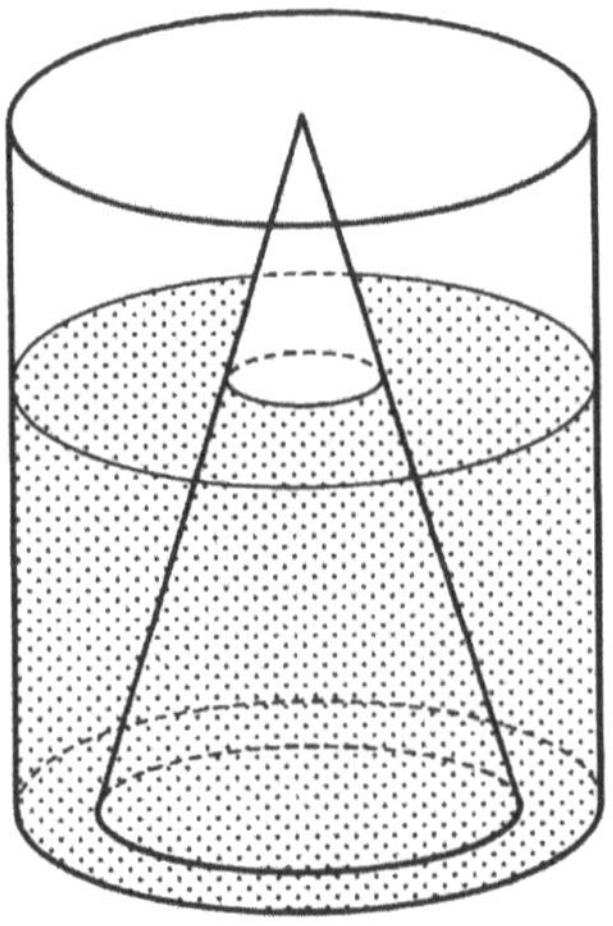

［３］　容器A，Bには同じ量の食塩水が入っていて，濃度はそれぞれ12%，２%です。次の**操作１**，**操作２**を順に行います。

操作１　A，Bからそれぞれある量の食塩水を空《から》の容器Cへ移し，かき混ぜて100ｇの食塩水をつくります。

操作２　Cに［ア］ｇの水を加えてかき混ぜたあと，**操作１**でCへ移した量をそれぞれA，Bに戻《もど》してかき混ぜます。

次の問いに答えなさい。ただし，**操作１**でA，Bから移す食塩水の量に関わらず，［ア］には同じ数があてはまります。

⑴　**操作１**でAから60ｇ移したところ，**操作２**のあと，BとCに入っている食塩水の濃度は等しくなりました。

①　**操作１**のあと，Cでつくった食塩水の濃度は何%ですか。

②　［ア］にあてはまる数を答えなさい。

⑵ **操作１**でＡから40ｇ移したところ，**操作２**のあと，Ａに入っている食塩水の濃度は8.5％になりました。

① はじめに容器Ａ，Ｂに入っていた食塩水の量は何ｇですか。

② **操作２**のあと，Ｂに入っている食塩水の濃度は何％ですか。

［４］ バス通り沿いにＡ駅，Ｂ駅，Ｃ駅がこの順に並んでいて，太郎くんの家はＡ駅とＢ駅の間にあります。Ａ駅とＣ駅の区間を走るバスは，時速36㎞で往復しており，各駅に到《とう》着すると２分間停車してから出発します。

太郎くんは，あるバスＰがＡ駅を出発した時刻に，家からＣ駅まで自転車で向かいました。下の図は，太郎くんとバスＰが出発してからのようすをグラフに表したものです。次の問いに答えなさい。

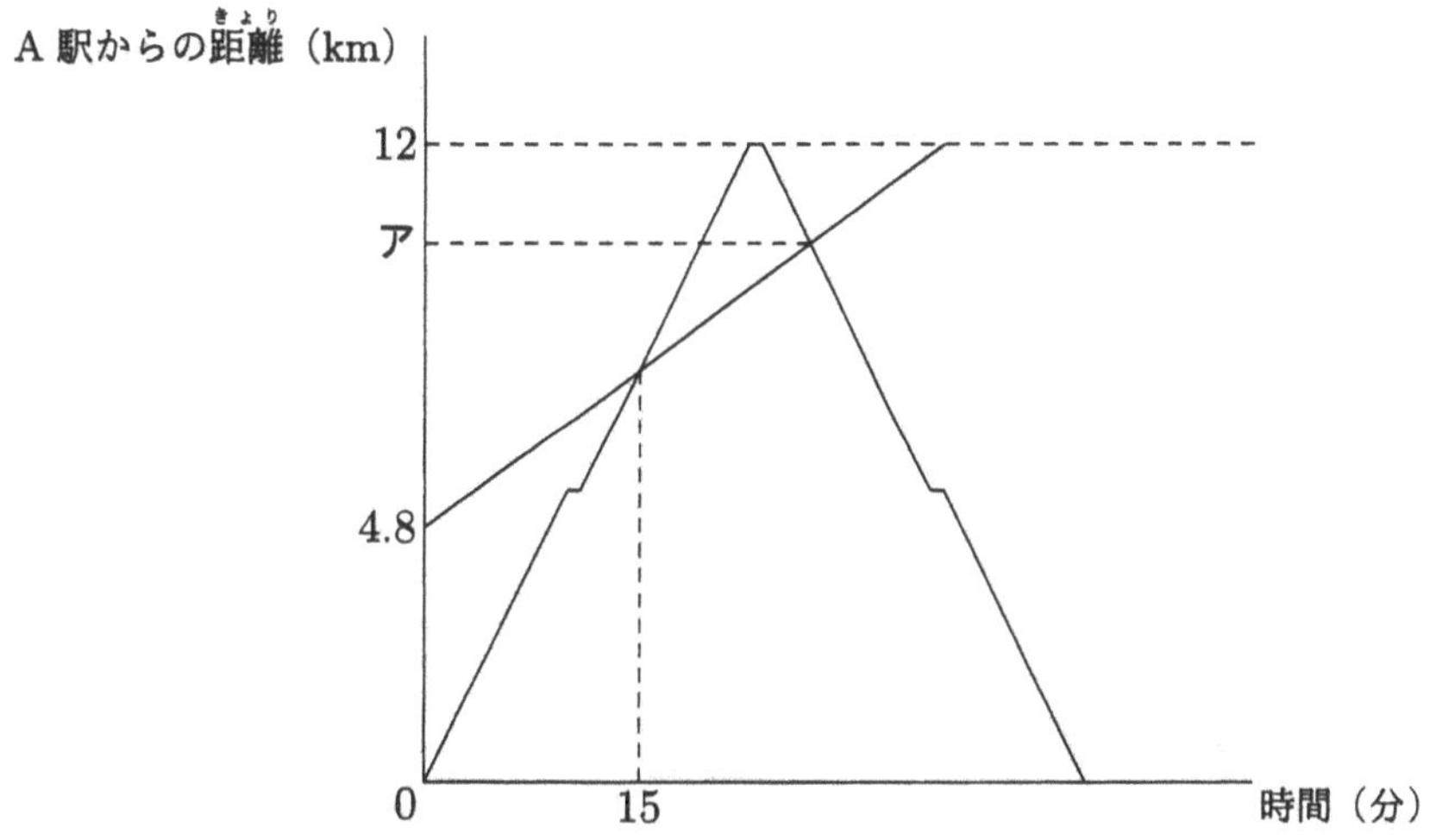

⑴ 自転車は毎分何ｍの速さで進みましたか。

⑵ グラフの**ア**にあてはまる数を答えなさい。

⑶ 太郎くんが出発してから15分後に，弟は家からＣ駅へ向かって毎分80ｍの速さで歩き始めました。弟がＢ駅に着いたとき，Ｃ駅行きのバスＱもＢ駅にちょうど到着したので，そのバスに乗りました。太郎くんがＣ駅に到着したとき，弟を乗せたバスＱはまだＣ駅の350ｍ手前にいました。家からＢ駅までの距離は何ｍですか。

［５］ あるスポーツの複合競技を５人の選手で競います。まず，３つの基本種目Ａ，Ｂ，Ｃを順に行います。それぞれの基本種目では，２人以上が同じ順位になることはありません。次に，基本種目Ａ，Ｂ，Ｃの順位の数字をすべてかけ合わせた数を得点にします。さらに，得点の低い選手が上位となるように，総合順位を決めます。

例えば，基本種目Ａで３位，Ｂで２位，Ｃで３位となった選手の得点は18点です。また，得点が18点の選手は，20点の選手よりも総合順位は上位となります。

次の問いに答えなさい。

⑴ 得点としてありえない整数のうち，最も小さいものはいくつですか。ただし，０は考えないものとします。

⑵　基本種目ＡもＢも１位であった選手がいましたが，総合順位が１位となったのは別の選手でした。総合順位が１位となった選手の得点は何点ですか。

⑶　５人の選手の得点に同じものはなく，また，総合順位が４位，５位の選手の得点は，それぞれ16点，80点でした。総合順位が１位，２位，３位となった選手の得点はそれぞれ何点ですか。

⑷　基本種目ＡとＢの順位の数字をかけ合わせた数は，３人だけが同じでした。総合順位が１位となった選手の得点が12点であるとき，選手全員の得点の平均は何点ですか。

【理　科】（30分）　＜満点：40点＞

【注意】 定規，コンパス，および計算機（時計についているものも含む）類の使用は認めません。

〔１〕 2021年７月に，「奄美《あまみ》大島，徳之島，沖縄島北部および西表《いりおもて》島」地域が世界自然遺産に決定されました。この地域は温暖な亜熱帯性気候でa)常緑広葉樹林におおわれ，生物多様性が高く，日本の陸上にすむb)セキツイ動物（背骨をもつ動物）の57％が生息しています。島のでき方から固有種も多く，イリオモテヤマネコ，ヤンバルクイナ，アマミノクロウサギなどが有名です。イリオモテヤマネコは西表島のみに生息する野生小型ネコのなかまで，1965年に発見されました。c)世界の野生小型ネコのなかまは，西表島のような小さな島では個体数を保つことができず，ふつうは生息できませんが，d)西表島では奇跡《きせき》的にイリオモテヤマネコは生き残ってきました。また，ヤンバルクイナは，沖縄島北部のヤンバルの森のみに生息する日本で唯一《ゆいいつ》の飛べない鳥で，1980年に新種として発見されました。アマミノクロウサギは奄美大島と徳之島の２島のみに生息する，ウサギのなかまでも原始的な特徴《ちょう》を残す希少種です。これらについて，以下の問いに答えなさい。

問１　下線部ａの常緑広葉樹とは一年中広い葉を付けている樹木のことである。一方，冬に葉を落とす樹木は落葉樹である。次の樹木の中から，常緑広葉樹を２つ選び，記号で答えよ。

ア　アカマツ　　**イ**　イチョウ　　**ウ**　クスノキ

エ　サクラ(ソメイヨシノ)　　**オ**　スダジイ

問２　下線部ｂのセキツイ動物の中で，ウサギは移動するときに背骨を中心にからだ全体を動かして進む。ウサギと同じような背骨の動かし方で移動する動物として最もふさわしいものを選び，記号で答えよ。

ア　フナ　　**イ**　サメ　　**ウ**　イルカ　　**エ**　ヘビ　　**オ**　トカゲ　　**カ**　ワニ

問３　下の**ア**～**エ**の写真の生物のうち，イリオモテヤマネコ，アマミノクロウサギ，ヤンバルクイナをそれぞれ選び，記号で答えよ。

ア

イ

ウ

（環境省HPより）

エ

問４　世界の野生小型ネコのなかまは，一般的にネズミやウサギなどの小型ホ乳類をエサとしている。下線部ｃの理由として最もふさわしいものを選び，記号で答えよ。

ア　小さな島では生物の個体数が少ないため，エサとなる小型ホ乳類の間で食う食われるの関係が新たに生じるから。

イ　小さな島では生物の個体数の変化が大きく，エサとなる小型ホ乳類の数よりも野生小型ネコの数が多くなる場合があり，野生小型ネコの間で食う食われるの関係が新たに生じるから。

ウ　小さな島では生物の種類数が多くなるため，決まったエサだけを食べるのではなく，いろいろなエサを食べるようになるから。

エ　小さな島では小型ホ乳類一匹が生息するのに必要な面積が限られてしまうため，野生小型ネコのエサとして十分な量の小型ホ乳類の数が得られないから。

問５　イリオモテヤマネコのおもな生息地は山のふもとから低地部で，マングローブ林（海水と淡《たん》水が混じり合う河口付近の林）や湿《しっ》地，河川や沢《さわ》沿いに出現する。これをふまえて，下線部ｄの理由として最もふさわしいものを選び，記号で答えよ。

ア　小型ホ乳類とイリオモテヤマネコの生息地が一致するから。

イ　小型ホ乳類以外にも，鳥やトカゲ，カエル，コオロギ，エビなどさまざまな動物をエサとして利用したから。

ウ　小型ホ乳類ではなく，島のまわりの海の魚をおもなエサとして利用したから。

エ　小型ホ乳類ではなく，島に豊富に存在する常緑広葉樹の葉や果実をおもなエサとして利用したから。

問６　奄美大島では，かつて毒ヘビのハブを駆除《くじょ》するために，ハブをエサとすることを期待してマングースを他の地域から導入した。しかし，ハブは減らず，在来の希少種であるアマミノクロウサギの減少が起こった。これは，マングースがアマミノクロウサギをエサとしたためである。この場合のマングースは，外来生物と呼ばれ，導入した地域の在来生物や生態系へ大きな影響《えいきょう》を及ぼす。外来生物とその影響を受ける在来生物の組合せとしてふさわしいものを２つ選び，記号で答えよ。

ア　アメリカザリガニ　－　ウシガエル

イ　オオクチバス（ブラックバス）－　フナ

ウ　オオサンショウウオ　－　アユ

エ　セイヨウオオマルハナバチ　－　マルハナバチ

オ　モンシロチョウ　－　アゲハチョウ

〔２〕　図１は日本付近での台風の進路の変化のようすを示しています。これによると，６月から11月にかけて，日本の南海上で発生した台風は東から西に進み，途《と》中で西から東に進路を変えていることがわかります。また，進路を変えた後には，台風の移動速度が速くなっていることもわかっています。これは，［①］の縁《へり》に沿って進んできた台風が，上空の［②］によって進路を変えて移動するためです。

台風が日本に接近または上陸すると，高潮の被害が起こることもあります。高潮は，海岸付近に台風が接近したとき，海水面が上昇して防潮堤を超え，浸《しん》水などの被害が起こる現象です。高潮が起こる原因の一つとして，台風の接近によって気圧が下がり，海水面が上昇することがあげられます。

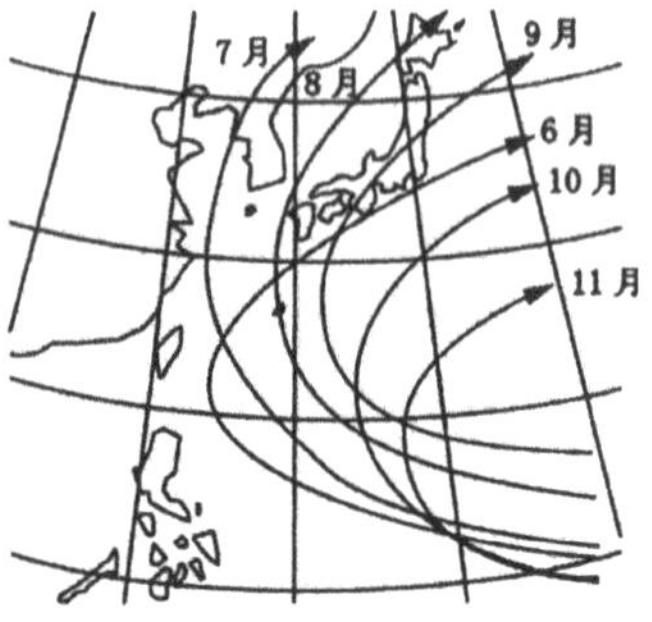

図１

問１　文章中の［①］，［②］にあてはまる語の組合せとして正しいものを選び，記号で答えよ。

	①	②
ア	移動性高気圧	貿易風
イ	移動性高気圧	偏西風
ウ	太平洋高気圧	貿易風
エ	太平洋高気圧	偏西風

問２　図２の地点Ｘにおいて，台風の通過にともなう風向の変化を記録した。このとき，風向が次の通りに変化したとすると，台風は図２の**ア**～**エ**のいずれの経路を通過したと考えられるか。最もふさわしいものを選び，記号で答えよ。

【風向の変化】　東　→　北　→　西

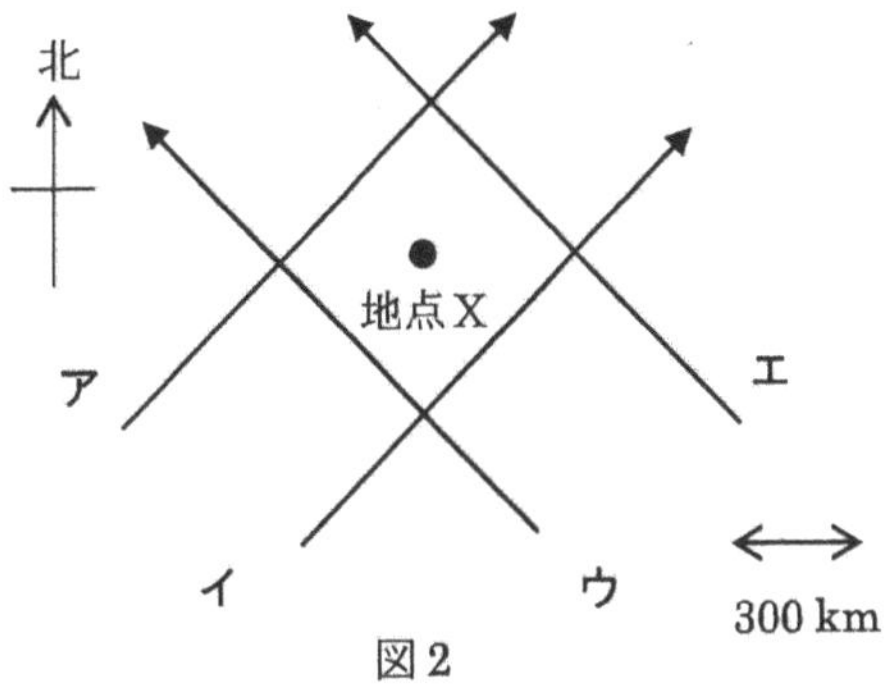

図２

問３　気圧とは１ m^2 あたりの空気の重さと考えられ，単位はhPa（ヘクトパスカル）である。１気圧は1013hPaである。台風が接近して気圧が下がれば，１ m^2 あたりの空気の重さは軽くなる。軽くなった空気と同じ重さの分だけ海水面を押さえつける力が減少し，海水が上昇する。上昇した海水の重さは，減少した空気の重さと同じになる。台風の接近により気圧が1013hPaから983 hPaへと低下したとすると，海水面は何㎝上昇するか。四捨五入して小数第１位まで答えよ。ただし，１気圧のときの１ m^2 あたりの空気の重さは10ｔ，また，海水１ m^3 の重さは１ｔとする。

問４　台風について述べた以下の文のうち，正しいものを１つ選び，記号で答えよ。

ア　台風は上陸すると，中心の気圧が下がって勢力が弱まることが多い。

イ　台風の勢力が弱まると，中心に雲のない部分が現れることが多い。

ウ　台風本体の雲のうち，大雨を降らせている雲の多くは積乱雲である。

エ　台風情報の予報円が大きくなっていくときは，台風が発達することを表している。

問５　日本では，大雨や暴風などの気象災害が起こっている。以下の文章中の［③］，［④］にあてはまる語の組合せとして正しいものを選び，記号で答えよ。

> 災害の防止や軽減を目的として，気象庁から注意報や警報などの防災気象情報が発表されます。警報の発表基準をはるかに超える大雨など，重大な災害の起こるおそれがいちじるしく高まっている場合には，［③］警報が発表されます。これは最大級の警戒《かい》を呼びかけるものです。この警報が発表された場合，数十年に一度の，これまでに経験したことのないような，重大な危険が差しせまった異常な状況にあります。
>
> 気象庁や自治体から発表された防災気象情報にもとづいて，住民がとるべき行動は「警戒レベル１」から「警戒レベル５」の５段階の警戒レベルで示されています。たとえば，「危険な場所からの全員避《ひ》難」を呼びかける警戒レベルは，警戒レベル［④］です。

	③	④
ア	特別	4
イ	特別	5
ウ	広域	4
エ	広域	5

〔３〕 電池と回路について，以下の問いに答えなさい。

［A］ 図１のように新品の乾《かん》電池，電流センサー，電球箱をつないだ回路を作ります。表１は４種類の電球箱**ア**～**エ**のいずれかをつないで，それぞれ電流センサーで測った結果です。電球箱の中身は，表２のように同じ電球ａ，ｂ，ｃを用いて構成された①～④のいずれかです。

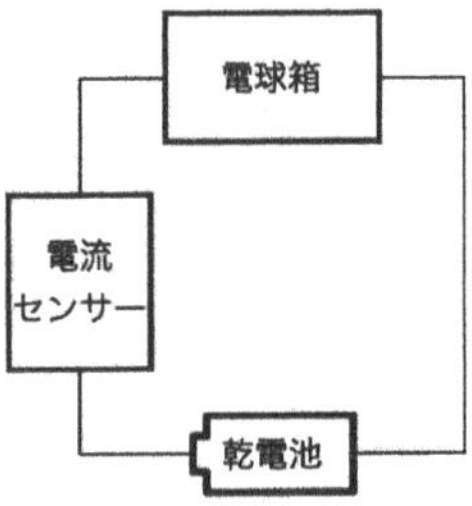

図１

表１

電球箱	電流
ア	110 mA
イ	200 mA
ウ	0.50 A
エ	0.70 A

表２

①	電球 a、b の直列 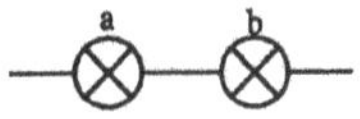
②	電球 a、b、c の直列 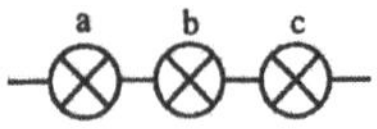
③	電球 a、b の並列 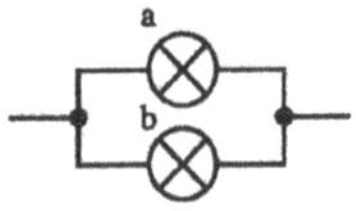
④	電球 a、b、c の並列 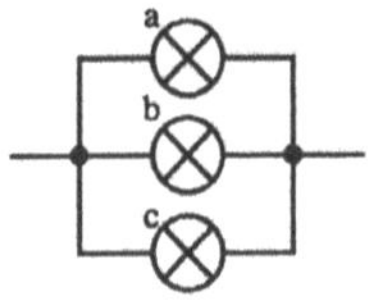

問１ このとき，表２の①が入った電球箱はどれか。表１の**ア**～**エ**から最もふさわしいものを選び，記号で答えよ。

問２ 表２の①の電球ｂに並列に電球ｃをつないだ。このとき，電球ａ，ｂに流れる電流は，電球ｃをつなぐ前に比べてそれぞれどうなるか。最もふさわしいものをそれぞれ選び，記号で答えよ。

ア 大きくなる　**イ** 小さくなる　**ウ** 変わらない

［B］ 図２や図４のように光電池に電流センサーをつなぎ実験をしました。光電池は晴れた日の太陽光などの強い光を当てたときには乾電池と同様のはたらきをしますが，室内灯のような弱い光を当てたときには乾電池とは異なり，接続するものを変えても，光電池から流れ出す電流が一定であることが知られています。なお，以下の問いではショート回路ではないとして考えます。

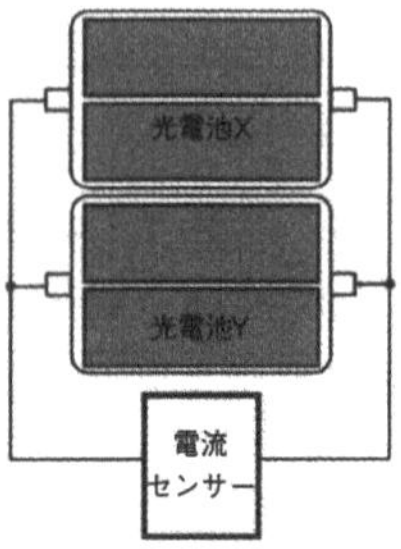

図２

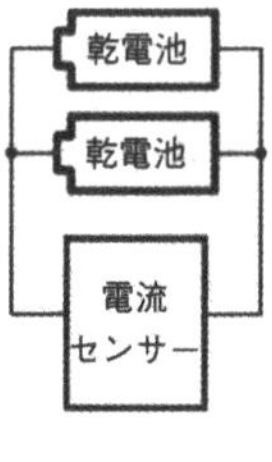

図３

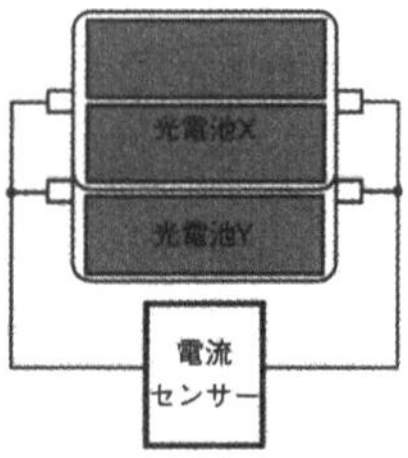

図４

問３ 光電池Ｘに太陽光を当てると80mAの電流が流れた。図２のように，同じ光電池Ｙを光電池Ｘに並列につないで回路を作った。この回路は，図３の回路と同じように考えられる。このとき，電流センサーに流れる電流は何mAか。

問４ 光電池Ｘに室内灯を当てると20mAの電流が流れた。図４のように，２つの同じ光電池を並列につなぎ，光電池Ｙの半分が光電池Ｘでおおわれているとき電流センサーに流れる電流は何mAか。

問５　光電池１つを電流センサーにつなぎ，図５のように，室内灯の光を45°の方向から当てた。光電池を裏返した状態①から時計回りに45°ずつ180°まで回転させ，それぞれの状態を表３のように①，**ア**～**エ**とした。状態**ア**～**エ**について，（解答例）を参考にして，電流を大きい順に左から並べよ。ただし，電流の大きさが同じ場合は「＝」を使って表せ。

（解答例）　**アとエが同じで，イ，ウの順の場合：ア＝エ＞イ＞ウ**

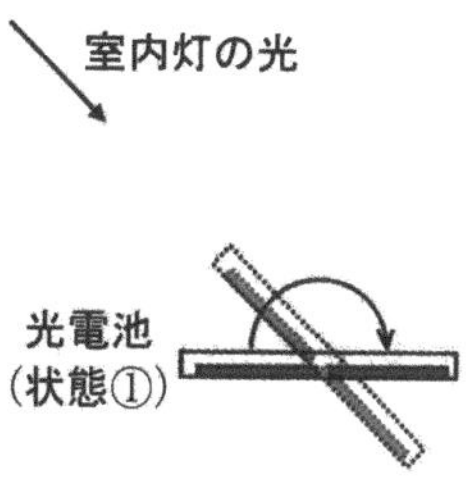

図５

表３

状態	光電池の回転角度
①	0°
ア	45°
イ	90°
ウ	135°
エ	180°

〔４〕　同じ大きさで正方形のアルミニウム，鉄，銅の金属片がたくさんあります。ここから色々な組合せで３枚を選び，図１のような金属片のつながりを４種類つくりました。これらをＡ，Ｂ，Ｃ，Ｄとします。このＡ～Ｄに行った次の実験操作を読み，以下の問いに答えなさい。

金属片のつながり
図１

［操作１］　Ａ～Ｄそれぞれの重さを調べた。

［操作２］　十分な量のうすい水酸化ナトリウム水溶《よう》液に入れ，気体を生じながら金属片が溶《と》けるかどうか調べた。

［操作３］　［操作２］の後，残った金属片を蒸留水ですすぎ，十分な量のうすい塩酸に入れ，気体を生じながら金属片が溶けるかどうか調べた。

［操作４］　［操作１］で用いたものと同じＡ～Ｄそれぞれを燃焼させて，空気中の酸素と完全に反応した燃焼後の各重さを調べた。このとき，燃焼によってそれぞれの金属と酸素が結びついて，別の物質に変化している。

次の表はこれらの実験操作の結果をまとめたものである。

	A	B	C	D
［操作1］	11.5 g	8.6 g	（　①　）g	13.9 g
［操作2］	気体を生じて１枚の金属片が溶けた	気体を生じて２枚の金属片が溶けた	変化なし	気体を生じて１枚の金属片が溶けた
［操作3］	気体を生じて１枚の金属片が溶けた	変化なし	気体を生じて２枚の金属片が溶けた	気体を生じて２枚の金属片が溶けた
［操作4］	16.3 g	14.2 g	18.4 g	19.5 g

問１　［操作２］で溶ける金属片の種類として正しいものを選び，記号で答えよ。

ア　アルミニウム　　**イ**　鉄　　**ウ**　銅

問２　Ｂに使われている金属片の枚数をそれぞれ答えよ。使われていないものは０と答えよ。

問３　表の（①）にあてはまる数値を答えよ。

問４　アルミニウムの金属片１枚は何ｇか。

問５　ＡとＣの１つずつを完全に燃焼させたとき，使われる空気中の酸素は何ｇか。

［操作５］［操作１］で用いたものと同じＡ～Ｄから，図２のように３つを選んで金属片のつながりをつくった。これをＸとする。

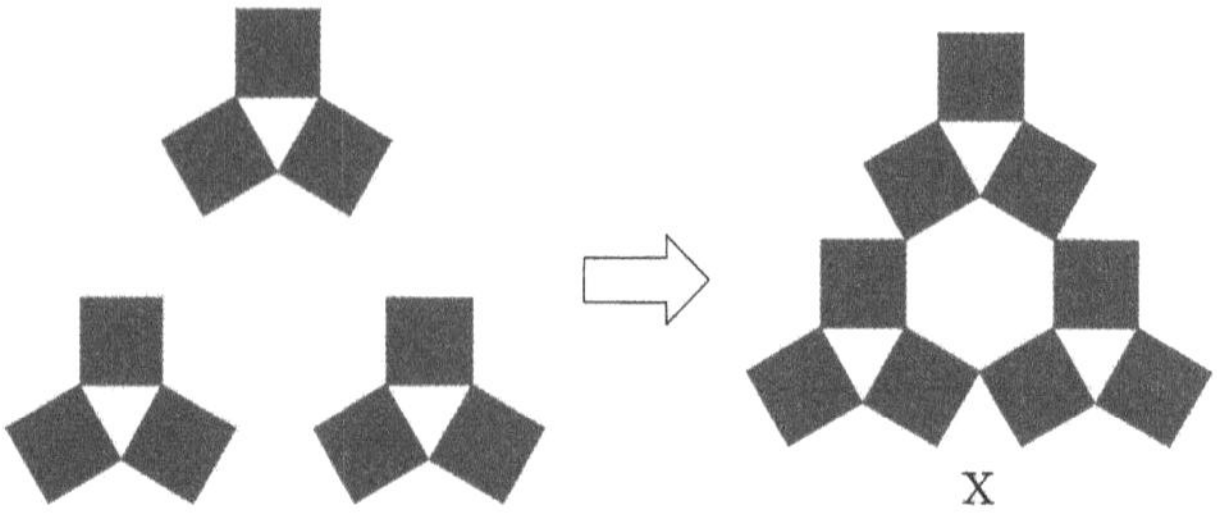

図２

［操作６］このＸを十分な量のうすい塩酸に入れた。図３はこのとき溶け残った金属片のようすを表し，溶けた金属片は点線で示している。

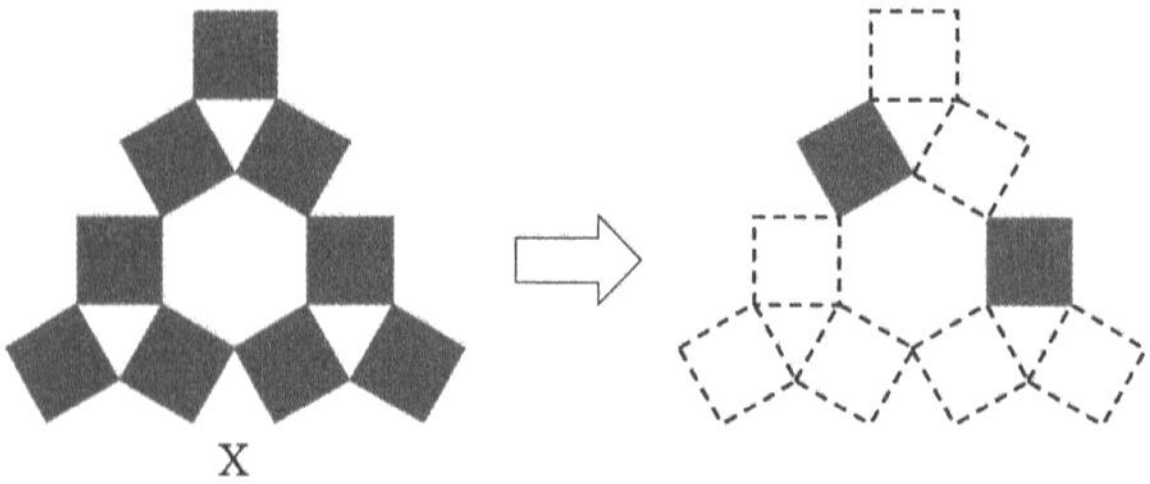

図３

［操作７］［操作５］で用意したものと同じＸを燃焼させて，空気中の酸素と完全に反応したＸの燃焼後の重さを調べたところ52.1ｇだった。

問６　［操作５］で用意したものと同じＸを，図３と同じ配置にした。これに［操作２］を行ったところ，溶け残ったものの中に，５つの金属片のつながりが残った。（解答例）を参考にして，このＸ中の５つのつながりを解答欄《らん》に答えよ。なお，アルミニウム，鉄，銅の各金属片を，それぞれａ，ｂ，ｃとする。

（解答例）図４の例は，５つの金属片ａ，ｂ，ｃがつながった場合である。

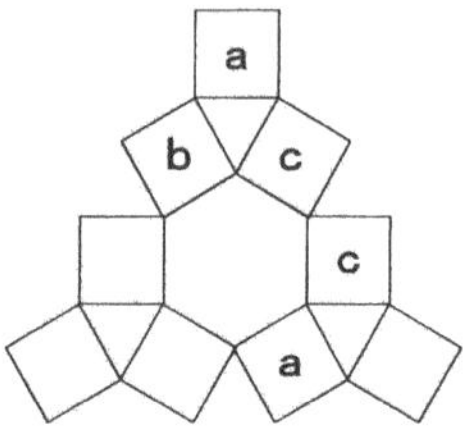

図４

【社　会】（30分）　＜満点：40点＞

〔１〕 次の文章を読み，各問に答えなさい。

小学６年生の和也君は，夏休みの宿題として，家族で見た東京オリンピックの開会式について作文を書きました。

夏休み，僕《ぼく》が最も印象に残っているのは，①東京オリンピックの開会式です。特に，選手入場の時に僕の大好きなゲームの音楽が流れ，とてもうれしかったです。最初に入場したのは，ギリシャの選手団でした。オリンピックは，古代ギリシャで行われていた神々を讃《たた》えるスポーツの祭典がルーツだそうです。②第１回オリンピックが開催《かいさい》されたのもギリシャにある（　X　）という都市でした。次に入場したのは，難民選手団でした。前回のリオデジャネイロ大会で初めて結成されたそうです。続いて，国名の五十音順に選手団が入場してきました。その様子を見て，僕は２つのことに興味を持ちました。１つ目は，③国旗です。同じ宗教を信仰《しんこう》する国々や，歴史的に関係の深い国同士で似たようなデザインが用いられていて，関連性を調べてみたくなりました。中には，旗の中に大切な言葉が書かれている国旗や，山脈の形をした国旗など，めずらしい国旗もありました。２つ目は，入場の際に，④「1964年の東京大会で初めてオリンピックに参加しました」と紹介《しょうかい》される国がとても多かったことです。この大会では，どんな競技が行われるのかを，世界各国から来日する選手や観客に一目で伝えるために，⑤ピクトグラムが初めて導入されたそうです。2021年の開会式では，実施《じっし》される競技が，動くピクトグラムで紹介され，とても面白かったです。新型コロナウイルス感染症の影響《えいきょう》でほとんどの試合が無観客で行われ，楽しみにしていた⑥サッカーの試合はテレビでの観戦となりました。それでも，僕にとっては良い思い出になりました。

問１　下線部①に関して，開会式は，2021年７月23日20時から東京で行われ，全世界に中継《ちゅうけい》されました。この時，2028年のオリンピック開催地であるロサンゼルスでは，何日の何時でしたか，解答欄《らん》に合うように24時間表記で答えなさい。なお，ロサンゼルスは西経120度の標準時で動いていますが，この時期はサマータイムで１時間，時刻を早めています。

問２　下線部②に関して，右図は，ある国際組織のロゴで，（　X　）にある世界遺産をもとにデザインされています。

⑴　デザインのもとになった建築物を次の中から１つ選び，記号で答えなさい。

ア　コロッセオ　　　**イ**　パルテノン神殿

ウ　ヴェルサイユ宮殿　　**エ**　モン・サン・ミッシェル

⑵　この国際組織の役割の説明として正しいものを次の中から１つ選び，記号で答えなさい。

ア　発展途上国に対して，社会の発展や福祉の向上のために，先進国の資金や技術の提供を行うこと。

イ　教育，科学，文化の分野における協力と交流を通じて，国際平和と人類の福祉を促進《そくしん》すること。

ウ　戦争や貧困等で困難な状況にある子供たちの支援《しえん》を行うなど，子どもの権利と健やかな成長を促進すること。

エ　国際的な金融《きんゆう》協力や外国為替《かわせ》相場の安定を図ること。

問３　下線部③に関して，和也君は日本と関係の深いＡ～Ｄの国々の国旗について調べ，次のページの表にまとめました。

	A	B	C	D
国旗				
人口	2550 万人	13 億 8000 万人	3481 万人	2 億 1256 万人
面積	769.2 万 km²	328.7 万 km²	220.7 万 km²	851.6 万 km²
国旗の特徴	左上に、かつてこの国を植民地にしていた（　あ　）の国旗が、右半分に南十字星が描《えが》かれている。	勇気と献身《けんしん》を示すオレンジ、平和と真理を示す白、忠誠と礼節を示す緑の色が用いられている。	中央には、この国のほとんどの人びとが信仰している宗教の聖典（　い　）の一節が書かれている。	中央にある天球に「秩序《ちつじょ》と進歩」という言葉が書かれている。

（『世界国勢図会 2020/2021』より作成）

⑴　（あ）（い）にあてはまる言葉を答えなさい。

⑵　C，Dの国旗には，その国の公用語で言葉が記されています。C，Dの公用語を次の中から１つずつ選び，記号で答えなさい。

ア　ロシア語　　**イ**　フランス語　　**ウ**　ポルトガル語

エ　スペイン語　　**オ**　アラビア語

⑶　次の表は，A～Dの国々から日本への輸出品目上位５位と，それらが輸出額全体に占める割合を示しています。A，Bにあてはまるものをそれぞれ選び，記号で答えなさい。

	ア	イ	ウ	エ
1位	有機化合物（13.4%）	原油（94.2%）	液化天然ガス（35.4%）	鉄鉱石（38.4%）
2位	機械類（10.4%）	石油製品（2.1%）	石炭（30.0%）	とうもろこし（12.4%）
3位	石油製品（9.9%）	有機化合物（1.1%）	鉄鉱石（12.4%）	肉類（11.4%）
4位	魚介類（8.3%）	アルミニウム（0.9%）	肉類（4.5%）	コーヒー（5.7%）
5位	ダイヤモンド（6.4%）	プラスチック（0.5%）	銅鉱（3.5%）	有機化合物（4.7%）
輸出総額	5855 億円	3 兆 158 億 200 万円	4 兆 9575 億 9500 万円	8723 億 3500 万円

（『日本国勢図会 2020/2021』より作成）

問４　下線部④に関して，和也君は，1956年に開催されたメルボルン大会と 1964年に開催された東京大会の参加国・地域を調べ，現在の世界地図に黒く着色しました。下の地図を参考に，東京大会で参加国・地域の数が増えた主な理由を，解答欄に合うように答えなさい。

1956年 メルボルン大会

1964年 東京大会

（メルボルン大会・東京大会の「The Official Report」より作成）

問５　下線部⑤に関して，海外からの訪問者にも分かりやすいように，空港やショッピングセンターなどでもピクトグラムが導入されています。右のピクトグラムは，主に何をするための施設を示していますか。解答欄に合うように答えなさい。

問６　下線部⑥に関して，サッカーの試合は，東京都だけでなく右の地図で黒く着色された５つの都道府県でも行われました。下の表は，それらの都道府県の産業に関する統計を示しています。ＡとＥにあてはまる都道府県名を**漢字**で答えなさい。

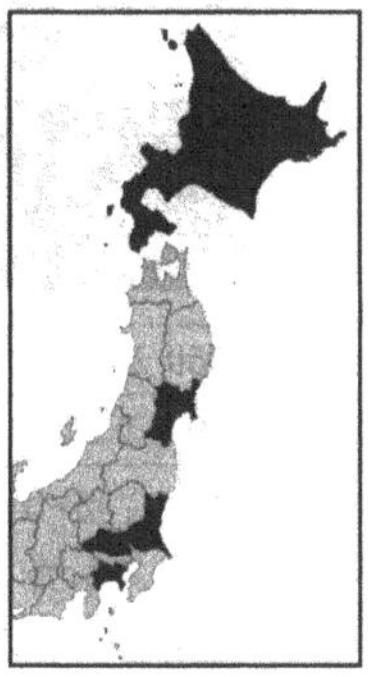

	産業別有業者割合［%］			主な製造品出荷額の割合［%］			
	1次	2次	3次	1位	2位	3位	4位
A	3.9	23.6	72.5	食料品（14.1）	石油・石炭製品（12.4）	輸送用機械（11.6）	電子部品（11.2）
B	5.4	30.6	64.0	化学（12.8）	食料品（11.2）	生産用機械（10.1）	輸送用機械（8.6）
C	0.8	21.1	78.1	輸送用機械（22.4）	石油・石炭製品（12.6）	化学（10.8）	食料品（8.8）
D	6.1	17.4	76.5	食料品（34.8）	石油・石炭製品（16.5）	鉄鋼（6.5）	パルプ・紙（6.2）
E	1.7	23.6	74.7	輸送用機械（18.9）	食料品（14.2）	化学（12.1）	金属製品（5.6）

（『データでみる県勢 2021』より作成）

〔２〕　次の各問に答えなさい。

問１　弥生時代以前の人々の暮らしについて述べた以下の**ア～エ**を，出現した順に並べかえて記号で答えなさい。

ア　水や平地などを求めて争う中で，戦いの指導や気候予想などができる人物が指導者となりました。

イ　ナウマンゾウやマンモスなどの巨大な動物を，集団で捕獲《ほかく》して食料としていました。

ウ　木の実を採集するだけでなく，コメを育てて安定的に食料を得る試みがなされました。

エ　シカやイノシシなどの小型動物を，弓矢などを用いて捕獲して食料としていました。

問２　古墳時代には，古墳の形を共有し，大きさに差をつけることで，大王と地方の豪族は関係を結んだと考えられています。これについて説明した次の文の空欄にあてはまる言葉をそれぞれ**漢字**で答えなさい。

「ワカタケル大王」と記された剣が出土した，埼玉県の（　Ａ　）古墳は，大阪府の大仙古墳と同じ（　Ｂ　）の形式でつくられています。このことから（　Ａ　）古墳に葬《ほうむ》られた豪族が，大王と主従関係を結んでいたと考えられています。

問３　飛鳥時代に権勢をふるっていた蘇我氏を倒して大化の改新を成し遂《と》げ，藤原氏の祖となった人物の氏名を**漢字**で答えなさい。

問４　鎌倉時代，御家人は「ご恩」として地頭に任命され，「奉公」として軍事的奉仕を求められました。御家人に「ご恩」を与えることができる人物を次のページの中から**すべて**選び，記号で答えなさい。

ア 源義経　**イ** 竹崎季長　**ウ** 源頼朝　**エ** 足利義満　**オ** 源実朝

問5　戦国時代，織田信長は「天下布武」の印章を用いて，ある人物が室町幕府の将軍になることを軍事的に支援しました。この人物の氏名を**漢字**で答えなさい。

〔3〕 次の文章を読み，各問に答えなさい。

①明治維新という大きな変革は，江戸時代の社会の仕組みを壊《こわ》しました。江戸時代の②村請制による連帯責任のように，相互に助けあうことを強いられていた人びとの結びつきはなくなります。できたばかりの③小さくて弱い政府は頼《たよ》りになりません。頼りになるのは自分の努力だけです。（中略）がんばって成功した人は，自分の成功は自分のがんばりのおかげだと主張します。成功しなかった人は，ああがんばりが足りなかったのだなあと思い込むようになります。本当は，成功した人は運が良かっただけかもしれず，失敗した人は運が悪かっただけかもしれないとしても，です。私は，この本のなかで，こうした思考のパターンに人びとがはまりこんでゆくことを「通俗《つうぞく》道徳のわな」と呼びました。　（松沢裕作『生きづらい明治社会』岩波ジュニア新書）

問1　下線部①に関して，明治維新の変革で廃止された「江戸時代の社会の仕組み」として**誤っているもの**を次の中から1つ選び，記号で答えなさい。

ア　武士の子は武士になるというような固定化された身分制

イ　徳川家が代々征夷大将軍を務めるという慣例

ウ　全国の年貢はすべて幕府に納められるという税制度

エ　百姓は村，町人は町，というような身分による居住地の制限

問2　下線部②に関して，個人ではなく村単位で納税の責任を負う村請制は，明治政府が行ったある政策の結果廃止され，個人が納税の責任を負うことになりました。その政策の名称《めいしょう》を**漢字**で答えなさい。

問3　下線部③に関して，「小さくて弱い政府」である発足当初の明治政府は財源に乏《とぼ》しく，人々を救済するような政策を十分行うことができませんでした。その理由として最もふさわしいものを次の中から1つ選び，記号で答えなさい。

ア　不平等条約を結んでいた結果，日本の国内産業の多くが外国資本に押さえられてしまったから。

イ　士族反乱や自由民権運動に直面し，人々に信頼《しんらい》されていなかった政府は，高い税をかける力がなかったから。

ウ　徳川慶喜が将軍職を辞した後も，佐渡金山と石見銀山からの収入を独占し続けていたから。

エ　開国後，貿易赤字が続き，明治政府が外国から借金を重ねていたから。

問4　日清戦争後，日本は軍備増強のために増税を進めました。議会で，議員たちは政府の増税案をのむ代わりに道路網《どうろもう》や学校の建設などを政府に認めさせました。これは当時の選挙権保有者で，議員たちの支持母体である地方の富裕層《ふゆうそう》の要望にこたえるためでした。日清戦争に勝利した1895年時点で，どのような人々が衆議院議員の選挙権を持っていましたか。解答欄に合うように答えなさい。

〔４〕 次の文章を読み，各問に答えなさい。

世界では，①アフガニスタン，シリア，イエメンなど23カ国で戦争が続いています。国連（国際連合）のグテーレス事務総長は2020年３月23日，②新型コロナウイルスが世界的な広がりを見せる中で，全世界に停戦を呼びかけました。命を必死に守ろうとする動きがある中で，人の命を奪《うば》うことを考えるのはバカバカしく，とても虚《むな》しく思えます。

③中村先生も，アフガニスタンでらい菌《きん》（ハンセン病）やコレラの感染症の治療《ちりょう》のために努力しました。この国では食べ物がまったくないわけではなく，食べ物が不足して栄養が足りないところに，不衛生な水を飲み，赤痢《せきり》などの感染症に罹《かか》り，脱水症状《だっすいしょうじょう》になって死ぬケースが多いのです。中村先生は，感染症の患者《かんじゃ》に抗生《こうせい》物質を与えるよりも清潔な水を与えるほうが有効だと考え，井戸を掘《ほ》っていきました。先生が掘った井戸の数は1600本にも上りました。（中略）

中村先生がアフガニスタンの人びとにきれいな水を与え，彼らの体を清潔にしようとしたことはよくわかります。皆《みな》さんも転んで腕《うで》や脚《あし》などをすりむいたら，まず傷口を水で洗い，清潔にしようとするでしょう。アフガニスタンではそのようなきれいな水が不足し，怪我《けが》や病気を悪化させているのです。

そのようなアフガニスタンの現実を知って，困ったものだと思う人は少なからずいることでしょう。また，医師の中には医療支援を考える人もいるかもしれません。しかし，④アフガニスタンの人びとを取り巻く環境を変えて彼らを救おうと実際に行動を起こすところが中村先生の並外れたところです。

2001年９月11日，アメリカのニューヨークやワシントンDCで同時多発テロ（９・11テロ）が起こりました。アメリカがその報復として⑤アフガン戦争を始めた頃《ころ》，NHK・Eテレの番組で中村先生と初めてお会いしました。番組の担当者からアフガニスタン情勢を語ってくださいと頼まれたのです。

中村先生がアフガニスタンで井戸を掘っていた頃のことです。屋外での活動が多いせいか，先生は日焼けして，農作業をしているおじさんという印象でしたが，話し方は自分の信念をもっておられるという印象で，実に堂々としていて圧倒《あっとう》されそうでした。

「人が死んでいるところに爆弾を落としてどうなるんですか」

⑥先生は，アフガニスタンで戦争を始めたアメリカに対して批判《ひはん》的でした。中村先生が一生懸命《けんめい》に人の命を救おうとしているアフガニスタンに対してアメリカは戦争をし，さらに人びとの命を奪おうとしていたのです。中村先生とアメリカ軍とはまったく逆の行動をしていたわけです。

先生は，「私の福岡の親族の中には太平洋戦争中，アメリカの空襲で死んだ者もいる」とも語っていました。幼い時から周囲の人たちの戦争体験を聞かされていたのでしょう。戦争を嫌《きら》い，憎《にく》む気持ちがひじょうに強い人だなと思いました。人の命を大切にしたいという思いから医師の道を選んだことは言うまでもありません。

（宮田律『武器ではなく命の水をおくりたい　中村哲医師の生き方』平凡社）

問１　下線部①に関して，戦争は多くの難民を生み出し続けています。

⑴　難民の諸権利を守り，国際的な保護・支援を行うために設立された組織で，その活動の重要性が認められてノーベル平和賞を２度受賞した国際組織の名称を，解答欄に合うように**漢字**で答えなさい。

⑵　世界の国々は難民条約を結んで難民問題の解決に向けて取り組んでおり，日本も参加してい

ます。日本は他にも多くの条約を結び，国際的な活動に参加していますが，**日本が結んでいない条約**を次の中から1つ選び，記号で答えなさい。

ア　子どもの権利条約　　**イ**　対人地雷《じらい》全面禁止条約

ウ　核兵器禁止条約　　　**エ**　ラムサール条約

問2　下線部②に関して，ワクチンの供給や発展途上国への援助について提言するなど，世界の人びとの健康問題を専門的に扱《あつか》っている国連の専門機関の名称を**漢字6字**で答えなさい。

問3　下線部③に関して，中村さんの活動を讃えて，右の切手がアフガニスタンで発行されました。日本国内において切手の発行などの郵政事業を管轄《かんかつ》している省庁を次のAの中から，その省庁が主に担当している他の事業をBの中からそれぞれ1つずつ選び，記号で答えなさい。

A　**ア**　経済産業省　　**イ**　総務省

　　ウ　文部科学省　　**エ**　財務省

B　**オ**　食品や薬の安全の確認　　**カ**　河川の管理や気象の観測業務

　　キ　選挙や時報通信の管理　　**ク**　企業などの公正な取引の監督《かんとく》

問4　下線部④に関して，中村さんは「ペシャワール会」という非政府組織を設立して活動していました。**非政府組織ではないもの**を次のAの中から，それと最も関係が深いものをBの中からそれぞれ1つずつ選び，記号で答えなさい。

A　**ア**　国際オリンピック委員会　　　**イ**　国境なき医師団

　　ウ　国際赤十字社　　　　　　　**エ**　青年海外協力隊

B　**オ**　PKO　　**カ**　ODA　　**キ**　JOC　　**ク**　IAEA

問5　下線部⑤に関して，アメリカが戦争を起こした理由の1つとして，9・11テロの指導者を当時のアフガニスタン政府が保護していたことが挙げられます。この戦争（2001～2021年）への日本の関わり方について述べた文として正しいものを次の中から1つ選び，記号で答えなさい。

ア　憲法で平和主義を掲《かか》げる国として戦争に一貫《いっかん》して反対し，関わりをもちませんでした。

イ　他国で起こった戦争には自衛隊を派遣《はけん》できないため，アメリカなどの国々に資金援助のみを行いました。

ウ　戦争には批判的だったが，戦争終結の際，自衛隊の護衛艦《ごえいかん》を派遣し，文民や協力者を救助しました。

エ　国会で自衛隊を派遣できる法律を制定し，アメリカ軍などの後方支援を行いました。

問6　下線部⑥に関して，医師でもある中村さんは一貫して戦争に反対していました。日本国憲法も第9条などで平和主義を掲げています。第9条の一部を示している次の文の空欄にあてはまる言葉をそれぞれ**漢字**で答えなさい。

「…陸海空軍その他の（　A　）は，これを保持しない。国の（　B　）は，これを認めない。」

オ　中国語の漢字には、古代の呪術的な戦いの痕跡《こんせき》が日常表現として残されているということ。

問５　[B] に入る最もふさわしいことばを次から選び、記号で答えなさい。

ア　「ふきだし」は文字なのです
イ　「ふきだし」は画像なのです
ウ　「ふきだし」は音声なのです
エ　「絵」は表意的なのです
オ　「絵」は概念的なのです
カ　「絵」は視覚的なのです

問６　傍線部３「寸暇を惜しんで」の意味として最もふさわしいものを次から選び、記号で答えなさい。

ア　休みの時間を削っても
イ　時間が少し遅くなっても
ウ　多くの時間をかけてでも
エ　大切な時間を費やして
オ　わずかな時間も無駄にせずに

問７　本文の内容として最もふさわしいものを次から選び、記号で答えなさい。

ア　日本語の処理の特殊性と、「絵」と「ふきだし」を処理するリテラシーには対応関係がある。
イ　世界の文字言語の大半は文字と音声の両方を用いるので、欧米でもマンガ・リテラシーは発展してきた。
ウ　多くの漢字学者が漢字の持つ呪的機能を考慮せずにその起源の研究を行った結果、漢字の使用者も呪的機能を忘れてしまった。
エ　マンガは、文字は縦書き、頁は右から左に進む形式で発達し、日本人のマンガ・リテラシーに適合した芸術形式となった。
オ　欧米語話者はマンガを読むために、長期にわたる集中的な読書体験を積んで、文字から画像を浮かび上がらせるリテラシーを身に付けた。

マンガを読むためには、「絵」を表意記号として処理し、「ふきだし」を表音記号として処理する並列処理ができなければならないわけですが、日本語話者にはそれができる。並列処理の回路がすでに存在するから。だから、日本人は自動的にマンガのヘビー・リーダーになれる。

一方、欧米語話者には処理回路が一つしかない。もちろん読書人の中には幼児期から大量の文字情報に接してきたせいで、表音文字で綴《つづ》られた語を表意的に読むという技術を習得している人はいると思います。Quixotic という文字を見ると、「クイクサティック」という聴覚像より先に、ロシナンテにまたがり、サンチョ・パンサを供に荒野を行く憂《うれ》い顔の騎士の画像が浮かぶという人がいても不思議はありません。けれども、アルファベットを一瞥《いちべつ》すると、それが表意的に立ち上がり、ある種の物質性を持って直に身体に触れてくるような「白川静的」読字経験ができるためには、どうあっても長期にわたる集中的な、ほとんど偏執《へんしゅう》的な読書体験が必須です。その条件を満たす人はごく少数にとどまるでしょう。（中略）

だんだん話が逸脱《いつだつ》してきましたけれど、マンガの話をしていたのでした。「絵」と「ふきだし」を並列処理できるマンガ・リテラシーは、表意文字と表音文字を並列処理する特殊な言語である日本語話者において特権的に発達したという話です。ですから、マンガ分野における日本マンガの「一人勝ち」状態はこれからしばらく続くと思います。ただ、アニメは事情が違います。アニメの場合、観客には「ふきだし」の文字を音声的に処理するという手間が要求されませんし、だいたいアニメの上映時間は世界中どこでも同じですから、「アニメ・リテラシー」の差は国語間では顕在化《けんざいか》しません（マンガ一頁を読むのに要する時間は個人のマンガ・リテラシーの差を示す一番わかりやすいｃシヒョウですけど）。

（内田樹『日本辺境論』〈新潮社〉より）

注　1　イノベーション……技術の革新。
　　2　リテラシー……読む能力。
　　3　祝詞……神に祈るときに用いることば。
　　4・5　“curse”　〝咒〟……ともに「のろい」の意。

問１　傍線部ａ～ｃのカタカナを漢字に直しなさい。

問２　傍線部１「日本はちょっと違う」とありますが、どのような点で違うのですか。次の文の二つの［　　］にふさわしいことばを、それぞれ二十字以上三十字以内で補って、答えなさい。

日本語の表記では、［二十～三十字］という点と、日本語話者は、脳内で［二十～三十字］という点。

問３　［Ａ］に入る最もふさわしい漢字一字を本文中から探して、書き抜きなさい。

問４　傍線部２「残存臭気をとどめている」とありますが、その内容の説明として最もふさわしいものを次から選び、記号で答えなさい。

ア　日本語の漢字からは、作られた当初と同じように原意が感じられるということ。

イ　日本語の漢字からは、漢字の呪術的な働きを何となく感じられるということ。

ウ　日本語話者は、漢字の持つ音を身体的な実感をともなって感じられるということ。

エ　中国語話者は、漢字の音の持つ呪術的な力能を意識の深層に記憶しているということ。

霊に祈る人）の上に「八」を加えたものであり、「神気が髣髴《ほうふつ》としてあらわれることを示している」などなど。

白川先生の解釈から私たちが知るのは、古代の呪術的な戦いは言葉によって展開したということです。「文字が作られた契機のうち、もっとも重要なことは、ことばのもつ呪的な機能を、そこに定着し永久化することであった」ということです。

私たちはもう漢字の原意を知りません。けれども、漢字がその起源においては、私たちの心身に直接的な力能をふるうものであったという記憶はおそらくいまだ意識の深層にとどめている。漢字というものは持ち重りのする、熱や振動をともなった、具体的な共物質性を備えたものとして私たちは引き受けた。そして、現在もなお私たちはそのようなものを日常の言語表現のうちで駆使しています。

私は日本人が漢字を読むときに示す身体反応と、中国人が漢字を読むときに示す身体反応は違うだろうと思います。中国人にとって、漢字は表意文字であると同時に表音文字でもあるからです。だから、外来語をそのまま漢字に音訳して表記することができる。日本語は外来語はカタカナ表記で処理しますから、漢字は表意に特化されている。だから、漢字の表意性は中国語においてよりも純粋であり、それだけ強烈であるはずです。だとすれば、白川漢字学の言う漢字の「呪的機能」は現代中国より現代日本においていまだその2残存臭気をとどめているのではないか。

アルファベットを用いる言語圏と、漢字を用いる言語圏での難読症の発生率には有意な差が示されていますが、おそらく日本語話者において、難読症の発生は世界でもっとも少ないはずです。医学的にはまったくの素人の推測ですから、専門家は取り合ってくれないでしょうけれど、文字がざくりと身体に刻み込まれ、切り込んでくるという感覚の鋭さは、日本語話者と英語話者では明らかに違う。（注4）“curse”という文字が英語話者にもたらす不安と（注5）〝咒〟が漢字読者にもたらす不安は質が違うはずです。

私たちは言語記号の表意性を物質的、身体的なものとして脳のある部位で経験し、一方その表音性を概念《がいねん》的、音声的なものとして別の脳内部位で経験する。養老先生のマンガ論によりますと、漢字を担当している脳内部位はマンガにおける「絵」の部分を処理している。かなを担当している部位はマンガの「ふきだし」を処理している。そういう分業が果たされている。

マンガは「絵」と「ふきだし」から構成されています。「ふきだし」が文字で書かれているので、私たちはそれが表意機能ではなく、表音機能を担っているということをうっかり見落としていますが、間違いなく［ B ］。

私が子どもの頃、マンガを読むとき、「ふきだし」部分を音読している子どもがずいぶんいました。あの子どもたちはおそらく音読することを通じて、『ふきだし』は音声記号として処理せよ」という命令を自分の脳にbスり込んでいたのではないでしょうか。私自身はマンガを黙読していましたが、それは幼児期からのマンガのヘビー・リーダーであったために「ふきだし」を表音記号として処理する回路がもう出来上がっていたからではないかと思います。というのは、音読していると頁をめくる速度が遅くなるからです。3寸暇《すんか》を惜しんでマンガを読んでいる身としてはそんな手間暇《てまひま》をかけるわけにはゆかない。

い。文字が読めなくなる。それだけです。ところが、日本人の場合は病態が二つある。「漢字だけが読めない」場合と「かなだけが読めない」場合の二つ。意味することはおわかりになりますね。漢字とかなは日本人の脳内の違う部位で処理されているということです。だから、片方だけ損傷を受けても、片方は機能している。

日本人の脳は文字を視覚的に入力しながら、漢字を図像対応部位で、かなを音声対応部位でそれぞれ処理している。記号入力を二箇所《かしょ》に振り分けて並行処理している。だから、失読症の病態が二種類ある。

言語を脳内の二箇所で並列処理しているという言語操作の特殊性はおそらくさまざまなかたちで私たち日本語話者の思考と行動を規定しているのではないかと思います。（中略）

もっとも際立った事例は「マンガ」という表現手段が日本において選択的に進化したという事実です。これに異論のある人はいないでしょう。マンガの生産量についても、質についても、(注1)イノベーションの速度においても、日本は世界を圧倒しています。（中略）

日本のマンガは日本の雑誌掲載時のスタイルのまま、文字は縦書き、頁《ページ》は右から左へ進みます。欧米の漫画は文字は横書き、頁は左から右です。欧米の漫画を読みなれた読者にとって、物語が右から左へ移行するマンガを読むためには(注2)リテラシーそのものの書き換えが必要でした。そのようなリテラシーがまだ十分に育っていない時期は、日本のマンガは「裏焼き」され、欧米仕様の読み方で読めるように改作されていました。

それが今では、マンガだけは、欧米でも、日本で読むのと同じ製本、同じコマ割りで読めるようになった。欧米の若い読者たちがマンガをオリジナルの味わいで読むことができるように、彼らのリテラシーそのものを書き換えたのです。彼らが自分たちの文字の読み方の定型を崩しても惜しくないと思えるだけの水準の質に日本のマンガが達したということです。

なぜ、日本人の書くマンガだけが（とりあえず今までのところはということですが）例外的な質的高さを達成しうるのか。これは言語構造の特殊性によるのである、ということをａカンパされたのは、これまた養老先生です（受け売りばかりして、すみません）。

白川静先生が教えるように漢字というのは、世界のありさまや人間のふるまいを図示したものです。白川漢字学の中心になるのは「サイ」という表意要素です。「サイ」は英語のDの弧の部分を下向きにしたかたちです。

この文字を後漢の『説文解字』以来学者たちは「口」と解したのですが、白川先生はこれを退け、これが「(注3)祝詞《のりと》を入れる器」、もっとも根源的な呪具の象形であるという新解釈を立てました。そしてこれを構成要素に含む基本字すべての解釈の改変を要求したのです。

例えば、「告」は「木の枝にかけられたサイ」であり、それゆえ「告げる」とは「神に訴え告げること」になります。「サイ」を細長い木につけてささげると「史」になります。聖所に赴《おもむ》くときは、大きな木に「サイ」をつけ、吹き流しを飾り、奉じて出行する。「 A 」は「サイ」と「兄」の合字です。「兄」は祝禱《しゅくとう》の器であるサイを奉じて祖霊に祈る人を指します。サイを二つ並べると「咒《じゅ》」となり、これは烈《はげ》しい祈りを意味します。祈りを通じて忘我の境位に達すると「兌」という。「兄」（祖

問４　傍線部３「あ、話、通じていない」とありますが、そのことを表す本文中の例として最もふさわしいものを次から選び、記号で答えなさい。

ア　イオ先生はピアノの演奏に集中すると、自分の時間の中に入り込んで周りの人を顧《かえり》みなくなるということ。

イ　イオ先生が気に入らなかった音楽教師をピアノと口先で負かして、教師の権力を奪ってしまったということ。

ウ　イオ先生の教え方は感覚的な言葉や指笛、ジェスチャーを使うため、その意味がわからないということ。

エ　イオ先生はコマリにとって初対面の人なので、演奏中に心を通わせられなかったということ。

問５　傍線部４「ジュンは、何故だか叱られているような気持ちになって」とありますが、そのような気持ちになったのはなぜですか。その理由を説明する次の文の［　］に最もふさわしいことばを本文中から五字で探して、書き抜きなさい。

　カンとエリはコマリが音楽への熱意を語ることに魅了《みりょう》されていたが、ジュンは、［五字］ことで音楽に幸せを感じられず三人の輪から外れていたので、責められているような気持ちがしたから。

問６　［Ｂ］に入る最もふさわしいことばを次から選び、記号で答えなさい。

ア　不幸　　イ　不自然　　ウ　不可能

エ　不誠実　　オ　不思議

問７　［Ｃ］に入る最もふさわしいことばを次から選び、記号で答えなさい。

ア　イオ先生でさえ知らない

イ　馴れ合いバンドでもわからない

ウ　俺だって知らなかった

エ　吹奏楽部員が経験しなかった

オ　ジュンが触れようとしなかった

二　次の文章を読んで、後の問に答えなさい。

日本語はどこが特殊か。それは表意文字と表音文字を併用する言語だということです。

かつて中華の辺境はどこもそのようなハイブリッド言語を用いていました。朝鮮半島ではハングルと漢字が併用され、インドシナ半島では「チュノム（字喃）」と漢字が併用されていました。（中略）

その中で、日本はとりあえず例外的に漢字と自国で工夫した表音文字の交ぜ書きをいまだにとどめている。

漢字は表意文字（ideogram）です。かな（ひらがな、かたかな）は表音文字（phonogram）です。表意文字は図像で、表音文字は音声です。私たちは図像と音声の二つを並行処理しながら言語活動を行っている。でも、これはきわめて例外的な言語状況なのです。

文字と音声の両方を使うという点では世界中の文字言語はどこも同じじゃないかと言う人がいるかも知れませんが、1日本はちょっと違う。

これは養老孟司先生からうかがったことの受け売りですけれど、脳の一部に損傷を受けて文字が読めなくなる事例がいくつか報告されています。生得的な難読症とは違います。文字処理を扱っている脳部位が外傷によって破壊された結果です。欧米語圏では失読症の病態は一つしかな

にポンポン人を好きになるのにさ」

コマリは顔を強張《こわば》らせ、胸の前で持っていた湯飲みを、ゆっくりと膝の上に下ろしていった。

「そんな人ばっかりじゃないです」うつむいて、コマリは小さく返した。「悪口言ったり、人を嫌って元気になるような人も、たくさんいます」

「でもそんなの、お前が泣かされる理由になる?」口ぶりは悔しそうだったけれど、その顔には笑みが浮かんでいた。

「高校のとき、友達とバンド組んでてさ、鍵盤《けんばん》やれるメンバー欲しさにイオさんを誘ったらこう言われたんだ、『馴《な》れ合いバンドに触るとアレルギーが出るから』。確かに馴れ合いだったかも。五人のメンバーのうち三人は近所の同級生だったし、あとの二人はその弟だった。年がら年中一緒の奴らで、本気の喧嘩《けんか》もよくしたけど、結局なんでも許せる仲だ。バンドも遊びの延長で、イオさんにしてみりゃ、断る理由を口にするのも面倒だったろう。でも別に悔しくなかった。鍵盤担当を手に入れ損ねたってことを除けば、まったく。だってあの人が指先さえ触れようとしない世界で、毎日どんな奇跡が起きてるか、俺はよく知ってたから」

音とリズムだけで形成されているはずのカンの声が、何故だか、膨大《ぼうだい》な意味を含む言葉としてしか聞こえなかった。それが苦痛で、ジュンはゆっくり、慎重に腕を動かし、手のひらで強く耳を塞《ふさ》いだ。心細さに涙ぐんだけれど、誰もそれに気付かなかった。

「好きな奴らともやれよ、コマリ」それまでより静かな声で、カンは言った。

「何個『大』付けても足りないくらい好きな奴らと、試していい、やってみろよ。［C］魔法を、自分たちでかけられるんだぜ」

まばたきもせず、コマリはカンの笑顔を見つめていた。その瞳に、熾《おき》火《び》の色が見えた気がした。

（古谷田奈月『ジュンのための6つの小曲』〔新潮社〕より）

問1　傍線部**1**「知らない部屋」とありますが、「床屋」の「居間」にジュンは何度も入ったことがあります。この「知らない部屋」という表現には、ジュンのどのような気持ちが込められていますか。その説明として最もふさわしいものを次から選び、記号で答えなさい。

ア　帰りたかったのに帰れなかったことで、自分の思いのままにならない状況や、言葉を失う場面に置かれて不満を覚えているということ。

イ　歌を歌えなくなってしまったために、部屋にあるものを見るにつけても、かつて訪れた時の憂鬱な気持ちになってしまうということ。

ウ　気乗りがしないままにしかたがなく来てしまったので、以前見た部屋にあるものを見ても自分には関わりがないと思えたということ。

エ　見慣れたものに気づかない振りをすることで、部屋にまつわる様々な感情や記憶を思い起こさないようにしているということ。

問2　［A］に入る最もふさわしい慣用句を次から選び、記号で答えなさい。

ア　借りてきた猫　**イ**　狐《きつね》につままれた　**ウ**　同じ穴の貉《むじな》

エ　牛に引かれた　**オ**　井の中の蛙《かわず》

問3　傍線部**2**「魔法使いみたい」とありますが、それはどういうことですか。解答欄《らん》にふさわしいことばを三十字以上四十字以内で補って答えなさい。

「イオさんだって、むかついたけどな」のんきな声で、エリが言った。

「指揮棒持つと、あの人、平気でひどいこと言うんだもん。何回泣かされたかわかんないわ」

「でもイオ先生は」とコマリは再び口を開き、跳ね返すように言った。

「別に、その生徒のことが嫌いでそういうことを言ってるんじゃないって、わかるので。好き嫌いで差別してるわけじゃなくて、ただ音楽を完成させようとしているだけなんだって、こっち側に座ってるみんなに、ちゃんとわかるので」

　コマリの白い頬《ほお》が上気し、その声が震え始めたのに気付き、三人は再び彼女を見守った。

「ほんとは、最初、すごく怖かったんです」膝の上に手をついて、コマリは小さく話し始めた。「だって指示が、『飛ばないで、はばたくだけ』とか、そんな感じで意味わかんないし、ピュウピュウ指笛吹いたり、舌を鳴らしたり、手話みたいに、ジェスチャーだけで伝えようとするのも謎だったし、あとはやっぱり……ちょっと、冷たい感じがする先生だったので」伏せていた目を、コマリは申し訳なさそうに上げた。

「でも、イオ先生を見てるとわかるんです。イオ先生は生徒のことなんか気にしてなくて、ただ音楽のことだけを考えてるんだって。音楽にとって、曲にとって、どうするのが一番いいかってことだけをずっと考えてるんだって。だから最後は全員が、バンドっていう、一つの生き物として幸せになれるんだって。このあいだもそうでした」コマリはそこで、不意に涙声になって、

「それがまるで、魔法みたいだったんです」

　カンとエリは、コマリの大きな瞳《ひとみ》に見入っていた。そんな二人を見た4ジュンは、何故《なぜ》だか叱《しか》られているような気持ちになって、さっきのコマリと同じようにひゅっと首を縮めた。

「あの、私、ああいうの初めてだったので」カンとエリを交互に見ながら話すコマリは、涙をこらえず、話すのをやめもしなかった。

「これだ！っていうアイデアに、あんなにどっぷり、飲み込まれたの。ずっと考えてたことなんです。ハッピーじゃなきゃいけないのかなって、音楽って、気持ちが繋がらなきゃ意味ないのかなって。だって、たとえばイオ先生だって、私にとっては初対面の人なわけだし、そんな人と、いきなり、心を通わせるなんてできるわけないじゃないですか。でも今までは、そういうことが大事だって教わってきたんです。気持ちを一つにして演奏しましょうって」コマリはそこで、大きく鼻をすすって、

「でもそんなの、無理なんです」と呟《つぶや》いた。

「　B　なんです。絶対無理。だって私、嫌いな子、いっぱいいるし、私のこと嫌いな子は、それより多いし、先輩にも顧問にも目ぇ付けられてて、もう取り返しつかないくらいなのに、そんな人たちと、気持ちを一つになんてできません」

　流れ落ちる涙を手の甲《こう》で拭《ぬぐ》いながら、コマリはまた、勢いよく鼻をすすった。エリがそばにあったティッシュの箱をカンに渡し、カンがそれをコマリに差し出した。涙もろいカンは早くも目に涙を浮かべ、その大きな手をコマリの震える背中にあててやっていた。（中略）

　ちゃぶ台に片肘《かたひじ》をあずけ、爪の先をいじり、「もし俺なら、せめてあのぐらい自分のこと許してくれる奴とじゃなきゃ、バンドなんかやりたくねえなって話なんだけど」とカンは言った。「ていうか、お前のこと嫌ってる奴なんて、ほんとに、そんなにいるのかな。だって俺たち、こんな

ちゃあんと車あるの見て、なあんも用ねえのに一時間も二時間も座り込んで、やれ膝がどうの、畑がどうの、息子が出世してどうのって……俺みたいのに話して楽しいかねえ」カンはそこで、何やら物音をたてながら、「皿って何？　なんでもいいの？」

「木のお皿。丸いやつ。親孝行だと思えばいいのよ」エリは電気ポットの赤いランプを見ながら答えた。（中略）

「あの、イオさんって、イオ先生のことですか？」そこで、コマリが口を挟んだ。「あの、実は私、今日はイオ先生のことを教えてもらおうと思って……」

「ああ。そうそう、イオ先生」カンは笑顔で答え、エリの注いだお茶をコマリの前に置いた。「そっか、イオさんこないだ三中来たんだっけ。ああ俺、そんときの話も聞いてねえや」そこで視線をエリに向け、「トク、なんか言ってた？」

「どうだったかな」エリはそこでジュンに目をやり、「かばん、下ろせば？」と声をかけた。

「いや、すごかったですよ！」コマリは目を輝かせた。「2魔法使いみたいでした！」

「だろお？」カンは得意げにほほ笑み、ほうじ茶をすすった。「高校のときからああなんだぜ。気に入らない音楽教師、ピアノと口先で負かしてさ、下克上《げこくじょう》って感じに実権握っちゃった人なんだ。それで選抜の合唱隊鍛《きた》え上げて、初めての指揮、初めてのコンクールで、銀獲《と》って帰ってきちゃったの。とんでもねえよ」

　カンの話を、ジュンはうつむいて聞いていた。合唱ではいつも女の子にまざってソプラノに回されるのだということも、出来合いの歌は嫌いだから結局少しも歌わないのだということも、黙っていた。

「ちなみにエリは、そのときのアルト」カンがかりんとうをかじりながら言うと、

「すごい。銀賞メンバーだったんですか」とコマリは身を乗り出した。「イオ先生、そのときから、魔法使いみたいでしたか？」

「うん。まあ」エリは一口お茶を飲み、息をついた。「でも私はどちらかというと、宇宙人みたいって思ってたけど……」

「実際あの人、火星人だからね」カンの言葉に、ジュンは驚いて目を上げた。

「ピアノ弾かせるとわかるよ。いきなり腕が八本になる。本人はうまく地球人になりすましてるつもりみたいだけど、ちょっと喋《しゃべ》るとわかるだろ――『3あ、話、通じてない』」

「はい」コマリは大真面目に頷《うなず》いてから、「あの、でも、指揮してもらうと通じますよね」と、同意を求めるようにエリを見た。「私、指揮があんなに重要だって、イオ先生に会うまで全然実感なかったんです。だって私たち、よく指揮者なしでも合わせてて……別にそうしようとしてするわけじゃなくて、誰かが吹いたフレーズに、誰かが合わせて、そこにまた別の誰かが乗っかってっていう感じで、自然に始まっちゃうことがあるっていうだけなんだけど。でもそれでちゃんとかたちになるから、指揮者なんて正直、念のために立ってる人としか思ってなかったんです。だから偉そうに指示されたり、文句言われたり、一人だけ立って吹かされたりするともう、ほんと、むかついてむかついて……」

　熱っぽく話し始めていたコマリは、そこで突然、ひゅっと首を縮めた。三人の視線が、自分に集中していることに気付いたのだった。

【国　語】（五〇分）〈満点：六〇点〉

【注意】字数制限のある問題については、かぎかっこ・句読点も一字と数えなさい。

一　次の文章はコマリに連れられて、床屋を営んでいるカンとエリの家に中学生のジュンが訪れた場面です。コマリとトクはジュンと同じ中学校の吹奏楽部員です。カンとエリはトクの父と母で、ジュンとは顔見知りです。

文章を読んで、後の問に答えなさい。

もしコマリがいなければ、床屋に足を向けることもなかっただろう。音楽室より音楽に溢《あふ》れた床屋は、歌を失った今、遠巻きに眺《なが》めるだけでも憂鬱《ゆううつ》になる。だからもう、かれこれひと月近くジュンは床屋を訪れていなかった。（中略）

コマリと並んで廊下を歩きながら、カンは早速トクの愚痴《ぐち》をこぼし始めた。父親にだけ学校の話をせず、父親の洗濯物だけたたまず、父親の靴だけ蹴散らして出かけていく息子をどう思うかとコマリに迫り、対するコマリは緊張しながらも必死にカンの味方をした。

二人のうしろを、ジュンはとぼとぼついていった。初めて歩く暗い廊下も、窓から見える庭の風景もよそよそしく、一歩ごと不安になった。

「ジュンくん、髪、伸びたねえ」

うしろから、静かでのんきな声がした。振り返ると、エリが声と同じように静かな笑みをたたえていた。

「今日はちょっと冷えるから、あったかいほうじ茶、淹《い》れようね」笑顔のまま、エリは言った。

そこで不意に涙の匂いを嗅《か》ぎ取って、ジュンはすぐに前を向いた。帰りたいと言うなら今だと思ったけれど、言えなかった。

居間に入ってからも、ジュンは黙ったままだった。お茶の用意をするエリの隣に正座をし、通学かばんを肩にかけたまま、じっとちゃぶ台の一点を見つめていた。その1知らない部屋を形成する、到底受け入れることのできないものたち――きれいに張られた障子や、傷だらけの柱や、写真が二つ並んだ仏壇、年代物のエアコン、最新式のテレビ、そのテレビに繋《つな》がれたゲーム機、マタニティ雑誌の上に重ねられたスポーツ新聞、小物入れになっているガラス製の灰皿、シミのついた座布団などが、なるべく目に入らないように。

「なんだよ。さっきから、［ A ］みたいに」そう言うと、カンは押さえつけるような力強さでジュンの髪をかき回した。真下を向いたそのときに、ジュンはひと月前より大きくなったエリのお腹に目を留めた。

「な、ゲームやろうぜ。新しいの買ったんだ。対戦しようよ、俺対、ジュンとコマリチームで」

「お皿にかりんとう出して、カンちゃん」急須《きゅうす》に茶葉を入れながら、エリが言った。

「二人の用事、ちゃんと聞いてあげてよ。ゲームは今日、朝からずっとやってたでしょ」

「あ、用あって来たの？」隣接する台所に入りながら、カンは意外そうな声を出した。

「なんだ、俺、なんとなく寄っただけかと思った。ほら、わざわざ火曜狙《ねら》って来る人いるじゃん。カスガイさんとかモモチの爺さんとかさ、

MEMO

大切なことはメモしておこうネ！

第1回

2022年度

解　答　と　解　説

《2022年度の配点は解答欄に掲載してあります。》

＜算数解答＞ ≪学校からの正答の発表はありません。≫

［1］ (1) 904　(2) 18枚　(3) 14.4%

［2］ (1) 21.98cm　(2) $198cm^2$　(3) ⑥ イ　⑧ キ

［3］ ア 1.25　イ 30　ウ 3　エ 198

［4］ (1) 22時　(2) 9時36分　(3) 19時$38\frac{2}{11}$分

［5］ (1) $36cm^3$　(2) ① 解説参照　② $46cm^3$

○推定配点○

［3］ 各3点×4　他 各4点×12(［2］(3)完答)　計60点

＜算数解説＞

［1］ (数の性質，割合と比，鶴亀算，消去算)

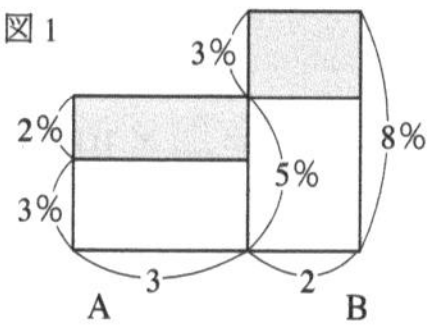

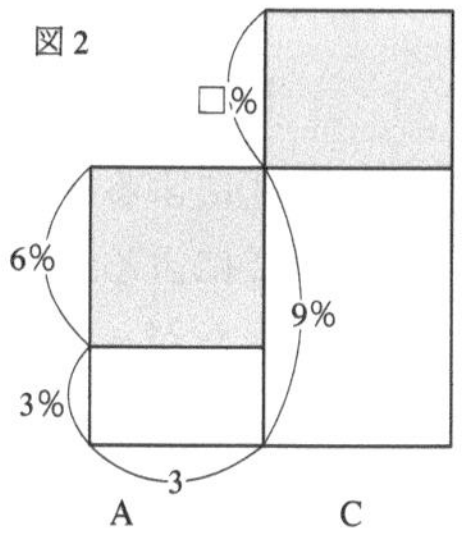

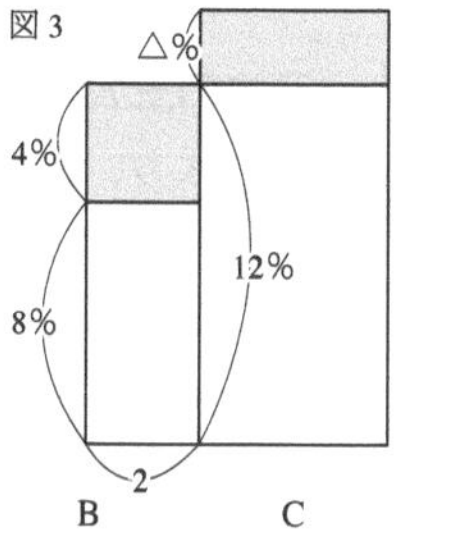

重要 (1) 17で割って3余る数…3，20，37，54，71，88，105，122
23で割って7余る数…7，30，53，76，99，122
したがって，求める整数は122＋17×23×(3－1)＝904

基本 (2) 切手の枚数…72÷(2＋1)＝24(枚)
切手の代金…5100－63×(72－24)＝2076(円)
したがって，84円切手は(94×24－2076)÷(94－84)
＝18(枚)

やや難 (3) 図1で，色がついた部分の面積は等しくA，Bの重さの比は
3：2
図2で，A，Cについて3%の食塩水の重さを3，(9＋□)%
の食塩水の重さを○にすると○×□＝3×(9－3)＝18
図3で，B，Cについて8%の食塩水の重さを2，(12＋△)%
の食塩水の重さを○にすると○×△＝2×(12－8)＝8
□：△は18：8＝9：4であり，⑨＋9と④＋12が等しいので
①は(12－9)÷(9－4)＝0.6
したがって，Cの濃度は9＋0.6×9＝14.4(%)

［2］ (平面図形，立体図形，図形や点の移動，相似)

基本 (1) 右図より，8×3.14÷360×
(120＋30＋165)＝3.14×7
＝21.98(cm)

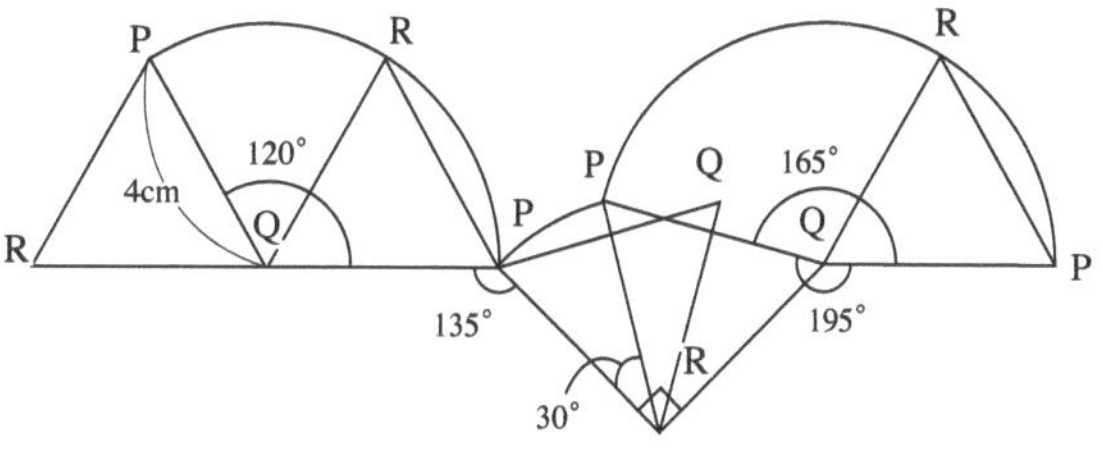

重要 (2) 次のページの図において，三角形ADFとADG
の面積が等しいので，GFとBCは平行
三角形DGF…$210cm^2$　三角形MFD…$105cm^2$

三角形AGLとABEの相似比…3：(3＋2)＝3：5
三角形NGLとDNAの相似比…3：(5＋2)＝3：7
GN：NM：MD…3：{(3＋7)÷2−3}：{(3＋7)÷2}
＝3：2：5
したがって，三角形NGLは210÷(3＋7)×3÷7×3
＝27(cm^2)
四角形NLFMは210−(27＋105)＝78(cm^2)
平行四辺形GBCF…210×2÷3×2＝280(cm^2)
台形GBELとLECFの面積比…(3＋5)：(4＋2)
＝4：3
したがって，斜線部分の面積は
78＋280÷(4＋3)×3＝198(cm^2)

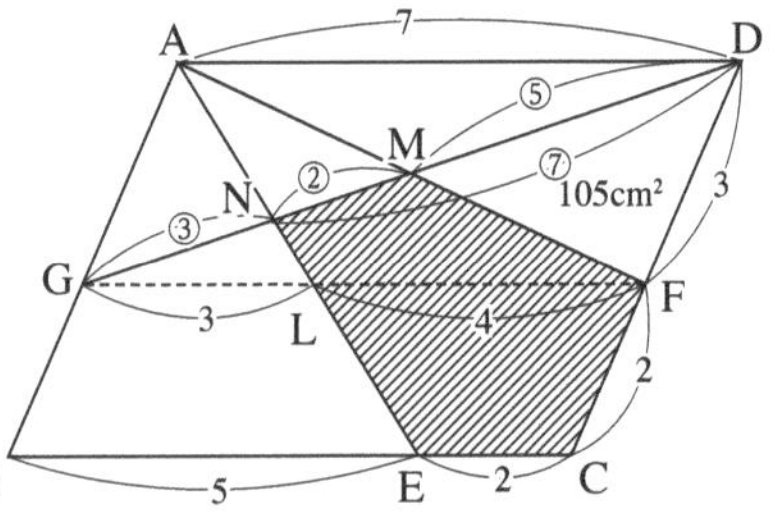

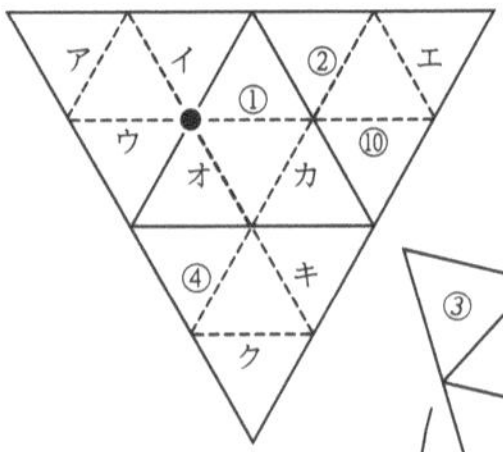

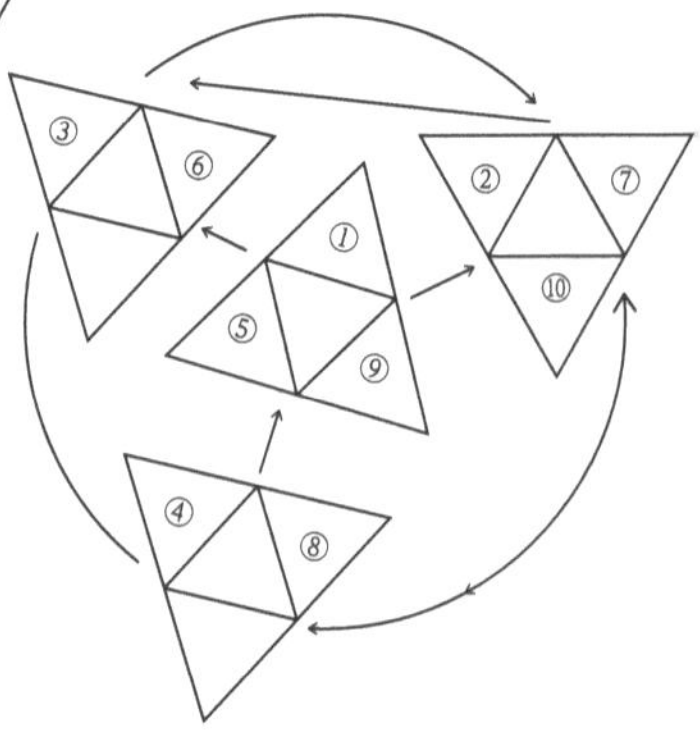

重要 (3) 右図より，⑥はイ，⑧はキ

重要 [3] **(ニュートン算，割合と比，消去算)**

(1) 水そう内の水の体積を□，毎分の給水量を△，
排水管2本の毎分の排水量を②とする。
□＋△×55が②×55に等しく，□＋△×(6＋59)
＝□＋△×65が②×59に等しいので，△×(65−55)
＝△×10が②×(59−55)＝②×4に等しい。
したがって，△：②が4：10＝2：5，①：△は$\frac{5}{2}$：2＝5：4であり，この値は$\frac{5}{4}$

(2) (1)より，△が2のとき，□は(5−2)×55＝165，③は$\frac{5}{2}\times3=\frac{15}{2}$
したがって，$165\div\left(\frac{15}{2}-2\right)=165\div\frac{11}{2}=30$(分後) …イ
③による30分間の総排水量…165＋2×30＝165＋60
②による55分間の総排水量…165＋2×55＝165＋110
したがって，これらの差110−60＝50が60Lに相当し，(1)より，
①は$60\div50\times\frac{5}{2}=\frac{6}{5}\times\frac{5}{2}=3$(L) …ウ
□は$\frac{6}{5}\times165=198$(L) …エ

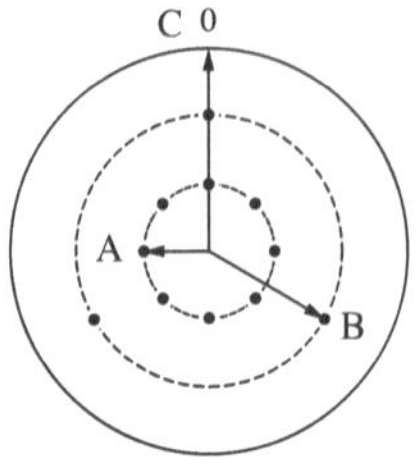

図1

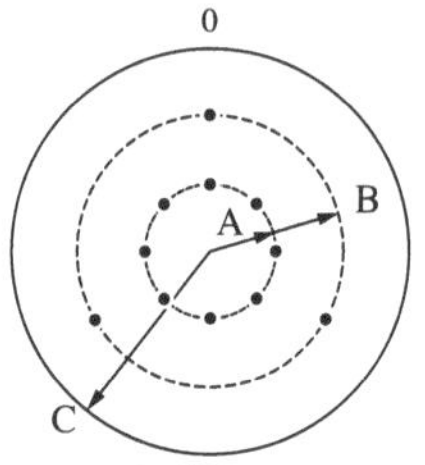

図2

やや難 [4] **(速さの三公式と比，時計算，平面図形，規則性，消去算，単位の換算)**

(1) 図1より，Aの時刻は6時，14時，22時，…，
Bの時刻は1時，4時，7時，10時，13時，16時，19時，22時，…，
Cの時刻は1時，2時，3時，…
したがって，求める時刻は22時

(2) 図2より，Aの位置から時刻は1時台，9時台，17時台，…
Bの位置から時刻は0時台，3時台，6時台，9時台，…であり，
9時のとき，図アより，BからCまでの間の角度は
円周の$\frac{1}{8}$
1時間に動く大きさはBが円周の$\frac{1}{3}$，Aは$\frac{1}{8}$より，
これらの差は$\frac{1}{3}-\frac{1}{8}=\frac{5}{24}$

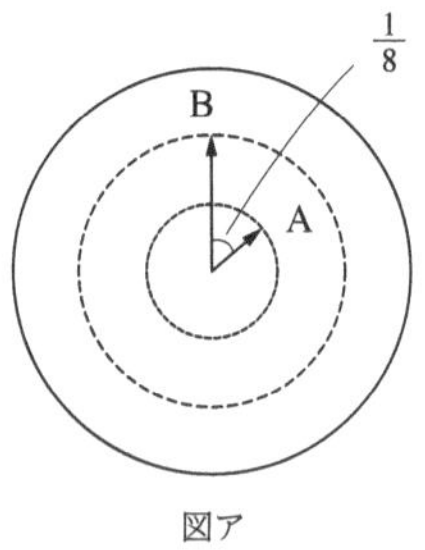

図ア

したがって，9時台で両針が重なるのは$\frac{1}{8}\div\frac{5}{24}$

$=\frac{3}{5}$(時)　　すなわち$60\times\frac{3}{5}=36$(分)

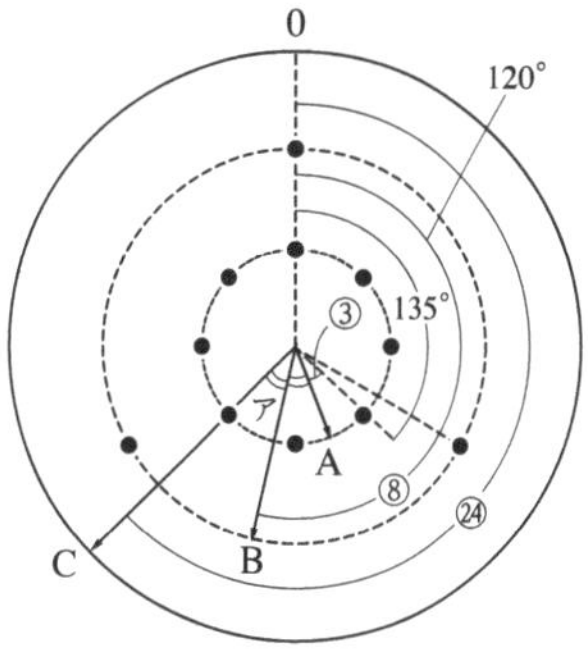

(3)　右図より，Aの位置から時刻は3時台，11時台，19時台，…
Bの位置から時刻は1時台，4時台，7時台，10時台，
13時台，16時台，19時台，…であり，19時台で計算する。
A，B，Cが回転する速さの比は$\frac{1}{8}:\frac{1}{3}:1=3:8:24$
図3において㉔と120＋ア＋⑧と135＋ア×2＋③
がそれぞれ等しい。㉔＝120＋ア＋⑧より⑯＝120＋ア，
120＋ア＋⑧＝135＋ア×2＋③より
⑤＝15＋ア，⑯＝120＋アから⑤＝15＋アを引くと⑪＝105度
したがって，19時台で求める時刻は$105\div11\times24\div6=\frac{420}{11}$(分)　…長針1分の角度6度

[5]　(平面図形，立体図形，相似，割合と比)

基本　(1)　図1より，三角柱APD－BQCの体積を求める。三角形BQCと台形QFGCの面積比は
$2:(1+3)=1:2$　したがって，三角柱の体積は$108\div3=36(cm^3)$

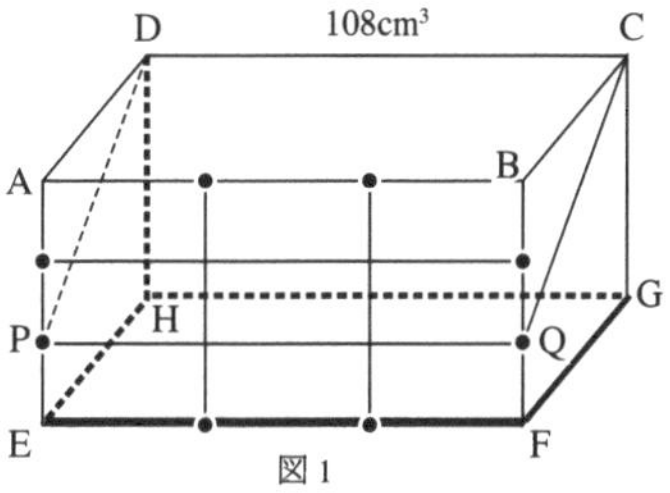

図1

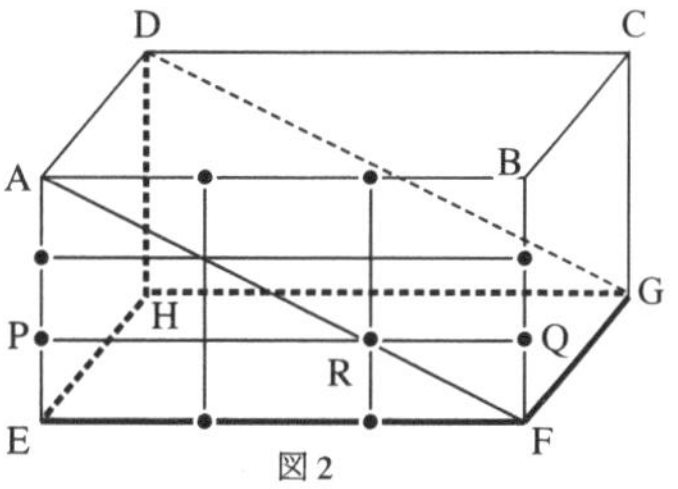

図2

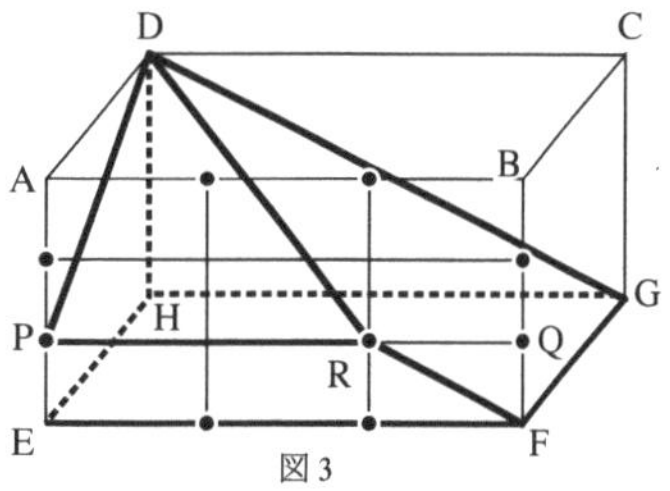

図3

やや難　(2)　①図1の面DPQCと図2の面AFGDが
接するところに線分DRが現れる。
したがって，見取り図は図3のように
なる。
②図4において，ア×イ×ウは$108cm^3$
(1)より，四角柱PEHD－QFGC
の体積は$108\div3\times2=72(cm^3)$
三角錐O－DGCにおいて，OF：FG
は1：2より，この三角錐の体積は
$ア\times イ\times\frac{1}{2}\times ウ\times\frac{3}{2}\times\frac{1}{3}=108\div4=27(cm^3)$
三角錐台RFQ－DGCの体積は
体積比1：27を利用すると$27\div27\times(27-1)=26(cm^3)$
したがって，求める体積は$72-26=46(cm^3)$

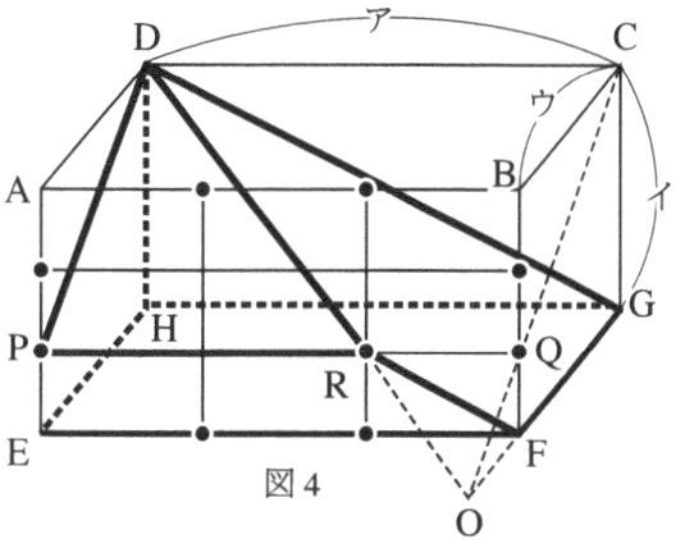

図4

★ワンポイントアドバイス★

難しめの問題は[1](3)「濃度」，[2](2)「五角形の面積」，[4]「時計算」，[4](2)「直方体の切断」である。したがって，[1](1)・(2)，[2](1)「三角形の移動」，[3]「ニュートン算」がポイントになる。

＜理科解答＞ ≪学校からの正答の発表はありません。≫

〔1〕 問1 イ　問2 ウ　問3 カ　問4 エ　問5 ア
問6 遺伝子を持っている。

〔2〕 問1 4.55秒　問2 カ　問3 エ　問4 イ
問5

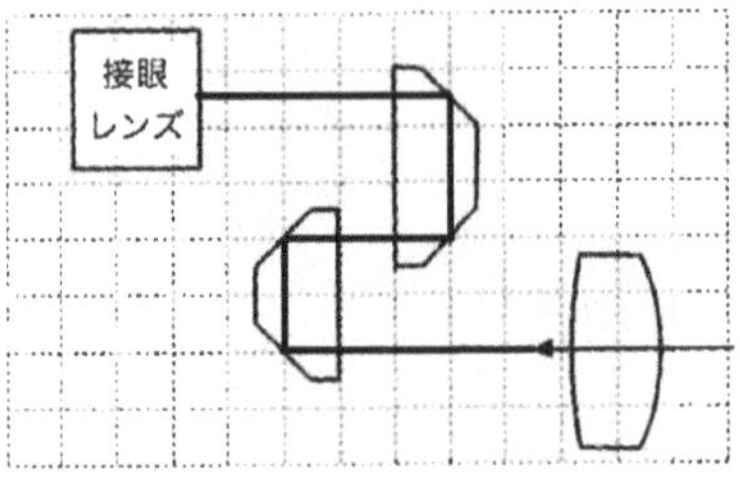

〔3〕 問1 エ　問2 黄色　問3 56cm^3　問4 1.68g　問5 4.5g　問6 5.5cm^3

〔4〕 問1 エ　問2 ウ　問3 エ　問4 イ　問5 ウ

○推定配点○
〔1〕 問1・問2 各1点×2　他 各2点×4　〔2〕 各2点×5
〔3〕 問1・問2 各1点×2　他 各2点×4　〔4〕 各2点×5　計40点

＜理科解説＞

〔1〕 (人体－新型コロナウイルス)

基本 問1 肺が大きな袋ではなく，小さな袋である肺胞の集合になっているのは，肺と毛細血管が接する表面積を大きくして，酸素と二酸化炭素の交換を効率よく行う利点がある。

問2 実際にはア～オのすべてのことが起こっているが，問題文に沿って特に重要なものを考える。問題文のように肺表面が正常にはたらかなくなると，肺がふくらんだり縮んだりすることが難しくなり(間質性肺炎)，選択肢のイやウが起こる。特に，命の危険にかかわるのはウであり，体内が低酸素の状態におちいる。新型コロナウイルス感染症では，軽症だったヒトが急にウによって低酸素の状態になる例が知られている。

問3 健康なヒトの酸素飽和度は96～99％だから，動脈血の色は鮮紅色である。しかし，肺炎によって低酸素の状態におちいった場合，ヘモグロビンは酸素と充分に結びつくことができないため，酸素飽和度は低下し，暗赤色に近づく。

問4 ウイルスの感染症の予防や重症化の低減のために，ワクチンの接種がおこなわれる。ワクチンにはいくつかの種類があるが，新型コロナウイルスに対しては，メッセンジャーRNA(mRNA)という物質を利用したワクチンが使用されている。

問5 ワクチンの接種によって，10日後あたりから抗体が増えている。その後減少するが，同じウイルスに感染した場合や，2回目の接種をした場合は，抗体量は最初の接種のときよりも増加する。

問6 ウイルスは細胞膜を待たず，他生物の細胞の中でしか増殖できないので，無生物と考えられる。しかし，ウイルスがDNAまたはRNAといった遺伝子を持っており，他生物の細胞の中とはいえ，ウイルス自身を複製することができる。これは，生物の性質に近い。

〔2〕 (光と音－光と音の性質)

問1 船Aから船Bまでの2000mを，空気中で音が伝わる時間は2000÷340＝5.882…(秒)，水中で音が伝わる時間は2000÷1500＝1.333…(秒)である。その時間差は，5.882－1.333＝4.549で，四捨五入により4.55秒である。なお，答えを四捨五入により小数第2位まで求めるには，途中の計算は小数第3位まで求めておく。

問2　空気中と水中では，音の速さは異なるが，例えばスピーカーから1秒間隔に出る音は，空気中でも水中でも選手には1秒間隔に聞こえる。そのため，アーティスティックスイミングのルーティン競技で選手が聞く音楽のテンポは変わらず，演技の速さも変わらない。また，競技を行うプールの大きさは何kmもあるわけではないので，問1で考えたような空気中と水中の時間差は，0に近い。

重要　問3　表1では，コップの中の空気柱が振動して音が聞こえている。空気柱が短いほど高い音が出ており，空気柱が約半分の長さのときに1オクターブ高くなる。これは，空気柱が短い方が振動しやすいため，振動数が多くなるためである。コップに水を注いでいくと，空気柱の長さが短くなっていくので，聞こえる音は高くなっていく。

問4　カーブミラーを含め，鏡は左右が逆に映って見える。図2の左側のカーブミラーに映った車は自分から見て手前側の端に見えるが，実際には奥側の端にある。右側のカーブミラーに映った車は自分から見て奥側の端に見えるが，実際には手前側の端にある。そして，右側のカーブミラーに映った車の方が小さく見えるので，遠くにある。

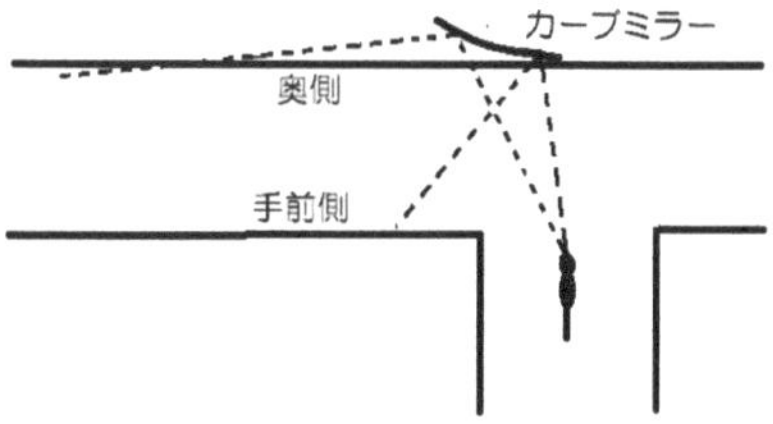

問5　望遠鏡では，上下左右が逆に見える。双眼鏡では，プリズムを使うことで，像をさらに上下左右が逆に変えて，目で見たときに実物と同じ向きになるように工夫されている。作図では，接眼レンズに向かう光線のみを考えればよい。

［3］（水溶液の性質－中和の量的関係）

重要　問1　アやイの場合，加える水酸化ナトリウム水溶液がうすめられ，濃度が一定のままの測定ができない。ウでガラス器具に熱を加えると膨張するため，測り取る体積が狂ってしまう。エであれば，濃度も体積も変わらないので，正しく測ることができる。

問2　実験結果の表を見ると，A～Cでは，固体の重さは0.30gずつ増加しているが，D～Fでは0.20gずつ増加している。つまり，過不足なくちょうど中和するのはCとDの間の量のときである。よって，A～Cは酸性，D～Fはアルカリ性である。Cと同じものにBTB液を加えると，黄色に変わる。

やや難　問3　実験結果の表で，水酸化ナトリウム水溶液10cm^3につき，A～Cでは，固体の重さは0.30gずつ増加しているが，D～Fでは0.20gずつ増加している。水酸化ナトリウム水溶液1cm^3あたりでは，0.03gずつと0.02gずつの増加である。CとDの間では固体の重さに0.26gの差がある。すべて0.03gずつの増加だとすれば0.30g増加するはずなので0.04g少ない。よって，固体0.03gずつの増加が水溶液6cm^3ぶん，固体0.02gずつの増加が水溶液4cm^3ぶん起こったとわかる。よって，水酸化ナトリウム水溶液がCの50cm^3よりも6cm^3多い56cm^3のときに，ちょうど中和する。

問4　食塩は，問3で求めた水酸化ナトリウム水溶液が56cm^3までは増えるが，それ以上は増えない。このときの食塩の量は，$0.03\times56=1.68$(g)である。

問5　問3，問4のことから，ちょうど中和したときの量比は，塩酸：水酸化ナトリウム水溶液：食塩＝70cm^3：56cm^3：1.68gである。Eでは$70-56=14$(cm^3)，Fでは$80-56=24$(cm^3)，合計38cm^3の水酸化ナトリウム水溶液が余っている。その後に塩酸70cm^3を加えると，塩酸が過剰なので，水酸化ナトリウムは残らない。新たにできる食塩の量は，56cm^3：1.68g＝38cm^3：□g　より，□＝1.14gである。EとFでは1.68gずつの食塩ができているので，残る固体の合計は，$1.68+1.68+1.14=4.50$(g)となる。

やや難　問6　Fの水溶液全体は$70+80=150$(cm^3)あり，その中に水酸化ナトリウム水溶液が$80-56=24$(cm^3)余っている。Fの水溶液から15cm^3取り出すと，その中の水酸化ナトリウム水溶液は2.4cm^3である。これを中和するための塩酸の量は，70cm^3：56cm^3＝□cm^3：2.4cm^3より，□＝3cm^3である。

一方，Bの水溶液全体は70＋40＝110(cm^3)ある。中和した塩酸の量は，70cm^3：56cm^3＝△cm^3：40cm^3より，△＝50cm^3であり，余っている塩酸の量は，70－50＝20(cm^3)である。中和するのに必要な塩酸が3cm^3だから，必要なBの量は，B全体：塩酸＝110cm^3：20cm^3＝○cm^3：3cm^3より，○＝16.5cm^3となる。Bは先に11cm^3入れているので，あと16.5－11＝5.5(cm^3)加えればよい。

［4］**(地層と岩石－地質図と地層)**

問1　図中のa-a'で，標高70m以上にはC層がある。また，標高60m～70mにはB層，それより下にはA層がある。

問2　図中のb-b'で，標高70m以上にはC層がある。また，その下では，B層とA層の境界は，図の右(東)が下がるように傾いており，B層が上にある。

問3　海底地すべりのように，さまざまな大きさの粒が混濁して海底を流れ堆積する場合には，ふつうの地層と異なって，1枚の地層の中に粒の大きさの変化が現れることがある。この場合，大きな粒から順に堆積するので，下ほど粒が大きい層となる。また，カニなど水底で生活する動物の巣穴は，水底から土の中に，つまり，上から下へ掘られる。

問4　地点Yの標高は60mだから，A層とB層の境界面が標高60mになる位置を探せばよい。下図のように，境界面の標高が60mになる2地点を見つければ，それを結ぶ直線上のどこでも，境界面の標高は60mである。この直線を利用して，Yからこの直線までの距離(下図の破線)の長さを測ると，20mとなる。

問5　A層とB層の境界面が，標高50m，60m，70mになる位置を示す直線は，下図のように引ける。現在は上にC層が乗っているが，C層がないと仮定すると，断層の位置では境界面の標高は80mだったはずである。しかし，実際はこの位置での境界面の標高は50mなので，東側の土地が80－50＝30(m)持ち上がったことがわかる。

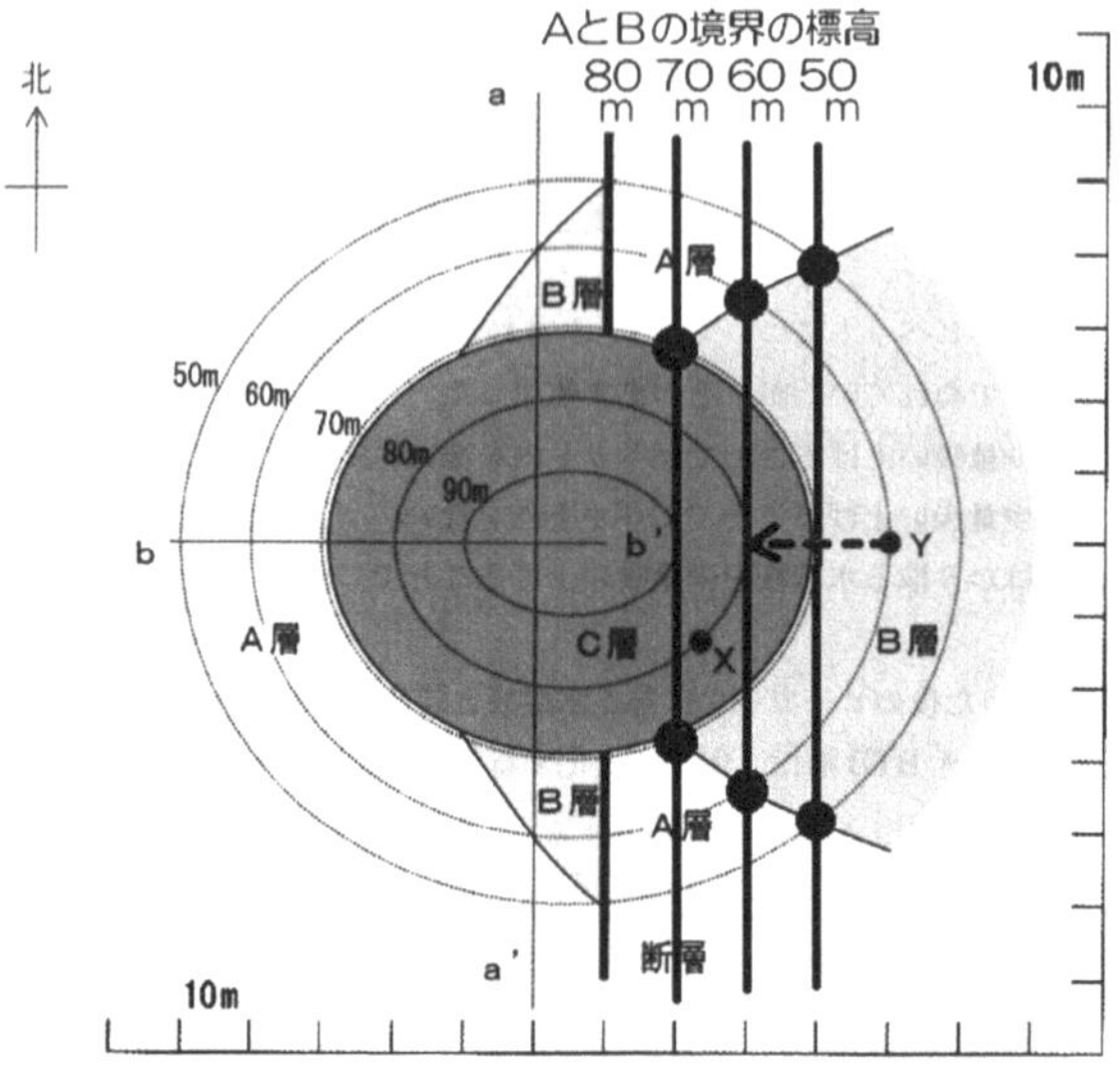

★ワンポイントアドバイス★

図表や数値の意味を正しくとらえ，試験時間の配分も考えて，できる問題から確実に正解を重ねよう。

＜社会解答＞ ≪学校からの正答の発表はありません。≫

〔1〕 問1 (1) 三角州 (2) ウ・オ (3) (例) 敵の攻撃を難しくする役割。
(4) エ (5) イ 問2 (そば) オ (鶏卵) エ
問3 (1) (海流) 対馬海流 (番号) 1 (2) イ (3) 栽培漁業 問4 ア

〔2〕 問1 A 法隆寺 B 天台(宗) C 蘇我(馬子) D 日本書紀 E 天保の改革
問2 (例) 6歳以上の男女(が)小学校に(通う。) 問3 ウ 問4 イ
問5 カ→ウ→イ→エ 問6 ウ 問7 エ

〔3〕 問1 (1) A ウ B キ (2) ウ 問2 (1) エ (2) イ
問3 (1) A イ B ア X 集団的自衛(権)
(2) 核拡散防止(条約)[核不拡散(条約)]

○推定配点○
〔1〕 問1(2)・問3(1) 各2点×2 問1(3) 3点 他 各1点×8(問1(2)・問3(1)各完答)
〔2〕 問2 3点 問5 2点 他 各1点×9
〔3〕 問3 各2点×3 他 各1点×5(問3(1)AB完答) 計40点

＜社会解説＞

〔1〕(日本の地理―地形図・国土と自然など)

基本 問1 (1) 橋本川が運んだ土砂が堆積して形成された地形。 (2) 警察署の地図記号は⊗，消防署はY，神社は⛩，博物館は🏛，病院は⊕。 (3) 萩市は毛利氏が指月山に築いた城の城下町として発展した都市。一般に城下町は濠や土塁の他，袋小路や丁字路など道路を複雑にして敵が簡単に攻撃できないような工夫をしている。 (4) 萩市は夏みかんを日本で初めて経済栽培した土地として知られている。明治の初め，困窮する士族の生活を助ける授産政策として導入された。(5) 面影山では東斜面の方が西斜面より等高線の間隔が密になっている。堀内地区は8m，市役所(◎)は2m前後，明倫館から見て萩城跡は北西，駅は中心街から離れた橋本川の対岸に位置している。

問2 鶏卵は畜産が盛んな地域だけでなく，大消費地である首都近郊の県に集中している。アはレモン，イは肉用牛，ウはネギ，オはそば。

やや難 問3 (1) 世界最大級の暖流である黒潮から分かれて日本海を北上する海流。 (2) 日本近海に広く分布，暖かい海の表層や中層に群生し回遊する魚。成長するにつれイナダ・ワラサ・ブリなどと名前が変わる「出世魚」として知られる。 (3) 人工的にふ化させた卵や稚魚，稚貝などを自然界に放流し成長させてから漁獲する漁業。

問4 日本海側に位置する萩市は冬季に雪の降ることも珍しくはない。イは降水量の少ない瀬戸内の岡山(備前焼)，ウは北部九州の佐賀(有田焼)，エは北関東の栃木(益子焼)。

〔2〕(日本の歴史―古代～現代の政治・文化・外交など)

重要 問1 A 7世紀初頭に建設された寺院。日本書紀によると670年に焼失したとされ，7世紀末～8世紀初めに再建された。 B 9世紀初めに入唐《にっとう》，天台山で学んだ最澄が広めた宗派。 C 排仏派の物部氏を倒して政治の実権を握った豪族。馬子は推古天皇を擁立し聖徳太子と共に政治改革を断行した。 D 神代から持統天皇までの歴史を記した最古の勅撰の正史。 E 大塩平八郎の乱やアヘン戦争の発生など危機意識が高まる中で行われた改革。

問2 教育の機会均等と義務教育の確立を目指した政策。現実を無視した強引な実施や過重な負担などから国民の賛同を得られず数年で廃止された。

問3　中央から派遣された国司の下で郡の行政や裁判に当たった地方官。大領・少領・主政・主張の4等官から構成される終身の役職。

問4　魏に朝貢した卑弥呼は「親魏倭王」の金印と銅鏡100枚を賜った。これにより魏の冊封体制(周辺諸国の王に称号を与えて君臣関係を作る)の下に入り日本での権力強化を図った。

問5　日独伊三国同盟(1940年)で米英との対決姿勢を鮮明にした日本はマレー半島や真珠湾を奇襲攻撃(1941年)し米英に宣戦を布告，原爆の投下やソ連の参戦で無条件降伏(1945年)に追い込まれた。日本敗戦後の中国では再び共産党と国民党が対立，これに勝利した毛沢東が建国を宣言(1949年)。女性参政権は1945年の選挙法改正，大韓民国を支援したのはアメリカ。

問6　御家人とは将軍と主従関係を結んだ武士のことであり，武士層のエリートで人数は決して多くなかった。枕草子は清少納言，御成敗式目は武士の法，琉球は明などとの中継ぎ貿易で繁栄。

やや難　問7　お父さんの生まれた年は1974年ごろ。1972年，念願であった沖縄の祖国復帰が実現。男女雇用機会均等法は1985年，国民総生産世界2位は1968年，平成元年は1989年。

［3］（政治・時事問題—憲法・政治のしくみ・国際社会など）

問1　(1)　A　居住・移転・職業選択，外国移住・国籍離脱の自由などと共に経済活動の自由を構成する権利。　B　かつては遺伝性の疾患と考えられていた病気。法律で隔離政策がとられていたが1996年に廃止，元患者の提訴に対し国は損害賠償を支払い謝罪した。　(2)　首相の指名や条約の承認と共に衆議院の絶対的優越が認められている。予算は内閣が作成して国会に提出，審議は予算委員会，補正予算は国会の議決を要する。

重要　問2　(1)　バブル崩壊後，緊縮財政を余儀なくされた政府は行政経費の削減を進めた。その一環として保健所の仕事の多くは市町村に移管され総数も半減している。　(2)　資本主義の発展に伴い経済的格差は拡大，積極的に国家に国民の生活を守る責任があるという視点から生まれたのが社会権の考え方。憲法25条では人間らしい生活をする生存権が規定されている。

重要　問3　(1) A　1997年の返還に際し，50年間は外交や安全保障を除き政治や経済のしくみを維持する高度な自治が保障されていた。　B　第二次世界大戦後，国共内戦に敗れた国民政府は台湾に逃れ中華民国を称して中華人民共和国と対立。中国は「一つの中国」政策を唱え，台湾は不可分の領土として1国2制度の適用を模索しているといわれる。　X　自国と密接な関係にある国に対する武力攻撃に対し協力してこれを阻止することができる権利。今までは憲法9条との兼ね合いから否定されていたが，政府が憲法解釈を変更してこれを認めた。　(2)　NPTとも呼ばれ1970年に発効した条約。核保有国のインド・パキスタン・イスラエルは加盟せず，北朝鮮も2003年に離脱を表明した。この条約では5年ごとに今後の方針などを検討する会議を開いているが，大国の利害関係が絡み合意に至らないことも多い。また，2020年以降はコロナの影響で会議の延期が続いている。

★ワンポイントアドバイス★

時事問題は学習をする上での最高の教材である。毎日のニュースなどは常にチェックし，地理や歴史，そして政治といった多方面から考える習慣をつけよう。

＜国語解答＞ ≪学校からの正答の発表はありません。≫

一　問1　a　搬送　b　名残　c　緩(んで)　問2　E　問3　(例)　(有人に,)十年後，二十年後の自分が今の自分に後悔しないだろうか(，ということを考えて行動してほしい。)　問4　エ　問5　あの日　問6　エ　問7　灯

二　問1　ウ　問2　ウ　問3　氷山　問4　(内容を)事前に教えてくれない(タイトル。)　問5　(例)　(たとえば「門」というタイトルは,作者が)X　深く悩み,深く考えている(ということを表現することができ，そのようなタイトルを持つ小説を読んだ人は，小説とは)Y　悩みに寄り添う(ものだと受け止めるから。)　問6　オ・カ

○推定配点○

一　問1・問5　各2点×4　問3　6点　他　各4点×4

二　問3　2点　問5　各6点×2　他　各4点×4(問6完答)　計60点

＜国語解説＞

一　(小説－心情・場面・細部の読み取り，空欄補充，漢字の書き取り，記述力)

基本　問1　傍線部aは運んで送ること。傍線部bの「名残惜しい」は心が引かれて,別れるのがつらいこと。傍線部cの音読みは「カン」。熟語は「緩和」など。

問2　一文が逆接の「しかし」で始まっていることから，直前は「脳裏に焼き付いていた」こととは相反する内容なので，「……一度見ただけだった。」とあるEに入る。

やや難　問3　「あのとき有人は，……」で始まる場面で，傍線部1と同様に叔父や誠，誠の父，兄の和人の声を思い返しながら「十年後，二十年後の自分を想像して，今を振り返った。黙って突っ立っている己を後悔しないか考えた」という有人の心情が描かれているので，この部分を参考にして，川嶋先生の思いを説明する。

重要　問4　傍線部2の「今夜のこと」＝発作を起こした観光客の小西さんを，エピペンによって有人が救ったことである。「今夜のこと」のように，何もしないのではなく，人工呼吸をして自分を助けようとしてくれたことを嬉しく思っていると言った道下なら「今夜のこと」も喜ぶのではないか，と誠が話していることが読み取れるのでエが適切。

問5　空欄には有人が道下に人工呼吸をした日，すなわち傍線部2前の「あの日」が入る。

問6　傍線部3前で誠が話しているように，結果が伴わなかったとしても諦めがつく最善を尽くす川嶋先生に，有人のしたことは似ていたということなので，エが適切。傍線部3前の川嶋先生について誠が話していることをふまえていない他の選択肢は不適切。

重要　問7　最後の「かつて一度は消えた灯が,その瞬間,もう一度生まれた。」は,医者になりたかったが,道下に人工呼吸をした日から後悔し続けていた中，小西さんを助けたことで再び医者になりたい気持ちが生まれたということなので，医者になりたい有人の気持ちをたとえているのは「灯」である。

二　(論説文－要旨・細部の読み取り，空欄補充，慣用句，記述力)

問1　傍線部1前までで述べているように，小説は読者に悩みに対する解釈をゆだねるのに対し，自己啓発本は結末を読者にゆだねず，作者が用意した結末を読者に渡すものなので，ウが適切。悩みに対する結末の違いを説明していない他の選択肢は不適切。

問2　「そしてこの物語を……」で始まる段落で,「『門』という小説が扱っている悩みは……その夫婦を取り巻くもっと複雑に入り組んだ悩み全体のこと」と述べていることをふまえたウが適切。この段落内容をふまえていない他の選択肢は不適切。

基本 問3 「氷山の一角」は，物事のごく一部が外に現われていることのたとえ。

問4 「だからこそ，小説は……」で始まる段落で，小説は内容を「事前に教えてくれない(10字)」タイトルをつける，ということを述べている。

重要 問5 「たしかに『門』だけのほうが……」で始まる段落で,「門」というタイトルは分かりづらいが,小説の文脈を知り,その悩みに共感してしまうと,「門」と名付けた作者の夏目漱石は「深く悩み,深く考えてくれている」とほっとしただろう，ということ，さらに最後の2段落で，小説は自分以上に悩み苦しんでいるやつがいることを教えてくれるので，「唯一寄り添ってくれる存在かもしれない」と述べている。これらの内容を参考に，設問の説明にあてはめていく。

やや難 問6 オは最後の3段落，カは「たしかに『門』……」から続く2段落から読み取れる。アの「勧善懲悪小説は扱われる悩みが浅く」，イの「作者が向き合った結果として生まれた」，ウの「抽象的な内容になった小説」，エの「自分の悩みにそったタイトルを探して小説を選ぶ」はいずれも述べていない。

★ワンポイントアドバイス★

二つの事がらを対比させながら論を進めている論説文では，それぞれの事がらを筆者がどのようにとらえているかを読み取っていこう。

第2回

2022年度

解　答　と　解　説

《2022年度の配点は解答欄に掲載してあります。》

＜算数解答＞ ≪学校からの正答の発表はありません。≫

[1]　(1)　4　　(2)　26年後　　(3)　4日間

[2]　(1)　69度　　(2)　4.32cm　　(3)　19.125cm

[3]　(1)　①　8%　　②　300　　(2)　①　120g　　②　1.75%

[4]　(1)　毎分200g　　(2)　10.2　　(3)　700m

[5]　(1)　7　　(2)　4点　　(3)　1位　9点　　2位　10点　　3位　15点　　(4)　18.2点

○推定配点○

[3]，[5]　各3点×8([5](3)完答)　　他　各4点×9　　計60点

＜算数解説＞

[1]　**(四則計算，年令算，割合と比，仕事算，消去算)**

(1)　$\square=\frac{123}{40}\times\frac{8}{3}-70\frac{7}{20}\div16\frac{3}{4}=8.2-\frac{1407}{20}\times\frac{4}{67}=4$

やや難　(2)　現在…弟の年令を○とすると，兄の年令は○＋2

4年後…弟○＋4，兄○＋6，父○×5＋20

9年後…兄○＋11，父○×3＋33　→　現在の父の年令は○×3＋33－9＝○×3＋24

これらの父の年令について○×5＋20＋9－4＝○×5＋25が父○×3＋33に等しく，○は(33－25)÷(5－3)＝4(才)→現在の年令が弟は4才，兄は6才，父は4×3＋24＝36(才)

したがって，現在から△年後に4＋6＋△×2＝10＋△×2が36＋△に等しくなるとき，△は36－10＝26(年後)

やや難　(3)　AとBの1日の仕事量の比は1.5：1＝3：2

工場XでAとBがそれぞれする仕事量を③，②，工場YでAとBがそれぞれする仕事量を[3]，[2]とする。工場Xの全体の仕事量は③＋[2]，工場Yの全体の仕事量は②＋[3]，これらの比は1：1.25＝4：5であり，(③＋[2])×5＝⑮＋[10]と(②＋[3])×4＝⑧＋[12]が等しく，⑮－⑧＝⑦が[12]－[10]＝[2]と等しいので①と[1]の比は2：7

したがって，工場Xの全体の仕事量③＋[2]についてAが仕事をする日数は2×3÷3＝2(日)，Bが仕事をする日数は7×2÷2＝7(日)であり，実際の日数が18日のとき，実際に工場XでAが仕事をする日数は2×18÷(2＋7)＝4(日)

重要　[2]　**(平面図形，立体図形，相似，図形や点の移動)**

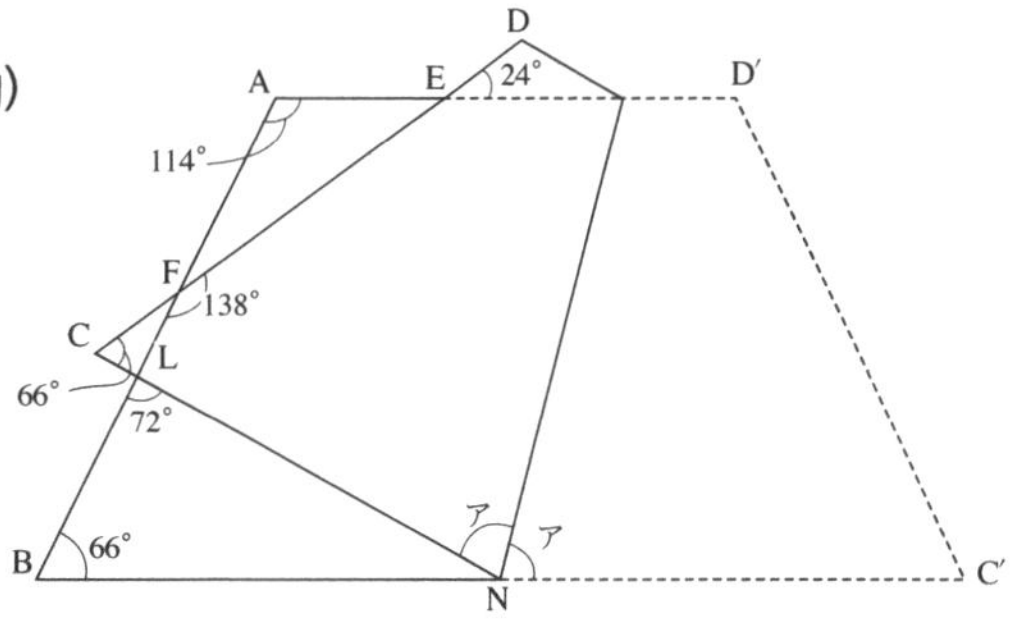

(1)　右図において，角EFLは

180－66＋24＝138(度)

角NLBは138－66＝72(度)

したがって，角アは

(72＋66)÷2＝69(度)

(2)　図1において，三角形PFAとFGPは相似で
APは3÷5×4＝2.4(cm)
三角形FGPとEGCの相似比は5：6で
あり，CPは4÷5＝0.8(cm)
CEは同じく3÷5×6＝3.6(cm)で
あり，CDは5－3.6＝1.4(cm)
三角形PGDについてPBは
4×1.4÷5＝1.12(cm)
したがって，求める長さは
2.4＋0.8＋1.12＝4.32(cm)

図1
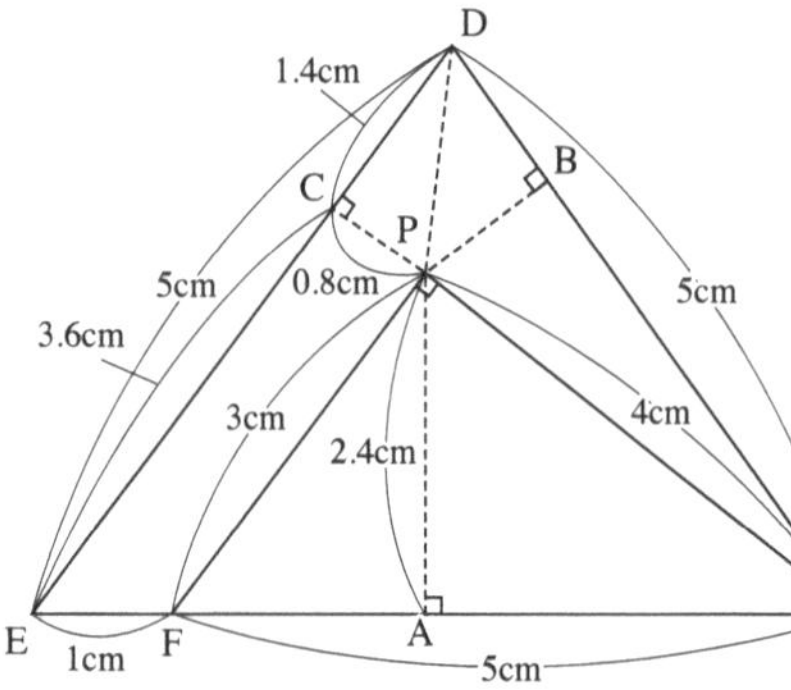

(3)　図2において，円柱の底面積を8×8＝64，円すいの底面積を
5×5＝25とする。
水面上に出ている円すいアと円すい全体との長さの比は
(40－24)：40＝2：5，体積比は8：125
水面下の円すい台の体積…25×40÷3÷125×(125－8)＝
312(cm^3)
水の体積…64×24－312＝1224(cm^3)
したがって，求める水深は1224÷64＝$\frac{153}{8}$＝19$\frac{1}{8}$
＝19.125(cm)

図2
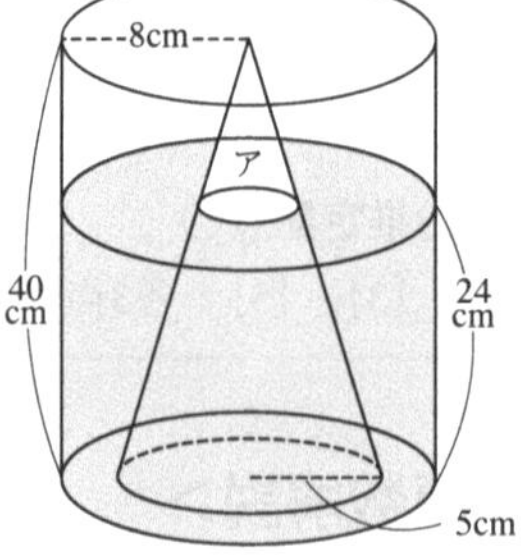

[3]　(割合と比，濃度)

基本　(1)　①A，Bから移した食塩水の重さの比は60：(100－60)＝3：2
したがって，Cの食塩水の濃度は(3×12＋2×2)÷(3＋2)
＝8(%)
②操作2でCの食塩水の濃度が2%でない場合，これをBに戻す
とそれぞれの濃度が等しくなることはないので，Cの食塩水の
濃度は2%になったことになる。図カより，色がついた部分が
等しく，㋐は100×(8－2)÷2＝300(g)

図カ
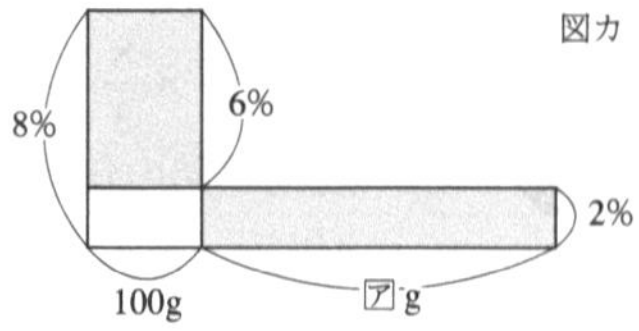

重要　(2)　①A，Bから移した食塩水の重さの比は2：3であり，Cの食塩
水の濃度は(2×12＋3×2)÷(3＋2)＝6(%)
これに水300gを加えると，100：300＝1：3より，Cの食塩水
の濃度は1×6÷(1＋3)＝1.5(%)
図キより，□は40×(8.5－1.5)÷(12－8.5)＝80(g)
したがって，A，Bの食塩水の重さは80＋40＝120(g)
②Bから100－40＝60(g)を移した後，同じ重さの食塩水
を戻すと，濃度は(2＋1.5)÷2＝1.75(%)

図キ
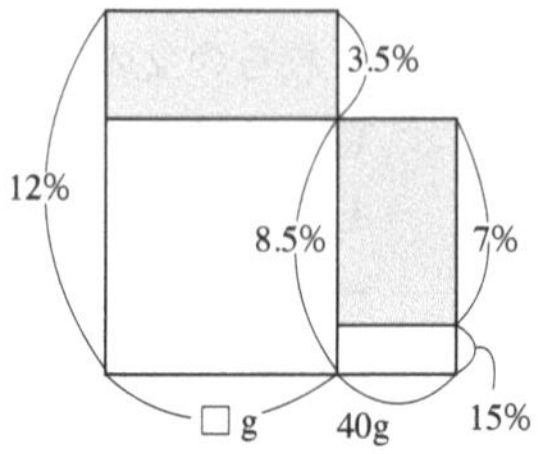

[4]　(速さの三公式と比，旅人算，割合と比，鶴亀算，
グラフ，単位の換算)

基本　(1)　バスの分速…36000÷60＝600(m)
グラフより，15－2＝13(分)でバスP
が進んだ距離は600×13＝7800(m)
したがって，自転車の分速は(7800－
－4800)÷15＝200(m)

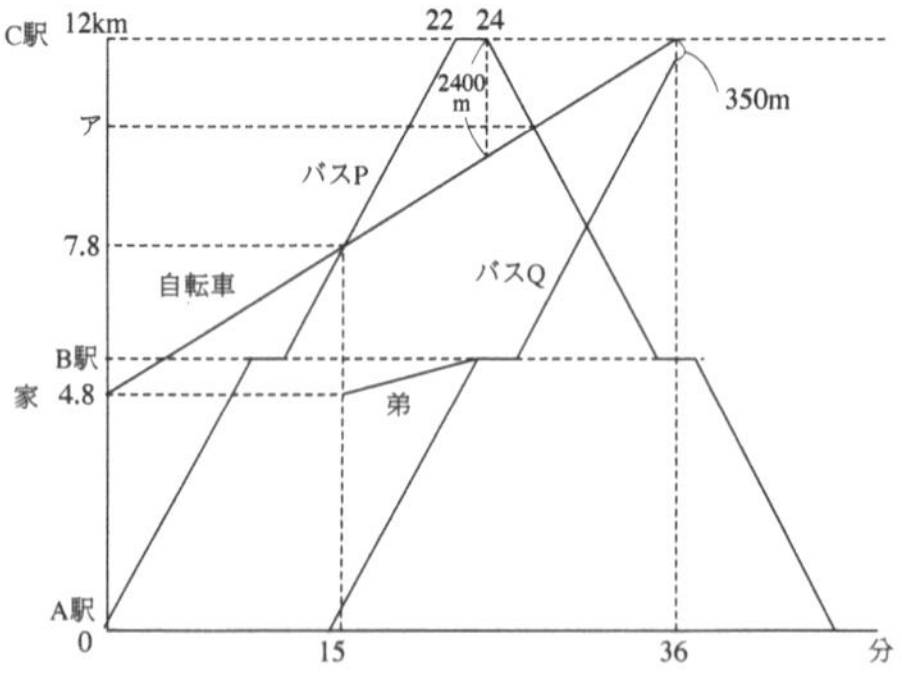

重要 （2） （1）より，バスと自転車の速さの比は600：200＝3：1
バスPがC駅に着いた時刻は12000÷600＋2＝22（分）で，22＋2＝24（分）までに自転車が進んだ位置からC駅までの距離は12000－（4800＋200×24）＝2400（m）
自転車と出会うバスPがC駅から進んだ距離は2400÷（3＋1）×3＝1800（m）
したがって，アは12－1800÷1000＝10.2（km）

（3） 自転車がCに着いた時刻… （1）より，（12000－4800）÷200＝36（分）
15分から36分まで弟とバスQが進んだ時間…36－（15＋2）＝19（分）
19分で弟とバスQが進んだ距離…12000－（4800＋350）＝6850（m）
弟がB駅まで進んだ時間… （600×19－6850）÷（600－80）＝8.75（分）
したがって，家からB駅までは80×8.75＝700（m）

重要 **［5］（論理，数の性質，場合の数，平均算）**

（1） （1，2，3，4，5）×（1，2，3，4，5），これらの積は（1，2，3，4，5，6，8，9，10，…）
（1，2，3，4，5，6，8，9，10，…）×（1，2，3，4，5），これらの積に含まれない最小の数は7

（2） ある選手が1位・1位・5位の場合…得点は1×1×5＝5（点）
別の選手が2位・2位・1位の場合…得点は2×2×1＝4（点）
したがって，総合順位1位の選手は4点

（3） 右表の例により，総合順位1・2・3位の選手の得点は
9点，10点，15点

総合順位	A	B	C	得点
1位	1	3	3	9点
2位	5	1	2	10点
3位	3	5	1	15点
4位	2	2	4	16点
5位	4	4	5	80点

（4） 4＝1×4＝2×2＝4×1を利用すると，右表の例により，5人の得点の平均は（12＋16＋18＋20＋25）÷5＝18.2（点）
※他の2人について3×5＝5×3となる場合，Aの順位×Bの順位が3人だけ同じという条件に適さない。

総合順位	A	B	C	得点
1位	1	4	3	12点
2位	4	1	4	16点
3位	3	3	2	18点
4位	2	2	5	20点
5位	5	5	1	25点

★ワンポイントアドバイス★

［1］（2）「年令算」，（3）「仕事算」で消去算の処理に慣れていないと難しい。［2］「図形・相似」，［5］「論理・数の性質」はそれほど難しくなく，得点しやすい。［4］「速さの三公式と比・グラフ」で差がつきやすい。

＜理科解答＞ ≪学校からの正答の発表はありません。≫

［1］ 問1 ウ，オ　問2 ウ　問3 （イリオモテヤマネコ） ア
（アマミノクロウサギ） イ　（ヤンバルクイナ） エ　問4 エ　問5 イ
問6 イ，エ

［2］ 問1 エ　問2 イ　問3 29.6cm　問4 ウ　問5 ア

［3］ 問1 イ　問2 a ア　b イ　問3 80mA　問4 30mA
問5 ウ＞イ＝エ＞ア

［4］ 問1 ア　問2 （アルミニウム片） 2枚　（鉄片） 0枚　（銅片） 1枚
問3 14.4g　問4 2.7g　問5 8.8g　問6 次ページ

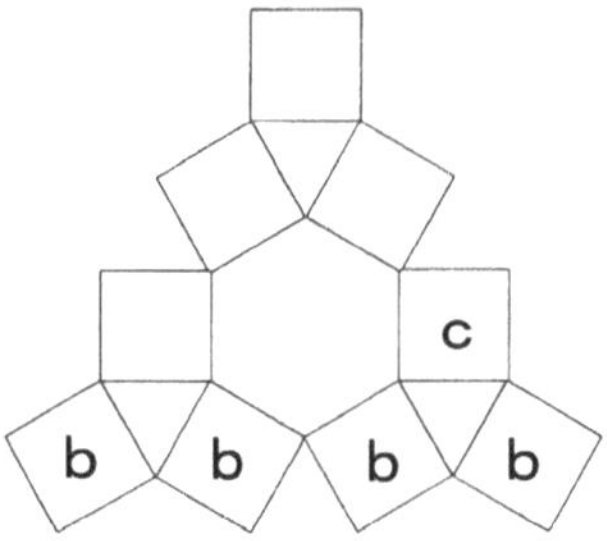

○推定配点○

〔1〕　問1～問4　各1点×6(問1完答)　　他　各2点×2(問6完答)

〔2〕　各2点×5　　〔3〕　各2点×5(問2完答)

〔4〕　問1・問2　各1点×2(問2完答)　　他　各2点×4(問5完答)　　計40点

<理科解説>

〔1〕（生態系－世界自然遺産の動物）

問1　アは常緑の針葉樹である。針葉樹は大半が常緑樹である。イとエは落葉広葉樹であり，秋になると葉を落とす。ウとオが常緑広葉樹であり，新しい葉ができてから古い葉が落ちる。

問2　ウサギをはじめホ乳類は，背骨に対しからだを上下に動かして進む。選択肢のうち，ホ乳類はウであり，水中でからだを上下に動かして進む。一方，魚類のア，イと，ハ虫類のエ，オ，カは，背骨に対しからだを左右に動かして進む。

問3　イリオモテヤマネコは，西表島にのみ生息する，大きさ50cmほどのネコである。アマミノクロウサギは奄美大島と徳之島にのみ生息する，大きさ40cmほどの原始的な形をしたウサギである。ヤンバルクイナは沖縄島の北部にのみ生息する，大きさ30cmほどで飛ぶ能力のない鳥類である。なお，ウはノグチゲラで，沖縄島の北部にのみ生息する，大きさ30cmほどのキツツキのなかまの鳥類である。

問4　肉食のホ乳類が1頭生きていくためには，ふつう，その何倍もの数の小型ホ乳類を食べなければならない。小さな島では，それだけの数の小型ホ乳類が生息していないため，肉食のホ乳類が何頭も生息していくことは難しい。

問5　小型ホ乳類を食べるだけではえさが足りないので，それ以外の小動物も食べていると考えられる。実際，イリオモテヤマネコは，トカゲ，ヘビ，カエル，昆虫類，鳥類，テナガエビなどの水中生物も食べていることが確認されている。　ア：小型ホ乳類だけでは不足する。　ウ：生息地と海の魚が得られる場所が合わない。　エ：肉食動物は植物を十分に消化できない。

問6　ア：誤り。アメリカザリガニとウシガエルは，ともに外来生物である。大正～昭和初期に日本に持ち込まれ，今では日本中でみられるが，どちらも在来生物に影響を与えている。ウシガエルはアメリカザリガニを食べる。　イ：正しい。オオクチバス(ブラックバス)は，大正～昭和に日本に持ち込まれた淡水魚で，湖や池では在来の魚類をはじめ多くの水中生物が減少した。

ウ：誤り。オオサンショウウオは西日本に生息する在来の両生類である。アユは川と海の間を回遊する魚類であり，古くから日本の川にも生息している。　エ：正しい。セイヨウオオマルハナバチは，1991年から輸入され，日本でも野生化し定着したミツバチである。在来のマルハナバチの巣を乗っ取ったり追い払ったりしている。　オ：誤り。いずれも古くから日本に生息しており，在来生物か，あるいは，かなり古い時代に日本に入ってきた昆虫である。モンシロチョウがアゲハチョウへ影響を与えてはいない。

〔2〕 **(気象－台風と警報)**

問1　図1で，台風が進む曲線の東側(右側)には太平洋高気圧がある。台風は，太平洋高気圧を避けて，西側の縁をまわりこむように進む。日本列島付近の上空には西から東に偏西風が吹いている。台風はこの偏西風に流されて，進路をやや東向きに変える。

問2　台風を含め北半球の低気圧では，上から見て空気は反時計回りに中心に吹き込む。そのため，風を背中に受けるように立つと，低気圧の中心は左側やや前にある。本問では，最初の東風は東から吹く風なので，地点Xで西を向いて立つと，台風は南西にある。次に北風では南を向いて立つので，台風は南東にある。最後に西風では東を向いて立つので，台風は北東にある。まとめると，台風は地点Xからみて，南西→南東→北東と動くので，イが正しい。

やや難 問3　気圧が1013hPaから983hPaへ低下したので，30hPa下がった。1013hPaの気圧に当たる重さが1m^2あたり10tだから，1013：10＝30：□　より，□＝0.2961…t減ったことになる。これは，底面積が1m2の水の体積0.2961…m^3にあたる。高さは0.2961…m，単位をcmに変えて四捨五入すると，29.6cmとなる。

問4　ア：誤り。中心の気圧が低いほど勢力が強い。上陸すると気圧が上がって勢力が弱まる。

イ：誤り。台風の中心にできる雲のない部分を，台風の目という。台風の目ができるのは，勢力が強い台風である。中心に向かってくる風が，中心より手前で上昇するためである。

ウ：正しい。台風では，たて方向に発達する積乱雲が強い雨をもたらす。

エ：誤り。台風情報の予報円は，その円の中に台風の中心が進む確率が70％あることを示す。予報円が大きいのは，長時間後の予報で，まだ詳しい範囲が予測しにくい場合である。

問5　警報の発表基準をはるかに超える大雨などが予想され，重大な災害の起こるおそれが著しく高まっている場合には，特別警報が発表される。また，住民が取るべき行動は5段階の警戒レベルで表される。新しい警戒レベルは，令和3年5月から運用されている。警戒レベル1は災害への心構え，警戒レベル2は避難行動の確認，警戒レベル3は高齢者等の避難である。また，警戒レベル4は避難指示であり，必ず危険な場所から全員避難である。警戒レベル5はレベル4までと状況が異なる。何らかの災害がすでに起こっている可能性が高い状態であり，命の危険が迫っている緊急安全確保を意味する。

〔3〕 **(電気と回路－乾電池と光電池)**

問1　表1で，1A＝1000mAに注意して電流の大きい順に並べ替えると，エ＞ウ＞イ＞アである。また，表2を電流の大きい順に並べると，④＞③＞①＞②である。よって，①はイにあたる。

問2　表2の①で，bに並列に電球をつなぐと，電流の道筋が増えるので，回路全体の抵抗は減り，回路全体を流れる電流は増える。よって，aの電流は大きくなる。しかし，aの電流は2倍までには増えておらず，さらに電流はbとcに分かれて流れるので，bの電流は小さくなる。

問3　問題文のとおり，光電池は強い光のときは乾電池と同じはたらきをする。よって，光電池を並列につないでも，流れる電流は変わらず80mAである。

問4　問題文のとおり，光電池は弱い光のときは一定の電流を流し出す。図4では，光電池Xは20mAの電流を流し出し，半分を隠した光電池Yは10mAの電流を流し出す。よって，合計は30mAとなる。

問5　光が光電池のおもて面に直角に当たる135°のときに，電流が最も大きい。光が光電池に斜めからあたるイやエは電流が弱い。そして，光電池と光が平行になるアのときは，電流はほぼ0になる。

〔4〕 **(水溶液の性質－3種類の金属の組み合わせ)**

問1　水酸化ナトリウム水溶液は強いアルカリ性である。これに溶ける金属は，本問ではアルミニウムだけである。本問以外では亜鉛も溶けるが，他のほとんどの金属は溶けない。

問2　Bは，操作2で水酸化ナトリウム水溶液に2枚の金属片が溶けているので，その2枚はどちらもアルミニウム片である。また，操作3で塩酸には溶けていないので，鉄片は含まれない。残る1枚は銅片と分かる。

重要 問3　操作2で溶けるのがアルミニウム片，操作3で溶けるのが鉄片だから，A～Dに使われる金属片の枚数は次のように決まる。これと重さを比較する。

	A	B	C	D
重　さ	11.5g	8.6g	①　g	13.9g
アルミニウム片	1枚	2枚	0枚	1枚
鉄　片	1枚	0枚	2枚	2枚
銅　片	1枚	1枚	1枚	0枚

Aを2倍してBを引くとCになる。よって，Cの重さ①は，11.5×2－8.6＝14.4(g)となる。

問4　問3の表におけるAとBの差から，鉄片はアルミニウム片よりも2.9g重い。また，AとDの差から，鉄片は銅片よりも2.4g重い。これらのことから，Aを3枚とも鉄片に変えると，11.5＋2.9＋2.4＝16.8(g)になる。よって，鉄片1枚は16.8÷3＝5.6(g)，アルミニウム片1枚は5.6－2.9＝2.7(g)，銅片1枚は5.6－2.4＝3.2(g)となる。

問5　金属は酸素と結びつくと，酸素の分だけ重くなる。燃焼前後の重さの差が，結びついた酸素の重さである。つまり，操作1と操作4の差を計算すればよい。Aは，16.3－11.5＝4.8(g)，Cは18.4－14.4＝4.0(g)となる。合計で，4.8＋4.0＝8.8(g)となる。

問6　操作6で塩酸を加えた結果，アルミニウム片と鉄片が溶けて，銅片だけが残る。図3の結果から，残っている2枚は銅片であり，Xの左下の3枚は銅を含まないDである。また，操作7で，Dの燃焼後の重さは19.5gだから，Xの上の3枚と右下の3枚の燃焼後の重さの和は，52.1—19.5＝32.6(g)である。よって，Xの上と右下は，どちらもA(16.3×2)か，あるいは，BとC(14.2＋18.4)かの2通りの可能性がある。2通りのどちらの場合も，9枚の金属片の中身は，アルミニウム片3枚，鉄片4枚，銅片2枚である。

設問で，Xに操作2と同じく水酸化ナトリウム水溶液を加えたところ，アルミニウム片の3枚が溶ける。残る6枚のうち，5つの金属片がつながって，1枚はつながっていない。このようなつながり方は，右図の場合しかない。他の配置だと6つの金属片がつながってしまう。よって，Xは，上にB，左下にD，右下にCをつないだものと決まる。

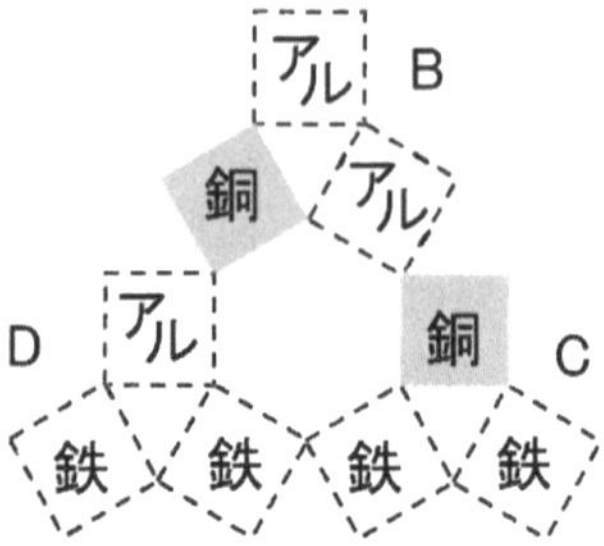

★ワンポイントアドバイス★

日ごろから，身のまわりやニュースなどの科学には関心を持ち，普段の学習と結び付けて知識を広げておこう。

＜社会解答＞ ≪学校からの正答の発表はありません。≫

〔1〕 問1 23日4時　問2 (1) イ　(2) イ　問3 (1) あ イギリス
い コーラン　(2) C オ　D ウ　(3) A ウ　B ア
問4 (例) (主に)アフリカ(大陸の国々が,)ヨーロッパ(諸国から)独立(したため)
問5 (例) (主に)イスラム(教徒が, 聖地である)メッカ(の方角に向かって)礼拝(するため)　問6 A 宮城(県)　E 埼玉(県)

〔2〕 問1 イ→エ→ウ→ア　問2 A 稲荷山(古墳)　B 前方後円墳　問3 中臣鎌足
問4 ウ・エ・オ　問5 足利義昭

〔3〕 問1 ウ　問2 地租改正　問3 イ　問4 (例) 直接国税15円以上を納める25歳以上の男子

〔4〕 問1 (1) (国連)難民高等弁務官(事務所)　(2) ウ　問2 世界保健機関
問3 A イ　B キ　問4 A エ　B カ　問5 エ
問6 A 戦力　B 交戦権

○推定配点○
〔1〕 問1～問3(2)・問6 各1点×9　問3(3) 2点　問4・問5 各3点×2(各完答)
〔2〕 問4 2点　他 各1点×5　〔3〕 問4 3点　他 各1点×3
〔4〕 問1・問2・問5 各1点×4　他 各2点×3(問3・問4・問6各完答)　計40点

＜社会解説＞

〔1〕 (総合―世界地理・国際社会・時事問題など)

重要 問1 日本との時差は(135＋120)÷15＝17時間。ただ, サマータイムのため16時間マイナス。

問2 (1) アテネのアクロポリスの丘にある古代ギリシアの神殿。アはローマの円形闘技場, ウはパリ郊外にあるブルボン朝の宮殿, エはノルマンディーにある修道院。 (2) 「戦争は人の心の中に生まれる」という憲章前文で知られる国連教育科学文化機関(ユネスコ)。アは国際復興開発銀行(IBRD), ウは国連児童基金(ユニセフ), エは国際通貨基金(IMF)。

問3 (1) あ 英連邦の一員であることを示すユニオンジャックと州と領土を表す7角の星からなるオーストラリアの国旗。 い 教祖ムハンマドが神・アッラーから下された啓示でイスラム教徒の全生活・行動を規制するもの。剣は聖地メッカの守護を意味するサウジアラビアの国旗。
(2) C アラブ地方で母国語となっており, 国連の公用語でもある。 D ポルトガルの植民地として発展したブラジルの国旗。Bはインドの国旗。 (3) A 日本の天然ガス・石炭・鉄鉱石の最大の輸入国。 B 石油精製が盛んでダイヤモンドの世界的な集散地となっているインド。イは世界1の原油輸出国サウジアラビア, エはブラジル。

問4 1960年は「アフリカの年」と呼ばれ20近くの国がヨーロッパの宗主国から独立を果たした。現在54の国家があり国連加盟国193の中で最も多い。

問5 ピクトグラムは絵文字や絵ことばと呼ばれる。誰にでもわかりやすいデザインやシンプルな色遣いが用いられ広く普及, イスラム教徒は1日5回のメッカ礼拝が義務付けられている。

やや難 問6 第1次産業の割合が小さい神奈川(C)・埼玉(E), 食料品出荷が多い北海道(D), 鹿島臨海工業地域にコンビナートを持つ茨城(B), 水産加工やIC産業などが多い宮城(A)。

〔2〕 (日本の歴史―古代～近世の政治・社会など)

重要 問1 大陸と陸続きであった旧石器時代(イ)→狩猟採集の縄文時代(エ)→稲作が伝わった縄文末期(ウ)→貧富の差や階級が発生してきた弥生時代(ア)の順。

問2　A　5世紀後半に大和王権の支配が関東まで及んでいたことを証明した古墳。　B　大和王権の下で発生した形式。勢力の拡大に伴って全国に広まっていった。

問3　神に仕える家柄の生まれで中大兄皇子を助けて改革を断行，死に際して藤原の姓を賜った。

問4　御家人とは将軍(征夷大将軍)と主従関係を結んだ武士。

問5　13代将軍・足利義輝の弟。興福寺の僧侶となっていたが兄が殺害された後に還俗《げんぞく》，織田信長の援助を受け15代将軍に就任，その後信長と対立し京を追われた。

〔3〕（日本の歴史―近世～近代の政治・経済など）

問1　17世紀前期に確立された幕藩体制は各藩の自主性を認め地方分権的な性格を持っている。

問2　地価を定め地主からその3%を現金で納入させる制度。これにより財政の安定ははかられたが，地主と小作の関係は旧態依然としたものであった。

問3　誕生したばかりの明治政府は戦費の調達や旧藩の債務の引き受けなどで財政がひっ迫。しかし，政局が安定しなかったため借り入れや紙幣の発行などでこの危機を乗り切ろうとした。

重要　問4　1889年に成立した選挙法で規定。1900年に10円以上，1919年に3円以上と改正され，1925年に財産制限は撤廃され男子普通選挙法が実現した。

〔4〕（政治・時事問題－憲法・政治のしくみ・国際社会など）

問1　(1)　1951年に設立され1954年と81年にノーベル平和賞を受賞した。1991年から2000年まで緒方貞子さんが高等弁務官を務めた。　(2)　2017年に採択され2021年に発効した条約。核兵器の開発，保有，使用の他，「使用する」という威嚇《いかく》も禁止し核の廃絶を目指すもの。NPTの5か国をはじめアメリカの核の傘の下にいる日本などは署名していない。

問2　1948年に設立されたWHO。すべての人が可能な最高レベルの健康を達成できるようにすることを目的とする機関。

問3　A　2001年の省庁再編で総務庁，自治省，郵政省が統合されて誕生したマンモス省庁。
B　行政組織や選挙，防災，情報通信など国の基本となる諸制度を所管する。

問4　A　国際協力機構(JICA)が発展途上国に派遣する海外ボランティア。　B　日本が実施する政府開発援助(ODA)の一環として行われている。

問5　アメリカのアフガニスタン攻撃を支持した政府は「テロ対策特別措置法」を制定し自衛隊をインド洋に派遣，米艦艇に対し給油活動などを実施した。

重要　問6　A　自衛隊は憲法の禁ずる戦力には当たらないとするのが政府見解である。　B　国家が交戦国として国際法上認められている様々な権利。

★ワンポイントアドバイス★

最近は分野をまたいだ出題も増えている。日ごろから世の中の動きに注意し，疑問を持ったことは積極的に自分で調べるという習慣をつけよう。

＜国語解答＞ ≪学校からの正答の発表はありません。≫

一　問1　ウ　　問2　ア　　問3　(例)　(イオ先生は意味のわからない指示をするにも関わらず,)どうするのが一番いいか，ただ音楽のことだけを考えているから演奏者を幸せにする(力がある人だということ。)　　問4　ウ　　問5　歌を失った　　問6　ウ　問7　ア

二　問1　a　看破　　b　刷(り)　　c　指標　　問2　(例)　(日本語の表記では,)図像としての表意文字と音声としての表音文字を併用する(という点と，日本語話者は，脳内で)漢字を図像対応部位，かなを音声対応部位で並列処理している(という点。)
問3　呪　　問4　ウ　　問5　ウ　　問6　オ　　問7　ア

○推定配点○
一　問2・問6　各2点×2　　問3　6点　　他　各4点×4
二　問2　各6点×2　　問4・問5・問7　各4点×3　　他　各2点×5　　計60点

＜国語解説＞

一　(小説－心情・場面・文章の細部の読み取り，空欄補充，慣用句，記述力)

問1　床屋を営むカンとエリの家へは「コマリがいなければ，床屋に足を向けることもなかった」こと，部屋の中の物を「なるべく目に入らないように」していることが描かれているので，「しかたがなく来てしまった」「自分には関わりがない」とあるウが適切。これらの描写をふまえていない他の選択肢は不適切。

基本　問2　空欄Aには，ふだんと違って非常におとなしい様子という意味のアが入る。イは前後の事情がわからずあっけにとられること。ウは無関係のように見えて実は同類や仲間であること。エはたまたま起きたことがきっかけとなって導かれ，思いがけない縁が結ばれること。「牛にひかれて善光寺参り」ともいう。オは自分のせまい知識や考えにとらわれて他の広い世界を知らないこと。

やや難　問3　コマリがイオ先生について「『……ただ音楽のことだけを考えてるんだって。音楽にとって……どうするのが一番いいかってことだけを考えてるんだって。だから最後は全員が，バンドっていう,一つの生き物として幸せになれるんだって。……それがまるで魔法みたいだったんです』」と話していることを参考に，イオ先生はどのような「力」がある人かを解答欄に沿って具体的に説明する。

重要　問4　傍線部3の説明として，「『……(イオ先生の指示が)意味わかんないし，ピュウピュウ指笛吹いたり……ジェスチャーだけで伝えようとするの謎だったし……』」とコマリが話していることから，ウが適切。「『ほんとは，最初……』」で始まるコマリの言葉をふまえていない他の選択肢は不適切。

重要　問5　設問の理由を説明する文から，空欄にはジュンが「音楽に幸せを感じられ」なくなったことが入る。冒頭で「歌を失った今」，音楽に溢れた床屋を眺めるだけでも憂鬱になった，と描かれていることから，空欄には「歌を失った(5字)」がふさわしい。

問6　空欄Bは前後に「無理」「絶対無理」とあることから，ウが適切。

問7　空欄Cでの「魔法」は，コマリがイオ先生は魔法使いみたいだったと話していたこととは異なる「魔法を，自分たちでかけられる」ということなので，イオ先生と魔法をふまえたアが適切。「魔法」をイオ先生と関連づけていない他の選択肢は不適切。

二　(論説文－要旨・大意・細部の読み取り，空欄補充，ことばの意味，漢字の書き取り)

基本　問1　傍線部aは真相などを見やぶること。傍線部bの音読みは「サツ」。熟語は「刷新」など。傍線部cは物事を判断したり評価したりするための目じるしとなるもの。

重要　問2　傍線部1前で「日本語は……表意文字と表音文字を併用する言語だということ」「漢字は表意文字(ideogram)です。かな(ひらがな，かたかな)は表音文字(phonogram)です。表意文字は図像で，表音文字は音声です。私たちは図像と音声の二つを並行処理しながら言語活動を行っている」と述べていること，また1後でも，日本人は「言語を脳内の二箇所で並列処理している」と述べていることをふまえ，設問の説明の文脈にそって空欄にふさわしいことばを補っていく。

問3　空欄Aには，「サイ」＝文字として「口」と「兄」を合わせた漢字で，「白川先生の解釈……」で始まる段落以降で用いている「呪」が入る。

重要　問4　「残存臭気」は臭いや気配が残っている，という意味で，現代日本では漢字が「呪的機能」すなわち，私たちの心身に直接的な力能をふるうもの，としていまだ純粋に強烈に残っている，ということなのでウが適切。「身体的な実感をともなって感じられる」ことを説明していないア，イは不適切。中国語の説明になっているエ，オも不適切。

問5　空欄B前で「かな(＝音声である表音文字)を担当している部位はマンガの『ふきだし』を処理している」と述べていることから，Bのある文は「ふきだし」が表音機能を担っていることを見落としているが，間違いなく「『ふきだし』は音声なのです」という文脈になる。

問6　傍線部3は，寸暇＝ほんの少しのわずかな時間，も無駄にしないという意味。

やや難　問7　アは最後の段落で述べている。日本のマンガを読むために欧米のリテラシーが書き換えられたので，「文字と音声の両方を用いるので」とあるイは不適切。漢字の「呪的機能」は現代日本にいまだとどめているのではないか，と述べているのでウも不適切。日本語の特殊性によってマンガ・リテラシーも発達したと述べているので，エも不適切。欧米では右から左へ進む日本のスタイルでマンガを味わうために，左から右の欧米仕様のリテラシーを書き換えたと述べているので，オも不適切。

★ワンポイントアドバイス★

小説では，主人公と登場人物，また登場人物同士の関係をしっかり確認しながら読み進めていこう。

2021年度

入 試 問 題

2021年度

早稲田中学校入試問題（第１回）

【算　数】（50分）　＜満点：60点＞

【注意】 定規，コンパス，および計算機（時計についているものも含む）類の使用は認めません。

［１］ 次の問いに答えなさい。

⑴　１から2021までの整数の中で，12でも18でも割り切れない整数は何個ありますか。

⑵　１階分上がるのにエスカレーターでは７秒，エレベーターでは３秒かかるビルがあります。このビルを太郎くんと次郎くんが同時に１階から上がり始めます。太郎くんは階段で上がり始め，途《と》中でエレベーターに乗り換《か》えます。次郎くんはエスカレーターだけで上がります。２人が同時に29階に到《とう》着するには，太郎くんは何階でエレベーターに乗り換えればよいですか。なお，太郎くんは階段で１階分上がるのに10秒かかり，各階での乗り換え時間は考えないものとします。

⑶　赤い玉５個と青い玉３個の重さの平均は18ｇ，赤い玉３個と青い玉５個の重さの平均は20ｇです。ある袋の中に赤い玉と青い玉がいくつか入っていて，それらの玉の重さの平均は21.2ｇです。この袋に入っている赤い玉と青い玉の個数の比をもっとも簡単な整数の比で答えなさい。

［２］ 次の問いに答えなさい。

⑴　右の図は正六角形１つと，正五角形２つを並べたものです。角アの大きさは何度ですか。

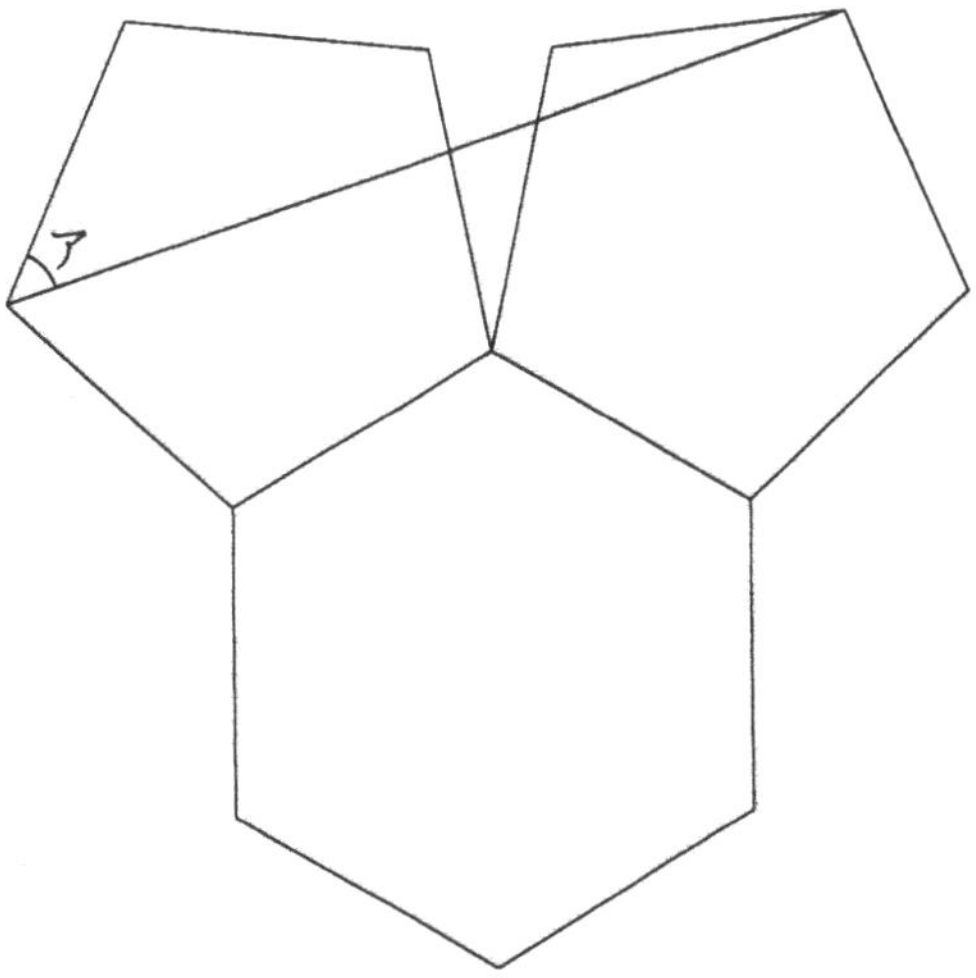

⑵　右の図の四角形ABCDの面積が63cm^2のとき，五角形ABCEFの面積は何cm^2ですか。

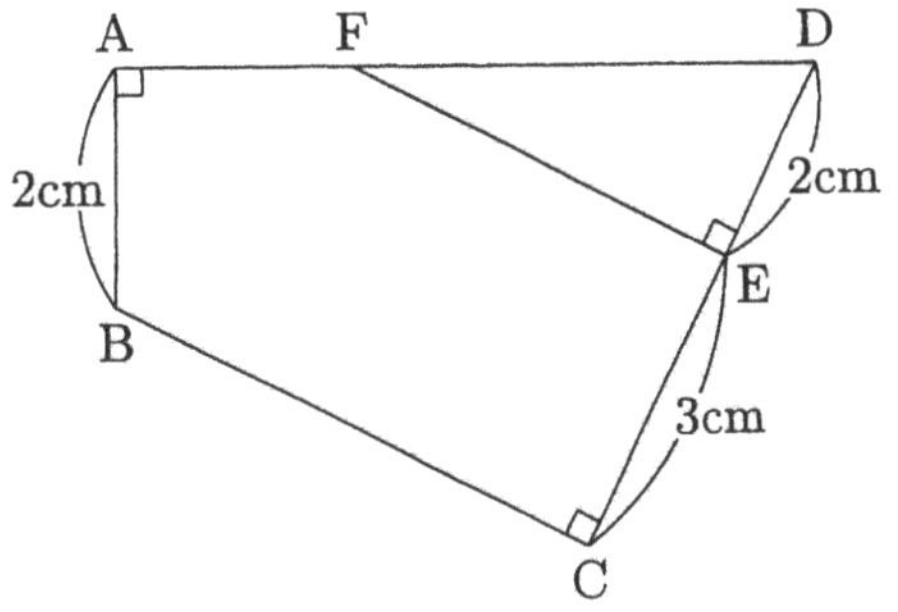

⑶　図のように，１辺の長さが６㎝の正方形１つと，直角二等辺三角形４つ，正三角形２つを並べると，ある立体の展開図になります。この図を組み立ててできる立体の体積は何㎤ですか。

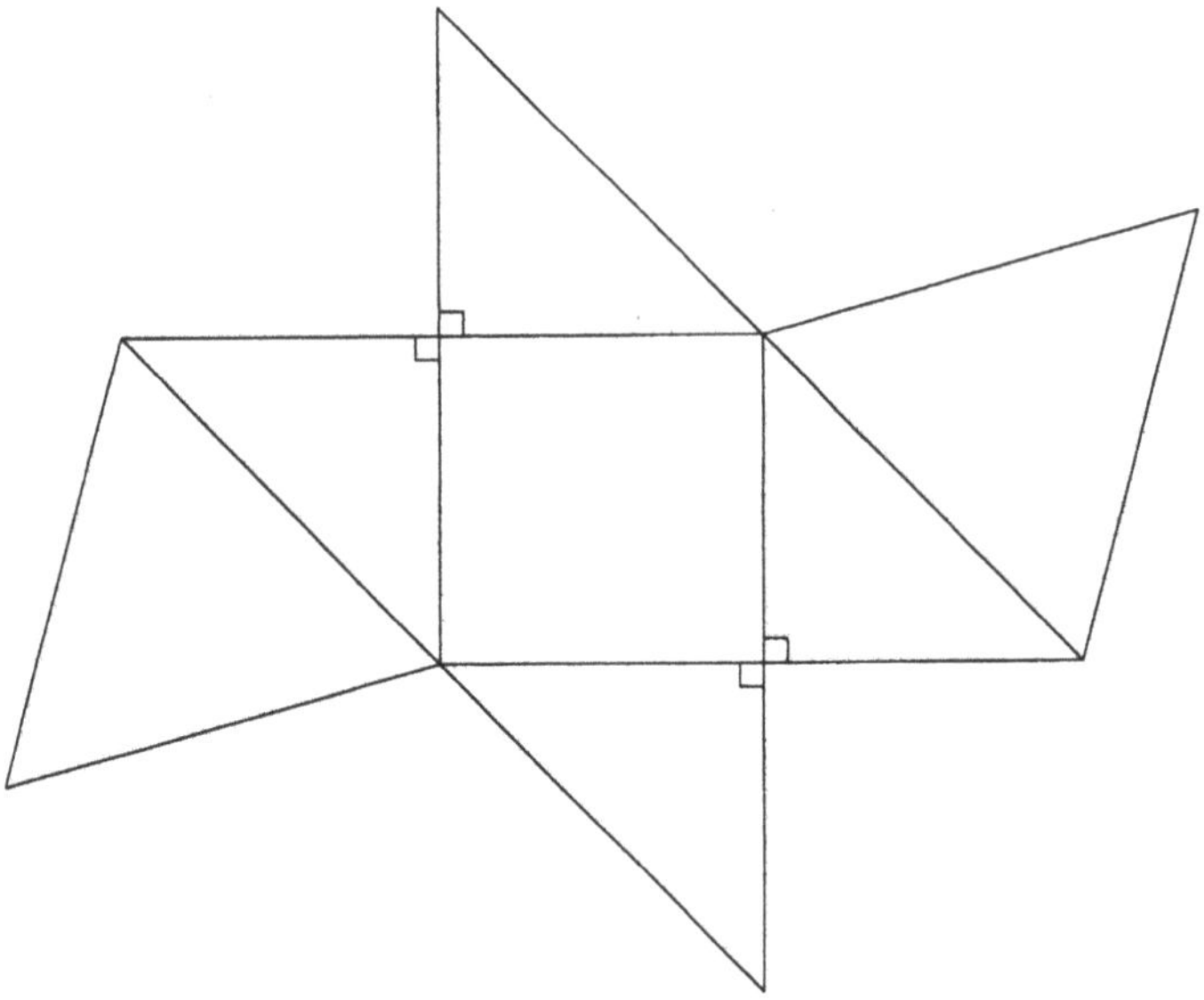

［３］　生徒から１個ずつ集めたプレゼントを先生が生徒に分けることにしました。次の空らんに当てはまる数を答えなさい。

⑴　Ａ，Ｂ，Ｃの３人から集めたプレゼントを先生が分けます。

（ア）３人とも自分のプレゼントを受け取るとき，その分け方は１通りあります。

（イ）３人とも他の人のプレゼントを受け取るとき，その分け方は２通りあります。

（ウ）３人のうち，1人だけが自分のプレゼントを受け取るとき，その分け方は ① 通りあります。

その後，遅《おく》れてＤがプレゼントを持ってきました。ここからＤが３人のうち，誰か１人とプレゼントを交換《かん》することで４人とも他の人のプレゼントを受け取る分け方を考えます。

（ア）の場合は，誰と交換しても分けられません。

（イ）の場合は，Ａ，Ｂ，Ｃの誰か１人と交換すれば，分けられます。

（ウ）の場合は，Ａ，Ｂ，Ｃのうち，自分のプレゼントを受け取った人と交換すれば，分けられます。

以上のことから，４人とも他の人のプレゼントを受け取る分け方は ② 通りあります。

⑵　４人の生徒のプレゼントを先生が分けるとき，４人のうち１人だけが自分のプレゼントを受け取る分け方は ③ 通りあります。

⑶　５人の生徒のプレゼントを先生が分けるとき，５人とも他の人のプレゼントを受け取る分け方は ④ 通りあります。

［４］　次のページの図１のような直方体があります。点Ｐは直方体の辺上を点Ａを出発して，一定の速さでＡ→Ｂ→Ｃ→Ｄの順に動き，その後1.5倍の速さでＤ→Ｅ→Ｆ→Ａの順に動きました。次のページの図２は，点Ｐが点Ａを出発してからの時間と三角形ＡＤＰの面積との関係を表したグラ

フです。次の問いに答えなさい。

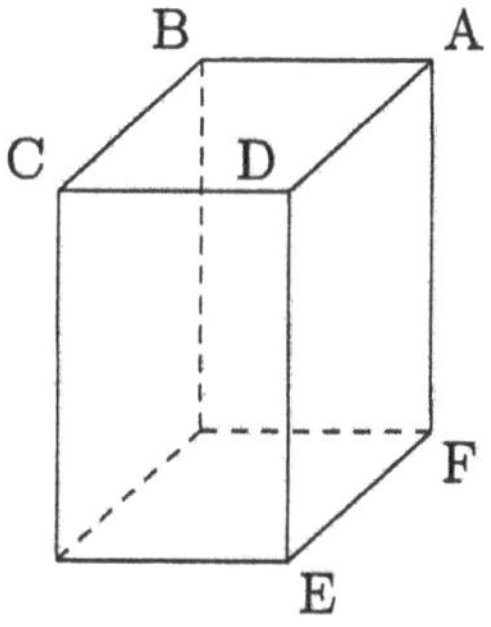

図１

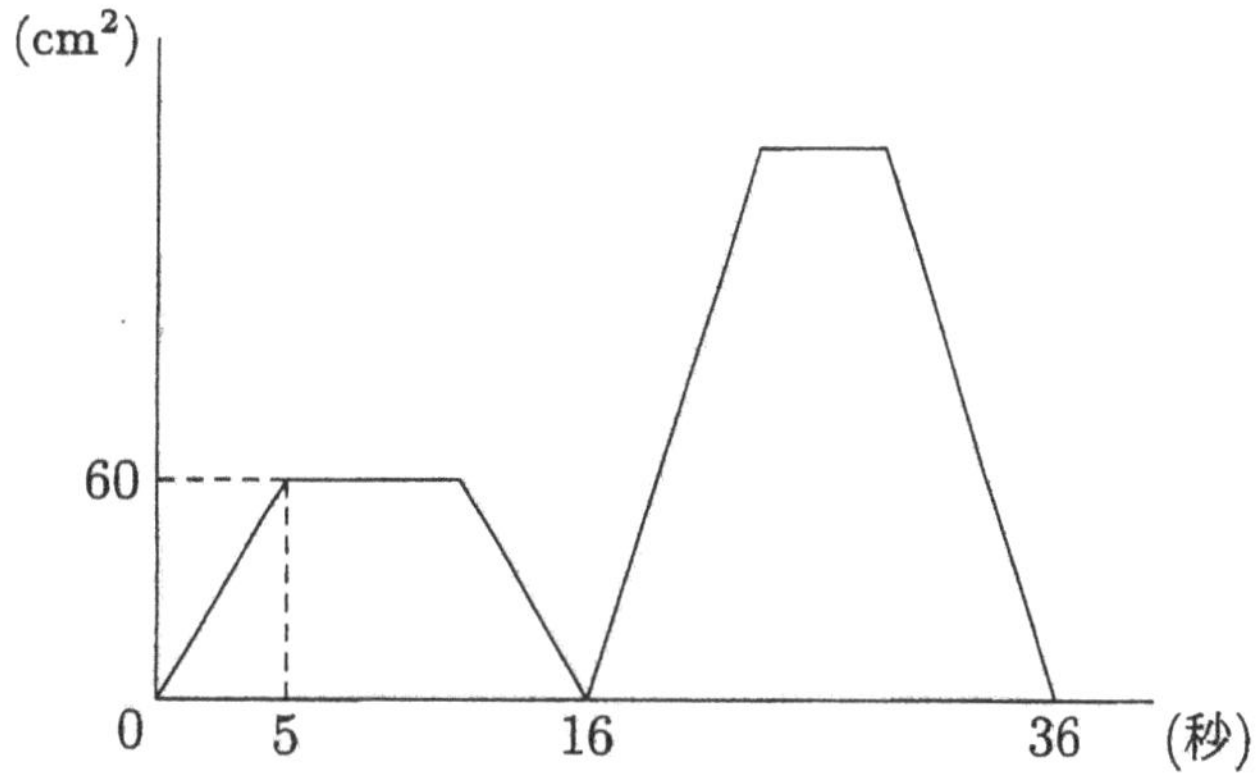

図２

⑴　点ＰはＡ→Ｂ→Ｃ→Ｄを毎秒何㎝の速さで動きますか。

⑵　三角形ＡＤＰが４回目に二等辺三角形になるのは，点Ａを出発してから何秒後ですか。

⑶　直方体の体積は何㎝^{3}ですか。

［５］　ある正方形Ｐの周の内側に沿って，半径１㎝の円が１周します。この円が通った部分の図形の面積は111.14㎝^{2}でした。次の問いに答えなさい。ただし，円周率は3.14とします。

⑴　正方形Ｐの１辺の長さは何㎝ですか。

⑵　正方形Ｐのそれぞれの頂点から１辺が２㎝の正方形を４つ切り取った図形をＱとします。半径１㎝の円がＱの周の内側に沿って１周するとき，この円が通った部分の図形をＸとします。また，半径１㎝の円がＱの周の外側に沿って１周するとき，この円が通った部分の図形をＹとします。

①　解答らんの太線は，図形Ｑの周の一部分です。この部分の図形Ｘを解答らんの図にかき込み，斜《しゃ》線で示しなさい。

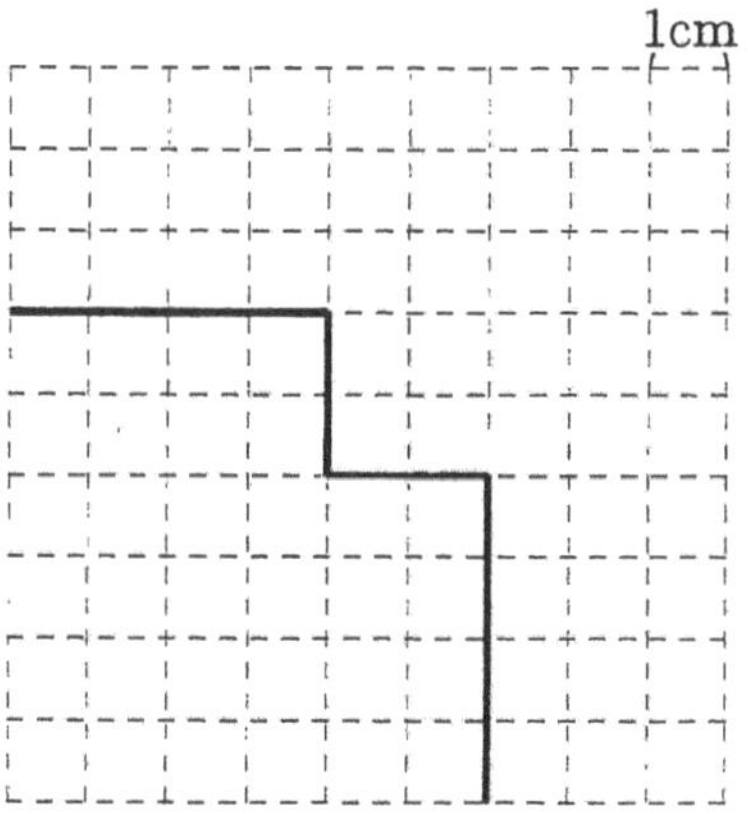

②　図形Ｘの面積と図形Ｙの面積の差は何㎝^{2}ですか。

【理　科】（30分）　＜満点：40点＞

【注意】 定規，コンパス，および計算機（時計についているものも含む）類の使用は認めません。

〔１〕 振《ふ》り子について，以下の問いに答えなさい。

図１のように重さの無視できる糸に鉄球をつけ，もう一方の端《はし》を天井に固定して作った振り子で実験をしました。振り子が１往復する時間を「周期」といいます。振り子のふれはばが変わっても，振り子の周期が変わらないことを「振り子の等時性《とうじせい》」といいます。ふれはば，鉄球の重さ，振り子の長さについて条件を変え，１周期を測定する実験Ａ～Ｃを行いました。

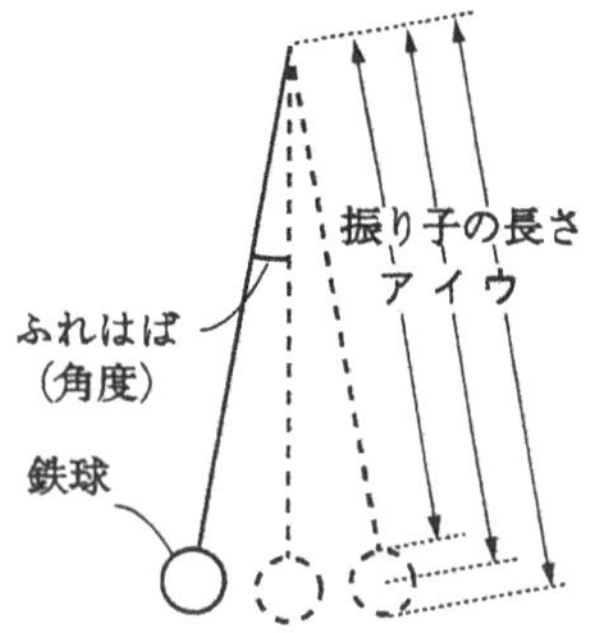

図１

【実験 A】ふれはばを変える実験（振り子の長さ 50cm、鉄球の重さ 50g）

ふれはば	2°	4°	6°	8°	10°
１周期	1.42 秒	1.43 秒	1.42 秒	1.41 秒	1.42 秒

【実験 B】鉄球の重さを変える実験（振り子の長さ 50cm、ふれはば 10°）

鉄球の重さ	25g	50g	75g	100g	125g
１周期	1.43 秒	1.42 秒	1.41 秒	1.42 秒	1.42 秒

【実験 C】振り子の長さを変える実験（鉄球の重さ 50g、ふれはば 10°）

振り子の長さ	25cm	50cm	75cm	100cm	200cm
１周期	1.01 秒	1.42 秒	1.74 秒	2.02 秒	2.84 秒

問１　振り子の長さとしてふさわしいものを図１の**ア**～**ウ**から選び，記号で答えなさい。

問２　振り子の等時性を発見したといわれる人物を選び，記号で答えなさい。

ア　アルキメデス　　**イ**　アインシュタイン　　**ウ**　ニュートン　　**エ**　ガリレイ

問３　実験Ｃで，振り子の長さが10㎝のとき10周期が6.35秒ならば，160㎝のときの１周期は何秒ですか。

次に実験Ａ～Ｃからふれはばのみを大きくし，実験Ｄ～Ｆを行いました。

【実験 D】ふれはばを変える実験（振り子の長さ 50cm、鉄球の重さ 50g）

ふれはば	30°	45°	60°	75°	85°
１周期	1.44 秒	1.47 秒	1.51 秒	1.58 秒	1.64 秒

【実験 E】鉄球の重さを変える実験（振り子の長さ 50cm、ふれはば 60°）

鉄球の重さ	25g	50g	75g	100g	125g
１周期	1.52 秒	1.51 秒	1.52 秒	1.51 秒	1.52 秒

【実験 F】振り子の長さを変える実験（鉄球の重さ 50g、ふれはば 60°）

振り子の長さ	25cm	50cm	75cm	100cm	200cm
１周期	1.07 秒	1.52 秒	1.88 秒	2.15 秒	3.04 秒

問４　振り子の等時性は，ふれはばが小さい範囲《はんい》のみで成り立ちます。実験Ｄ～Ｆのようにふれはばが大きい範囲まで含《ふく》めると，振り子の周期を変えるためには，どの量を変化させればよいですか。ふさわしいものをすべて選び，記号で答えなさい。

ア　ふれはば　　**イ**　鉄球の重さ　　**ウ**　振り子の長さ

問５　実験Ｂ，Ｅで，鉄球のかわりに25ｇのおもりをいくつか用意して実験をしました。

⑴　鉄球のかわりのおもりのつけ方として**ふさわしくない**のは**ア**と**イ**のどちらですか，記号で答えなさい。

⑵　**ふさわしくない**おもりのつけ方をした場合，振り子の長さは鉄球をつけていたときとくらべてどうなりますか。正しいものを選び，記号で答えなさい。ただし，糸の長さは変えないものとします。

ア　長くなる　　**イ**　短くなる　　**ウ**　変わらない

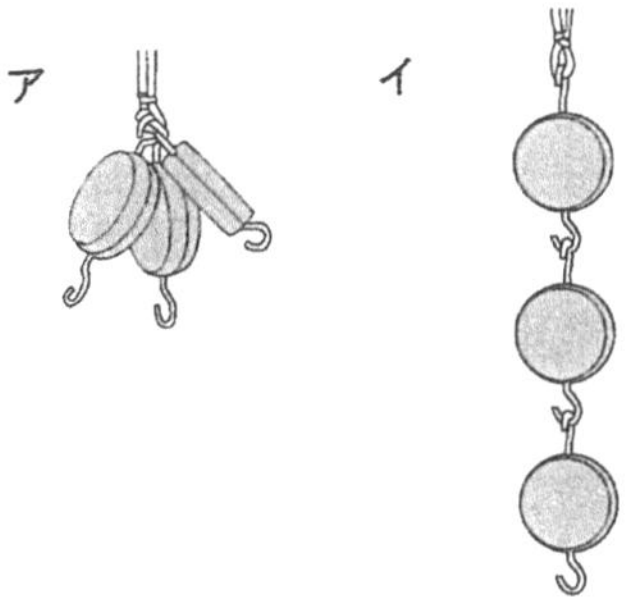

問６　図２のように幼児（身長110㎝，体重20㎏）と中学生（身長160㎝，体重50㎏）がそれぞれ公園のブランコにすわって乗ったり，立って乗ったりしました。ただし，ブランコの周期は振り子の実験Ａ～Ｆと同様の結果が成り立つものとし，周期を測るときは図３のように人は動かないようにしました。

問４，問５をふまえて考えた場合，人物，乗り方，ふれはばについて１周期がもっとも長くなる組み合わせを選び，記号で答えなさい。

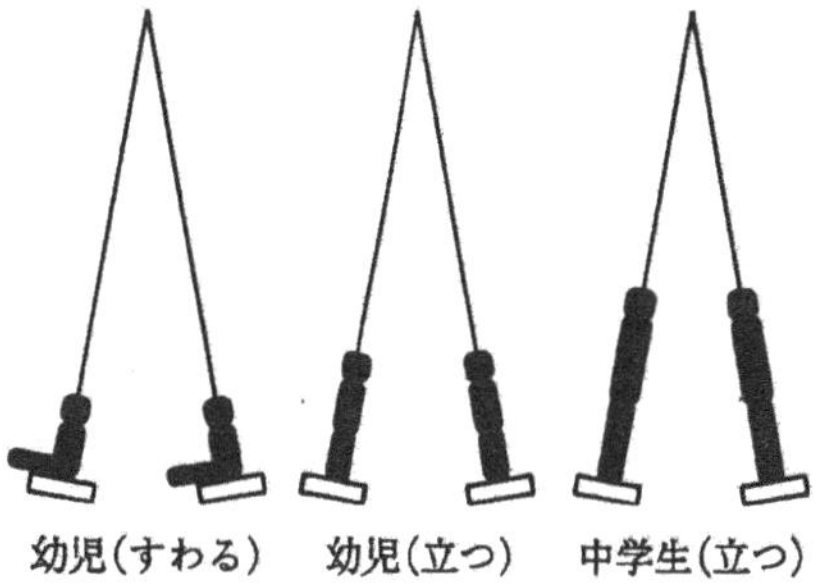

図２

図３

	人物	乗り方	ふれはば
ア	幼児	すわる	10°
イ	幼児	すわる	50°
ウ	幼児	立つ	10°
エ	幼児	立つ	50°
オ	中学生	立つ	10°
カ	中学生	立つ	50°

〔２〕　植物について，以下の問いに答えなさい。なお，ここで行われる実験では，植物が成長するのに必要な水，空気，光，温度などの条件は整っているものとします。

問１　葉は細胞《さいぼう》と呼ばれる多数の小部屋状に分かれたものからできています。光合成は細胞内のあるつくりで行われます。このつくりを何といいますか。漢字３文字で答えなさい。

光合成によって，アサガオの葉の中にデンプンがつくられることを確かめる実験１を行いました。

【実験１】

> ①　暗い所にしばらく置いたアサガオの鉢《はち》植えを用意する。
> ②　葉の一部をアルミはくで覆《おお》い，光が当たる場所に鉢植えを移動し，葉に光をしばらく当てる。
> ③　葉をとり，熱湯につけた後，温めたアルコールの入ったビーカーの中に入れる。
> ④　③の葉を取り出し，水で洗う。その後，ヨウ素液につけ，葉の色の変化を観察する。

問２　実験１の結果の組み合わせとしてふさわしいものを選び，記号で答えなさい。

	アルミはくで覆われていなかった部分	アルミはくで覆われていた部分
ア	青紫色に染《そ》まった	色は変わらなかった
イ	色は変わらなかった	青紫色に染まった
ウ	青紫色に染まった	青紫色に染まった
エ	色は変わらなかった	色は変わらなかった

水草の光合成によって，BTB液の色が変化することを確かめる実験２を行いました。

【実験２】

①　沸騰《ふっとう》させ，冷ました水を試験管に入れ，BTB液を加え，緑色にする。
②　①の試験管に息を軽く吹きこんで，水を黄色にする。
③　②の試験管に水草を入れ，ゴム栓《せん》をして，光を当てる。しばらく置いて，色の変化を観察する。

結果　BTB液が黄色から緑色に変化した。

問３　実験２の①の下線部について，このような操作を行う理由としてもっともふさわしいものを選び，記号で答えなさい。

ア　水中の細菌《さいきん》などを殺すため　　**イ**　水中に酸素を取りこませるため
ウ　水とBTB液がよくなじむようにするため　　**エ**　水を少し蒸発させるため
オ　水中の気体を取り除くため

問４　実験２の②，③の結果でBTB液の色を変化させた気体は何か。もっともふさわしいものを選び，記号で答えなさい。

ア　窒素《ちっそ》　　**イ**　酸素　　**ウ**　二酸化炭素
エ　二酸化炭素と酸素　　**オ**　酸素と窒素　　**カ**　二酸化炭素と窒素

実験２だけでは，水草の光合成でBTB液の色が変化したとはいいきれません。実験２における②の試験管の水の色は，光が当たっても変化しないことを確かめる必要があります。そこで実験３を行いました。

【実験３】

①　沸騰させ，冷ました水を試験管に入れ，ＢＴＢ液を加え，緑色にする。
②　①の試験管に息を軽く吹きこんで，水を黄色にする。
③　②の試験管に水草を（　Ａ　），ゴム栓を（　Ｂ　），光を（　Ｃ　）。しばらく置いて，色の変化を観察する。

問５　空らんＡ～Ｃにあてはまる語を次の選択しの中からそれぞれ選び，記号で答えなさい。

Ａ　**ア**　入れ　　**イ**　入れず
Ｂ　**ア**　して　　**イ**　しないで
Ｃ　**ア**　当てる　　**イ**　当てない

〔３〕 金属の燃焼について次のような実験を行いました。以下の問いに答えなさい。ただし，実験に使用したステンレスの皿の重さは32ｇで，熱することで皿の重さは変化しないものとします。

【実験１】

図のようにステンレスの皿にマグネシウムやアルミニウムの粉をのせ，ガスバーナーの強い火で加熱した。すると，それぞれ空気中の酸素と結びついて，マグネシウムは物質**A**に，アルミニウムは物質**B**になった。このとき，ステンレス皿ごと加熱前後の重さをはかると，表１，表２のようになった。

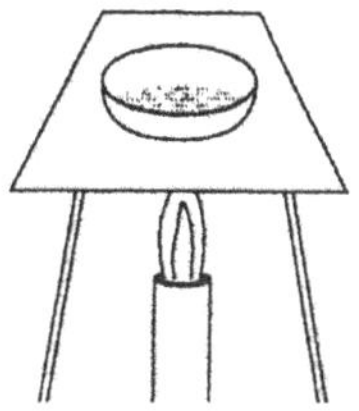

図　加熱のようす

表１　マグネシウム

	１班	２班	３班	４班
加熱前の重さ(g)	32.6	33.2	34.7	35.6
加熱後の重さ(g)	33	34	35.7	38

表２　アルミニウム

	１班	２班	３班	４班
加熱前の重さ(g)	32.45	32.9	33.8	34.7
加熱後の重さ(g)	32.85	33.7	34.6	37.1

【実験２】

実験１では，３班のマグネシウムおよびアルミニウムが加熱不十分であった。３班の加熱後の物質にそれぞれ十分な量の塩酸を加えたところ，どちらも1.2Ｌの気体**C**が発生した。ただし，加熱後に生じた物質**A**および物質**B**と塩酸が反応しても気体**C**は発生しないものとする。

問１　実験１で使用した３班のマグネシウムのうち，酸素と結びつかずに残った重さは何ｇですか。

問２　同じ重さの酸素に結びつくマグネシウムとアルミニウムの重さの比を，最も簡単な整数の比で答えなさい。

問３　マグネシウムとアルミニウムを混ぜた粉が13.5ｇあります。これを十分に加熱したところ，残った物質の重さは24.5ｇでした。加熱前の粉の中に含まれていたアルミニウムは何ｇですか。

問４　実験２で発生する気体**C**について述べた文のうち，**あやまっているもの**をすべて選び，記号で答えなさい。

ア　燃料電池の燃料として用いられている。

イ　もっとも軽い気体であり，空気中に２番目に多く存在する。

ウ　うすい塩酸に鉄を加えると発生する。

エ　色やにおいがない。

オ　水に少し溶《と》けて酸性を示す。

問５　マグネシウムを4.5ｇ，アルミニウムを６ｇ混ぜた粉があります。粉に十分な量の塩酸を加えると，実験２の結果から考えて，気体**C**は何Ｌ発生しますか。

〔４〕 日本付近では，図１のように４枚のプレートが接しています。このうち，大陸のプレートの下に海洋のプレートが沈《しず》みこんでいるところでは，図２中の①～③のようなしくみで，大きな地震《しん》とともに地面が大きく変化することがあります。プレートの動く速さはほぼ一定であるため，大きな地震もほぼ一定の周期でくり返されると考えられます。以下の問いに答えなさい。

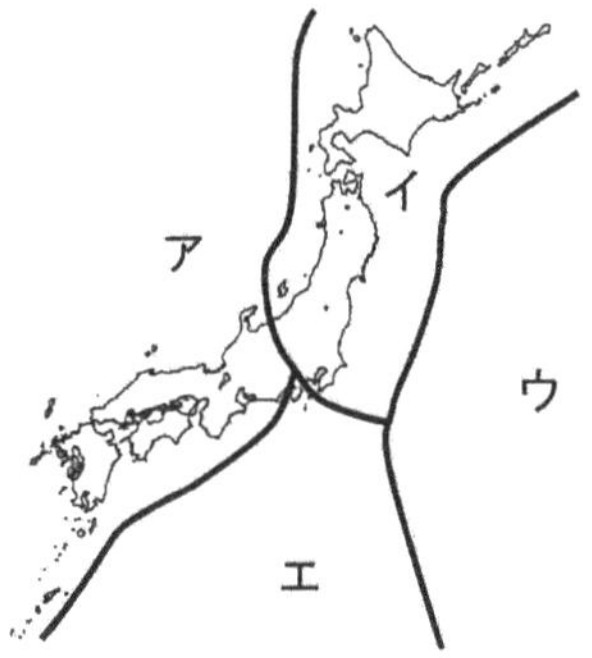

図１　日本付近のプレートの境界
（太い実線がプレートの境界）

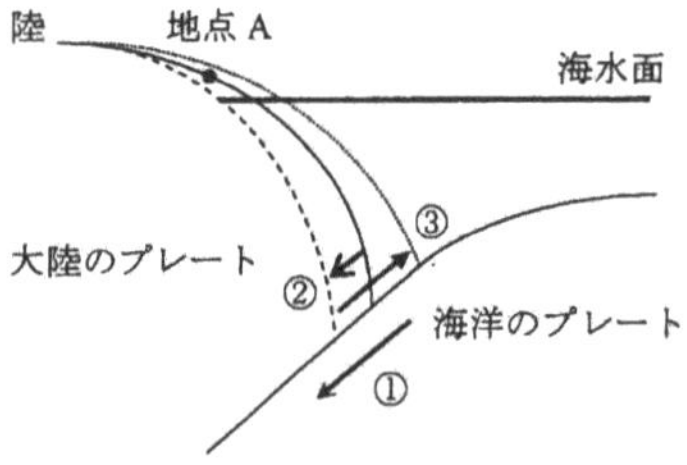

①　海洋のプレートが沈みこむ
②　大陸のプレートが引きこまれる
③　地震とともに大陸のプレートがはね上がる

図２　プレートの境界でおこる地震のしくみ

問１　大陸のプレートの下に沈みこんでいる海洋のプレートを，図１の**ア**～**エ**からすべて選び，記号で答えなさい。

問２　次の文のうち，正しいものをすべて選び，記号で答えなさい。

ア　震源に近い場所では，ゆれ始めてから緊急《きんきゅう》地震速報が発せられることがある。

イ　震度は，７段階で示される。

ウ　ある地震において，観測点ごとにマグニチュードは異なる。

エ　地震によって海底の地形が変化すると津波を発生することがある。

問３　日本の平野には，地盤《ばん》に水を多く含んでいる場所があります。このような場所では，地震の強いゆれによって，砂や泥《どろ》が水とともにふき出し，地盤が沈《ちん》下する現象が見られることがあります。この現象の名称を漢字３文字で答えなさい。

問４　力が加わり続けて岩盤が割れたときに，地震が起こります。そのときの加わる力の向きによって，図３のようにさまざまな断層を形成します。図４のように，上下方向のずれはなく，岩盤が水平方向にずれたとすると，どのような向きに力が加わったと考えられますか。もっともふさわしいものを選び，記号で答えなさい。ただし，次のページの**ア**～**エ**は図４を上から見たものです。

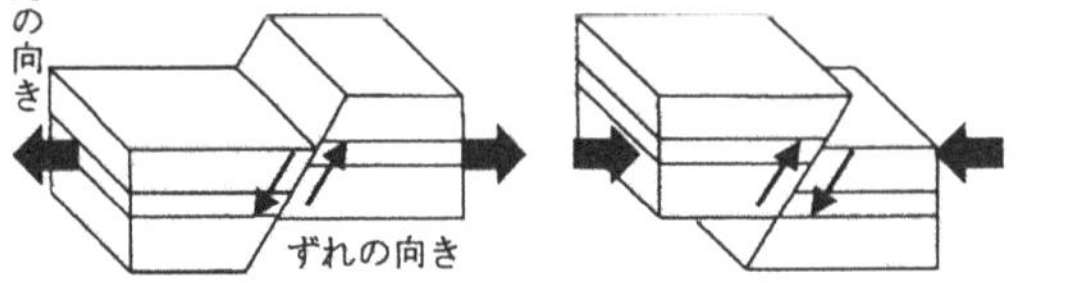

図３　断層による岩盤のずれと力の向き

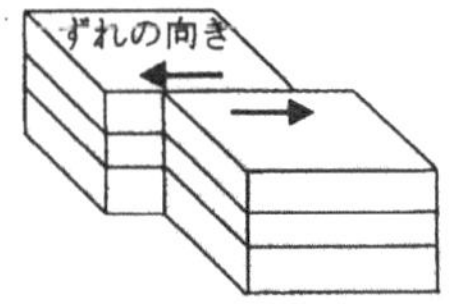

図４

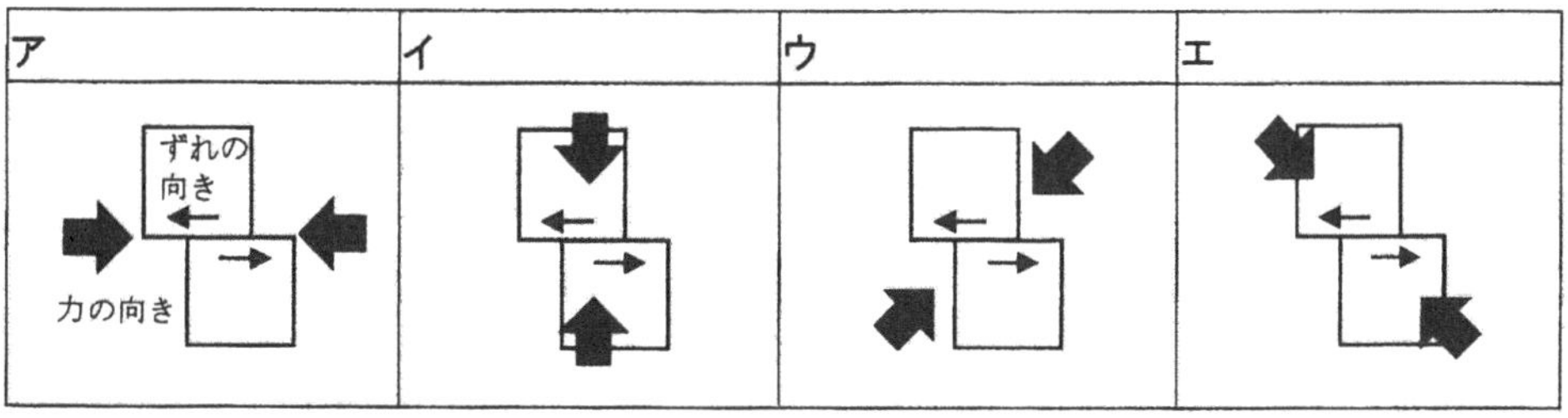

問５　図２の地点Ａでは，図５のような海岸段丘と呼ばれる地形が見られました。海岸段丘は，波の侵食《しんしょく》によってできた平らな地面が，地震によって隆起《りゅうき》（上昇）し，これがくり返されてできた地形です。地点Ａの高度を測り続けると，図６のようにしばらくは沈降していましたが，大きな地震とともに急激に隆起し，そのあと再び沈降しました。沈降の割合は１年間に約６㎜で，地震の前と後で変わりませんでした。また，この地域では約150年周期で地震がくり返され，現在は前回の地震から100年以上が経過していることが分かっています。海岸から離れた平らな地面を調査すると，その平らな地面は約3000年前に波の侵食によって形成された面で，高度は６ｍであることが分かりました。陸上の平らな地面はほとんど侵食されず，かつこの地域の沈降や隆起の量や海水面の高さは変わらないと仮定すると，１回の地震の隆起量は何㎝となるか，答えなさい。

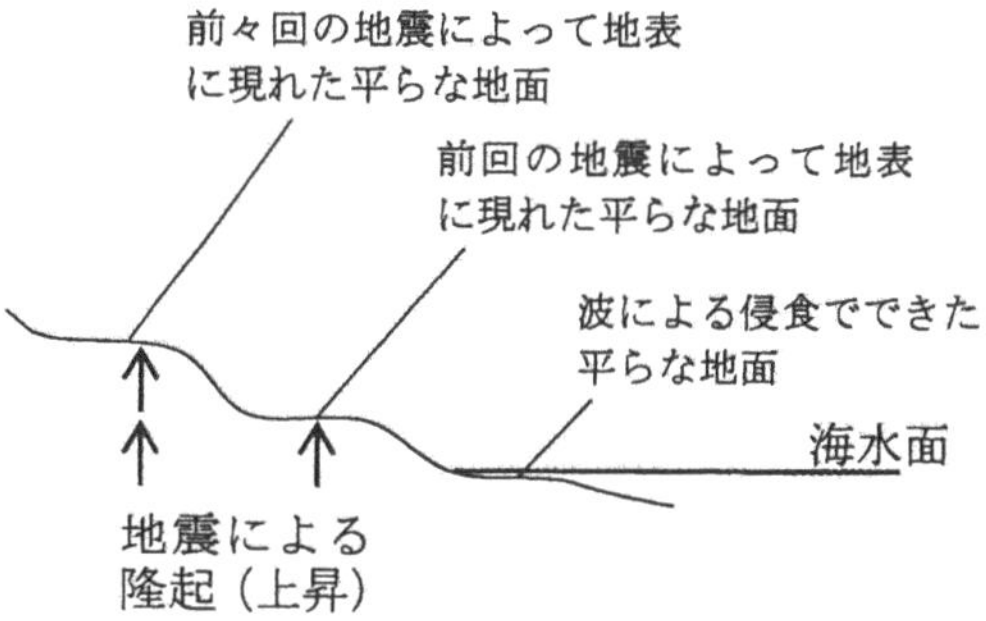

図５　海岸段丘のでき方
（波による侵食でできた平らな地面は、もともと海水面の高さと同じと考えてよい。）

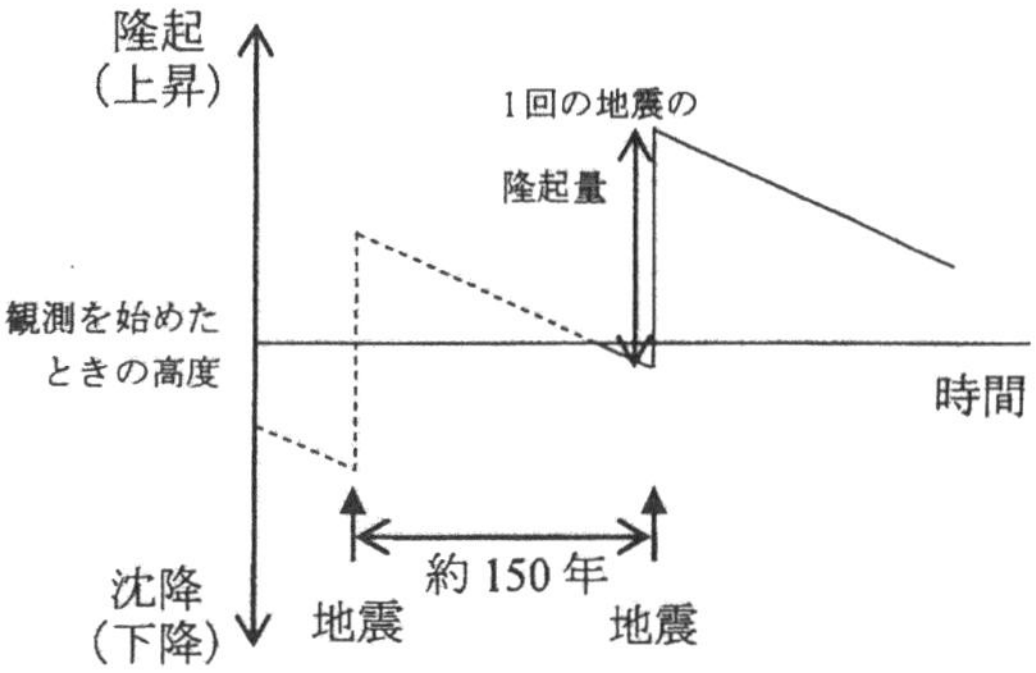

図６　地点Ａ の高度の変化
（図中の破線は、調査から推定された変化）

【社　会】（30分）　＜満点：40点＞

〔１〕 次の文章を読み，各問に答えなさい。

近年，「ロングトレイル」が脚光《きゃっこう》を浴びています。ロングトレイルとは，もともとは歩く旅を楽しむために造られた道のことですが，自然散策路や里山のあぜ道などを歩きながら，その地域の自然や歴史，文化に触れる活動を指す言葉としても使われます。また，①自然環境の適正利用による②観光活性化も目標の１つとなっています。

日本が世界に誇《ほこ》る著名な登山家・冒険家である植村直己《うえむらなおみ》も，ロングトレイルで活躍していた人物でした。彼はちょうど80年前の1941年２月に兵庫県で生まれました。30歳の時に，南極大陸横断を目指し，まず稚内を出発して日本列島約3,000㎞を徒歩で縦断し，鹿児島に到着するという偉業《いぎょう》を52日間で成し遂げました。次に3,000㎞のグリーンランド単独犬ぞり行を約３カ月で成功させ，さらにその翌年には，③12,000㎞の北極圏《ほっきょくけん》単独犬ぞり行に出発し，成功を収めました。

その後，1984年２月12日，43歳の誕生日に④世界初となるデナリの冬季単独登頂に成功しました。しかし，翌13日の無線交信を最後に消息を絶ちました。

問１　下線部①の事例で，よく富士山が挙げられます。これについて次の説明を読み，各問に答えなさい。

> 富士山はかつて，世界＜　あ　＞遺産として登録を目指していたものの，叶《かな》いませんでした。その後，国連教育科学文化機関の諮問《しもん》機関である「国際記念物遺跡会議（　Ｘ　）」の調査によって，2013年に世界＜　い　＞遺産として，ようやく登録となりました。再挑戦による登録は，国内では他に2016年登録の（　Ｙ　）などがあります。

⑴　＜あ＞・＜い＞にあてはまる適切な言葉を，それぞれ**漢字２字**で答えなさい。

⑵　（Ｘ）にあてはまる略称名を，次の中から１つ選び，記号で答えなさい。

ア　ICOMOS（イコモス）　　**イ**　OPEC（オペック）

ウ　UNESCO（ユネスコ）　　**エ**　UNICEF（ユニセフ）

⑶　（Ｙ）にあてはまる世界遺産を，次の中から１つ選び，記号で答えなさい。

ア　沖ノ島

イ　小笠原諸島

ウ　国立西洋美術館

エ　富岡製糸場

問２　下線部②について，日本の観光活性化策として「ビジット・ジャパン・キャンペーン」（官民が協力して行っている訪日外国人旅行者に向けた観光促進活動）があります。これについて，各問に答えなさい。

⑴　表１（次のページ）は，2019年の国・地域別の１人当たり旅行支出および訪日外国人旅行消費額（１人当たり旅行支出×訪日外国人旅行者数）を表したものです。この表のＡ～Ｃにあてはまる国名を答えなさい。なお，Ａ～Ｃはいずれもアジア太平洋経済協力（APEC）の参加国です。

⑵　Ａ国は2015年以降，訪日観光客数が大幅《おおはば》に増加しました。格安航空会社（LCC）による路線の充実もその理由の１つですが，それ以外の主な理由を解答欄《らん》に合うように答えなさい。

表１　１人当たり旅行支出および訪日外国人旅行消費額（2019年）

国・地域	１人当たり旅行支出		訪日外国人旅行消費額	
	（円／人）	前年比（%）	（億円）	前年比（%）
全世界	158,531	3.6	47,331	7.2
【 A 】	212,810	−5.4	17,016	16.8
台 湾	118,288	−7.3	5,452	− 4.8
【 B 】	76,138	−2.5	4,240	−27.8
香 港	155,951	0.9	3,512	4.9
アメリカ合衆国	189,411	−1.1	3,222	11.6
タ イ	131,457	5.7	1,731	23.2
【 C 】	247,868	2.4	1,514	15.5
イギリス	241,264	9.2	996	38.9
ベトナム	177,066	−6.0	875	20.0
シンガポール	173,669	0.5	851	13.2

（日本政府観光局(JNTO)のHPから作成）

問３　下線部③について，12,000㎞は赤道全周の何分の１の長さに相当しますか。最も近いものを次の中から１つ選び，記号で答えなさい。

ア　約２分の１

イ　約３分の１

ウ　約５分の１

エ　約８分の１

問４　下線部④について，植村直己は世界初の五大陸最高峰《さいこうほう》登頂を成し遂げた人物でもあります。このうち，⑴北アメリカ大陸，⑵アフリカ大陸の最高峰の位置を，次の情報を参考に図１・図２の**ア～オ**からそれぞれ１つずつ選び，記号で答えなさい。

⑴　アメリカ合衆国内にある。　⑵赤道の近くにある。

（※図１・２の縮尺は異なります。）

図1　北アメリカ大陸

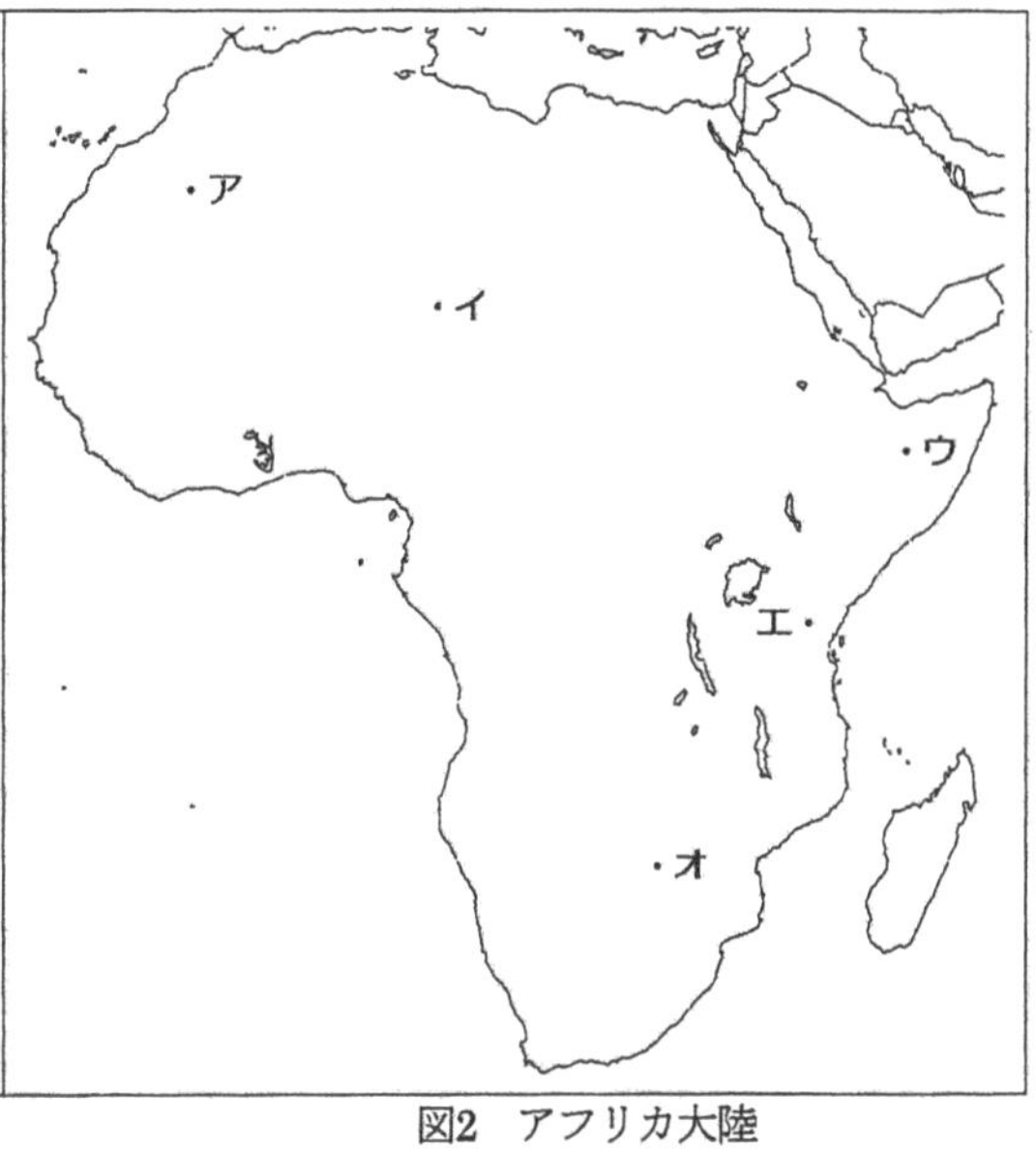

図2　アフリカ大陸

〔２〕 歴史上の人物について説明した以下の短文Ａ～Ｆを読み，各問に答えなさい。

Ａ　この人物は，鎌倉幕府が（　あ　）上皇と争った承久の乱の後に京都に設置した（　い　）探題の初代です。後に執権となり，評定衆を置いて幕府の政治に合議制を取り入れた他，1232年には①御成敗式目を制定しました。

Ｂ　この人物は彦根藩主であり，幕府の大老を務めて天皇の許可を得ないまま②日米修好通商条約の調印に踏み切りました。（　う　）５年から６年にかけて，これに反対する大名や志士を一斉に弾圧《だんあつ》しましたが，かえって江戸城桜田門外で襲撃《しゅうげき》され，殺害されました。

Ｃ　この人物は1960～70年代に総理大臣を務め，安倍晋三に抜かれるまで戦後最長の政権でした。（　え　）条約に調印して隣国《りんごく》との国交正常化に成功しました。また在任期間は③高度経済成長期と重なり，日本経済が大きく発展しました。

Ｄ　この人物は，学者や漢詩の名手としても知られ，平安中期に天皇に取りたてられて右大臣にまで昇りました。④遣唐使の停止を建議したことでも知られています。しかし後に藤原氏との政争に敗れ，（　お　）の長官代理に左遷《させん》されました。

Ｅ　この人物は豊前中津藩士の家に生まれ，大阪で蘭学を学び幕末にアメリカやヨーロッパに渡りました。⑤帰国後は西洋の様子や思想を紹介する著作を多く残しました。また，後に有名な大学となる私塾を創設したことでも知られています。

Ｆ　この人物は，⑥元禄年間に弟子とともに東北・北陸地方を旅して，紀行文『奥の細道』をまとめました。奥州藤原氏の本拠地であった（　か　）では，「夏草や兵《つわもの》どもが夢の跡」という句を詠《よ》みました。

問１　文中の（あ）～（か）にあてはまる言葉を**漢字**で答えなさい。ただし，（う）は元号を答えなさい。

問２　下線部①について，御成敗式目の説明として**誤っているもの**を次の中から１つ選び，記号で答えなさい。

ア　式目が定められたときの元号は，貞永である。

イ　式目は頼朝以来の先例や道理をもとにしており，全51か条である。

ウ　式目は公平な裁判を行うための基準とすることを目的として定められた。

エ　式目の制定によってそれまで朝廷が定めていた法は効力を失った。

問３　下線部②について，日米修好通商条約の締結《ていけつ》によって新たに日本にとって不平等とされたのはどのような点ですか。次の（１）・（２）にあてはまる言葉を解答欄にしたがって答えなさい。ただし，いずれも**漢字４字**とします。

（　１　）権を認めた点と，（　２　）権が認められなかった点

問４　下線部③について，高度経済成長期の説明として正しいものを次の中から１つ選び，記号で答えなさい。

ア　（え）条約の調印と同じ年には名神高速道路が全線開通した。

イ　電気洗濯機，電気冷蔵庫，カラーテレビが三種の神器と呼ばれた。

ウ　Ｃの人物の在任中に起こった第一次石油危機によって高度経済成長は終わった。

エ　公害が社会問題化し，Ｃの人物の内閣で環境基本法が制定された。

問５　下線部④について，遣唐使の説明として**誤っているもの**を次の中から１つ選び，記号で答えなさい。

ア　初の遣唐使を務めた犬上御田鍬は，遣隋使を務めたこともある。

イ　吉備真備は遣唐使として唐に渡ったが，帰国できず唐で没《ぼっ》した。

ウ　遣唐使が唐に渡る航路は，大きく分けて北路と南路の２通りが存在した。

エ　空海や最澄は遣唐使とともに唐に渡って仏教を学んだ。

問６　下線部⑤について，以下の文章は**Ｅ**の人物の著作の抜粋《ばっすい》です。**【Ｘ】**にあてはまる言葉を**漢字**で答えなさい。

> 天は人の上に人をつくらず人の下に人をつくらずと言う…（中略）…人には生まれながらに身分の上下や貧富の差はない。ただ【　Ｘ　】に努めて物事を良く知る人は身分が高く豊かな人となり…（後略）

問７　下線部⑥について，元禄文化の説明として**誤っているもの**を次の中から１つ選び，記号で答えなさい。

ア　井原西鶴が，浮世草子の『日本永代蔵』などを著した。

イ　太夫と呼ばれる人形浄瑠璃の語り手として近松門左衛門が有名である。

ウ　浮世絵作者の菱川師宣が「見返り美人図」を描いた。

エ　歌舞伎では江戸の市川団十郎などの有名役者が登場した。

問８　**Ａ～Ｆ**の人物と以下の**Ｇ・Ｈ**で説明されている人物の計８名の人名を五十音順に並べ替えるとき，**Ｇ・Ｈ**の人物はそれぞれ五十音順で何番目になりますか。**数字**で答えなさい。

Ｇ　福島県出身の医師で，アメリカで細菌《さいきん》学の研究を行い，黄熱病の研究中に自身も感染してアフリカで死亡しました。

Ｈ　明治政府の役人で，郵便制度の創設を主導し，現在も１円切手に肖像《しょうぞう》画が使用されています。

〔３〕　2024年，以下の新しい紙幣《しへい》が日本銀行から発行される予定です。次の各問に答えなさい。

表

裏

（財務省 HP より）

問１　日本銀行について述べた文として正しいものを次の中から１つ選び，記号で答えなさい。

ア　日本銀行は財務省に属する独立行政法人である。

イ　日本銀行は紙幣のほかに，10円・100円などの硬貨《こうか》も発行している。

ウ　日本銀行は「政府の銀行」として，国の預金を管理している。

エ　日本銀行は「国民の銀行」として，一般企業や国民の預金を管理している。

問２　一般の銀行（市中銀行）について述べた文として正しいものを次の中から１つ選び，記号で答えなさい。

ア　銀行の預金者への金利は同一に設定されている。

イ　銀行は預金者への金利よりも高い金利で貸し付けをおこなう。

ウ　銀行の預金者は１つの銀行に1,000万円までしか預金できない。

エ　銀行の預金者は，銀行が倒産《とうさん》しても預金の全額が保障される。

問３　上記の紙幣のほかに，今回は刷新されませんが二千円札も存在します。これは2000年に日本でサミットが開催《かいさい》されたことを記念して作られ，表には守礼門が描かれています。この守礼門を含《ふく》む城の名称を解答欄に合うように**漢字**で答えなさい。

問４　新しい一万円札の肖像として描かれる人物について，次の各文の（　）にあてはまる言葉をそれぞれ**漢字**で答えなさい。

⑴　この人物は，近代日本の産業の発展に貢献《こうけん》し，生涯《しょうがい》を通じて約500にものぼる株式会社の設立にかかわったことなどから，「近代日本における（　　　）主義の父」と呼ばれています。

⑵　この人物は，日本で初めて株式の売買を公的に行う「東京株式取引所」の設立に関与しました。この取引所は，現在の「東京（　　　）取引所」に継承《けいしょう》されています。

⑶　この人物は，老衰《ろうすい》や貧困，病気などで生活が苦しい人を救護する法律の必要性を政府に陳情《ちんじょう》し続け，1929年の救護法制定に尽力《じんりょく》しました。この法律は，現在の「（　　　）法」という法律に継承されています。

問５　新しい五千円札の肖像として描かれる人物について，次の各問に答えなさい。

⑴　この人物は，明治初期に日本からアメリカやヨーロッパ諸国に派遣された使節団に随行《ずいこう》した最初の女子留学生の１人です。この使節団に**参加していない人物**を次の中から１人選び，記号で答えなさい。

ア　板垣退助　　**イ**　伊藤博文　　**ウ**　大久保利通　　**エ**　木戸孝允

⑵　時代こそ違いますが，2014年に史上最年少でノーベル平和賞を受賞したマララ・ユスフザイさん（右写真）は，この人物と同じようなことを主張し，今でも世界に対して訴《うった》え続けています。それはどのようなことですか。次の中から１つ選び，記号で答えなさい。

ア　女子が社会で働くことの必要性

イ　女子が教育を受けることの必要性

ウ　女子が政治に参加することの必要性

エ　女子が平和活動に参加することの必要性

（国連広報センターHP より）

問６　新しい千円札の肖像として描かれている人物は「日本細菌学の父」として有名ですが，彼の発見した細菌を次の中から１つ選び，記号で答えなさい。

ア　ペスト菌　　**イ**　コレラ菌　　**ウ**　結核菌　　**エ**　赤痢菌

問７　2019年10月に消費税率が引き上げられました。これにともない，新聞の定期購入《こうにゅう》や食料品などに対しては，消費税率を８％のままにする制度が導入されました。この制度名を**漢字４字**で答えなさい。

ており、それは当時の人の情報として有効だったが、科学的な知見のある現代においては無意味になっているということ。

ウ　古典には、感染症の恐ろしさや経済的苦境、娯楽の禁止などが現在と異なることなく客観的に記録されており、感染症が流行している現代においてもじゅうぶんに教訓になり得るということ。

エ　文学や歴史史料を中心とした古典資料は、高精細画像として保存され、それが書誌データとして集積されるようになっていることで、大学の共同研究など現代の情報共有にも役に立っているということ。

オ　古典には、二十から二十五年毎に流行する感染症の様子が文学的に描かれているため、当時の人の諦《あきら》めや恐怖などの感情が現代人にも容易に理解できるようになっているということ。

問４　本文中の［Ａ］・［Ｂ］に当てはまる漢字の組み合わせとして最もふさわしいものを次から選び、記号で答えなさい。

ア　Ａ　一　Ｂ　半
イ　Ａ　苦　Ｂ　楽
ウ　Ａ　悪　Ｂ　善
エ　Ａ　隠　Ｂ　陽
オ　Ａ　美　Ｂ　醜

問５　傍線部３「寄付やボランティアは特別なことだし、ちょっと違う、恥ずかしいなと思う」とありますが、人々がこのように思うのはなぜですか。その理由を含む一文として最もふさわしいものを本文中から探し、初めの五字を書き抜きなさい。

問６　傍線部４「ソーシャル・ディスタンス（社会的距離）を保ちながら連帯感を築くという二律背反に直面しています」とはどういうことですか。その説明として最もふさわしいものを次から選び、記号で答えなさい。

ア　感染防止のため他者と距離をとらねばならない一方で、孤立しがちな社会的弱者とも協力して立ち向かわねば感染の拡大は抑えられないということ。

イ　感染防止のために他者と距離をとる一方で、他者との接触を避けられない人々のために、寄付などの援助をすることによって、感染の拡大を防止するということ。

ウ　他者と距離をとることによって感染拡大が抑えられている一方で、社会的弱者は経済的にますます困窮し、社会文化資本にアクセスする他ないということ。

エ　社会的な弱者は、ソーシャル・ディスタンスのために誰とも接触ができなくなり、孤立するようになってしまう一方で、そのことが感染防止になっているということ。

オ　他者との距離をとらざるを得ず、経済的に損失を受ける人がいる一方で、社会の中で助け合う必要があり、寄付が重視されるようになっているということ。

問７　傍線部５「それぞれが、その人に合った適切なソーシャル・ディスタンスを保持しつつ、他者の喜びや痛みをフェイクではなく確かな事実として理解するような連帯感に溢れた社会」とありますが、そのような「社会」では人々にはどうすることが求められますか。解答欄に合うように三十字以上四十字以内で説明しなさい。

いう自分になりたいという気持ちを持つこと、持てる環境をもっと整えていくべきではないでしょうか。

隣で感染が広がれば、自分にとってもリスクです。一緒に立ち向かっていかないと、新型コロナウイルスには勝てない。数日姿を見ない人、一人暮らしのお年寄りなどに声をかけていくことが大切だと思います。

新しい生活様式は、私たちの感性を変え、日々の行動パターンも変えていくでしょう。らせん階段を上るようにして、私たちは色んな角度から新たな景色を迎えるはずです。社会の変化をくみ取り、新たなビジネスを世界に打ち出すチャンスかもしれません。若い人にはアイデアがあるし、わたくしの知る限り、もう考え始めている人もいます。

ソーシャル・ディスタンスは、今はまだ物理的な距離として考えられていますが、社会の中の自分自身の位置づけを知る、自分の居場所から他者との関係を見つめ直すことだとも捉えたい。一人ひとりの資質、意欲によって、自律的に能力を発揮できる社会をいかに整備できるか、そこが問われています。女性の活躍の場を広げる、様々なセクシュアリティのあり方を認め合う、今後も増えると予想される外国人と共存していくなど、課題は山積しているように見えますが、一方でこの半年間に味わった経験の中には、大きなチャンスが芽を出そうとしているように思います。

5それぞれが、その人に合った適切なソーシャル・ディスタンスを保持しつつ、他者の喜びや痛みをフェイクではなく確かな事実として理解するような連帯感に溢《あふ》れた社会、そういう未来を是非《ぜひ》迎えたいものです。

（ロバート・キャンベル「『ウィズ』から捉える世界」 村上陽一郎編『コロナ後の世界を生きる――私たちの提言』〔岩波書店〕より）

問1　傍線部a～cの漢字をひらがなに、カタカナを漢字に直しなさい。

問2　傍線部1「二〇〇年前の日本人が、驚くほど今と似た状況に直面していた」とありますが、「今と似た状況」とはどのようなものですか。その説明として最もふさわしいものを次から選び、記号で答えなさい。

ア　庶民は自主隔離《かくり》によって命が助かっても、経済的な困難により苦しめられていた状況。

イ　庶民の営業自粛によって感染拡大が抑えられ、感染症が社会全体で乗り越えられた状況。

ウ　芝居の禁止など人の密集を避ける政策が行われており、庶民もそれに積極的に協力していた状況。

エ　芝居などの娯楽は人間の生活に欠かせないものであり、庶民は芝居を見て感染症の情報を共有していた状況。

オ　感染拡大の防止のために活動の制限が行われた一方で、それによって庶民は経済的な困難に陥《おちい》っている状況。

問3　傍線部2「古典は、共同の経験知の集積であって、その意味では、私たちにとって大事な資源なのです」とありますが、どういうことですか。その説明として最もふさわしいものを次から選び、記号で答えなさい。

ア　古典には、社会全体で感染症を乗り越えようとしていた人々の感情・対策や様子などが記録されており、感染症流行に直面している私たちの参考にもなるということ。

イ　古典には、協力して感染症に対処してきた人々の知恵が記録され

米を持ち寄って、ない人に向けての炊き出しをする。困窮している人をどのように助けたらよいのか。「飢えたる人に粥《かゆ》を施すには尤《もっと》も恭《うやうや》しく謹《つつし》みて与へよ。必ず必ず不遜《ぞんざい》にして人を恥づかしむべからず」とあります。その人が困っているのは天災だからであって、自分のせいではない。明日はあなたが困窮するかもしれないのだから、という意味のことが書かれています。

「 A 徳あれば B 報あり」という言葉があるように、人に施しを与える、誰かを助けたりすることは、周りの評価などを期待しないで、淡々とシェアしなさいという文化が、江戸時代にはあるわけです。それは今でも日本の文化に生きていると思います。自分の名前を出して、これだけのことをしていると主張するような人については、恥ずかしいというか、悪目立《わるめだ》ちしているのではないか、といったプレッシャーがかかる。でも、逆に、今はそこは変えていくべきではないかと考えます。

　東日本大震災以降、あるいはその少し前から、日本でもボランティアの文化が広がり、b シントウしました。実際に多くの若い人たちが、被災地に入り込んで活動されました。現地に赴《おもむ》くことも重要ですが、現地に行けなくてもできることは沢山あります。「このプロジェクトを信じるから自分は寄付をしたけれども、あなたもどうですか」というように、もっと気軽に、お互いに呼びかけ合えるような状況がつくり出せないか。寄付をすることで自分を拡張する、自分を新しく何かにコネクトしていく、そういう意識が大切ではないでしょうか。今回のコロナ禍を通して、新しい感覚を育てることができるような気がしています。そのための一歩として、3 寄付やボランティアは特別なことだし、ちょっと違う、恥ずかしいなと思う気持ちを無くしていきたいです。

（略）

　大規模災害など非常時のさなかや直後には、一時的に連帯感や c コウヨウ感が高まってモラルも向上し、今後の社会をより良くしようという意欲が湧《わ》くとされています。新型コロナが終息したとき、私たちは社会に何を残せるでしょうか。パンデミックの状況にある今から手を着けておかないと、喉元《のどもと》を過ぎれば熱さを忘れてしまう。社会のどこをどう良くしたいと感じたのか。不便や不安を極めた状況で、どんな種を見いだして意識や制度を変えていくのか。尊い命が失われ、経済的にも大変な価値が損なわれました。人々の努力に応え、喪失感を埋《う》めるためにも、一つでも二つでも変えるきっかけが生まれればいいと思います。

　いま私たちは、4 ソーシャル・ディスタンス（社会的距離）を保ちながら連帯感を築くという二律背反に直面しています。子どもに朝食を食べさせ登校させられない一人親世帯、手を挙げて「困った」と言いづらい人たちがいます。普段から声を出すといじめられる、浮いてしまうと感じている人たち、社会文化資本にアクセスできないような立場の人は、現在のような状況では、適切なタイミングで声を挙げないと命にかかわります。

　ひとりになってしまって話ができる相手がいない状況が、一番の弱者ではないでしょうか。自分が悪いわけではないのです。頑張っているのだけれども、なかなかその状況から抜け出すことができない。困ってしまうと、どうしても自分というものを閉ざしてしまう傾向に、私たちはあるんですね。でも、そこはぜひ聞く耳を持つ相手を探して欲しいですし、私たち一人ひとりが、明日は誰かを助けられるかもしれない、そう

三太郎や玉子とは違って、大吉に対しては［A 3字］な立場であり、また三太郎たちの苦労に格別配慮するわけでもない［B 3字］な人柄のため、物怖《ものお》じすることなく大吉の窮状《きゅうじょう》を［C］している。その［C］は学者らしい豊富な［D 8字］を用いて、的確に言い当てたものである。

【Cの選択肢】

ア　定義　イ　断言　ウ　記録　エ　曲解　オ　分析

問８　二重傍線部「大吉はいちばんうしろにふてくされた顔で、うす汚れて、すこし小さくなっていた」とありますが、これはどのような心情のあらわれですか。本当は何をしたいのかにも触れつつ、四十字以上五十字以内で答えなさい。

二　次の文章を読んで、後の問に答えなさい。

わたくしが館長を務めている国文学研究資料館（国文研）は、全国の大学共同利用機関として大規模なデータの集積、整備、発信をしています。また、館内にある数十万点の文芸や歴史史料、あるいは新日本古典籍総合データベースという、高精細画像や書誌データなどを検索するための仕組みを用いて様々な共同研究を行なっています。新型コロナの影響を受けて四月からは閉鎖していました。

国文研の資料を見ていると、過去の書物には、社会が天災に遭遇《そうぐう》したときに、その中でお互いにどう守り、コミュニティをどう再生したかという経験が多く記録されていることに気付かされました。

感染症についての文献も多く残されています。戯作者《げさくしゃ》の式亭三馬《しきていさんば》は、享和《きょうわ》三年（一八〇三）に江戸を襲ったはしかを描いた『麻疹戯言《ましんきげん》』という小説があります。そこでは「うめきながら、彼らが飲むもの、食べるもの、まるで味がしない。ひとりぼっちで体調が回復するまで一二日間を、指を折って布団の中で待つ以外ないのである」とあります。当時、感染症は二〇～二五年に一度、人生で二、三回は経験するものでした。感染症の怖さを肌感覚で知っていて、どう体作りをするか、どう衛生状態を保つか。人々は出版物や講談などを通じて情報共有していたのです。文政《ぶんせい》七年（一八二四）に再流行した際の『麻疹癚語《ましんせんご》』には、芝居も（略）営業停止にした江戸の様子や、客が来ず生活できないという人々の嘆きが書かれています。[1]二〇〇年前の日本人が、驚くほど今と似た状況に直面していたことがわかります。

安政《あんせい》五年（一八五八）のコレラ流行について書かれている『安政午秋《あんせいうまのあき》／頃痢流行記《ころりりゅうこうき》』には、夫が体調を崩して働けなくなり、無理をした妻が先に亡くなるという話があります。困窮《こんきゅう》しているところを町内の人が見かねて葬式の費用を出すけれど、妻は残した夫が心配だと亡霊となって夜な夜な出てくるのです。ある種の奇談ですが、人はひとりでは生きていけないということが[a]示唆されています。当時から、感染症は社会全体で乗り越えないといけないという認識でした。[2]古典は、共同の経験知の集積であって、その意味では、私たちにとって大事な資源なのです。

また江戸時代の後期、天保《てんぽう》年間（一八三一年～四五年）には、大雨による洪水や冷害によって、全国的な飢饉《ききん》が起こります。いわゆる「天保の大飢饉」ですが、その時に出された『豊年教種《ほうねんおしえぐさ》』という書物があります（天保四年（一八三三）刊）。この中に、当時の人々がお互いに助けあう時の心がけについて記述された箇所《かしょ》があります。お米のある人がお

問１ [X] に最もふさわしいことばを次から選び、記号で答えなさい。

ア 理智的な標準語
イ 丁寧なですます調
ウ 粗野な共通語
エ 気色悪いざあます言葉
オ 分かりやすい公用語

問２ 傍線部１「「まあまあ、兄ちゃん」と六平が間へ入った」とありますが、このときの六平の気持ちとして最もふさわしいものを次から選び、記号で答えなさい。

ア 兄の三太郎とは考え方が違って反りが合わず、なるべくもめごとを起こしたくないと思っている。
イ 三太郎と玉子の代わりに大吉を更生させようという決意のもと、大吉を守ろうとしている。
ウ 立派な肩書の妻を連れてきた優越感に浸り、三太郎を自分の意見に従わせようとしている。
エ 三太郎と大吉親子の世代間のギャップを認識し、両者の橋渡しを務めようとしている。

問３ 大吉が家出から帰って来た日の三太郎の不機嫌な顔つきには、どのような心情が込められていますか。ふさわしくないものを次から一つ選び、記号で答えなさい。

ア 大吉はしかるべき制裁を受けるべきなのに、六平が安易にその過ちをうやむやにするのは、到底納得できない。
イ 見識ある親として、道をはずした子をいつでも強く叱責《しっせき》できるのに、周囲がそうさせないことに業《ごう》を煮やしている。
ウ 節度を守り、守れなければ自分でその過失を挽回《ばんかい》する大人になってほしいのに、大吉の振る舞いにはその片鱗《へんりん》もなく、憤《いきどお》っている。
エ 許可なく家を出て行きながら、困ると親を頼りに帰ってくる大吉の意思の弱さや自分勝手なところを非難している。

問４ [Y] に最もふさわしい四字熟語を次の語群から選び、カタカナを漢字に直して答えなさい。

ジゴウジトク　アクセンクトウ　キシカイセイ
コウガンムチ　フゲンジッコウ

問５ 傍線部２「やはり、しゃべりたかったらしい」とありますが、大吉が言いたかったのはどのようなことですか。次の空欄に合うように、本文中から最もふさわしいことばを二十字以内で抜き出し、最初の三字を答えなさい。

[20字以内] ということ。

問６ 傍線部３「「こいつ！」」とありますが、このときの三太郎の気持ちとしてふさわしいものを次から二つ選び、記号で答えなさい。

ア 胸くそが悪い
イ そらぞらしい
ウ 気はずかしい
エ 慕わしい
オ うれしい

問７ 鞍馬女史の性格を説明した次の文章の空欄に最もふさわしいことばを入れなさい。なお、[A]・[B]・[D] はそれぞれ指定された字数で本文中より書き抜き、[C] は後の選択肢から最もふさわしいものを選び、記号で答えなさい。

そうして、三太郎が食事をはじめても、出ていかない。

いつもは、顔を合わせるのを避けて、そそくさと姿を消すのに。膝《ひざ》を抱いてテレビを見ている恰好《かっこう》は、三太郎には寄り添うように感じられた。

そう感じたときは、親はやはり、声をかけてやりたくなる。仕方ない。三太郎は意地を張って、親の方からは折れぬ、という根性の男ではないのである。

「オマエ、なんで長崎へいった?」

「それは……この前、お父さんが、お母さんに話してたから……思いついた」

大吉は素直にいう。

2やはり、しゃべりたかったらしい。大吉はぶっきらぼうな口調であるが、反撥《はんぱつ》の感じられない返事をする。

「どうせ、お父さんらも行くやろ。その下見にいってきてやった」

3「こいつ!」

「絵葉書、見る?」

大吉は身を翻《ひるが》えして台所から、絵葉書を持ってきた。そうして、地図をばしゃばしゃと拡《ひろ》げて、コースを説明するのである。

「ここから、船で四時間もかかった！　地図見てると近いけど、乗ったら遠いねん」

「待て、どこからどこや」

と三太郎は眼鏡をかける。

「まず、どこへいった」

「長崎」

と大吉は得意そうにいう。

「お蝶《ちょう》さんの家があったか。お母さんがいうてた……」

「これ、この絵葉書。グラバー邸《てい》やろ」

「よかったか」

「観光客で満員でどないもならへんねん。いま観光シーズンやし、なあ。お父さんら行くときは、シーズンはずした方がええわ」

「連休でないと、休まれへんやないか」

「そんなこというてんと、タマには休んで骨休めしたらええやんか。長いこと働いて」

「大きに……おい、どないなっとんねん、これは」

三太郎は妙な気分になる。息子の家出をとっちめようと思っていたのに、どこでどうまちがったのか、話がへんな方へすげ変えられてしまった。

「ここは、皿うどんがおいしかった。お父さんらも、そこで食べたらええわ。地図書いたげるから……。お母さん美味しがるよ」

「皿うどん、なあ」

若者向きらしい好物である。

「ここから福江へ渡った。船に乗りたかったから。お父さんらも、いっぺん乗ったらええねん」

「五島列島へいったのか」

「あ、もっとええ航路あった、ここへお父さんらいっぺん来たらええのになあ、と思うた」

大吉の話では、さながら旅行中たえまなく両親のことを考えていたように聞こえる。


（田辺聖子『夕ごはんたべた?』〔新潮社〕より）

ら、しぜんにふくれっつらになるのだが、そこを六平たちがやってきて、うやむやにごまかしてくれたから、たすかった気も、しないではない。そのへんもいうなら、屈折したおとなのやさしさ、みたいなものであろう。

しかし三太郎はそうこまかく分析するクセはない。漠然《ばくぜん》と感じるだけである。（略）

細君はハンドバッグから名刺をとり出し、

「もっと早くご挨拶にうかがうつもりでいましたのに、つい遅うなりまして。今年は外国へ出る用事が多うて――どうぞよろしく」

と可愛いらしい声でいい、三太郎と玉子の前にそれぞれ置いた。女物の小ぶりな名刺である。私大の助教授という肩書があって「鞍馬富士子《くらまふじこ》」というリッパな名前があった。吉水六平などという頼りない名とは格段の差である。

（略）

「大吉がよくおたくらの家を知ってましたなあ」

三太郎はお詫びの意味をふくめていう。

「ええ、あたしたら、『ゴンドラ』いう喫茶店で会いましたから。二三べん、うちへ遊びにきはったかしら。泊ったこともありますわ」

「まあ」

と玉子は目をみはった。

「そんな、ご厄介《やっかい》かけてたんでございますか」

子供というものは何をするかわからない、と玉子も三太郎も思った。鞍馬女史は大吉を通じて、吉水家と接触しているつもりでいたかもしれないが、玉子たちは夢にも思わぬことであった。六平がそこへかえってきた。

「大吉の奴、いうとらへんから何も知らなんだ」

三太郎がいうと、六平はすぐ、

「まあ、ええやんか。若いときは、あんまり、家の中でしゃべらんもんでなあ」

と若者を庇《かば》う言い方をする。いつもの通り、若者サイドに立っているのである。

「いったい、どこへいっとってんやろ、大吉の奴」

「平戸から長崎へ廻《まわ》っとったらしい」

玉子と三太郎は顔を見合わせた。いつか、長崎へんを旅行したいと二人で話したとき、台所に大吉がいたが、そのときにヒントを得たのだろうか。六平はのんびりしていた。

「五島列島まで渡ったそうやなあ」

「ふーん。結構なことでございますなあ」

と三太郎はいわずにおれない。

「お天気つづきで、とってもよかったそうですわ、海がきれいでしたって」

鞍馬女史は無邪気にそういい、

「六ちゃん、シチュー、たきすぎたら焦《こ》げつくよ。もう、持ってきなさい」

と六平に命じる。（略）

いっぺん、改めて大吉を叱《しか》らないといけない、と三太郎が思っていると、いい機会が来た。――彼が居間にいると、大吉もそこへ来たのだ。

つもりや、それは。ノコノコ帰ってきて」（略）

1「まあまあ、兄ちゃん」

と六平が間へ入った。

「ま、兄ちゃんの怒るのもわかるけど、……大吉も反省しとるんやし」

「反省してるようには見えん」

「まあ、ええやんか」

ええことない。

三太郎は、けじめをつけたい気である。どうしてことわりなく家を出たり入ったりするのだ。

「親の家にいる限りは勝手なこと、するな」

「兄ちゃん、まあそう、親の家、親のメシいうたら、若いもんはカッカくるさかいなあ」

六平はそういうが、三太郎はこんどは六平に腹が立ってきた。親が、親かぜ吹かせてどこがわるい、と思うものだ。

「あの……」

と、六平の細君が、可愛いらしい声で口を挟《はさ》んだので、六平も三太郎も口をつぐんだ。

「大吉さんもしょげてるみたいやし……自分ではあやまりたいと思っても、若いひとというのは、おとなに向ったときのヴォキャブラリイが少ないのんですわ。手持ちのことばがないので、どないいうたらええもんか、途方にくれてて……思いあまったあげく、あたしたちを通訳にして、お父さんお母さんに詫《わ》びを入れたい、とこんな所と違いますかしら。ね、大吉さん。同時通訳したら、こんなとこやね」

とやさしくいうと、石のように硬くなっていた大吉はこっくり、する。

みんな笑うが、三太郎と玉子は笑えない。

六平夫婦の手前、いつまでも三太郎はふくれっつらをしているわけにはいかず、

「今日はゆっくりできるのか」

とお愛想をいう。

「うん、そのつもりできた。どうもごぶさたしてしもて。その後の報告もあるし」

話題がおとな同士のことに移ったので、大吉はこれで釈放された、というように、生色《せいしょく》をとりもどして、体をもぞもぞと動かしはじめた。

「大吉、もう行ってもええで。——あとでよう、お父さんに謝っときや」

と六平はやさしくいう。三太郎の思うに、それは無責任のやさしさである。無能、無定見の場合も人はやさしくなるものだが、無責任の場合も、人はやさしい。それはほんとうのやさしさとはちがうのだが、区別出来得る人は少ない。

そうして、大吉が、クサリを解かれたように跳ねて飛んでいく後姿を見ると、三太郎はどうしても（おい、ちょっと待て。オマエさっきから一ト言《ひとこと》も、ものいわんやないか。——何もかもヒトにしゃべらせてすませとるやないか。［ Y ］、卑怯陋劣《ひきょうろうれつ》、というのは、オマエのことではないか。男らしくないぞ）と大喝《だいかつ》して、息子をぶんなぐりたくなる。

……しかし、わざわざついてきている六平夫婦の顔を立てて、言いたいコトバを飲みこむ、それがほんとうのやさしさ、のような気もするのだ。

かつまた、三太郎はほんとうに大喝したり、ぶんなぐったり、できる男ではない。

そう思うのと、実際に行動にうつすのとは大ちがいだ。できないか

【国　語】（五〇分）〈満点：六〇点〉

【注意】字数制限のある問題については、かぎかっこ・句読点も一字と数えなさい。

一　次の文章は、田辺聖子『夕ごはんたべた？』の一節です。開業医の吉水《よしみず》三太郎は、何を考えているのか分かりづらいところがあり、家族からは「半仙」と言われています。ある日、不良息子の大吉が家出から帰って来ました。以下の文章を読んで、後の問に答えなさい。

十五日めの晩、つまり半月たった日の夜である。

玉子は、例のごとく台所で夕食の支度《したく》をしていたら、三太郎が診察室からやってきた。

「おい大吉が帰ってきた」

「ほんと！」

「六平と一緒や。それはええが、六平、よめはんをつれてきとんねん」

「何ですって」

三太郎のうしろには、久しぶりのにこにことやさしい微笑を浮べた六平がいた。

そのうしろに、彼と同じくらい長身の痩《や》せぎすな婦人がいる。大吉はいちばんうしろにふてくされた顔で、うす汚れて、すこし小さくなっていた。

大吉を見て、まっ先に罵声《ばせい》が出そうになった玉子は、さすがに六平の細君《さいくん》と初対面なので、そちらの挨拶《あいさつ》からしなくてはならない。

応接間へ通した。

六平の細君は、色白の、かわいらしい顔の婦人である。赤い縁《ふち》の眼鏡などかけているが、六平と同じように、にこにこしていた。

（これが、えらい大学の先生かしら）

と玉子は緊張して、長々と挨拶をはじめた。

その間、大吉ははしっこの椅子に坐って、のんびりした顔でいる。

「仕事、すましたらくるわ」

と三太郎が立っていったので、玉子は、夫のぶんも、しゃべらなければいけなかった。

婦人は気さくにしゃべった。

玉子は、大学の先生というからには、　X　だろうと思っていたら、やさしい上方なまりである。

「ほんで、一人でよう帰らん、いうて大吉さんがいいはるさかい、わたしら二人でついてきましたの。お母さん、どうぞ、堪忍《かんにん》してあげて頂戴《ちょうだい》ね、――ちょうどええ折やし、あたしらもご挨拶にうかがおう、思うて……」

玉子は婦人に気をとられながらも、大吉のチャッカリぶりに腹が立った。

診察をすませた三太郎がやってきた。

三太郎は、あたまから湯気の出るほど腹を立てていた。のっそりと家をあけ、やっと帰ってきたと思うと、ヒトを楯《たて》にしてうしろへ隠れて風当りを避けようとする。男らしくないではないか、といいたいのだ。

「大吉！」

と三太郎がいうと、座は一瞬、しんとなった。

いくら半仙でも、やっぱり一家の主の風格が出るのだろう。

「なんで黙って家をあける。出ていくつもりなら帰ってくるな。なんの

MEMO

大切なことはメモしておこうネ！

2021年度

早稲田中学校入試問題（第２回）

【算　数】（50分）　＜満点：60点＞

【注意】 定規，コンパス，および計算機（時計についているものも含む）類の使用は認めません。

［１］ 次の問いに答えなさい。

(1) A，B，Cはいずれも１以上９以下の整数です。３けたの数ABCを３倍すると，４けたの数CCCAになります。３けたの数ABCはいくつですか。

(2) 花子さんは６人の友達A，B，C，D，E，Fの家までおみやげを渡《わた》しに行きました。おみやげを渡し終わって自宅に戻《もど》ったところ，帽子《ぼうし》をどこかで落としてしまったことに気がつきました。６人の友達に電話をして，以下のような話を聞くことができました。花子さんはどのような順でおみやげを渡しに行きましたか。A～Fを渡した順に並べなさい。また，帽子を落としたのはどこですか。解答らんの矢印を丸で囲みなさい。

A：帽子はかぶっていたよ。おみやげを受け取ったあと，まだおみやげを２個か３個持っていたよ。

B：まだEの家には行っていないと言っていたけど，帽子をかぶっていたかどうかはわからないな。

C：次の家が最後だって言っていたよ。帽子はかぶっていなかったな。

D：帽子をかぶっていたか覚えてないけど，次にBの家に行くと言っていたよ。

E：Fにはもうおみやげを渡したと言っていたけど，帽子はかぶっていなかったんじゃないかな。

F：帽子はかぶっていなかったよ。

(3) あるパズルを完成させるのに，父１人だと３時間，父と兄の２人だと２時間，父と弟の２人だと２時間15分かかります。

ある日10時から兄と弟の２人でそのパズルを作り始めました。全体の$\frac{2}{9}$ができたところで弟があきて作るのをやめてしまったため，代わりに父と兄の２人で続けました。完成する前に再び弟が戻ってきて最後は３人で作り，12時20分に完成しました。弟が戻ってきたのは何時何分ですか。

［２］ 次の問いに答えなさい。ただし，円周率は3.14とします。

(1) 次のページの図のように，形の異なる平行四辺形が２つ重なっています。角アの大きさは何度ですか。

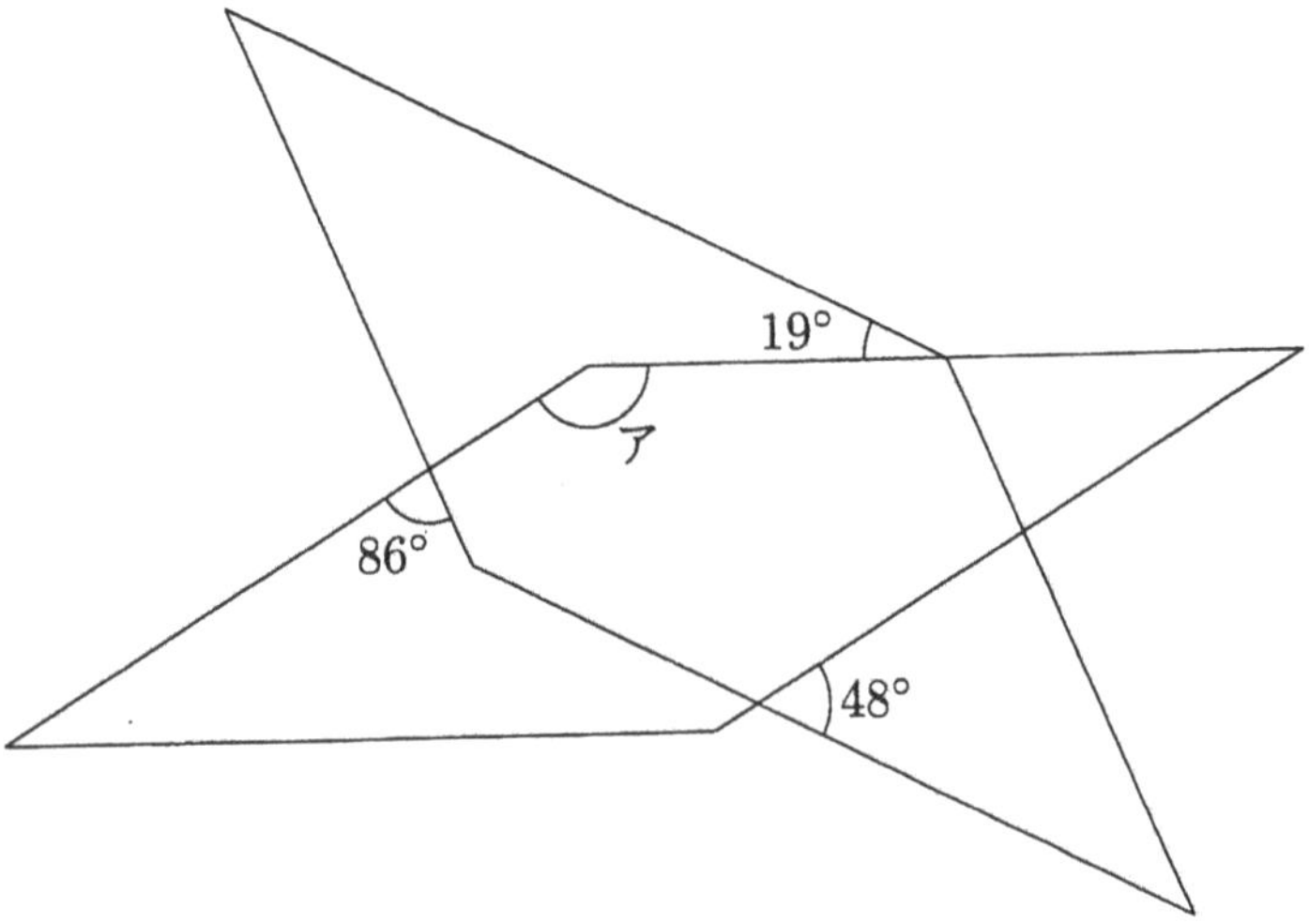

⑵　右の図の四角形ABCDの面積が33㎠のとき，三角形CDEの面積は何㎠ですか。

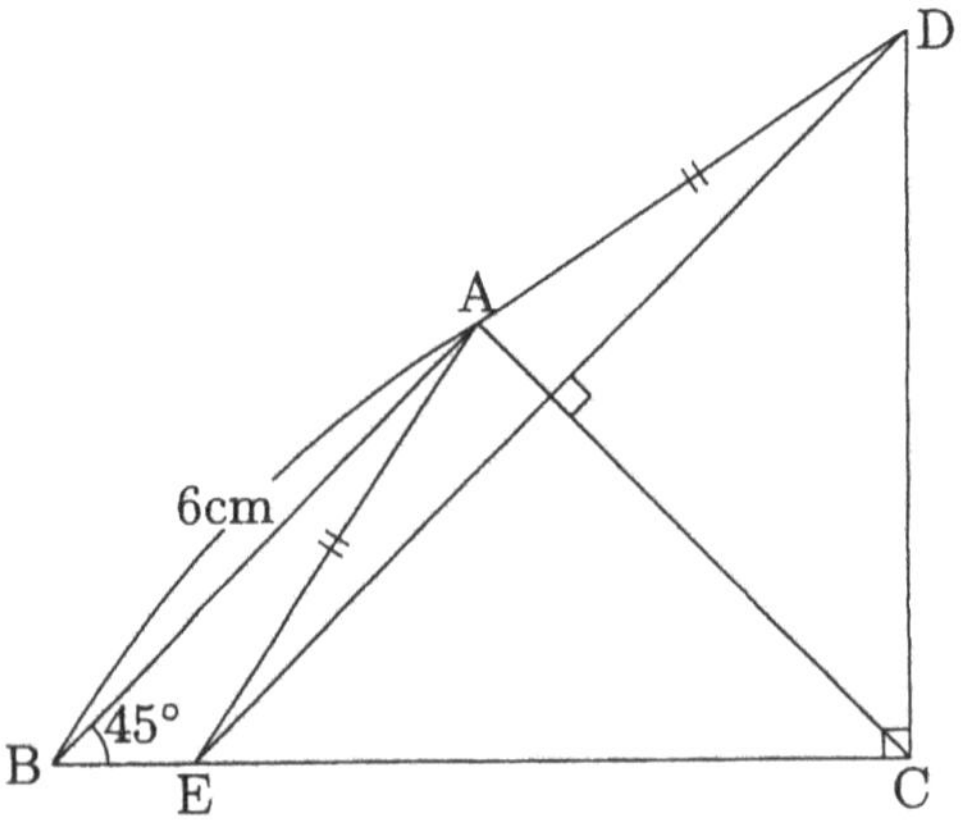

⑶　図の台形ABCDを辺ABを軸《じく》として１回転させてできる立体の体積は何㎤ですか。

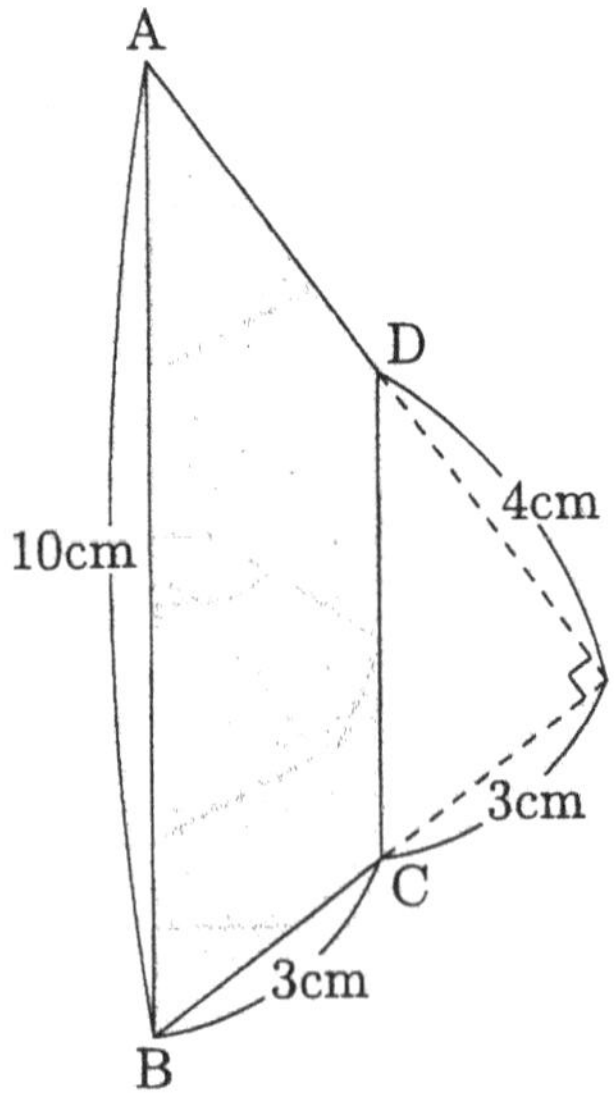

［３］　右の図のように，平らな地面の上に直方体の形をした建物が立っています。屋根ABCDの対角線が交わる点をＥとします。点Ｅの４ｍ真上の位置をＰとし，点Ｃの４ｍ真上の位置をＱとします。Ｐに電球を設置し点灯させたとき，地面にできた建物の影《かげ》の面積は384m^2でした。次の問いに答えなさい。ただし，電球の大きさは考えないものとします。

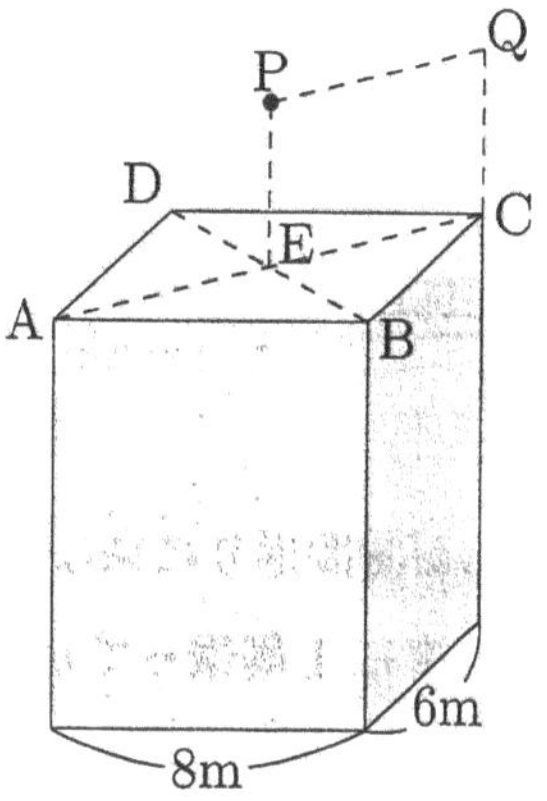

⑴　建物の高さは何ｍですか。

⑵　この電球をＰからＱまでまっすぐ動かすとき，地面にできている影が通る部分の面積は何m^2ですか。

⑶　Ｑに電球があるとき，電球の光が届かない部分を立体Ｋとします。立体Ｋの体積は何m^3ですか。ただし，立体Ｋは建物を含《ふく》みません。

［４］　太郎くんと次郎くんは，毎週日曜日の10時にＡ駅を出発し，一緒《しょ》にＢ公園まで歩きます。２人は，普《ふ》段は一定の速さで歩きます。Ａ駅からＢ公園まで1500ｍあり，途《と》中Ａ駅から900ｍのところに観覧車があります。観覧車の箱型の乗り物をゴンドラといい，ゴンドラには異なる番号が書かれています。

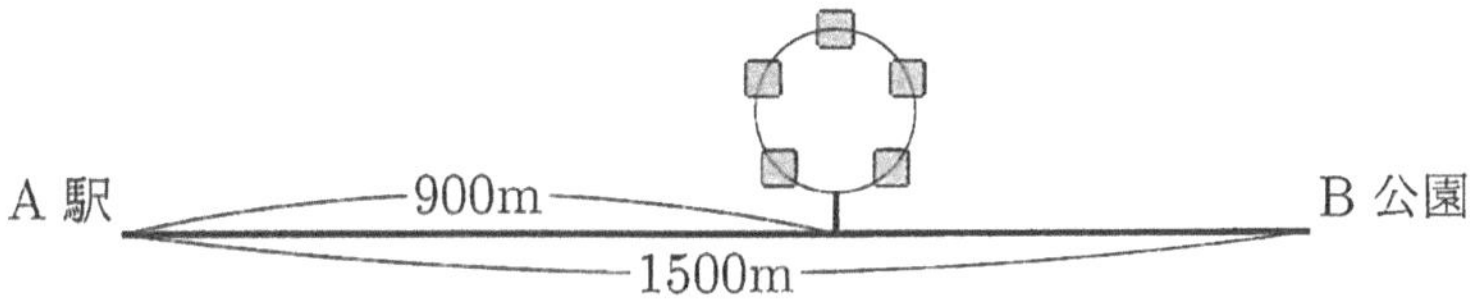

ある日曜日，次郎くんが時間通りに来なかったので，太郎くんは10時にＡ駅を普段の速さで出発し，観覧車に１周乗ってからＢ公園へ向かうことにしました。次郎くんはＡ駅を10時15分に出発し，普段の1.2倍の速さでＢ公園へ向かいました。太郎くんはゴンドラの中から次郎くんが通り過ぎたのを見たため，観覧車を降りてから普段の1.5倍の速さで追いかけたところ，普段より10分遅れて２人同時にＢ公園に到《とう》着しました。

Ｂ公園で遊んだ後，2人で観覧車に一緒に乗ってから帰ることにしました。観覧車から降りた後Ａ駅へ向かって普段の速さで420ｍ歩いたところで，どこかに忘れ物をしていることに気がつきました。太郎くんは普段の1.5倍の速さでＢ公園まで引き返し，Ｂ公園で忘れ物を３分探してから，そのままの速さでＡ駅へ向かいました。次郎くんは普段の速さのまま観覧車に戻り，２人が乗った番号のゴンドラが下に来るのを待ち，ゴンドラの中を確認してから，そのままの速さでＡ駅へ向かいました。次の問いに答えなさい。ただし，観覧車の乗り降りの時間や，ゴンドラの中の確認の時間は考えないものとします。

⑴　２人は普段Ｂ公園に何時何分に到着しますか。

⑵　観覧車は１周回るのに何分かかりますか。

⑶　忘れ物を確認した後，太郎くんが次郎くんに追いついたのはＡ駅から何ｍのところですか。

［５］ ３以上の整数Ａ，Ｂを用いて，次の操作を行います。

① １辺の長さがＡ㎝である正Ｂ角形を作り，頂点と，頂点から各辺上に１㎝ごとに点を打ちます。正Ｂ角形のすべての頂点に黒い石を置きます。

② 次の手順(i)，(ii)を交互《ご》に繰《く》り返し，残り全ての点の上に黒か白の石を１つずつ置いていきます。ただし，すでに石が置いてある点には新たな石は置きません。

(i) 黒い石のとなりにあるすべての点の上に白い石を置きます。

(ii) 白い石のとなりにあるすべての点の上に黒い石を置きます。

たとえば，図１は，Ａ＝３，Ｂ＝４のときで，置いた黒い石の数は４，置いた白い石の数は８です。また，図２は，Ａ＝４，Ｂ＝３のときで，置いた黒い石の数は６，置いた白い石の数は６です。次の問いに答えなさい。

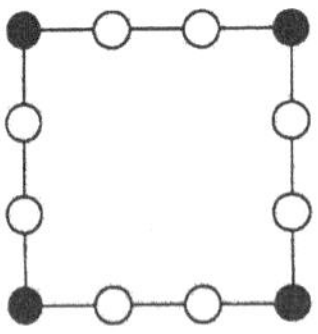
図１

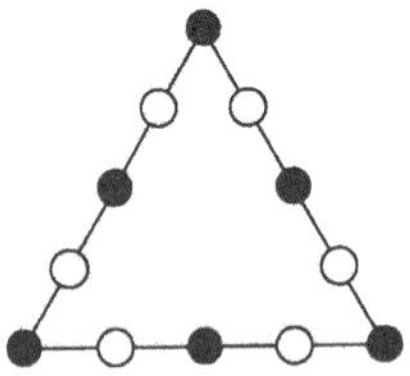
図２

⑴ Ａ＝５，Ｂ＝７とするとき，黒い石の数と白い石の数はそれぞれいくつですか。

⑵ 白い石の数が15のとき，考えられるＡの値を全て書きなさい。

⑶ 黒い石の数が24のとき，考えられるＡの値は何通りありますか。

【理　科】（30分）　＜満点：40点＞
【注意】 定規，コンパス，および計算機（時計についているものも含む）類の使用は認めません。

〔１〕 2020年６月21日は夏至で，日本各地で部分日食を観察することができました。部分日食は，図１のように，地球から見て，月が太陽の一部をかくしてしまう現象です。日食は，図２のように太陽－月－地球の順に並び，月の影《かげ》が地球の表面にうつることでおきます。以下の問いに答えなさい。

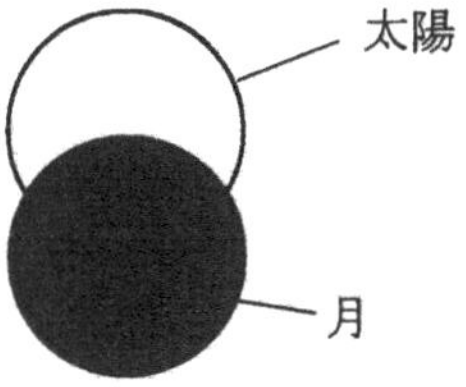

図１　部分日食

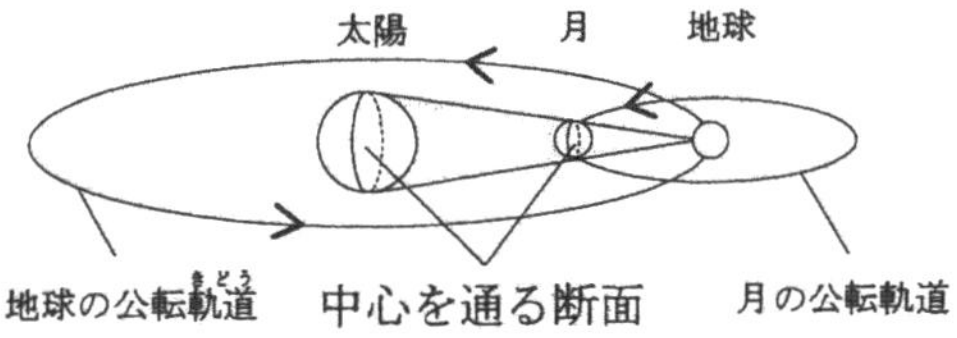

図２　日食のしくみ

問１　月と同様に，地球から見て太陽の前を横切ることがあるすべての惑星《わくせい》を漢字で答えなさい。

問２　地球から太陽までの距離《きょり》は，地球から月までの距離の約400倍です。また，地球から見たときの見かけの大きさは，太陽と月でほぼ同じになります。ともに球形である太陽と月の，それぞれの中心を通る断面の面積を比べると，太陽は月の何倍になりますか。もっともふさわしいものを選び，記号で答えなさい。

ア　20倍　　イ　400倍　　ウ　1600倍　　エ　2400倍　　オ　160000倍　　カ　480000倍

問３　東京では16時11分に太陽が欠け始め，17時10分にもっとも大きく欠けて，18時３分に部分日食が終わりました。このときの東京から見た部分日食のようすを示した図としてもっともふさわしいものを選び，記号で答えなさい。

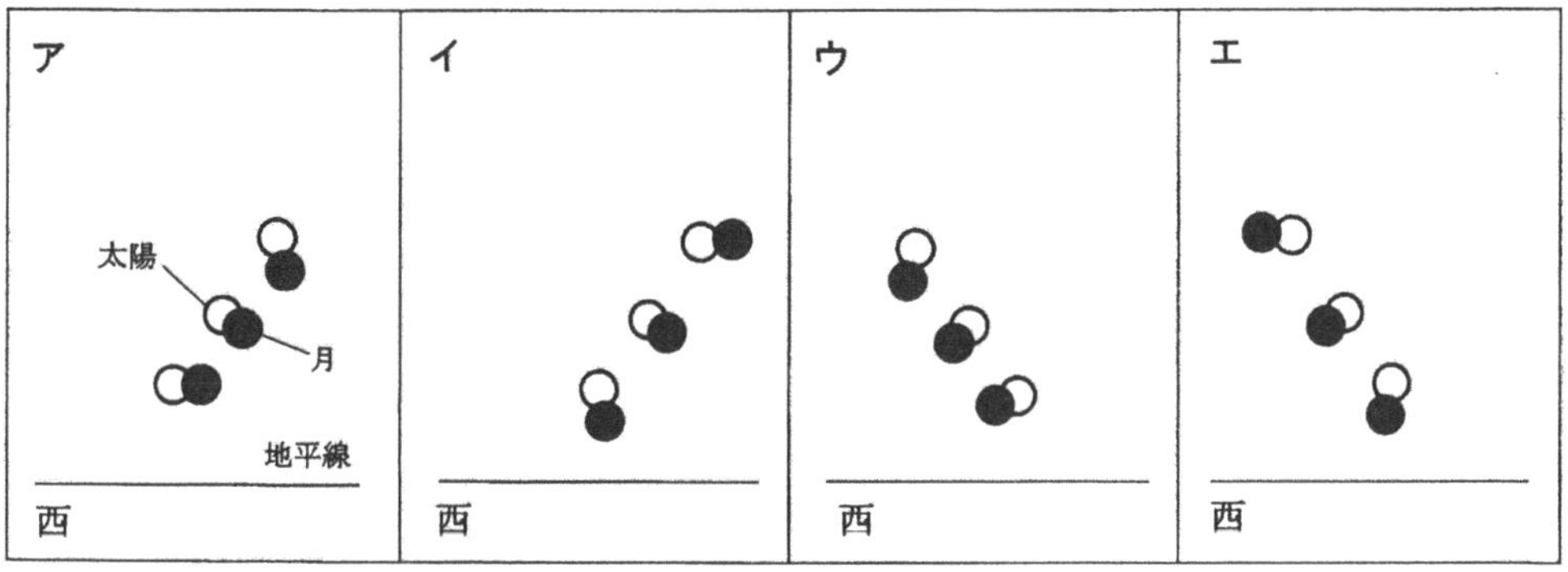

表は，秋田市と千葉市の緯度《いど》と経度を示しています。

表

	緯度	経度
秋田市	北緯 39.7 度	東経 140.1 度
千葉市	北緯 35.6 度	東経 140.1 度

問４　次の問いに答えなさい。ただし，日の出の時刻も南中の時刻も分の単位までで考えるものとします。

⑴　夏至である2020年６月21日に，秋田市の日の出の時刻は千葉市と比べてどのようになりますか。ふさわしいものを選び，記号で答えなさい。

ア　日の出の時刻は，千葉市よりも早い

イ　日の出の時刻は，千葉市よりも遅い

ウ　日の出の時刻は，千葉市と同じ

⑵　夏至である2020年６月21日に，秋田市の太陽の南中の時刻は千葉市と比べてどのようになりますか。ふさわしいものを選び，記号で答えなさい。

ア　南中の時刻は，千葉市よりも早い

イ　南中の時刻は，千葉市よりも遅い

ウ　南中の時刻は，千葉市と同じ

問５　夏至である2020年６月21日の秋田市の南中高度は何度になりますか。ただし，夏至の日に南中高度が90度となる緯度を，北緯23.4度とします。

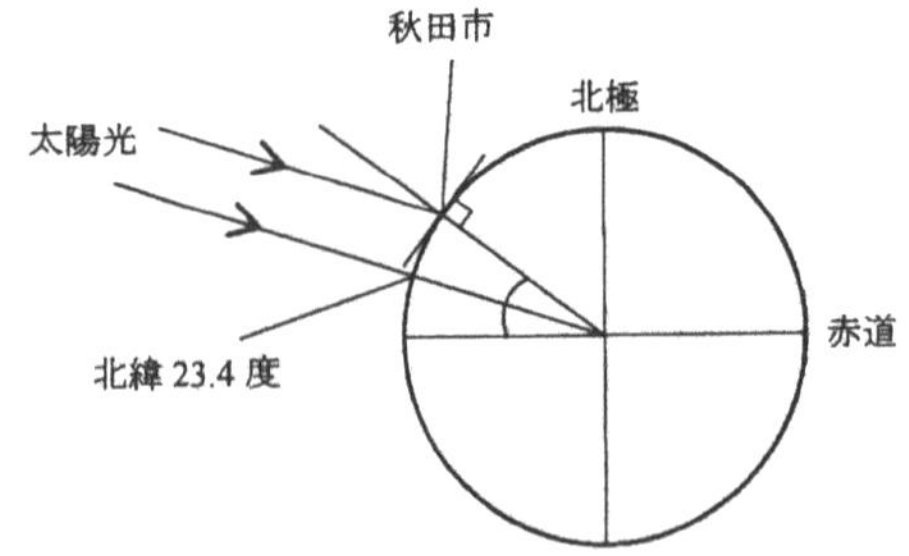

〔２〕　回路について，以下の問いに答えなさい。

問１　同じ種類の新品のかん電池と豆電球を使って実験をしました。①，②にあてはまる回路をそれぞれ選び，記号で答えなさい。

①　豆電球がもっとも明るく光る回路

②　豆電球がもっとも長い時間光る回路

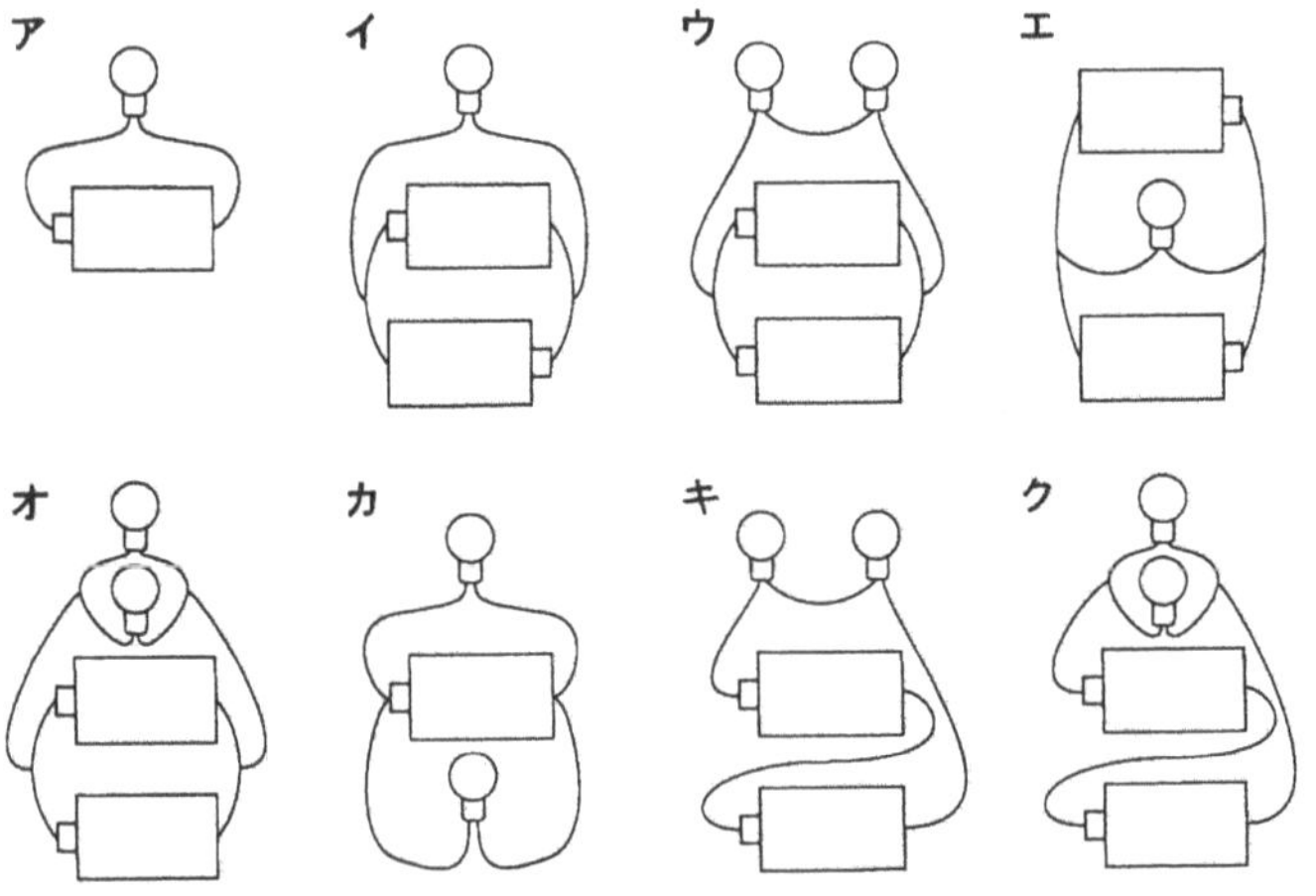

電池のかわりに家庭用電源を利用する場合は，コンセントに電気器具のプラグをさして使います。家庭用電源は電池とは異なりますが，以下の問いでは電池の記号で表して考えていくことにし

ます。

問２　家庭用電源に，同じ規格の電熱線と電流計をａ～ｃのようにつなぎました。

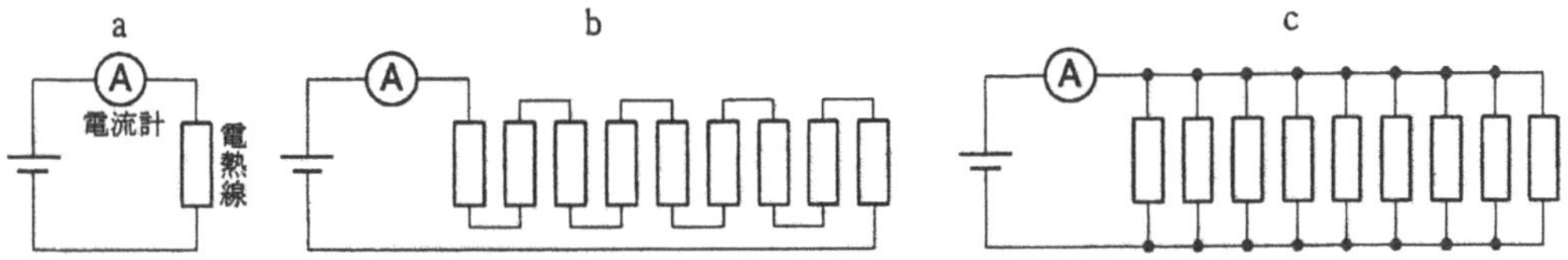

次の①，②についてふさわしい組み合わせを**ア**～**カ**から選び，記号で答えなさい。

①　もっとも電流計の値が大きくなり，電源付近の温度が上昇しやすいつなぎ方

②　電熱線を電気器具と考えた場合，家庭用電源に対する電気器具の正しいつなぎ方

	ア	イ	ウ	エ	オ	カ
①電流大	a	b	c	a	b	c
②家庭	b（直列）	b（直列）	b（直列）	c（並列）	c（並列）	c（並列）

問３　家庭では，異常な量の大電流が各部屋に流れないよう，自動的に電流を遮断《しゃだん》する装置が家の中の分電盤《ぶんでんばん》内にあります。その装置の名前をカタカナ５字以内で答えなさい。

問４　２種類のドライヤー㋐，㋑があります。㋐はふつうのドライヤーで，内部の電熱線が通常通り１本です。㋑は，㋐と同じ電熱線を２本直列につないだ特殊《とくしゅ》なドライヤーです。それぞれのドライヤーをコンセントにつないで使用すると㋐には1.2A《アンペア》の電流が流れ，㋑には0.6Aの電流が流れたとして次の問いに答えなさい。

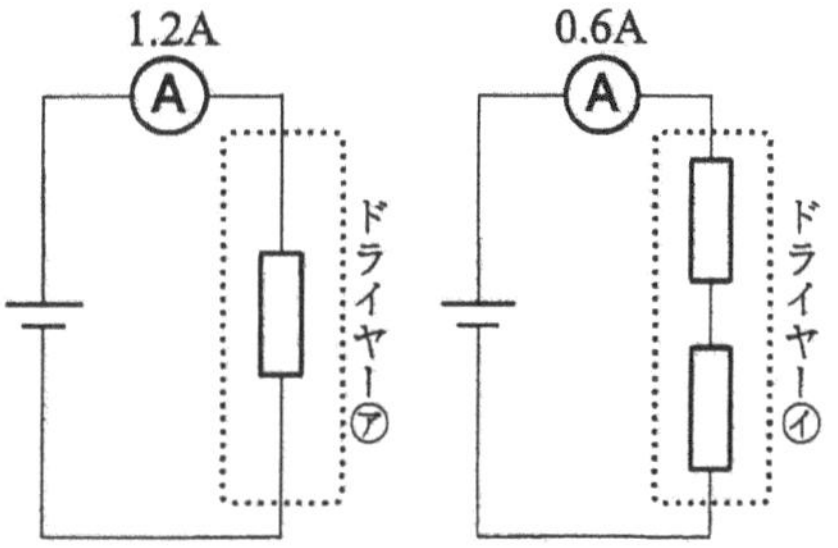

⑴　家庭用電源のコンセントにつないで使用するとき，㋐と㋑のどちらが高い温度になりますか。ふさわしいものを㋐，㋑から選び，記号で答えなさい。

⑵　家庭用電源のコンセントに３個口の電源タップをつなぎ，電源タップに㋐や㋑のドライヤーをつなげて使用します。この電源タップは発火の危険性があるため1.5A以上の電流を流してはいけません。安全なつなぎ方をしているものをすべて選び，記号で答えなさい。

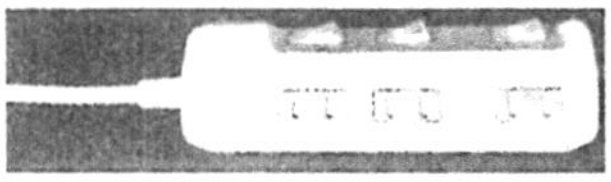

電源タップ

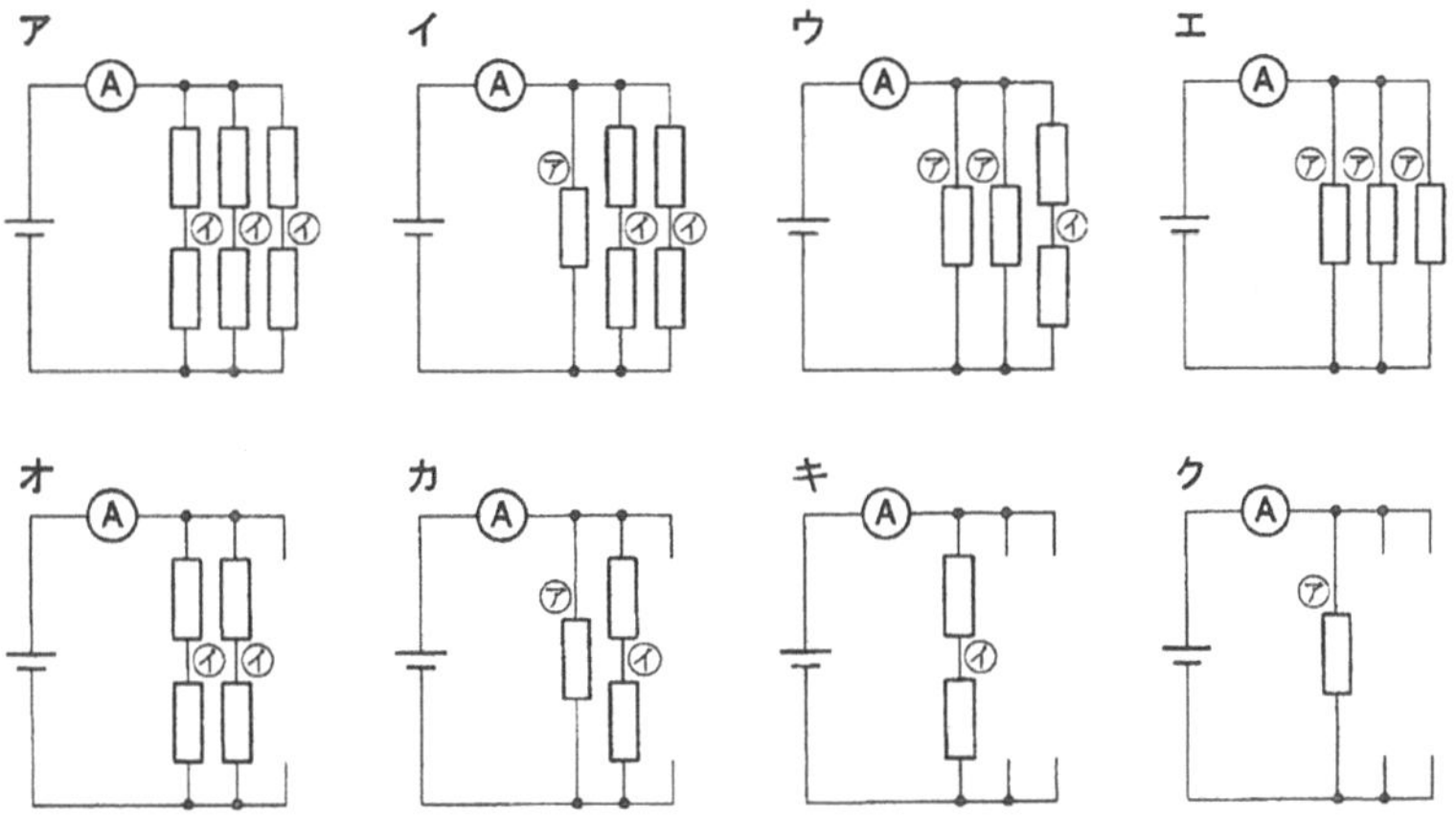

〔3〕 メダカについて，以下の問いに答えなさい。

問1　メダカは魚類です。次の中から魚類の仲間を2つ選び，記号で答えなさい。

ア　イルカ　　**イ**　サメ　　**ウ**　サンショウウオ　　**エ**　オキアミ　　**オ**　ドジョウ

問2　メダカのオスとメスでは2つのひれの形が大きく異なっています。

見分けるひれ	ひれ①	ひれ②
オスのひれの形	形Ⅰ	形Ⅱ

(1)　オスとメスを見分けることができるひれのうち，ひれ①を**ア**～**ウ**から，ひれ②を**エ**，**オ**からそれぞれ選び，記号で答えなさい。

ひれ①　**ア**　せびれ　　**イ**　むなびれ　　**ウ**　おびれ

ひれ②　**エ**　しりびれ　　**オ**　はらびれ

(2)　形Ⅰと形Ⅱに，ひれ①とひれ②のオスのひれの形としてふさわしいものをそれぞれ**A**～**D**から選び，記号で答えなさい。

A　切れ込みは入っておらず丸みをおびている　　**B**　切れ込みが入っている

C　平行四辺形に近い形をしている　　**D**　三角形に近い形をしている

問3　メダカは水温と昼の長さの条件が整うと産卵します。メダカにはさまざまな種類がいますが，盛岡のある場所にいるメダカでは4月の下旬《じゅん》から9月の初旬までが，産卵時期です。次にあげた図は盛岡の平均気温を，表は盛岡の昼の長さを示したものです。図や表の結果をふまえると，このメダカの産卵可能な水温は何度以上ですか。また産卵可能な昼の長さは何時間以上ですか。最もふさわしいものをそれぞれ選び，記号で答えなさい。なお，このメダカがいる場所の水温は平均気温よりも5℃高いものとします。

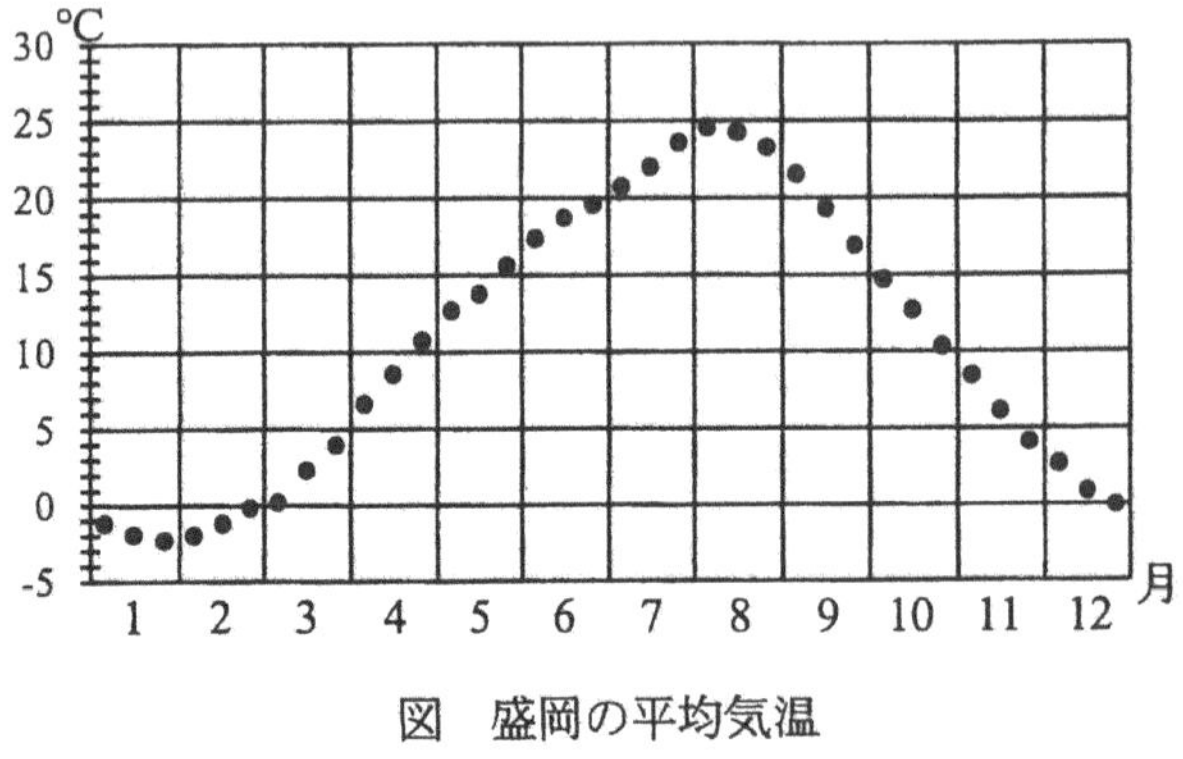

図　盛岡の平均気温

表　盛岡の昼の長さ

2020年	昼の長さ
3月21日	12時間11分
4月1日	12時間40分
4月11日	13時間06分
4月21日	13時間31分
5月1日	13時間54分
6月1日	14時間47分
7月1日	14時間56分
8月1日	14時間15分
8月11日	13時間53分
8月21日	13時間30分
9月1日	13時間04分
9月11日	12時間38分
9月21日	12時間12分

水温　　**ア**　5℃以上　　**イ**　10℃以上　　**ウ**　15℃以上　　**エ**　20℃以上

昼の長さ　**ア**　11時間以上　　**イ**　12時間以上　　**ウ**　13時間以上　　**エ**　14時間以上

問4　次の文はメダカを飼うときのエサの与《あた》え方について述べたものです。文中の空らんにあてはまるものを①については**ア**，**イ**から，②については**ウ**～**カ**からそれぞれ選び，記号で答えなさい。

「エサは（　①　）。理由は，（　②　）である。」

①　**ア**　食べ残すくらいに多めに与える

　　イ　食べ残さないくらい少なめに与える

②　**ウ**　親メダカ同士が共食《ともぐ》いしないようにするため

　　エ　メダカが運動するのに，たくさんの栄養を必要とするため

　　オ　メダカが食べ過ぎて，動きがにぶくならないようにするため

　　カ　残ったえさが，水質の悪化をもたらさないようにするため

問５　水温が高い場合には，水そうにエアーポンプをつけた方がメダカにとってよい環境となります。その理由としてふさわしいものを２つ選び，記号で答えなさい。

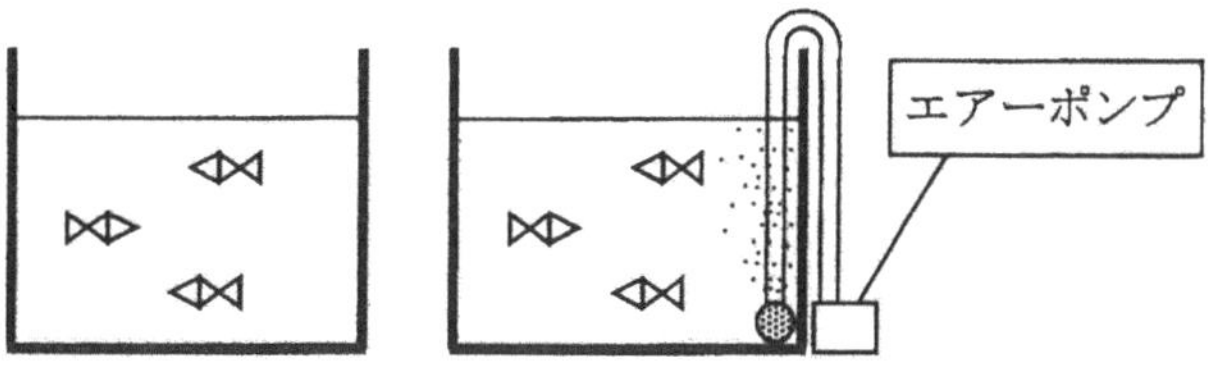

ア　メダカは水温が高いほど，酸素を消費する量が増えるため

イ　メダカは水温が高いほど，二酸化炭素を出す量が増えるため

ウ　水温が高いほど，二酸化炭素が水に溶《と》けるため

エ　水温が高いほど，二酸化炭素が水に溶けにくくなるため

オ　水温が高いほど，酸素が水に溶けるため

カ　水温が高いほど，酸素が水に溶けにくくなるため

〔４〕　７種類の水溶液１～７の性質について，以下の問いに答えなさい。

1	食塩水	2	塩酸	3	炭酸水	4	アンモニア水
5	アルコール水	6	水酸化ナトリウム水溶液			7	ホウ酸水

問１　水溶液１～７の中で，液体が水に溶けている水溶液を１つ選び，番号で答えなさい。

問２　水溶液１～７について述べた次の文の中で，正しいものをすべて選び，記号で答えなさい。

ア　塩酸と水酸化ナトリウム水溶液を混ぜあわせると，水溶液の温度が上がる。

イ　炭酸水とアルコール水を混ぜあわせたものを，蒸発皿にのせて加熱すると白い固体が残る。

ウ　塩酸とアンモニア水をちょうどよい割合で混ぜあわせると，食塩水をつくることができる。

エ　試験管に入れたアンモニア水をふると，においが強くなる。

オ　食塩水は電気を通さない。

水溶液１～７のいずれかが入っている，７つのビーカー**A**～**G**があります。ビーカーに何が入っているかを見分けるために，次のような【実験】を行いました。この【実験】ではホウ酸水は金属と反応しないものとします。

【実験】

・**A**～**G**について，操作①「赤色リトマス紙につける」を行ったところ，**A**，**B**で青色に変化した。

・**A**，**B**を見分けるために操作②を行ったところ，**A**だけに変化が見られた。

・C，D，E，F，Gについて，操作③を行ったところ，Cだけに変化が見られた。
・D，E，F，Gについて，操作④「においをかぐ」を行ったところ，D，Eからは鼻をさすようなにおいまたは特有のにおいが感じられた。
・D，Eを見分けるために操作⑤を行ったところ，Dだけに変化が見られた。
・F，Gを見分けるために操作⑥を行ったところ，Fだけに変化が見られ，Fはホウ酸水であることがわかった。

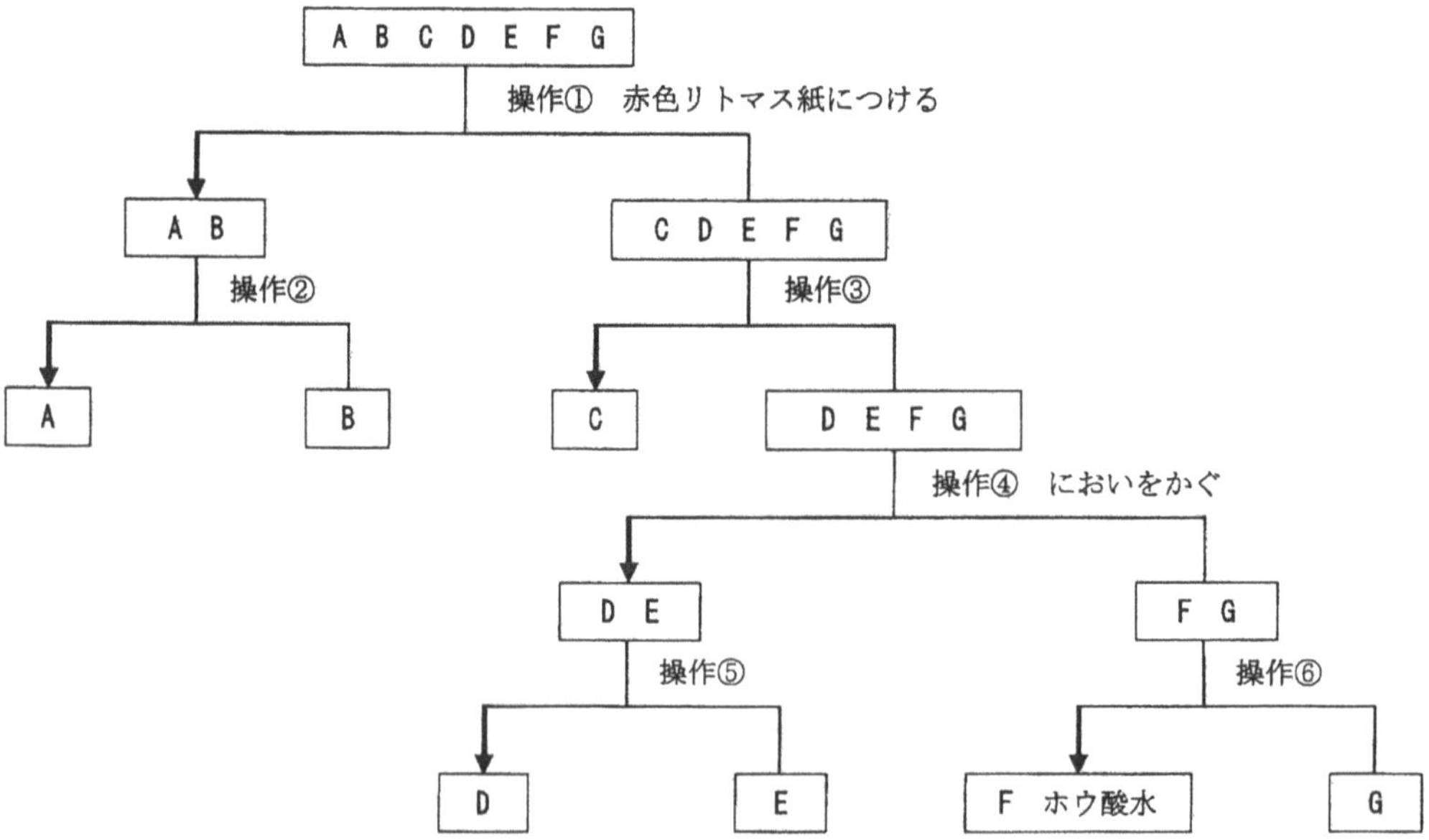

問３　操作②，③，⑤，⑥の方法としてふさわしいものを選び，記号で答えなさい。ただし，操作②，③，⑤，⑥はすべて異なる方法です。

ア　石灰水に水溶液を少量加え，白くにごるかを調べる
イ　緑色のBTB液を加え，黄色に変化するかを調べる
ウ　水溶液にアルミニウムを入れ，アルミニウムの表面から気体が発生するかを調べる
エ　水溶液をスライドガラスに数滴《てき》とって水を蒸発させたあと，固体が残るかを調べる

問４　A，C，E，Gはどの水溶液ですか。１～６の番号でそれぞれ答えなさい。

【社　会】（30分）　＜満点：40点＞

〔１〕 次の文章を読み，各問に答えなさい。

「エシカル」という言葉を聞いたことがありますか。エシカルとは「倫理的《りんりてき》」という意味に訳されますが，現在は人，社会，地球環境，地域への配慮《はいりょ》という観点て用いられており，人間中心主義的または経済成長至上主義的な価値観を見直さなければならないという考え方を土台にしています。

例えば，私たちの衣類の原料の１つである①綿花について，考えてみましょう。綿花栽培《さいばい》には多量の農薬が必要であり，世界の耕地面積の約2.5％が綿花畑ですが，かつて世界の殺虫剤《さっちゅうざい》の25％がこの栽培に使われ，現在でも16％が使われている，と言われています。現在オーガニックコットンの生産は，全生産量のわずか0.8％に過ぎません。

しかしそもそもなぜ，ここまで綿花を大量に生産する必要があるのでしょうか。その背景の１つに，衣服の需要《じゅよう》と供給のアンバランスがあります。例えば日本では，2015年には販売されている衣服の半分ほどしか消費されていません。安価な衣服を大量に作り続けた結果，余るようになったのです。また約40の発展途上国では，中古（リサイクル）の衣服の受け入れを禁止しました。果してこれで，循環《じゅんかん》型社会と言えるのでしょうか。

2015年９月，国連総会で「持続可能な開発目標（SDGs)」が採択《さいたく》され，17のスローガンが定められました。これは，2030年までに全世界が達成することが目標とされています。この中の「つくる責任，つかう責任」というスローガンは，まさにエシカルを表していると考えられます。（　②　）もその１つです。私たち自身が，それぞれの製品・産物の背景を考え，大切に使っていくことが，未来につながっていくのではないでしょうか。　（数値は日本オーガニックコットン協会ＨＰより）

問１　下線部①について，次の各問に答えなさい。

⑴　次の**ア**～**エ**の文は，「綿花，大豆，茶，カカオ」のいずれかの栽培条件をまとめたものです。このうち，綿花にあてはまるものを１つ選び，記号で答えなさい。

ア　高温多雨地域で栽培する。直射日光と風を防ぐ母の木が必要で，とくに強風地域は栽培に不向きである。

イ　生育期は高温多雨で，成熟期は乾燥を必要とする。無霧《むそう》期間200日以上を必要とする。

ウ　年中高温多雨を好むが，気候に対する適応力が高い。排水《はいすい》良好な丘陵《きゅうりょう》地が栽培に向いている。

エ　冷涼な気候を好むが，近年では熱帯でも栽培が広がっている。やせた土地でも栽培が可能である。

⑵　次の表１は，⑴の４つの作物について，世界の生産量上位５か国とその生産量の比率（単位：％）を示したものです。このうち綿花にあてはまるものを，**【あ】**～**【う】**から１つ選びなさい。また＜Ａ＞・＜Ｂ＞にあてはまる国名を答えなさい。

表１

農産物	世界の生産量上位５か国（2017年）									
	１位		２位		３位		４位		５位	
茶	中　国	40.3	＜A＞	21.7	ケニア	7.2	スリランカ	5.7	ベトナム	4.3
【あ】	＜B＞	33.9	ブラジル	32.5	ｱﾙｾﾞﾝﾁﾝ	15.6	中　国	3.7	＜A＞	3.1
【い】	＜A＞	24.9	中　国	23.1	＜B＞	16.1	パキスタン	7.7	ブラジル	5.2
【う】	ｺｰﾄｼﾞﾎﾞﾜｰﾙ	39.1	ガーナ	17.0	ｲﾝﾄﾞﾈｼｱ	12.7	ﾅｲｼﾞｪﾘｱ	6.3	カメルーン	5.7

（FAOSTATより作成）

⑶　日本では現在，衣類の原料となる繊維《せんい》作物の生産量はかなり少なくなりました。しかし，かつて世界に誇《ほこ》る品質と生産量をもつ繊維がありました。その繊維の生産地域に多く見られた土地利用を示す地図記号を次の中から１つ選び，記号で答えなさい。

ア	イ	ウ	エ

⑷　⑶の繊維産業はその後日本では衰退《すいたい》しました。その結果，⑶で答えた地図記号も2013年図式でなくなってしまいました。その衰退した理由を，国際競争力の観点から具体的に繊維名と国名を含めて説明しなさい。

問２　（②）には，「発展途上国の生産物を，生産者の生活を支援《しえん》するため，労働条件や環境保護などにも配慮しながら適正な価格で生産者から直接購入《こうにゅう》すること」という意味のカタカナの言葉が入ります。この言葉を答えなさい。

〔２〕　次の文章を読み，各問に答えなさい。

皆さんは，「小倉百人一首」という歌集を知っていますか。

例えば，紀友則の「ひさかたの　光のどけき　春の日に　しづ心なく　花の散るらむ」や，小野小町の「花の色は　うつりにけりな　いたづらに　わが身世にふる　ながめせしまに」などの歌が収められています。これは，天智天皇から順徳天皇に至る各時代の著名な歌人百人の歌を一首ずつ選び，京都嵯峨《さが》の小倉山荘の障子に貼《は》ったと伝えられるところから名付けられました。また，「歌がるた」として近世以降庶民《しょみん》の間にも流行しました。諸説ありますが，この「小倉百人一首」は100首のうち40首ほどは，詠《よ》まれた場所や地名が特定できると言われています。

問１　文中の下線部について，その内訳を現在の都道府県別にまとめると，京都府と奈良県が10か所以上と圧倒的《あっとうてき》に多く，次いで滋賀県，大阪府，兵庫県，そして宮城県と続きます。茨城県，静岡県，和歌山県，鳥取県，島根県も登場しています。

表２はこのうち，「宮城県・茨城県・静岡県・和歌山県・鳥取県」のいずれかの県庁所在地における月平均気温と月降水量を表したものです。和歌山県の県庁所在地にあてはまるものを次の**ア**～**オ**から１つ選びなさい。

表２

（上段が月平均気温（℃）、下段が月降水量（㎜）、1981～2010年の平年値）

	１月	２月	３月	４月	５月	６月	７月	８月	９月	10月	11月	12月	全 年
ア	4.0	4.4	7.5	13.0	17.7	21.7	25.7	27.0	22.6	16.7	11.6	6.8	14.9
	202.0	159.8	141.9	108.6	130.6	152.1	200.9	116.6	204.0	144.1	159.4	194.0	1914.0
イ	1.6	2.0	4.9	10.3	15.0	18.5	22.2	24.2	20.7	15.2	9.4	4.5	12.4
	37.0	38.4	68.2	97.6	109.9	145.6	179.4	166.9	187.5	122.0	65.1	36.6	1254.1
ウ	6.7	7.3	10.3	14.9	18.8	22.0	25.7	27.0	24.1	18.9	13.9	9.0	16.5
	75.0	102.6	216.8	209.9	213.0	292.8	277.6	250.9	292.0	199.9	131.5	63.0	2324.9
エ	3.0	3.6	6.7	12.0	16.4	19.7	23.5	25.2	21.7	16.0	10.4	5.4	13.6
	51.0	59.4	107.6	119.5	133.3	143.2	134.0	131.8	181.3	167.5	79.1	46.1	1353.8
オ	6.0	6.4	9.5	14.9	19.3	23.0	27.0	28.1	24.7	18.8	13.5	8.5	16.7
	44.4	61.0	96.5	100.3	150.0	188.6	144.9	86.0	183.8	121.5	90.5	49.5	1316.9

（『地理統計要覧　2020年版』二宮書店より作成）

問２　詠まれた歌のうち，複数使われている地名として，「逢坂《おうさか》の関」・「難波潟《なにわがた》」・「吉野」などがあります。このうち「逢坂の関」は東海道と東山道の合する要地であり，畿内防備の三関の１つでした。この「逢坂の関」があった都市を次の中から１つ選び，記号で答えなさい。

ア　大津市　　**イ**　米原市　　**ウ**　宇治市　　**エ**　長岡京市

問３　問２の「吉野」について，次の各問に答えなさい。

⑴　吉野を流れる吉野川は，西隣《どなり》の県では名前を変えて流れ，県庁所在地で海に注いでいます。この西隣の県での呼び名を答えなさい。

⑵　吉野は製材業も盛んです。この地は日本で最も古い人工林地帯にあり，固有の芳香《ほうこう》を有する樹木の産地として有名です。この樹木名を答えなさい。

問４　詠まれた歌の中には，１首の中に３つの地名が出てくる歌があります。

「大江山　生野の道の遠ければ　まだふみも見ず（　X　）」（小式部内侍）

「大江山」・「生野」はいずれも京都府福知山市付近で，さらに北上し，丹後半島まで出たところが（　X　）です。この（　X　）は京都府宮津市にある日本三景に数えられる地で，ある特徴《とくちょう》的《てき》な景観が有名です。この場所の写真を次の中から１つ選び，記号で答えなさい。

ア

イ

ウ

エ

〔３〕　次の文章を読み，各問に答えなさい。

日本において初めて発行された銅銭と考えられているのが，天武天皇の在位中に鋳造《ちゅうぞう》されたと見られる（　**あ**　）です。ただしこれはあまり流通しなかったと考えられています。708年になると，有名な（　**い**　）が鋳造されました。（　**う**　）国の秩父地方から朝廷に銅が献上《けんじょう》されたことでつくられたと伝わり，（　え　）天皇の在位中に行われた平城京の造営・遷都《せんと》の際に，動員された人々に賃金として支払われたと見られています。①律令国家となった日本ではこれ以後も平安後期までにたびたび銅銭が鋳造されましたが，全国的な流通貨幣《かへい》となるまでには至りませんでした。

12世紀になると②平清盛が銅銭を［　X　］しました。これ以降，室町時代まで同じような状態が続きます。③戦国時代に入ると，各地で金山・銀山の開発が進んだこともあって，銅銭の他に金貨や銀貨も使用されるようになりました。④江戸時代には金・銀・銅の三貨を併用《へいよう》する状態が定着し，三貨の交換《こうかん》や預金・貸し付けといった業務を行う（　お　）も現れました。

明治時代に入ると⑤1871年に新貨条例が出されて欧米同様に十進法が導入され，単位も改められて現在の通貨制度にかなり近づきました。昨今ではさらにキャッシュレス化が進み，電子マネーや，さらにはビットコインに代表されるいわゆる（　か　）通貨も普及《ふきゅう》してきています。

問１　文中の**（あ）**～**（か）**にあてはまる言葉を**漢字**で答えなさい。

問２　下線部①について，律令国家についての説明として**誤っているもの**を次の中から１つ選び，記号で答えなさい。

ア　大宝律令は，中臣鎌足の子である藤原不比等らによって編さんされた。

イ　律とは現在で言う刑法にあたり，令とは行政法であった。

ウ　中央政治の機関として二官八省が置かれたが，八省の中には大蔵省や神祇省があった。

エ　律令制下で民衆に課された税としては，特産物や布を納める調などがあった。

問３　下線部②について，清盛はどのように銅銭を調達したか，文中の［X］にあてはまるように，**５字以上８字以内**で答えなさい。

問４　下線部②について，平氏についての説明として**誤っているもの**を次の中から１つ選び，記号で答えなさい。

ア　平清盛は，武士としてはじめて太政大臣の地位についた。

イ　平氏は，藤原氏と同じように一族の娘を天皇のきさきにすることで権力を握った。

ウ　平氏と源氏の戦いである屋島の戦いが行われたのは，現在の香川県である。

エ　平氏は，世界遺産にもなっている備前国の厳島神社を崇拝し，経典などを納めていた。

問５　下線部③について，日本で16世紀前半に発見されたと言われ，当時世界有数の産出量を誇り，世界遺産にも登録された鉱山の名称と，所在する都道府県名をそれぞれ**漢字**で答えなさい。

問６　下線部④について，江戸時代に日本で鋳造された銅銭を次の中から１つ選び，記号で答えなさい。

ア

イ

ウ

エ

問７　下線部⑤について，1871年に起こったことを次の中から**すべて**選び，記号で答えなさい。

ア　廃藩置県　　**イ**　版籍奉還　　**ウ**　岩倉使節団出発　　**エ**　学制公布　　**オ**　徴兵令公布

問８　下線部⑤について，新貨条例によって導入された通貨の単位を次の中から**すべて**選び，記号で答えなさい。

ア　両　　**イ**　厘　　**ウ**　円　　**エ**　貫　　**オ**　銭　　**カ**　文

〔４〕 昨年は，新型コロナウイルスの感染拡大をきっかけに内閣総理大臣はもちろん，各都道府県知事の存在感が増しました。国や地方の政治について，各問に答えなさい。

問１　次の(1)～(5)のＡ・Ｂの文がそれぞれ正しいか，誤っているかを判断し，その正誤の組み合わせとして適切なものを次の**ア**～**エ**の中から１つ選び，記号で答えなさい。

ア　Ａ　正　Ｂ　正　　**イ**　Ａ　正　Ｂ　誤

ウ　Ａ　誤　Ｂ　正　　**エ**　Ａ　誤　Ｂ　誤

(1)　Ａ　内閣総理大臣は最高裁判所の裁判官を任命する。
　　Ｂ　知事は地方裁判所の裁判官を任命する。

(2)　Ａ　衆議院あるいは参議院で内閣不信任決議が可決された場合，内閣総理大臣は国会を解散することができる。
　　Ｂ　議会で知事に対する不信任決議が可決された場合，知事は議会を解散することができる。

(3)　Ａ　内閣総理大臣の任期は定められておらず，再選は何回でも可能である。
　　Ｂ　知事の任期は４年で，再選は何回でも可能である。

(4)　Ａ　内閣総理大臣が国のいろいろな問題について国民の意見を聞くため，国民投票制度が法律で制定された。
　　Ｂ　知事が自治体のいろいろな問題について住民の意見を聞くため，住民投票制度が法律で制定された。

(5)　Ａ　国民は内閣総理大臣に対して辞職するように求める解職請求権を持っている。
　　Ｂ　住民は知事に対して辞職するように求める解職請求権を持っている。

問２　1999年に国に集中していた権限や財源を地方自治体に移す法律が制定されてから，都道府県の仕事が大きく変わり，知事のリーダーシップがより問われるようになりました。この法律は，地方自治法を含《ふく》め475の法律が一括《いっかつ》して改正されたことから，一般に何と言われていますか。次の中から１つ選び，記号で答えなさい。

ア　地方分散一括法
イ　地方集中一括法
ウ　地方分権一括法
エ　地方集権一括法

問３　下の写真の中から**東京圏《けん》（東京都・埼玉県・千葉県・神奈川県）の知事ではない人物**を１人選び，記号で答えなさい。

（各自治体HPより）

問４「日本に住む人や世帯」について知ることで，生活環境の改善や防災計画などの様々な施策《しさく》に役立てられる調査が，昨年で実施100年の節目を迎《むか》えました。この５年に一度実施されている重要な統計調査の名称を**漢字４字**で答えなさい。

問５　昨年，政府は新型コロナウイルスの感染拡大により打撃《だげき》を受けている観光業や飲食業を支援するため，需要を喚起《かんき》する政策として「Go To キャンペーン」を始めました。そのキャンペーンは大きく分けて４つありますが，それぞれ担当する省庁が違います。次のキャンペーンを所管（担当）する省名を**省略せずに漢字**で答えなさい。

⑴　旅行代金等を補助する「Go Toトラベルキャンペーン」

⑵　飲食代金等を補助する「Go Toイートキャンペーン」

に戦争が回避され世界平和が実現されるから。

ウ　人間は不便さを共有して生活しているが、それは時に優しさにつながる反面、災いの火種にもなりかねないから。

エ　見えない物事を見ようとすることによって人間は幸福感を失ってしまうため、想像力を用いて幸福感を補う必要性があるから。

オ　行き過ぎた科学文明は、戦争などの人間を滅ぼす事態を生むため、あえて不便を受け入れることが幸福につながるから。

福になったかといえば、どうもそうではないようである。

なぜか。背中の後ろの見えない部分を、夜を、世界の半分の闇を失ったからである。飛行機や新幹線を得て便利になったけれども、馬の背で旅をする幸福感を失ったのである。ここに僕たちが生きる難しさがある。行き過ぎた科学文明は凶器となり、人間を滅ぼしてしまう。その行き過ぎた科学文明を幸福に使う力、文明が凶器になる部分をc緩やかに穏やかにする力こそが文化なのである。

文化とは本来、暗いもの、古いもの、遅いもの、科学の技術の高さのかわりに深みのあるもの、便利になるかわりにゆっくりと考える力のことである。芸術・美術とは、科学文明の力に対して、文化の力の強さや素晴らしさを学び、そこから［Z］人間の力を得ることである。

この百年は科学文明の世紀だった。あるいは映像の世紀だった。すべてが［Y］化され、闇が昼になった。そして同時に、戦争の世紀でもあった。自由に夢を見て、その夢を自由に表現しようとする欲望が、人の夢を奪い、自分の夢だけを実現しようとして戦争を生んだ。これからの僕たちは自分の夢よりも人の夢を大切にし、便利さだけではなく、不便さも大切にし、我慢の力を尊び、そして真の人間の幸福を考えていくようにならなければならない。僕たちは、2「人間がA地点からB地点に移動するには馬が一番ですよ」と言ったレオナルド・ダ・ヴィンチの言葉の意味を、もう一度考え直さなければならないと思う。

（大林宣彦「芸術」角川文庫編集部編
『いまを生きるための教室　今ここにいるということ』〔角川書店〕より）

問１　傍線部a～cのカタカナを漢字に、漢字をひらがなに直しなさい。

問２　傍線部１「意味がある」とありますが、それはどのような意味ですか。解答欄に合うように二十字以上三十字以内で答えなさい。

問３　［W］・［X］に入る最もふさわしい二字の熟語を、本文中からそれぞれ書き抜きなさい。

問４　［Y］に入る最もふさわしいことばを次から選び、記号で答えなさい。

ア　情報　イ　細分
ウ　自由　エ　立体
オ　具体

問５　［Z］に入る最もふさわしいことばを次から選び、記号で答えなさい。

ア　何とか戦い抜けるだけの
イ　社会に従属した本来あるべき
ウ　想像し得ないほどの絶対的な
エ　世界とまるごと共存できる
オ　自分の夢を実現できる

問６　傍線部２「「人間がA地点からB地点に移動するには馬が一番ですよ」と言ったレオナルド・ダ・ヴィンチの言葉の意味を、もう一度考え直さなければならないと思う」とありますが、筆者がこのように思うのはなぜですか。その説明として最もふさわしいものを次から選び、記号で答えなさい。

ア　様々な欲望によって大きな争いや災いが生じることは歴史的事実であり、これからも避けられない宿命と考えられるから。
イ　人間たちが欲望のままに近代的技術を用いることにより、結果的

人間は丸い世界の中に生きている生き物のはずなのに、前しか見ることのできない、前を向いてしか喋《しゃべ》ることのできない、前からくる匂《にお》いしか嗅《か》ぐことができない、前からくる音しか聞くことができない存在である。全能の神からすればずいぶん不便な形に人間を作られたものである。後ろには排泄《はいせつ》のための[a]キカンしかない。不思議だ。でもそれにはきっと[1]意味がある。

その意味を考えてみると、僕たちは前を向いた世界の半分としか向き合えず、その世界の半分について一所懸命、目や鼻や耳や口の力を用いて観察したり理解したりする。そして理解をすれば、この世界に対する優しさを身につけることができる。だが、後ろにも目や鼻や口があったら、もっと優しくなれるかもしれないというのは間違いである。語りかけられない後ろ、聞こえない後ろ、それは観察することはできないが想像することはできる。どんなものがあるんだろう、どういう声を発しているのだろう、どういう匂いを発しているのだろうと、僕たちは一所懸命想像する。その想像をすることがまた優しさを生む。

映画の中では俳優は鼻や口や相手から聞こえる耳を一所懸命使って演技をする。しかし、名優は後ろ姿で演技をする。目も鼻も口も何もない後ろ姿で。後ろ姿を見るとなぜか僕たちはその人の優しさや悲しさや喜び、願いや夢を見ることができる。つまり、後ろ姿からはその人物の心を感じることができる。僕たちの想像力がそれを捉えるのである。

心とは何か。どんなに目を見開いても見ることはできない。どんなに語りかけても心は答えてくれない。しかし、目を閉じると心が見える。心の声が聞こえてくる。心とは［W］力ではなく、［X］力の世界にあるのだ。（略）

人間に前と後ろがあるように、世界にも昼と夜とが同時にある。人間がこの地球上で幸せに生きていくことを考えたら、一日中昼の方がよく見えるし、何でも情報になるし、便利で[b]カイテキなはずである。それなのになぜ、一日の半分は何にも見えない、不便な怖い夜なのだろうか。

人間は一日の半分の昼間、一所懸命世界を見つめ、観察し、理解する。しかし一日の半分は、見えない闇《やみ》の中で思いやる。想像する。そして優しさを身につける。世界に対して本当の優しさを得ることができる。そのように僕たちは神様から作られてきたわけである。僕たちには、後ろ姿や闇が大事なのだ。けれども見えないということは不便である。そして恐ろしい。誤解も生まれる。そこで、見えない闇の中で何かを見ようという好奇心によって、見えないものが見えるようになった。

今は、夜でさえも明るい。ビデオやカメラによって見えないはずの後ろの世界が見えるようにもなった。現代の科学文明の力である。今の東京大学が帝国大学と呼ばれていた時代の入学試験で、「神様があなたの体にもう一つ目をつけて下さるとすれば、あなたはどこにほしいですか」という問題が出されたそうだ。多くの学生は「背中にほしい」と答えた。たしかに背中に目があれば、世界をまるごと見ることができる。しかし正解は小指の先だったのである。小指の先に目があれば、後ろだけではなく、例えばポケットの中でも耳の穴の中でも覗《のぞ》き込むことができる。世界をすべて［Y］化することができる。

これが僕たちの願望だったのである。その力によって科学文明を発達させてきた。だから、ビデオやカメラや情報機器は、神様が与えてくれた小指の先の目だといえるのではないか。それを使うことで、世界をまるごと情報として捉え、観察し、理解してきた。しかしそれによって幸

家族の未来についてどのような思いをいだくようになりましたか。本文中のことばを用いて、解答欄に合うように三十字以上四十字以内で説明しなさい。

問５　傍線部３「意外と『俳優みたいでカッコいいこと』が理由じゃなかったのかもしれないな」とありますが、父が「モテた」のはなぜだと浩介は考えているのですか。その説明として最もふさわしいものを次から選び、記号で答えなさい。

ア　父は、気取らない人柄であり、物事を自然と前向きに捉える姿勢によって周囲の人を勇気づけることもできるから。

イ　父は、どのような困難に直面しても家族の結束を第一に考えるような、愛情に満ちた頼りがいのある人物だから。

ウ　父は、包容力に満ちた雰囲気をもっており、不安や寂しさを感じている時にそっと寄り添いつつ癒《いや》してくれるから。

エ　父は、大切な人や想いを寄せる人に対して、自分の気持ちを情熱的に伝えることにいつも長けているから。

オ　父は、繊細《せんさい》で思慮深い性格であり、相手の立場や状況を思いやりつつ優しく接することができるから。

問６　傍線部４「不思議と耳に心地よかった」とありますが、なぜ浩介はこのように感じたのですか。その説明として最もふさわしいものを次から選び、記号で答えなさい。

ア　父の高校時代について話を聞こうと提案したものの、自分も俊平と同様に本当は面倒くさいと感じていたから。

イ　いつも自分を小馬鹿にしてくる俊平が、父との会食に来る気がないことがわかりひそかに安心したから。

ウ　内向的な自分と比べて、自分の意見をはっきりと言うことのできる俊平の言動が痛快だったから。

エ　一見冷淡なそぶりを見せる俊平だがそれは家族と関わることの拒否ではなく、これからも家族としてつながっていくのだろうと思えたから。

オ　口では父と話をすることが面倒だと言いつつ、父の過去を掘り返さない配慮が俊平なりの親孝行なのだと理解したから。

問７　この文章の内容や表現の説明として誤っているものを次から一つ選び、記号で答えなさい。

ア　登場人物各々が個性的でありながらも、しばしば親子や兄弟などで似ているところが描かれ、家族のつながりが暗示されている。

イ　家族の支柱であった母を失った若菜家が、母を忘れることで、新しい家族として再出発するさまが描かれている。

ウ　家族が知り得なかった父の過去を知る高畑さんの登場は、浩介のいだく父への気持ちを変えていくきっかけとなっている。

エ　母の通夜の暴風雨から三回忌の晴天へという変化は、若菜家のありようの変化と連関する情景描写となっている。

オ　「一連の騒動」が起こっている世の中の今後と、苦しみを経験した若菜家の未来が重ね合わされている。

二　次の文章を読んで、後の問に答えなさい。

人間の面白いところは「前」と「後ろ」があるところである。目がついている方、鼻がついている方、口がついている方が前である。耳は横についているが、なぜか耳たぶがついていて、前からの音だけを聴く。

「早くしてね！」

あの悪夢のような出来事を経て僕たちは生まれ変わったのか、母の闘病生活を乗り越えて家族が最強になったのか、正直、僕にはわからない。

ただ、わかることが一つだけある。まだ物語は途中であるということだ。たとえ誰かが去ったとしても、また新しい誰かが輪の中に入ってきて、ぼくたちの家族の物語はこれからも続いていく。あの日、歯車を必死に回し続けた先にあったのは間違いなく希望だった。それだけは、きっと正解だ。

そういえばワイドショーを見ていたとき、俊平が一ついいことを言っていた。その物語がより良いものになるためのことなら、僕も努力を惜しまない。

「近々、お父さんと三人でメシでも行くか」

空はますます青色の度を増している。

「はぁ？　今度はなんだよ」

「たまにはいいだろ。お父さんから、〝女教師取っ組み合い事件〟の顚末《てんまつ》がどうだったか聞いてみようぜ」

ほんの一瞬、俊平は興味をひかれた顔をした。

でも、振り払うように言い放った「いや、俺はいいよ。面倒くさい」という言葉は、4不思議と耳に心地よかった。

（早見和真「それからの家族」『小説トリッパー　二〇二〇年夏季号』〔朝日新聞出版〕より）

（注）春からの一連の騒動…新種の疫病《えきびょう》が流行し、世の中が混乱していた。

問１　傍線部１「俊平の目もとが意地悪そうに歪む」とありますが、このときの俊平の気持ちの説明として最もふさわしいものを次から選び、記号で答えなさい。

ア　子供のくせに生意気な質問をしてきた健太が小憎らしく、この際こらしめてやろうと考えている。

イ　臆《おく》することなく大人に注意をするような健太にも、うぶなところもあると分かり可愛らしく感じている。

ウ　思った通り健太には好きな子がいるのだと確信し、そのことで少しからかってやろうと思っている。

エ　くだらないことを聞いてくる健太がうっとうしく、さっさと話しを終わらせたいと思っている。

オ　健太が隠したがっている好きな子への好意を言い当て、自らの推理の的確さに酔《よ》い得意になっている。

問２　傍線部Ａ「好々爺然と」・傍線部Ｂ「したり顔」の意味として最もふさわしいものをそれぞれ次から選び、記号で答えなさい。

Ａ「好々爺然と」

ア　親しみやすい顔つきで　イ　紳士的な態度で

ウ　余裕のある老人にふさわしく　エ　親友らしく振る舞って

オ　人の良いおじいさんらしく

Ｂ「したり顔」

ア　真剣な顔　イ　得意げな顔　ウ　悲しげな顔

エ　自信に満ちた顔　オ　不安げな顔

問３　［Ｘ］に入る最もふさわしい二字の熟語を、［Ｘ］より後の本文中から書き抜きなさい。

問４　傍線部２「あの苦しい時期を乗り越えてきて俺たちの家族はいまが最強だ」とありますが、父のこのことばをきっかけとして、浩介は

かそれぞれの妻子と父だけが買物に行くという流れになって、俊平と二人で家に残された。

　気まずいわけではなかったけれど、いつも通り会話は弾まなかった。なんとなくつけていたテレビではワイドショーをやっていて、それを睨《にら》むように見つめていた俊平が独り言のようにつぶやいた。

「そんなに元の世界が良かったのかよ」

　ふっと我に返る気がして、僕もテレビに集中した。画面には有名な小説家という人が映っていて、その人がどこかBしたり顔で『私たちはもう元いた世界に戻ることはできないんです』というようなことを言っていた。

　まるで目の前に小説家がいるかのように、俊平は毒づき続けた。

「なんでテメーは元の世界をまるっと肯定してるんだよ。一年に二万も、三万も人が自殺してた社会が本当に正常だったのか？　感傷に浸《ひた》る前に何か変えろよ。もっといい世界にするための努力をしろよ」

　父は空を見上げながら満面に笑みを浮かべた。そして古い友人に向け、あの日の俊平とよく似たことを口にした。

「戻るに決まってるよ。いや、元の世界なんかよりずっと良くなるに決まってる」

　風がやみ、誰の話し声も聞こえなかった。不意に立ち込めた静寂を拒《こば》むように、父はその理由を説明した。

　意外と理屈っぽく、大上段に構えがちな俊平とは違い、父が語った理由はとてもシンプルで、父らしいものだった。

「悪夢を見たあとはいい夢が見られるし、大雨のあとは必ず快晴が待ってる。そういうふうにできてるんだ。俺たちがまさにそう。玲子の闘病はもちろん大変だったけど、2あの苦しい時期を乗り越えてきて俺たちの家族はいまが最強だ」

「最強？」

「ああ。いまでは玲子が置いていってくれたプレゼントだったとさえ思ってるよ」

　呆《あき》れたように苦笑する高畑さんの背中を父が叩《たた》いて、二人は先に本堂へ向かった。ぽつんと取り残された喫煙所で、俊平がおどけたように尋ねてきた。

「そうだったの？　最強なの？　俺たち？」

「さぁね、どうなんだろう」

「いやいや、全然違うでしょ。っていうか、俺たちこそ何も変わってなくない？　オフクロの病気があったからって、俺たちの関係は何一つ変わってないじゃん。親父のあの溢《あふ》れんばかりの自信はいったいどこから来るんだよ」

「それはよく知らないけどさ。でも、3意外と『俳優みたいでカッコいいこと』が理由じゃなかったのかもしれないな」

「はぁ？　なんだよ、急に」

「あの人がモテたっていう理由だよ。いまのお父さんはなかなか良かったもん。いまのは少しだけ感動した」

　僕の顔をマジマジと見つめ、俊平は本気でバカにするように鼻を鳴らした。そのとき、健太が血相を変えてやって来た。

「ねぇ、二人とも何してるの！　もうそろそろ始まるって、お母さんたち怒ってるよ」

「ああ、わかった。すぐ行く」

かける。

「いや、二人の女の先生が父をめぐってケンカをしたんですよね？　そのとき、当の本人は何をしていたのかなって」

「ああ、それはね――」と、高畑さんは静かにタバコを揉《も》み消し、ただでさえ細い目をますます細めた。

「一人でジーパンを洗ってたよ」

「はぁ？」

「どうしても色の落ち具合が気に入らないとか言って、校庭の水飲み場で一心不乱にジーパンを洗ってたんだ。校舎の窓から見たその光景を僕は忘れられないよ。そのあとにあいつが先生たちのケンカのことを知ったのか、知ったとしたらどうしたのか、そのへんのことはさっぱり覚えてないけどね。ジーパンを洗っていたことだけは絶対だ」

　再び俊平と目が合った。互いの顔にじわじわと笑みが滲《にじ》んでいく。一瞬のズレもなく、今度は二人そろって吹き出した。

　僕たちと一緒に笑いながら、「俺、ちょっとじいちゃん探してくる！」と、健太が駆《か》け足で去っていく。

　そのうしろ姿を見送りながら、僕は高畑さんに頭を下げた。

「いやぁ、ちょっとホントにすごかったです。おもしろいエピソードを聞かせていただきました。ありがとうございます。なんて言うんでしょう。僕、はじめて父のことを――」

「尊敬した？」と満足そうに微笑む高畑さんに、僕は苦笑しながらうなずいた。

「そうですね。悔しいですけど」

「そうか。それは良かった。これは若菜に貸し一だな」と言って、高畑さんが新しいタバコをくわえようとしたとき、父が一人でやって来た。

「おお、高畑。ここにいたのか。今日は遠いところを悪かったな」

「なんの、なんの。嵐で電車が止まっちゃって、玲子ちゃんの通夜には参列できなかったからな。ずっと気に病んでたんだ」

「とんでもない。こうして来てくれただけで嬉《うれ》しいよ。それよりお前、まだタバコなんて吸ってるのか」

「ん？　ああ、これか。わりと長い間やめてたんだけどな。また最近……。なんかちょっと自棄《やけ》になっちゃって」

「自棄？」

「うん。春(注)からの一連の騒動で、俺は結局店を畳《たた》むことに決めたから」

「ああ、そうか。そう言ってたな。でも、だからって自棄になっていいことなんて一つもないぞ。気持ちはわかるけど、俺たちももう七十だ。身体も労《いたわ》ってやらなきゃ」

「まぁ、そうだよな。わかってはいるんだよ。でもな……」とつぶやき、一度は口を閉ざそうとした高畑さんだったが、さびしげな目をゆっくりと父に戻した。

「なぁ、若菜さ。また元の世界に戻る日って来ると思うか」

「うん？　どういう意味だ？」

「俺たちはもう以前とはまったく違う世界を生きているんだよなって、ついそんなことを考えてしまうんだ。空の色は何も変わらないのにって思うと、なんとなく［X］的な気持ちになっちゃってな」

　そのまま視線を上げた高畑さんに釣られるように、父も青い空を見上げた。僕はボンヤリととなりの俊平に目を向ける。

　つい数日前、お互いの家族を伴って実家に行ったときのことだ。なぜ

「ううん、それはウソだよ。お母さんが言ってたもん」

「なんて？」

「あの兄弟はモテないって。性格は全然違うけど、そこだけは一緒だって」

僕がいることに気づかずに、健太はずいぶんなことを言っている。さすがの俊平もやりづらそうに鼻をかいたが、僕を見つけるといたずらっぽく微笑んだ。

「いやいや、健太の父ちゃんだって昔は結構モテてたぞ。なんだよ、お前。好きな子でもできたのか？」

「べつに。そんなんじゃないけど」と、健太は頬《ほお》を赤らめた。1俊平の目もとが意地悪そうに歪《ゆが》む。

「ま、どっちでもいいんだけど、お前がモテないのを俺たちのせいにするなよな。お前がモテないのはお前のせいだ。ＤＮＡのせいじゃない」

健太が口をとがらせて俊平のすねを蹴ったとき、見たことのない壮年の男性が汗を垂らしながら喫煙所にやって来た。

健太はあわてて僕の背中に身を隠す。気に入った人間にはよくなつくけれど、基本的には人見知りだ。そんなところは親に似た。

「ああ、今日は暑いねぇ」と言いながら、男性はシャツの襟元《えりもと》をパタパタと扇《あお》ぎ、ポケットからシガーケースを取り出した。

「今日はわざわざありがとうございます。あの――」と丁寧に頭を下げ、名前を聞こうとするより一瞬早く、男性は楽しそうに肩をすくめた。

「君たちのお父さんはよくモテたよ。僕のおじいちゃんだね。学生時代、それはもう信じられないくらいモテたんだ」

「え……？」と、健太が目をパチクリさせる。

「すまないね。さっきの君たちの会話が聞こえてしまって。邪魔するつもりはなかったんだけど――」

父の高校時代の同級生なのだという。高畑と名乗った男性はＡ好々爺《こうこうや》然と目を細め、おいしそうに煙を吐き出した。

思わず俊平と目を見合わせた。本音を言えば、どうでも良かった。自分の父親が高校時代によくモテた話になんて興味はない。

俊平も同じなのだろう。すぐに退屈したように身体を揺《ゆ》らし始め、僕の背後の健太にちょっかいを出す。

高畑さんは僕たちの気持ちを察してくれなかった。真っ青な空をまぶしそうに見上げながら、淡々と続ける。

「あれはいつだったっけなぁ。たしか高二の頃だったと思う。うん、夏だった。君たちのお父さんをめぐって二人の女性が取っ組み合いのケンカを始めたんだ」

「え、なんですか？」

「音楽の教師と、歴史の教師。二人ともそれはキレイな人でね。学校中の男たちの憧《あこが》れの的だった。その二人が、君らのお父さんをめぐって大ゲンカを始めた。あれはすごかったなぁ。すごすぎて若菜をやっかむ気にもなれなかったよ」

ふと見た俊平は大口を開けていた。「あんぐり」という表現がふさわしい、はじめて見るような顔をしている。（略）

健太も「じいちゃん、超スゲー！」と、瞳《ひとみ》を爛々《らんらん》と輝かせた。

僕も無意識に口を開いた。

「あ、あの、そのとき父はどうしたんですか？」

「うん？」と首をひねった高畑さんに、今度は気持ちを鎮《しず》めながら問い

【国　語】（五〇分）〈満点：六〇点〉

【注意】字数制限のある問題については、かぎかっこ・句読点も一字と数えなさい。

一　次の文章を読んで、後の問に答えなさい。

いつも若菜家の中心にいた母は、重い病気にかかり徐々に衰弱していった。「僕」（浩介）、弟の俊平、そして父の三人は、それでもなんとか家族の歯車を回し続けようとしていた。そうしたなか浩介は、「俳優みたいでカッコいい」見た目だけれども、家族の危機に際してふがいない姿を見せる父を尊敬できずにいた。浩介は父に尊敬できる存在であってほしいと望んでいたが、弟の俊平は現状の父をありのまま受け入れていた。

次に俊平と二人きりで話をしたのは、その半年後、母が息を引き取った日の夜だった。「家族みんなで海のそばに住んでみたい」「大きい家で暮らしたい」という夢を叶《かな》えてやることはできなかったが、病気をしたあとにできた新しい家族にも見守られて、最期は微笑《ほほえ》むようにして眠りに就いた。発病から六年半後のことだった。

通夜の晩は嵐のような雨風が吹き荒れていた。変化を望んだ僕と、望まなかった俊平。兄弟の間に正反対の二つの願いがあったのだとしたら、父が叶えたのは弟のものだった。

重苦しい空気が充満する真夏の葬儀場《そうぎじょう》で、喪主《もしゅ》としてマイクの前に立った父は、涙を堪《こら》えることができなかった。

用意していた紙を手にし、なんとか口を開こうとするものの、言葉が出てこない。孫の健太の「じいちゃん！　がんばれ！　がんばれ！」のかけ声もむなしく、ついにみんなの前で号泣し始めた父は、「浩介、すまん。あとは頼む」という一言を残して、逃げるように奥の部屋へ引っ込んでしまった。「兄貴はこれからも大変そうだな。引き続き若菜家をよろしく頼むな」という小馬鹿にした俊平の声が、いまも耳に残っている。

別室から聞こえてきた情けない父の泣き声も、あの日の強烈な雨音とともにあざやかに心に残っている。

☆

二年前の雨がウソのように、空には雲一つ浮かんでいない。母の三回《さんかい》忌《き》は、通夜で経を唱えてくれた僧侶《そうりょ》の寺で行うことになった。

母の友人を中心に、たくさんの人が来てくれた。嵐で参列できない人もいた通夜の日より多いくらいだ。

法事が始まるまで、まだ二十分くらい時間があった。みんなが和気《わき》藹々《あいあい》としている寺の境内に、健太の姿が見当たらない。どちらかと言うと内向的な僕や妻の深雪《みゆき》に似ず、小学校四年生になった健太はどういうわけか活発だ。

探していた姿は本堂の裏にあった。そこに設置された喫煙所で、健太は叔父《おじ》である俊平とじゃれ合っていた。「もう、煙たいからタバコやめなよ！」などと鼻をつまみながらも、健太は昔から俊平になついている。

「ねぇねぇ、俊平おじちゃんって昔はモテたの？」

俊平が新しいタバコに火をつけようとしたときだ。想定外の健太からの質問に、俊平は「おっ」という表情を浮かべる。

「昔はってなんだよ。俺はいまでも普通にモテるぞ」

MEMO

大切なことはメモしておこうネ！

第1回

2021年度

解 答 と 解 説

《2021年度の配点は解答欄に掲載してあります。》

＜算数解答＞ ≪学校からの正答の発表はありません。≫

［1］（1） 1797個 （2） 17階 （3） 9：31

［2］（1） 48度 （2） 51cm^2 （3） 144cm^3

［3］（1） ① 3 ② 9 （2） ③ 8 （3） ④ 44

［4］（1） 毎秒2cm （2） 20秒後 （3） 2880cm^3

［5］（1） 16cm （2） ① 解説参照 ② 29.42cm^2

○推定配点○

［3］ 各3点×4 他 各4点×12 計60点

＜算数解説＞

［1］（数の性質，鶴亀算，消去算，平均算，割合と比）

基本 （1） 12の倍数：2021÷12＝168…5より，168個

18の倍数：2021÷18＝112…5より，112個

36の倍数：2021÷36＝56…5より，56個

したがって，12でも18で割り切れない整数は2021－(168＋112－56)＝1797(個)

重要 （2） 次郎君の到着時間は7×(29－1)＝196(秒)，エレベーターだけで29階まで上ると3×(29－1)＝84(秒) したがって，階段で上ったのは(196－84)÷(10－3)＋1＝17(階)まで

重要 （3） 赤い玉と青い玉それぞれの1個の重さを●，○で表す。

●×5＋○×3＝18×8＝144(g) …ア ●×3＋○×5＝20×8＝160(g)

●×8＋○×8＝144＋160＝304(g) ●×5＋○×5＝304÷8×5＝190(g) …イ

イ－アより，○×2＝190－144＝46(g) ○＝23(g) ●＝190÷5－23＝15(g)

したがって，赤い玉がA個，青い玉がB個あるとき，15×A＋23×B＝21.2×A＋21.2×Bであり，(21.2－15)×A＝6.2×Aが(23－21.2)×B＝1.8×Bに等しいので，A：Bは1.8：6.2＝9：31

［2］（平面図形，相似）

やや難 （1） 図1において，三角形ABCは二等辺三角形であり，角CABは360－(36＋120＋72)＝132(度)

したがって，角BCDは(180－132)÷2＋36＝60(度)，角アは108－60＝48(度)

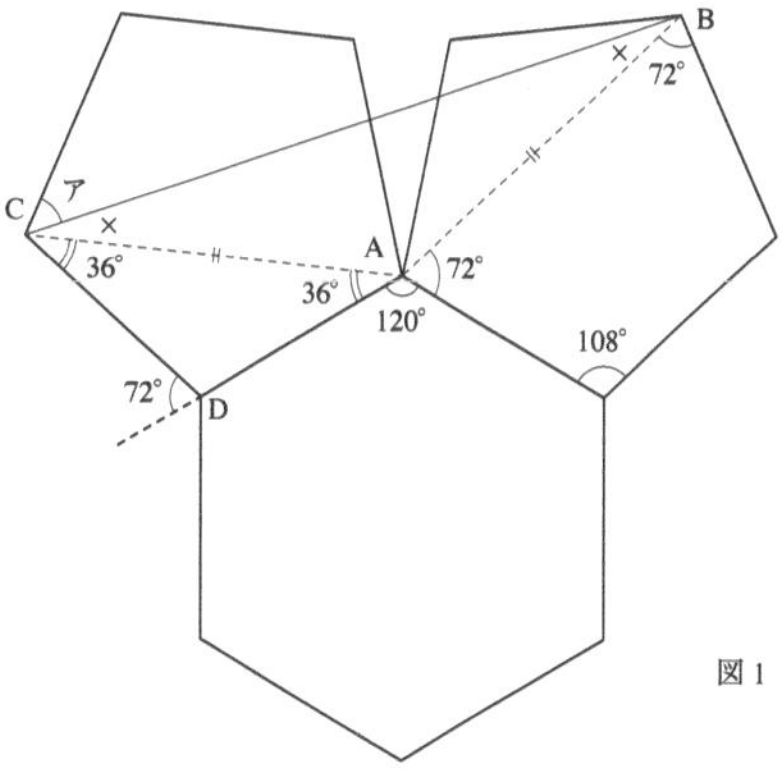

図1

重要 （2） 図2において，三角形DFEとDGCの相似比は2：5，面積は4：25であり，三角形DFEとBGAは合同である。

したがって，五角形ABCEFの面積は63÷(25－4)×(25－4×2)＝51(cm^2)

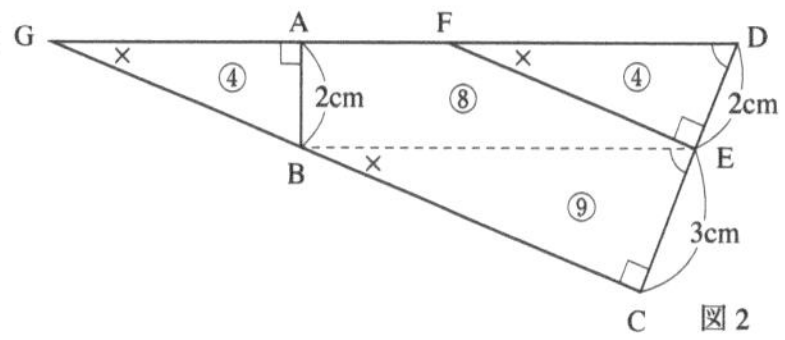

図2

重要 (3) 図3において，断面が二等辺三角形ABCであり，BC＝EFの長さがアである立体の体積はア×6÷2×ア÷3＝ア×アに等しく，ア×ア＝6×6×2＝72(cm^3)
したがって，全体の体積は72＋6×6÷2×6÷3×2＝144(cm^3)
【別解】図4より，6×6×6－6×6÷2×6÷3×2＝144(cm^3)

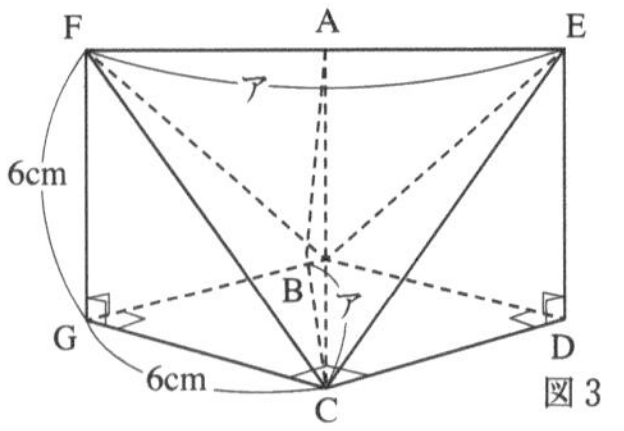

図3

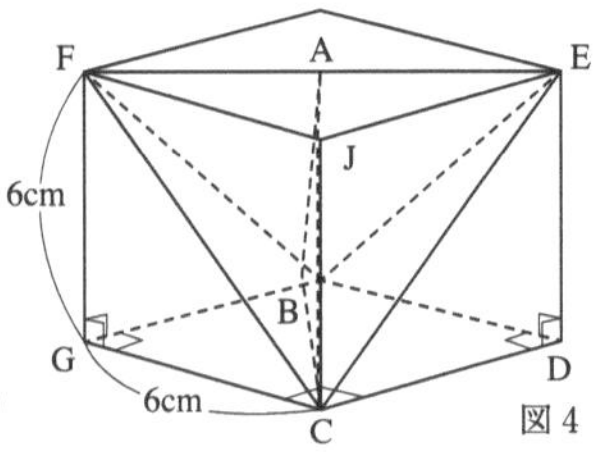

図4

〔3〕 (場合の数)

基本 (1) ① A，B，Cのプレゼントをそれぞれ，ⓐ，ⓑ，ⓒとする。
3人のうち，1人だけ自分のプレゼントを受け取る場合…3通り
(A－ⓐ，B－ⓒ，C－ⓑ)(A－ⓒ，B－ⓑ，C－ⓐ)(A－ⓑ，B－ⓐ，C－ⓒ)
② A，B，C，Dのプレゼントをそれぞれ，ⓐ，ⓑ，ⓒ，ⓓとする。
(イ) A，B，Cが他の人のプレゼントを受け取った場合…4人の交換方法は6通り

A	ⓓ	ⓑ	ⓑ	ⓓ	ⓒ	ⓒ
B	ⓒ	ⓓ	ⓒ	ⓐ	ⓓ	ⓐ
C	ⓐ	ⓐ	ⓓ	ⓑ	ⓑ	ⓓ
D	ⓑ	ⓒ	ⓐ	ⓒ	ⓐ	ⓑ

(ウ) A，B，Cが1人だけ自分のプレゼントを受け取った場合…4人の交換方法は3通り

A	ⓓ	ⓒ	ⓑ
B	ⓒ	ⓓ	ⓐ
C	ⓑ	ⓐ	ⓓ
D	ⓐ	ⓑ	ⓒ

したがって，6＋3＝9(通り)

重要 (2) 4人のうち，1人だけ自分のプレゼントを受け取る場合…Aがⓐを受け取る場合が2通りあるので，全部で2×4＝8(通り)

(3) Aがⓑを受け取る場合が11通りあるので，5人が他の人のプレゼントを受け取る場合は11×(5－1)＝44(通り)

A	ⓑ	ⓑ	ⓑ	ⓑ	ⓑ	ⓑ	ⓑ	ⓑ	ⓑ	ⓑ	ⓑ
B	ⓐ	ⓐ	ⓒ	ⓒ	ⓒ	ⓓ	ⓓ	ⓓ	ⓔ	ⓔ	ⓔ
C	ⓓ	ⓔ	ⓐ	ⓓ	ⓔ	ⓐ	ⓔ	ⓔ	ⓐ	ⓓ	ⓓ
D	ⓔ	ⓒ	ⓔ	ⓔ	ⓐ	ⓔ	ⓐ	ⓒ	ⓒ	ⓐ	ⓒ
E	ⓒ	ⓓ	ⓓ	ⓐ	ⓓ	ⓒ	ⓒ	ⓐ	ⓓ	ⓒ	ⓐ

重要 〔4〕 (立体図形，平面図形，図形や点の移動，速さの三公式と比，グラフ，割合と比)

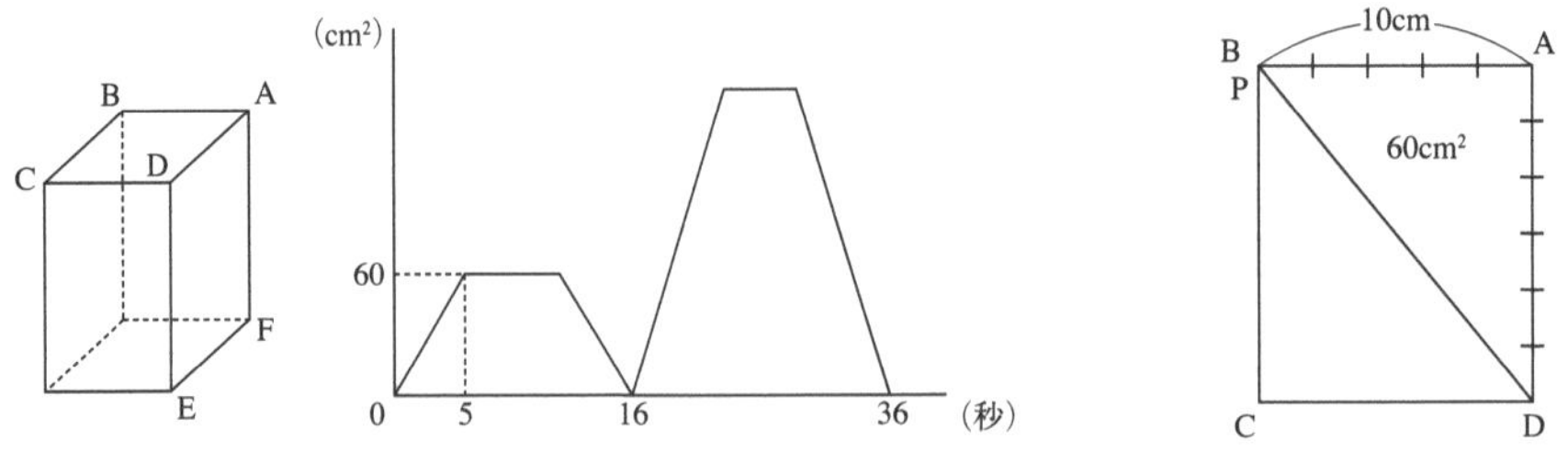

(1) グラフより，PはAB間を5秒で進み，BC間を16－5×2＝6(秒)で進むので，⑤×⑥÷2＝⑮が

60cm^2，①が60÷15＝4（cm^2）＝2cm×2cmである。
したがって，ABは2×5＝10（cm），Pの秒速は10÷5＝2（cm）

（2） 下図において，グラフと（1）より，三角形APDが4回目に二等辺三角形になるのはPがDからEへ向かってADの距離だけ進んだ時刻であり，16＋2×6÷（2×1.5）＝20（秒後）

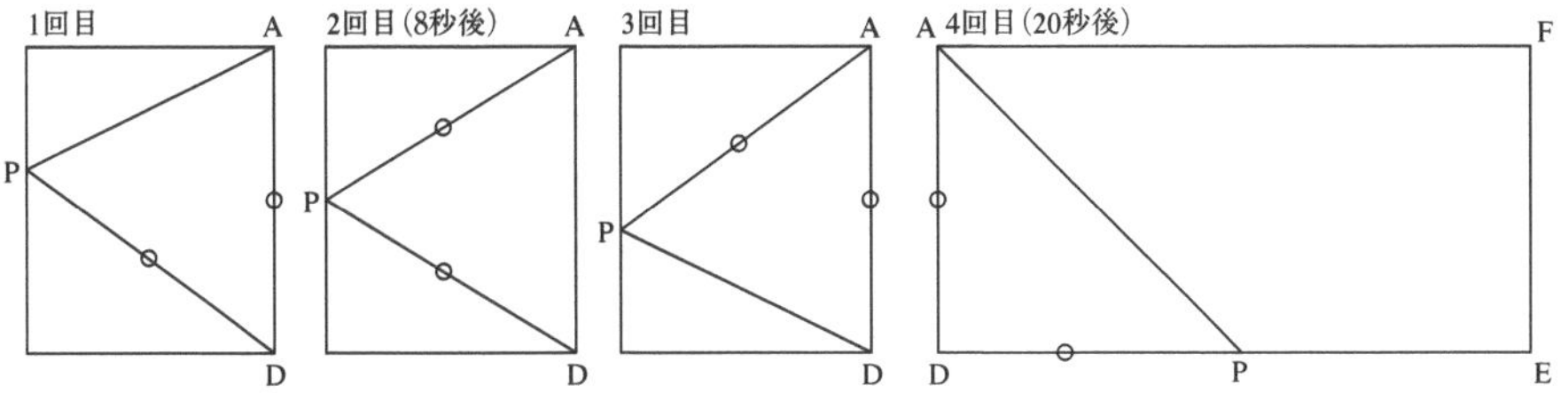

（3） （1）・（2）より，10×12×（12×2）＝2880（cm^3）

重要 〔5〕（平面図形，図形や点の移動）

（1） 図アにおいて，円が通った部分の面積は□×2×4＋2×2×4－（2×2－1×1×3.14）＝□×8＋15.14＝111.14（cm^2）
したがって，全体の正方形の1辺は2×2＋（111.14－15.14）÷8＝16（cm）

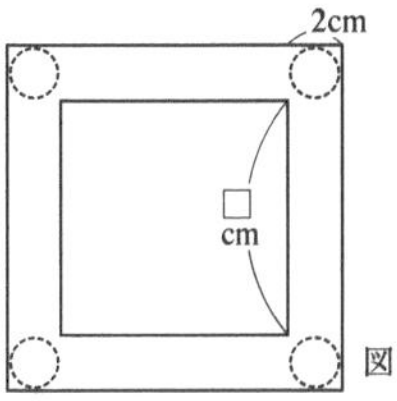

図ア

（2） ① 図形Xは，図イのようになる。

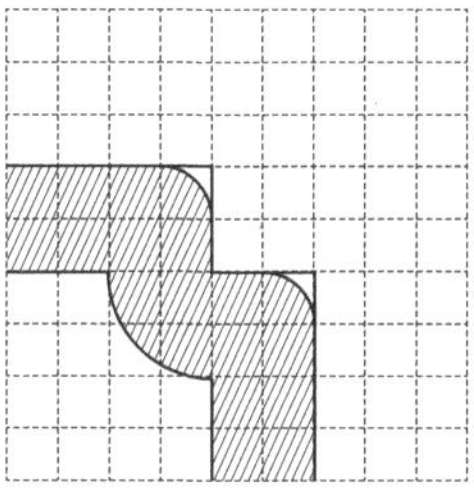
図イ

② 図ウにおいて，色がついた部分Aと斜線部分Bの面積の差を求めて4倍する。

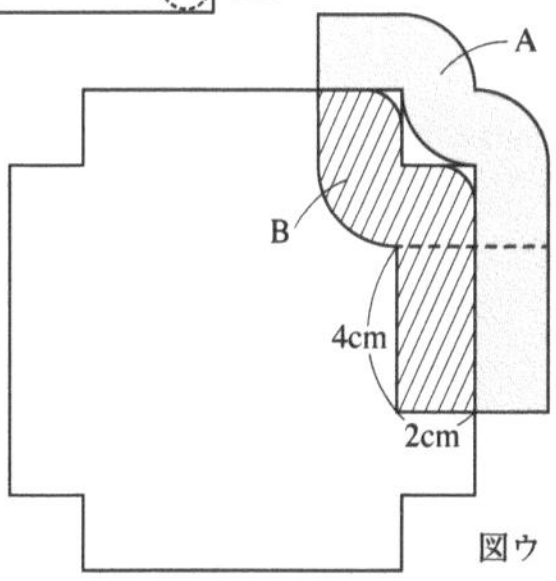

図ウ

A…2×2×2＋2×2×3.14÷2＋2×2－（2×2－1×1×3.14）÷4＝12＋6.28－0.215＝18.065（cm^2）
B…2×2×3.14÷4＋2×2×2－（2×2－1×1×3.14）÷2＝11.14－0.43＝10.71（cm^2）
したがって，全体の面積の差は（18.065－10.71）×4＝29.42（cm^2）

★ワンポイントアドバイス★

〔2〕（1）「角度」は，簡単そうでも「二等辺三角形」にきづかないと実際は難しく，時間を浪費してしまう可能性がある。〔4〕（2）「1回目の二等辺三角形」も見落としやすい。〔3〕「プレゼント交換」は，考え方自体は難しくない。

＜理科解答＞ ≪学校からの正答の発表はありません。≫

〔1〕 問1 イ　問2 エ　問3 2.54秒　問4 ア，ウ　問5 （1） イ　（2） ア
問6 イ
〔2〕 問1 葉緑体　問2 ア　問3 オ　問4 ウ　問5 A イ　B ア　C ア
〔3〕 問1 1.2g　問2 4：3　問3 9.0g　問4 イ，オ　問5 12.5L
〔4〕 問1 ウ，エ　問2 ア，エ　問3 液状化　問4 ウ　問5 120cm

○推定配点○
〔1〕 問1・問2・問5 各1点×4　他 各2点×3　〔2〕 各2点×5（問5完答）
〔3〕 各2点×5　〔4〕 各2点×5　計40点

＜理科解説＞

[1] (物体の運動－振り子の周期)

問1　振り子の長さは，振り子をつるした位置から，振り子の重心までの長さである。糸の重さは無視できるので，振り子の重心は，鉄球の中心にある。

問2　振り子の等時性は，16世紀の1582年ごろに，イタリアのガリレオ・ガリレイによって，物理学的に見いだされた。なお，アルキメデスは紀元前，ニュートンは17～18世紀，アインシュタインは20世紀の科学者である。

重要　問3　実験Cでは，振り子の長さを4倍にすると，1周期が2倍になる関係が読み取れる。振り子の長さが160cmの場合は，10cmの場合に比べて16倍だから，1周期は4倍になる。10cmのときの1周期が6.35÷10＝0.635(秒)なので，160cmのときの1周期は，0.635×4＝2.54(秒)となる。

問4　実験Dでは，振れ幅が大きくなると，1周期も長くなっている。また，実験Fでは，振り子の長さが長くなると，1周期も長くなっている。しかし，実験Eでは，鉄球の重さを変えても，1周期は変わらない。

問5　問1でみたように，振り子の長さは振り子の重心の位置で決まる。図のアでは，3つのおもり全体の重心の位置は，1つの場合と変わらない。しかし，図のイでは，3つのおもり全体の重心の位置が，上から2番目のおもりの位置になるため，1つの場合よりも振り子の長さが長くなってしまう。そのため，振り子の周期も長くなる。

問6　重さを変えても振り子の周期は変わらないので，幼児か中学生かという点は関係がない。また，振り子の長さが長いのは，重心が低い位置にあるとき，つまり，座った姿勢のときである。さらに，問4のことから，振れ幅が大きい方が1周期が長い。以上より，幼児が座って振れ幅が大きいイの場合が，1周期が最も長い。

[2] (植物のはたらき－光合成の実験)

問1　光合成は，植物の細胞の中にある楕円形の葉緑体で行われる。

問2　アルミはくで覆われていなかった部分は，日光が当たって光合成が行われ，デンプンができているので，ヨウ素液をつけると青紫色に染まった。アルミはくで覆われていた部分は，日光が当たらず光合成が行われていないので，デンプンができておらず，ヨウ素液をつけても茶色のままで色は変わらなかった。

問3　水中にはわずかに空気が溶けており，その中には酸素や二酸化炭素が含まれていて，実験結果に影響する可能性がある。それらは，一度沸騰させると逃げていく。

問4　二酸化炭素は水に少し溶けて酸性となる。そのため，②で息を吹き込むと，BTB液は黄色に変わる。また，③で二酸化炭素が使われると，もとの緑色に戻る。一方，酸素や窒素は水に溶けにくく，わずかに溶けるが中性である。そのため，BTB液の色を変化させることはない。

重要　問5　実験2だけでは，③でBTB液が光の作用で変色したという可能性もある。そこで，水草を入れずに，あとは実験2と同じ条件で，ゴム栓をして光を当てた対照実験を準備する必要がある。その結果は，黄色のまま色は変わらない。

[3] (燃焼－金属の燃焼と重さ)

重要　問1　表1で，ステンレスの皿の重さ32gを除くと，次のとおりとなる。

(マグネシウム)	1班	2班	3班	4班
加熱前の重さ[g]	0.6	1.2	2.7	3.6
加熱後の重さ[g]	1.0	2.0	3.7	6.0

加熱の不充分だった3班以外では，加熱前のマグネシウムと加熱後の酸化マグネシウムの重さの比は，どれも3：5である。よって，マグネシウム：酸素＝3：2である。

3班では，重さが3.7－2.7＝1.0(g)増えている。これは酸素のぶんである。よって，反応したマグネシウムの重さは，3：2＝□：1.0で，□＝1.5gとなる。反応しなかったマグネシウムは，2.7－1.5＝1.2(g)である。

問2　表2で，ステンレスの皿の重さ32gを除くと，次のとおりとなる。

(アルミニウム)	1班	2班	3班	4班
加熱前の重さ〔g〕	0.45	0.9	1.8	2.7
加熱後の重さ〔g〕	0.85	1.7	2.6	5.1

加熱の不充分だった3班以外では，加熱前のアルミニウムと加熱後の酸化アルミニウムの重さの比は，どれも9：17である。よって，アルミニウム：酸素＝9：8である。問1のことから，マグネシウム：酸素＝3：2＝12：8だから，同じ酸素(重さ8)と結びつくマグネシウムとアルミニウムの重さの比は，12：9＝4：3となる。

やや難 問3　はじめの粉13.5gがすべてマグネシウムだったとすれば，結びつく酸素は，3：2＝13.5：□より，□＝9.0gになるはずである。また，すべてアルミニウムだったとすれば，結びつく酸素は，9：8＝13.5：□より，□＝12.0gになるはずである。つまり，はじめの粉13.5gに対し，結びつく酸素には3.0g差がつく。ところで，実際に結びついた酸素は，24.5－13.5＝11.0(g)である。これは，すべてマグネシウムだったとしたときよりも2.0g多い。よって，13.5：3.0＝□：2.0より，□＝9.0gがアルミニウムだったことがわかる。

問4　3班の加熱後の皿には，燃焼していないマグネシウムやアルミニウムが残っている。これに塩酸を加えて発生する気体Cは水素である。　ア：正しい。燃料電池は，水素と酸素の反応により電気を取り出す装置である。　イ：誤り。水素は最も軽い気体である。しかし，空気中に2番目に多い気体は酸素である。　ウ：正しい。鉄や亜鉛などの金属に塩酸を加えても，同じように水素が発生する。　エ：正しい。水素は無色無臭の気体である。　オ：誤り。水素は水にほとんど溶けない。わずかに溶けるが，中性である。

やや難 問5　問1で，反応しなかったマグネシウムは1.2gであり，実験2で1.2Lの水素が発生している。よって，4.5gのマグネシウムからは，1.2：1.2＝4.5：□より，4.5Lの水素が発生する。

同じように，実験1の3班で余ったアルミニウムの量を求める。結びついた酸素は，2.6－1.8＝0.8(g)だから，反応したアルミニウムは，9：8＝△：0.8より，△＝0.9gである。反応しなかったアルミニウムは，1.8－0.9＝0.9(g)である。ここから実験2で1.2Lの水素が発生している。よって，6gのアルミニウムからは，0.9：1.2＝6：□より，8.0Lの水素が発生する。

以上より，発生した水素の合計は，4.5＋8.0で12.5Lである。

〔4〕 (大地の活動－地震と地形)

問1　アのユーラシアプレートと，イの北アメリカプレートは，大陸プレートである。一方，ウの太平洋プレートと，エのフィリピン海プレートは，海洋プレートである。

問2　ア：正しい。緊急地震速報は，震源の近い地震計がP波をキャッチし，スーパーコンピュータでそのP波を分析して，S波が大きい地震だと予想されたら警報を出すしくみである。震源が近いと，地震波が伝わる時間も短いので，警報が地震波の到達に間に合わないこともある。

イ：誤り。震度は，0，1，2，3，4，5弱，5強，6弱，6強，7の10階級である。

ウ：誤り。震度は場所ごとにちがうが，マグニチュードは1回の地震に1つである。

エ：正しい。海底直下で地震が起こると，海底が変形して津波が発生することがある。

問3　海に近い平野や，人工的に作った埋立地では，地盤に水分が多いため，地震の揺れによって地盤が流動し，泥沼のような状態となる。これを液状化現象という。

問4　断層が動く場合，加わる力と断層の向きは，平行や垂直ではなく，必ず斜めである。アやイの場合，図に描かれた断層は動かない。エの場合，断層の動く動きは逆になる。

問5　3000年の間に，土地の沈降は6×3000で約18000mmである。しかし，現在の標高は6mつまり6000mmだから，地震による土地の隆起量は，18000＋6000＝24000(mm)とわかる。また，3000年間の地震の回数は3000÷150＝20(回)である。よって，1回の地震の隆起量は，24000÷20＝1200(mm)，つまり120cmである。

★ワンポイントアドバイス★

理科で扱う数値には，具体的な意味がある。その意味をしっかり想像し理解し整理して問題に取り組もう。

＜社会解答＞ ≪学校からの正答の発表はありません。≫

〔1〕 問1 (1) あ 自然　い 文化　(2) ア　(3) ウ　問2 (1) A 中国　B 韓国　C オーストラリア　(2) (例) ビザ発給要件の緩和　問3 イ　問4 (1) ア　(2) エ

〔2〕 問1 あ 後鳥羽　い 六波羅　う 安政　え 日韓基本　お 大宰府　か 平泉　問2 エ　問3 (1) 領事裁判権　(2) 関税自主権　問4 ア　問5 イ　問6 学問　問7 イ　問8 G 4番目　H 7番目

〔3〕 問1 ウ　問2 イ　問3 首里(城)　問4 (1) 資本　(2) 証券　(3) 生活保護　問5 (1) ア　(2) イ　問6 ア　問7 軽減税率

○推定配点○

〔1〕 問2(2) 4点　他 各1点×10

〔2〕 問8 2点(完答)　他 各1点×13

〔3〕 問7 2点　他 各1点×9　計40点

＜社会解説＞

〔1〕 (日本の地理―国土と自然・産業など)

問1 (1) あ 観光者や登山者の捨てるごみ問題や，周辺で進められる開発などから自然遺産としての登録を断念せざるを得なかった。　い 信仰の対象でもあり古代から文学や美術作品に描かれる存在としての評価を認められ文化遺産で登録。　(2) 世界の歴史的な記念物，遺産，遺跡の保存に関する専門家の国際的な非政府組織(NGO)。　(3) フランスの建築家ル・ゴルビュジエの作品として7か国，17の建築物から構成されている遺産。

やや難

問2 (1) A 急激な経済成長により訪日客も急増，爆買いとしても話題になった中国。　B 最近は歴史問題などで日韓関係が悪化，訪日客も減少気味となっている韓国。　C アジア諸国に比べると滞在日数が2倍近くも長く支出も多いオーストラリア。　(2) 2011年には600万人程度であった訪日客は2018年に3000万人を突破，アジア諸国の経済発展や円高の進行など様々な原因が考えられる。APECははオーストラリアの提唱で始まった環太平洋諸国の会議。

問3 地球は回転する楕円体で，赤道半径は約6378km，極半径は約6357km。

問4 (1) アラスカ州中南部にあり標高6194mの火山でかつてはマッキンリーと呼ばれていた。緯度が高いためヒマラヤの7000m級の山に匹敵するといわれる。　(2) 山頂部は万年雪に覆われているキリマンジャロ(5895m)。雄大な裾野を持ち世界自然遺産にも登録されている。

〔2〕 **(日本の歴史―古代～近代の政治・文化・外交など)**

問1　あ　西面の武士を設け武力を強化，公家勢力の伸長に努めた上皇。　い　京都の治安や朝廷の監視などに当たった幕府の重職で，その長官は代々北条一族が任じられた。　う　アメリカを皮切りにオランダ・ロシア・イギリス・フランスと順次締結された条約は安政五か国条約と呼ばれる。　え　韓国を朝鮮半島にある唯一の合法的な政府と認めた条約。　お「遠の朝廷《とおのみかど》」と呼ばれた九州に置かれた統治機関。　か　藤原清衡が居館を定めて以来奥州藤原氏の都として発展，最盛期には京都にも匹敵する人口を擁する都市であったという説もある。

問2　御成敗式目はあくまで武家社会に適用される法であり，律令に基づく公家法や荘園領主の定めた法を否定するものではなかった。

重要　問3　(1)　在留外国人の裁判は本国の領事が担当。1894年の日英通商航海条約で撤廃された。

(2)　国が独自に自国の関税を定める権利。1911年の日米通商航海条約で回復された。

問4　日韓基本条約の締結は1965年。三種の神器とは電気洗濯機，電気冷蔵庫，白黒テレビ。カラーテレビはカー・クーラーと並び3Cと呼ばれた新三種の神器。Cは佐藤栄作。石油危機は首相退陣翌年の1973年(田中角栄内閣)。佐藤内閣で制定されたのは公害対策基本法，環境基本法の制定は1993年(細川護熙《もりひろ》内閣)。

問5　吉備真備は遣唐使として入唐《にっとう》し19年間滞在，帰国後政争に巻き込まれ再び唐に派遣されるなどしたものの最終的には右大臣にまで出世し朝廷において重要な地位を占めた。

問6　『学問のすゝめ』の中では「賢人と愚人との別は学ぶと学ばざるとに由来」と学ぶことの意義を強調，慶應義塾を創設し明治思想界に大きな影響を与えた福沢諭吉。

問7　近松門左衛門は「曽根崎心中」などで知られる歌舞伎や浄瑠璃の脚本家。人形浄瑠璃の語り手として知られるのは竹本義太夫。

問8　五十音順に並べると，B(井伊直弼)→C(佐藤栄作)→D(菅原道真)→G(野口英世)→E(福沢諭吉)→A(北条泰時)→H(前島密)→F(松尾芭蕉)。

〔3〕 **(政治―金融・社会保障など)**

重要　問1　日本銀行は「発券銀行」「政府の銀行」「銀行の銀行」と呼ばれる日本の中央銀行である。財務省の所管だが政府から独立した法人であり硬貨の発行は政府(造幣局)の担当。

問2　貸付金利と預金金利の差が銀行の収益となる。預金金利は自由化，ゆうちょ銀行は普通・定期性預金それぞれ1300万円の制限があるがその他の銀行は無制限，一般預金は元本1000万円までは保護される。

問3　琉球王国の王城。沖縄戦で焼失したが戦後に再建，2000年には首里城跡が世界遺産に登録。2019年，火災により正殿など6棟が焼失してしまった。

問4　(1)　近代日本を支えた銀行をはじめ現在もなじみの深い大企業を多数設立，日本経済の近代化を語る上では欠かせない渋沢栄一。引退後は各種の社会事業などにも大きな貢献を果たした。(2)　3500社以上の企業が上場する世界屈指の取引所。　(3)　憲法25条で保障された「健康で文化的な最低限度の生活」の実現を目的とする法律。

問5　(1)　西郷隆盛を首班とする留守政府の中心メンバーの一人。使節団の帰国後征韓論などで対立し下野した。　(2)　パキスタンの女性人権活動家。6歳で渡米した津田梅子は帰国後女子英学塾(津田塾大学)を創設し女子教育に尽力した。

問6　破傷風菌の培養に成功し血清療法の開発で世界の学会を驚かせた。その後香港で流行するペストの調査中ペスト菌を発見，のちに北里研究所を設立した。

問7　低所得者への配慮から導入された制度で，食料品など生活必需品に課す税率。同じ食料品でもその場で食べるイートインと持ち帰りとで税率が異なるなど一部で混乱も見られた。

★ワンポイントアドバイス★

世界地理はあまりなじみのある分野ではない。毎日のニュースなどは常にチェックし，知らない国などが出てきたら必ず地図で確認する習慣をつけよう。

＜国語解答＞ ≪学校からの正答の発表はありません。≫

一　問1　ア　問2　エ　問3　イ　問4　厚顔無恥　問5　タマに　問6　イ・ウ

問7　A　無責任　B　気さく　C　オ　D　ヴォキャブラリイ　問8　(例)　長崎に行った思いや理由を両親に伝えたいのに，どう言葉にすればよいかわからず困っている気持ち。(46字)

二　問1　a　しさ　b　浸透　c　高揚　問2　オ　問3　ア　問4　エ

問5　自分の名前　問6　ア　問7　(例)　社会の中の自分の位置づけを知り，自分の資質や意欲によって自律的に能力を発揮する(39字)(こと。)

○推定配点○

一　問4・問7　各2点×5　問8　6点　他　各3点×6

二　問1・問4　各2点×4　問7　6点　他　各3点×4　計60点

＜国語解説＞

一　(小説－心情・場面・細部の読み取り，空欄補充，四字熟語，記述力)

問1　空らんXは，六平の細君(妻のこと)が「大学の先生」であるために玉子が抱いていた印象で，実際にはXとは反対に「やさしい上方(関西地方のこと)なまり」であったことが直後で描かれているので，アが適切。

問2　傍線部1後の三太郎との会話で，「ま，兄ちゃんの怒るのもわかるけど……」「……親の家，親のメシいうたら，若いもんはカッカくる……」ということを話しているので，エが適切。三太郎と大吉それぞれの立場を理解していることを説明していない他の選択肢は不適切。

重要　問3　大吉が「黙って家をあけ」たことに，三太郎は腹を立てているので，イの「道をはずした」はふさわしくない。三太郎は大吉に対して「あたまから湯気が出るほど腹を立ててい」て，「六平はそういうが，三太郎はこんどは六平に腹が立ってきた」とあるので，アは適切。「のっそりと家をあけ，やっと帰ってきたと思うと，ヒトを盾にしてうしろへ隠れて風当たりを避けようとする。男らしくないではないか」とあるので，ウ，エも適切。

基本　問4　空らんYは「何もかもヒトにしゃべらせてすませとる」大吉のことなので，厚かましくて恥知らずなことという意味の「厚顔無恥」が適切。「自業自得」は，自分の行いの報いを自分が受けること。「悪戦苦闘」は，非常に困難な状況の中で苦しみながら努力すること。「起死回生」は，危機に直面した状態を立て直すこと。「不言実行」は，やるべきことを黙って実行すること。

問5　傍線部2は，長崎へ行ったのはお父さんとお母さんが話していたからと話す大吉に対するもので，2後の会話で，長崎の説明をしながら「タマには休んで骨休めしたらええやんか(18字)」ということを話しており，このことを大吉は話したかったことが読み取れる。

問6　傍線部3は，お父さんたちのために「下見にいってきてやった」と大吉が言ったことに対するもので，本当にそう思っているのか疑う気持ち＝イと，親のために下見にいったということが，なんとなく恥ずかしいという気持ち＝ウが適切。

重要 問7 「『大吉さんも……』」という鞍馬女史の言葉や，「『大吉，もう行ってもええで。……』」という六平の言葉は，やさしいけれども，それは「無責任」のやさしさである，と三太郎が思っていることが描かれているので，Aは「無責任」が適切。鞍馬女史は「えらい大学の先生」ではあるが，玉子に「気さく」にしゃべっている様子が描かれているので，Bは「気さく」が適切。鞍馬女史の「『大吉さんも……』」で始まる言葉で，大吉の立場にたって気持ちをていねいに説明しているので，Cには複雑な事がらなどを明らかにするという意味のオが適切。アは物事の意味などを他と区別できるように，言葉で明確に限定すること。イは確信をもってきっぱりと言い切ること。ウは将来のために物事を書きしるしておくこと。エは相手の言動などを素直に受け取らず，ねじまげて解釈すること。Dは用いる言語の全体という意味の「ヴォキャブラリイ」が適切。

やや難 問8 問5でも考察したように，大吉は，両親が行きたがっている長崎で骨休めすることを話したかったが，鞍馬女史が話しているように，どう言えばよいか途方にくれている，すなわち困っているのである。「本当は何をしたいのか」➡長崎に行った思いや理由を両親に伝えたい，という心情とともに，途方にくれている心情を説明していく。

二 (論説文－要旨・細部の読み取り，空欄補充，ことわざ，漢字の書き取り，記述力)

基本 問1 aは，それとなく教え示すこと。bは，広く行きわたること。cは，気分が高まること。

問2 傍線部1直前で，江戸時代の『麻疹戯言』には，感染症によって芝居などの営業停止や，客が来ず生活できない人々の嘆きが書かれていることを述べているので，オが適切。アの「自主隔離」は述べていない。「営業停止」＝感染拡大の防止のための活動制限，「客が来ず生活できない人々の嘆き」＝経済的な困難に陥っている状況，を説明していないイ，ウも不適切。芝居の営業停止は述べているが，エは述べていない。

重要 問3 傍線部2の「古典」の一つである『安政午秋／頃痢流行記』には，町内の人たちが助け合うなど，人はひとりでは生きていけないことが示唆されており，当時から感染症は社会全体で乗り越えないといけないという認識があったことが「私たちにとって大事な資源なのです」と述べているので，アが適切。イの「現代においては無意味になっている」は不適切。「感染症は社会全体で乗り越えないといけないという認識」について説明していない他の選択肢も不適切。

問4 「陰徳あれば陽報あり」の「陰徳」は，陰(かげ)で行う徳行，「陽報」は，はっきりと現れるよい報いという意味で，人知れずよいことを行う者には，必ず目に見えてよいことが返ってくる，ということ。

問5 傍線部3前の段落で，3と同様のこととして「自分の名前を出して，これだけのことをしていると主張するような人については，恥ずかしいというか，悪目立ちしているのではないか，といったプレッシャーがかかる。」という一文でくわしく述べている。

重要 問6 傍線部4の「二律背反」は，二つの事がらがお互いに対立・矛盾して両立しないこと。4後から続く2段落で，「社会文化資本にアクセスできないような立場の人」すなわち社会的な弱者は，現在のような状況では，適切なタイミングで声を挙げないと命にかかわるので，聞く耳を持つ相手を探し，私たち一人ひとりが誰かを助けられるかもしれないという気持ちを持つこと，隣で感染が広がれば自分にとってもリスクなので，一緒に立ち向かっていかないと新型コロナウイルスには勝てない，ということを述べている。「二律背反」＝「ソーシャル・ディスタンス」を保ちながらも，社会的弱者とともに立ち向かっていかなければ新型コロナウイルスには勝てない，ということなので，アが適切。ソーシャル・ディスタンスを保ちながらも，社会的弱者とともに立ち向かわなければならない，ということを説明していない他の選択肢は不適切。

やや難 問7 傍線部5直前の段落で，ソーシャル・ディスタンスは「社会の中の自分自身の位置づけを知」り，

「他者との関係を見つめ直すことだとも捉え」,「一人ひとりの資質，意欲によって，自律的に能力を発揮できる社会をいかに整備できるか」ということが問われている，と述べている。これらのことが，5の「社会」で人々に求められていることなので，これらの内容を指定字数以内にまとめる。

★ワンポイントアドバイス★

論説文では，各段落内容の要旨をとらえながら，論の流れをつかんでいこう。

第2回

2021年度

解　答　と　解　説

《2021年度の配点は解答欄に掲載してあります。》

＜算数解答＞ ≪学校からの正答の発表はありません。≫

〔1〕（1） 371　（2） D→B→A→F→C→E　（3） 12時14分

〔2〕（1） 151度　（2） 25cm^2　（3） 120.576cm^3

〔3〕（1） 8m　（2） 672m^2　（3） 1280m^3

〔4〕（1） 10時30分　（2） 14分　（3） 150m

〔5〕（1） 黒21・白14　（2） 10　（3） 8通り

○推定配点○

各4点×15（〔1〕(2)，〔5〕(1)・(2)　各完答）　計60点

＜算数解説＞

〔1〕（数の性質，推理，仕事算，単位の換算）

重要 （1） 3ケタのABC×3の積がCCCAになる場合，111Aか222Aしかなく，×3の積の各位の数の和は3の倍数であるから，1113の場合1113÷3＝371が成り立つ。

（2） Aは3番目か4番目，Cは5番目である。Dの次がBなので，Dが1番目でBが2番目である。EはFよりも後なので，Eが6番目である。花子さんはAの家では帽子をかぶっていてFの家では帽子をかぶっていなかったので，Aが3番目でFが4番目である。
したがって，D→B→A→F→C→E

（3） 仕事全体の量を3，2，$2\frac{1}{4}=\frac{9}{4}$の最小公倍数18にすると，1時間の仕事量は父が18÷3＝6，兄が18÷2－6＝3，弟が$18\div\frac{9}{4}-6=2$である。
兄が作った時間…12時20分－10時＝2時間20分＝$\frac{7}{3}$（時間）
弟が中断するまで作った時間…$18\times\frac{2}{9}\div(3+2)=\frac{4}{5}$（時間）
父が作った時間…$\frac{7}{3}-\frac{4}{5}=\frac{23}{15}$（時間）
兄と中断するまでの弟と父がした仕事量…$3\times\frac{7}{3}+2\times\frac{4}{5}+6\times\frac{23}{15}=17.8$
したがって，弟が戻ったのは完成より（18－17.8）÷2
＝0.1（時間）前の12時20分－6分＝12時14分

〔2〕（平面図形，相似，図形や点の移動，立体図形）

やや難 （1） 図1において，六角形ABCDEFの頂点A以外の外角の和を求める。頂点Cの外角は180－（48＋86）＝46（度）に等しく，86＋46＋48＋86＋46＋19＝331（度）　したがって，角アは180－（360－331）＝151（度）

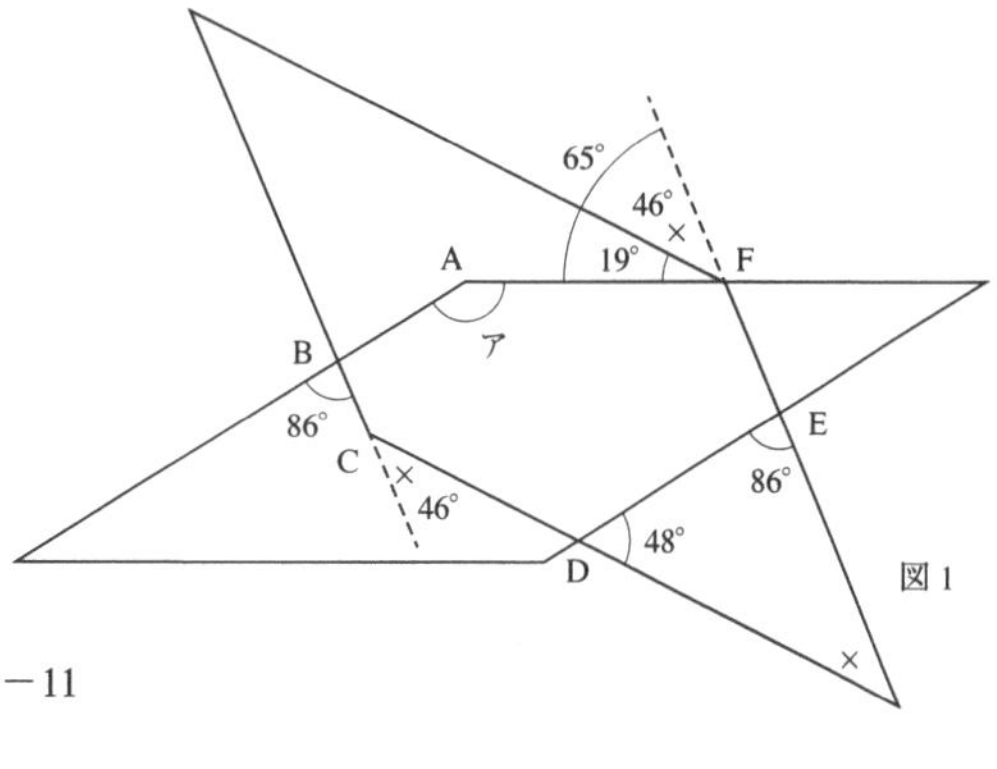

図1

重要 (2) 図2において，二等辺三角形AEDの辺EDはACによって2等分される。三角形ABCは直角二等辺三角形であり，三角形ABEの面積は6×6÷2＝18(cm^2)　図3において，ア×2＋イ＝33(cm^2)，ア＋イ＝18(cm^2)，ア＝33－18＝15(cm^2)　したがって，イは18－15＝3(cm^2)，AMは3×2÷6＝1(cm)であり，直角二等辺三角形CDEは5×5＝25(cm^2)

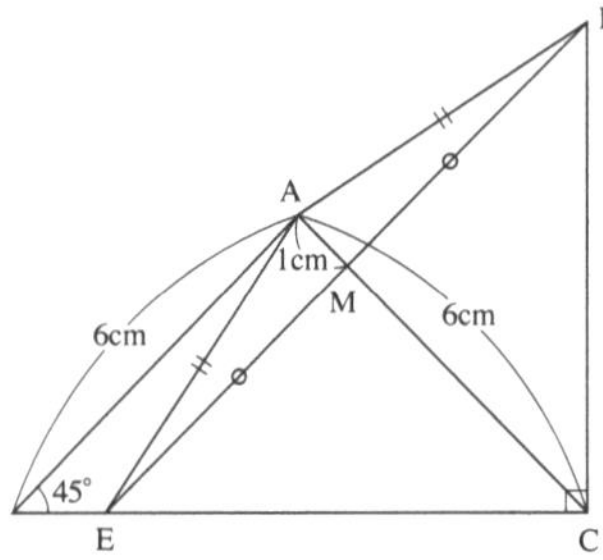

図2

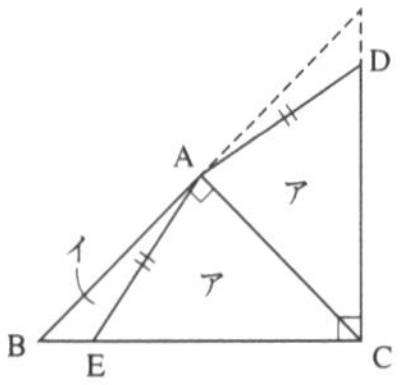

図3

(3) 右図において，直角三角形の3辺の比は5：4：3であり，円柱部分の半径は4÷5×3＝2.4(cm)，上部の円錐部分の高さは4÷5×4＝3.2(cm)，下部の円錐部分の高さは3÷5×3＝1.8(cm)である。したがって，回転体の体積は2.4×2.4×3.14×{(3.2＋1.8)÷3＋5}＝120.576(cm^3)

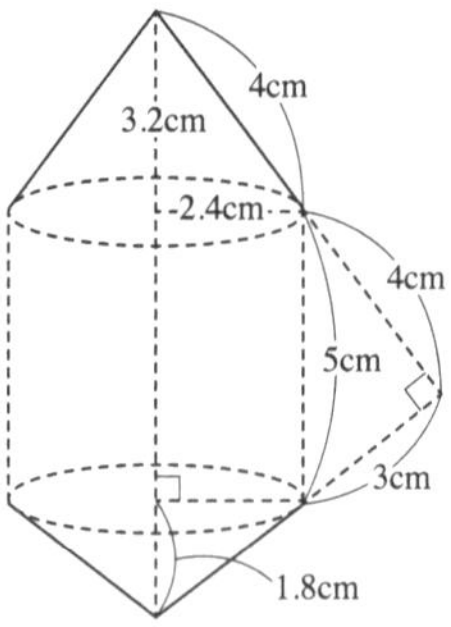

重要 〔3〕(平面図形，相似，立体図形)

(1) 図1において，長方形EFGHの面積は384＋6×8＝432(m^2)，GF：EFが6：8＝3：4であり，③×④＝⑫が432m^{2}に相当するので①が432÷12＝36＝6×6(m^2)　したがって，GFは6×3＝18(m)，6：18＝1：3であり，直角三角形PLBとPMFの相似比も1：3であるから，建物の高さは4×(3－1)＝8(m)

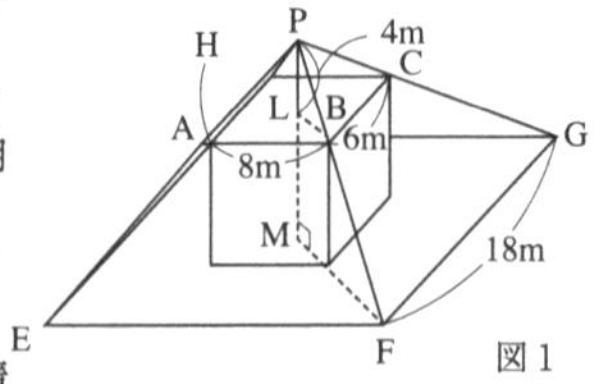

図1

(2) 図1・2より，図3において影が通る部分の面積は18×24－6×8＋24×6＋18×8＝672(m^2)

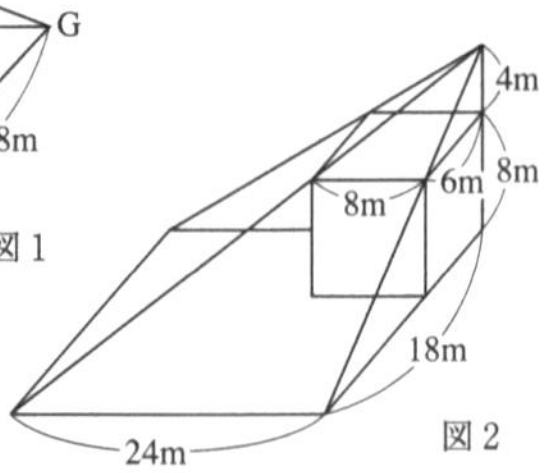

図2

(3) 図2において，上部の四角錐部分と全体の四角錐部分の相似比は1:3，体積比は1:27である。したがって，影の部分の体積は18×24×12÷3÷27×(27－1)－6×8×8＝1280(m^3)

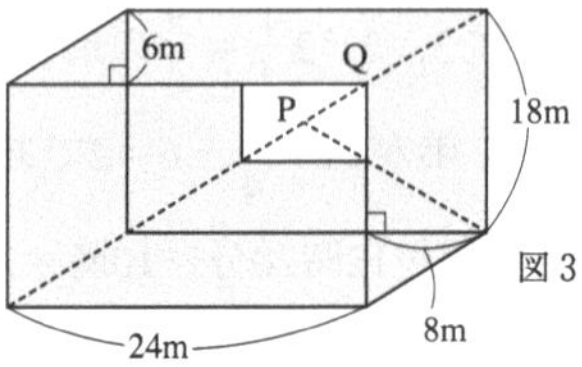

図3

〔4〕(速さの三公式と比，旅人算，割合と比)

(1) 次郎くんは15分遅れてA駅を出発して10分遅れてB公園に着いたので，いつもより，かかった時間が5分短い。次郎くんのいつもの時間と1.2倍の速さで進んだ時間の比は1.2：1＝6：5であり，いつもの時間は5×(6－5)×6＝30(分)，いつもの到着時刻は10時30分である。

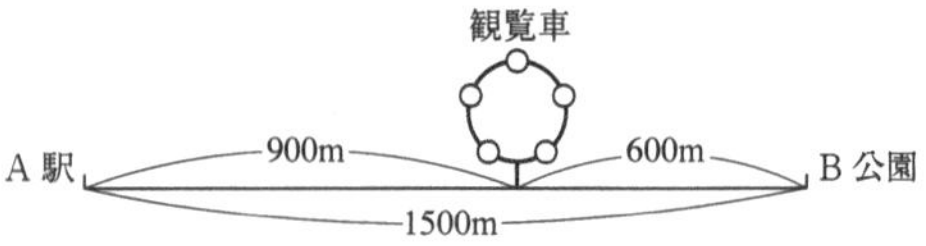

(2) (1)より，いつもの2人の分速は1500÷30＝50(m)である。太郎くんは観覧車まで900÷50＝18(分)かかり，観覧車からB公園まで600÷(50×1.5)＝8(分)かかった。したがって，観覧車1周の時間は40－(18＋8)＝14(分)

やや難 (3) B公園を出発して観覧車に乗ってから420mまで進んだ時間…(2)より，(600＋420)÷50＋14＝34.4(分)

太郎くんがB公園までもどって再出発した時刻…34.4＋(600＋420)÷75＋3＝51(分後)

次郎くんが観覧車までもどった時刻…34.4＋420÷50＝34.4＋8.4＝42.8(分後)

次郎くんが観覧車を待ってA駅へ向かった時刻…(2)より，2人で観覧車から降りた時刻は

34.4－8.4＝26(分後)，観覧車が2周した時刻は26＋14×2＝54(分後)
したがって，太郎くんが追いついた位置からA駅までは900－50×{600－75×(54－51)}÷(75－50)＝150(m)

重要 〔5〕 **(平面図形，数の性質，規則性，植木算)**

(1) 辺が5cm，正7角形…右図より，黒い石は3×7＝21(個)
白い石は2×7＝14(個)

(2) 正3角形…10cm(5×3)

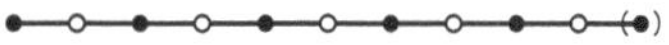

正5角形…6cm(3×5)

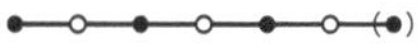

(3) 以下より，全部で1×5＋3＝8(通り)

正3角形…16cm(8×3)

正4角形…12cm(6×4)

正6角形…8cm(4×6)

正8角形…7cm，6cm，5cm(3×8)

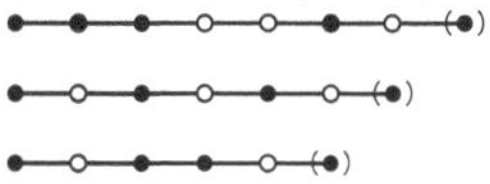

正12角形…4cm(2×12)

正24角形…3cm(1×24)

★ワンポイントアドバイス★

〔2〕(1)「角度」は単純ではなく，〔3〕(2)「影が通る部分」，移動する部分に注意しよう。〔4〕「観覧車」は，一定の周期で回転し続けている，と考えればよく，〔5〕「2つの手順」の意味を読み取ろう。

＜理科解答＞ ≪学校からの正答の発表はありません。≫

〔1〕 問1 水星，金星　問2 オ　問3 ウ　問4 (1) ア　(2) ウ　問5 73.7°

〔2〕 問1 ① ク　② ウ　問2 カ　問3 ブレーカー
問4 (1) ㋐　(2) オ，キ，ク

〔3〕 問1 イ，オ　問2 (1) (ひれ①) ア　(ひれ②) エ　(2) (形Ⅰ) B
(形Ⅱ) C　問3 (水温) ウ　(昼の長さ) ウ　問4 ① イ　② カ
問5 ア，カ

〔4〕 問1 5　問2 ア，エ　問3 ② エ　③ ア　⑤ ウ　⑥ イ
問4 A 6　C 3　E 5　G 1

○推定配点○

〔1〕 問4 各1点×2　他 各2点×4　〔2〕 問1 各1点×2　他 各2点×4
〔3〕 各1点×10　〔4〕 各1点×10　計40点

<理科解説>

〔1〕 (太陽と月−夏至の太陽の動き)

問1　太陽と地球の間を横切ることがある惑星は，地球よりも内側を公転している水星と金星である。ただし，公転軌道面が少し傾いているために，実際に太陽の前を横切るのはまれで，次回見られるのは，水星と太陽が重なるのが2032年，金星と太陽が重なるのが2117年である。

問2　地球から見て，月に比べて400倍遠い位置にある太陽が，月と同じ大きさに見える。だから，太陽の実際の大きさは月の400倍である。半径が400倍だと，断面積は400×400＝160000(倍)となる。

重要　問3　6月の東京で夕方に太陽を見るのだから，西やや北の地平線に向かって左上から右下に沈んでいくように見える。また，地球から見ると，太陽よりも月のほうが動きが遅いため，太陽の方から月に追いつき，追い抜いていく形になる。

やや難　問4　秋田市と千葉市は経度が同じでちょうど南北にある。しかし，夏至の日なので，地軸の北側が太陽のほうへ傾いている。そのため，日の出の時刻は，より北側にある秋田市の方が早い。南中のときは，北極，秋田市，千葉市がすべて太陽の方を向いてそろっており，南中時刻は同じである。地球儀を使うと確かめられる。参考に，問題の2021年6月21日の実際の値をあげておく。

	日の出の時刻	南中時刻	日の入りの時刻
秋田市	4時12分	11時41分	19時11分
千葉市	4時24分	11時41分	18時59分

問5　秋田市の緯度は，北緯39.7°である。春分や秋分のときの太陽の南中高度は，90°−39.7°＝50.3°である。夏至のときはそれより23.4°高く，50.3°＋23.4°＝73.7°となる。

〔2〕 (電気と回路−電気器具のつなぎ方)

問1　豆電球が最も明るく光るのは，乾電池が直列で，豆電球が並列につながっているクである。また，最も長い時間光るのは，流れる電流の量が少なく(豆電球が暗く)，乾電池が並列つなぎになっているウである。なお，イはショートしていて豆電球はつかない。

問2　bは電熱線が直列につながっているため，電気抵抗が大きく，流れる電流は少ない。cは，電熱線が並列につながっており，どの電熱線もコンセントに直接つながっている。これが，家庭用の電気器具の本来の使い方であり，電流も大きい。

問3　家庭の分電盤には，電流が一定の値を超えると，自動的に電流を止めるブレーカー(遮断器)が備え付けられている。かつては，電流が一定の値を超えると焼き切れるヒューズが使われており，現在も古い家屋にはわずかに残っている。

問4　(1)　ドライヤー㋑は，電気抵抗が大きく，流れる電流は少ないため，発熱量も少なく，温度が高まりにくい。

(2)　ア～クの回路では，ドライヤーはすべて並列つなぎになっているので，電源タップに流れる電流は，それぞれのドライヤーに流れる電流の合計となる。それぞれの電流の合計を求めると，次のとおりである。よって，1.5A未満のものは，オ，キ，クである。

ア：0.6＋0.6＋0.6＝1.8(A)，　イ：1.2＋0.6＋0.6＝2.4(A)，　ウ：1.2＋1.2＋0.6＝3.0(A)

エ：1.2＋1.2＋1.2＝3.6(A)，　オ：0.6＋0.6＝1.2(A)　カ：1.2＋0.6＝1.8(A)

キ：0.6A　ク：1.2A

〔3〕 (動物−メダカの飼育)

問1　魚類はイとオである。アはホ乳類，ウは両生類，エは節足動物の甲殻類である。

問2　メダカのオスは，背びれに切れこみがあり，しりびれが平行四辺形に近く広い。これは，メスが産卵したときに，並んで泳いでメスを引き寄せるのにつごうがよい。メスは，背びれに切れこみがなく，しりびれが三角形に近い。

問3　平均気温は，4月下旬が10℃，9月初旬が20℃であり，水温はそれよりも5℃高いので，15℃と25℃である。よって，他の条件が整った場合に産卵可能な水温は約15℃以上である。また，昼の長さは，4月下旬が13時間31分，9月初旬が13時間04分であり，他の条件が整った場合に産卵可能な昼の長さは約13時間以上である。

問4　メダカのえさは，与えすぎてはいけない。食べ残したエサが腐ったり，カビが繁殖したりするなど，水質を悪くするためである。

問5　水温が高いほど，メダカの運動が活発になり，呼吸量が増えるので，酸素をより多く消費する。また，気体は水温が高いほど水に溶けにくくなる。メダカに必要なのは酸素なので，水中の酸素量が減るのを，エアーポンプで補う必要がある。

〔4〕（水溶液の性質－7種類の水溶液の区別）

問1　アルコール水は，液体のアルコールが水に溶けている。なお，塩酸，炭酸水，アンモニア水は気体が溶けており，他は固体が溶けた水溶液である。

重要　問2　ア：正しい。中和反応によって，熱が発生するため，水溶液の温度は上がる。　イ：誤り。炭酸水は気体の二酸化炭素が溶けており，アルコール水は液体のアルコールが溶けているので，どちらも加熱したときに固体は残らない。　ウ：誤り。塩酸とアンモニア水を混ぜると中和反応が起きて，水以外に，塩として塩化アンモニウムができる。これは食塩(塩化ナトリウム)とは異なる物質である。　エ：正しい。アンモニア水の入った試験管を振ると，溶けていたアンモニアが出てくるので，刺激臭が強くなる。　オ：誤り。食塩水は電流を通す。

重要　問3　操作①で赤色リトマス紙につけたとき青色に変化した，アルカリ性の水溶液AとBは，アンモニア水か水酸化ナトリウム水溶液である。AとBを区別する操作②はエであり，固体が残ったAが水酸化ナトリウム水溶液，残らなかったBがアンモニア水である。

操作①で残った5種類の水溶液のうち，操作③では1つだけを区別しているので，アであり，白くにごったCは炭酸水である。操作③でウを選び，Cを塩酸とすると，後が合わなくなる。

操作③で残った4種類の水溶液のうち，操作④でにおいがあるDとEは，塩酸かアルコール水である。DとEを区別する操作⑤はウであり，水素が発生したDが塩酸，変化のなかったEがアルコール水である。操作⑤は，イでも区別できるが，あとの操作⑥で使う方法がなくなってしまう。

操作④で残った水溶液FとGは，食塩水かホウ酸水である。FとGを区別する操作⑥はイであり，Fのホウ酸水は酸性で黄色に変化し，変化のなかった中性のGが食塩水である。

問4　問3の結果をまとめると，A：6水酸化ナトリウム水溶液，B：4アンモニア水，C：3炭酸水，D：2塩酸，E：5アルコール水，F：7ホウ酸水，G：1食塩水となる。

★ワンポイントアドバイス★

図を読むときは，何となく眺めるのではなく，関連する要点を思い浮かべて，見るべきところがどこか注目しながら読もう。

＜社会解答＞ ≪学校からの正答の発表はありません。≫

〔1〕 問1 (1) イ (2) い A インド B アメリカ (3) イ (4) 中国など海外との価格競争に敗れ絹の生産が激減したから。 問2 フェアトレード

〔2〕 問1 オ 問2 ア 問3 (1) 紀ノ川 (2) 吉野すぎ 問4 ア

〔3〕 問1 あ 富本銭 い 和同開珎 う 武蔵 え 元明 お 両替商
か 仮想[暗号など] 問2 ウ 問3 (例) 中国の宋から輸入 問4 エ
問5 (鉱山名) 石見銀山 (都道府県名) 島根(県) 問6 エ 問7 ア・ウ
問8 イ・ウ・オ

〔4〕 問1 (1) エ (2) ウ (3) ア (4) エ (5) ウ 問2 ウ 問3 エ
問4 国勢調査 問5 (1) 国土交通省 (2) 農林水産業

○推定配点○
〔1〕 問1 (4) 3点 問2 2点 他 各1点×5 〔2〕 各1点×5
〔3〕 問3 2点 他 各1点×13 〔4〕 各1点×10 計40点

＜社会解説＞

〔1〕 (地理―工業・貿易・世界地理など)

問1 (1) 寒さには弱いが育ちやすいので世界各地で栽培されている。灌漑ができれば乾燥地でも栽培されるが開花から収穫までは乾燥していることが望ましい。アはカカオ，ウは茶，エは大豆。 (2) **あ**は大豆，**う**はカカオ。インドではデカン高原やインダス川上流で栽培，アメリカではかつて黒人奴隷を利用したプランテーションが南部を中心に発達していた。 (3) 江戸末期，開国した日本では輸出品の8割を生糸が占めるなど，戦前戦後を通じ日本の最大の輸出品として日本経済を支えていた。アは消防署，ウは竹林，エはヤシ科樹林。 (4) 日本の産業を支えた養蚕も海外との価格競争に敗れ現在では養蚕農家は数百戸にまで激減している。

重要 問2 現地の産品をなるべく安く買い高く売って利益を上げるという先進国の原則は南北格差を拡大させる。こうした中間搾取を廃止し，公正な取引をしようという考え方。人や社会，環境に配慮した製品を選んで消費することをエシカル消費と呼んでいる。

〔2〕 (地理―国土と自然・世界地理など)

重要 問1 県北部に位置する和歌山市は瀬戸内式の気候で年間を通じで温暖で降水量も少ない。アは冬季の降雪による降水量が多い鳥取，イは平均気温が低い仙台，ウは温暖で夏の降水量が多き太平洋に面した静岡，エは冬季はやや寒さが厳しい水戸の気候。

問2 滋賀県大津市の南，京都との県境に位置する逢坂山にあったといわれる関所。古代，伊勢の鈴鹿の関，美濃の不破の関と並んで3関と呼ばれ都を防衛する重要施設であった。

問3 (1) 日本最多雨地域である大台ケ原を水源に紀伊半島中部を西に流れ紀伊水道に注ぐ川。 (2) 高級材として知られる木材で，天竜すぎ・尾鷲ひのきと並ぶ人工林の日本三大美林の一つ。かつては紀ノ川を利用して和歌山まで流し，海路で大阪に運ばれていた。

問4 古くから龍が天に昇る様子から昇龍観とも呼ばれ，陸奥の松島，安芸の宮島とともに日本三景の一つである天橋立。延長3kmに及ぶ砂州で，白い砂と青い松が延々と続く景勝の地。

〔3〕 (日本の歴史―古代～現代の政治・経済・文化など)

問1 あ 1990年代，奈良・飛鳥池遺跡から「富本」の銘を持つ銅銭や鋳型片などが大量に出土。 い 唐の開元通宝に倣って鋳造された貨幣。 う 現在の東京と埼玉，神奈川の北東部からなる地域。 え 天智天皇の娘で孫である聖武天皇が元服するまでのつなぎとして即位した女帝。

お　江戸・大坂・京の三都を中心に発達，のちの財閥にまでつながる金融業者。　か　特定の国家による裏付けも，紙幣のような実体もないネット上にデータだけの形で存在する通貨。決済手段や投機の対象として急速に普及している。

問2　古代は祭祀《さいし》が重要視され，行政を司る太政官と神祇官が二官とされた。

重要　問3　平清盛は瀬戸内海の航路整備や大輪田泊(現在の神戸港)を修築するなどして宋と交易し莫大な利益を得た。大量に輸入された宋銭は国内の貨幣流通を促進させる役割を果たした。

問4　航海の守護神として知られ平家の篤い信仰を受けた厳島神社は安芸国(現在の広島)の一宮。備前の国は現在の岡山県南東部の旧国名。

問5　最盛期には世界の約3分の1を産出したといわれる日本の銀生産の主力となった島根県大田市の石見銀山。自然環境と共存した産業遺跡として知られる。

問6　1636年(寛永13年)から1860年まで鋳造された貨幣。これによりそれまで流通していた永楽銭など海外の貨幣使用が禁止され江戸時代を代表するものとなった。

問7　岩倉遣欧使節団は1871年12月に横浜を出発，12か国を歴訪し1873年9月に帰国した。版籍奉還は1869年，学制公布は1872年，徴兵令公布は1873年。

問8　金本位制の確立と貨幣制度の混乱を収拾する目的で，円・銭・厘の十進法を採用した。

〔4〕(政治・時事問題－政治のしくみなど)

重要　問1　(1)「長たる裁判官以外の裁判官は内閣でこれを任命する」(憲法79条)。「下級裁判所の裁判官は内閣でこれを任命する」(憲法80条)。　(2)　内閣不信任決議ができるのは衆議院だけであり解散の権限は内閣に属する。首長は議会の不信任に対し10日以内に解散させることができる。

(3)　首相の任期に関する規定はないが，「衆議院の総選挙後の最初の国会召集の日に総辞職する(70条)」という規定から最長は4年と考えることもできる。国会議員や首長，地方議会議員の任期はすべて4年。　(4)　国民投票法は憲法改正について国民の意見を聞くもの。住民投票は憲法95条の特別法と直接請求権を受けてのものと，条例によるものの3つ。住民投票条例は増えているが住民投票法はない。　(5)　首相に対する解職請求権はないが首長や地方議員に対する解職請求は認められている。

問2　地方の自主独立を高め個性豊かで活力に満ちた地域社会の実現を目指す法律。今までの上下・主従関係から対等・協力関係への転換を促進している。

問3　2019年に就任した大阪府知事。アは埼玉，イは千葉，ウは神奈川，オは東京の知事。

問4　日本に住むすべての人と世帯を対象に，性別や年齢，配偶者の有無，職業などを把握するための全数調査であり国の最も重要な統計でもある。

問5　観光などの需要を喚起して景気や経済をテコ入れしていこうという政策。Go Toイベントと Go To商店街は経済産業省が所管している。

★ワンポイントアドバイス★

社会は幅広いいわば一般常識といったたぐいの設問も多い。日ごろからいろいろなものに興味を持ち，世の中の動きに常にアンテナを張っておこう。

＜国語解答＞ ≪学校からの正答の発表はありません。≫

一　問1　ウ　　問2　A　オ　　B　イ　　問3　感傷　　問4　(例)　苦しいことも乗り越えながら，家族は希望とともにこれからも続いていくのだ(35字)(という思い。)　　問5　ア
問6　エ　　問7　イ

二　問1　a　器官　　b　快適　　c　ゆる(やかに)　　問2　(例)　観察することのできない後ろの世界を想像することが優しさを生む(30字)(という意味。)
問3　W　観察　　X　想像　　問4　ア　　問5　エ　　問6　オ

○推定配点○
一　問2　各2点×2　　問4　6点　　他　各4点×5
二　問1　各2点×3　　問2　6点　　問3　各3点×2　　他　各4点×3　　計60点

＜国語解説＞

一　(小説－心情・場面・文章の細部の読み取り，空欄補充，ことばの意味，漢字の書き取り)

問1　傍線部1前後で,「昔はモテたの？」と健太が聞くのは,好きな子ができたからだとわかり,「……お前がモテないのはお前のせいだ……」とからかっている俊平の様子が描かれているので，ウが適切。健太に好きな子がいることを説明していないア，イ，エは不適切。オの「自らの推理の的確さに酔い得意になっている」も読み取れないので不適切。

基本　問2　Aの「好々爺」は，人に好感を与える，人の良いやさしいおじいさん，という意味。「然(ぜん)」は，名詞などについて，そのもののような状態や様子であることを表す。Bは，うまくやったという様子の得意げな顔つきのこと。

問3　［X］後「つい数日前……」で始まる場面で，テレビのワイドショーで『……元いた世界に戻ることはできないんです』と言う有名な小説家に,俊平が「『……感傷に浸る前に何か変えろよ。……』」と毒づき続けていることが描かれている。高畑さんは，この小説家と同じようなことを話しているので「感傷」が入る。

やや難　問4　傍線部2後「ただ，わかることが……」で始まる段落で，家族の物語はまだ途中で，誰かが去っても，また新しい誰かが輪の中に入ってきて，これからも続いていく，「歯車を必死に回し続けた」＝母の闘病生活を乗り越えてきた先にあったのは間違いなく希望である，という，家族に対する浩平の心情が描かれている。これらの内容をふまえ，母の闘病生活と死という苦しいことも乗り越えながら，家族は希望とともにこれからも続いていく，というような浩平の思いを説明する。

重要　問5　「『おお，高畑。……』」から始まる場面で，店を畳むことを決めたために自棄(思うように事が運ばなくて，なげやりになること)になっている高畑に,「元の世界なんかよりずっと良くなるに決まってる」「悪夢を見たあとはいい夢が見られるし，大雨のあとは必ず快晴が待ってる。……」と言って，はげましている様子が描かれている。また，高畑とのやりとりから，父が気取らない人柄であることも読み取れるので，アが適切。冒頭の説明に，浩介は「家族の危機に際してふがいない姿を見せる父を尊敬できずにいた」とあり，母の葬儀では「みんなの前で号泣し始めた父」のことが描かれているので，イの「頼りがいのある人物」，ウの「包容力に満ちた雰囲気をもっており」，オの「思慮深い性格」はいずれも不適切。エの「情熱的に伝える」も描かれていないので不適切。

問6　「お父さんと三人でメシでも行くか」という浩介の誘いを，「面倒くさい」と言って断っている俊平が，以前「その物語がより良いものになるためのことなら，僕も努力を惜しまない」と言

っていたことから，冷たいようでもこれからも家族として俊平との関係は続いていくのだろうと思い，浩介は傍線部4のように感じているので，エが適切。「心地よかった」＝これからも家族として続いていく俊平との関係を思って，心地よかった，ということを説明していない他の選択肢は不適切。

重要 問7　若菜家が，母の闘病～死という苦しい時期を家族で乗り越えてきたことは描かれているが，イの「母を忘れることで」とは描かれていないので，誤っている。「『あの兄弟は……一緒だって』」という健太の言葉や「あの日の俊平とよく似たことを口にした」などの描写があるので，アは正しい。ウも「『いやぁ，……』」で始まる場面で描かれている。☆前後で，父や俊平に対する印象や家族への思いなど，浩介の心情の変化が読み取れるので，エも正しい。「一連の騒動」で自棄になっている高畑に，「元の世界なんかよりずっと良くなるに決まってる」「……あの苦しい時期を乗り越えてきて俺たちの家族はいまが最強だ」ということを話しているので，オも正しい。

二　(論説文－要旨・大意・細部の読み取り，空欄補充，漢字の読み書き)

基本 問1　aは，生物の体を構成する一部分。bは，気持ちがよく過ごしやすいさま。cの音読みは「カン」。熟語は「緩和(かんわ)」など。

やや難 問2　傍線部1直後の段落後半で，目や鼻や口で後ろを観察することはできないが想像することはでき，その想像をすることがまた優しさを生む，と述べており，このことが1の「意味」すなわち，目や鼻や口が前だけについていて後ろにはない意味の説明になっているので，これらの内容を解答欄に合うように指定字数以内にまとめる。

問3　空らんW・Xのある段落の「心」は，直前の段落で述べているように，名優の後ろ姿から，僕たちの想像力が捉える，その人物の「心」のことである。さらに前の「その意味を……」で始まる段落で，後ろを観察することはできないが想像することはできる，と述べていることから，Wには「観察」，Yには「想像」が入る。

問4　一つ目の空らんYのある段落と次段落で，小指の先に目があれば世界をまるごと見ることができるという願望によって，僕たちは科学文明を発達させてきたので，小指の先の目としてのビデオやカメラや情報機器を使うことで，世界をまるごと「情報」として捉え，観察し，理解してきた，ということを述べている。また二つ目のYも一つ目同様，「これが僕たちの……」で始まる段落内容の要旨になっているので，Yにはアが適切。

重要 問5　空らんZのある段落の直前の段落で，科学文明によって世界の半分の闇を失い，その行き過ぎた科学文明を緩やかに穏やかにする力こそが文化であることを述べている。Zのある文は，世界の半分の闇を失った科学文明に対する，文化の力を述べており，芸術・美術といった文化とは，世界の半分だけでなくまるごと共存できる人間の力を得ることである，という文脈になるので，エが適切。

重要 問6　傍線部2の「移動するには馬が一番」という言葉を引用しているのは，「なぜか。……」で始まる段落で述べているように，科学文明によって「飛行機や新幹線を得て便利になったけれども，馬の背で旅をする幸福感を失った」からであり，「行き過ぎた科学文明は凶器となり，人間を滅ぼしてしまう」からである。さらに2直前では，「不便さも大切にし，我慢の力を尊び，そして真の人間の幸福を考えていくようにならなければならない」とも述べているので，オが適切。行き過ぎた科学文明が人間を滅ぼしてしまうこと，不便さも大切にすることが人間の幸福につながることを説明していない他の選択肢は不適切。

★ワンポイントアドバイス★

小説では，登場人物の性格や人物同士の関係をていねいに読み取っていくことが重要だ。

2020年度

★★★★★★★★★★★★★★★★★★★★★★★★

入　試　問　題

2020年度

早稲田中学校入試問題（第1回）

【算　数】（50分）　＜満点：60点＞

【注意】 定規，コンパス，および計算機（時計についているものも含む）類の使用は認めません。

〔1〕 次の問いに答えなさい。

⑴ $\frac{51005}{3232}$ からある数を引いて最も大きい整数にします。そのある数は何ですか。約分できない分数で答えなさい。

⑵ 水そうにある量の水が入っていますが，穴があいていて，常に一定量の水が流れ出ていきます。
　この水そうを空《から》にして，３台のポンプで水を注ぐと10時間で満たされ，５台のポンプで水を注ぐと５時間で満たされます。ポンプ９台で空の水そうに水を注ぐと，何時間何分で満たされますか。

⑶ 容器Ａ，Ｂ，Ｃに食塩水が200ｇずつ入っています。ＡからＢへ40ｇ移してかき混ぜた後，ＢからＣへ40ｇ移してかき混ぜ，最後にＣからＡへ40ｇ移してかき混ぜました。その結果，食塩水の濃度はそれぞれ，Ａが５％，Ｂが８％，Ｃが12％になりました。初めに容器Ｂに入っていた食塩水に含まれる食塩の量は何ｇですか。

〔2〕 次の問いに答えなさい。ただし，円周率は3.14とします。

⑴ 右の図の点は，円周を15等分した点です。角アの大きさは何度ですか。

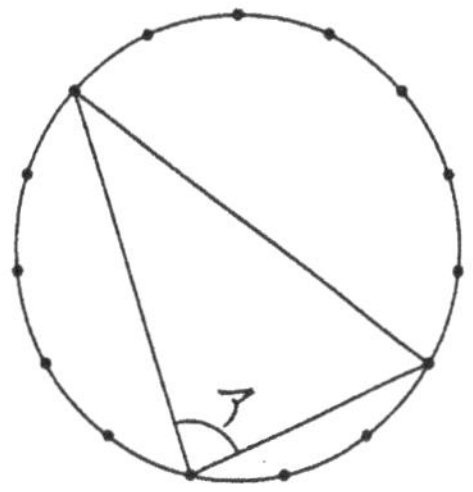

⑵ 右の図の四角形ABCDは１辺の長さが３cmの正方形です。この正方形を，頂点Ａを中心に反時計回りに60度回転させたとき，正方形ABCDが通った図形の面積は何cm^2ですか。

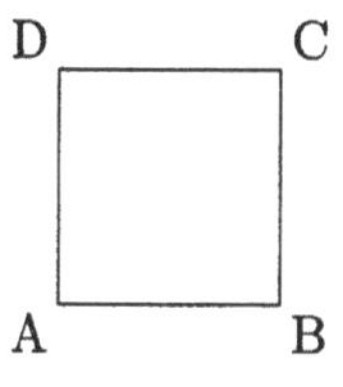

⑶ 右の図の台形を辺ABを軸として１回転させてできる立体の表面積は何cm^2ですか。

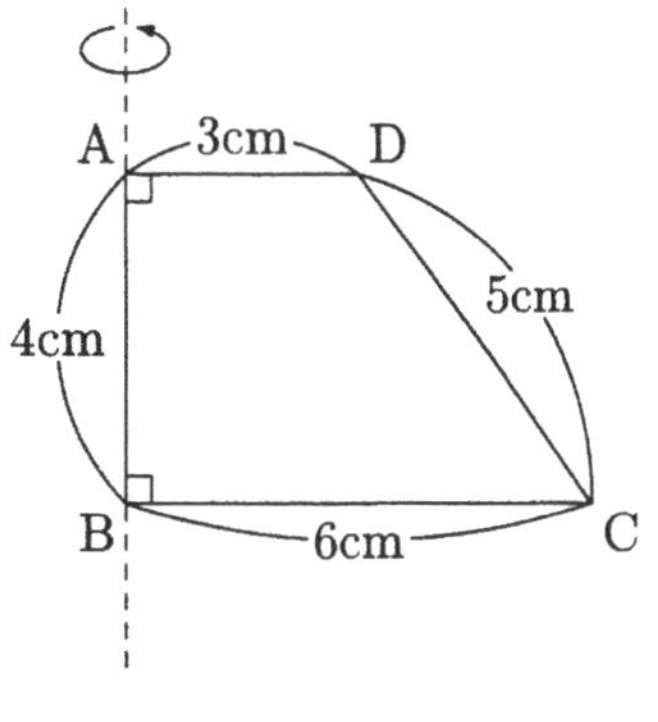

〔３〕 三角すいABCDの頂点Ａに点Ｐがあり，点Ｐは１秒ごとに他の頂点に移動します。たとえば，２秒後に点Ｐが頂点Ａにある移動の仕方は全部で３通りです。次の問いに答えなさい。

(1) ３秒後に点Ｐが頂点Ａにある移動の仕方は全部で何通りありますか。

(2) ４秒後に点Ｐが頂点Ａにある移動の仕方は全部で何通りありますか。

(3) ５秒後に点Ｐが頂点Ａにある移動の仕方は全部で何通りありますか。

(4) ９秒後に点Ｐが頂点Ａにある移動の仕方のうち，３秒後に頂点Ｂにあり，６秒後に頂点Ａにある移動の仕方は全部で何通りありますか。

〔４〕 図のように点Ｏを中心とする円形のジョギングコースとサイクリングコースがあります。この２つのコースのスタート地点から兄はジョギングコースを分速120ｍで，弟はサイクリングコースを一定の速さで，同時に反時計回りに走り始めます。このジョギングコースの直径は1.4㎞で，兄が５周，弟が12周したとき，２人は同時にスタート地点に戻ってきました。次の問いに答えなさい。ただし，円周率は$\frac{22}{7}$とし，コースの幅《はば》は考えないものとします。

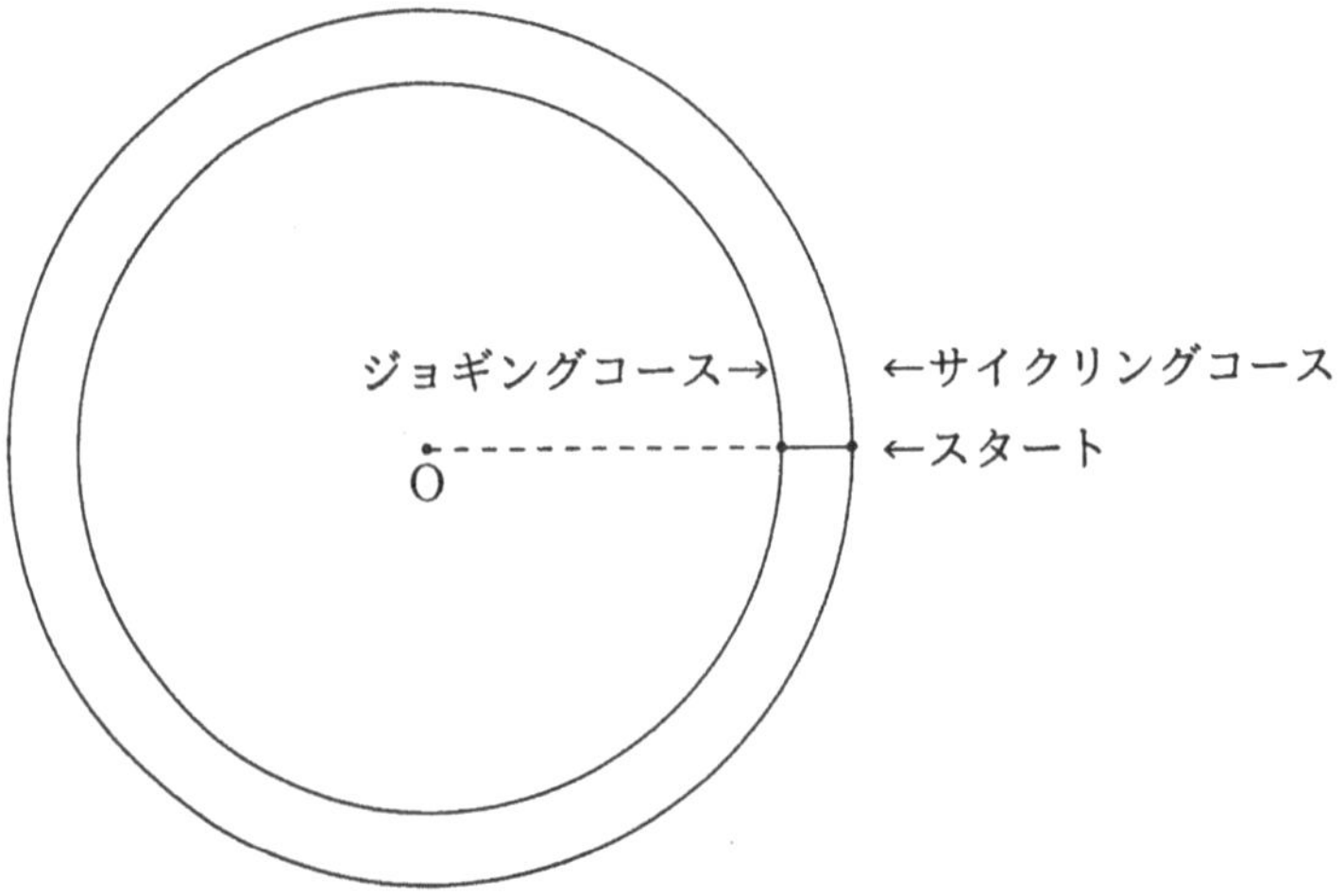

(1) 弟が走る速さを調べるため，140ｍのまっすぐな道の両端《はし》から兄と弟が向かい合って同時に走り始めると，兄が40ｍ進んだところで弟と出会いました。弟が走る速さは分速何ｍですか。

(2) 兄がジョギングコースを５周するのにかかった時間は，何時間何分何秒ですか。

(3) ジョギングコースとサイクリングコースの間隔《かく》は何ｍですか。

〔５〕 図１のような１辺の長さが１㎝の立方体ABCDEFGHから「頂点を切り落とす」ことを考えます。たとえば「頂点Ｂを切り落とす」とは，３点Ａ，Ｃ，Ｆを通る平面で立方体を切断し，点Ｂを含む方を取り除くことを言います。同じように，「頂点Ｈを切り落とす」とは，３点Ｄ，Ｅ，Ｇを通る平面で立方体を切断し，点Ｈを含む方を取り除くことを言います。例として，２つの頂点Ｂ，Ｈを同時に切り落としてできる立体は次のページの図２のようになります。次の問いに答えなさい。

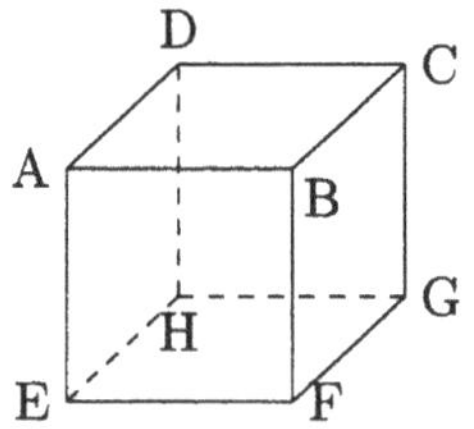

図１

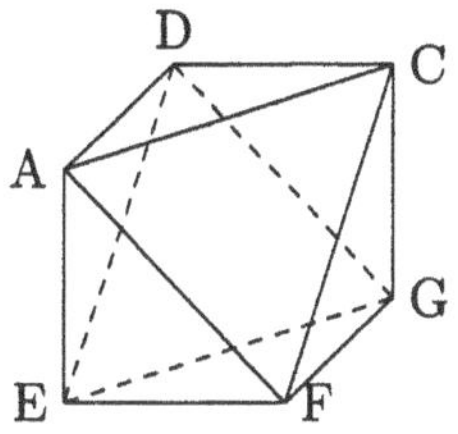

図２

⑴　立方体ABCDEFGHから２つの頂点B，Hを同時に切り落としてできる立体の体積は何㎝^{3}ですか。

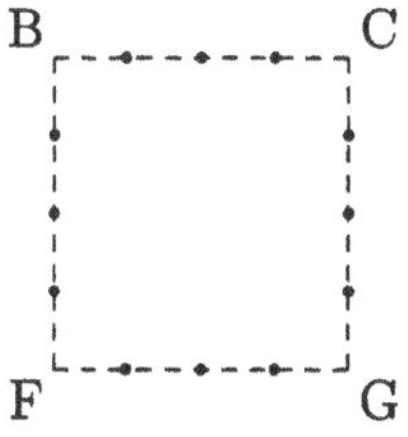

⑵　立方体ABCDEFGHから４つの頂点A，B，G，Hを同時に切り落としてできる立体について，

①　この立体の表面を黒く塗《ぬ》って，面BFGCの方向から見たとき，黒く塗られている部分を解答らんの図にかき込み，斜線で示しなさい。ただし，辺上の点は各辺を等分した点です。

②　この立体の体積は何㎝^{3}ですか。

⑶　立方体ABCDEFGHから８つの頂点A，B，C，D，E，F，G，Hを同時に切り落としてできる立体の体積は何㎝^{3}ですか。

【理　科】（30分）　＜満点：40点＞

【注意】 定規，コンパス，および計算機（時計についているものも含む）類の使用は認めません。

〔１〕 地層や岩石の中に残された，昔の生物の死がいや生活のあとを化石といいます。化石は野外のほかに，デパートなどの石造りのかべの中にも見ることができます。あるビルのかべに化石を見つけたので，スケッチ（図１）をしてこれについて調べることにしました。以下の問いに答えなさい。

問１ この化石は断面が見えており，図鑑《かん》で調べると中生代という時代に生息していた生物のものでした。この化石の名前を答えなさい。

問２ この化石のように，地層がたい積した時代が分かる化石を示準化石といいます。示準化石に適している生物の条件としてふさわしいものをすべて選び，記号で答えなさい。

ア 広い範囲《はんい》に生息していた生物
イ 限られた環境《かんきょう》でしか生息できない生物
ウ 長い期間生息していた生物
エ 短い期間に栄えた生物

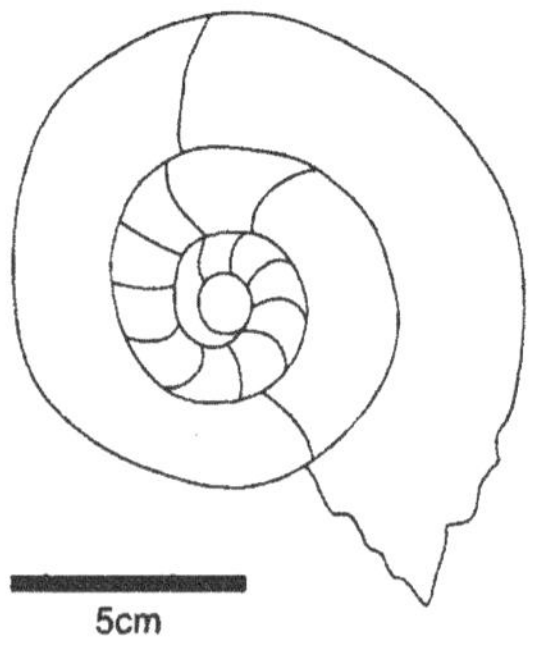

図１

問１の化石は，標高8,000mを超えるヒマラヤ山脈の山頂付近の地層からも見つかっています。ヒマラヤ山脈の南に位置するインドなどは，かつては別の小さな大陸（古インド大陸）でした。図２は，古インド大陸の南から北への移動のようすと，現在のユーラシア大陸，ヒマラヤ山脈の位置を示しています。

問３ ヒマラヤ山脈の山頂付近の地層から問１の化石が見つかったことから，この地層がつくられたのはどのような場所だったと考えられますか。

問４ 古インド大陸の移動は何の動きによるものですか。

問５ 古インド大陸は１年でどのくらい移動しましたか。図２を用いて計算し，もっともふさわしいものを選び，記号で答えなさい。ただし，子午線の長さを40,000kmとします。

ア 約１mm　**イ** 約10cm　**ウ** 約１m　**エ** 約10m

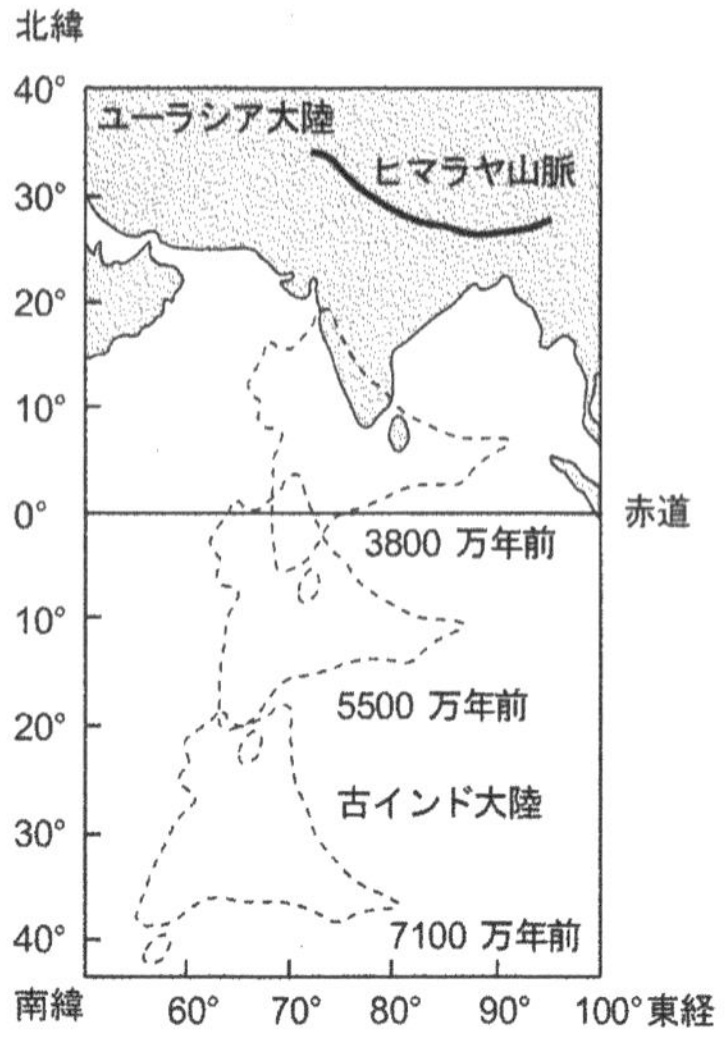

図２

〔２〕 次のページの表は，いろいろな温度で，100ｇの水に溶《と》けるだけ溶かした食塩，砂糖，ホウ酸，硝酸カリウムの量を示したものです。以下の問いに答えなさい。

問１ 40℃ の水50ｇに食塩20ｇを加えてよくかきまぜ，溶けるだけ溶かしました。溶けずに残った食塩の重さは何ｇですか。

問２ 80℃ の水100ｇに硝酸カリウム40ｇを加えてよくかきまぜ，溶けるだけ溶かしました。この水溶液を20℃ まで冷やすと何ｇの結しょうが出てきますか。

水の温度（℃）	20	40	60	80
食塩（g）	35.8	36.3	37.1	38.0
砂糖（g）	203.9	238.1	287.3	362.1
ホウ酸（g）	4.9	8.9	14.9	23.5
硝酸カリウム（g）	31.6	63.9	109.2	168.8

問３　40℃の水100ｇが入ったビーカーを４つ用意しました。食塩，砂糖，ホウ酸，硝酸カリウムを40ｇずつはかり，それぞれ別々のビーカーに加えてよくかきまぜました。次のうち，正しいものはどれですか。ふさわしいものをすべて選び，記号で答えなさい。

ア　ホウ酸を加えたビーカーには溶け残りができる。

イ　４つのうち，２つのビーカーの水溶液は同じ濃《こ》さである。

ウ　４つのビーカーを20℃まで冷やすと，すべてのビーカーに溶け残りができる。

エ　４つのビーカーを60℃まで温めてよくかきまぜると，１つのビーカーにだけ溶け残りができる。

問４　20℃の水にある量の食塩を入れてよくかきまぜたところ，溶け残りが生じたので，これをろ過しました。溶け残った食塩をのせたままろ紙をろうとから外し，十分に乾燥《かんそう》させてから重さをはかると，ろ紙のみの重さから2.1ｇ増えていました。また，ろ過して得られた液体（ろ液）は67.9ｇでした。最初に入れた食塩は何ｇですか。ただし，ろうとに食塩水は残っていないものとします。

問５　80℃の水をビーカーに入れ，食塩を溶けるだけ溶かしました。この水溶液を20℃まで冷やすと，結しょうが生じました。生じた結しょうの量と形としてもっともふさわしいものをそれぞれ選び，記号で答えなさい。

【結しょうの量】

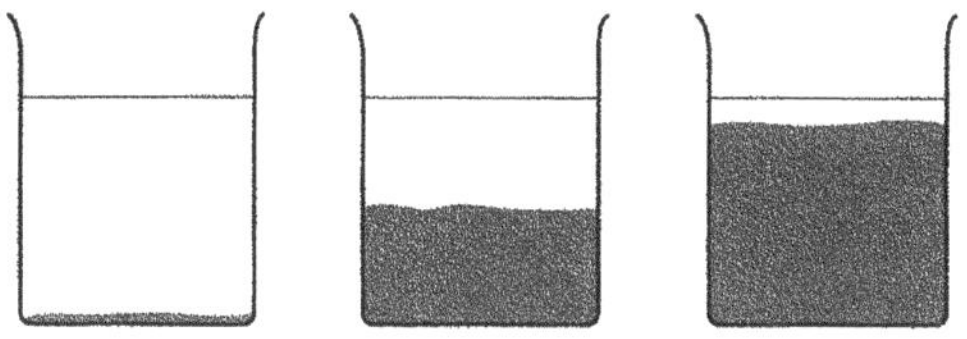

ア　　イ　　ウ

【結しょうの形】

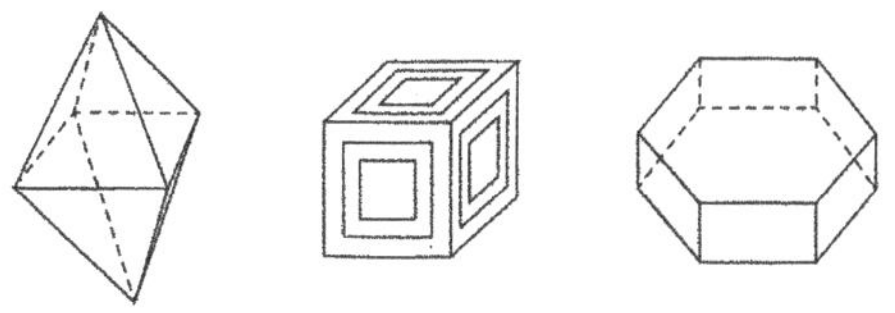

エ　　オ　　カ

〔３〕　新品の乾《かん》電池，手回し発電機，豆電球，発光ダイオード（LED），電流計，スイッチを用いて，次のページの図１の①～⑤の回路を作り，**実験１**～**実験４**を行いました。これについて以下の問いに答えなさい。ただし，用いた豆電球とLEDはすべて同じ種類であるとします。また，次のページの図２のように，LEDには長い足と短い足があることに注意しなさい。

【実験１】　①，②のスイッチを入れると，②の豆電球の方が明るく光りました。このとき①，②の電流計は，それぞれ250mA，430ｍＡを示しました。

【実験２】　③の手回し発電機のハンドルを時計回りに一定の速さで回すと，豆電球は**実験１**の①と同じ明るさで光り，電流計は250ｍＡを示しました。ハンドルを回す速さをゆっくりと上げると，それにともなって豆電球は明るくなり，電流計の示す値は大きくなりました。ある速さに達したところで，豆電球は**実験１**の②と同じ明るさになり，電流計は430ｍＡを示しました。

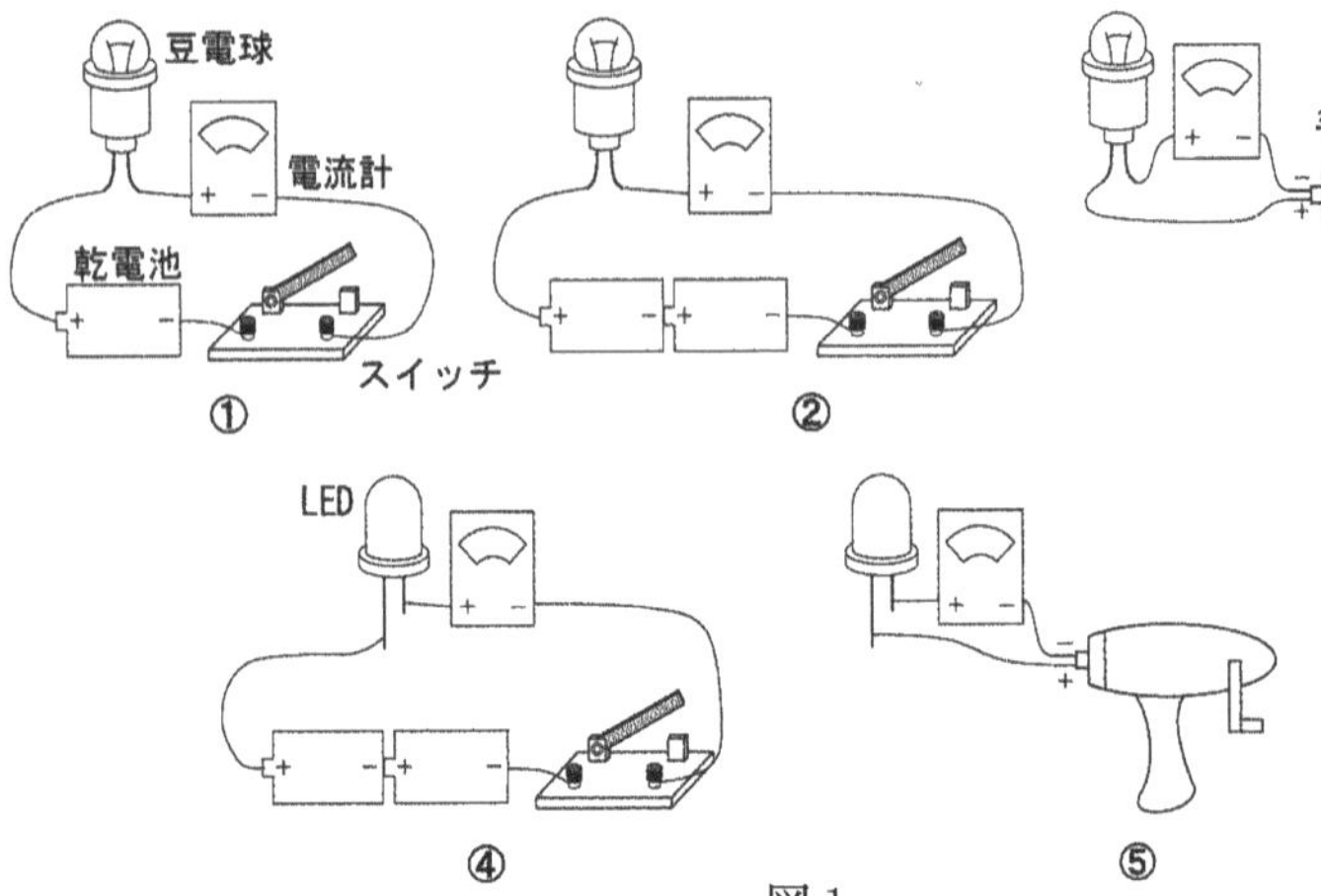

図１

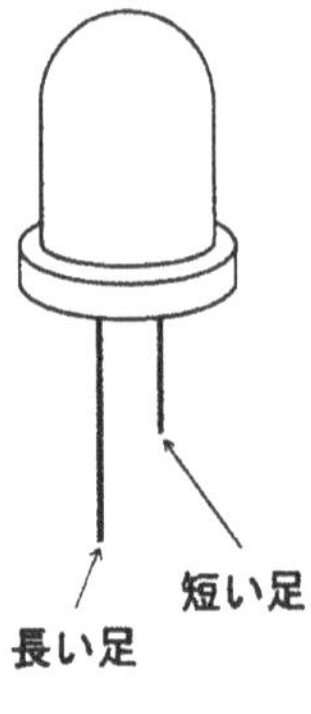

図２

【実験３】 ④のスイッチを入れると，LEDは光り，電流計は20mAを示しました。また，⑤の手回し発電機のハンドルを時計回りに一定の速さで回すと，⑤のLEDは④のLEDと同じ明るさで光り，電流計は20mAを示しました。この状態からハンドルを回す速さをゆっくりと下げると，それにともなってLEDは暗くなり，電流計の示す値が小さくなりました。ある速さに達したところで，LEDが光らなくなり，電流計は０mAを示しました。LEDが光らなくなった速さで③の手回し発電機のハンドルを時計回りに回すと，豆電球は**実験１**の①よりも明るく光り，電流計は300mAを示しました。

【実験４】 ⑤のLEDを逆向き（短い足を手回し発電機の＋側，長い足を電流計の＋側）につなぎ，手回し発電機のハンドルを時計回りに回しました。すると，回す速さにかかわらずLEDは光りませんでした。電流計は常に０mAを示しました。

問１ **実験１**と**実験２**からわかることは何ですか。ふさわしいものを２つ選び，記号で答えなさい。

ア 豆電球は，電流の流れる向きに関係なく光る。

イ 豆電球は，大きな電流が流れるとより明るく光る。

ウ 豆電球は，つないだ乾電池の個数に関係なく同じ明るさで光る。

エ 手回し発電機のハンドルを回す向きを変えると，流れる電流の向きも変わる。

オ 手回し発電機のハンドルを速く回すほど，大きな電流を流すことができる。

問２ 図３のような回路を作ったとき，光る豆電球をすべて選び，記号で答えなさい。

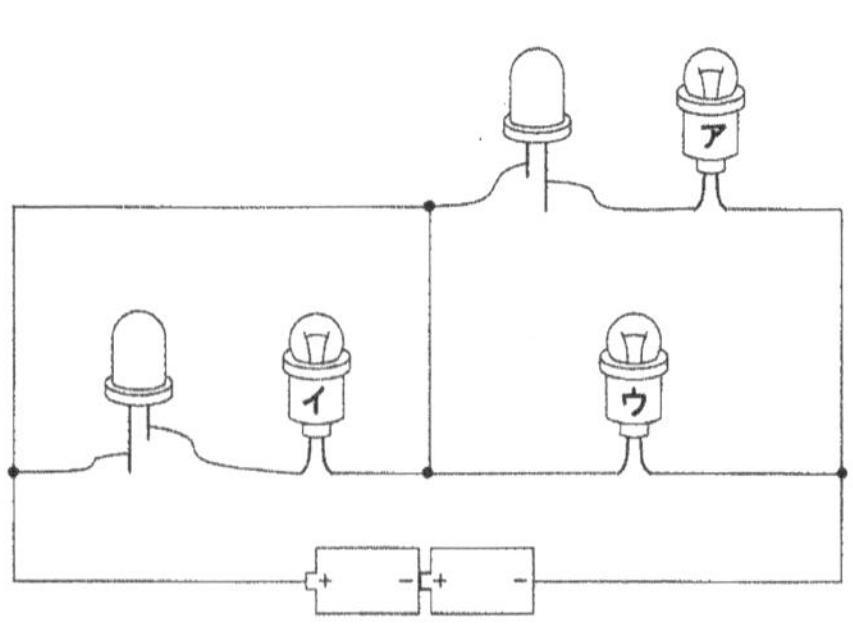

図３

問３　図４のような４つの回路を作ったとき，光るLEDをすべて選び，記号で答えなさい。

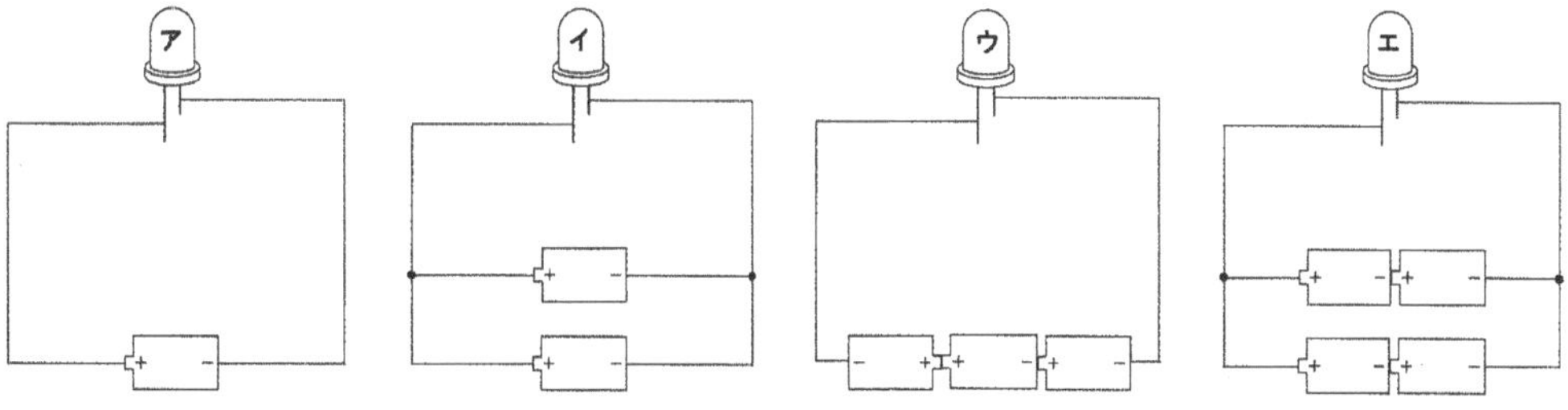

図４

問４　図５のような回路を作ったとき，光るLEDをすべて選び，記号で答えなさい。

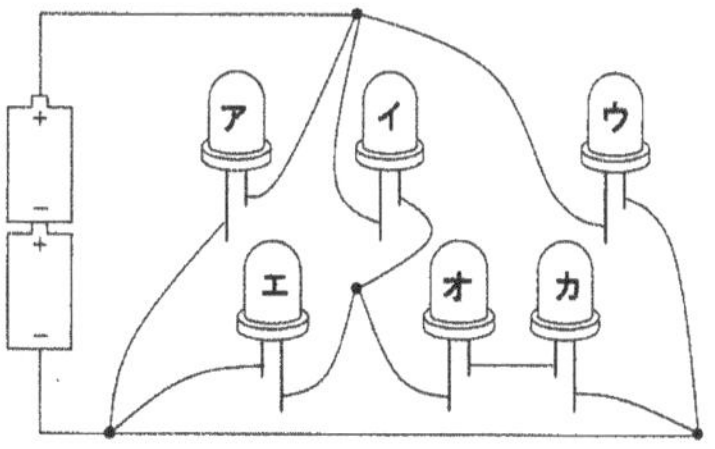

図５

問５　乾電池は使い続けると消耗《しょうもう》することが知られています。前のページの図１の②と④のスイッチを同時に入れると，豆電球の方がLEDよりも早く明かりが消えました。新品の乾電池を用いて，図６のような回路を作ったとき，どのような現象が起きますか。もっともふさわしいものを選び，記号で答えなさい。ただし，乾電池の寿命《じゅみょう》は豆電球やLEDの寿命に比べて短いものとします。

ア　豆電球とLEDはいずれも光り，豆電球の明かりが先に消える。
イ　豆電球とLEDはいずれも光り，LEDの明かりが先に消える。
ウ　豆電球とLEDはいずれも光り，同時に消える。
エ　豆電球のみ光り，しばらくたつと消える。
オ　豆電球とLEDはいずれも光らない。

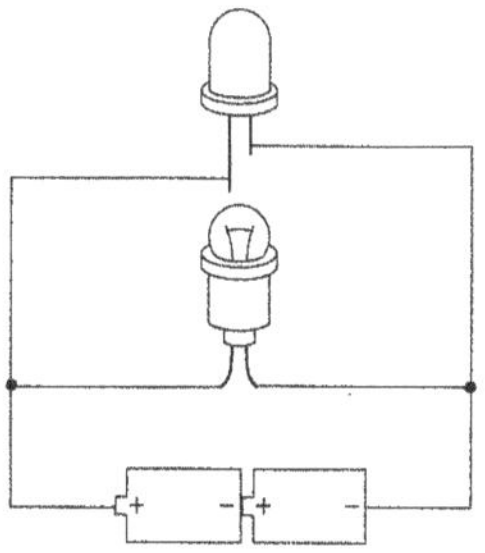

図６

〔４〕　多くの植物は成長して花をさかせ，その後，受粉をして実をつけます。花のつくりや受粉，実のでき方について，以下の問いに答えなさい。

問１　図１はアサガオの花をたてに切ったときのようすを示しています。図中の①～④は何ですか。正しいものの組み合わせとしてふさわしいものを選び，記号で答えなさい。

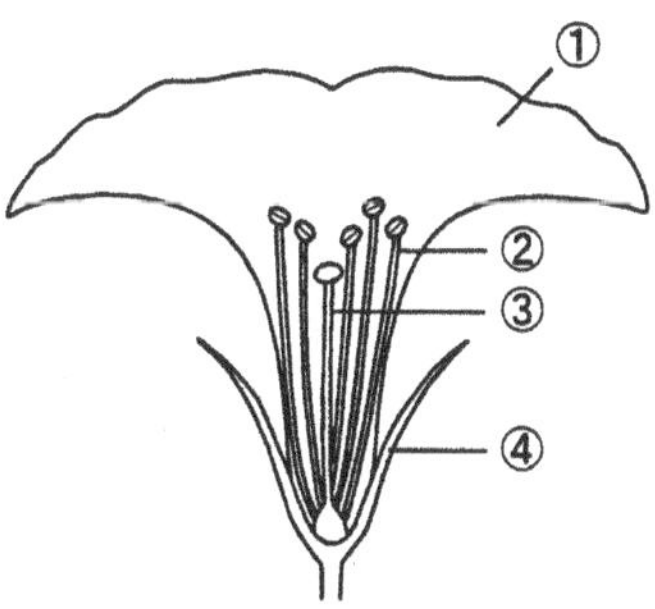

図１

	①	②	③	④
ア	花びら	めしべ	おしべ	がく
イ	花びら	おしべ	めしべ	がく
ウ	がく	めしべ	おしべ	花びら
エ	がく	おしべ	めしべ	花びら

問2　アサガオは，1つの花の中におしべとめしべを両方もつ「両性花」をつけます。それに対して，ヘチマは，おばなとめばなを別々につけ，これらは「単性花」と呼ばれます。単性花をつける植物はどれですか。ふさわしいものを2つ選び，記号で答えなさい。

ア　アブラナ　　**イ**　インゲンマメ　　**ウ**　キュウリ　　**エ**　コスモス　　**オ**　トウモロコシ

花は茎《くき》の先端《せんたん》部が変化してできます。前のページの図1のように，がく，花びら，おしべ，めしべができるのは，設計図にあたる遺伝子と呼ばれるものが茎の先端部で調節されて働くためです。

花をつくる遺伝子にはA，B，Cの3グループがあり，茎の先端部はどこの部分もA，B，Cのグループ遺伝子すべてをもっています。そのうちのどれが働くかによって，花のつくりのどの部分ができるかが決まります。正常な花がつくられる場合，各部分ではA～Cのグループ遺伝子が下表のように働いています。

花のつくり	正常な花がつくられるときに働くグループ遺伝子
がく	Aのみ
花びら	AとB
おしべ	BとC
めしべ	Cのみ

問3　何らかの影響でBグループ遺伝子の働きが失われた場合，どのような形の花ができますか。次の文の①～④にあてはまる語を**ア**～**エ**から選び，それぞれ記号で答えなさい。

Bグループ遺伝子の働きが失われると，花のつくりのうち，外側の本来（　①　）になる部分が（　②　）に，内側の本来（　③　）になる部分が（　④　）に変化し，（　②　）と（　④　）だけをもつ花ができる。

ア　がく　　**イ**　花びら　　**ウ**　おしべ　　**エ**　めしべ

問4　Aグループ遺伝子とCグループ遺伝子はおたがいに働きをおさえ合っているので，もしCが働いている部分でCの働きが失われると，Aがその部分で働きだすようになります。このとき，どのような形の花ができますか。もっともふさわしいものを選び，記号で答えなさい。

ア　おしべを失い，めしべ，花びら，がくが増えた花

イ　めしべを失い，おしべ，花びら，がくが増えた花

ウ　おしべとめしべを失い，花びらだけが増えた花

エ　おしべとめしべを失い，がくだけが増えた花

オ　おしべとめしべを失い，花びらとがくが増えた花

花がさいた後，実ができるためには受粉が必要です。そのことを調べるために，ヘチマを用いて次のような実験を行いました。

［実験］

1）翌日に花がさきそうなめばなのつぼみを2つ選び，袋《ふくろ》をかぶせる（次のページの図2）。

2）花がさいたら，1つは袋をかぶせたままにし，これを㋐とする。もう1つは袋を取りおしべの花

粉を筆でめしべの先につけ，またすぐに袋をかぶせもとのようにし，これを㋑とする。

３）花がしぼんでから両方の袋を取り，その後，実ができるかを観察する。

問５　実験の結果，㋐は実がならず，花粉をつけた㋑では実がなったことから，実がなるためには受粉が必要であることがわかりました。では，㋑の花に下線部のように再び袋をかぶせる必要があったのはなぜですか。その理由を答えなさい。

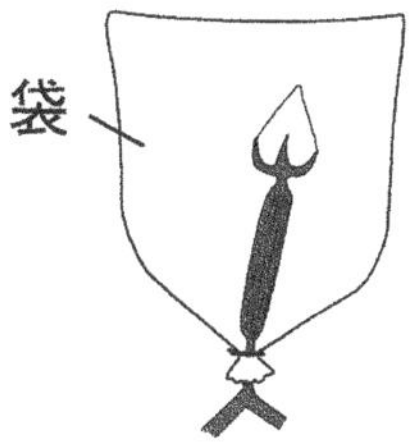

図２

【社　会】（30分）　＜満点：40点＞

〔１〕 次の文章を読んで，各問に答えなさい。

桑田《くわた》くんは，夏休みに大好きな高校野球を観戦しに甲子園《こうしえん》へ行きました。

高校野球観戦後，Ａ～Ｆの６つの高校がある都府県（以下県と略します）どうしで，何か共通点はないかと調べてみました。すると，それぞれ次のような共通点があることに気づきました。

第一試合のＡ高校は四国三大祭り，Ｂ高校は東北三大祭りとして知られている県の代表同士の，「夏祭り」対決。 第二試合のＣ高校は日本（　　），Ｄ高校は西洋（　　）の収穫《しゅうかく》量が全国第１位の県の代表同士の，「果実」対決。 第三試合のＥ高校は印刷業，Ｆ高校は半導体製造装置製造業が全国第１位の県の代表同士の，「製造業」対決。

次に，桑田くんはＡ～Ｆ高校がある各都市について調べて，以下のようにまとめました。

Ａ高校のある都市 ①向かい合う島との間にある海峡《かいきょう》では，海の満ち干きによって起こる特徴《とくちょう》的な現象がみられる。この現象は両岸から見ることができる。 Ｂ高校のある都市 1989年に全国で11番目に②政令指定都市となった。杜《もり》の都と呼ばれ，東北地方で最大の人口である。 Ｃ高校のある都市 ラムサール条約に認定された谷津干潟がある。③世界有数の大都市に近く，ねぎの栽培《さいばい》など近郊農業が行われている。 Ｄ高校のある都市 ④冬に季節風の影響《えいきょう》を受け，10月～１月の降水量が多い。全国有数の稲作地帯に位置している。 Ｅ高校のある都市 世界有数の大都市で⑤出版・印刷業の工場が多い。かつては小松菜の収穫量が全国第１位だった。 Ｆ高校のある都市 2012年に全国で20番目に政令指定都市となった。⑥この都市のある県では，トマトなど全国第１位の収穫量を誇《ほこ》る野菜が栽培されている。

さらに，桑田くんは，Ａ～Ｆ高校のある都市や県に他に共通点はないか調べてみました。

すると，⑦Ａ～Ｆ高校のある都市はすべて平野部に位置していることがわかりました。またＢ高校とＤ高校，Ｃ高校とＥ高校はそれぞれ同じ地方であることに気づきました。さらにはＣ高校やＤ高校だけでなく⑧Ａ高校の県も，ある特産果実の収穫量が全国第１位であることがわかりました。

問１　文中の（　）にあてはまる共通の果実名を答えなさい。

問２　次のページの各問に答えなさい。

⑴　下線部①について，向かい合う島を示したものとして正しいものを次の中から選び，記号で答え，島名を答えなさい。

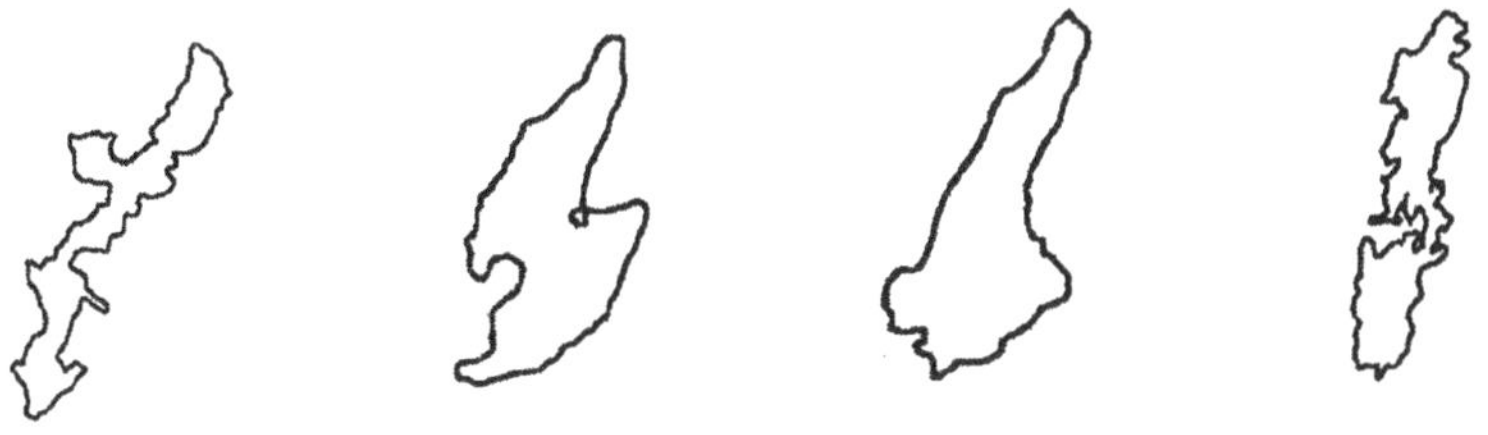

ア　　　イ　　　ウ　　　エ

⑵　下線部②について，この都市名を**漢字**で答えなさい。

⑶　下線部③について，大都市の近くで野菜を栽培する主な理由を２つ，解答欄《らん》にあうようにそれぞれ答えなさい。

⑷　下線部④について，この都市に吹《ふ》く冬の季節風の風向きを**８方位**で答えなさい。

⑸　下線部⑤について，出版・印刷業の工場が多い理由として**あてはまらないもの**を１つ選び，記号で答えなさい。

ア　情報や流行の発信地だから　　**イ**　労働力が豊富で人件費が安いから
ウ　学術や文化の中心地だから　　**エ**　道路網《もう》が整備され交通の便が良いから

⑹　下線部⑥について，この県がトマト以外で全国第１位の収穫量を誇る野菜は何か答えなさい。

⑺　下線部⑦について，Ｄ高校とＥ高校が位置する平野名をそれぞれ**漢字**で答えなさい。

⑻　下線部⑧について，この特産果実を１つ選び，記号で答えなさい。

ア　びわ　　**イ**　レモン　　**ウ**　おうとう　　**エ**　すだち

問３　次の表はＡ高校，Ｃ高校，Ｆ高校がある県の製造品出荷額等割合の上位５位を示したものです。Ｃ高校とＦ高校がある県のものをそれぞれ選び，記号で答えなさい。

	製造品出荷額等割合(2016年)				（単位：%）
ア	化学 31.3	電子部品 18.3	食料品 8.4	パルプ・紙 7.0	電気機械 6.2
イ	石油・石炭製品 19.5	化学 19.1	食料品 13.3	鉄鋼 13.0	金属製品 5.3
ウ	電子部品 15.7	輸送用機械 14.0	生産用機械 13.8	食料品 13.3	金属製品 6.0

『データでみる県勢 2019』より作成

問４　Ａ～Ｆ高校がある県をすべて塗《ぬ》りなさい。

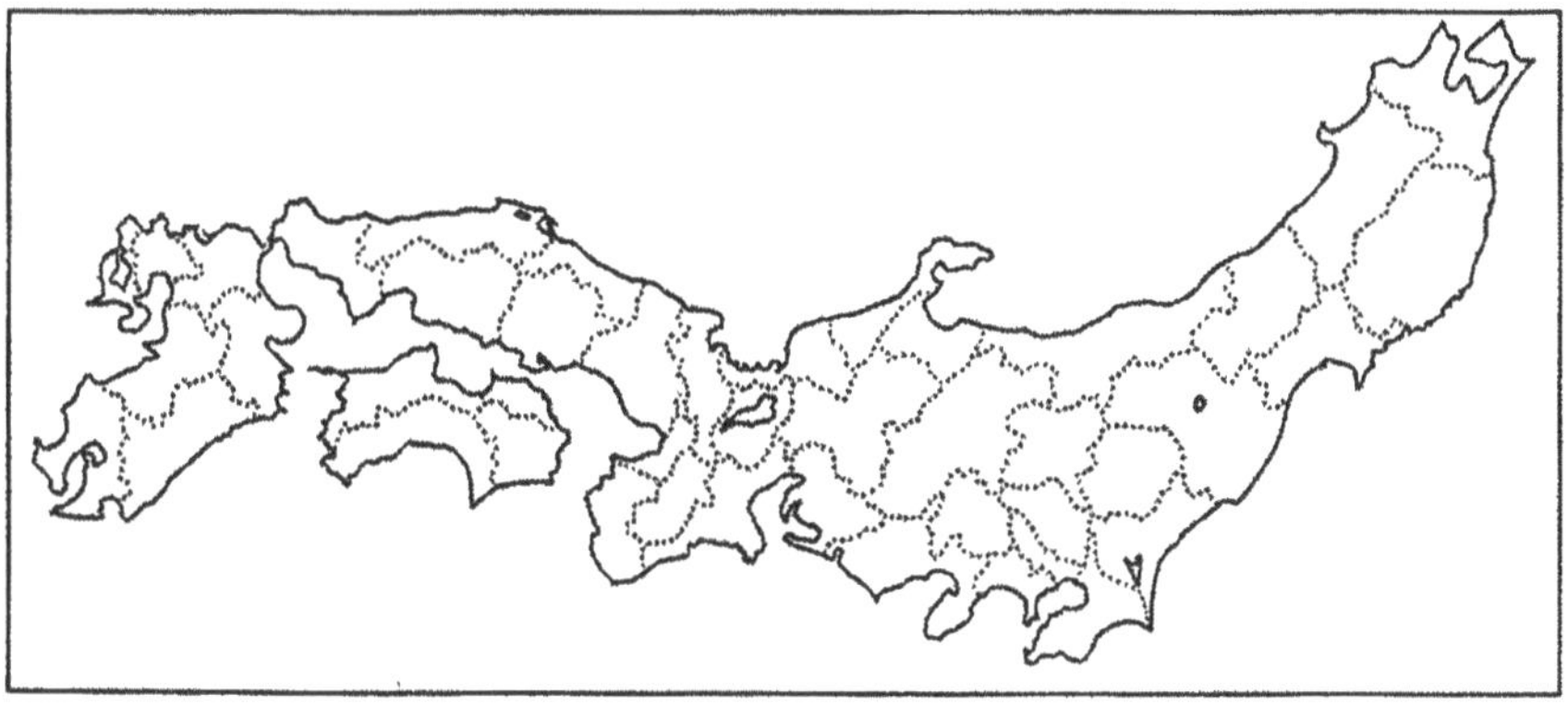

〔２〕 次の文章を読んで，各問に答えなさい。

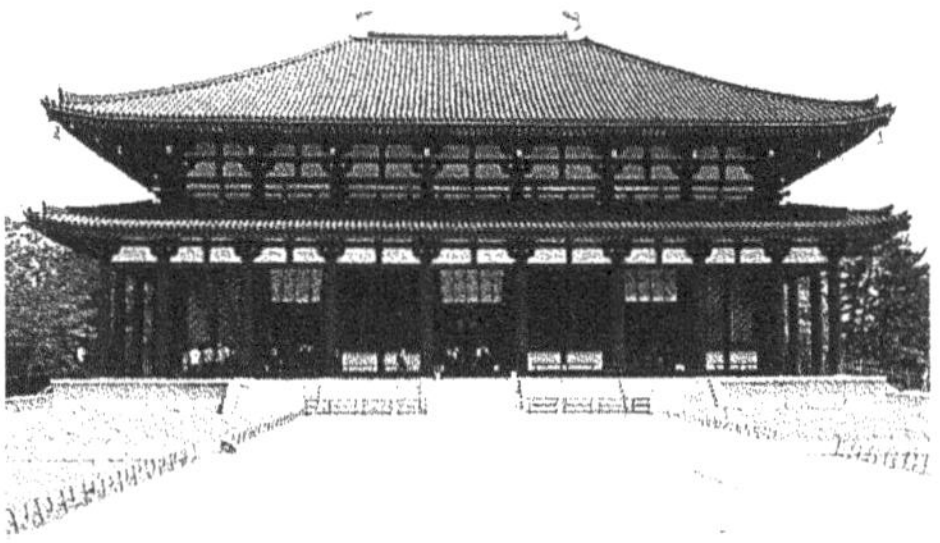

2018年10月，奈良の大寺院で「中金堂《ちゅうこんどう》（右の写真）」という建物が再建されて話題となりました。金堂とは本尊となる仏像を安置する建物です。この寺院には３棟《とう》の金堂があり，中金堂は創建当初から存在する金堂です。①1717年の大火で，中金堂をふくむ多くの建物が焼失しました。ようやく1819年になって，中金堂の再建がはかられましたが，資金が少なかったため大幅《おおはば》に規模を縮小し，質も落とした仮のお堂という形で建てられました。それも老朽《ろうきゅう》化したため，今回の再建となりました。本来の規模の「中金堂」としては，ほぼ300年ぶりのものとなります。

この寺院は，710年に朝廷の有力者であった（　②　）氏の寺院として③現在の地に創建されました。その後，734年に④天皇とその皇后により，おもな建物が完成されました。この天皇の母も皇后も，（　②　）氏の出身だったからです。都が奈良から離《はな》れて以後，（　②　）氏が朝廷の重要な地位を独占《どくせん》するようになると，この寺院も⑤豊かな財力をもち，さらに（　②　）氏の氏神である春日神社と一体のものとみなされ，大きな権勢をもつようになりました。11世紀後半になると，この寺院の武装した僧侶《そうりょ》が自分たちの要求を通すため，都に強訴《ごうそ》にのぼり，時には⑥政権を握《にぎ》る勢力と対立することもありました。12世紀以降もこの寺院が財力と武力を兼《か》ね備えた状況《じょうきょう》は続き，鎌倉幕府や⑦室町幕府の時代においては，事実上の大和国の守護をつとめていました。

この寺院は⑧長い歴史の中で，何度も危機を迎《むか》えました。まず，くりかえし火災にみまわれ，多くの建物が被災《ひさい》してきたことです。そのたびに建物は再建されてきました。中金堂だけでも，７度も被災しています。しかし最大の危機は，1868年に明治政府が出した神仏分離《ぶんり》令をきっかけに，各地で寺院の建物や仏像・仏具などを破壊《はかい》する⑨廃仏毀釈《はいぶつきしゃく》が起こったことです。この寺院でも住職が不在となり，仏像などの文化財が海外へ流出し，破壊された建物もありました。⑩1881年に明治政府により再興が許可されて，ようやく寺院として復活しました。現在，⑪この寺院は世界遺産「古都奈良の文化財」の重要な担い手です。今後も建物の再建，改修が続けられていく予定です。かつての壮麗《そうれい》な姿を，将来見ることができるようになるかもしれません。

問１　下線部①について，このころ幕府では財政を立て直すために倹約《けんやく》令をはじめとする政治改革が進められていました。この時期の改革の内容にふくまれるものを次の中から１つ選び，記号で答えなさい。

ア　物価引き下げのため，株仲間を解散した。
イ　大名から石高１万石につき100石を，幕府に献上《けんじょう》させる上げ米をおこなった。
ウ　農村人口を確保するため，都市に流入した農村出身者の帰村を奨励《しょうれい》した。
エ　最上徳内らを蝦夷地に派遣《はけん》し，新田開発や鉱山開発などの可能性を調査させた。

問２　空欄②について，この空欄に入る姓《せい》を**漢字**で答えなさい。

問３　下線部③について，次のページの図は平城京と平安京のいずれかを表したものです。図の中からこの寺院の位置を選び，記号で答えなさい。

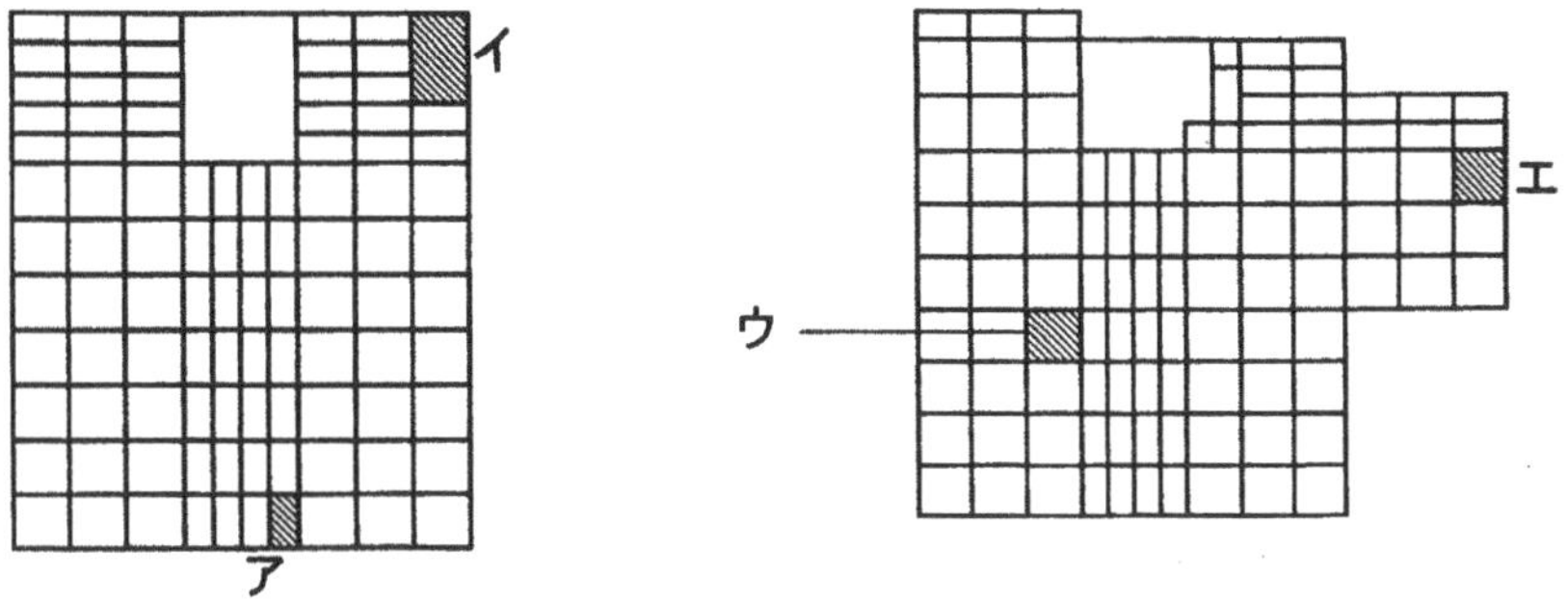

問４　下線部④について，この人物は各国に国分寺と国分尼寺を建立しました。次の各問に答えなさい。

⑴　国分寺の跡《あと》とされている場所が**１カ所もない県**を，次の中から１つ選び，記号で答えなさい。

ア　宮城県　　**イ**　福島県　　**ウ**　栃木県　　**エ**　群馬県

⑵　この人物の時代の出来事として正しいものを，次の中から１つ選び，記号で答えなさい。

ア　田地の開墾《かいこん》をうながすため，墾田永年私財法を制定した。

イ　貴族の力をおさえ天皇の力を強化するため，長岡京に都を遷《うつ》そうとした。

ウ　土地や人民をすべて国家の所有とする政策方針を，はじめて発表した。

エ　朝廷の役人の位を12段階に分けて，家柄《いえがら》ではなく，能力によって役人をとりたてようとした。

問５　下線部⑤について，この寺院は大和国をはじめとして各地に多くの私有地を所有していました。この私有地は歴史的には何とよばれていますか。**漢字２字**で答えなさい。

問６　下線部⑥について，1180年に平氏が奈良に兵を進め，この寺院や隣接《りんせつ》する東大寺に火を放ちました。翌年には早くも東大寺再建の動きが始まり，大仏殿《でん》や南大門が13世紀初めごろには建立されました。この再建に関わった人物を次の中から１人選び，記号で答えなさい。

ア　行基　　**イ**　運慶　　**ウ**　雪舟　　**エ**　道元

問７　下線部⑦について，この幕府で将軍を補佐《ほさ》して政治をまとめる職に就《つ》くことができたのは，３家に限られていました。その職名を次の**ア～エ**から選び，３家にふくまれる一族を次の**あ～え**から選び，それぞれ記号で答えなさい。

【職名】　**ア**　管領　　**イ**　公方　　**ウ**　執権　　**エ**　別当

【一族】　**あ**　赤松氏　　**い**　一色氏　　**う**　細川氏　　**え**　山名氏

問８　下線部⑧について，次の各問に答えなさい。

⑴　1046年に多くの建物が焼失した際の再建は，とても迅速《じんそく》に行われました。それは，当時の朝廷で政治権力を握《にぎ》っていた人物が再建を積極的に進めたからです。このようなことを可能にした，当時の特色のある政治を何と言いますか。**漢字**で答えなさい。

⑵　1595年に，この寺の領地として２万1000石が定められました。これは誰《だれ》の，どのような政策によって定められたものですか。次の文の空欄 **a** には人物名を，**b** には政策名を解答欄にしたがって答えなさい。

（　**a**　）が全国におこなった（　**b**　）によって定められた。

問９　下線部⑨について，それまで多くの寺院は寺請《てらうけ》制度のもとで，江戸幕府の統治と関わりを

もってきました。17世紀に幕府は寺請制度を設置することで，どのような人々を抑《おさ》えようとしましたか。

問10　下線部⑩について，この年には，開拓《かいたく》使官有物払《はらい》下《さ》げ事件が起こったことをきっかけに，明治政府内で大きな変化が起こりました。この年の出来事を次の中から１つ選び，記号で答えなさい。

ア　この年に政府を去った板垣退助は，イギリス風の議会政治を主張する立憲改進党を結成した。

イ　伊藤博文を中心とする政府は，国会を10年後に開設することを約束した。

ウ　徴兵《ちょうへい》令が出され，満20才以上の男子に３年間軍隊に入ることが義務づけられた。

エ　地租《ちそ》改正条例を定めて，租税は地価に税率2.5％をかけた額を金納することにした。

問11　下線部⑪について，この寺院の名称《めいしょう》を**漢字**で答えなさい。

〔３〕 次の文章を読んで，各問に答えなさい。

日本国憲法の原則の１つである①国民主権を実現するためにとられている政治制度が，議会制民主主義（代議制）です。では，議会さえあれば民主主義が実現されているといえるのでしょうか。議会制民主主義の条件について考えてみました。

第一は，議会が十分な権限を持っていることです。日本国憲法では，国会を「国の唯一の立法機関」であるとともに，「（　　　）機関」であると定め，国会を中心として国政が行われるべきことを明らかにしています。まず国会は，内閣の長である内閣総理大臣を指名します。さらに国会は②証人を呼んだり，政府に資料を提出させたりするなどの手段で，行政権を監督《かんとく》する役割を果たしています。

第二に，議会が真に国民の代表機関となるためには，国民の考えを正しく反映させることのできる選挙制度が必要です。例えば日本で初めて帝国《ていこく》議会の選挙が行われたとき，有権者の人口に占《し》める割合は，約１％でした。このとき議会は，１％の人々の代表でしかなかったのです。それと比べ，現在では普通選挙制度によって③有権者の割合は，はるかに高くなっています。

第三に，民主主義の実現のためには，④国会での審議《しんぎ》が十分に尽《つ》くされ，国民の理解が深まった上で決定がなされる必要があります。

ところで国会は，衆議院と参議院とからなる二院制をとっています。国会がこのような二院制をとるのは，国民の間の様々な意見を反映させ，審議を慎重《しんちょう》に行うためとされています。そこで，この二つの院は定数だけでなく，⑤選挙制度にも違《ちが》いが設けられています。

議会制民主主義は，一度つくられたら完成というものではありません。その内容や運営を，常に国民が注意深く見守っていく必要のある制度なのです。

問１　文中の空欄にあてはまることばを，解答欄にしたがって答えなさい。

問２　下線部①について，次の各問に答えなさい。

(1)　次の文中の空欄にあてはまることばを答えなさい。

アメリカの歴史について書いた，ある本の中に次のような話があります。
『ある西部の満員の集会で数人の役人が人ごみをおしわけて演壇《えんだん》に近づこうとしていた。彼らは，「そこをどけ，われわれは人民の代表だぞ！」とどなった。ところが，間髪《かんぱつ》をい

れず群集のなかから答があった。いわく，「てめえたちこそどけ！　おれたちが人民だぞ！」』※

この話が示す精神と，リンカーン大統領が1860年代に行った有名な演説の一節である，「（　　），（　　）による，（　　）の政治」という言葉は，国民主権の意味をよく表しているといえるでしょう。

※レオ・ヒューバーマン著　小林良正・雪山慶正訳『アメリカ人民の歴史（上）』岩波新書から

⑵　日本国憲法の中で，国民が主権をもつことをはっきり書いてあるのは前文と第何条でしょうか。正しいものを次の中から１つ選び，記号で答えなさい。

ア　天皇の地位について定めている第１条

イ　戦争放棄《ほうき》について定めている第９条

ウ　国会の地位について定めている第41条

エ　行政権について定めている第65条

問３　下線部②について，次の文中の空欄にあてはまることばを，解答欄にしたがって答えなさい。

これらは国会のもつ（　a　）権に基づくものですが，それは国政の実情を明らかにし，主権者である国民の（　b　）権利にこたえるという意味ももっています。

問４　下線部③について，有権者の割合が高くなっても，投票に行かない人が多くなると国民の考えは正確に議会に反映されません。昨年７月に行われた参議院議員通常選挙の投票率に最も近いものを次の中から１つ選び，記号で答えなさい。

ア　60%　　イ　50%　　ウ　40%　　エ　30%

問５　下線部④に関連して，2018年12月に成立し，翌年４月から施行《しこう》されたある法律は，国会での審議時間が短かったことが話題になりました。その法律（法案）を次の中から１つ選び，記号で答えなさい。

ア　集団的自衛権の行使容認を含む，安全保障関連法案

イ　高齢者《こうれいしゃ》に十分な生活費を保障するための，年金改革法案

ウ　外国人労働者の受け入れを拡大する，出入国管理及び難民認定法改正案

エ　消費税率を８%から10%に引き上げるための，税と社会保障の一体改革関連法案

問６　下線部⑤について，衆議院議員選挙と参議院議員選挙のどちらにも比例代表制がとりいれられています。そのことについて述べた文として，**誤っているもの**を次の中から１つ選び，記号で答えなさい。

ア　衆議院も参議院も，議員の半数は民意を比較《ひかく》的正確に反映するといわれる比例代表制で選ばれています。

イ　衆議院の比例代表制では全国を11のブロックに分けていますが，参議院では全国１区で選びます。

ウ　衆議院の比例代表制の候補者には，小選挙区で立候補している人も加えることができますが，参議院では都道府県の選挙区で立候補している人は，比例代表制の候補者になることはできません。

エ　衆議院の比例代表制では，あらかじめ届出された政党・政治団体名を書いて投票しますが，

参議院の比例代表制では，政党・政治団体名だけでなく候補者の個人名を書いて投票することもできます。

問７　昨年７月の参議院議員通常選挙で，難病や障がいのため大型車いすが必要な２人の候補者が当選しました。このことについて述べた文として，正しいものを次の中から１つ選び，記号で答えなさい。

ア　２人が所属する政党・政治団体は，障がい者の社会参加の問題だけをとりあげ，選挙にのぞみました。

イ　２人は，優先的に当選する候補者をあらかじめ決めておく，比例代表制の「特定枠《わく》」の制度によって当選しました。

ウ　２人は特別な配慮《はいりょ》によって，初めての国会審議からテレビ会議方式で参加しました。

エ　２人の当選を受けて，障がい者の社会参加のために合理的配慮を求める，障がい者差別解消法案が国会に提出されました。

り歌い合って、どこもかしこも、愛で結ばれ合って新しい命に連なっていく。4耳を澄まして、どこまでも自分を開いて、受け取って、与えて、混じり合って。

（高木正勝《たかぎまさかつ》「音楽が生まれる」『新潮』〔新潮社〕より）

問１　傍線部ａ～ｃのカタカナを漢字に直しなさい。

問２　傍線部1「学校で習いそうな基礎的な知識は大事だけれど、自分で曲をつくるときにはそれ程役に立っていない」とありますが、筆者が「曲をつくる」際に大切にしているのはどのようなことですか。次の空欄《らん》に合うように、最もふさわしいことばを本文中から二十字以上二十五字以内で探し、最初の五字を書き抜きなさい。

〔　　　　　　〕こと。

問３　傍線部2「こういう風に音を『聴く』ことができる時、曲が生まれる」とありますが、それはどういうことですか。その説明として最もふさわしいものを次から選び、記号で答えなさい。

ア　不思議な音に満ちた川の雄大《ゆうだい》さに対して自分の小ささを感じたときのように、身のまわりの面白い響きに謙虚《けんきょ》に耳を傾《かたむ》けていると、いつのまにか周囲と響き合う音楽が生まれているということ。

イ　風に運ばれてきた遠くの川の音がやっと聞き取れてうれしさを覚えたときのように、自然が鳴らした異なる表情の音すべてに愛着を感じられると、すでに本当の音楽が生まれているということ。

ウ　川の流れが発する複雑な響きの中から美しい音を発見し驚いたときのように、自分の歌声がもつ優《すぐ》れた響きを新鮮な気持ちで感じとれるようになると、独創的な音楽が生まれているということ。

エ　ひとつの川の流れにも多種多様な音があふれていることを知ったときのように、自ら発する音の微細な違いにも気づき、それらを愛おしく感じられると、自分の音楽が生まれているということ。

問４　X に入る最もふさわしいことばを次から選び、記号で答えなさい。

ア　昔話　イ　会話　ウ　指揮　エ　議論　オ　録音

問５　Y に入る最もふさわしいことばを次から選び、記号で答えなさい。

ア　自分が欲《ほっ》しているものは、美しさの中にある

イ　歌い続けることで、そっと森に一体化したい

ウ　自然よりも美しい曲を、つくることができる

エ　昔を伝える唄の中にこそ、求める音楽がある

オ　本当に美しい楽曲は、自分の中に眠っている

問６　傍線部3「心が揺さぶられる」とありますが、それはなぜですか。解答欄に合うように、四十字以上五十字以内で説明しなさい。

問７　傍線部4「耳を澄まして、どこまでも自分を開いて、受け取って、与えて、混じり合って」とありますが、この一文についての説明として最もふさわしいものを次から選び、記号で答えなさい。

ア　ある朝目見めた後に曲を生み出した筆者の探究心を、詳細《しょうさい》な言葉で表現している。

イ　目が開けられなくなるほどの大量の音楽に触れた筆者の衝撃《しょうげき》を、客観的に表現している。

ウ　音楽が生まれるときに筆者の身に起こっていることを、余韻《よいん》をもたせつつ表現している。

エ　蟬達の合唱の中で聞き慣れた音楽が今日も立ち上がってくるさまを、象徴《しょうちょう》的に表現している。

日毎日、いろんな音がやってきて楽しい。この前の晩は、アオバズクというフクロウが窓の外にやってきて、ホーホーホーと美しく歌った。それで、僕もそおっとピアノに向かって静かに同じ音を奏《かな》でてみる。トートートトー。しばらく待っていると、またホーホーホーと歌い返した。本当に歌い返したのかは分からないけれど、僕はそういう気持ちで、［Ｘ］をするように、一緒にこの美しい夜を生み出すように音を馴染《なじ》ませてゆく。

こんな遊びを特にこの一年、ずっとやっているのだけれど、鳥や虫たちの歌をよく聴こう、相手によく合わせようと演奏すると、不思議な間の取り方が生まれて新鮮《しんせん》だ。自分勝手に弾《ひ》きたいように演奏するのとは全く違って、ひと呼吸もふた呼吸もゆったりした間が生まれる。そうなってくると、うまくいった日には自然の方がよく歌い出して、ピアノを弾いている自分は溶けていってしまう。身体は部屋の中にいるけれど、よく澄ました耳だけがどんどん山に分け入って、どんどん細やかな音たちが身体に入ってくる。気がつけば、身体がぬおんと山じゅうに広がった心地《ここち》がして、いち音鳴らす度に山となって歌っているような。

最近は、素直《すなお》に、「［Ｙ］」と思っている。どれだけいい曲ができたな、いい演奏ができたなと思っても、鳥がやってきて歌うのを、風が吹いて葉が揺《ゆ》れるのを、村一番の歌い手マッチャンさんが昔の唄《うた》をうたうのを、１００歳になったシヅさんが震《ふる》える声で丁寧《ていねい》に昔話を聞かせてくれるのを、生まれたばかりの赤ちゃんがお母さんと目が合って歓《よろこ》ぶ声を、またたく星々のささやきを、耳にする度に、ほんとうに美しいと思う。ただただこのようにあれたらと思う。自分も同じように音を奏でられたらと思うけれど、どうすれば近づけるのだろう。

僕の大好きな音楽のひとつに昔から残る民謡《みんよう》がある。民謡は誰かに評価してもらったり大勢に聴いてもらうための唄ではない。自分の心をなぐさめるような、愛するものに優しく触《ふ》れるような、仲間同士しみじみと寄り添《そ》うような、自然に魂《たましい》を捧《ささ》げるような、そんな唄だ。その中でも田植え唄や木遣《きや》り唄などの作業唄は、特別なよさがある。独りで唄ってもいいのだけれど、みんなで唄った時の特別な響きに３心が揺さぶられる。同じ村に住んで、同じ景色のなかで暮らして、同じ土や水から育ったものを食べて、同じ作業をして、同じ大変さと歓びがあって。そうやってじっくりじっくり育まれた関わり合いや繋《つな》がりの中から生まれてきた唄だ。人間だけじゃなく、他の生き物や自然をきちんと内に入れている美しい音楽だ。

朝早くに目が覚めると、ひぐらしが一斉《いっせい》にトゥルルルルル、トトトトトトト、と鳴いていた。空気の隙間《すきま》がないくらい、あまりに大量に鳴いているのを聴いていると目が開けられなくなってくる。再び、そおっと目を開けてみると、なにか、音をつかって巨大なｃモヨウを描こうとしているのかなと思えてくる。この世に極楽《ごくらく》を一瞬《いっしゅん》だけ生み出したような。しばらくすると、鳥たちが鮮《あざ》やかにそれぞれの歌声を響かせて、新鮮な色とりどりの波紋《はもん》を残していく。音の色が混じり合って、すっかり朝の気配が立ち上がった頃、太陽が昇《のぼ》ってきて、風が生まれた。一枚一枚の葉が輝《かがや》きながら裏返って、山が揺れている。たくさんの蝉《せみ》が力の限

エ　「私」は、家に上がりたくなったときに、我慢しないキクを意地が悪いと思う一方で、じっと我慢するハナには同情しているということ。

オ　「私」は、家の中に上がると叱られるのを知っていて我慢しているハナを、意地が汚《きたな》いとは考えずに、むしろけなげだと思っているということ。

二　次の文章を読んで、後の問に答えなさい。

「どうやったら音楽がつくれるようになりますか？」と、時々、尋《たず》ねられる。なんとか答えてみようと考えてみる。音階やハーモニーの説明をすればいいのだろうか、いや、リズムの話がわかりやすいかも、それとも倍音の話、いやいや、そんなことがわかっても音楽にはならないな、と考え込んでいるうちに説明するのが難しくなって、諦《あきら》めてしまう。1学校で習いそうな基礎的な知識は大事だけれど、自分で曲をつくるときにはそれ程《ほど》役に立っていない。それで、なんともaソボクな例え話に落ち着く。

目の前に川が流れていたとして、その川の音を声に出して表すとしたら。ざあああ、と勢いよく流れているかもしれないし、ちょろろろ、とbオダやかに流れているかもしれない。さらさら、てらてら、そよそよ、しゃーしゃー、と浮かんできそうだけれど、実際に川の前に立ってみると、もっと複雑でいろんな音がしている。あちらの大きな石のところでは、ぴちゃぴちゃ、そちらの小さな段差のところは、ピロロロロ。こちらの溜《た》まり場では、どごん、どごん。聴こうとすればする程、いろんな音が聞こえてきて、いったいどの音を『川の音』とすればいいのか分からなくなってくる。ちょっと集中するだけでも、すぐに10種類くらいの音が見つかる。さらに耳を澄《す》まして、遠くの方まで聴こうとすると30種類、もっと細かな違いに気づきだすと１００種類、ぴゃらぽぽ、ぷぷっぷ、ぽるるぽるん、まるで奇妙な微生物《びせいぶつ》を観察しているように、どんどん微細で複雑で不思議な音たちが、たったひとつの川にあふれていることに圧倒される。

2こういう風に音を『聴く』ことができる時、曲が生まれる。ドミソと鳴らしてみて、ああ美しい響《ひび》きだなと感じたなら、あんまりウロチョロしたりしないで、いいな、いいなという気持ちを大事にして、よくよく聴こうとしてみる。例えば、ドミソと歌ってみたら、口の開け方を少し変えてみるだけで幾《いく》通りも違う表情が味わえる。ドミソから、ドーミソになってもいいし、ドミーーーソッと繰《く》り返しても面白い。鳥が歌っているみたいに、ああ、楽しい、身体に響いて楽しい、空気に響いて楽しい、少しずつの違いが、どれもこれも愛《いと》おしいと感じられる心になると、もう音楽が生まれている。あとはもう、ただただその時間を録音しておけばいい。後で聴いてみたら、その時に自分が抱《かか》えている気持ちや暮らしの状況《じょうきょう》がきちんと音に刻まれている筈《はず》で、表現しようと試みなくても、嘘偽《うそいつわ》りなく、いまの自分そのものがそのまま鳴ってしまっている。

「どうやったら音楽がつくれるようになるか」を探すよりも、じっと耳を澄ましたい音が既《すで》にある場所に身をおくといいのではと思う。僕はいま、兵庫県の山奥の小さな村で暮らしている。家の周りは山なので、毎

合性本理族貴野日

問４　傍線部３「自分の方が辛い気がした」とありますが、その説明として最もふさわしいものを次から選び、記号で答えなさい。

ア　コンタが自分の状態を惨《みじ》めであると感じている。

イ　コンタが「私」に対して申し訳がないと思っている。

ウ　コンタが「私」に対して思いやりがなかったと反省している。

エ　「私」がコンタの抱《かか》える想いをくみとることで心を痛めている。

オ　「私」はコンタの主人としての資格がもはやないと嘆《なげ》いている。

問５　傍線部４「それでも私は、これでコンタが永遠に帰ってこなくなるだろうとは考えられなかったのだ」とありますが、その根本的な理由として最もふさわしい一文を傍線部４以前の本文中から探し、最初の五字を書き抜きなさい。

問６　Y　に入る文として最もふさわしいものを次から選び、記号で答えなさい。

ア　私はそれでもまだ楽観していた

イ　私は初めて不吉《ふきつ》な予感を覚えた

ウ　私の〇さんへの信頼が揺《ゆ》らいだ

エ　私は初めてコンタの気持ちを想像した

オ　私はコンタとの雪の日の記憶をたどった

問７　傍線部５「そういう心持を詩に託することが出来よう」とありますが、「私」にとって「詩」とはどのようなものだと考えられますか。その説明として最もふさわしいものを次から選び、記号で答えなさい。

ア　言語化しがたい想いを間接的に表すもの

イ　人の心を日本的な風景美に置き換《か》えるもの

ウ　人間の一般《いっぱん》的な感情を物語として語るもの

エ　個人の具体的な経験を正確に送り届けるもの

オ　動物の行動を擬《ぎ》人化して理解しやすくするもの

問８　傍線部６「私は、何か永遠なる信頼関係といったものを感じないではいられない」とありますが、「私」がその「信頼関係」を感じている例としてふさわしいものを次から二つ選び、記号で答えなさい。

ア　家の中に入ろうとしてガラスを泥で汚すキク

イ　夜泣きもせず首輪もいやがらなくなったハナ

ウ　朝霧の中で主人である「私」を振りかえるコンタ

エ　大昔の狩猟民族の記憶を「私」に思い出させたコンタ

オ　家族の誰かが外出するたびに見送りに飛んでくるハナ

問９　傍線部７「私にはそれは、いじましいのではなくて、いじらしいのである」とありますが、それはどういうことですか。その説明として最もふさわしいものを次から選び、記号で答えなさい。

ア　「私」は、人に見られていると家に上がってこないハナを、意地っ張りだと感じつつも、痛ましくもあると思っているということ。

イ　「私」は、人恋しがる犬の特性に関して基本的に好ましく思っているものの、家の中に上がることには嫌《けん》悪《お》感を抱いているということ。

ウ　「私」は、叱られたとしても、家族が恋しくて家に上がろうとするキクを、せせこましいとは思わず、可憐だと感じているということ。

この一と月の間に、ハナは顔つきも体つきも、めっきり大人っぽくなった。もう夜鳴きすることもないし、首環《くびわ》をつけてもイヤがらなくなった。キクをここへ連れてきたのは、生後四箇月目であったが、あの頃のキクと較《くら》べても、いまのハナは体も大きく、性質もたしかに大人びているようだ。キクは庭に放しておいても家の中へ入りたがって、しきりにガラス戸に跳《と》びつき、ガラス戸の下半分ぐらいはキクの泥足《どろあし》でどろどろに汚《よご》れてしまったが、ハナはそういうことはしない。

人恋しがるのは犬の特性だから、ハナも家の中へは入ってきたがるが、ガラス戸をあけておいても、勝手に中へ這入《はい》ってくるようなことはない。敷居《しきい》に前肢をかけると、叱られることを知っていて、そばで人が見ているかぎり、それ以上のことはしない。這入りたいのに、じっとがまんして、両前肢をすり合せるように足踏《ぶ》みしている。そのへんのところが、犬嫌いの人に言わせると、いじましくてイヤらしいのかもしれない。しかし、7私にはそれは、いじましいのではなくて、いじらしいのである。しかも、抱いて家の中を見せてやると、両眼をぱっちりあけて、文字通り別世界を覗《のぞ》いたように、驚いた顔をする。そういうところが、何ともいえず可憐《かれん》なものに思われる。

可憐といえば、家族の誰かが外出するときは、庭で遊んでいても必ず、木戸のところまで飛んできて、扉《とびら》の鉄格子《てつごうし》の間から鼻先きを突き出すようにして、見送りをする。それは「いってらっしゃッい、はやく帰ってきてね」といっているみたいだ。

また、家族の誰かが外から帰ってくる場合も同じである。門前に足音がきこえただけでもう誰の足音か聞き別《わ》けがつくらしく、木戸のところへ素っ飛んで行く。そして木戸から入って行くと跳びついて喜ぶ。こうなれば、もう完全に家族の一員である。

（安岡章太郎『愛犬物語』〔KSS出版〕より）

問１　傍線部１「二月十七日、東京ではことし初めて雪らしい雪がふった」とありますが、この日の雪を通して、「私」は最終的にどのような認識《にんしき》にいたりましたか。**文章A**を読み、解答欄《らん》に合うように、二十五字以上三十字以内で答えなさい。

問２　傍線部２「死というものは正面からやってくるとは限らない、むしろ必ず背後から忍びよってくるものだ」とありますが、それはどのようなことについて述べたものですか。最もふさわしいものを次から選び、記号で答えなさい。

ア　兼好法師のような文学史にその名を残す有名な人でも、自分自身の生死を正確に理解することはできないということ。

イ　ひどく衰えていたとはいえ時には元気な姿を見せていたコンタが、「私」の予想していた以上に年をとっていたということ。

ウ　愛犬コンタとの思い出を書くのに必要だった時間が、偶然にもコンタが死んでしまってからちょうど一と月だったということ。

エ　自分のねぐらでは排尿をしたことがなかったにもかかわらず、風呂場でおしっこをしたことが、意外にもコンタの死因だったということ。

オ　体が弱っていたことを認識しつつも、数年は生きているだろうと考えていたコンタが、老衰によってあっけなく息を引き取ったということ。

問３　二つの X に入る最もふさわしい二字の熟語を、次の点線内の漢字を組み合わせて答えなさい。

ずねた。すでに前夜から、点滴《てんてき》をうけているコンタは、相変らず尿が出ず、尿毒症の症状があらわれたのか、こんこんと眠りながら、ときどき小さな声で泣いていた。そして、その晩、私が○さんに電話で連絡をとり、もう一度、診療所に出向いてみると、たったいまコンタは息を引きとったばかりであった。私は茫然《ぼうぜん》とした。

　あれから一と月、私はまだコンタの死んだのが本当のことだと思えない。遺体を庭の片隅に埋《う》め、家内が花と水をそなえてやっているが、私は何となくコンタは○さんのところへでも預けてあるのだという気がしてならなかった。それが、きょうの雪のふる庭を見ているうちに、なぜかコンタの死が実感としてやってきた。雪はボタン雪にちかい大粒《おおつぶ》ので、それが絶え間なく音もなしに白くなった庭の上に降りつもって行くのを眺《なが》めていると、そこに仔犬の頃のコンタが転げまわって遊んでいる姿が眼にうつり、すると年老いたコンタの死んだことがハッキリとわかってきた。それは淋《さび》しいとか悲しいとかいうものではなく、何とも名づけようのないムナシサであった。もし私に詩才があれば、5そういう心持を詩に託《たく》することが出来よう。しかし私には、その才能もない。ただ、先輩《せんぱい》の抒情《じょじょう》詩人を口真似《くちまね》して、次のようにつぶやいてみるだけだ。

　コンタの庭にコンタを眠らせ
　コンタの上に雪ふりつもる……

文章B

　犬は人類最古の友だという。古代エジプトの彫刻《ちょうこく》には、貴族がいまのダックス・フントみたいな犬をはべらせたものがたくさんあるから、その頃から犬を飼う習慣はあったわけだろう。（略）

　それにしても、数ある動物のなかから、とくに犬というものが選ばれて、何千年も昔からわれわれ人間と一緒に暮らしてきたということを考えると6私は、何か永遠なる信頼《しんらい》関係といったものを感じないではいられない。コンタが達者《たっしゃ》だった頃、私は早朝、コンタをつれて、よく多摩川べりへ出掛《か》けた。人っ子ひとりいない河原でコンタを引き綱《づな》からはなしてやると、草原の中を真っ白いコンタが尻尾《しっぽ》を一直線になびかせて素《す》っ飛んで行く。そして縦横に駈《か》けまわったあと、ふと立ちどまって主人の存在をたしかめるように、こちらを振《ふ》りかえる。そんなとき私は、犬というより〝友情〟そのものが、朝霧《あさぎり》に包まれてそこに立っているように思ったものだ。

　また、晩秋から初冬にかけて、川べりにそって霜《しも》の下りた枯草《かれくさ》の間をコンタと一緒に歩いて行くと、半分氷のはった薄《うす》暗い河面から不意に驟《しゅう》雨《う》のような羽音が伝って、飛び立った雁《かり》の群れが一瞬《いっしゅん》、空を黒い斑点《はんてん》で覆《おお》ってしまう。そんなとき凝然《ぎょうぜん》と立ちどまったコンタの全身に、［X］の血の騒《さわ》ぐのが引き綱をひいた私の体にまでかよってきて、何か狩猟《しゅりょう》で暮らしを立てていた昔の人の呼び声がきこえてくるようでもあった。

　いや、またしてもコンタの話になってしまった。しかし、じつをいうと私は、この頃ようやくコンタのことを忘れようとしているのだ。

　以前は、ハナを見てもそのうしろにまるでコンタの幻《まぼろし》が立っているように、いちいちコンタのことを憶い出し、こんなときコンタはどうだったこうだった、とそんな比較ばかりしていたが、やっと最近にいたってハナはハナとして可愛《かわい》がってやれるようになった。ハナがわが家にやってきて、これで一と月、今月の三日で三箇月《さんかげつ》の誕生を迎えることになるわけだ。

で小便をしはじめた。不潔にはちがいなかったが、私はコンタを叱《しか》る気にはなれなかった。

（ああ、こまった！　相済《あいす》みません、こんな粗相《そそう》をしちまって……）

と言うように、私の顔を申し訳なさそうに見詰《つ》めるコンタのオドオドした眼つきを見ると、私は叱るよりも[3]自分の方が辛《つら》い気がした。コンタは仔犬《こいぬ》の頃、まだ庭の隅《すみ》の小舎で飼っていたときでも、自分のねぐらのまわりでは排泄《はいせつ》はしたことがないくらい、シモの始末はよかったのである。それがいま、風呂場のタイルの上に垂れ流してしまったのだから、コンタ自身がどんなにか情ない想いをしているに違いなかった。

本来なら、こういうことがあれば、コンタの老い先がもはや長くはないことを察知すべきであったろう。しかし、なぜか私はコンタに死期がくるということが信じられなかった。ずいぶん弱っていることは知っていたが、それでもまだあと一年や二年は生きているものとばかり考えていたのだ。まだ、目は見えていたし、歯もシッカリしていた。そして毛《け》艶《づや》も決して悪くはなかったからだ。それに何よりも、げんに自分の傍《かたわら》で生きているものが、ある日、ぽっくり死んでしまうなどということは、到底《とうてい》有り得べからざることのように思われたのだ。まことに、

……死は前よりしも来《きた》らず、かねて後に迫れり。人、皆、死する事を知りて、まつこと、しかも急ならざるに、覚えずして来《きた》る。

とは、このことであろう。

コンタは、しかし風呂場で湯を使ったその翌日から具合が悪くなったというわけではない。むしろわれわれの眼からは、真白く洗われたコンタは、いつにも増して凛々《りり》しく見え、食欲もあり、散歩も元気にした。それが一月十四日の夕刻、来客があり、私は一緒《いっしょ》に街に出て食事をしたあと、家に帰ってみると煖炉《だんろ》のそばで寝ていたコンタが、何か吐《は》いている。よく見ると、吐瀉物《としゃぶつ》のなかに血が混っているので、かかりつけの獣《じゅう》医《い》のＯさんに電話で相談すると、すぐ連れてくるようにとのことだった。Ｏさんは、ふだんから何でもない病気を騒《さわ》ぎ立て、人をおどかすような獣医ではない。むしろ、のんびりし過ぎるくらい、のんびりかまえている人なのだ。私は即刻《そっこく》、家内《かない》の運転する車にコンタを乗せて、Ｏさんのところへ連れて行った。コンタは、ふだんから車に乗るのは大好きで、ドアをあけてやりさえすれば、いつでも喜んで飛び乗ってくるのだが、この日は前肢《まえあし》をドアのステップにかけたなり、体を私が支えてやらなければ自分の力では自動車の中にも上れないほど弱っていた。しかし、何ということだろう。[4]それでも私は、これでコンタが永遠に帰ってこなくなるだろうとは考えられなかったのだ。

翌日、Ｏさんから電話で連絡があり、コンタは腎臓《じんぞう》の機能が悪くなって、このままでは尿毒症《にょうどくしょう》を起こすおそれがあるので、何とか尿を出させるように努めているとのことであった。[　Y　]。風呂場で小便をしたときのコンタのやるせなげな眼つきが憶い浮かんだからである。私が「急性の腎臓炎でも起こしたのでしょうか」と訊《き》くと、Ｏさんは「いや、急性というわけじゃありません。ずっと前から少しずつ機能が衰えていたのです。まァ老衰《ろうすい》でしょうね」とこたえた。

老衰か、老衰とあっては仕方がない。普通、紀州犬は十歳ぐらいまでしか生きられないように聞いている。それをコンタは満五年近くも長く生きのびたのだ。このままイケなくなるとしても、以《も》って瞑《めい》すべきだろう。しかし、Ｏさんは名医である。ことによったら、という気持は、まだ私のなかでつづいた。翌々、十七日の昼間、私はＯさんの診療所《しんりょうじょ》をた

【国　語】〈五〇分〉〈満点：六〇点〉

【注意】字数制限のある問題については、かぎかっこ・句読点も一字と数えなさい。

一　次の**文章A**、**B**はいずれも安岡章太郎《やすおかしょうたろう》『愛犬物語』の一節です。「コンタ」は最初に、「キク」は二番目に、「ハナ」は三番目に、「私」が飼った犬の名前です。これらの文章を読んで、後の問に答えなさい。

文章A

1二月十七日、東京ではことし初めて雪らしい雪がふった。二、三日、めずらしく暖い日がつづき、この日も朝、眼を覚ましたときは雨で、春先きのような暖かさだった。それがミゾレまじりになり、雪になって、昼近くから逆に冷えこんできた。

わからないものだな――、と私は思った。この日からちょうど一と月まえの一月十七日、コンタの死んだことを憶《おも》い出したからである。兼好《けんこう》法師は、2死というものは正面からやってくるとは限らない、むしろ必ず背後から忍びよってくるものだといっているが、これは人間の場合だけではない、犬の死ぬときだって同じである。

コンタはことし数え十六歳、人間なら米寿《べいじゅ》にも相当する年恰好《としかっこう》だから、お祝いをしてやらなくてはならない。とついこの正月、皆さんに言ったばかりであった。無論、そんな老犬がこれからさき、そう長く生きられるとは思ってはいなかったが、まさかそれから二週間そこそこで死ぬとは、夢にも考えられなかったのである。

実際、コンタの体力がこの一、二年、ひどく衰《おとろ》えていることは、何かにつけて明らかだった。朝夕の散歩も、数年前までは三十分から一時間ぐらいずつもやらせていたが、この一年ばかりはもう二十分も歩くと、もうへとへとで自分の方から家へ帰りたがるようになっていた。それに、みちみち小便をするのでも、牡犬《おす》らしく後脚《あとあし》の片方をピンと上げるやり方はめったにせず、たいていは四つ肢《あし》を地べたにつけたまま、何か不安げな眼な差しで私の顔など見上げながら、やっていた。コンタにしてみれば、そんな恰好で放尿《ほうにょう》するのは、わびしくてタヨリない想いだったが、それでも片脚上げて立っているのが大儀《たいぎ》でたまらず、自分の小便が両脚の間を流れて行く気分の悪さを我慢《がまん》していたのであろう。私は、そういうコンタを見るにつけて、哀《あわ》れさよりも妙に滑稽《こっけい》なおもいがしたものだ。何という情無しの主人だろう。

情無しといえば、あれはコンタの死ぬ一週間ばかり前のことだ。カメラマンのS氏が雑誌のグラビア写真をとりにくるというので、その前日、私はコンタを風呂場で洗ってやった。コンタは、もともと水は怕《こわ》がらない方だし、とくに私の言うことはよくきくから、いつもおとなしく体を洗わせる。しかし元来は［X］的な日本犬なのだ。無闇《むやみ》に自分の体に触《さわ》られるだけだって好きではないのに、体中に石鹸《せっけん》を塗《ぬ》りたくられて湯をぶっかけられることなんか、まったくありがた迷惑もいいところ、イヤで仕方がないのだが、主人のすることだからというのでジッと我慢していたのである。

とくに、その日は寒かった。濡《ぬ》れた体がすぐ乾《かわ》くように、部屋には暖房をきかせ、ストーヴにも薪《まき》をたくさんくべて温かくしておいたが、風呂場には暖房はない。コンタの体に湯をかけてやると、そのときは気持よさそうにしているが、すぐに冷えるらしく、体を震《ふる》わせはじめた。それでまた湯をかけてやると――こんなことは初めてなのだが――流し場

2020年度

早稲田中学校入試問題（第2回）

【算　数】（50分）　＜満点：60点＞

【注意】 定規，コンパス，および計算機（時計についているものも含む）類の使用は認めません。

〔１〕 次の問いに答えなさい。

⑴　ある品物Ａに仕入れ値の32％の利益を見込んで定価をつけましたが，売れなかったので60円引きにしたところ売れました。その結果，196円の利益が出ました。売った値段はいくらですか。なお，消費税は考えないものとします。

⑵　ガソリン１Ｌあたり，平地では15km，上り坂では12km，下り坂では18km進む車があります。この車でＡ町からＢ町まで往復するのにガソリンを10Ｌ使いました。Ａ町とＢ町の間に平地は30kmあって，残りは坂道です。Ａ町とＢ町の距離《きょり》は片道で何kmですか。

⑶　一郎くん，二郎くん，三郎くん，四郎くんの４人が競走しました。４人に話を聞くと，次のように答えました。

一郎くん　「僕は二郎くんよりはやくゴールしたよ。」

二郎くん　「僕は四郎くんよりはやくゴールしたよ。」

三郎くん　「僕は二郎くんより後にゴールしたよ。」

四郎くん　「一郎くんが先にゴールしてから僕がゴールするまでの間に，１人だけゴールしたよ。」

この話を聞いたあと，だれか１人だけうそをついていたことが分かりました。４人の中で，絶対にうそをついていない人はだれですか。

〔２〕 次の問いに答えなさい。ただし，円周率は3.14とします。

⑴　図は円周の半分を次々とつなぎ合わせた曲線です。この曲線の長さはあわせて何cmですか。

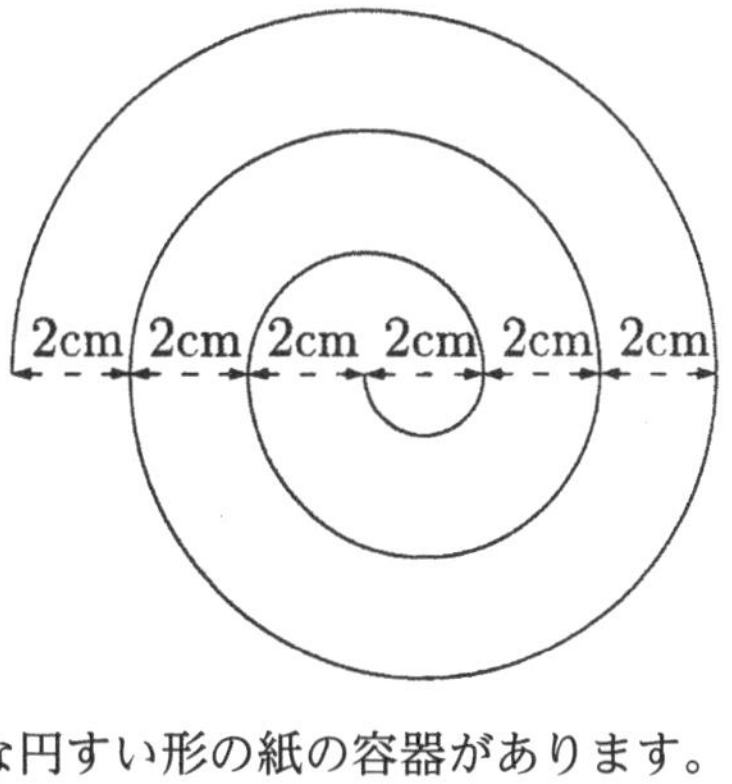

⑵　次のページの図１のような円すい形の紙の容器があります。この容器の頂点Ｏが直径ABの真ん中の点に重なるように折り込んで次のページの図２のような容器を作り，深さが５cmになるまで上から水を入れました。入れた水の量は何cm^3ですか。ただし，この容器は水を通さず，紙の厚さは考えないものとします。

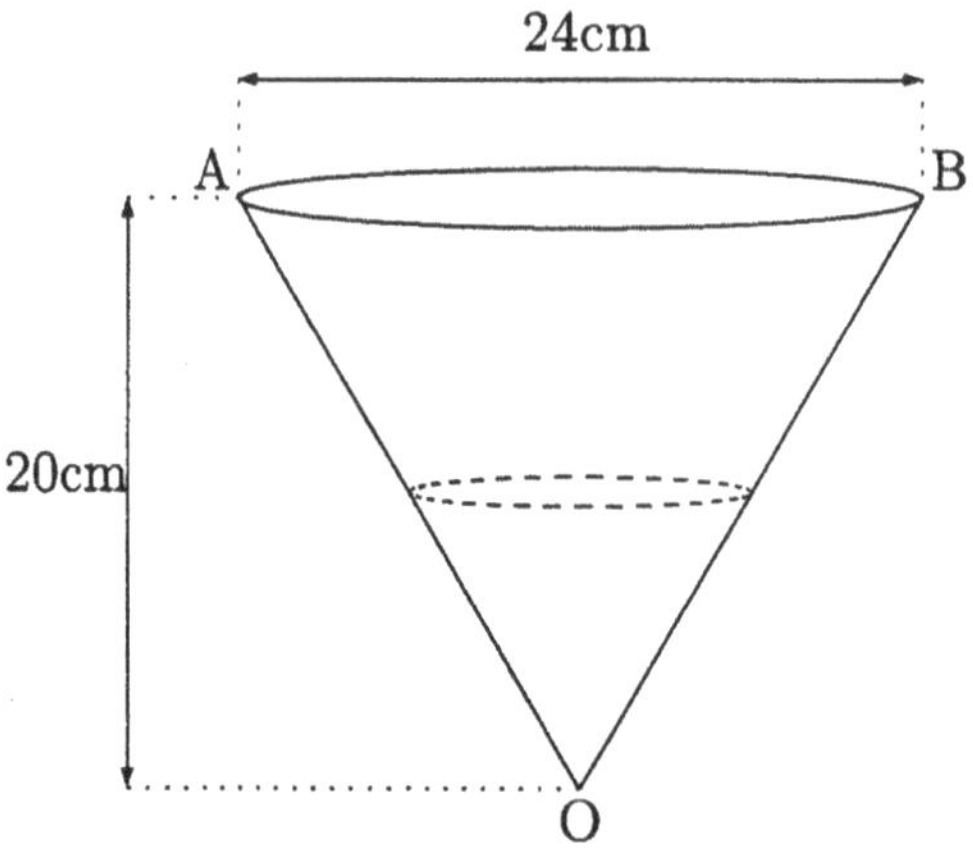

図１

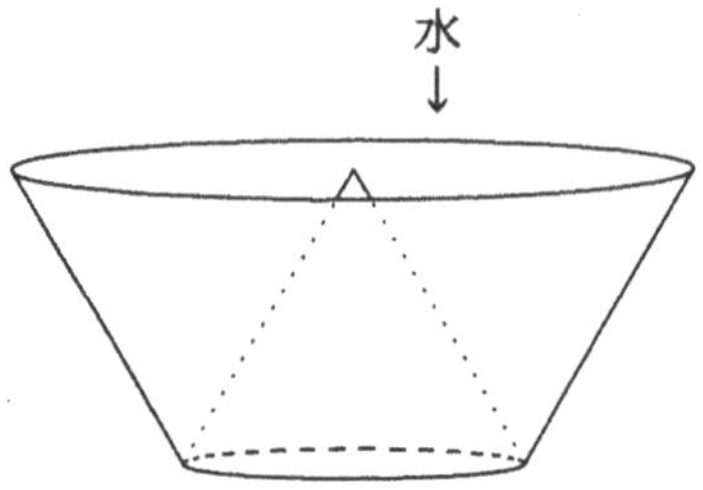

図２

⑶　図１は各面を赤，青，黄，緑，茶，黒の６色で塗《ぬ》り分けた立方体Ａの展開図です。下のア～オの５つの図の中から，山折りで組み立てたときに立方体になり，Ａと同じ色の配置になるものをすべて選び，記号で答えなさい。ただし，実際には色で塗ってあるものを，ここでは文字で示しました。

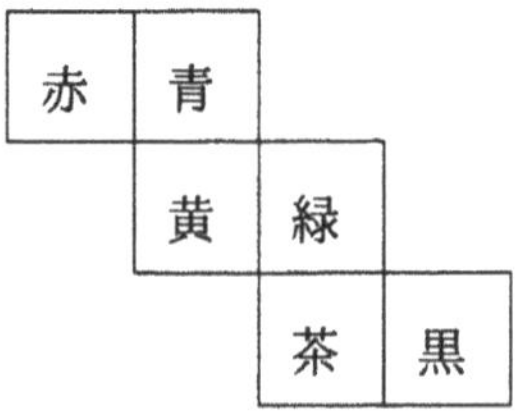

図１

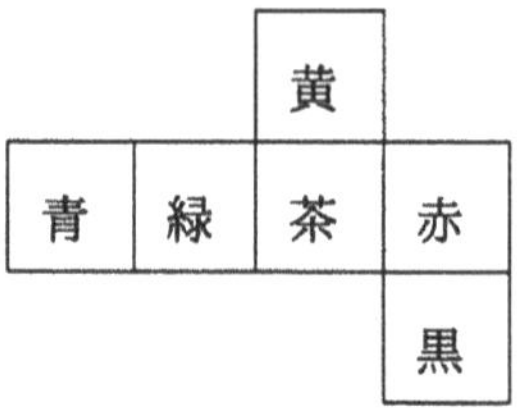

ア

イ

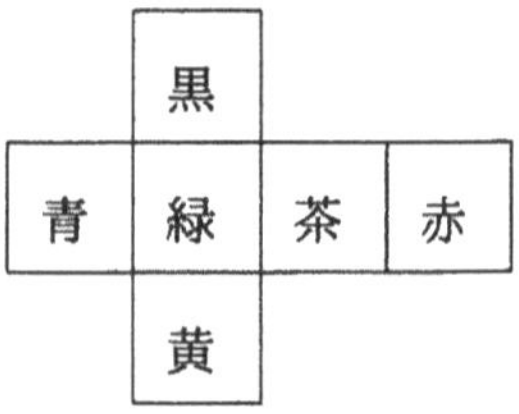

ウ

エ

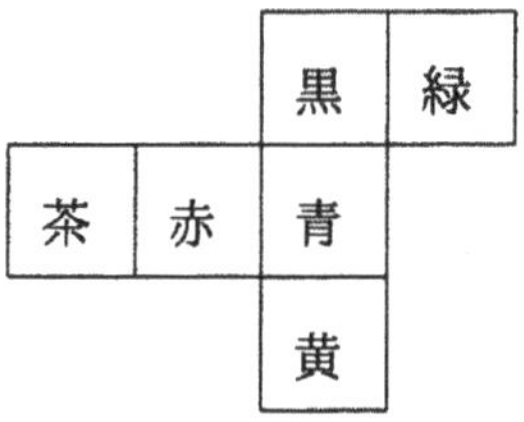

オ

〔３〕　一定の速さで流れる川の下流にあるＡ地点と，上流にあるＢ地点の間を太郎くんと次郎くんが２人乗りボートに一緒に乗って移動します。静水でボートをこぐ速さが，太郎くんは分速50mで，次郎くんは分速38mです。最初に太郎くんがこぎ始め，交互に８分ずつこいでＡ地点からＢ地点までを往復しました。すると，Ａ地点からＢ地点までは112分かかり，Ｂ地点からＡ地点までは64分かかりました。次の問いに答えなさい。ただし，交代にかかる時間は考えないものとします。

⑴　川の流れの速さは分速何mですか。

⑵　Ｂ地点からＡ地点に戻《もど》る途《と》中に，ペットボトルを川に落としました。２人がＡ地点に戻ってき

てから65分後に，落としたペットボトルがＡ地点に流れてきました。ペットボトルを落としたのは，２人がＡ地点に到《とう》着する何分前ですか。

⑶　太郎くんを乗せたまま，次郎くんが「13分こいだら２分休む」を繰《く》り返しながら，Ａ地点からＢ地点までを１人でこぐとき，何分かかりますか。

〔４〕 次の問いに答えなさい。

⑴　図１の四角形ABCDにおいて，角㋐の大きさは何度ですか。

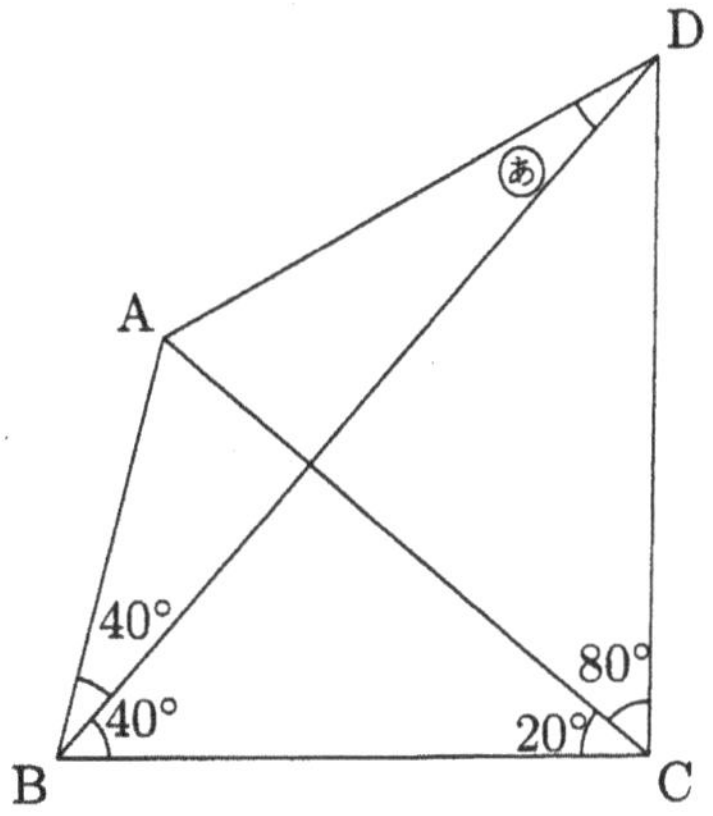

図１

⑵　図２の三角形ABCにおいて，点Ｄは辺AB上に，点Ｅは辺AC上にあります。辺BCの長さとＢＦの長さが同じになるように，辺AC上に点Ｆをとります。

①　次のア～エの中から，長さが５cmであるものをすべて選び，記号で答えなさい。

ア　BD　　イ　BE

ウ　CD　　エ　EF

②　角㋑の大きさは何度ですか。

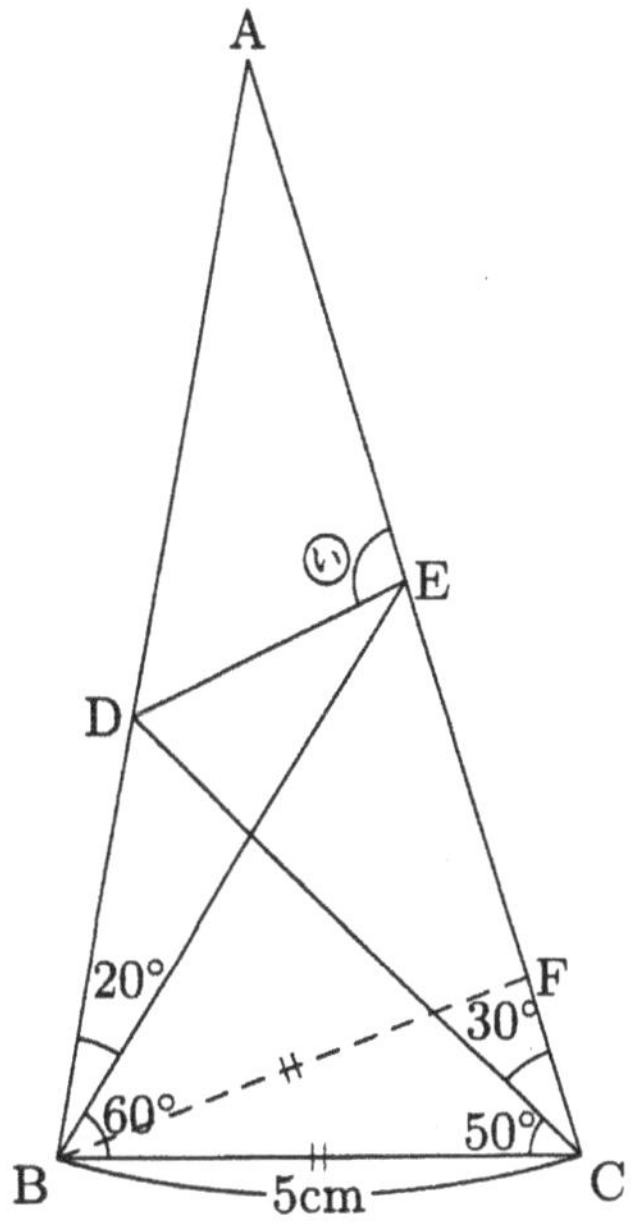

図２

〔５〕 たての長さが６㎝，横の長さが４㎝の右図のような長方形ABCDがあり，辺BCの真ん中の点をMとします。次の手順でこの図形を折ります。

手順１　頂点Ａが点Ｍと重なるように図形を１回折ります。このとき，点Ｄが移った点をＥとします。この折り目と辺ABの交わった点をＦ，この折り目と辺CDの交わった点をＧとします。CGとEMの交わった点をＨとします。

手順２　手順１のあと，頂点Ｅが点Ｍと重なるように図形を１回折ります。この折り目とＦＧの交わった点をＩ，この折り目とＣＧの交わった点をＪとします。

次の問いに答えなさい。

⑴　BFの長さは何㎝ですか。

⑵　手順１でできる六角形BCHEGFの面積は何cm^2ですか。

⑶　手順２でできる五角形BCJIFの面積は何cm^2ですか。

【理　科】（30分）　＜満点：40点＞

【注意】 定規，コンパス，および計算機（時計についているものも含む）類の使用は認めません。

〔１〕 次の文章を読み，以下の問いに答えなさい。

空気が含《ふく》むことのできる水蒸《じょう》気の量には限度があります。空気１ m^3 中に含むことのできる水蒸気の量をほう和水蒸気量といい，これは下表のように気温が高いほど大きくなります。水蒸気を含む空気の温度が下がると，ほう和水蒸気量が小さくなるので，含みきれなくなった水蒸気が水てきになります。これが，雲や霧《きり》です。

表　気温とほう和水蒸気量

気温（℃）	0	5	10	15	20	25
ほう和水蒸気量（g/m^3）	4.8	6.8	9.4	12.8	17.3	23.1

問１ 雲ができるためには，空気のかたまりが上昇《じょうしょう》することが必要です。上昇した空気のかたまりはぼう張し，温度が下がることで水てきができます。次の中から雲ができる条件をすべて選び，記号で答えなさい。

ア 風上側の山の斜面　　**イ** 風下側の山の斜面　　**ウ** 高気圧の中心付近

エ 低気圧の中心付近　　**オ** 地面の一部が強くあたためられたとき

カ 地面の一部が強く冷やされたとき

ほう和水蒸気量に対する水蒸気の量の割合をしつ度といい，以下の式で求められます。

$$\text{しつ度(\%)} = \frac{\text{空気中の水蒸気量（}g/m^3\text{）}}{\text{その気温でのほう和水蒸気量（}g/m^3\text{）}} \times 100$$

問２ 図１は，気温とほう和水蒸気量の関係を示したグラフです。図中の空気**ア**～**オ**は，水蒸気を含むいろいろな温度の空気です。**ア**～**オ**のうち，もっともしつ度が低い空気を選び，記号で答えなさい。また，その空気のしつ度は何％ですか。小数第１位を四捨五入して，整数で答えなさい。なお，ほう和水蒸気量は表の値を，空気中の水蒸気量は図１から読み取った値を用いなさい。

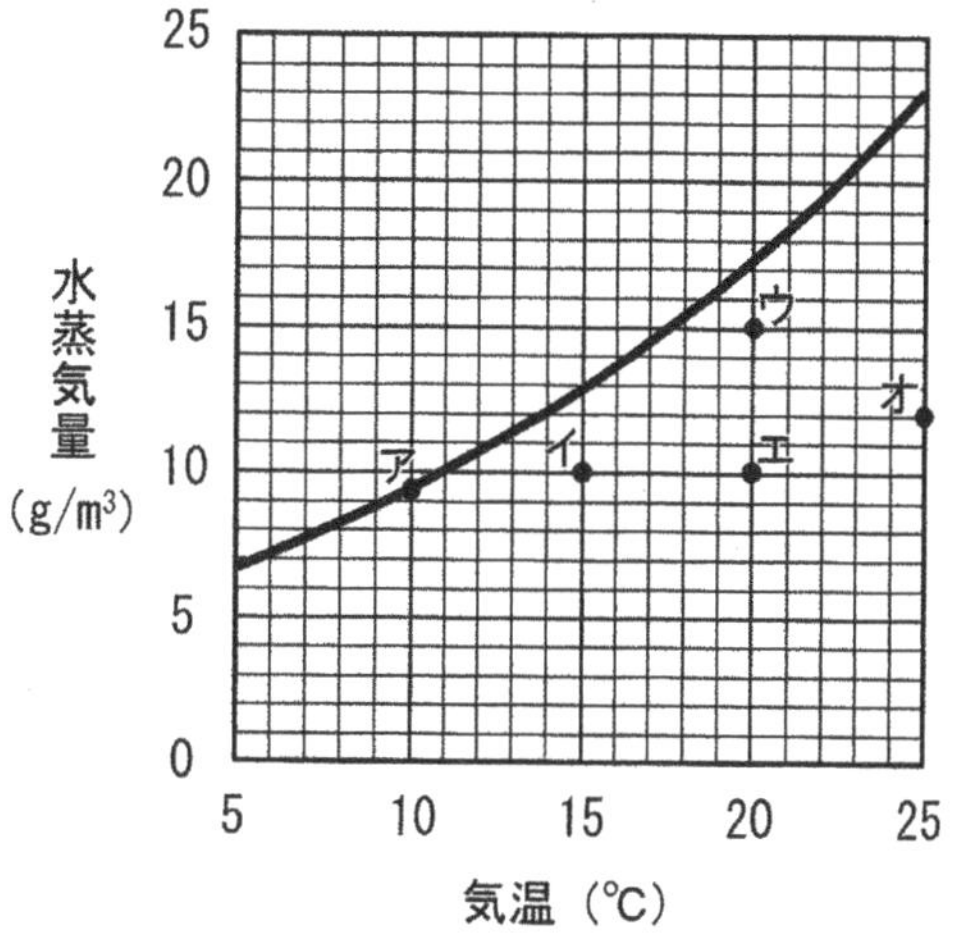

図１

次のページの図２は，しつ度を測る器具です。この器具は乾球温度計としっ球温度計からなり，しっ球温度計の球部はしめったガーゼでおおわれています。

問３ 次のページの文章は，図２の器具でしつ度を測るしくみについて説明したものです。文中の空らんにあてはまる語の組み合わせとしてふさわしいものを選び，記号で答えなさい。

乾球温度計（乾球）としっ球温度計（しっ球）では，しっ球は乾球より温度が（　①　）なる。これは，しっ球の球部を包んだしめったガーゼから水が蒸発するときに（　②　）からである。しつ度は，乾球としっ球の温度の差からしつ度表を使って求めるが，しつ度が低いほど水がたくさん蒸発し，乾球としっ球の温度の差が（　③　）なる。

	①	②	③
ア	高く	まわりから熱をうばう	大きく
イ	高く	まわりに熱を出す	大きく
ウ	高く	まわりから熱をうばう	小さく
エ	高く	まわりに熱を出す	小さく
オ	低く	まわりから熱をうばう	大きく
カ	低く	まわりに熱を出す	大きく
キ	低く	まわりから熱をうばう	小さく
ク	低く	まわりに熱を出す	小さく

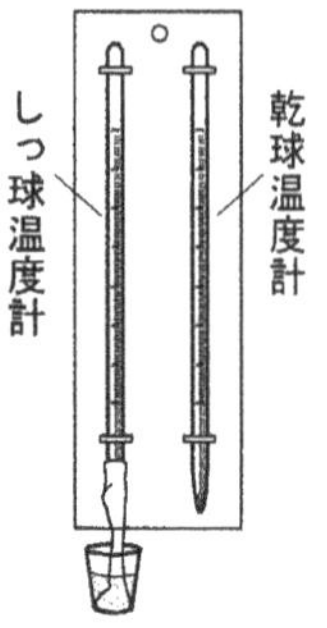

図２

図２の器具を使い，３時間ごとの乾球としっ球の温度を３日間記録しました。図３はこの結果を示したグラフで，実線と破線は，それぞれ乾球としっ球の温度のいずれかを示します。なお，２日目の６時から３日目の３時までは，乾球としっ球の温度は同じでした。

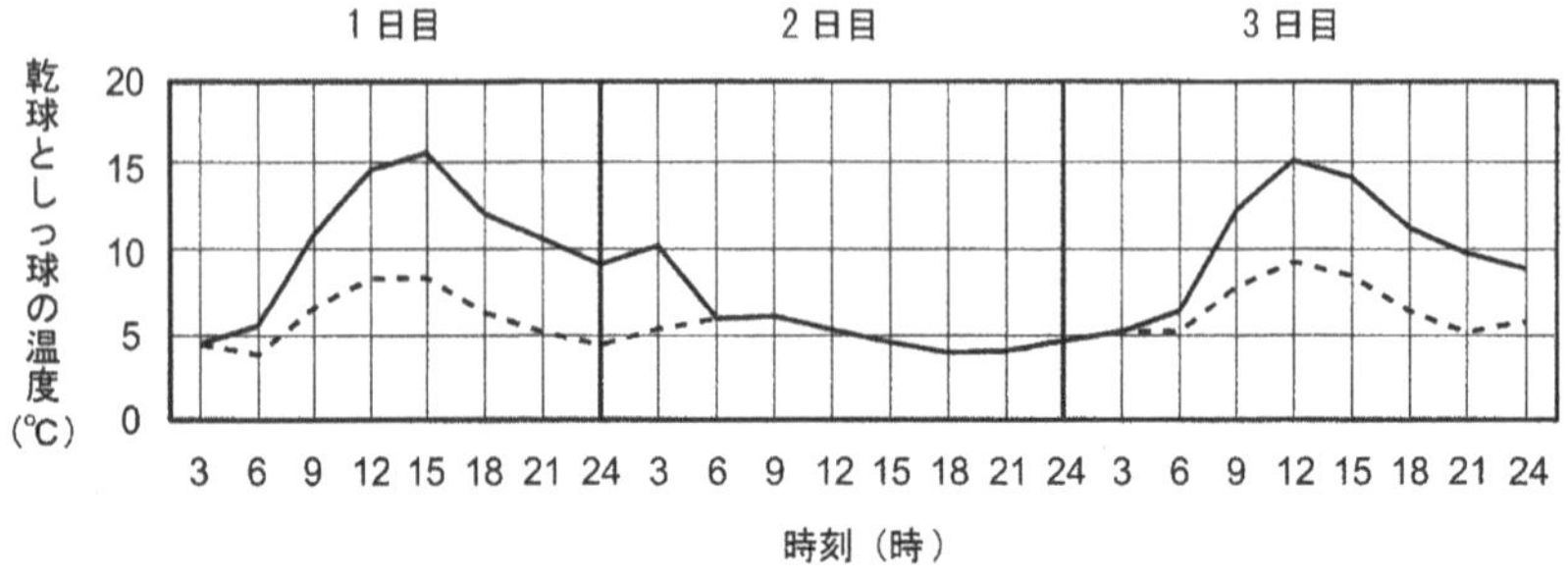

図３

問４　次の日時におけるしつ度を高い順に並べ，記号で答えなさい。

ア　１日目15時のしつ度　　**イ**　２日目18時のしつ度　　**ウ**　３日目12時のしつ度

問５　１日目から２日目にかけての天気としてもっともふさわしいものを選び，記号で答えなさい。

ア　１日目も２日目も晴れていた。

イ　１日目も２日目も雨が降っていた。

ウ　１日目は雨が降っていたが，2日目の朝から晴れた。

エ　１日目はよく晴れていたが，2日目の朝から雨が降り始めた。

〔２〕　固体の食塩が水に溶《と》けるように，液体のエタノールも水に溶けます。いろいろな濃《こ》さのエタノール水溶《よう》液100ｍＬをつくるのに必要な水とエタノールの量を調べる実験を行い，結果を次の表

にまとめました。以下の問いに答えなさい。

《実験》

①電子てんびんにメスシリンダーを静かにのせ，「０キー」をおし，表示を0.0ｇにする。

②電子てんびんからメスシリンダーを下ろし，下表のａ～ｆのように決められた体積の水を入れる。

③そこにさらにエタノールを注いでよく混ぜ，全体の体積が100mLになるようにする。

④すぐに電子てんびんにメスシリンダーをのせ，液全体の重さをはかる。

	a	b	c	d	e	f
水の体積（mL）	0	20	40	60	80	100
液全体の重さ（g）	79.0	84.9	90.0	94.3	97.4	100.0

問１　エタノール１mLあたりの重さは何ｇですか。

問２　この実験結果からわかることとして，正しいものをすべて選び，記号で答えなさい。

ア　水１mLの重さは１ｇである。

イ　水20mLとエタノール64.9mLを混ぜると，体積は100mLになる。

ウ　水60ｇとエタノール34.3ｇを混ぜると，体積は100mLになる。

エ　水80ｇとエタノール17.4mLを混ぜると，体積は100mLになる。

問３　ｃの水溶液100mLをつくるために，水40mLに加えたエタノールは何mLですか。答えは小数第２位を四捨五入して，小数第１位まで求めなさい。

問４　水60mLとエタノール40mLを混ぜた水溶液の重さは何ｇですか。

問５　混ぜる前の水とエタノールの体積をそれぞれはかり，その合計をＡとします。また，それらを混ぜた後の水溶液の体積をＢとします。上表のｂ，ｃ，ｄ，ｅの結果からわかるＡとＢの関係について，もっともふさわしいものを**ア**～**ウ**から選び，記号で答えなさい。

ア　ＡはＢより大きい　　**イ**　ＡとＢは等しい　　**ウ**　ＡはＢより小さい

〔３〕 ヒトは生きていくために体にさまざまな器官をもっており，それらを使って体内の状態を一定に保っています。これらの器官について，以下の問いに答えなさい。

問１　栄養分の吸収をになう小腸の表面は，図１のような形をしています。表面に突き出た部分は「柔《じゅう》毛」と呼ばれ，内部に毛細血管などがあります。小腸の表面がこのようなつくりになっているのと同じ理由で，特別なつくりになっている器官を選び，記号で答えなさい。

ア　食道　　**イ**　肺　　**ウ**　心臓　　**エ**　筋肉　　**オ**　関節

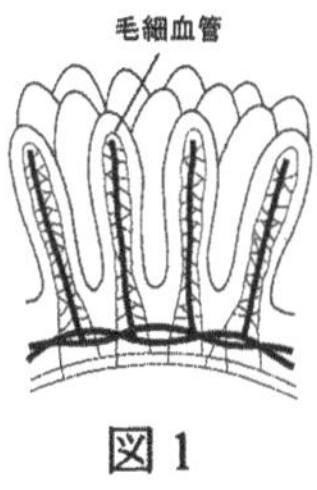

図１

問２　肝《かん》臓と小腸は肝門脈という血管でつながっています。小腸から送られてきた血液がはじめに肝臓に入る理由としてふさわしいものを２つ選び，記号で答えなさい。

ア　小腸で吸収した水の一部を血液から除くため

イ　小腸で吸収した栄養分の一部をたくわえるため

ウ　小腸から送られてきた血液の温度を下げるため

エ　小腸から送られてきた血液に，胆汁《たんじゅう》を加えるため

オ　小腸から送られてきた血液中の有害な物質を，無害な物質に変えるため

問３　ヒトは肺で呼吸を行います。はき出す空気（呼気）と吸い込む空気（吸気）をそれぞれポリエチレンの袋に集め，酸素用検知管と二酸化炭素用検知管を用いて酸素と二酸化炭素の体積の割合を調べました。呼気中の酸素（①）と吸気中の二酸化炭素（②）を調べた検知管はどれですか。ふさわしいものを選び，それぞれ記号で答えなさい。ただし，**ア**の検知管は，気体の割合が小さくて，色の変化が観察できていません。

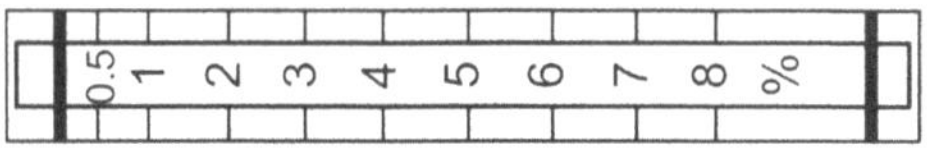

ア

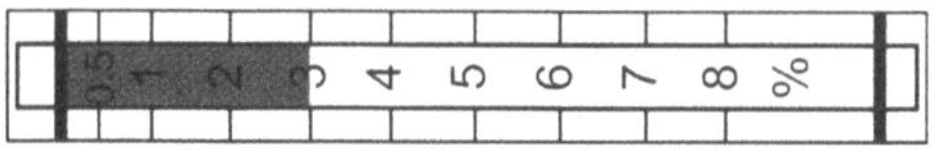

イ

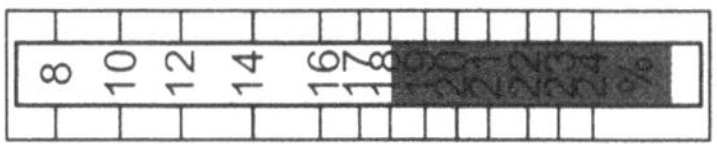

ウ

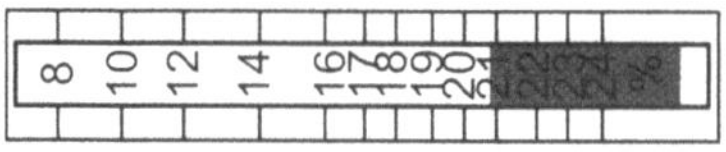

エ

問４　呼気の中には，酸素や二酸化炭素以外で吸気に比べて明らかに体積の割合が増加する物質があります。その物質は何ですか。また，呼気でその物質が増加する理由を15字以内で説明しなさい。

問５　心臓は拍《はく》動することで血液を全身に送り出しています。拍動数は脈拍数を測定することで調べることができます。そこで，小学６年生の太郎君は，運動による心臓の拍動数の変化を調べました。その結果としてもっともふさわしいものを**ア**～**カ**から選び，記号で答えなさい。

《実験》

①運動開始前に，脈拍数を20秒間測定する。

②高さ30cmのふみ台を用意し，上り下りをゆっくり歩くくらいの速さで３分間続ける。

③運動終了直後，終了１分後，２分後，３分後の脈拍数を，それぞれ20秒間測定する。

	運動前	運動直後	1分後	2分後	3分後
ア	28	40	32	29	28
イ	28	40	40	32	28
ウ	28	40	42	29	28
エ	84	120	96	87	84
オ	84	120	120	96	84
カ	84	120	126	87	84

〔４〕　長さ10cmの消しゴム，長さ18cmで重さ80ｇのコンパス，重さの無視できる糸を使って，**実験１**と**実験２**を順番に行いました。コンパスの太さは両脚《あし》ともに一様であり，コンパスの脚以外の部分の重さは考えないものとします。以下の問いに答えなさい。

【実験１】　机の上に置かれた消しゴムを指先でゆっくり押したところ，次のページの図１のように，机から６cmはみ出たところで消しゴムが落下しました。その後，消しゴムをこの位置で切りました。これらをそれぞれ消しゴムＡ，消しゴムＢとします。また，消しゴムＢは，直方体であるとします。

【実験２】 コンパスの右から８㎝の位置を真上から糸でつるし，さらにコンパスの右から４㎝の位置と，消しゴムＡの右から2.5㎝の位置を糸でつなぎました。すると，図２のように，コンパスと消しゴムＡはどちらも水平になって静止しました。

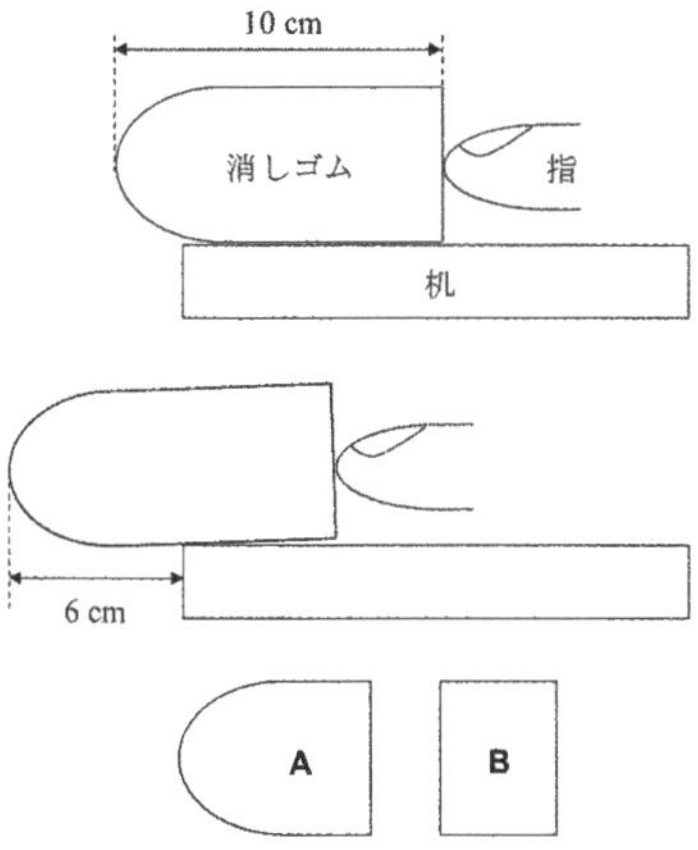

図１

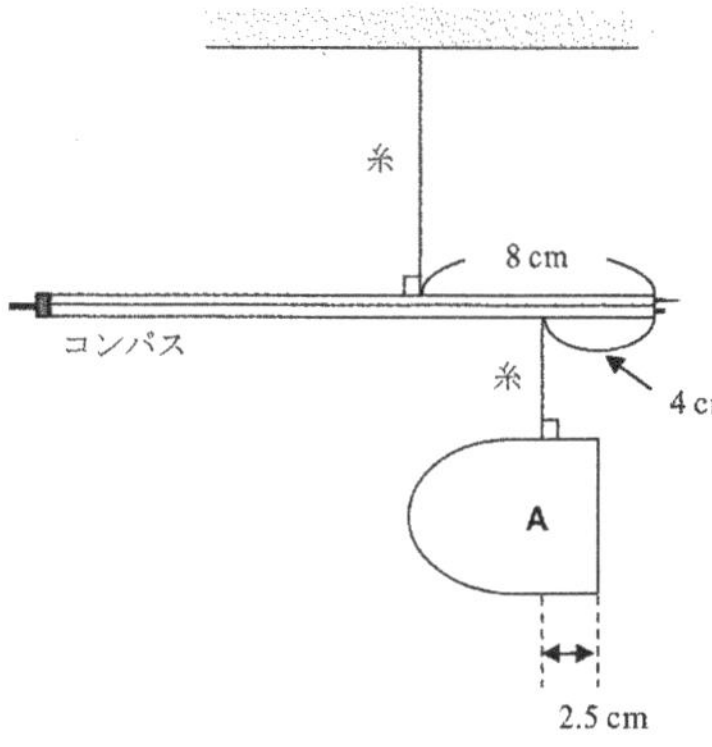

図２

問１ 消しゴムＡ，Ｂの重さはそれぞれ何ｇですか。

問２ コンパスを90°に開き，両脚の接合部Ｏを糸でつるしました。さらに，消しゴムＡを脚ＯＹの真ん中の点Ｐから，消しゴムＢを脚ＯＸ上の点Ｑから糸でつるしたとき，図３のような状態で静止しました。このとき，Ｏから真下に下した線は，両脚のつくる角を二等分しました。ＯＱの長さは何㎝ですか。

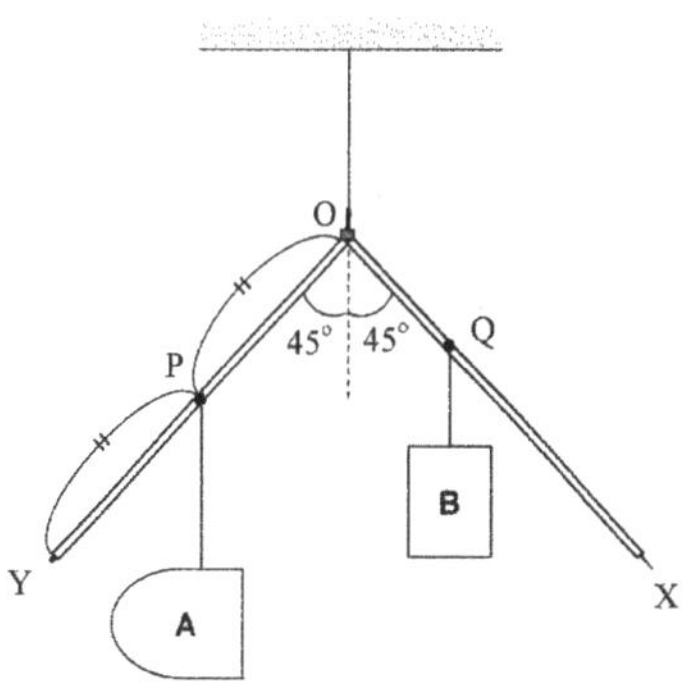

図３

問３ 消しゴムＢは，使用されて小さくなりました。これを消しゴムＢ′とします。コンパスをある角度に開き，両脚の接合部Ｏを糸でつるしました。さらに，消しゴムＢ′を脚ＯＹの真ん中の点Ｐから，消しゴムＡを脚ＯＸの先端《たん》Ｘから糸でつるしたとき，図４のような状態で静止しました。このとき，脚ＯＹは水平になりました。また，Ｏからの長さが12㎝となる脚ＯＸ上の点をＲとし，Ｒから真上にのばした線がＯから水平にのばした線と交わる点をＲ′とすると，ＯからＲ′までの距離は7.2㎝となりました。消しゴムＢ′の重さは何ｇですか。

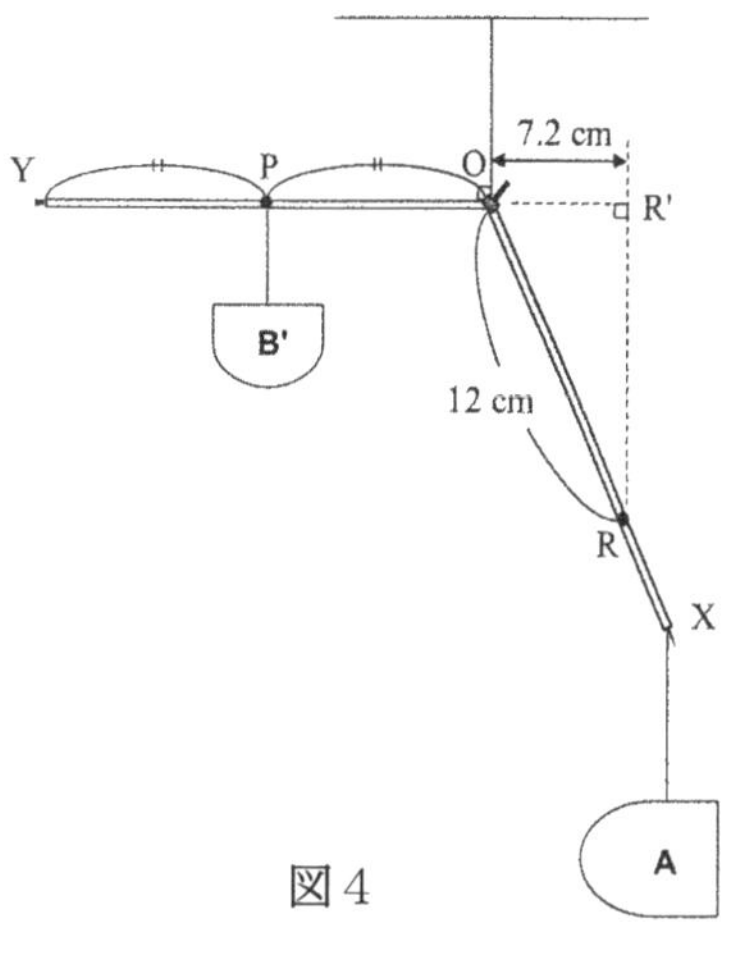

図４

問４　図５のように，コンパスの角度を60°に固定し，一方の脚の先端Ｙを糸でつるし，もう一方の脚の先端Ｘからは，消しゴムＡを糸でつるしました。**問３**と同様にOPの長さを９㎝，ORの長さを12㎝として，以下の問いに答えなさい。

⑴　図５に示した**ア**と**イ**の長さの比はどうなりますか。もっとも簡単な整数比で答えなさい。

⑵　Ｐから真下に下した線が脚OXと交わる点をＰ′とします。P′Rの長さは何㎝ですか。

⑶　Ｙから真下に下した線と脚OYのつくる角**ウ**は何度ですか。

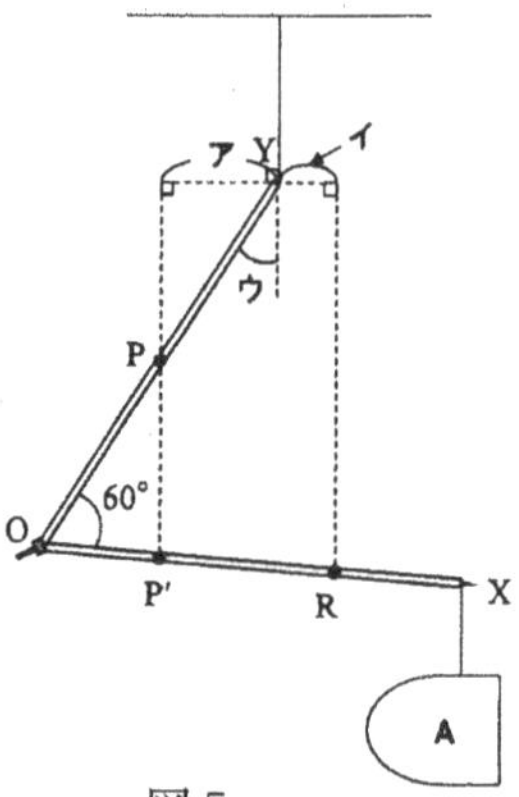

図５

【社　会】（30分）　＜満点：40点＞

〔１〕 日本の産業について述べた次の文章を読み，各問に答えなさい。

戦後，日本は高度経済成長と呼ばれる目覚ましい経済発展を成し遂《と》げました。さまざまな工業が発達し，世界の工場と呼ばれました。日本の工業は戦前，せんい工業が発達し，①戦時中から戦後にかけて造船業，そして鉄鋼業，自動車工業が発達し，世界一の生産量を誇《ほこ》る工業国となりました。しかし，このような工業発展による経済成長は，②大気汚染《おせん》や水質汚濁《おだく》，騒音《そうおん》や振動《しんどう》などの公害を引き起こしました。現在，これらの公害は経済成長が進む世界各地でも起こっていて，地球規模の環境《かんきょう》問題になっています。

③日本は高齢化社会から高齢社会となり，現在は超高齢《ちょうこうれい》社会に突入《とつにゅう》しています。2012年に老年人口は3000万人を超《こ》え，地方では過疎《かそ》化が進み，人口の50％以上が老年人口となり，集落の維持《いじ》が困難な状態となる（　　）集落が増え続けています。そして農業や漁業は深刻な後継《こうけい》者不足となっています。さらには，食文化の多様化により米や魚の消費も減り，国内市場の拡大は厳しい状況《じょうきょう》です。しかし，米，果実，牛肉などの農産物や，すし，ラーメンなどの食文化が世界へ広まり注目されています。これからは日本の高品質で新鮮《しんせん》な農産物や海産物，それらを加工したものを輸出することに活路を見出すべきかもしれません。

問１　文中の（　）にあてはまることばを**漢字**で答えなさい。

問２　下線部①について，次の表は，船舶《せんぱく》，＊粗鋼《そこう》，自動車いずれかの生産量について，上位３か国それぞれが世界に占める割合を示したものです。正しい組み合わせを**ア**～**カ**から１つ選び，記号で答えなさい。

＊粗鋼…加工する前の鋼のこと

（単位は％）

A		B		C	
中国	36.2	中国	29.6	中国	49.7
韓国	34.1	アメリカ合衆国	12.8	日本	6.3
日本	19.9	日本	9.7	インド	6.1

『データブックオブザワールド2019』より

	ア	イ	ウ	エ	オ	カ
船舶	A	A	B	B	C	C
粗鋼	B	C	A	C	A	B
自動車	C	B	C	A	B	A

問３　下線部②について，日本や世界の環境問題について述べた文として**誤っているもの**を１つ選び，記号で答えなさい。

ア　日本の都市部では，緑地の減少や建物の高層化などが原因でヒートアイランド現象が起こっています。

イ　日本では，騒音や振動などから住民の生活を守るため，国土交通省が公害を防ぐための法律をつくっています。

ウ　赤道付近の国々では，過度な森林伐採《ばっさい》や放牧，焼畑などにより森林の減少や砂漠《さばく》化の被害《ひがい》が深刻です。

エ　世界では，化石燃料を燃やすことで二酸化炭素などの温室効果ガスが発生するため，温暖化が進んでいます。

問４　下線部③について，総人口に占める老年人口の割合が７％を超えると高齢化社会といいます。では，超高齢社会とはどのような社会のことですか。次の文の空欄《らん》にあてはまる数字をそれぞれ答えなさい。

総人口に占める（　**a**　）歳《さい》以上の老年人口の割合が（　**b**　）％以上の社会のこと。

問５　次の表は，日本の海面漁業の魚種別漁獲《ぎょかく》量と養殖《ようしょく》業の魚種別収獲量のうち，まぐろ，さんま，かきについて，上位５都道府県を示したものです。正しい組み合わせを**ア**～**カ**から１つ選び，記号で答えなさい。

	上位５都道府県				（単位　トン）
A	①広島　95,634	②宮城　19,061	③岡山　15,461	④岩手　6,024	⑤兵庫　5,862
B	①静岡　26,844	②宮城　19,258	③宮崎　17,034	④高知　14,776	⑤三重　13,206
C	①北海道　51,156	②宮城　14,562	③岩手　12,543	④富山　10,990	⑤福島　7,972

『データでみる県勢 2019』より

	ア	イ	ウ	エ	オ	カ
まぐろ	A	A	B	B	C	C
さんま	B	C	A	C	A	B
かき	C	B	C	A	B	A

〔２〕　次の表は，Ｐ～Ｓの４つの県について，それぞれ条件があてはまるものには○，あてはまらないものには×と示したものです。また面積は大きい順の順位を示しています。下の地図を参考にして，各問に答えなさい。

	P	Q	R	S
北緯 35～40 度の間に位置している	○	○	×	×
東経 135～140 度の間に位置している	○	○	×	○
海に面している	○	×	○	×
面積	5	4	42	40

問１　次のページの表はＰ～Ｓにある県庁所在地の月平均気温の最暖月と最寒月，月平均降水量の最多月と最少月を示したものです。ＰとＳの県庁所在地のものとしてあてはまるものをそれぞれ選び，次のページの記号で答えなさい。

（数値は 1981～2010 年の平均値）

	最暖月平均気温	最寒月平均気温	最多月平均降水量	最少月平均降水量
ア	26.6℃（8月）	2.8℃（1月）	217.4mm（12月）	91.7mm（4月）
イ	25.2℃（8月）	−0.6℃（1月）	134.4mm（7月）	44.3mm（11月）
ウ	26.9℃（8月）	3.9℃（1月）	188.8mm（6月）	47.3mm（12月）
エ	27.8℃（8月）	5.4℃（1月）	339.0mm（6月）	44.7mm（12月）

『データブックオブザワールド 2019』より

問２　次にあげるものは，Ｐ～Ｓの県のいずれかが全国第１位のものです。ＱとＲの県にあてはまるものをそれぞれ**２つずつ**選び，記号で答えなさい。

ア　金属洋食器の出荷額　　**イ**　陶磁器《とうじき》製置物の出荷額　　**ウ**　ソックスの出荷額

エ　レタスの生産量　　**オ**　まいたけの生産量　　**カ**　わさびの生産量

キ　養殖のり類の生産量

問３　Ｐ～Ｓの県名を**漢字**で答えなさい。

〔３〕　今年は日本でオリンピックが開催《かいさい》され，世界各国から多くの人々が訪れます。日本の歴史を振《ふ》り返って，日本と世界の国々がこれまでどのように関《かか》わってきたのか考えてみましょう。

Ａ　古代においては，インドや西アジアなどの文化が中国や朝鮮半島を経て，日本にも伝わりました。

問１　古代には，中国や朝鮮半島から多くの渡来人が移り住みました。渡来人について述べた次の文のうち，**誤っているものを１つ**選び，記号で答えなさい。

ア　蘇我《そが》氏は渡来人との結びつきを強め，仏教の保護をうったえて物部《もののべ》氏と対立した。

イ　稲作は渡来人によって，大陸から伝えられた。

ウ　古墳を築く技術や紙のつくり方，漢字，そして仏教などが渡来人によって伝えられた。

エ　このころの朝廷は，他国からやってきた渡来人を信用しなかったため，公の仕事を与《あた》えなかった。

問２　大陸の文化の影響《えいきょう》は，右の写真のような品々に表れています。これらが保管されている建物は何と言いますか。**漢字**で答えなさい。

Ｂ　武士が政治を行う時代になると，支配者の中には盛んに貿易を行い，諸外国の文化を積極的に取り入れようとした者もいました。

問３　12世紀後半に武士として初めて太政《だいじょう》大臣となった人物は，瀬戸内海に面した「ある港」を大幅《はば》に改修し，盛んに中国との貿易を行ったことが知られています。人物の氏名と，その港があった県をそれぞれ**漢字**で答えなさい。

問４　16世紀に日本に伝来したキリスト教は，多くの大名によって保護されました。その中でも，近畿地方を中心に勢力を広げていた大名が，1576年に築いた城について正しく述べているものを１つ選び，記号で答えなさい。

ア　この城は，かつて一向宗の中心地であった石山本願寺の跡《あと》に建てられた。

イ　宣教師ザビエルは，大名の許可を得て，この城の城下町でキリスト教の学校を設立した。

ウ　きわめて珍《めずら》しい形状であるこの城の天守閣《てんしゅかく》は，現在にいたるまで重要文化財として保存されている。

エ　琵琶湖のほとりにつくられたこの城の城下町では，商人や職人は自由に商工業ができるようになった。

C　江戸時代には，幕府の方針により外国との交流は制限されていましたが，幕末から明治時代の日本は諸外国の影響を受け，近代化の道を歩んでいきました。

問５　江戸時代には，いわゆる「４つの窓口」での交流が続いていました。例えば，琉球王国との貿易は薩摩藩が主に担っていました。この時代に，①朝鮮王国　②アイヌ民族　との交流を主に担っていた藩の名称を，それぞれ**漢字**で答えなさい。

問６　1853年にアメリカ合衆国の使節が日本を訪れました。当時の世界各地の状況について，正しく述べたものを１つ選び，記号で答えなさい。

ア　南アフリカやインドは，「世界の工場」と呼ばれたアメリカ合衆国の植民地になっていた。

イ　ハワイ王国はアメリカ合衆国の支配を受け，50番目の州になっていた。

ウ　アヘン戦争に敗れた清は，欧米《おうべい》諸国と不平等条約を結んでいた。

エ　沖縄は琉球藩の支配下にあり，かつての琉球王が藩主となっていた。

問７　明治時代に入ると，多くの人物が欧米に留学し，近代的な文化を学んできました。右の写真は日本初の女子留学生を写したものです。右から２人目の人物の氏名を**漢字**で答え，彼女が設立した学校を以下から１つ選び，記号で答えなさい。

ア　鳴滝塾

イ　同志社女学校

ウ　華族女学校

エ　女子英学塾

問８　このころになると，日本の国境も次第に確定されていきました。ロシアとの間で1875年に結ばれた条約の内容を説明した次の文の空欄にあてはまることばをそれぞれ**漢字**で答えなさい。

> この条約で日本とロシアは，（　a　）を日本の領土とし，（　b　）をロシアの領土とすることを認め合った。

D　近代以降，多くの日本人が外交分野で活躍《かつやく》し，世界の平和に貢献《こうけん》しました。

ア

イ

ウ

エ

問９　リトアニアに赴任《ふにん》した外交官で，第二次世界大戦後にイスラエル政府から「諸国民の中の正義の人」として表彰《ひょうしょう》された人物を**ア～エ**から選び，記号で答え，氏名を**漢字**で答えなさい。

問10　2019年までIAEAの事務局長を務めた人物を**ア～エ**から選び，記号で答えなさい。また，IAEAについて説明した次の文の空欄にあてはまることばを答えなさい。

各国による（　　）の平和的利用を促進《そくしん》し，軍事分野への転用を監視《かんし》する国際機関である。

〔４〕　次の文章を読み，各問に答えなさい。

茂《しげる》君は昨年の夏休みに宿題をしていて，次のような記事を見つけました。要約すると，「おととし台湾東部の小学生たちが，海辺の清掃《せいそう》ボランティア活動中に防水ケースに入ったデジタルカメラを拾った。学級担任がSNSで持ち主探しを呼びかけたところ，日本人の女子大生が約２年半前に旅行先の石垣島で紛失《ふんしつ》したものであることが判明した。彼らは，この経験をもとにして①海洋ごみ問題を考える物語を創《つく》り，人形劇にして台湾各地の小学校をまわって上演した。その後日本でも公演を行った。」というものでした。

新学期になって茂君がこのことをクラスで発表すると，翔《しょう》君も2019年６月に大阪で開かれた②20カ国・地域（G20）首脳会議で，プラスチックごみによる海洋汚染の問題が議題に含《ふく》まれていたことや，「③大阪ブルーオーシャンビジョン」という目標が決まったことを発表していました。茂君は，プラスチックごみによる海洋汚染の問題が，こんなに大きくとり上げられていることに驚《おどろ》きました。

先生は，日本では石油化学工業の発達とともにプラスチックの生産が盛んになり，1980年代にペットボトルやプラスチック容器が登場して私たちの生活の中に普及《ふきゅう》してきたこと，④プラスチックは自然界では分解されにくいので，多くのプラスチックごみが海に流れこんで生態系や漁業などに深刻な悪影響を及《およ》ぼしていることについて話しました。

茂君は，この問題についてどのような対策が行われているのか，さらに調べてみました。

日本国内では，⑤地方自治体を中心にごみ問題に取り組んでいて，プラスチックごみも細かく分別しています。一方，お店ではレジ袋をやめたり，⑥プラスチック製ストローから木製ストローに切り替《か》えたりするところがあることを知りました。さらに，⑦国連環境計画（UNEP）のホームページを見ると，個人の取り組みだけではなく，国を超《こ》えた取り組みの重要性も訴《うった》えていました。茂君はますますこの問題に興味を持つようになりました。

問１　下線部①について，プラスチックごみについて述べた文として正しいものを１つ選び，記号で答えなさい。

ア　魚やクジラなどがプラスチックごみをえさと間違《まちが》えて飲み込むことはほとんどありませんが，体にからみついて命を落とすことがあります。

イ　マイクロプラスチックとよばれている５ミリメートル以下の大きさの粒子《りゅうし》になったプラスチックごみは，生物や環境への影響が心配されています。

ウ　アフリカ大陸沿岸部では，経済発展が進んでいないため，海洋プラスチックごみの問題はほとんどおきていません。

エ　この問題が国際会議などで大きくとり上げられた結果，世界のプラスチックごみの発生量は年々減ってきています。

問２　下線部②の参加国で，主要７カ国（Ｇ７）首脳会議の参加国でもある国を**すべて**選び，記号で答えなさい。

ア　イタリア　　**イ**　ロシア　　**ウ**　インド　　**エ**　中国　　**オ**　オーストラリア

カ　カナダ

問３　下線部③を説明した文として正しいものを１つ選び，記号で答えなさい。

ア　2020年までに，汚《よご》れたプラスチックごみの国境を越えた移動を禁止することにしました。

イ　2030年までに，先進国が使い捨てプラスチック容器の使用を30％削減《さくげん》することに合意しました。

ウ　2040年までに，使い捨てプラスチック容器の使用を全面禁止する方針を打ち出しました。

エ　2050年までに，海洋プラスチックごみによる新たな汚染をゼロにすることを目指すことにしました。

問４　下線部④のような理由から，プラスチックを焼却して処分することも行われています。ごみを焼却するとき，発がん性のある有害な物質が発生する可能性があるため，清掃工場で特に気をつけていることがあります。そのことについて述べた次の文のうち，正しいものを１つ選び，記号で答えなさい。

ア　有害物質は燃やす温度が低いと発生するので，高温で燃やすようにしています。

イ　有害物質のもとになる物質を取り除くため，繰り返し燃やすようにしています。

ウ　発生した有害物質を吸着させて回収するために，焼却炉に石灰を入れて燃やすようにしています。

エ　異なる種類のごみと燃やすと有害物質が発生するので，プラスチックだけを厳しく分別して燃やすようにしています。

問５　下線部⑤はごみの処理をはじめ，住民の生活のための仕事を行っています。地方自治体について述べた次の文のうち，正しいものを１つ選び，記号で答えなさい。

ア　ごみの処理のように多くの費用がかかる仕事は，政令指定都市以外では都道府県が行っています。

イ　地方自治の原則に基づき，地方自治体の仕事は，すべてその自治体が集めた税金で行われています。

ウ　地方自治体の長は住民から直接選挙で選ばれているので，議会は長を不信任することができません。

エ　地方議会が制定した条例によって行われる住民投票では，その結果に法的拘束力《こうそくりょく》はありません。

問６　下線部⑥について，次の各問に答えなさい。

⑴　木製ストローの材料として，森林で樹木の生長を助けるために，一部の木を切ることによって出た木材が使われます。この木材を何といいますか。

⑵　このことは，循環《じゅんかん》型社会を目指すうえで重要な「３Ｒ」にあたります。「３Ｒ」について述べた次の文の空欄にあてはまることばをそれぞれ答えなさい。

> 木製ストローを利用することは，プラスチックごみの問題から見ると，ごみを減らす（　**a**　）にあたります。それに対し，ペットボトルなどを回収し，洋服などの原材料に作り変えることは（　**b**　）にあたります。

問７　下線部⑦は，1972年にスウェーデンのストックホルムで開かれた国連人間環境会議で設立が決められました。この会議のスローガンは，どのようなものであったか答えなさい。

問２　傍線部**１**「個人がいつでも社会に対して遅れて、社会の中でその存在を与えられるということ」とありますが、その最初の経験を本文中のことばを用いて、解答欄《らん》に合うように三十字以上四十字以内で説明しなさい。

問３　傍線部**２**「時の隔たりを超えてつながっているもの」とありますが、これと同じ意味で用いられていることばとして最もふさわしいものを、本文中から六字で書き抜きなさい。

問４　傍線部**３**「符牒」の意味として最もふさわしいものを次から選び、記号で答えなさい。

ア　付録　**イ**　亡霊《ぼうれい》　**ウ**　しるし　**エ**　お守り

オ　あいさつ

問５　傍線部**４**「『私』という存在は、さまざまな他者や事物との共時的、通時的なつながりの中の『結び目』のようなものとして存在している」とありますが、これを説明した次の文章の〔①〕・〔②〕に最もふさわしいことばを、本文中からそれぞれ指定の字数で探し、書き抜きなさい。

社会における「私」という存在は、〔　①**（九字）**　〕する人やモノとの共時的なつながりと、〔　②**（八字）**　〕を通じた死者たちとのつながりとが交わったところに出現するものであるということ。

問６　この文章で筆者が言いたいこととして最もふさわしいものを次から選び、記号で答えなさい。

ア　私たちの存在している世界は、死者によって作られた社会である。

イ　社会というものは、個人のあつまりやつながりによって作られている。

ウ　現代社会では、お金のつながりよりも人とのつながりの方が大切である。

エ　私という存在や私の日常の営みも、社会について考えるときの対象となる。

き、そこで迎えられるのは、「今ここに彼岸《ひがん》からやってきた死者の霊」である。だが他方で死者は、過去に存在するものとしても考えられる。「私たちの先祖は……」とか、「祖先から継承《けいしょう》された伝統として……」とか言うとき、「先祖」や「祖先」という言葉で総称《そうしょう》されるのは、かつて生き、けれども今は死んでしまってもうここにはいない死者たちの群れである。だが、過去に位置するこの死者たちと私たちは、２時の隔《へだ》たりを超《こ》えてつながっているものとして考えられている。言語が、文化が、知識が、伝統が、かつて生き、今は死んだ人びとから継承されて今あるものとして存在しているからだ。苗字《みょうじ》というのは、両親とのつながりを示しているだけでなく、その苗字を継承してきた今は亡《な》き数知れぬ人びとのつながりの中に個々の人びとが生きていることを示す３符牒《ふちょう》のようなものだ。また「日本人」とか「韓国人」、「アメリカ人」や「フランス人」といった言葉が使われるとき、そこで意味されているのも現に生きている諸国民の共時的な集合体である場合もあるけれども、そのような共時的なつながりを超えた歴史的連続体としての人びとの群れを意味することもしばしばである。

　私たちの生きている世界は、風景や町並み、建物のような有形のものも、言語や文化、法や制度のような無形のものも、その少なからぬ部分――分野によってはほとんどの部分――が、すでに死んでしまった人びとによって作られている。私たちは、その多くの部分が死者たちによって作られた世界に生まれてくる。私たちが経験する「死者たちの作った世界」は共時的な現在である。だが、そのような共時的な現在を生きているということは、その世界を通じて私たちが死者たち、その個々の名も顔も知らぬ無数の死者たちとのつながりを、多くの場合は取り立てて意識することもなく生きているということだ。そうしたつながりを、歴史や時間の流れを通じての関係であるという意味で「通時性」や「通時態」という言葉で言い表わすこともある。

　４「私」という存在は、さまざまな他者や事物との共時的、通時的なつながりの中の「結び目」のようなものとして存在している。それは、私という存在が「社会の中」に存在しているということだ。そしてそのことは、私やあなたが現にある私やあなたであることが、すでに社会的な関係の中で与えられる社会的な出来事であるということ、その中で私もあなたも、死者をも含《ふく》んだ私以外の他者たちから与えられ、我がものとした言葉を使い、やはり他者たちから我がものにした慣習や道徳に従って生きているということだ。とすれば、社会について考えるとき、その対象は法律や政治や経済の中に、そしてまたさまざまな「社会問題」の中にあるだけではなく、この私という存在や私の日々の営みの中にすでに存在しているのだということになる。

　私は社会の中に、つねに社会から遅れて現われる。私も、私の日々の生活も、社会の中で生じる社会的な出来事なのだ。

（若林幹夫《わかばやしみきお》『社会学入門一歩前』〔ＮＴＴ出版〕より）

問１　[A]～[D]に入ることばの組み合わせとして最もふさわしいものを次から選び、記号で答えなさい。

ア	A	社会	B	個人	C	個人	D	社会
イ	A	社会	B	個人	C	社会	D	個人
ウ	A	個人	B	社会	C	個人	D	社会
エ	A	個人	B	社会	C	社会	D	個人

人から「＊＊」と呼ばれる存在を、当の存在が呼ぶときの呼び名であるということだ。「私」とは、つねに、そしてすでに「他の人びとの中の誰か」であり、「他の人びとにとっての誰か」なのである。

1個人がいつでも社会に対して遅れて、社会の中でその存在を与えられるということ。それは、人がいつも他の誰かとのつながりの中で、自ら「私」と呼び、「僕」と呼び、「自分」と言う〝誰か〟になるのだということである。

この〝つながり〟について、もう少していねいに考えてみよう。

まず私は、他の誰かと同じ時間の中で、ある空間や場を共有して生きており、そこで誰かとのつながりの中に置かれている。家の中で、地域の中で、学校で、会社で、もっと広い社会の広がりの中で、私たちはそこにいる誰かとさまざまなつながりをもち、そのつながりの中の「誰か」として、他の人びとと関係している。そのつながりの中で私たちは、名前や役割や、性別や年齢《ねんれい》といった属性に即した呼び名で他者から呼ばれ、そのような「誰か」として接せられ、応対される。そうしたつながりの中の私の位置や扱いが、私にとっていつも快適とはかぎらない。いじめや差別のように、どうしてもそこから抜《ぬ》け出したいような位置や扱いもある。そうしたひどい扱いや関係から抜け出ようとする私の存在もまた、そうした扱いや関係の後から私の中に現われてくる。私が私を見出す〝つながり〟とは、私が自らの存在を見出すそうした状況のことだ。

こうしたつながりの相手は、必ずしも人間でなくともよい。犬や猫《ねこ》のようなペット、野山の獣《けもの》や鳥、魚や虫でもいいし、家や田畑、山や川のような環境《かんきょう》でもいい。神や精霊《せいれい》や魔物《まもの》や死者のような、現代人の多くから見ると想像上の存在であるものたちでもいい。たとえば農業社会では、人は他の人びとと結びつくのと同じように、ときにそれよりもずっと強く大地と結びついている。狩猟《しゅりょう》採集する社会では、野山の動植物やその精霊とのつながりが、ときに生身の人間とのつながりよりも大切だろう。現代の社会では、人とのつながりよりもお金とのつながりのほうが大切かつリアルだという人もいるかもしれない。ともかく、そのようなさまざまな空間的つながりの中で、人は「自分」を見出し、そんなつながりの中の「誰か」になる。同じ時間の中である空間や場を共有する人やモノとのこのようなつながりのことを、同じ時を共有するという意味で「共時性」や「共時態」という言葉で言い表わすこともある。

けれども、人が自分を「誰か」として見出すつながりは、共時的なつながりだけではない。右に私は「死者」とのつながりということを述べた。このとき「死者」という存在はどこにいるのだろうか。

注意してほしいのだが、私はここで「死体」のことを言っているのではない。死体、つまり死んだ人間の体は、いつも現在という時の中に現われる。エジプトのミイラは何千年も前に作られたものだが、私にとってそれは「今、ここにあるよく保存された死体」である。それに対してここで「死者」と呼んでいるのは、死体になってしまった身体の中にかつては〝生きた人間〟の人格として存在していたが、いまやその身体が死体というモノになってしまったので、その身体から切り離《はな》して考えられる〝死んだ人間〟の人格のことだ。

ご先祖様とか祖先とかいうのがその典型である死者は、一方では現在に存在する共時的存在として現われる。たとえばお盆の迎《むか》え火をすると

ならないのだ、と痛感させられたような感覚。

問６　この文章の内容として正しいものを次から一つ選び、記号で答えなさい。

ア　大輔は、女子の制服にあこがれを抱いてしまう自分の性質に対して、以前から悲しさを感じていた。

イ　大輔は、自分の置かれている状況《じょうきょう》をやっと理解することができ、解決の糸口を見出《みいだ》そうとして苦しんでいる。

ウ　大輔は、自分の考えが錯覚であると気づいたことによって、茶子の言葉の真意を理解できるようになっていった。

エ　大輔は、自分が見た目だけではなく考え方も独特な人間であることを、クラスメートにわかって欲しいと思った。

オ　大輔は、蜂須賀への恐怖心に支配されていることを思い知るとともに、自分の考えが甘かったと強く感じるようになった。

二　次の文章を読んで、後の問に答えなさい。

常識的に考えると、「[A]」というものは「[B]」の後から現われる。社会を構成するメンバーや要素である個人がまずあって、そうした個人のあつまりやつながりとして社会が存在するというのが、多分ごく普通の考え方だろう。社会を構成する要素である個々人なしに、それ以前に存在する社会などという奇妙《きみょう》なものは、どこにも存在しないからだ。

だが、本当にそうなのだろうか？

私やあなたといった個々人の人生の具体的なあり方から考えてみよう。

アダムとイヴのような神話の中の「最初の人間」はともかくとして、私たちが生まれてきたときにはすでに、そこには「社会」――他の人間たちが作った関係や集団やルールや慣習――が存在していた。私たちはみな、自分に先立って存在する社会の中に生み出され、その社会に組み込《こ》まれて、社会の構成員になったのだ。こうした事実関係に即《そく》してみれば、社会は個人の後から現われるのではない。逆に、個人はつねに社会の中に産み込まれる。私の存在は、社会の存在に対していつも遅《おく》れて、社会の中で与《あた》えられるのだ。

生まれたばかりの赤ん坊《ぼう》は、さしあたり社会的な個人ではなく、生物としてのヒトの個体にすぎない。だが、そのヒトの個体としての赤ん坊は、生まれてすぐに周囲の人間たち――すでに社会を生きている人間たち――によって、息子《むすこ》や娘《むすめ》、子どもとして扱《あつか》われ、子や孫といった親族関係上の位置や名前を与えられ、〝[C]の中の[D]〟として扱われる。自分自身を社会の中の誰《だれ》かとして自覚する以前に、周りにいる人びとによって〝[C]の中の[D]〟にさせられるのだ。（略）

私自身もかつてそうだったし、私の子どもも現にそうなのだが、幼年期の子どもは自分自身を言う一人称《いちにんしょう》として、「僕」や「私」という言葉以前に「＊＊ちゃん」といった他者から名指される二人称的な言葉を使う。それは、人が社会の中で見出《みいだ》すのが、「自分にとっての自分」である以前にまず、「人から呼ばれる自分」であるからだ。「僕」や「私」という言葉を獲得《かくとく》した後でも、この間の事情は変わらない。なぜなら、「私」とは「他者から＊＊と呼ばれる私」であるからだ。「あなたは誰？」と聞かれたとき、「私は＊＊です」というその名前。それは、私やあなたが他の人びとから呼ばれる名前や属性――学生だとか、主婦だとか、会社員だとか――である。別の言い方をすると、「私」という一人称は、

感じられない。怯《おび》えた心を抱《かか》えた、無様なジャージを纏う己《おのれ》の姿は、ひたすらみすぼらしく、哀《あわ》れだった。

図書室の入り口をふらふらと通り過ぎ、突《つ》き当たりの非常口の前で、大輔は立ち止まった。普段は開けてはいけないと言われている扉の鍵《かぎ》を回し、非常階段に出た。

らせん階段を屋上まで上り、錆《さ》びついた背の低い柵《さく》を開けた。安っぽい緑色のマットが、あちこち剝《は》げたまま敷《し》かれている屋上の中央で、大輔は膝に手をついた。

すり切れ、変色した緑のマットを見つめ、大輔はさっき食べたばかりの給食をすべて吐き出した。吐き終えてから、大輔は泣いた。

（万城目学《まきめまなぶ》『プリンセス・トヨトミ』〔文藝春秋《ぶんげいしゅんじゅう》〕より）

（注）「おっちゃん」は大輔の父、「おばちゃん」は大輔の母を指す。

問１　傍線部ａ～ｃのカタカナを、それぞれ漢字に直しなさい。

問２　茶子の「おば」である初子に関する説明として、正しいものには○を、正しくないものには×をつけなさい。

ア　大輔のことを心配するあまり、あえて言ってはならない言葉をかけている。

イ　大輔と茶子が険悪な関係にならないように、あえて二人の気をそらしている。

ウ　大輔に対して茶子が恋愛《れんあい》的な感情を抱《いだ》いていることを、実はよく思っていない。

エ　大輔のことを応援しているが、実は男子の制服を着て学校に行って欲しいと思っている。

問３　［１］に入ることばとして最もふさわしいものを次から選び、記号で答えなさい。

ア　もう、茶子にあわせる顔があらへん

イ　そないに、殴られへんのとちゃうか

ウ　何というか、負けたような気がする

エ　これ以上、みんなに迷惑《めいわく》をかけないですむ

オ　きっと、後藤先生かて僕のことを見捨てるわ

問４　茶子は結局のところ、大輔のどのような言動に対して怒っているのですか。そのことについて説明した次の文章の〔①〕～〔③〕に最もふさわしいことばを、指定の字数で答えなさい。ただし、〔①〕は会話文中から書き抜《ぬ》き、〔②〕・〔③〕は自分で考えて書きなさい。

大輔は〔「①（八字以上十字以内）」〕と言うけれども、そうではなく、すでに〔②（十字以内）〕のである。ところが、その現実を大輔が〔③（五字以内）〕としないことに対して、茶子は怒っている。

問５　傍線部２「何か世界そのものを壊されたような感覚」とありますが、その説明として最もふさわしいものを次から選び、記号で答えなさい。

ア　大輔の理想も、それを思い描《えが》いていた大輔自身も完全に否定されたような感覚。

イ　目の前に立ちはだかる障害は、これからも大輔にずっとついて回ると宣告されたような感覚。

ウ　女性として生きていく幸せは、大輔が暴力を克服《こくふく》しない限り手に入れられないと通告されたような感覚。

エ　大輔の希望を実現するためにはスカートをはいて学校に行っては

と？　私だって、怖《こわ》い思いして、いっしょに戦ってんやで。(注)おっちゃんもおばちゃんも、きっとまわりにいろいろ言われてるやろうけど、知らんとこでアンタのために戦ってんねんで。何でもかんでも一人でできるなんて、思い上がりなッ」

茶子の怒《いか》りに満ちた眼差《まなざ》しを、大輔は蒼《あお》い顔で受け止めた。

ふたたび、重い沈黙が二人の間に舞《ま》い戻《もど》った。背中を丸め大輔がうつむいている前で、茶子は壁のａガクブチをじっと睨みつけていた。

「僕――帰る」

大輔は顔を伏《ふ》せたまま立ち上がった。襖を開け、台所の机でＤＳをやっている初子に「ごちそうさまでした」と礼を言って玄関《げんかん》に出た。

「大ちゃん、がんばりよ。おばちゃん、応援《おうえん》してるで」

商売柄《がら》ゆえ、少し割れた感じの初子の声を、靴《くつ》ひもを結びながら、大輔は背中で聞いた。

家に戻る途中《とちゅう》、榎《えの》木《き》大明神に立ち寄った。巨大《きょだい》な神木は影《かげ》となって空を覆《おお》い、鳥居の朱《しゅ》が闇《やみ》ににじむように色を放っていた。鏡と小さな白蛇《しろへび》の置物が納められた祠《ほこら》の前で、大輔は手を合わせた。

「僕は――どうしたらいいかわかりません」

もちろん巳《み》さんは、何も答えてはくれなかった。ただ、緩《ゆる》やかな風を受け、枝葉がさよさよと鳴るばかりだった。

（略）

木曜日の一件について、担任の後藤《ごとう》にどれほど訊ねられても、大輔は蜂須賀の名を出さなかった。何をされたかなんて思い出したくもなかったし、それを口にするなど、絶対にゴメンだった。大輔自身の意地もあった。それに、たとえ教師が注意したところで、コントロールの効く相手ではないことは、学校じゅうの人間が知っている。

しかし、ほんのわずかな時間、蜂須賀を目撃《もくげき》しただけで、大輔ははっきりと了解《りょうかい》した。それらしいことを並べ、蜂須賀への感情を圧《お》し殺していたが、要は相手の仕返しが怖かった――ただ、それだけだったのだ。

あの部室棟《とう》の前で、恐怖《きょうふ》で身体がこわばり、口も利けぬまま、ひたすらうずくまっていた時間。長く、暗く、重い、絶望の時間。服を脱《ぬ》がされ、殴《なぐ》られ、蹴《け》られ、石灰《せっかい》をまかれたこと。痛みよりも、２何か世界そのものを壊《こわ》されたような感覚。未《いま》だ、ジャージの下に残るあざ。

駄目《だめ》だった。

これまで開くまいと念じていた記憶《きおく》の扉《とびら》が、校庭から明るいｂカンセイが響く廊下《ろうか》でからんと開いた。大輔は壁際にもたれるように立ち止まった。黒い、粘《ねば》っこい泥流《でいりゅう》が、身体をぐるぐると回る感覚がした。窓を透過《とうか》した日射《ひざ》しが、大輔の顔を白く照らしても、何ら肌《はだ》に熱を感じなかった。気がつけば全身が総毛立っていた。俄《にわか》に吐き気がこみ上げた。

壁に手をつき、大輔は廊下をのろのろと進んだ。

今にして、大輔は思う。女子の制服を着て、学校へ行けたらどれだけしあわせだろう――と好き勝手に夢想していたときが、いちばん楽しかった、と。セーラー服を纏《まと》うだけで、魔法《まほう》のように、目の前を塞《ふさ》ぐ障《しょう》壁《へき》が一気に取り払《はら》われる気がした。長い長い夜が明けるように思えた。たった一枚のスカートが、すべてを解決してくれる〝希望〟そのものに感じられた。

だが、どれもこれも、すべては錯覚《さっかく》だった。希望どころか、現実はいよいよ闇を濃《こ》くして大輔を覆った。霧《きり》の中で大輔はｃロトウに迷い、あれほど苦痛だった男子の制服を着ずに済むよろこびは、もはやどこにも

かってる、ごめん」と手を挙げて取りなした。

そのとき、部屋の襖《ふすま》がスッと開き、

「あらあら、喧嘩《けんか》かいな？」

と茶子のおばの初子《はつこ》がお盆《ぼん》を手に顔を出した。

「大ちゃん、アンタ、ええときに来たな。ほらデザート、ゼー六のアイスモナカ。昨日、お客さんにもらってん」

と初子は白っぽい色合いのアイスモナカが入った皿を絨毯《じゅうたん》の上に置くと、代わりにスパゲティの皿を引き取り、「仲良くやで」と残し襖を閉めた。

大輔はお手玉くらいの大きさの、丸っこい形をしたアイスモナカを手に取り、茶子に差し出した。ありがとう、と茶子はくぐもった声で受け取った。アイスモナカは前歯で噛《か》むと、みしりと皮が破れる感触《かんしょく》とともに、すうとしたアイスの甘《あま》みがやってきた。

「おいしいな、ゼー六」

「うん」

二人は黙々《もくもく》と一個を平らげた。二つ目を茶子に渡《わた》し、大輔は残りの一つを手に取った。

「僕はな、茶子に怒ってるんやない。僕は、暴力っていうか——そういうのが嫌《きら》いやねん。鼻を折るのは……やっぱり、やりすぎや」

茶子はモナカの皮の表面を人差し指で撫《な》でながら、「うん、わかってる」と小さくうなずいた。

「僕は単に、みんなに受け入れてもらいたいだけやねん。僕のこと鬱陶《うっとう》しいとか、気持ち悪いとか思う人がいるってこと、僕も理解できる。気持ち的に受け入れられへん、ってのもわかる。むしろ、それが普通かもしらへん。でも、僕みたいに見た目と中身が違う人間も世の中にはいる。ちょっと変かもしらへんけど、人間としての中身はみんなと何も変わらへん、って知ってもらいたい——」

茶子はうつむき加減にアイスモナカを齧《かじ》りながら、黙って大輔の訴《うった》えを聞いた。大輔は上目遣《うわめづか》いに茶子の反応を待ったが、立てた片膝に頰《ほお》を預けたまま、言葉を放つ様子がないのを見て、アイスモナカを口に持っていった。白みを帯びた皮に前歯を立てると、ぱり、と軽い音が鳴った。

「明日はどうすんの。またセーラー服で学校行くんか」

アイスモナカを食べ終え、茶子は小さな声で訊《たず》ねた。

「それ、島にも訊《き》かれた」

最後のかけらを口に放り、大輔は顔を後ろに回した。茶子のベッドを見下ろすように、壁際《かべぎわ》のフックにセーラー服がかけられていた。

「また、あんな目に遭ったらどうすんの。じっと我慢して、耐え続けるんか？」

「わからへん……。でも、もしもアイツの言うとおりにしたら——

［１］」

「アホッ」

いきなり、茶子の吐き捨てるような短い叫《さけ》び声が部屋に響《ひび》いた。

「いい加減、一人で戦ってるフリするんやめッ」

肩《かた》をビクリと震《ふる》わせ、正面に向き直った大輔を、茶子は目を赤くして、イスの上から睨みつけた。

「そら、大輔の言うとおり、少しずつしか、物事は進まんのかもしれん。でも、大輔一人やったら、その少しも進まんのやで。みんなが大輔を助けるから、進んでいけるんやろ。負けた？　アンタだけの勝負ってこ

【国　語】（五〇分）〈満点：六〇点〉

【注意】 字数制限のある問題については、かぎかっこ・句読点も一字と数えなさい。

一　次の文章を読んで、後の問に答えなさい。

不貞腐《ふてくさ》れた顔で腕《うで》を組み、あぐらをかいている大輔《だいすけ》を、勉強机のイスに腰《こし》かけ、茶子《ちゃこ》もまた膨《ふく》れっ面で見下ろしていた。

大輔の前には、宗右衛門町《そえもんちょう》のスナックが定休日だった茶子のおばが作ってくれた、たらこスパゲティの空き皿が二つ並んでいる。二人してひと言も口を利《き》かずに食べきった皿には、ピンクのたらこ粒《つぶ》と、のりの切れ端《はし》がさびしげに貼《は》りついている。

「やっぱり、僕《ぼく》は気に入らへん」

長い沈黙《ちんもく》を破り、大輔は湿《しめ》った声でつぶやいた。途端《とたん》、これまで溜《た》めていたものを吐《は》き出すように、細い目を吊《つ》り上げ、茶子は一気に言葉を放った。

「何で？　何で、私が大輔に怒《おこ》られなアカンの？　だって、あいつは許されへんことしたんやで。何されたか、まさか忘れたはずないやろ？　あのくらいじゃ、まだまだ足りへん。いっそ鼻がもげてもいいくらいやわ」

「違う」

そうやないねん、と大輔は首を横に振《ふ》った。

「これは僕の問題や。茶子の問題やない」

「じゃあ、大輔はこれからもずっと黙《だま》って我慢《がまん》するつもりなんか？　あいつにやられっ放しでも、じっと耐《た》え続けるんか？　あいつは、大輔がこれまでどれだけ長い間、真剣《しんけん》に考えて、どれだけ覚悟《かくご》を決めてセーラー服で学校に行ったかなんて、何も知らん。これからもずっと知らんやろ。そんな阿呆《あほう》がすることに大人しく我慢して、何の意味があんの？」

「茶子は間違ってる」

「何か？　どこが？」

茶子はひときわ声のトーンを高くして、大輔を睨《にら》みつけた。

「うまく言われへんけど……そうじゃないねん。僕には何となくわかる。ある日、何もかもがガラッと変わって、すべてがうまくいくなんてこと、世の中では絶対にない。どんなものでも少しずつ、ちょっとずつ変わっていくもんやと思う。せやから……」

せやから、と続け、大輔は耳の後ろのあたりを乱暴に掻《か》いた。

「ううん、上手に説明できへん。でも、茶子のやり方は違うと思う。むしろ騒《さわ》ぎが大きくなるだけやと思う」

「何、今さらズルいこと言ってんの」

茶子はこれ見よがしに舌打ちをして、イスの上に片膝《かたひざ》を立てた。

「騒ぎになることわかってて、女子の制服着て学校に行ったんは誰《だれ》？なのに、自分で騒ぎを起こすだけ起こしといて、怒られんのは私？　私だって金曜日、蜂須賀《はちすか》が仕返しにくるんちゃうか、ってずっと怖《こわ》かったんよ。正直言って、大輔がセーラー服着て学校に行かんかったら、こんなことにはならへんかったのに、って一瞬《いっしゅん》思った。でも、ホンマに腹が立ったから、許されへんて思ったから、あんなことしたんやで。大輔のためにしたんやで。それやのに――」

大輔を睨む茶子の瞳《ひとみ》が急に潤《うる》み始めるのを見て、大輔は慌《あわ》てて「わ

第1回

2020年度

解　答　と　解　説

《2020年度の配点は解答欄に掲載してあります。》

＜算数解答＞ ≪学校からの正答の発表はありません。≫

[1]　(1)　$\frac{25}{32}$　　(2)　2時間30分　　(3)　17.9g

[2]　(1)　84度　　(2)　18.42cm^2　　(3)　282.6cm^2

[3]　(1)　6通り　　(2)　21通り　　(3)　60通り　　(4)　294通り

[4]　(1)　分速300m　　(2)　3時間3分20秒　　(3)　$29\frac{1}{6}$m

[5]　(1)　$\frac{2}{3}cm^3$　　(2)　①　解説参照　　②　$\frac{5}{12}cm^3$　　(3)　$\frac{1}{6}cm^3$

○推定配点○

[3]・[5]　各3点×8　　他　各4点×9　　計60点

＜算数解説＞

[1]（数の性質，割合と比，濃度，単位の換算）

基本　(1)　51005÷3232＝15…2525　　$\frac{2525}{3232}=\frac{25}{32}$

重要　(2)　ポンプ1台で1時間に入る水量が1のとき，穴から1時間に流れ出る水量は(1×3×10－1×5×5)÷(10－5)＝1，水そうの容積は(1×5－1)×5＝20である。したがって，ポンプ9台では20÷(1×9－1)＝2.5(時間)すなわち2時間30分で満水になる。

重要　(3)　200g：40g＝5：1であり，40gを1として表し，容器A，Bの最初の濃度をA，Bで表す。
1×A＋5×B＝(1＋5)×8＝48…ア　　1×12＋(5－1)×A＝(1＋5－1)×5＝25…イ
したがって，イより，Aは(25－12)÷4＝$\frac{13}{4}$(％)，アより，Bは$\left(48-\frac{13}{4}\right)$÷5＝8.95(％)，Bのなかの最初の食塩の量は200×0.0895＝2×8.95＝17.9(g)

重要　[2]（平面図形，相似，図形や点の移動，割合と比）

(1)　図1において，角ア＝角イ＋角ウ，(角イ＋角ウ)×2＝360÷15×7＝168(度)である。したがって，角アは168÷2＝84(度)

(2)　図2において，半径AC×ACの面積は，図3より，3×3×2＝18(cm^2)であり，おうぎ形ACC′の面積は18×3.14÷6＝9.42(cm^2)　したがって，図2の図形全体の面積は9.42＋3×3＝18.42(cm^2)

(3)　図4において，直角三角形ODAとOCBは相似で，対応する辺の比は3：6＝1：2，面積比は1：4であり，円錐台の側面積は，図5より，10×6×3.14÷4×(4－1)＝45×3.14(cm^2)である。したがって，表面積は(45＋3×3＋6×6)×3.14＝90×3.14＝282.6(cm^2)

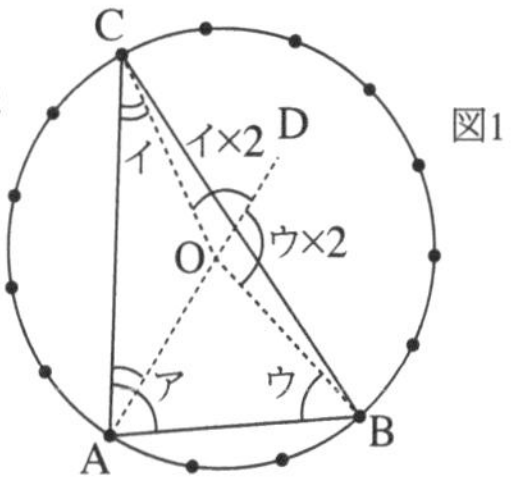

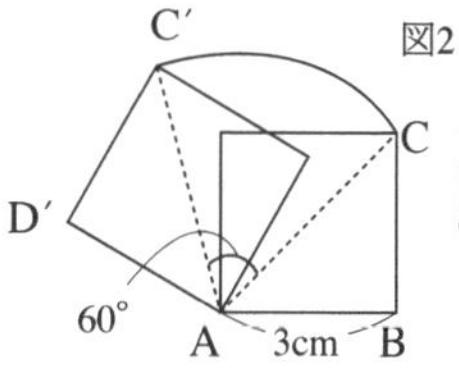

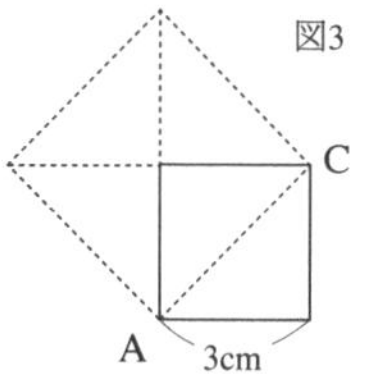

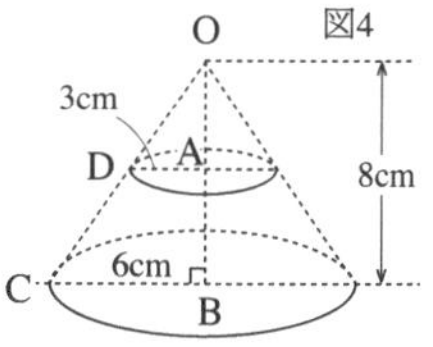

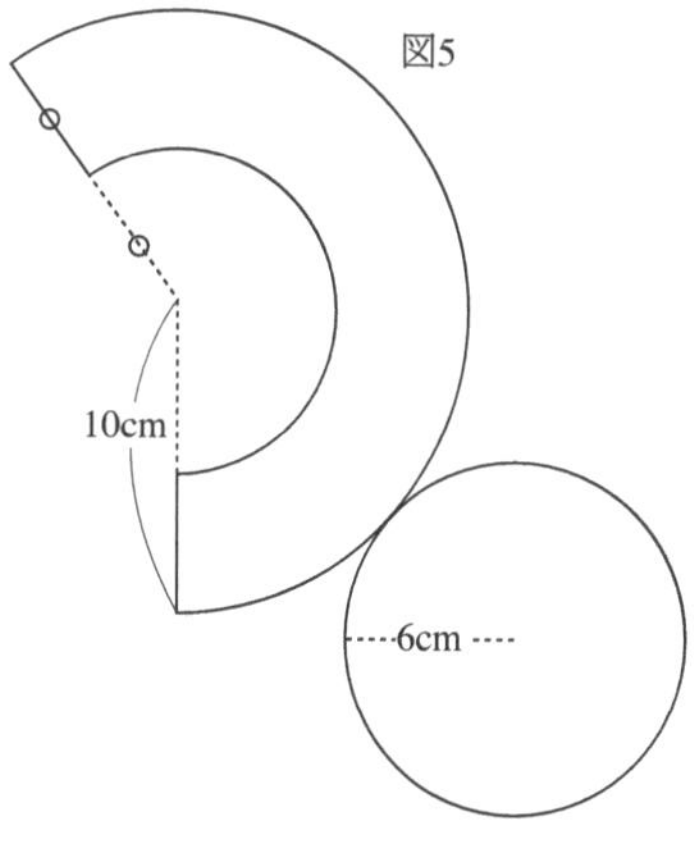

[3] (立体図形，図形や点の移動，場合の数，規則性)

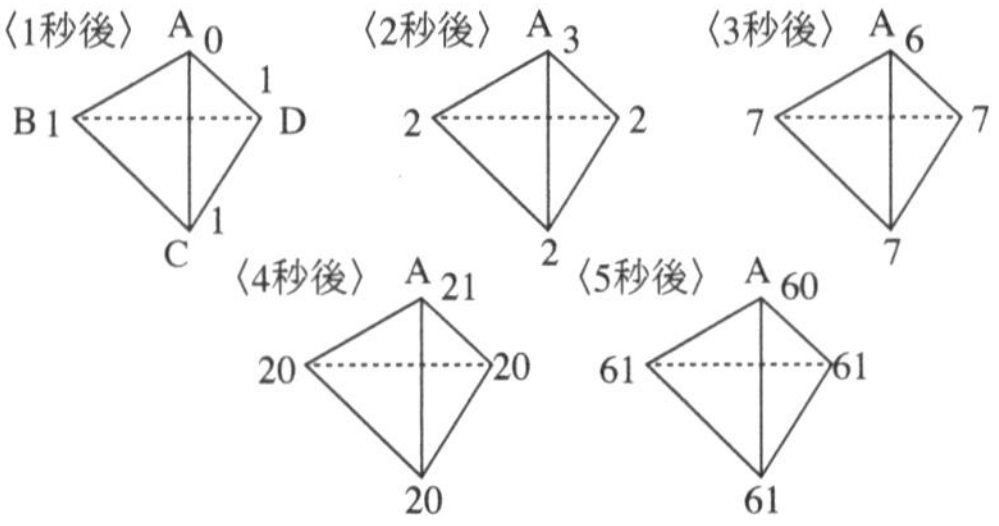

基本 (1)　右図において，＜2秒後＞例えば，PがBまで移動する方法は$1\times2+0=2$(通り)，PがAまで移動する方法は$1\times3=3$(通り)

＜3秒後＞PがBまで移動する方法は$2\times2+3=7$(通り)，PがAまで移動する方法は$2\times3=6$(通り)

重要 (2)　(1)と同様，＜4秒後＞PがBまで移動する方法は$7\times2+6=20$(通り)，PがAまで移動する方法は$7\times3=21$(通り)

やや難 (3)　＜5秒後＞PがBまで移動する方法は$20\times2+21=61$(通り)，PがAまで移動する方法は$20\times3=60$(通り)

(4)　(1)より，＜3秒後＞PがBまで移動する方法は7通り，さらに$6-3=3$(秒後)，BからB以外のAまで移動する方法も7通り，さらに$9-6=3$(秒後)，AからAまで移動する方法は6通りある。したがって，9秒後にAまで移動する方法は$7\times7\times6=294$(通り)

[4] (速さの三公式と比，割合と比，単位の換算)

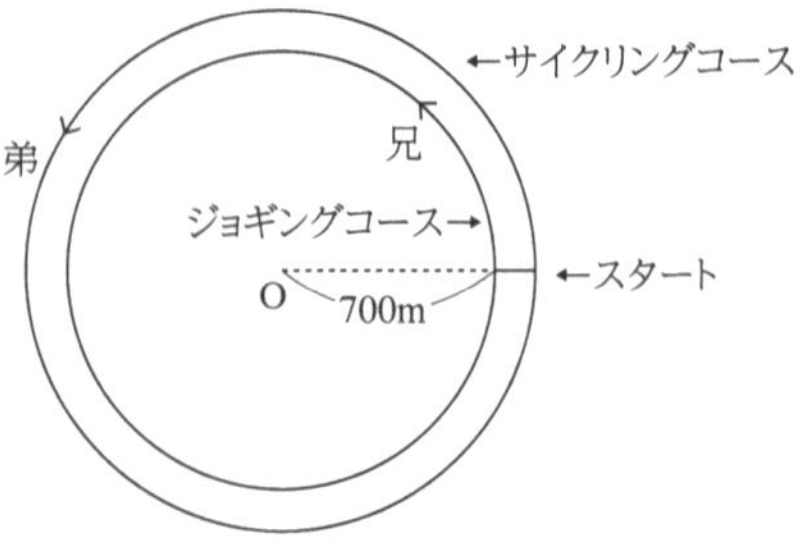

基本 (1)　弟と兄の速さの比は$(140-40):40=5:2$であり，弟の分速は$120\div2\times5=300$(m)

基本 (2)　$1400\times\frac{22}{7}\times5\div120=550\div3=183\frac{1}{3}$(分)　すなわち3時間3分20秒

重要 (3)　サイクリングコースの半径を□にすると，(1)より，$□\times12\div5=□\times2.4$が$14000\div2\times5\div2=1750$に等しい。したがって，2つのコースの間は$1750\div2.4-700=29\frac{1}{6}$(m)

[5] (平面図形，立体図形)

基本 (1)　図アより，$1\times1\times1-1\times1\div2\times1\div3\times2=\frac{2}{3}$(cm^3)

やや難 (2)　①図イが立体の見取り図であり，右側から見える部分は図ウになる。

②図エより，斜四角柱QCRD－NFMEから三角錐P－NFE2個分を除いた体積は

$1\times1\div2\times1-1\times\frac{1}{2}\div2\times\frac{1}{2}\div3\times2=\frac{5}{12}$(cm^3)

(3)　図オより，この八面体の体積は$1\times1\div2\times1\div3=\frac{1}{6}$(cm^3)

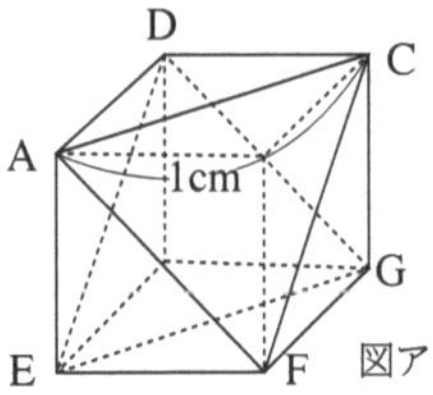

図ア

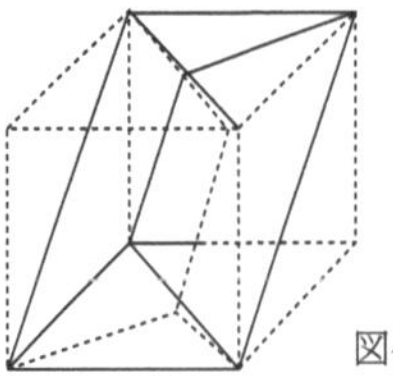
図イ

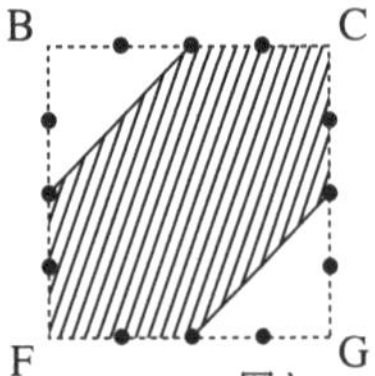

図ウ

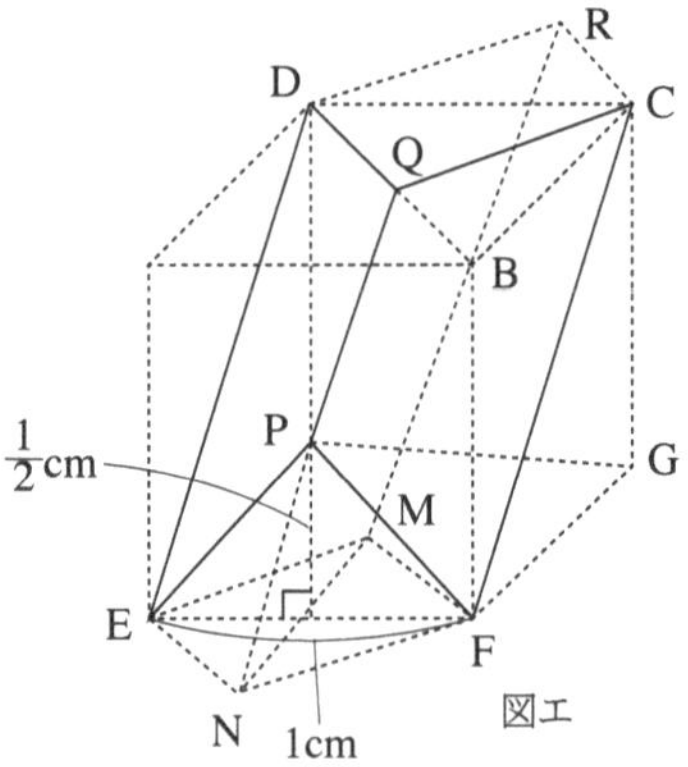

図エ

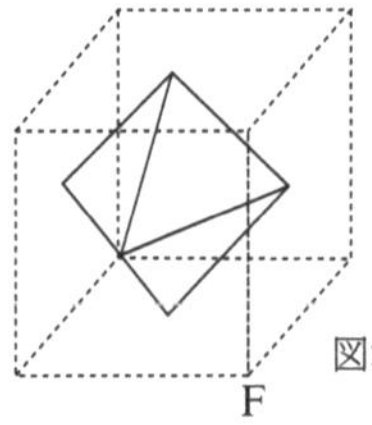

図オ

★ワンポイントアドバイス★

[2](1)「円周角」は，弧の長さと角度の関係を知らないと難しく，[3](3)・(4)「移動の場合」も計算法を知らないと難しく，[5](2)・(3)「切断後の立体」も，短時間で解くのは容易ではない問題である。

＜理科解答＞ ≪学校からの正答の発表はありません。≫

〔1〕 問1 アンモナイト　問2 ア，エ　問3 海底　問4 プレート　問5 イ

〔2〕 問1 1.85g　問2 8.4g　問3 ア，イ　問4 20.0g　問5 ア，オ

〔3〕 問1 イ，オ　問2 ウ　問3 エ　問4 ウ　問5 イ

〔4〕 問1 イ　問2 ウ，オ　問3 ① イ　② ア　③ ウ　④ エ

問4 オ　問5 昆虫など他の条件で実ができるのを防ぐため。

○推定配点○

各2点×20(〔1〕問2，〔2〕問3・問5，〔3〕問1，〔4〕問2・問3各完答)

＜理科解説＞

〔1〕 (大地の活動－ヒマラヤ山脈の形成)

問1　図1は，中生代に海で繁栄したアンモナイトの化石である。

重要　問2　示準化石は，地層ができた時代を示す化石であり，短期間のみに生息した生物や，時代によって形の変化が大きい生物が適している。また，離れた場所の地層どうしの前後関係を知るには，その示準化石がより広い範囲で数多く見つかる方が都合がよい。

問3　アンモナイトは海に生息していた。その化石が，標高の高いヒマラヤ山脈で見つかることから，ヒマラヤ山脈の場所は，中生代のころ海底だったことが分かる。現在のユーラシア大陸と，南半球の大陸の間には，テチス海とよばれる大きな海があった。

問4　古インド大陸は，インド・オーストラリアプレートの上に乗っており，プレートが動くことで，ユーラシアプレートに衝突した。大陸どうしが衝突したことで，押し合う力がはたらき，複雑なしゅう曲や断層ができて，標高が押し上げられた。

問5　例えば，古インド大陸の南の端を目印にすると，7100万年前に南緯40°あたりにあったものが，3800万年前には南緯5°あたりに来ている。その動きは，3300万年間でおよそ35°である。子午線の長さ，つまり，南北方向に地球を一周した長さが40000kmだから，35°ぶんの長さは，40000×$\frac{35}{360}$≒3900(km)程度である。よって，1万年で1km程度動いたことがわかる。1km＝10万cmだから，1年あたり10cm程度動いたことになる。

〔2〕 (ものの溶け方－水溶液と結晶)

問1　40℃の水100gに食塩は36.3g溶けるので，40℃の水50gならば食塩は18.15gまで溶ける。よって，食塩を20g加えたら20－18.15＝1.85(g)が溶け残る。

問2　80℃の水100gに硝酸カリウムは168.8gまで溶けるので，40gならばすべて溶ける。これを冷やして20℃にすると，硝酸カリウムは31.6gしか溶けないので，40－31.6＝8.4(g)が結晶となる。

重要　問3　ア：正しい。40℃の水100gにホウ酸は8.9gしか溶けないので，40g加えると溶け残る。イ：正しい。食塩とホウ酸は溶け残りが出るが，砂糖と硝酸カリウムは40gがすべて溶けるので，その濃さはどちらも40÷140となり，同じである。ウ：誤り。20℃の水100gに砂糖は203.9g溶けるので，溶け残りはできない。エ：誤り。60℃の水100gに食塩は37.1gまで，ホウ酸は14.9gまでしか溶け

ないので，この2つに溶け残りができる。

やや難 問4　ろ液は，食塩が溶ける最大量まで溶けた飽和水溶液である。20℃の水100gに食塩は35.8gまで溶けるので，飽和水溶液67.9gに溶けている食塩の量は，135.8：35.8＝67.9：□より，17.9gである。これと，溶け残りの2.1gがあるから，はじめに加えた食塩の量は，17.9＋2.1＝20.0(g)である。

問5　食塩の溶ける量は，20℃でも80℃でも，大きな差はない。そのため，冷やしても出てくる結晶は少量である。また，食塩の結晶は立方体に近い形である。

〔3〕（電流と回路－豆電球とLED)

問1　ア：誤り。電流の向きを変えた実験をしていないので，決められない。イ：正しい。電流が250mAのときより430mAのときのほうが，明るく光る。ウ：誤り。実験1では乾電池が多い方が明るい。エ：誤り。回す向きを変えた実験をしていないので，決められない。オ：正しい。実験2では回す速さを上げると電流が増えている。

問2　実験4から，発光ダイオードの長い方に＋極を，短い方に－極をつないだ順方向のときだけ電流が流れ，逆方向では電流が流れない。アの豆電球と直列につながっているLEDは逆方向だから，電流が流れない。イの豆電球は，並列に導線がつながっており，電流はすべて導線の方へ流れ，イの豆電球には電流が流れない。ウは電流が流れ，明るく光る。

問3　実験3では，LEDが光らない程度まで回転数を落としても，豆電球は乾電池1個のときより明るく光っている。つまり，乾電池1個ぶんのはたらきでは，LEDは光らない。実験1～実験3の結果を，乾電池のはたらきが小さい順にまとめると，次のようになる。

乾電池の数	手回し発電機の回転の速さ	豆電球に流れる電流	LEDに流れる電流
乾電池1個	遅い	250mA	0mA
－	中程度	300mA	0mA
乾電池2個直列	速い	430mA	20mA

ア，イは順方向だが，乾電池1個ぶんのはたらきなので光らない。ウも，乾電池2個は打ち消し合い，順方向だが乾電池1個ぶんのはたらきなので光らない。エは順方向で，乾電池2個ぶんのはたらきがあるので光る。

問4　アは逆方向なので光らない。イ→エは順方向だが，1個のLEDあたりに乾電池1個のはたらきしかかからないので光らない。イ→オ→カは，カが逆方向だから，オとカは電流が流れず光らない。ウは順方向で，乾電池2個のはたらきだから光る。

やや難 問5　図6では，乾電池2個ぶんのはたらきがあるので，最初は両方光っている。しかし，乾電池が消耗して，はたらきが弱まっていくと，LEDの方が早く消える。

〔4〕（植物のはたらき－花のつくり)

問1　大きい①が花弁(花びら)で，下から支える位置にある④ががくである。また，花の中央に1本ある③がめしべで，その周囲に5本ある②がおしべである。

問2　キュウリは，ヘチマやカボチャなどと同じウリ科の植物で，お花とめ花に分かれている。また，トウモロコシはイネ科だが，両性花のイネとちがい，お花とめ花に分かれている。他は1つの花におしべとめしべの両方を持つ両性花である。

問3　Bグループ遺伝子のはたらきが失われると，もともと花びらになるべき部分は，Aグループ遺伝子だけがはたらくので，がくになってしまう。また，もともとおしべになるべき部分は，Cグループ遺伝子だけがはたらくので，めしべになってしまう。

問4　Cグループ遺伝子のかわりにAグループ遺伝子がはたらくと，もともとおしべになるべき部分は，Bグループ遺伝子とAグループ遺伝子がはたらくので，花びらになってしまう。また，もともとめしべになるべき部分は，Aグループ遺伝子だけがはたらくので，がくになってしまう。

重要 問5　この実験で証明したい結論は，実ができるために受粉が必要だということである。しかし，袋をかぶせないと，花に昆虫が寄ってくる。すると，実ができても，昆虫が受粉以外の何かのはたらきをして実ができたのかも知れない。その疑いを避けるために，袋をかぶせ，花粉をつけていない花と条件をそろえる。

★ワンポイントアドバイス★

実験の結果は，先入観を持たずに正しく読み，何が条件になって結果が変わっているのか1つ1つ考えて整理しよう。

＜社会解答＞ ≪学校からの正答の発表はありません。≫

〔1〕　問1　なし　　問2　(1)　ウ・淡路　　(2)　仙台　　(3)　(例)　新鮮な野菜を出荷できるため　輸送コストが安くすむため　　(4)　北西　　(5)　イ　　(6)　スイカ　(7)　D　庄内平野　　E　関東平野　　(8)　エ　　問3　C　イ　　F　ウ

問4

〔2〕　問1　イ　　問2　藤原　　問3　エ　　問4　(1)　イ　　(2)　ア　　問5　荘園　問6　イ　　問7　職名　ア　　一族　う　　問8　(1)　摂関政治　　(2)　a　豊臣秀吉　b　検地　　問9　キリシタン[キリスト教徒]　　問10　イ　　問11　興福寺

〔3〕　問1　国権(の)最高(機関)　　問2　(1)　人民の，人民による，人民のための政治　(2)　ア　　問3　a　国政調査(権)　　b　知る(権利)　　問4　イ　　問5　ウ　問6　ア　　問7　イ

○推定配点○

〔1〕　問2(3)　各2点×2　　他　各1点×12(問2(1)・問4各完答)

〔2〕　問8(2)　2点　　他　各1点×12(問7・問8(2)各完答)

〔3〕　問2(1)　2点　　他　各1点×8　　　計40点

＜社会解説＞

〔1〕（日本の地理―国土と自然・産業など）

問1　なしは日本～中国南部を原産とする果実で生産量は千葉・茨城・栃木の順。西洋なしはヨーロッパ中南部～小アジアの原産で日本には明治期に導入された。山形は西洋なしの3分の2を生産するほかサクランボが1位，リンゴ・ブドウが3位といった果物王国。

問2　(1)　兵庫県の淡路島。鳴門海峡の南北では最大1.4mの落差ができ長径が30mにも及ぶ大きな渦が観光名所となっている。アは沖縄，イは佐渡，エは対馬。　(2)　江戸時代，伊達62万石の城下町として発展。東北地方の政治・経済・文化の中心となる人口109万人の大都市。

(3)　巨大な消費地と隣接する利点を生かした農業。近年は地価の高騰や流通の進歩でその競争力

基本　は衰えている。 (4) 暖かい日本海から大量の水蒸気が補給され日本海側に大雪をもたらす。
(5) 国が定める最低賃金でも東京は全国平均(874円)を大きく上回り(1013円)人件費は極めて高い。 (6) 熊本は農業産出額も多く，ナスやカリフラワーが全国2位，イチゴも3位である。
(7) D 日本三大急流でもある最上川の下流域に広がる稲作の盛んな平野。 E 日本最大の関東平野。 (8) ミカン科ユズ類の常緑低木。徳島の特産(生産は全国の約98%)でユズより小さく香味料として用いられる。アは長崎，イは広島，ウは山形が全国生産の第1位。

やや難　問3 徳島はLED王国と呼ばれ電子部品や製薬などの産業に強みを持つ。京葉工業地域は日本で最も化学工業の割合が大きく，東京湾沿いに石油コンビナートや製鉄所が林立。熊本は豊富な労働力と半導体製造に欠かせない水に恵まれIC関連の工場が進出。

問4 A 徳島 B 宮城 C 千葉 D 山形 E 東京 F 熊本

〔2〕(日本の歴史―古代～近代の政治・社会・文化など)

問1 8代将軍・徳川吉宗が進めた享保の改革。参勤交代制を緩めて江戸滞在を半年に短縮する代わりに米を献上させた上米の制。アは天保，ウ・エは寛政の改革。

問2 大化の改新で功績のあった中臣鎌足が死に際して天智天皇から藤原朝臣《あそん》の姓を賜ったのに始まる。平安時代になると他氏の排斥や外戚としての地位を獲得して権力を掌握。

問3 東西4.3km，南北4.8kmの長方形でその東部には2条から5条まで外京が付属。平安時代になると荒廃し外京のみが東大寺や興福寺の門前町となって残った。アは平安京。

やや難　問4 (1) 国分寺や国分尼寺は全国66か国と3島に建立。当時の東北は陸奥国と出羽国が置かれ，陸奥国分寺は宮城県仙台市，出羽国分寺は山形県酒田市(鶴岡市)にあったといわれる。
(2) 三世一身の法を大幅に改変した墾田永年私財法が制定された743年には大仏造立の詔も発せられた。イは桓武天皇，ウは中大兄皇子，エは聖徳太子。

基本　問5 貴族や寺社が墾田の開発によって得た私的な領有地。平安時代になると地方豪族の寄進による荘園形成が進み全国に拡大していった。

問6 源平の争乱で焼失した南大門の金剛力士像を快慶ら慶派といわれる一門を指揮してわずか69日間で制作。行基は東大寺大仏造営に協力した僧。

問7 足利氏の有力な一門である細川・斯波《しば》・畠山の3氏が交代で将軍を補佐。別当とは鎌倉幕府の侍所や政所の長官で，室町幕府の侍所長官には山名・赤松・一色・京極の4氏がついた。

重要　問8 (1) 当時は藤原道長の子である頼通が関白を務めていた。 (2) 太閤検地では土地の生産高(石高)を決定し税や軍役を負担させる体制が確立，荘園制は完全に解体された。

問9 全員をどこかの寺院に属させキリシタンでないことを証明させた制度。

問10 伊藤博文は事件の背後にいるとして大隈重信を政府から追放，10年後の国会開設を約束して民権派の反撃をかわした。板垣退助は自由党，徴兵令と地租改正は1873年。

問11 平安時代，南都北嶺と称され延暦寺とともにたびたび朝廷に強訴するなど大きな政治力を発揮した寺院。中世には守護も兼ね大和一国を支配していた。

〔3〕(政治・時事問題―日本国憲法・政治のしくみなど)

重要　問1 主権者である国民から直接選ばれるという意味での政治的な美称。

問2 (1) 南北戦争最大の激戦地であったゲティスバーグで行われた記念式典でのリンカン大統領の言葉。 (2) 天皇は日本国の象徴で…この地位は主権の存する日本国民の総意に基づく。

問3 a 衆参両議院がそれぞれ別個に独立して行使。 b 最近では行政機関等への情報請求という性格も主張され情報公開法が制定された。

やや難　問4 48.80%と投票率は50%を割り1995年の44.52%に次いで過去2番目の低い投票率を記録した。特に若年層の投票率は低く，18・19歳は32.28%と全体を大きく下回った。

問5　新たな在留資格である「特定技能」を創設，介護・外食・建設業など14業種で外国人労働者の受入れを拡大，人口減少に伴う深刻な人手不足の解消につながると期待されている。

問6　衆議院では定員465名中176人，参議院では248名中100人が比例代表。

問7　2018年の改正で生まれた制度。個人名得票に関係なく名簿順に当選が決定。所属する政党は税制など様々な政策を主張，テレビ会議は未採用，障がい者差別解消法は2016年に制定。

★ワンポイントアドバイス★

選択肢問題への対応は先入観を持たないことが基本である。すべての選択肢を丁寧に読み込み，消去法で一つ一つ消していこう。

＜国語解答＞ ≪学校からの正答の発表はありません。≫

一　問1　(例)　(「私」にとって)かけがえのない存在だったコンタが，本当に死んだことを実感した(という認識。)　問2　オ　問3　野性　問4　エ　問5　それに何よ　問6　イ　問7　ア　問8　ウ・オ　問9　オ

二　問1　a　素朴　b　穏(やか)　c　模様　問2　じっと耳を　問3　エ　問4　イ　問5　ア　問6　(例)　(皆で唄っている「作業唄」の響きは，)人間だけでなく，他の生き物や自然とのじっくり育まれた関わり合いや繋がりの中から生まれてきた美しい音楽(であるから。)　問7　ウ

○推定配点○

一　問1　6点　問6・問8　各4点×2(問8完答)　他　各3点×6

二　問1　各2点×3　問5　4点　問6　6点　他　各3点×4　計60点

＜国語解説＞

一　(随筆文－心情・場面・細部の読み取り，空欄補充，記述力)

やや難　問1　文章A最後の段落で，コンタが死んで一と月経った「二月二十七日」に，雪のふる庭を見ているうちに，コンタの死が実感としてやってきた，と述べている。「私」にとって，生活を共にしてきたかけがえのない存在であるコンタの死は信じられないものであったが，コンタの死から一か月経って，雪を通してコンタの死が実感としてやってきたことを説明する。

問2　傍線部2は，死は気づかないうちに突然やってくる，ということなので，「数年は生きているだろうと考えていたコンタが……あっけなく息を引き取った」とあるオがふさわしい。死は突然やってくることを説明していない他の選択肢はふさわしくない。

基本　問3　文章AのXは，無暗に体に触られるのを好まないことを表す性質のこと，文章BのXは前後の内容から，雁の群れに立ちどまっているコンタが昔の狩猟時代に獲物をねらう犬のようであった様子を表しているので，「野性」が入る。

問4　傍線部3直後で，風呂場のタイルの上に小便を垂れ流してしまったことを，コンタ自身がどんなにか情ない思いをしているに違いなかった，とコンタの想いを思いやって「私」は「辛い気がした」ので，エがふさわしい。

問5　傍線部4前「本来なら……」で始まる段落で，4の理由として，コンタがずいぶん弱っていることは知っていたが，まだあと一，二年は生きているものとばかり考えていて，「それに何より，げんに自分の傍で生きているものが，ある日，ぽっくり死んでしまうなどということは，到底有

り得べからざることのように思われたのだ。」と述べている。

問6　Y直後の「風呂場で……浮かんだからである」は，コンタが風呂場のタイルに小便を垂れ流してしまった＝老い先が長くない，ということであり，コンタが良くない状況になることを考えたので，イがふさわしい。

重要　問7　傍線部5は，名づけようのないムナシサのような感情，すなわち言葉にできないような感情を，詩を通じて表現することができるだろう，ということなので，アがふさわしい。「名づけようのない」「詩に託する」の説明をしていない他の選択肢はふさわしくない。

問8　「信頼関係」は，人間と犬との間にある信頼関係のことなので，直接犬と人間のかかわりを説明しているウ，オがふさわしい。

重要　問9　「いじましい」は，意地汚く見苦しい，という意味，「いじらしい」は，精いっぱいがんばっている姿がけなげでかわいらしい，という意味なので，オがふさわしい。「いじましい」の説明が正しくないア，「いじらしい」の説明が正しくないイ，いずれも正しくないエ，はふさわしくない。「じっとがまんして」いるハナの様子が「いじらしい」と述べているので，ウの「家に上がろうとする」もふさわしくない。

二　(論説文－要旨・細部の読み取り，空欄補充，漢字の書き取り，記述力)

基本　問1　aは，単純であまり手が加えられていないこと。bの音読みは「オン」。熟語は「平穏」など。形の似ている「隠」と区別する。cはさまざまな絵や形，図形などのこと。

問2　傍線部1後の「『どうやったら……なるか』」で始まる段落で，「どうやったら音楽をつくれるようになるか」を探すよりも，「じっと耳を澄ましたい音が既にある場所に身をおく(23字)」といいのではと思う，と述べている。

問3　傍線部2直前の段落で，目の前で流れている川の音を聴こうとすればするほど，いろんな音が聞こえてきて，どんどん微細で複雑で不思議な音たちが，たったひとつの川にあふれていることに圧倒される，ということを述べている。さらに2のある段落で2の説明として，このように川の音を『聴く』のと同じように，自分が鳴らす音を美しい響きだと感じる気持ちを大事にし，よく聴いて違いを味わい，それらの音すべてが愛おしいと感じられる心になると，自分そのものの音楽が生まれている，と述べているので，エがふさわしい。ひとつの川にいろんな音が聞こえてくること，その川の音を聴くことと同じように自分が鳴らす音すべてを愛おしいと感じることで，音楽が生まれることを説明していない他の選択肢はふさわしくない。

問4　Xは，アオバズクというフクロウが美しく歌っている鳴き声と同じ音をピアノで奏でると，アオバズクが歌い返し，一緒に音を馴染ませてゆく様子なので，イがふさわしい。

問5　Y直後で，「鳥がやってきて歌う……またたく星々のささやき」を，ほんとうに美しいと思い，自分も同じように音を奏でられたらと思う，と述べているので，アがふさわしい。Y直後の内容をふまえていない他の選択肢はふさわしくない。

重要　問6　傍線部3直後で，「作業唄」は「じっくりじっくり育まれた関わり合いや繋がりの中から生まれてきた唄」であり，人間だけではなく「他の生き物や自然をきちんと内に入れている美しい音楽」であることを述べている。これらの内容を中心に，「作業唄」が美しい音楽であることを具体的に説明していく。

やや難　問7　傍線部4は，直前の一文の「歌い合って」と「どこもかしこも」の間，あるいは「たくさんの」の前に，そのまま入れても成立する一文で，文を普通の順序ではなく入れかえて表現する倒置法は，入れかえた部分を強調して余韻をもたせる効果がある。4のある段落では，「じっと耳を澄ましたい音が既にある場所に身をおく」ことで音楽が生まれる，という筆者の考えを筆者自身の体験で説明しており，鳥や蝉の歌声に筆者が4のようになっていることを，余韻をもたせて表現しているので，ウがふさわしい。倒置法によって余韻をもたせているので，アの「詳細な言葉で表現」，イの「客観的に表現」，エの「象徴的に表現」はいずれもふさわしくない。

★ワンポイントアドバイス★

空欄補充問題は，前後の流れをていねいにたどりながら，要旨を正確に読み取ることが重要だ。

第2回

2020年度

解 答 と 解 説

《2020年度の配点は解答欄に掲載してあります。》

＜算数解答＞ ≪学校からの正答の発表はありません。≫

[1] (1) 996円 (2) 73.2km (3) 二郎くん

[2] (1) 65.94cm (2) 565.2cm^3 (3) ウ・オ

[3] (1) 分速12m (2) 18分前 (3) 170分

[4] (1) 10度 (2) ① ア・エ ②110度

[5] (1) $2\frac{2}{3}$cm (2) $14\frac{5}{6}$cm (3) 10cm^2

○推定配点○

各4点×15 計60点

＜算数解説＞

[1] (割合と比，推理，速さの三公式と比)

基本 (1) 196＋60＝256(円)が仕入れ値の0.32倍に相当するので，売り値は256÷0.32＋196＝996(円)

重要 (2) 平地を往復するときの消費ガソリン…30×2÷15＝4(L)

1kmの坂を往復して上って下るときの消費ガソリン…1÷12＋1÷18＝$\frac{5}{36}$(L)

したがって，AB間の距離は30＋(10－4)÷$\frac{5}{36}$＝73.2(km)

重要 (3) 二郎くんがうそをついた場合，実際には「二郎は四郎より遅かった」ことになる。すると，「三郎は二郎より後」，「一郎とその後の四郎の間に1人いた」という他の話が矛盾することになるので，二郎くんはうそをついていない。

[2] (平面図形，相似，立体図形)

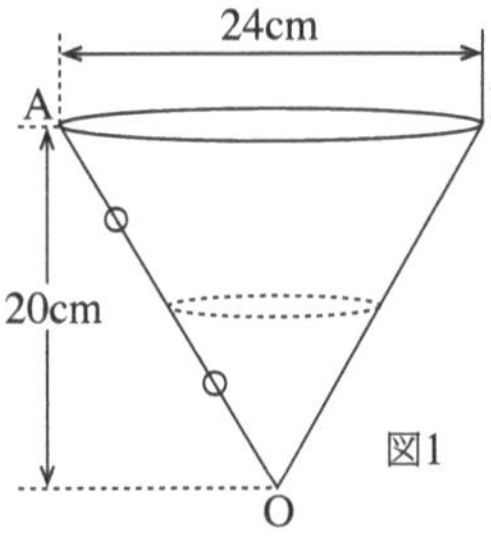

図1

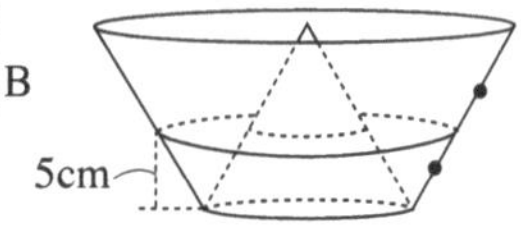

図2

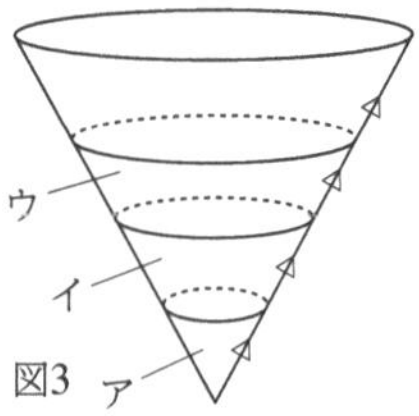

図3

基本 (1) (2＋4＋6＋8＋10＋12)÷2×3.14＝21×3.14＝65.94(cm)

(2) 図3において，円錐全体の体積は12×12×3.14×20÷3＝960×3.14(cm^3)

円錐ア…円錐全体に対する辺の比は1：4，体積比は1：64であり，960×3.14÷64＝15×3.14(cm^3)

円錐台イ…円錐アの2×2×2－1×1×1＝7(倍)の体積であり，15×7×3.14(cm^3)

円錐台ウ…円錐アの3×3×3－2×2×2＝19(倍)のの体積であり，15×19×3.14(cm^3)

したがって，図2の水の体積は円錐台ウ－イの体積に等しく15×(19－7)×3.14＝565.2(cm^3)

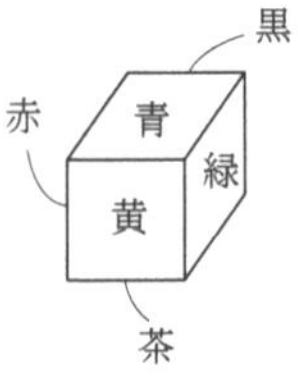

基本 (3) 右図より，対向面が青－茶，黄－黒，赤－緑の組になっている展開図はウ・オである。

［3］ **（速さの三公式と比，流水算，消去算，規則性）**

重要 （1） 上り112分…112÷8÷2＝7（回）より，2人は7回ずつボートをこぐ。

下り64分…64÷8÷2＝4（回）より，2人は4回ずつボートをこぐ。

したがって，川の流れが分速○mのとき，50＋38－○×2＝88－○×2と，88＋○×2の比が4：7であり，88－○×2の$\frac{7}{4}$倍である154－○×3.5が88＋○×2に等しく，○は，（154－88）÷（3.5＋2）＝66÷5.5＝12（m）

（2） （1）より，図1において，太郎くんが最後にボートをこぎ始めた64－8×2＝64－16＝48（分）に，ペットボトルはA地点から12×（65＋16）＝972（m）の位置を流れる。
図2において，40分に次郎くんがボートをこぎ 始めた位置とペットボトルの想定位置との間は（38＋12）×8×2＋（50＋12）×8－（972＋12×8）＝1296－1068＝228（m）
48分のペットボトルの位置と次郎くんの位置との間は972－｛1296－（38＋12）×8｝＝972－896＝76（m）
したがって，相似な三角形アとイの辺の比は228：76＝3：1であり，ペットボトルを落とした時刻は40＋8÷（3＋1）×3＝46（分）であり，ボートが到着する64－46＝18（分前）である。

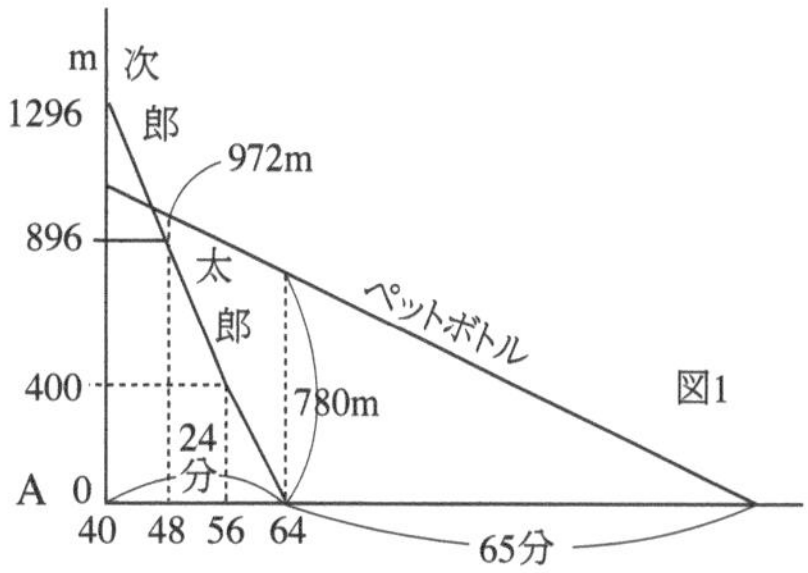

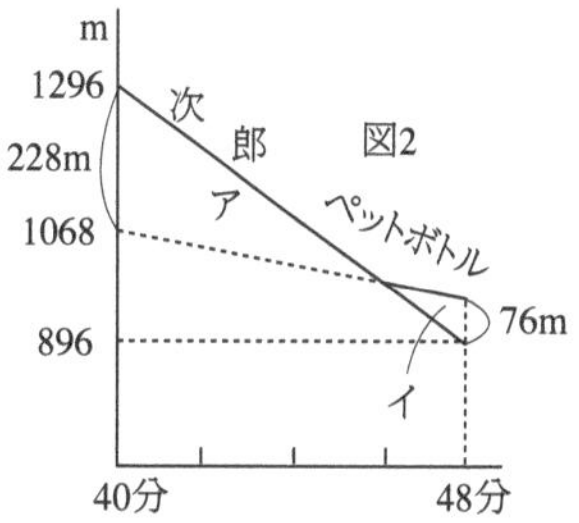

（3） （1）より，AB間は（88－12×2）×8×7＝3584（m）
次郎くんは15分で（38－12）×13－12×2＝314（m）上り，3584÷314＝11…130より，15×11＝165（分）でB地点まで130mの位置にいる。したがって，B地点に着くのは165＋130÷（38－12）＝170（分後）

重要 ［4］ **（平面図形）**

（1） 右図において，三角形CABは二等辺三角形であり，角CABと角ACDが等しいのでABとCDは平行で角CDBは40度である。したがって，三角形CDBも三角形CDAも二等辺三角形であり，角㋐は（180－80）÷2－40＝10（度）

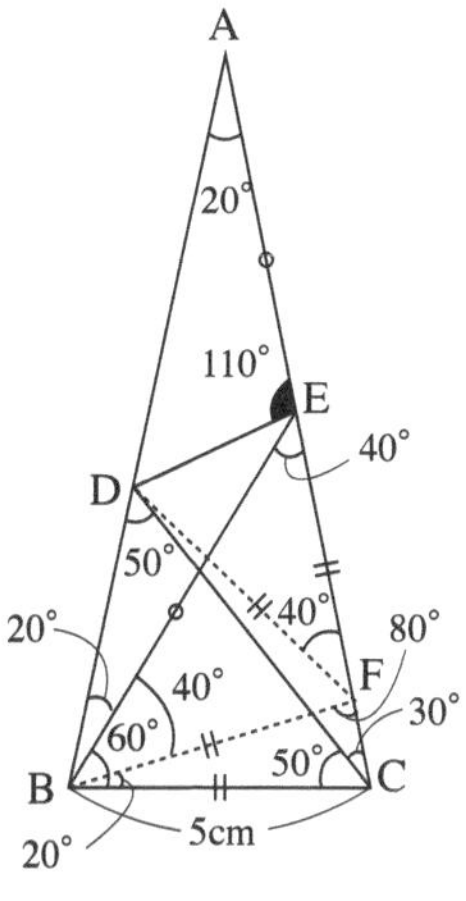

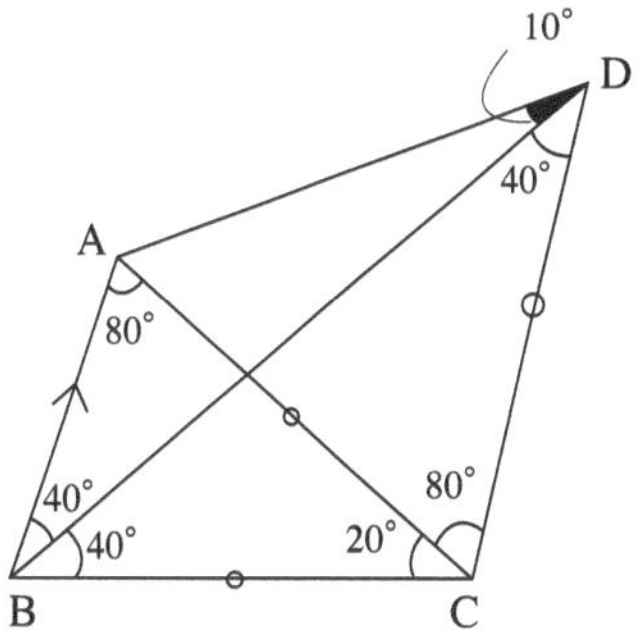

（2） ① 右図において，三角形BCF，FEBは二等辺三角形，三角形BFDは正三角形であり，BCとアBD，エEFは等しい。
② ①より，三角形FEDも二等辺三角形であり，角DFEは180－（60＋80）＝40（度）
したがって，角㋑は180－（180－40）÷2＝110（度）

やや難 ［5］ **（平面図形，相似，図形や点の移動,割合と比）**

（1） 右図において，直角三角形ABMとKNGは合同，直角三角形KLFとKNGは相似であり，対応する辺の比は1：3である。
したがって，BFは2＋$\frac{2}{3}$＝2$\frac{2}{3}$（cm）

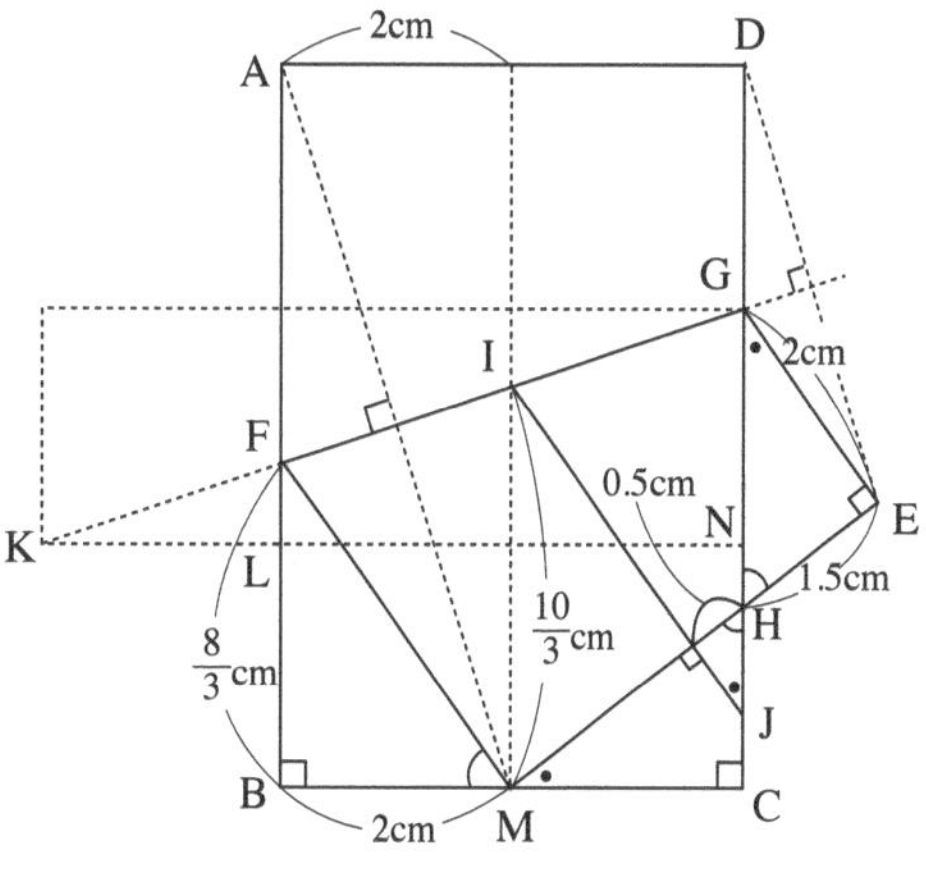

(2)　前ページの図において，(1)より，直角三角形FBMのFB：BMは$\frac{8}{3}$：2＝4：3であり，相似な直角三角形GEHのEHは$2\div4\times3=1.5$(cm)　したがって，「台形FBCG＋直角三角形GEH」の面積は$\left(\frac{8}{3}+4\right)\times4\div2+2\times1.5\div2=14\frac{5}{6}$(cm^2)

(3)　前ページの図において，(2)より，直角三角形FBMに相似な三角形の3辺の比は3：4：5であり，HJは$(2-1.5)\div3\times5=\frac{5}{6}$(cm)，CJは$1.5-\frac{5}{6}=\frac{2}{3}$(cm)，IMは$\left(\frac{8}{3}+4\right)\div2=\frac{10}{3}$(cm)　したがって，「台形FBMI＋台形IMCJ」の面積は$\left(\frac{8}{3}+\frac{10}{3}\right)\times2\div2+\left(\frac{10}{3}+\frac{2}{3}\right)\times2\div2=6+4=10$(cm^2)

★ワンポイントアドバイス★

比較的，解きやすい問題は[1](1)「売り値」(仕入れ値が最終の答えではない)，(3)「うそつきでない人」，[2](1)「曲線」，(3)「展開図」である。[4]「角度」の問題は，二等辺三角形・正三角形の利用に気づくのがポイントである。

＜理科解答＞ ≪学校からの正答の発表はありません。≫

［1］ 問1　ア，エ，オ　問2　(記号)　オ　(しつ度)　52％　問3　オ
問4　イ，ウ，ア　問5　エ

［2］ 問1　0.79g　問2　ア，ウ　問3　63.3mL　問4　91.6g　問5　ア

［3］ 問1　イ　問2　イ，オ　問3　①　ウ　②　ア
問4　(物質名)　水蒸気　(理由)　呼吸によって水ができるから。　問5　エ

［4］ 問1　A　20g　B　25g　問2　7.2cm　問3　8g
問4　(1)　3：2　(2)　7.5cm　(3)　30度

○推定配点○

〔1〕～〔3〕　各2点×15(〔1〕問1・問2・問4，〔2〕問2，〔3〕問2・問3各完答)
〔4〕　問1～問3　各1点×4　問4　各2点×3　計40点

＜理科解説＞

〔1〕 (気象－湿度と天気)

問1　上昇気流が生じるのは，アのように風が山に当たってのぼっていく場所，エのように周囲から風が吹き込む低気圧の中心，オのように地表が温められ軽い空気ができる場所，選択肢にはないが，暖気と寒気がぶつかる前線付近などである。

問2　湿度は，飽和水蒸気量に対して，実際に含まれる水蒸気の量の割合である。アのように，実際に含まれる水蒸気の量が飽和水蒸気量と等しいなら，湿度は100％である。最も湿度が低いのはオであり，湿度は$\frac{12}{23}\times100=52.1\cdots$で，四捨五入により52％である。なお，他の点の湿度は，イは77％，ウは88％，エは59％である。

重要　問3　図2は乾湿計で，湿球温度計の液だめの部分に湿ったガーゼを巻き付けている。ガーゼから水が蒸発するときに熱を奪うので，乾球温度計の示す温度より，湿球温度計の示す温度の方が低い。湿度が低いときは，水の蒸発がより盛んになるので，湿球温度計の示す温度はより低くなり，乾球温度計と湿球温度計の示す温度の差が大きくなる。

問4　イは，乾球温度計と湿球温度計の示す温度は等しい。これは水が蒸発しないためであり，湿

度は100%である。アとウを比較すると，アの方が乾球温度計の示す気温が高く，湿球温度計との差も大きいので，アの方が湿度が低い。

問5　1日目と3日目の昼間は，乾球温度計と湿球温度計の示す温度の差が大きく，晴天の可能性が高い。一方，2日目の6時以降は湿度が100%であり，雨が降っていたと推察できる。

〔2〕 **(ものの溶け方－エタノール水溶液の重さと体積)**

問1　a～fは，水とエタノールが混ざった体積が100mLになるように作った液である。このうち，aは水が0だから，純粋なエタノールが100mLである。その重さが79.0gだから，1mLあたりの重さは，79.0÷100＝0.79(g)である。

重要　問2　ア:正しい。fはエタノールが含まれない水100mLで，重さも100gである。イ:誤り。bをみると，水が20gだからエタノールは84.9－20＝64.9(g)である。問1のことから，これは64.9mLにはならない。ウ:正しい。dをみると，水が60gだからエタノールは94.3－60＝34.3(g)である。エ:誤り。誤り。eをみると，水が80gだからエタノールは97.4－80＝17.4(g)である。問1のことから，これは17.4mLにはならない。

重要　問3　cでは，水が40gだからエタノールは90.0－40＝50.0(g)である。問1で，エタノール1mLの重さが0.79gと出ているので，エタノール50.0gの体積は，50÷0.79＝63.29…より，四捨五入により63.3gである。

問4　水60mLは60gである。問1で，エタノール1mLの重さが0.79gと出ているので．エタノール40mLは，0.79×40＝31.6(g)である。混ぜても重さの合計は変わらないので，60＋31.6＝91.6(g)になる。

問5　問4で，水60mLとエタノール40mLを混ぜると91.6gになった。ところが，表のdを見ると94.3gで，より重くなっている。これは，dではエタノールを40mLより多く入れたということである。dで混ぜたあとの体積は100mLなので，水とエタノールを混ぜた体積B(100mL)よりも，混ぜる前の合計の体積A(60mL＋40mLより多い)の方が大きい。つまり，エタノールが溶けるときに，水のすき間に入り込んで，体積を減らしたのである。

〔3〕 **(人体－呼吸と消化)**

問1　小腸の柔毛では，小腸の壁の表面積を大きくすることで，効率よく栄養分を吸収することができる。同様に，肺の肺胞では，毛細血管と触れる表面積を大きくすることで，効率よく二酸化炭素と酸素を交換することができる。

問2　小腸から出た血管は，大静脈に直接は流れず，いったん肝臓に立ち寄る。これは，小腸で栄養分を血液に吸収したあと，肝臓が栄養分を一時的にたくわえるためである。肝臓は，小腸からきた栄養分をグリコーゲンに変えてたくわえる。また，肝臓には，毒性のある物質を変化させるはたらきもある。アはじん臓，ウは体表などでおこる。また，エで胆汁は十二指腸で食物に混ぜられる。血液に混ぜるものではない。

重要　問3　吸気，つまり空気中の酸素の割合は約21%(エ)，二酸化炭素は約0.04%（ア)である。一方，呼気では酸素が少し減って16～18%程度(ウ)，そのぶん二酸化炭素が増えて，3～5%程度(イ)になる。

問4　ヒトの呼気には，水蒸気が多く含まれる。これは，からだの各部で酸素を使って栄養分を分解したとき，二酸化炭素とともに水が発生するためである。このはたらきが呼吸である。

問5　平時のヒトの脈拍数は1分間に80回程度である。運動中は，大量に酸素を送り二酸化炭素を回収するのに，血液が多く必要で，脈拍数が増える。運動後は，脈拍数が徐々に減って，平時に戻る。

〔4〕 **(力のはたらき－直線上にない重さのつり合い)**

問1　図2で，コンパスの太さは一様なので，80gの重さのかかる重心は中央にあり，右から9cmである。ここは，コンパスをつるした糸から1cm左である。コンパスにかかる力のつりあいから，1×80＝4×Aとなり，A＝20gとわかる。図2で，水平につりあったAの重心は，消しゴムの切り口から2.5cmの位置にある。Bは直方体だから，Bの重心は長さ4cmの中央にあり，消しゴムの切り口から2cmの位置にある。よって，図1の真ん中の図より，2.5×A＝2×Bとなる。A＝20gだから，B＝25gである。

問2　コンパスの左右が同じ角度なので，9×A＝□×B　と考えてよい。A＝20g，B＝25gだから，OQの長さは，□＝7.2cmである。

やや難 問3　開いたコンパスの脚OXの重さは80÷2＝40(g)であり，その重さは脚OXの中央にあると考える。Xに20gの消しゴムAをつるしたとき，脚OXと消しゴムAを合わせた重さは40＋20＝60(g)である。合わせた重心は，右図のように棒の中央とXの間の9cmを40：20の逆比の1：2に分ける位置，つまり，ちょうどRの位置にある。よって，図4の装置は，R′に60gの重さがかかっていると考えてよい。逆に，P点には脚OYの40gと消しゴムB′の重さがある。これらがつりあうには，9×(40＋B′)＝7.2×60　より，B′＝8gとなる。

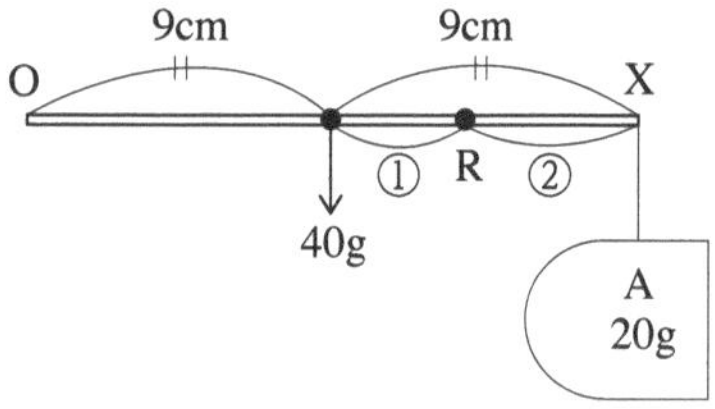

やや難 問4　(1)　脚OYの重さ40gはP点にかかっている。また，問3で解説したように，脚OXと消しゴムAを合わせた重さ60gは，R点にかかっていると考えてよい。よって，アとイの長さの比は，その下にある重さの逆比，つまり，40：60の逆比で3：2となる。

やや難 (2)　Pは脚OYの真ん中だから，図5に右図のように補助線を書き加えると，ア：ア：イ＝3：3：2の比ができる。よって，OP′：P′Rの比は，3：(3＋2)＝3：5になる。ORの長さは12cmだから，3：5に分けると，4.5cmと7.5cmとなる。

(3)　OPの長さは9cm，OP′の長さは4.5cmである。三角形POP′で，60°の角をはさむ辺の長さの比が2：1だから，三角形POP′は直角三角形である。よって，脚OXはちょうど水平になっており，ウは30°である。

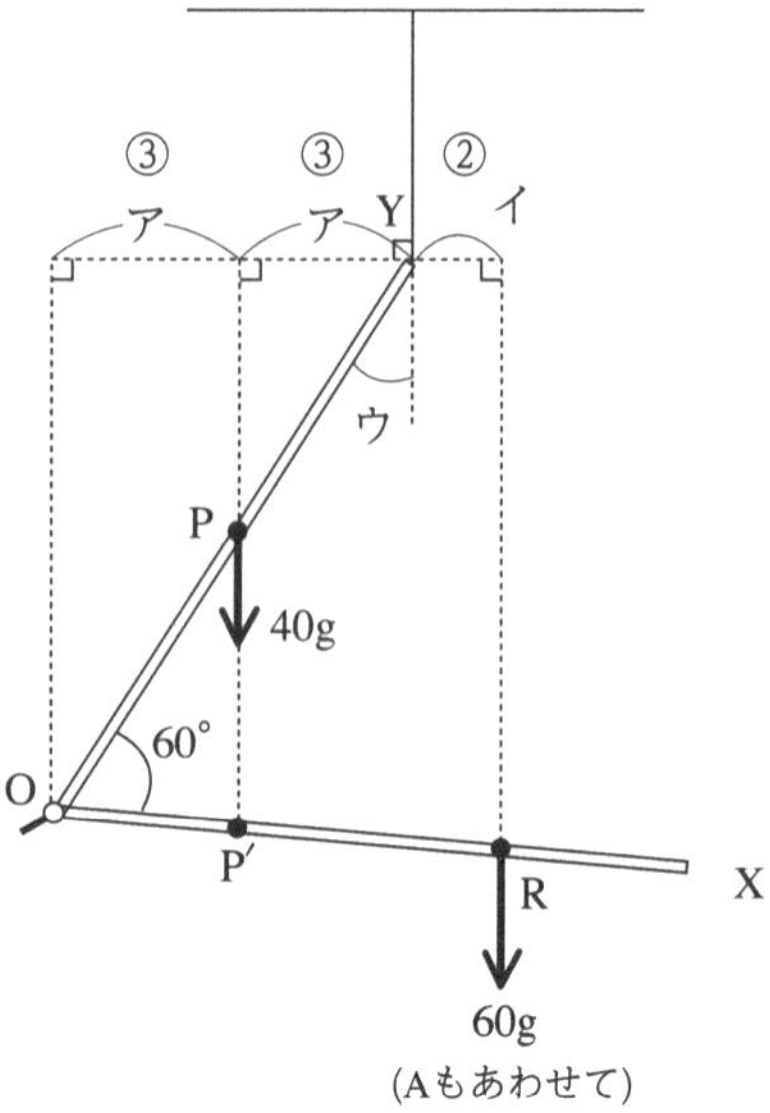

★ワンポイントアドバイス★

計算問題に出てくる数値は，どんな操作で出てきた数値なのか，何を意味したものなのか，しっかり意識して解こう。

<社会解答> ≪学校からの正答の発表はありません。≫

〔1〕 問1 限界　問2 イ　問3 イ　問4 a 65　b 21　問5 エ

〔2〕 問1 P ア　S ウ　問2 Q エ・カ　R イ・キ
問3 P 新潟県　Q 長野県　R 佐賀県　S 奈良県

〔3〕 問1 エ　問2 正倉院　問3 (氏名) 平清盛・兵庫(県)　問4 エ
問5 ① 対馬[府中]藩　② 松前[福山]藩　問6 ウ　問7 (氏名) 津田梅子
(記号) エ　問8 a 千島(列島)　b 樺太　問9 (記号) イ　(氏名) 杉原千畝
問10 (記号) エ　(ことば) 原子力

〔4〕 問1 イ　問2 ア・カ　問3 エ　問4 ア　問5 エ　問6 (1) 間伐材
(2) a リデュース　b リサイクル　問7 かけがえのない地球

○推定配点○
〔1〕 各1点×6　〔2〕 各1点×8　〔3〕 各1点×16
〔4〕 問7 2点　他 各1点×8　計40点

<社会解説>

〔1〕 **(地理・政治―国土と自然・産業・環境問題など)**

問1 人口の高齢化から共同体としての生活を維持していくことが困難となった集落。中国や九州などの山村や離島を中心に,消滅の危機を迎えている集落が急増している。

問2 いずれもかつては日本が世界1位であったが,1990年代の後半以降韓国や中国が急速に経済発展を遂げ日本を凌駕《りょうが》するようになった。

問3 高度経済成長の下,各地で発生した公害だが現在は産業部門から生活環境部門に移行。騒音や大気汚染が公害苦情受理件数の1・2位を占め,これらは環境省が管轄している。

やや難 問4 老齢人口の割合が14%を超えると高齢社会,21%を超えると超高齢社会と分類。日本は1970年に高齢化,95年に高齢,2007年には超高齢社会に突入,現在では28%を超えている。

問5 まぐろ 温帯～熱帯の太平洋に多く生息,遠洋漁業の盛んな静岡県焼津の水揚げが多い。
サンマ 北太平洋に分布し秋に銚子沖まで南下する。　かき 広島湾はかきの養殖に適した環境で,室町時代の終わり頃から養殖が行われている。

〔2〕 **(日本の地理―国土と自然・産業など)**

北緯35度は島根から京都・名古屋・静岡・房総半島先端,北緯40度は秋田県八郎潟近辺を通過。東経135度は兵庫県明石,東経140度は秋田県八郎潟から東京・千葉の境界付近を結ぶ。海のない県は栃木・群馬・埼玉・長野・山梨・岐阜・滋賀・奈良の8県。面積は大きい順に北海道・岩手・福島・長野・新潟,小さい順に香川・大阪・東京・沖縄・神奈川。

問1 冬季の降水量が多い新潟,温暖で雨の少ない奈良。イは長野,エは佐賀。

やや難 問2 長野 冷たいきれいな水のワサビ,高原野菜のレタス。　佐賀 日本で初めて磁器を生産した有田,広大な有明海で養殖されるノリ類。アとオは新潟,ウは奈良。

問3 Pは新潟,Qは長野,Rは佐賀,Sは奈良。

〔3〕 **(日本の歴史―古代～現代の政治・文化・外交など)**

問1 渡来人は高い技術や知識を評価され有力な氏族として朝廷に仕えた。東漢氏や西文氏は大和王権の財政事務や軍事・外交を支え大陸文化の導入に大きく貢献した。

重要 問2 聖武天皇の冥福《めいふく》を祈って光明皇后が天皇の遺愛の品物などを東大寺に寄進。写真はインド起源といわれる五弦の琵琶と漆が塗られたペルシア風の水瓶《すいびょう》。

問3　平治の乱で実権を掌握した平清盛は，瀬戸内海の航路を整備し大和田の泊(現在の神戸港)を拡大修築，積極的に宋との貿易を行い莫大な利益を上げた。

問4　水陸交通の要衝の地に築かれ城下には楽市令が出され商工業が栄えた。城は本能寺の変で焼失。本願寺跡は大阪城，学校はヴァリニャーニやオルガンティノ。

問5　①　朝鮮との国交修復に尽力，プサンに倭館を置き朝鮮との交易を独占した。　②　徳川家康から蝦夷地での交易権を認められて成立。米が取れないため石高制の枠外にあった藩。

問6　清はアヘン戦争後アメリカやフランスなどと不平等条約を締結。世界の工場はイギリス，ハワイが50番目の州となったのは1959年，琉球藩が設置されたのは1879年。

問7　旧幕臣の子として生まれ8歳で岩倉遣外使節に随行して渡米。2024年に刷新される新五千円札の肖像に採用が決定。アはシーボルトの塾，ウは現在の学習院女子中高。

問8　1854年の日露和親条約では択捉以南の千島を日本領，樺太は両国人雑居の地とした。

やや難　問9　外務省の命令を無視して大量のビザを発給，多くのユダヤ人のヨーロッパ脱出に協力。

問10　天野之《ゆき》弥《や》が事務局長を務めた国際原子力機関。「核の番人」とも呼ばれ2005年にはノーベル平和賞を受賞。福島第一原発の事故でも日本政府に協力している。

〔4〕 **(地理・政治－環境問題・地方自治など)**

問1　海を漂う間に紫外線や波により細かくされ食物連鎖で汚染が拡大。海洋生物の胃の中からも発見，海に国境はない，2050年には魚の量を上回るとされる。

重要　問2　1975年，フランス・アメリカ・イギリス・西ドイツ・日本・イタリアの6か国でスタート。第2回からはカナダも加わりG7と呼ばれるようになった。

問3　プラスチックの重要な役割を認識し2050年までに追加的な汚染ゼロを目指すもの。しかし，法的拘束力を持つ国際合意の早期成立を訴える声が多い。

問4　発熱量が低いと有害なダイオキシンが発生する恐れが高い。有害な重金属やダイオキシンを吸着させるために活性炭などが投入されている。

問5　法的拘束力はないが行政も住民の声を無視することは難しい。しかし，議会などと異なる判断で行政が停滞する恐れもある。各市町村が対応，自主財源は4割程度，不信任決議はある。

問6　(1)　樹木に十分な太陽光や空間を与えるために一部の木を伐採する作業。　(2)　a　マイバックやマイボトルの利用は広く浸透している。　b　雑誌やペットボトルはトイレットペーパーやTシャツなどに再利用。リデュース(発生抑制)，リペアー(修理)など様々な取り組みがある。

重要　問7　「人間環境を保護改善することはすべての政府の義務である」という人間環境宣言(ストックホルムアピール)が採択され，国連環境計画(UNEP)の設立が決められた。

★ワンポイントアドバイス★

典型的な社会の問題では分類できない出題も多い。日頃から世の中の動きに留意し，自分で考え，まとめるといった習慣をつけることが大切である。

＜国語解答＞ ≪学校からの正答の発表はありません。≫

一　問1　a　額縁　　b　歓声　　c　路頭　　問2　ア　×　　イ　○　　ウ　×　　エ　×
　問3　ウ　　問4　①　茶子の問題やない　　②　(例)　いっしょに戦っている
　③　(例)　認めよう(4字)　　問5　ア　　問6　オ

二　問1　イ　　問2　(例)　赤ん坊は，周囲の人間たちによって親族関係上の位置や名前を与えられて個人(になること。)　　問3　歴史的連続体　　問4　ウ　　問5　①　ある空間や場を共有　　②　歴史や時間の流れ　　問6　エ

○推定配点○

一　問1　各2点×3　　問3・問5　各3点×2　　他　各4点×5(問2は完答)

二　問1・問4　各3点×2　　問2　6点　　他　各4点×4　　　計60点

＜国語解説＞

一　(小説－心情・場面・文章の細部の読み取り，空欄補充，漢字の書き取り)

基本 問1　aは絵画や写真などを入れて壁などにかけるためのわく。bの「歓」の訓読みは「よろこ(ぶ)」で，「歓声」は喜びにあふれた声のこと。cは，道のほとり，という意味で，「路頭に迷う」はひどく困り，途方にくれること。

問2　初子は大輔を応援している言葉をかけているので，アは×。茶子が声のトーンを高くし，大輔を睨みつけて責め立てている，ちょうどその時に，初子はデザートのアイスモナカをお盆にのせて部屋に顔を出し，「仲良くやで」と言って去っているので，イは○だが，ウは×。エの「実は男子の制服を着て学校に行って欲しいと思っている」ことは描かれていないので，×。

問3　［1］後で，1の大輔の言葉を受けて，茶子が「……負けた？アンタだけの勝負ってこと？……」と話していることから，ウがふさわしい。

重要 問4　冒頭の場面で描かれているように，「これは僕の問題や。茶子の問題やない。」「茶子は間違ってる」と言う大輔に，茶子は「ホンマに腹が立ったから……大輔のためにしたんやで。それやのに——」と瞳を潤ませながら大輔を睨んでいる。さらに(略)後の場面で，「一人で戦ってるフリするんやめッ」「……私だって，怖い思いして，いっしょに戦ってんやで。……何でもかんでも一人でできるなんて，思い上がりなッ」と怒りに満ちた眼差しで大輔を怒っている茶子の様子が描かれている。茶子や大輔の両親もいっしょに戦っているのに，それを認めようとしないで，自分だけの問題として一人で戦おうとしている大輔に対して，茶子は怒っていることを説明していく。

問5　傍線部2後の場面で，「女子の制服を着て，学校へ行けたらどれだけしあわせだろう——と好き勝手に夢想していたときが，いちばん楽しかった」「たった一枚のスカートが，すべてを解決してくれる〝希望〟そのものに感じられた」と大輔は思っていたが，「すべては錯覚だった。希望どころか，現実はいよいよ闇を濃くして大輔を覆った」「怯えた心を抱えた，無様なジャージを纏う己の姿は，ひたすらみすぼらしく，哀れだった」と描かれていることから，アがふさわしい。2の「世界そのもの」は，セーラー服を着て学校へ行くということと，それを夢想していた大輔自身のことなので，他の選択肢はふさわしくない。

やや難 問6　オは，「しかし，ほんのわずかな時間……」で始まる段落，「今にして……」から続く2段落で描かれている。アの「悲しさを感じていた」，イの「解決の糸口を見出そうとして」，ウの「茶子の言葉の真意を理解できる」，エの「考え方も独特な人間であることを，クラスメートにわかって欲しい」は正しくない。

二　(論説文－要旨・大意・細部の読み取り，空欄補充，ことばの意味)

基本　問1　A，B直後で，個人がまずあって，そうした個人のあつまりやつながりとして社会が存在するというのが，ごく普通の考え方だろう，と述べているので，Aには「社会」，Bには「個人」が入る。C，Dのある段落の直前の段落で，社会は個人の後から現れるのではなく，個人はつねに社会の中に産み込まれることを述べており，C，Dのある段落では，このことを具体的に説明しているので，Cには「社会」，Dには「個人」が入る。

重要　問2　「生まれたばかりの赤ん坊……」で始まる段落で，傍線部1の「最初の経験」として，生まれたばかりの赤ん坊は，周囲の人間たちによって親族関係上の位置や名前を与えられて，社会の中の個人にさせられることを述べているので，この部分を指定字数以内でまとめていく。

問3　傍線部2は，過去に位置する死者たちと私たちの関係のことで，苗字や「日本人」「アメリカ人」といった言葉が使われるとき，共時的なつながりを超えた「歴史的連続体」としての人びとの群れを意味することもある，と述べている。

問4　「符牒」は，しるし，記号という意味。

重要　問5　①は「共時的なつながり」のことで，「こうしたつながり……」で始まる段落で，同じ時間の中で「ある空間や場を共有して」する人やモノとのつながりのことを，「共時性」や「共時態」という言葉で言い表すことを述べている。②は「死者とのつながり」にかかわることで，傍線部4直前の段落で，「歴史や時間の流れ」を通じた死者たちとのつながりを「通時性」「通時態」という言葉で言い表すことを述べている。

問6　「私たちの生きている世界は……」で始まる段落で，私たちの生きている世界の多くの部分が死者たちによって作られた世界であることを述べているが，「多くの部分」であってすべてではないので，アはふさわしくない。「社会は個人の後から現われるのではない。逆に，個人はつねに社会の中に産み込まれる」と述べているので，イもふさわしくない。「現代の社会では，人とのつながりよりもお金とのつながりのほうが大切かつリアルだという人もいるかもしれない」と述べているが，このことについての筆者の考えは述べていないので，ウもふさわしくない。最後の段落で，私という存在が「社会の中」に存在しているので，社会について考えるとき，その対象は私という存在や私の日々の営みの中にすでに存在している，と述べているので，エはふさわしい。

★ワンポイントアドバイス★

論説文では，具体例の部分と，その具体例を通して筆者が述べようとしている意見や主張を，明確にしながら読み進めていこう。

収録から外れてしまった年度の
問題・解答解説・解答用紙を弊社ホームページで公開しております。
巻頭ページ＜収録内容＞下方のQRコードからアクセス可。

※都合によりホームページでの公開ができない内容については，
　次ページ以降に収録しております。

問５　傍線部**４**「でも現実はそうじゃない」とありますが、記者やディレクターが「そうじゃない」態度を取った結果、メディア全体はどのような傾向《けいこう》になっていますか。それが書かれている一文を傍線部**４**より前から探し、その最初の三字を書き抜きなさい。

問６　傍線部**５**「市場原理」とありますが、メディアにおける市場原理について述べたものとして、最もふさわしいものを次から選び、記号で答えなさい。

ア　情報の受け手は、常に客観的な真実を欲《ほっ》してしまうものだということ。

イ　メディアが真実を追究するあまり、発信する情報に偏《かたよ》りが生じてしまうこと。

ウ　メディアが発信する情報の質と量は、受け手の求めに応じて左右されるということ。

エ　メディアと情報の受け手の間に権力者が介入《かいにゅう》して、情報量のバランスを保とうとすること。

問７　**X** に当てはまる一文を次から一つ選び、記号で答えなさい。

ア　それはメディア自身である。

イ　それは僕であり、あなたである。

ウ　それは政治家などの権力者である。

エ　それは誰と特定することはできない。

方を変えればそれほど悪質ではないといえるかもしれない。

ところが実のところ、7.6でも7にしてしまう場合がある。あるいは、5.3でも6にしてしまう場合がある。とても強引な切り上げや切り下げだ。

この場合、見ているほうは、もちろんもとの数字はわからない。間違った数字が集積されれば、間違ったイメージや世界観が作られる。しかもテレビの場合、見る人の数は圧倒的《あっとうてき》に多い。その影響力《えいきょうりょく》は凄《すさ》まじい。こうして民意という多数派が作られる。政治もこの民意には敵《かな》わない。なぜなら民意を敵に回すと、政治家は次の選挙で落選するかもしれないからだ。こうして国の方針が決まる。間違った世界観で作られた方針だ。でも誰も間違っているとは気づかない。気づくのは、いつも事が終わってからだ。かつてのドイツのように。かつてのこの国のように。

（略）

なぜ四捨五入の法則が働かないときがあるのだろう。政治家やスポンサーからの圧力の場合もある。抗議《こうぎ》を恐《おそ》れるときもある。でも最大の理由は、無理な切り上げや切り下げをしたほうが、視聴率《りつ》や部数が上がる場合があるからだ。これを5市場原理という。

例えば冷夏で野菜がたくさん作れないときは、野菜の値段が上がる。つまりキャベツ一個の価値は決して絶対的なものではなく、市場（マーケット）がどれほどにキャベツを求めるかで決まる。

だから考えてほしい。その市場原理を作っている要素は何なのか。

[X]

（略）僕たちはメディアから情報を受け取る。そして世界観を作る。でもそのメディアの情報に、大きな影響力を与《あた》えているのも僕たちだ。メディアが何でもかんでも四捨五入してしまうのも、その四捨五入がときには歪《ゆが》むのも、実際の物事を誇張《こちょう》するのも、ときには隠《かく》してしまうのも、（すべてとは言わないけれど）僕たち一人ひとりの無意識な欲望や、すっきりしたいという衝動《しょうどう》や、誰か答えを教えてくれという願望に、忠実に応えようとしているからなのだ。

（森達也《たつや》『たったひとつの「真実」なんてない』〈筑摩書房〉より）

問１　傍線部1「真実はひとつじゃない。事実は確かに一つ」とありますが、筆者はこの文章で「事実」と「真実」をどのようなものとしてとらえていますか。それを説明した次の文の[A]・[B]に当てはまる対照的なことばを本文中よりそれぞれ探し、書き抜きなさい。

事実とは[A]なものであり、真実とは[B]なものであるととらえている。

問２　傍線部2「物事にはいろんな側面がある」とありますが、ここから「事実」とはどのようなものであると筆者は考えていますか。最もふさわしいことばを本文中より五字以内で探し、書き抜きなさい。

問３　本文中の段落①から⑤を、正しい順番に並べ替えなさい。

問４　傍線部3「事件や現象は、いろんな要素が複雑にからみあってできている」とありますが、そういった「事件や現象」を報道する際、メディアを担《にな》う人々が現場で意識するべきことは何ですか。解答欄《らん》の[P]・[Q]にあてはまることばを、それぞれ十字以上十五字以内で答えなさい。ただし必ずどちらにも次のことばを用いなさい。

視点

ゆく。その場面を観ながらあなたは、何を思うだろう。きっと手に汗握《あせにぎ》りながら、がんばれと思うはずだ。がんばってあのトムソンガゼルを仕留めて、巣で待つ３匹の子ライオンにお乳を飲ませてやってくれ。命を救ってくれ。

これが視点だ。どちらも嘘《うそ》ではない。でも視点をどこに置くかで、世界はこれほどに違って見える。

2物事にはいろんな側面がある。どこから見るかでまったく変わる。

あなたは普段、父親や母親の言いつけをよく守る子供であるとする。でも今日夕ご飯を食べながら、「最近あまり勉強していないんじゃない?」と母親に言われて、思わず口答えをしてしまったとする。このときの口答えの理由は何だろう。

ある人は、「あの子は最近お母さんが口うるさいと思っていらいらしていたんだよ」と言う。また別の人は、「自分ではやっているつもりだったから、お母さんはわかってないと思ったんだ」と言う。またもう一人の人は、「実は最近、自分でも確かに勉強時間が足りないと思っていたので、つい反抗《はんこう》してしまったんだよ」と言う。「別の心配事があってそれが気になっていて、思わず口答えしてしまったのさ」と説明する人もいるかもしれない。

あなたの本当の心情は僕にはわからないけれど、でも少なくとも、どれかひとつだけが正解であとは全部間違っているということはないんじゃないかな。3事件や現象は、いろんな要素が複雑にからみあってできている。どこから見るかで全然違う。

さまざまな角度の鏡を貼り合わせてできているミラーボールは、複雑な多面体によって構成される事実と喩《たと》えることができる。でもこれを正確にありのままに伝えることなどできない。だからメディアは、どれか一点の視点から報道する。それは現場に行った記者やディレクターにしてみれば、事実ではないけれど（自分の）真実なのだ。

視点を変えれば、また違う世界が現れる。視点は人それぞれで違う。だから本当は、もっといろんな角度からの視点をメディアは呈示《ていじ》するべきなのだ。いや、提示されるはずなのだ。

でも不思議なことに、ある事件や現象に対して、メディアの論調は横並びにとても似てしまう。なぜならその視点が、最も視聴者《しちょうしゃ》や読者に支持されるからだ。

だからあなたに覚えてほしい。事実は限りない多面体であること。メディアが提供する断面は、あくまでもそのひとつでしかないということ。もしも自分が現場に行ったなら、全然違う世界が現れる可能性はとても高いということ。

自分が現場で感じた視点に対して、記者やディレクターは、絶対に誠実であるべきだ。なぜならそれが、彼が知ることができる唯一《ゆいいつ》の真実なのだから。4でも現実はそうじゃない。

（略）　切り上げと切り下げの話を思い出してほしい。現実はとても微妙だ。敢《あ》えて数値化すれば、小数点以下の数字ばかりになる。それではわかりづらい。だから四捨五入する。1.5以上は2.0。1.4は1.0。

切り上げや切り下げは、メディアの宿命でもある。だからそれがある一定のルール、つまり四捨五入の法則にきちんと従っているのなら、見る側についてひとつだけ言えることは、自分が現場で感じとった真実は、絶対に曲げてはならないということだ。そして同時に、この真実はあくまでも自分の真実なのだと意識することも大切だ。同じ現場にいたとしても、感じることは人によって違う。

つまり胸を張らないこと。負い目を持つこと。

メディアやジャーナリズムにおいては、これがとても重要だと僕は考える。自分は決して客観的な事実など伝えていない。自分が伝えられることは、結局のところは主観的な真実なのだ。そう自覚すること。そこから出発すること。だからこそ自分が現場で感じたことを安易に曲げたり変えたりすり替えたりしないこと。

たった一つの真実を追究します。

こんな台詞《せりふ》を口にするメディア関係者がもしいたら、あまりその人の言うことは信用しないほうがいい。確かに台詞としてはとても格好《かっこ》いい。でもこの人は決定的な間違いをおかしている。そして自分がその間違いをおかしていることに気づいていない。

1真実はひとつじゃない。事実は確かに一つ。ここに誰かがいる。誰かが何かを言う。その言葉を聞いた誰かが何かをする。たとえばここまでは事実。でもこの事実も、どこから見るかで全然違う。つまり視点。なぜなら事実は、限りなく多面体なのだから。

あなたのクラスの授業。カメラをどこに置くかで見えるものはまったく違う。先生の立っている場所にカメラを置く場合と、クラスの問題児の席のすぐ傍にカメラを置く場合とで、世界はまったく変わる。世界は無限に多面体だ。

①ここで場面は変わる。今度は群れから離れてしまったトムソンガゼルのドキュメンタリーだ。干ばつで草がほとんどない。母親と生まれたばかりのトムソンガゼルは、サバンナを長くさまよいながら、必死に草を探し求める。やっと草を見つけた。２匹《ひき》は無心に草を食べる。その時カメラのレンズが、遠くからじりじりと近づいてくる痩《や》せ細った雌《めす》ライオンの姿を捉《とら》える。その視線は明らかに、子供のトムソンガゼルを狙《ねら》っている。

②このままでは家族全員が餓死《がし》してしまう。母ライオンは今日も、弱った足を引きずりながら狩《か》りに出る。もしも今日も獲物《えもの》を発見できなければ、子供たちはみんな死んでしまうかもしれない。そのとき母ライオンは２匹のトムソンガゼルを発見した。大きなほうは無理でも小さなほうならば、弱った自分の足でも捕《つか》まえることができるかもしれない。

③動物のドキュメンタリーを例に挙げよう。アフリカのサバンナで、子供を３匹産んだばかりの母ライオンがいる。ところがその年のアフリカは記録的な干ばつに襲《おそ》われていて、ライオンのエサである草食動物がとても少ない。だから母ライオンは満足に狩りをすることができない。飢《う》えている。痩せ細ってお乳も出ない。子ライオンたちもぐったりと衰弱《すいじゃく》して、もうほとんど動けない。

④この場面を観《み》ながら、あなたはきっと、早く逃げろと思うはずだ。早く気がついてくれ。今なら間に合う。あの凶暴《きょうぼう》なライオンから逃げてくれ。

⑤母ライオンはじりじりと、２匹のトムソンガゼルにじり寄って

る、という認識《にんしき》をもっていなかったことを久志に馬鹿《ばか》にされたから。

エ　あくまでも働くためだけに『あしたの家』にいると久志に思われてしまうと、この先ずっと信用を得られなかっただろう、と思ったから。

問4　A・B　に最もふさわしいことばを次から選び、それぞれ記号で答えなさい。

A　ア　むだ骨を折った　イ　拍子《ひょうし》抜けした
　　ウ　空回りした　エ　後手に回った
　　オ　しりごみした

B　ア　口火を切れ　イ　重い口を開け
　　ウ　雄弁《ゆうべん》をふるえ　エ　話に水をさせ
　　オ　二の句が継《つ》げ

問5　X　に最もふさわしいことばを本文中より三字以上五字以内で書き抜きなさい。

問6　傍線部3「――いいから踏み出せ！」とありますが、この時の三田村の気持ちはどのようなものですか。本文中のことばを用いて、四十五字以上五十字以内で説明しなさい。

問7　傍線部3以降の奏子と久志の気持ちとしてふさわしいものを二つ選び、記号で答えなさい。

ア　普段から関わりたくないと思っている三田村がやって来たので、奏子は不愉快《ふゆかい》になっている。

イ　久志は三田村を敵だと思っていたので、わざわざ自分と奏子を探してやって来たことに驚《おどろ》いている。

ウ　奏子が壁を作っていることにもかまわず、三田村が奏子と話をしようとしていることを、久志は内心で応援《おうえん》している。

エ　奏子は久志と二人きりでいるところをよりによって三田村に見つかってしまったので、一刻も早くこの場を立ち去りたくなっている。

オ　せっかく奏子と会うために三田村はやって来たのに、どうせ奏子にはぐらかされて逃げられるのを、久志はかわいそうに思っている。

二　次の文章は、ジャーナリストの森達也さんが書いたものです。これを読んで、後の問に答えなさい。ただし[　]で囲んだ箇所《かしょ》は設問の関係上、文章を入れ替えています。

「森さんはヤラセをやったことはありますか？」と時おり訊《たず》ねられる。そんなとき僕《ぼく》は、その質問をした人が、どんな意味でヤラセという言葉を使ったのかを訊き返すようにしている。

事実にないことを捏造《ねつぞう》する。これがヤラセだ。その多くには、みんなから注目されるとか評判になるとかの見返りがある。ただしここまで読んでくれたなら、その判定は実は簡単ではないことは、あなたもわかってくれると思う。事実は確かにある。でもその事実をそのまま皿に載《の》せても食べづらい。というか皿に載らない。だからみんなが喜んで食べてくれるように調理をする。切り刻む。余分だと思えば捨てる。これが演出だ。

ヤラセと演出のあいだには、とても曖昧《あいまい》で微妙な領域がある。そんなに単純な問題じゃない。でも報道したりドキュメンタリーを撮《と》ったりす

「……ちくしょう」

吐《は》き捨てたのは、自分自身に対してだった。

中学生が消灯して、高校生だけのささやかなcヨフかしの時間がやってきた。

三田村が奏子と杏里《あんり》の部屋に行くと、いたのは携帯《けいたい》をいじっている杏里だけだった。（略）

屋上に続く階段へ向かうと、果たして低い話し声が聞こえてきた。久志と奏子の声だ。

踊《おど》り場の下でしばらく立ち尽《つ》くした。決意と弱気がせめぎ合う。二人が何を話しているのか、遠くて聞き取れない声に聞き耳を立ててしまう。

3――いいから踏み出せ！

心で叫《さけ》んだ言葉の終《しま》いが強い息になって漏《も》れた。

二人を見上げる踊り場に、それこそ躍《おど》り出る。

二人は階段のてっぺんに並んで座っていて、久志が先にこちらを向いた。一瞬その目を意外そうにしばたたき、それから眼差《まなざ》しが笑みを含《ふく》む。

奏子は遅《おく》れてこちらに目を向け、三田村を認めた途端《とたん》に眼差しが険を含んだ。――怯《ひる》むな。

「カナちゃん。俺、話したいことがあるんだけど」

「何ですか？」

「多分、俺、カナちゃんと行き違っちゃってるよね」

「気のせいじゃないですか？」

奏子が立ち上がって階段を下りようとしたその前に、両手を広げて立ち塞《ふさ》がる。

「気のせいじゃないよね。ちゃんと話そうよ」

（有川浩《ありかわひろ》『明日の子供たち』〈幻冬舎〉より）

問１　傍線部a～cのカタカナを漢字に直しなさい。

問２　傍線部1「全員の洗濯物を片付けて、二つの空いた洗濯籠は三田村が持った」とありますが、ここまでの三田村の様子として最もふさわしいものを次から選び、記号で答えなさい。

ア　指示に従わない奏子を注意できなかったことをバネに、さらなる成長を決意している。

イ　仕事を教えてくれることに感謝しつつも、心の底では自分を信じない和泉に壁を作っている。

ウ　一人前の職員となるには依然《いぜん》として課題はあるが、徐々《じょじょ》に仕事にも慣れ、自らの成長を感じている。

エ　久志の方が子供たちの世話に慣れているので、どうしても前向きに仕事をすることができないでいる。

問３　傍線部2「すっと背筋が冷たくなった」とありますが、三田村がこのような気持ちになったのはなぜですか。その理由として最もふさわしいものを次から選び、記号で答えなさい。

ア　奏子とこじれてしまった仲を改善するのをもう諦めたことを久志に見抜《ぬ》かれ、ずばりと指摘《してき》されたから。

イ　年下の久志がはるかに物事を深く考えていて、敵か味方かを確かめるべく誘導《ゆうどう》していることに気付いたから。

ウ　『あしたの家』が奏子や久志にとってはかけがえのない場所であ

「仲いいんだな」

まあね、と久志も否定はしない。

「小さい頃《ころ》から一緒《いっしょ》だし、話も合うし」（略）

「……でも、カナちゃんはもう俺とあまり話したくないんじゃないかな」

「まあ、そうだね」

あっさり言い放されて B なくなった。

「でも、壁作られてさっさと諦《あきら》めるくらいなら、そもそもここに来なきゃよかったんじゃない？」

声に少し険が混じった。あっと思って顔を上げると、久志は「じゃあね」と自室のほうへ廊下を歩き出した。

呼び止めようとした声が喉《のど》の奥《おく》で萎《しぼ》む。呆《あき》れさせたのか苛立《いらだ》たせたのか、最後の表情は見定めることができなかった。

夕食の立ち会いを終えて、職員室に戻る途中《とちゅう》のことだった。

bゴラク室の前を通りがかると、入り口の近くのソファに奏子と和泉が座《すわ》っているのが見えた。

別のルートで戻ろうかと一瞬《いっしゅん》弱気が閃《ひらめ》いて、いやいや別に避《さ》けることはないと思い直し、だが微妙《びみょう》に二人の死角に回り込みながらそぉっと通り過ぎる。

すると、自分の名前が耳に飛び込んできた。

「三田村先生のことだけど」と切り出していたのは和泉だ。

とっさに壁に貼《は》り付き、聞き耳を立てる。

「カナちゃん、どうして素っ気ないの？」

素っ気なくされていることに和泉も気づいていたのだ、ということにまず打ちのめされた。（略）

「もう副担当の先生なんだよ。もしわたしに何かあったら、三田村先生が繰《く》り上げで担当になるんだよ。わたしは、カナちゃんがここで息苦しくなったら悲しい」

「気が合わない人ってどうしてもいるじゃない」

「決めつけるのは早いと思うよ。三田村先生、まだ来たばっかりでしょ」

いたたまれなくなって、足早にその場を離《はな》れた。最後はとうとう小走りになったが、まとわりつく不甲斐《ふがい》なさは振《ふ》り切れない。

自分は副担当だから、奏子と多少気が合わなくても大丈夫だと思っていた。どうせ奏子は和泉に懐《なつ》いているのだし、自分が直接相手をすることはそんなにないだろうと高を括《くく》っていた。

自分の気まずさだけをくよくよ気にかけ、自分が奏子との気まずさに目をつぶればいいのだと、それが大人の分別だと、単なる逃《に》げ腰《ごし》を正当化して。

もし和泉に何かあったら、なんて全然考えていなかった。ある日突然《とつぜん》ぽきりと折れて辞《や》める人は多いと猪俣《いのまた》も言っていたのに。事故や病気でリタイヤすることもあるし、家庭の事情で辞めざるを得なくなることだってあるだろう。

そんな折にも、自分が気まずさに目をつぶれば済むと逃げ腰でいるつもりだったのか。

ここが X である奏子の息苦しさにも目をつぶって。

「カナのこと、どうするの？」

部屋から一歩踏《ふ》み出したところで三田村は固まった。何気ない口調で、三田村にとっては爆弾《ばくだん》だった。

「……どうするって」

何気なく返そうとして声がかすれた。

「このままでいいのかってこと」

淀《よど》みない受け答えに、今度こそ言葉に詰まった。久志のほうが一枚上手だ。

「……別に、特にこじれてるわけじゃないし」

ようやく押し出した言葉は、まるでバツの悪いところを見つかった子供だ。久志も「またまた」と一蹴《いっしゅう》した。

「こじれてるわけじゃないけど、壁作られてるの分かってるでしょ」

「そんなのっ……」

相手は十七歳の高校生だ。こちらは十歳近く上の二十六歳だ。だが、年の差なんか空《むな》しく吹《ふ》き飛んだ。

「どこの会社だって全員と上手《うま》く行くわけじゃないんだから、仕方ないだろ」

「慎平ちゃんにとっては『あしたの家』って会社なんだ？」

からかうような口調は、むしろ諭《さと》すようにも響《ひび》いた。

「違《ちが》っ……」

「よかった、違うって言ってくれる人で」

2すっと背筋が冷たくなった。——この感覚を、もう知っている。

『あしたの家』に来た初日だ。

無邪気《むじゃき》に人懐《ひとなつ》こく三田村を囲んでいるように見えた子供たちを、和泉が「試《ため》してるのよ」と——子供たちは無邪気をaヨソオって、新顔の三田村が敵か味方か量っていた。

今は久志が量ったわけではなく、量られるような方向へ三田村が踏み込《こ》んだ。

意固地になって返す言葉を間違えていたら、決して味方の箱にはもう入れてもらえなかったのだろう。

「家じゃないけど、俺たちにとっては生活の場所なんだ」

「……ごめん」

呟《つぶや》くと、久志が笑った。

「こういうときごめんって言っちゃう慎平ちゃんが俺はけっこう好きだけど、カナは怒《おこ》るかもしれないな」

「……じゃあ、何て言えばいいんだよ」

「『分かった』くらいなら気に入るんじゃないかな」

「何か、素っ気ないような気がするけど」

「でも、それくらいが妥当《だとう》なんだよ。きっとね」

久志の笑顔に無理をしている様子はない。しかし——

自分たちの境遇《きょうぐう》に妥当という言葉を使ってしまうことが悲しい。そう思ってしまうことも、妥当ではないのだろうか。

「何で心配してくれるの、俺のこと」

「慎平ちゃんの心配は一割くらいかな」

[A]のが顔に出たのだろう、久志は「ごめんね」と笑った。

「家じゃないけど、生活の場所だからさ。嫌《きら》いな人は一人でも少ないほうが気分良く暮らせるでしょ」

そうか、と腑《ふ》に落ちた。久志は奏子のことを心配しているのだ。

【国　語】（五〇分）〈満点：六〇点〉

【注意】字数制限のある問題については、かぎかっこ・句読点も一字と数えなさい。

一　次の文章は、有川浩『明日の子供たち』の一節です。三田村慎平《しんぺい》は児童養護施設《しせつ》『あしたの家』の児童指導職員として働き始めました。和泉《いずみ》和恵は同僚《どうりょう》の職員です。以下の文章を読んで、後の問に答えなさい。

奏子《かなこ》は三田村を無視しているわけではないし、態度が悪いわけでもない。むしろ、表面的には愛想《あいそ》よく接しているくらいだ。

ただ、慎平ちゃんとは呼ばないだけで。

——それだけなんだからいいじゃないか。

一体何がきっかけで壁《かべ》を作られているのか分からないが、九十人すべての子供たちに好かれるなんてことは不可能だろうし、そりの合わない子供が奏子になったというだけだ。

愛想よく他人行儀《ぎょうぎ》な奏子のことが心の隅《すみ》に引っかかることを除いたら、仕事は概《おおむ》ね順調だった。日報の書き方も分かってきて、和泉を残業に付き合わせてしまうことも少なくなった。

子供たちの小さな洋服を畳《たた》むのも慣れてきた。

「じゃあ、わたし女子の洗濯物戻してくるから」

言いつつ和泉が、女子の洗濯物を詰《つ》めた洗濯籠《かご》を提《さ》げて立ち上がった。

「男子のほうはよろしくね」

男子の洗濯物を戻すとき、和泉は三田村に付き添《そ》わなくなった。誤配が減ったからだ。たったそれだけのことだが、少しは認めてもらえたようで無性《むしょう》に嬉《うれ》しい。

「任せてください！」

和泉を見送ってから男子の洗濯物を籠に詰め、三田村も多目的室を出た。

廊下《ろうか》を歩いていると、

「慎平ちゃん」

声をかけてきたのは平田久志《ひさし》、通称《つうしょう》ヒサである。もう普段着《ふだんぎ》に着替えている。

「おー、お帰り」

「チビどもの洗濯物？　俺《おれ》も手伝うよ」

「大丈夫《だいじょうぶ》だよ、一人で」

大丈夫、の部分を誇示《こじ》したものの、久志は「まあまあ」と二つ提げた洗濯籠の一つを取り上げた。

配達先の部屋には子供たちが不在だった。宿題で学習室にでも行っているのだろう。子供たちがいないときは、箪笥《たんす》の中に洗濯物をしまってやることになっている。

三田村が洗濯物をしまい始めると、久志も倣《なら》った。特に「これ、誰《だれ》の？」などとは訊《き》かれない。奏子と並んで「問題のない子供」の代表格である久志は、小学生たちの面倒《めんどう》も見慣れている。（略）

1全員の洗濯物を片付けて、二つの空いた洗濯籠は三田村が持った。

「ありがとな」

「ううん。ところでさ」

先に部屋を出ながら、久志はごく何気ない口調で口を開いた。

誤解。

イ　歩く人が前を行く若い女性と私だけになったことへの、筆者の気まずさ。

ウ　夜道を歩く女性が一人で携帯電話をかけていたのを初めて見た時の、筆者の驚き。

エ　連れがいないと思って誘《さそ》おうとした女性に連れがいるとわかった時の、筆者の羞恥心《しゅうちしん》。

問３　筆者の言う「手書きの私信」の良さとはどういう点ですか。そのことを表す一文を本文中より探し、その最初の五字を書き抜きなさい。

問４　傍線部３「いまの時代に適応できない老人の憎まれ口」とありますが、その例としてふさわしくないものを次から一つ選び、記号で答えなさい。

ア　一つ不便を克服すると、以前にはなかった厄介がうまれてしまうという筆者の考え。

イ　豊かさは人間の活力の無駄《むだ》をなくし、便利さは感受性を豊かにするという筆者の予感。

ウ　新製品、新ツールが次々と流通し、人間をこわしてしまうのではないかという筆者の心配。

エ　生活から汚れを排除しすぎると、人間は汚れないものだと錯覚を起こすという筆者の反発。

問５　傍線部４「新しい大人像」とありますが、筆者の望む大人とはどのようなものですか。解答欄《らん》に合うように本文中より五字で書き抜きなさい。

問６　X　にあてはまる最もふさわしいことばを次から選び、記号で答えなさい。

ア　おどけて　イ　語って　ウ　黙って

エ　きどって　オ　つらそうに　カ　楽しそうに

問７　傍線部５「ヒーロー、ヒロインの幻想が困難になってしまった」とありますが、それはなぜですか。「ヒーロー、ヒロイン」の特徴《とくちょう》を明らかにしつつ、その理由を本文中のことばを用いて解答欄に合うように四十五字以上五十字以内で答えなさい。

僧侶《そうりょ》の役割を担《にな》うヒーローを必要としていたのだと思う。

いまはそんな分りやすい存在をつくりにくくなってしまった。多くの人の思いが結晶《けっしょう》となった5ヒーロー、ヒロインの幻想が困難になってしまった。

と、勝手に現在に適応できなくなっている老人が思っているだけなのだろうか。そうかもしれない。

私にはこのごろのテクノロジーの変化が病的に早く思えてならない。静かにその時々の変化や成果を味わう暇《ひま》もなく、どしどし神経症《しんけいしょう》のように新発明新ツールが次々現われては現在を否定する。その結果の新製品、新ツールも病的に細かい変化で、なくてもやっていけるものばかりどころか、ない方がよかったのではないかと、少し長い目で見ると人間をこわしてしまうような細部の発明を目先だけのことで流通させてしまう。

あ、やってしまった。

適応不全の老人が「昔はよかった」風なことは決していうまいと思っていたのに、いってしまった。もう仕様がない。そうなのである。私は便利さは感受性をのっぺりさせるし、豊かさは活力を奪《うば》うとか、そんなことを思っている時代おくれの人間です。

そして、いま大人というものがいたら、こんなことをいう大人がいいな、と思っているのです。

魂《たましい》のはなしをしましょう

魂のはなしを！

なんという長い間

ぼくらは　魂のはなしをしなかったんだろう

「ｂｕｒｓｔ　花ひらく」という詩です。同じ詩人が、いまの日本には「慰安《いあん》が吹《ふ》き荒れている」と。その結果、

なやみが枯《か》れるねがいが枯れる言葉が枯れる　（「日々を慰安が」）

といっています。

その吉《よし》野《の》弘《ひろし》さんもこの春亡《な》くなりました。

（山田太一「適応不全の大人から」『夕暮れの時間に』〔河出書房新社〕より）

（注）フェミニズム…女性の権利を主張する運動。

問1　傍線部**1**「手書きの感受性が機能しない時代」とありますが、その「時代」の感受性を表す例として最もふさわしいものを次から選び、記号で答えなさい。

ア　いつでもどこでも携帯に電話がかかってくることを嫌がる感覚。

イ　宛て名が手書きでない郵便は大半が商業メールであると思う感覚。

ウ　一枚だけの私信には白紙を一枚添えて厚みをつけようとする感覚。

エ　携帯にメールが来ると早く返事をしなければならないと思う感覚。

問2　傍線部**2**「次の違和感」とありますが、筆者の「違和感」の説明として最もふさわしいものを次から選び、記号で答えなさい。

ア　振り返らないでいる女性の不安を勝手に勘《かん》ぐってしまう、筆者の

「汚《きたな》い」といわれる。「手書きの文字を見ると読みたくなーいという気持が溢《あふ》れてしまう」と。

そうか、たしかに私の字を見ると、われながら汚いし、読みにくいかもしれないが、そうやって生活から汚《よご》れを嫌《きら》いすぎると、そのうち人間は汚れないものだと錯覚《さっかく》して汚れている自分も排除《はいじょ》したくなってしまうぞ、と反論は気弱な憎《にく》まれ口になってしまう。

閉めた携帯を親指と人さし指ではさんで振るとひらき、もう一度振ると閉まる。閉まる時にカチンと音がする。それが癖《くせ》になって、半分無意識にカチンカチンと何度もやってる奴《やつ》って頭に来るよねえ、とテレビで若い女性がいっていた。するとほぼ同じ年頃の女性が、いるいる、ほんとそういう奴頭に来るよねえ、とうなずいていた。

そうなのか。そんな癖が誰もが思い当る癖として存在するようになったのか、と思ったところ私も携帯を持つようになった。「いつどこにいても電話がかかってくるなんて地獄《じごく》だ」とさからったが「かけない、かけない、そっちが助けを呼びたい時だけかければいいの」といわれている。買う時には教わったが、忘れることも多い頭になり、いざとなったらかけられるかどうか分らない。

電車に乗ると、ほぼ八〇パーセントの人が携帯を手にしてなにかやっている。車内では話せないから、メールとかゲームとか検索とかいうものなのだろう。メールが来ても返事をしないでいると怒り出す人がいるという。それをストレスと感じる人には時にやりきれない道具だろう。一つ不便を克服《こくふく》すると以前にはなかった厄介《やっかい》がうまれて、気持というものもなかなか安まらないものだと思う。

という感慨《かんがい》も実は3いまの時代に適応できない老人の憎まれ口である。書いていても、もどかしい。この文章の課題は「4新しい大人像」である。しかし今の私はどの世代より変化に適応不全を起している大人である。適応していればなにも感じない変化に敏感《びんかん》に違和感を覚えたり新しいツールに腰《こし》がひけてしまったりしている。

かつて「男は [X] サッポロビール」というコマーシャルがあった。三船敏郎《みふねとしろう》が [X] ビールをのんでいた。あのころは、それに美とか格《かっ》好《こ》よさを社会が感じていたのだと思う。今ではジョークかギャグだろう。

「なに一人で [X] 勝手にビールをのんでるの？　なんかあったの？　あったならしゃべりなさいよ。お醤油《しょうゆ》切らしちゃったの、ちょっとコンビニまで走ってくれない」

まったくフェミニズム以後の男の凋落《ちょうらく》は先が見えなくて不安になるほどだ。真似したいような男なんか何処《どこ》にもいやしない。仮にいたって老人の私では今更手遅《ておく》れだけれど、いま女性たちのリアルな突《つ》っ込《こ》みに耐える「格好いい大人の男」の幻想《げんそう》は、どのように存在しているのだろうか。

昔の話で恐縮《きょうしゅく》だが、ほぼ四十年前私はテレビドラマで一人の男を書いた。戦争体験のある男で同年代の男たちがあまりに沢山《たくさん》戦争で死んだことを忘れられず、戦後の日本がどのように平和と繁栄《はんえい》の時代を生きようとも自分一人は生涯《しょうがい》妻を持たず子も持たずひとりで片隅《かたすみ》で生きようと決めている男の話だった。いわば禁欲のヒーローで「俺だけは戦死した男たちを忘れていない」と勝手に喪《も》に服しているのだが、まだ戦争の悲惨《ひさん》を経験した人も多く、戦後の高度成長期を生きながら、それを死者に対していくらか後ろめたい気持がある人も少なくなかったので、そういう

「うん？」と思ったのだがつい選別のリズムで屑籠に入れてしまったのだった。

あけると一枚だけの私信である。いつも三、四枚はくれる人なので、それもいつもとちがっている。しかし、その一枚に便箋《びんせん》の手書きなら三、四枚になる分量がぎっしり詰《つま》っていた。無論それでいい。手書きより読みやすいし紙の節約にもなっているし文句をいう方がおかしいし、若い人にはなんのことか分らないだろうが、薄い紙一枚の手紙というものに馴《な》れていなかった。一枚で用が足りてしまった時はなにも書かれていない一枚を添《そ》えて厚みをつけるという私信の風習がいつの間にか私にあって、薄い一枚だけの手紙に、かすかだが違和感《いわかん》があるのだった。

とはいえいくら偏屈《へんくつ》な私でも、そんなことは口にしない。人にすすめるほどのことでもない。大体手書きの一枚に添えるならともかく、タイプ文字の手紙に一枚添えてもうっかりミスとしか思われないだろう。1手書きの感受性が機能しない時代がとうとう来ているのだと思った。

そして、これも今更《いまさら》といわれそうなことだが、2次の違和感もあのころだけの思い出になってしまった。「あのころ」と書いたが、どうも私には、そんなに遠いことには思えない。

十二時近い夜道を家に帰ることがあった。駅から少し折れると、住宅地のその道を歩く人が前を行く若い女性と私だけになった。追いぬけそうだが、どしどし近づくと怖《こわ》がらせてしまうかもしれないと、距離を置いて歩いた。角を曲がる。それは私の曲がる角でもあった。家へは五、六分の角である。あ、案外近所の人かもしれないな、と思い、だったらこんなに距離を置かずに「こんばんは」と声をかけるのも年の功ではないかという気持が湧《わ》いた。誰が見ても私は無力な老人だが、たぶん一度も振《ふ》りかえっていない彼女は、あとから来る男の足音に不安を感じているかもしれない。小柄《こがら》で地味なコート、髪型、低ヒールに肥《ふと》ったトートバッグから判断すると、孤独《こどく》と無縁《むえん》というわけでもなさそうだ。こんな寒い夜である。声をかけて「御近所かな？」ぐらいの会話を交《かわ》して何か悪いだろうと、少しその気になった時、ギクリとした。なにかいっているのである。なにか一人で声を出している。笑った。笑っているのである。ぞっとした。

もうお分りだろうか。携帯《けいたい》電話だったのである。私にははじめての経験だった。歩きながら電話をかけている人をはじめて見た。夜道に一人ずつの二人とばかり思っていたが、向うは連れがいたのである。なんだかはずかしかった。自分の感情を笑われたように感じた。

やがてすぐ、そんな光景はめずらしくもなくなってしまった。今更そんな話をしても苦笑《くしょう》もされない。

そんな二つの些事《さじ》をことさらのように書いたのは、今年八十歳になる私には決して軽い記憶《きおく》ではなく、それぞれ小さなショックだったからである。

手書きの私信が激減するのは、あっという間だった。それは目の前の景色が見る見る概念《がいねん》に変ったような当惑《とうわく》だった。情報量ががたりと減った。手書きの文字なら書き手の性別も年齢《ねんれい》も教養も性格も体調だって感じられる。それが一気に無表情になった。

「それがいいんじゃない。ひとの字を見て勝手な推理なんかされたくない」

たしかにそうで、私も自分の手書きを公表されたくないが、私信ではそれをするというのが私信のよさではないだろうか。

に、自分は映画の世界にあこがれるだけで何もしていないと恥じている。

エ　ジャーナリストとして真実の追求をしているはずの三根先輩が、立花先輩の素顔を明らかにできていないことに対して驚きを隠《かく》せないでいる。

問4　傍線部**3**「そういう存在」とはどのようなものですか。最もふさわしいものを次から選び、記号で答えなさい。

ア　現実の世界とは異なるが、自分の居場所をつくるものであり、心を豊かにする存在。

イ　空想の世界ではあるが、学校生活という現実をよりよく過ごすために誰にでも必要な存在。

ウ　生徒たちの関係を根本的に変化させるために必要なものであり、時間や空間を超《こ》えた存在。

エ　空想の世界ではあるものの、それによって視野を広げることができ、過去を忘れさせてくれる存在。

問5　傍線部**4**「立花先輩は立花先輩じゃないですか」とありますが、この時のリュウの気持ちとして最もふさわしいものを次から選び、記号で答えなさい。

ア　自分が女子に追い回されて嫌な思いをした経験に基づく、ストーカーのように立花先輩の正体を追求する三根先輩への恐怖《きょうふ》。

イ　文芸部の立花先輩も、演劇部の立花先輩も、思い切って自分を変えただけなのに、そのことを一方的に否定する三根先輩への失望。

ウ　中学時代も、演劇をしていた時も、どちらも本当の立花先輩なのに、しつこく彼女の正体を明らかにしようとする三根先輩への怒り。

エ　中学時代の立花先輩についての誤った姿を真実の姿かのように語る三根先輩への、ジャーナリストとして不適格ではないかという疑念。

問6　□にあてはまる場所を示すことばを、本文中より書き抜《ぬ》きなさい。

問7　立花先輩の立場は、中学時代と高校時代ではどのように変化しましたか。次のことばを必ず用いて、四十五字以上五十字以内で答えなさい。

勇気

二　次の文章を読んで、後の問に答えなさい。

それほど昔のことではない。十年もたっていないと思う。そのころまで私は宛《あ》て名が手書きではない郵便は大半商業メールだと思っていた。少なくとも私信ではない、と。そういう印刷の勧誘に反応することはまずないから、おおむねろくに見ないで処分していた。

ところがある日ある女性から手紙を読んでくれたか、という電話があり「いや、まだ届いていない」といいながら「あれかな？」と予感があり「待って。ちょっと待って下さい」と屑籠《くずかご》に走りながら「このところ、ちょっといろいろあって二、三日分郵便をよく見ていなくて」と嘘《うそ》をつきながらかき回すと、幸いまだその手紙があった。

それは横長の白封筒《ふうとう》で、いい訳にもならないがよく来るダイレクトメールとそっくりだった。そして宛て書きもワープロだかパソコンだか知らないが、手書きではなかった。

薄《うす》かった。ダイレクトメールの中でその封筒は妙《みょう》に薄い感触《かんしょく》があり

声が耳に蘇《よみがえ》る。恥ずかしかったに決まってる。だけど、立花先輩はそれでもやってみたかったのだ。新しい環境《かんきょう》の中でだったら、それができるかもしれないという可能性に懸《か》けて、勇気を出して飛びこんだはずだ。

俺が一年のときに観た『嵐《あらし》が丘《おか》』のキャサリンは、おなかから声が出た堂々としたものだった。きちんと発声の基礎《きそ》ができていなければ、あんな演技はできない。それが高校に入ってからの一年間だけだったとしても、立花先輩は相当努力して、自分をあそこまで女優として作りこんでいったはずだった。

だけど、それは、誰かに〝恥ずかしい〟なんて言葉でcブンセキされた途端《とたん》、脆《もろ》く崩《くず》れてしまった。正しく努力してきたからこそ、それを笑われたのが、耐えられなかったのかもしれない。

「先輩、どうして今日、俺たちに教えてくれたんですか。話だけじゃなくて、レコーダーのデータまで」

「だってそれは君たちが教えて欲《ほ》しいって」

「教えてもらったこと、感謝はしてます。だけど……」

腹いせなんじゃないですか、と冷たい声が出た。気分が本格的に悪くなってくる。

「自分の記事がダメになったこと。先生に注意されたこと。そういうものへのあてつけに、立花先輩の過去を俺たちにバラそうって考えたんじゃないですか」

三根先輩が口を噤《つぐ》んだ。

この人にとってみたら、ほんの些細《ささい》な悪意のつもりだろう。だけど、俺はデータを聞いてしまったことを後悔《こうかい》し始めていた。知ってしまったことで、胸に泥《どろ》のように重たいものがたまり、それが、いっぱいまで広がり始めている。

立花先輩は、潔癖《けっぺき》なまでに、自分のことを恥じたのだ。

演劇部で舞台《ぶたい》に立つことも、目立つことも、青春を謳歌《おうか》することも。その傍《かたわ》らで、常に三根先輩の目が、お前の過去を知ってるぞ、と光っている。

だから、立花先輩は、学校を自分のものにできなくなった。演劇も、友達も、手に入れた大事なものをすべて返上して、中学時代と同じ、〝［　　］の君〟に戻《もど》った。

（辻村深月《つじむらみづき》「世界で一番美しい宝石」『サクラ咲く』〈光文社〉より）

問１　傍線部ａ～ｃのカタカナを漢字に直しなさい。

問２　傍線部１「固唾を呑んで」の意味として最もふさわしいものを次から選び、記号で答えなさい。

ア　嫌悪《けんお》感を抱《いだ》きながら　　イ　失礼だとあきれながら

ウ　興味をおさえられずに　　エ　どうなることか心配しつつ

問３　傍線部２「俺は机の下でぎゅっと拳を握り締めていた」とありますが、この時の「俺」の気持ちとして最もふさわしいものを次から選び、記号で答えなさい。

ア　立花先輩は中学時代も目立っていたのに、三根先輩がそのことを全く認めようとしないことに対して怒《いか》りを覚えている。

イ　三根先輩が、自分たちのような生徒の価値を全く認めず、立花先輩の過去をしつこく詮索していることに激しい嫌悪感を覚えている。

ウ　立花先輩は高校デビューをするために様々な努力をしてきたの

る。

俺にとって映画は3そういう存在で、立花先輩にとって、それは本だろう。拓史にとっては、アニメやイラストがそうだ。

学校の、今ここの現実だけを生きる青春よりそっちの方が尊いと、思ってはいけないのか？

「僕《ぼく》はたぶん、核心《かくしん》に近づきすぎたんだ」

再生が止まったＩＣレコーダーを手に取り、遠くを見つめた三根先輩が言った。ドア一枚をはさんだ美術室からは、相変わらず新聞部員たちの慌《あわただ》しい声が聞こえてくる。

「取材の過程で、立花亜麻里の素顔《すがお》を曝《さら》け出してしまった。記事は残念ながら差し止め。立花が事を荒立《あらだ》てて、あの記事が表に出ないようにしてくれと、先生方に頼《たの》みこんだんだ。報道と表現の自由があるはずだ、と僕も交渉したんだけど、残念ながら取り合ってもらえなかった」

「――当たり前だ。バカ」

静かな声がして、三根先輩が伏《ふ》し目がちだった顔を上げる。声は、それまで黙《だま》っていた拓史のものだった。顔色がひどく悪い。唇《くちびる》が震えていた。

「報道と表現の自由？　こんなのあんたの偏《かたよ》った主観に基《もと》づいた、ただの詮索趣味《せんさくしゅみ》じゃないか。何が核心だよ。素顔だよ。気持ち悪いよ。ストーカーすれすれだ」

「……ストーカーみたいな外見をしてるのは君の方だと思うけど」

三根先輩が片唇を吊《つ》り上げて笑う。俺に向け「彼は失礼だね」と切り捨てるように告げた。

「本当ならスクープになるはずだったんだ。みんな知りたいだろう？　今の人気者が実は何者だったのか」

「別に知りたくない。どうだっていいです」

リュウがきっぱりと言った。リュウもまた、険しい顔をしていた。

ふと、思い出す。人のことを陰《かげ》でこそこそ嗅《か》ぎまわるような真似《まね》をするのは性に合わないと、リュウは何度も言っていた。それは、自分自身の経験からじゃないのか。しつこい部活の勧誘《かんゆう》も、自分を追いかけて映画部に入りたがる女子のことも、リュウは本当に嫌《いや》がっていた。どうしたって注目されてしまう自分のことを、持て余していた。

「何者も何も、4立花先輩は立花先輩じゃないですか。三根先輩がやったことは、ジャーナリズムでもなんでもない。ただ、女の子を泣かせて、彼女から居場所を奪《うば》っただけです」

「演劇部をやめたのは立花亜麻里の意思だよ。俺は関係ない。こっちだって迷惑《めいわく》したんだ。わざわざ遠い場所まで自腹で取材に行って苦労したのに、スクープを台なしにされた。先生に頼んで記事を書く前に差し止めるなんて、権力を使った暴力だ。bダンアツと言っていい」

「――先輩！」

耐《た》えられなくなって叫んだ。首筋に鳥肌《とりはだ》が立つ。きっと、この人にはわからないだろう。だけど、言わずにはおれなかった。

「立花先輩には、もうそうするしかなかったんですよ。先生に言ってまで止めるしか。きっと、他の誰にも知られたくなかったんだ」

その頃に部活をやめ、友達とも距離《きょり》を置くようになってしまったという立花先輩。

――演劇経験がないところから、あんなふうに声を張り上げて役になりきるのって、恥ずかしくなかったですか？

――そんなの校則の問題なだけでしょ？　中学の頃《ころ》まで厳しかったものが、高校で自由になっただけの話。ねえ、それ言ったの誰《だれ》!?

――いや、そこは守秘義務があるんでお教えできないんですけど。

もうたくさんだった。鳩尾《みぞおち》のあたりが押《お》されたようになって、気持ちが悪くなってくる。

やめてくれ、と思う。

――演劇部に入ったのは、一人で本ばっかり読んでる地味な自分を変えたかったからじゃないんですか？　確かに、こっちの学校に来てしまえば、前の学校でのことを知ってる人はいない。だから、高校デビューして……

ぶんっと空気が切れる音がして、声の間に急に衝撃音《しょうげきおん》がかぶさる。次の瞬間《しゅんかん》、立花先輩が悲鳴のような声で叫《さけ》んだ。

――勝手なこと言わないで！

声が震《ふる》えていた。

――私がどれだけ、図書室でいろんなものを見たか、豊かな時間を過ごしたか、知らないくせに。地味って何？　私には友達もいたし、本を読むのだって楽しかった！

立花先輩の声が途切《とぎ》れ、それと同時にレコーダーがカチリと音を立てて止まった。音声データは、ここまでのようだった。

2 俺は机の下でぎゅっと拳《こぶし》を握《にぎ》り締《し》めていた。手の内側が汗《あせ》をかいている。背中に寒気がしていた。

学校は誰のものだ、という声が、さっきから頭の奥《おく》を震わせていた。

これまでも、何度も何度も考えたことだった。学校は一部の目立つ層のためだけにあること、自分たちのためにないことを、俺たちは知っている。

それを自分のものにしたい。学校の主役に躍《おど》り出ようと考えるのは、そんなにいけないことだろうか。〝高校デビュー〟なんて言葉で呼ばれなきゃならないほど？

映画の世界が自分にもたらしてくれたものの大きさを、改めて考えた。実際の俺は若美谷市のこの場所をほとんど離《はな》れたことはないけど、俺の世界は今、教室風景や学校までの通学路だけがすべてじゃない。十八世紀の革命時のフランスを知ってるし、モーツァルトが生きたウィーンを知ってる。『小さな恋《こい》のメロディ』を観《み》たときは、これからあの二人はどうなるんだろうと考えて、一日中、ラストシーンが頭から離れなかった。

そういうもののすべてを、現実より劣《おと》ってるなんて、誰にも言わせたくなかった。中学時代、映画を観る気もないヤツらに「コイメロ」なんてあだ名をつけられたとき、本当は、悔《くや》しくて悔しくて、夜も眠《ねむ》れなかった。高校に入ってから、リュウがきちんと観てきて、いいと言ってくれたときの嬉《うれ》しさを、今も泣きそうになるくらいまざまざと思い出せ

【国　語】〈五〇分〉〈満点：六〇点〉

【注意】字数制限のある問題については、かぎかっこ・句読点も一字と数えなさい。

一　次の文章を読んで、後の問に答えなさい。

俺《おれ》・リュウ・拓史《たくし》は若美谷《わかみや》高校の二年生で映画同好会に所属している。新しい映画の主役に元演劇部で三年生の立花亜麻里《あまり》を迎《むか》えようとするが、彼女は出演を断り続けている。交渉《こうしょう》の糸口を探していたところ、立花先輩《せんぱい》の演劇部退部に新聞部の三根《みね》先輩が関係していることがわかり、彼に話を聞けることとなった。以下は三根先輩が立花先輩に行った取材の録音を、四人で聞く場面から始まっている。

ＩＣレコーダーの赤い光を目の前で見つめた三根先輩の顔は、無表情だった。瞳《ひとみ》の中が、さっきまでと違《ちが》って暗い。その目の色を見て、ぞっとする。

――みなさんに話を聞いてみて驚《おどろ》いたんですけど、立花さんって中学まではまったく目立たない存在だったんですね。

三根先輩がズバリと言った。

――演劇部ですらない。文芸部だったから、演劇経験なんてそれまではなかったはずだって聞いて、驚きました。今の写真を見てもらったんですけど、みなさん、逆に驚いてました。

――……。

――演劇経験がないところから、あんなふうに声を張り上げて役になりきるのって、恥《は》ずかしくなかったですか？　セリフ読むの、抵抗《ていこう》ありませんでした？　あ、もし失礼なこと聞いてたらすいません。演劇部に入ったのは、前の学校でそういう、目立つ子たちへの憧《あこが》れがあったからなんじゃないかなあって、思ったんです。

横に座《すわ》るリュウと拓史の顔が唖然《あぜん》としていた。俺もたぶん、傍《はた》から見たらまったく同じ顔をしていただろう。

１固唾《かたず》を呑《の》んでプレーヤーを見つめる。立花先輩が何か言ってくれるのを、ａイノるような気持ちで待つ。長い沈黙《ちんもく》があってから、立花先輩が答えた。

――あの……。目立たない目立たないって連呼されるほど、自分が目立たない存在だったとは、思っていないんですけど。

――でも、証言があるんですよ。中学時代は、今みたいにコンタクトじゃなくて眼鏡姿で、いつも図書室で本を読んでるおとなしい子だったって。髪《かみ》も巻いたことはないし、真っ黒いストレートヘアで、服装や持ち物に気を使い出したのは、高校に入ってからのはずだと――。

地獄《じごく》というほかないでしょう。

だからわたしはいいたい。居場所はほんとはここだけじゃないのだと。いや、むしろ、「居場所はここだけじゃない」と思える仕組みを、学校はもっともっとつくっていく必要があるのです。

（苫野《とまの》一徳《いっとく》『勉強するのは何のため？　僕らの「答え」のつくり方』（日本評論社）より）

問１　傍線部ａ～ｃのカタカナを漢字に直しなさい。

問２　本文中から次の一文が抜けています。どこに補ったらよいでしょうか。最適な箇所《かしょ》を探し、その直前の十字を書き抜きなさい。

いじめはなくせます。

問３　[A]に最適なことばを、本文中より十一字で書き抜きなさい。

問４　傍線部１「問い方のマジック」とありますが、どのようなところが「問い方のマジック」といえますか。解答欄に合うように、四十五字以上五十字以内で説明しなさい。

問５　[B]に最適なことばを次から選び、記号で答えなさい。

ア　どのような場合でも法律にもとづいて、厳しく対応するという

イ　状況に応じて両者を使い分けたり、さらには組み合わせたりする

ウ　どのような場合も相手のことを思い遣《や》って、穏便《おんびん》に対処するという

エ　状況《じょうきょう》に応じては闘《たたか》うが、対処できなければその環境から避難《ひなん》する

問６　[C]に最適なことばを、本文中より五字で書き抜きなさい。

問７　傍線部２「いじめに負けるな、立ち向かえ！」とありますが、これは「一般化のワナ」だと考えられます。その理由の説明として最適なものを次から選び、記号で答えなさい。

ア　年長者の言うことは参考にすべきだと、多くの人々が考えてしまっているから。

イ　多くの人たちが考えていることを、自分の考えだと思い込んでしまっているから。

ウ　学校で教わることは間違ってはいないと、有名な人たちが思い込んでしまっているから。

エ　自分だけの限られた経験を、他の人にもあてはまるものとして考えてしまっているから。

問８　点線部「いじめをできるだけ起こさせないことはできるし、そのための仕掛けはつくれるし、だからそうやって、いじめをなくしていくことはできるのです」とありますが、筆者は学校がどのようなことをすれば、いじめをなくしていけると言っていますか。最適なものを次から選び、記号で答えなさい。

ア　自由の相互承認を教える

イ　いじめを罰する厳しい校則を作る

ウ　精神修養をする道場を作る

エ　他にも居場所があると思える環境を作る

問９　意味段落[1]～[4]の構成として最適なものを次から選び、記号で答えなさい。

ア

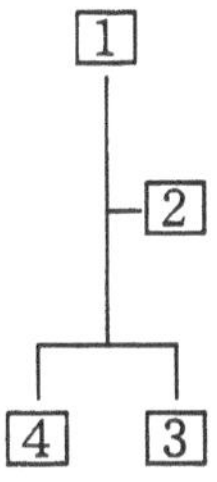

イ

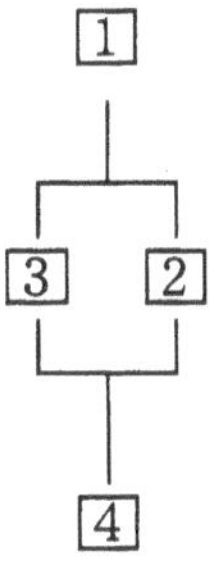

ウ

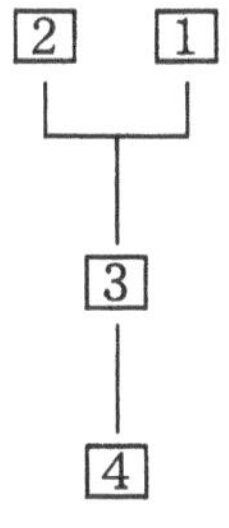

エ

なら……。いじめ問題は、もっともっとcコクフクしやすいものになる。わたしはそう確信しています。

　けれど大人たちは、多くの場合、逃げちゃいけない、困難に立ち向かわなきゃいけない、なんていいます。先生は、「みんな仲良くしなさい」などという。

　よく、かつていじめを受けていた子が、大人になって格闘技《かくとうぎ》のチャンピオンになったとか、有名な社長さんになったとかいって取り上げられます。そしてインタビューに答えていいます。

「2いじめに負けるな、立ち向かえ！」

　……どうでしょう？　やっぱりわたしたちは、いじめから逃げずに立ち向かうべきなんでしょうか？

　はい、その通り、「一般化のワナ」です。

　立ち向かったほうがいい時もあれば、逃げ出したほうがいい時もある。わたしたちはそう考えるべきなのです。そしてだからこそ、学校は、子どもたちが逃げられるような道も、ちゃんと用意しておくべきなのです。

「生きる力」といいます。たしかに、人と仲良くできることは人間関係における「生きる力」だと思います。困難に立ち向かえることだって、とても立派な「生きる力」です。

　でもまた同時に、「深刻な危険からは逃げる」「どうしても合わない人をうまくやりすごす」ということだって、とても切実な、そして現実的な、「生きる力」だというべきです。

　社会に出ても、どうしても合わない人と一緒《いっしょ》に仕事をしなければならないということはしょっちゅうです。そしてもちろん、そういう人ともなんとか仲良くしようとすることはたいせつだし必要です。

　でも、それでもどうがんばってもうまくいかないことだってある。無理に仲良くなろうとして、かえってお互《たが》い傷つけ合ってしまうこともある。

　そんな時重要なのは、上手に距離《きょり》をとって、うまくやりすごすことです。それは別に、恥《は》ずかしいことでも敗北でもなんでもありません。深刻な争いを避《さ》ける知恵《ちえ》なのです。

　大人たちは、社会生活を営みながら徐々《じょじょ》にそうした知恵を身につけます。そして社会は、学校に比べれば、どうしても合わない人をうまくやりすごすことが、比較的《ひかくてき》やりやすい場所です。

　もちろん、大人たちだって、そのほとんどが日々人間関係に悩んでいます。どうしても合わない人をやりすごすことができず、ノイローゼに陥《おちい》ってしまうことだってしばしばです。

　でも学校に比べれば、大人の社会にはまだたくさんの「逃げ場」がある。仕事の人間関係がつらくても、学生時代の仲間と会ったり、趣味《しゅみ》のサークルに入ったり、家族との休日をすごしたりすることができる。

　大人はその気になれば、イヤな人間関係に縛《しば》られることなく、いろんな人たちとつきあうことができるのです。あるいはできるだけ人とかかわらないこともできるのです。

　ところが学校はどうでしょう。毎日同じ空間を共有しなければならない子どもたちにとって、どうしても合わない友人、いじめをしてくるクラスメイトたちを、「うまくやりすごす」ことは物理的にむずかしい。

　多くの子どもたちにとって、学校は生活の大部分をしめる場所です。

　そして逃げ場のない教室は、子どもたちにとって、文字通り「ここにしか居場所がない」場所です。そんな学校や教室がいじめの場所であったら、自分を苦しめる場所であったら、それはもう、まさに逃げ場のない

す。

自己不十全感もまた、わたしたちが「［A］」、つまり〈自由〉になりたいという欲望をもっているからこそ抱いてしまうものです。

ふたたび動物の例をあげると、動物はたぶん、「自分はなんでこんなこともできないんだ」とか、「もっといい頭に生まれたかったのに」とかいって、くよくよ思い悩《なや》むことはありません。「［A］」という〈自由〉への欲望をもつ人間だけが、その力がないために「生きたいように生きられない」という、自分への不満を抱《かか》えてしまうのです。

いじめをする人が、いじめに走る時まず抱《いだ》く感情、それは、さっきもいったように多くの場合「ムカつく」です。「あいつ何かムカつく」。この感情が、人をいじめへとかり立てます。

なぜ「ムカつく」のか。その奥底《おくそこ》の理由は、実のところ、相手に対する不満やいらだちにあるわけではありません。だれかを「ムカつく」といっていじめをする人は、本当は［C］ムカついているのです。

たとえば、親からの高すぎる期待に応えられるかわからない。先生からはいつも、なんでこんな問題もわからないんだといわれつづける……。自分への不満や、人から受け入れられていないんじゃないかという不安は、ちょっと大げさにいうと、世界全体に対する「ムカつき」を生んでしまいます。何だか何もかもがムカついてしまうのです。

何もかもが満たされて幸せな時、わたしたちは、たとえば町でだれかと肩《かた》がぶつかったって、「この野郎《やろう》」と目くじらを立てることはあまりないはずです。なんとなく、今の自分に不満がある、今の環境《かんきょう》に不満がある。そんな時、わたしたちはそのいらだちを、思わずだれか別の人に向けてしまうのです。

子どもや若者だって、大人以上に毎日の生活に苦しさを抱えているものです。親のいうことを聞かなきゃいけなかったり、クラスでは人間関係のいざこざが起こったり、テストや受験のプレッシャーにさらされたり、将来どうすればいいのかというばくぜんとした不安があったり……。けっこうなストレスです。

そんな時、たまたま「ムカつく」クラスメイトが目にとまる。小突《こづ》いてみたりイヤがらせをしたりしてみたら、なんとなく自分のほうが強くなった気になれる。そうすると自己不十全感からちょっとだけ解放された気になれる。

繰《く》り返しますが、自分に余裕《よゆう》があったり、満足したりしている時は、そうそうだれかにムカついたりしないものです。だれかをいじめて自分の力を確かめようなんて、思う必要もありません。

だから、だれかにムカついていじめてやろうと思うその根本には、実は自分自身に対する不満、つまり自己不十全感があるのです。

［4］いじめが起こるもう一つの理由は、「逃げ場のない教室空間」です。

一つの教室に、三〇人や四〇人の生徒たちが毎日顔をつき合わせて生活する。もともと気の合う仲間同士が集まったわけじゃない。中にはどうしても好きになれない友人や、話すのさえ怖《こわ》いクラスメイトがいることだってあるでしょう。

でも子どもたちは、よっぽどのことがないかぎり、そんな教室から逃げ出すことが許されません。

もし、教室からもっと簡単に「逃げる」ことができたなら。もし、いじめをしてくる生徒との人間関係を、上手にかわしていくことができた

あえていいたいと思います。

よく、「いじめはなくならない」といわれます。いやそれはたしかに、世界中のいじめを完全になくすなんてことは無理でしょう。

でも、いじめはなくせます。

正確にいうと、いじめをできるだけ起こさせないことはできるし、そのための仕掛《しか》けはつくれるし、だからそうやって、いじめをなくしていくことはできるのです。

それはいったい、どうやって？

2 この問いに答える前に、いじめ問題が深刻化するたびに、世間でよく議論される話題にちょっとだけふれさせてください。

いじめが起こると、すぐに、いじめをした子どもなど即刻《そっこく》出席停止にしてしまえ、という人たちが現れます。

もう一方で、いや、いじめをした子どもには、ちゃんと反省とやり直しのチャンスを与《あた》えるべきだ、という人たちも現れます。

前者を「厳罰《げんばつ》主義」、後者を「更正《こうせい》主義」と呼んでみることにしましょう。

さて、みなさんはどっちが正しいと思いますか？

……というこの問いが、「1問い方のマジック」であることはすぐに気がついてくれましたか？

「あっちとこっち、どっちが正しいか？」という問いは、たいてい「問い方のマジック」です。厳罰主義と更正主義、どっちかが絶対に正しいわけじゃないのです。

ところが世間では、この「問い方のマジック」にひっかかったような議論が、ほんとにしょっちゅうわき起こります。国の教育会議なんかでさえ、こんな議論がbカわされることがしばしばあって驚きます。

もっと柔軟《じゅうなん》に考えましょう。

厳罰主義がふさわしい時もあれば、更正主義がふさわしい時もある。身もふたもないような話ですが、それだけのことです。

じゃあそれはいったいどういう時でしょう？

わたしの考えでは、暴力系のいじめについては、厳罰主義をとることが多くの場合妥当《だとう》です。学校もまた、いうまでもなく法律の範囲内《はんいない》にあります。暴力は傷害罪です。法律違反《いはん》である以上、法にもとづいてある程度厳しく裁かれるのは妥当なことでしょう。

一方、仲間はずれとか無視とか密《ひそ》かなイヤがらせとか、そういったいじめに対しては、更正主義をとることが必要な場合も多いでしょう。

もっともどちらも場合によるから、どういう時が厳罰主義でどういう時が更正主義か、というのを、単純に決めてしまうわけにはなかなかいきません。いずれにせよ、厳罰主義か更正主義か、どっちが正しいか、などと問うんじゃなくて、［　B　］視点がたいせつなのです。

3 いじめの最も根本的な原因は、人間がだれしも〈自由〉への欲望をもっていることにある、とさっきいいました。

でもだからといって、みんながみんないじめをするわけではありません。

それがいじめへとつながってしまうのは、いったいどういうわけなんでしょう？

大きく分けて、二つの理由があると思います。

一つめの理由は、「自己不十全感」です。自分に対する不満のことで

【国　語】（五〇分）〈満点：六〇点〉

【注意】字数制限のある問題については、かぎかっこ・句読点も一字と数えなさい。

一　※問題に使用された作品の著作権者が二次使用の許可を出していないため、問題を掲載しておりません。

二　次の文章を読んで、後の問に答えなさい。

1　いじめは人間社会に普遍的《ふへんてき》なことだといえますが、じゃあなぜいじめが起こるのかといえば、これもやっぱり、根源的には、わたしたちがみんな〈自由〉に生きたいと思っているからです。

わたしたちはどうしても、生きたいように生きたいと思ってしまう。つまり、〈自由〉に生きたいと思ってしまう。

でも、それをなんらかの形で阻《はば》んでくるものがあります。それが他人の存在です。

他人がいるから、わたしたちは思うがままに生きられない。そこでわたしたちは、そんな他人を排除《はいじょ》しようと思うのです。

それがあからさまで大規模な暴力になると、戦争です。ねちねちこそこそやると、いじめと呼ばれます。

明確な利害やaゾウオが、戦争のおもとです。

一方いじめは、多くの場合「なんとなくムカつく」から起こります。あるいは、人をいじめることで、「自分が強くなった気になれる」「快感を得られる」というのも一つの理由です。

そしてこのいじめの底にある気分も、つまるところ〈自由〉への欲望にあるのです。「なんとなくムカつく」というのは、その相手のせいで、自分が気持ちよく生きられない、つまり生きたいように生きられないということです。「自分が強くなった気になれる」「快感を得られる」というのも、人より上位になることで、生きたいように生きる欲望を満たしているのです。

これはいかにも人間的な欲望です。

動物も争い合うことはありますが、その理由は「生存する」ためです。「なんとなくムカつく」とか、「強くなった気になりたい」とか、そんなめんどくさいことは（たぶん）考えません。

でも人間は、ただ「生存する」だけじゃなく、「　A　」と思うのです。これを〈自由〉への欲望というのです。

そんなわけで、戦争もいじめも、わたしたちのだれもが〈自由〉に生きたいという欲望をもっているから起こるのですが、わたしたち人類は、このような争いをなくすためにこそ、〈自由の相互承認《そうごしょうにん》〉という考えをついに見いだし、そしてこれを実現するために、（法に加えて）学校というものをつくったのでした。

それが、その学校で、まさにこの〈自由の相互承認〉をつき崩《くず》してしまうような、いじめなんていうものが起こっている。これははっきりいって、学校の存在意義そのものをあやぶませてしまうことです。〈自由の相互承認〉の土台になるべき学校で、その感度をはぐくむどころか、これをズタボロにしてしまうようなことが起こっているのだから。

だからわたしたちは、いじめをなんとかしなきゃいけない。

でも、いじめってほんとになくなるの？

そう思われるかもしれません。

【国　語】〈五〇分〉〈満点：六〇点〉

【注意】字数制限のある問題については、かぎかっこ・句読点も一字と数えなさい。

一　※問題に使用された作品の著作権者が二次使用の許可を出していないため、問題を掲載しておりません。

二　※問題に使用された作品の著作権者が二次使用の許可を出していないため、問題を掲載しておりません。

問５　傍線部**４**「問うことそのものが、答えの意味の大半を占めている」とはどういうことですか。最適なものを次の中から選び、記号で答えなさい。

ア　生きるということは不確定な状況で考えることであり、最善の方法を見つけることはできないということ。

イ　なぜ生きるのかという問題は、二〇〇〇年以上考えられてきているものの、わからないものであるということ。

ウ　生きることの意味のように答えのわからないものでも、重要だと思えば考え続けることが必要であるということ。

エ　生きることは、思い悩み、行き詰まることの多い苦しいものであり、よりよく生きる方法を常に考える必要があるということ。

問６　傍線部**５**「のっぴきならない」とありますが、本文中での意味として最適なものを次の中から選び、記号で答えなさい。

ア　どうにもならない

イ　どうしても分からない

ウ　どうしても動きが取れない

エ　どうしてもやらねばならない

問７　傍線部**６**「頭がいい」とはどのようなことですか。最適なものを次の中から選び、記号で答えなさい。

ア　学校の試験問題で最も適当な記号をきちんと選べること。

イ　問題に対して様々な考え方で取り組むことができること。

ウ　一度考えたことについても根本から考え直すことができること。

エ　答えのない問題についてそれを受け入れて考え続けられること。

全部問い直さなければいけない、ということもしょっちゅうだ。哲学という学問がまさにそれの連続なのだ。私もある問いを突き詰めていたとき、突然世界がめくれ返って、「これがわからないということはあの問題はわかっているつもりだったが、実は根拠がなかったんだ」と、すべての問題をもう一度考え直す、ということもあった。

なぜ生きているのか、自分の存在は何なのかという大問題に、答えはない。大昔からみんな考え続けていまだ答えられていないのだから。例えば、心と体の関係はギリシャ以来、二〇〇〇年以上哲学者が考え続けていて、まだその答えは出ていない。それでも大昔からその問題に食らいついて問い続けてきた。その結果としていろいろな思想や芸術が生まれ、文化が豊かになってきた。たいせつなのは、問い続けることにある。

自分自身の問題や世の中に起こる出来事は、理由や意味がわからないものがほとんどだ。また、科学の極限的な問題や、社会生活で重要な問題、生きるうえで重要な問題というのは、ほとんどが複数の解を持っていたり、正解が一つもなかったり、そもそも答えがない、というものばかりだ。だから、自分の持っている狭い枠組《わくぐ》みの中で無理やり解釈して、わかった気になっても何も解決しないし、とても危ない。必要なのは、わからないことでもこれは大事、としっかりと自分で受けとめて、わからないままにずっと持ち続けることなのだ。そして何度も体当たりして痛い思いをして、問題に正確に対処するすべを身につけよう。

「**6**頭がいい」と「賢い」とはなんの関係もない。じぐざぐにいろいろな補助線を立てて、誠実に考え続ける、「賢い」人になってほしいと心から願っている。

（鷲田清一「『賢くある』ということ」
『何のために「学ぶ」のか』所収）〔筑摩書房〕より）

問１　傍線部**ａ・ｂ**のカタカナを漢字に直しなさい。**ｃ**はその読みを平仮名で記しなさい。

問２　傍線部**１**「すべてが同じ「一」である」とはどういうことですか。その内容として**ふさわしいものを次の中から三つ**選び、記号で答えなさい。

ア　誰もが、職業選択の自由を与えられるということ。
イ　誰もが、定められた役割に応じて、共同体を支えること。
ウ　誰もが、選択した結果が平等になるように責任を持つこと。
エ　誰もが、自分自身の存在について肯定的に考えるということ。
オ　誰もが、同じ階層の人の中から自由にパートナーを選ぶこと。
カ　誰もが、社会から与えられた役割を、きちんと自覚すること。
キ　誰もが、選択の権利を平等に与えられ、その結果に責任を負うこと。

問３　傍線部**２**「すべての世代が、どんどん無力になっていると私は感じている」のはなぜですか。文中の言葉を用いて解答欄に合うように、四十字以上五十字以内で説明しなさい。ただし左記の語を必ず用いなさい。

責任

問４　傍線部**３**「自分の文章なのに解くことができないことがある」のはなぜですか。**不適当なものを次の中から一つ**選び、記号で答えなさい。

ア　必ずしも一つの思いだけではないから。
イ　書いている時の気分を忘れることもあるから。
ウ　意図を隠《かく》して別の表現で書いている場合もあるから。
エ　後で読み返した時に初めて意図はわかるものだから。

がある。私が伝えたいと思っている相手がなかなか気づいてくれないかららいら立ちながら書いているとか、そういうことがある。読むだけではわからないし、そのときの気分を忘れているから、後で読み返しても表現の意味がわからないこともある。文章はそれくらいデリケートなものだが、その答えを一つに絞ろうというのだから、ほんとうに不思議だ。

　けれども世の中には問いと答えが一対一の問題は、めったにない。「光は波動であるかbリュウシであるか」という大論争があったが、これは正解が二つある例だ。光は波動であることも正解、リュウシであることも正解。両者は物質としてのあり方が違うから対立するのだが、どちらも正解として考えられている。

　また、一つの問いに二つの不正解がある、つまり二つしか解はないが、そのどちらも間違っているという例もある。「世界に果てはあるかどうか」という問いを考えてみよう。世界に果てが「ある」というのは間違いだ。なぜなら、果てがあるならその先はどうなっているのかという問いがまた生まれるから断言できない。一方、世界に果てが「ない」とも言えない。根拠がないからだ。無限遠点《むげんえんてん》をまだ確認できていないというだけのことかもしれない。そうすると、果てが「ある」のも「ない」のも正解にはなりえない。

　それから、生きることの意味、自分がここにいることの意味はどうだろう。そんな問いに対する答えは、ない。4問うことそのものが、答えの意味の大半を占《し》めている。自分がだれであるかなんて、人間にはとうてい答えることができない問いだろう。

　無力な状態から脱し、自分の問題を自分で考えて、責任を負うことができるようになるために、私たちは、「一つの問いに一つの答えがある」という考え方をやめなければならない。物事は、こちらからはこう見えるが、後ろから見ればこんなふうだ、といろいろな補助線を引きながら考えよう。みんなが一方からしか考えられなくなっているときに、別の方向から見ることがたいせつだ。例えば、自分の苦しみを打ち明けて絶望する友人に対して、いやそれだけではない、こういう考え方もある、と別の補助線を示せる「頼れるやつ」になろう。

　自分の生きている意味を考え、思い悩《なや》むこともあるだろう。問いが大きすぎて、知的体力が足りずにだれもが倒れそうになってしまう。そのとき、行き詰《づ》まった思考回路をひっくり返せるかがc肝だ。糸口はたくさんある。

　普段、自分が「生まれる」という言葉を使う。考えが進まないときに、「ところでこの言葉はほんとうに正しいのだろうか」と、本題の外に立ってみてほしい。すると、生を自分の出来事のように語るが、よく考えればこれは受け身の言葉であることに気づくだろう。つまり「生まれる」ということは自分だけではなく他人との間に起こった出来事なのだと、少し視野が広がる。相手の身になって問いを考え直すと、歯が立たないと思った問いも、違う見え方になるはずだ。文学や芸術作品も、同じ苦しみの中から生み出されたものだから、いろいろな補助線を与えてくれるはずだ。

　それから、投げ出さずに考え続ける、いわば知的な肺活量も持ってほしい。理解はあるとき一瞬でできることでは決してなく、じっと考え続けて到達できるものだ。それだけでなく、考えるうちにまったく別の、5のっぴきならない問題が現れてきて、そのことによってほかの問題も

にして、葬式《そうしき》を出していたが、今では病院と葬儀屋《そうぎや》にお任せだ。最低なのは、隣近所とのもめ事が起こったとき、それを解決する能力すらない。すぐに役所に電話したり、何かというと弁護士に頼んだりする。

出産、調理、排泄物の処理、治療、看護《かんご》、教育、子育て、交渉《こうしょう》など、生きるうえで欠かせない事柄を、私たちは知らないうちにすべて、他人に任せるようになった。少しでも安心で安全に暮らせるように、とそれぞれの「プロ」を育ててきたのだ。普段の生活のことは行政やサービス会社に任せておけば安心、安全だし、病気になればしっかりとした治療を受けられる。子どもは学校で勉強するようになったし、めんどうなもめ事は弁護士に頼めば損はない。排泄物はペダルを踏《ふ》むだけできれいになるし、介護が必要なら電話をすればいい。

生活のあらゆる面でそれぞれプロがいるから、なんの不安もないし健康でいられる。寿命《じゅみょう》が延びたことからうかがえるように、プロを育てたことは社会にとって間違いなくプラスになった。ただ、プラスは必ずマイナスを含んでいるもので、プラスの分何を失ったかというと、われわれ自身の能力だ。一人では何もできない無能、disableの状態になってしまった。

そんな私たちが今の社会でできること、それはクレームをつけることだけ。行政にも会社にも、少しでも不満があれば文句を言う。これだけは自信を持ってできる。なぜか？　お金を払っている、義務を果たしている、と主張できるからだ。払った金額に見合うサービスを受けるべきで、かなわなければ文句を言えばいい。しかもそれを当然のように言う。皆さんも、授業がつまらなかったり成績が下がったときに、ちゃんと授業料を払っているのにこの頃の先生はサービスが低下している、などと言っていなければよいのだが……。

近代社会は、全員が責任を持った「一」である市民社会をつくろうとしていたはずなのに、結局私たちは「市民」ではなく、「顧客《こきゃく》」になってしまった。市民とは、自分たちの大事な問題は自分で判断し自ら担う主体を意味する。私たちは、自分たちの安心と安全のためにプロを育て、「委託《いたく》」するという道を開拓してきた。しかしその制度の中で暮らすうちに、自分が持つ技や能力を磨《みが》くことを忘れてしまった。自分で物事を決めて担うことができる市民ではなくなり、ただのサービスの顧客に成り下がったのだ。

（中略）

政治、ケア、表現活動といった人生に非常にたいせつな局面でほんとうに必要とされるのは、一つの正解を求めることではなく、あるいは正解などそもそも存在しないところで最善の方法で対処する、という思考や判断力なのだ。

今の学問についても、同じようなことがある。中学や高校では、一つの問いには一つの正解があたりまえ、という前提で勉強する。私の書いた文章もよくマークシート式の試験に使われて、「筆者はこの段落で何を言いたいのか次の四つの中から選べ。」などといった問題になる。私もこれに挑戦してみるのだが、3自分の文章なのに解くことができないことがある。四つの選択肢のうち、二つには確かに私の言いたいことが書かれている。自分でも選びきれないが、そんな問題に対して皆さんはちゃんと一つ、私の代わりに確定してくれるわけだ。文章をつくるとき、いろいろな思いを込めている。伝えたいことがあってもストレートには言えないから、別の言葉に置き換《か》えてカムフラージュしていること

二　次の文章を読んで、後の問に答えなさい。

近代社会は、一八世紀のフランス革命から始まったと言われているが、簡単に言うとここにいる皆さん、中学一年生から先生まで、1すべてが同じ「一」である、ということなのだ。あらゆる人は「一」であって、それ以上でもそれ以下でもない。一番わかりやすい例は、投票の構造だ。総理大臣も一票だしフリーターも一票。人はすべて同じだ、という捉え方をする。

しかし、近代社会が成立するまでは、全員が「一」ではない、現代からすればいわば不平等な社会だった。身分制度があったので、生まれたとき既《すで》に人生の軌道《きどう》が描かれていた。どの階層に生まれるかによって職業はほぼ自動的に決まったし、家庭をつくるにしても、相手は自分と同じ階層で周辺の地域に住んでいる人に限られた。つまり自分の生涯《しょうがい》のかたちはおおよそ見えていたのだ。自分で自由に職業やパートナーを選ぶなど考えられない世の中だったから、わざわざ自分の存在する理由を問う必要もなかった。その社会を、その共同体《きょうどうたい》を、その家族を維持《いじ》するためには、その人がいなければならない。あらかじめ役割が与えられて生まれてきたから、自らの役割を果たすことが人生の目的だったのだ。

ところが、近代社会は「生まれ」、つまり階層、地域、言葉、性別、といった本人が選びようのない条件はすべて無視しようという考えを基本に成り立っている。生まれは関係なく、みんな同じスタートラインに立ち、同じ条件で勉強を始め、平等に扱われる。その代わりあとは自分で選びなさい、と放り出される社会だ。そうするとどうなるか。今ある自分は自らが選択した結果なのだからすべて自分の責任だ、ということになる。

近代社会は理念として全員が同じ重さだという思想に基づいている。ほんとうに全員が一票を持つことができたのは二〇世紀に入ってからであるし、いまだに差別はなくなっていないが、この理念を守り続けようとしている。

確かにたいせつな考え方だが、だれもが、自分はどういう存在であり、それを意味のあるものとして肯定できるか、という問いに向き合わざるをえない。近代社会は、ものすごく重いことを一人ひとりに要求しているのだ。

そんな大きい責任を課《か》せられている今の時代であるにもかかわらず、若い人に限らず、2すべての世代が、どんどん無力になっていると私は感じている。大げさな言い方だと思うかもしれないが、では、この中に、お産のときに赤ちゃんを取り上げることができる人はいるだろうか。恐らくaカイムだろう。へその緒《お》はどの辺りで切るか、とか、産声《うぶごえ》を上げさせるにはどうすればいいかとか、まったく知らないはずだ。昔は、こういったことは女性であれば全部できたのだ。

また、私の親の世代くらいまでは、生涯一度も病院に行ったことがない人がかなりいた。大抵《たいてい》の病気であれば、自分で治す総合医療《そうごういりょう》という文化があったからだ。例えば、胃が痛いときに飲む薬草や痛みを和らげるツボといったようなことを知っていたし、応急処置はだれでもできた。

人にものを教えることも、うまくできなくなっている。教育は学校の責任になった。どうやって排泄物《はいせつぶつ》が処理されているか、だれも知らない。下水道が勝手に流してくれるからだ。人が死んだときの処理はどうだろうか。体中からあふれてくる体液を、昔はそれぞれの家庭できれい

柄《がら》を見ようとしない良夫には瑠奈さんを好きになる資格がない、ということ。

ウ　良夫はファミレスで問題を起こした亨の兄であり、良夫が近づくことは、瑠奈さんのアルバイト先での立場を危うくするかもしれない、ということ。

エ　恋人のいない瑠奈さんが何かの間違いで良夫を好きになりかけているので、二人の関係がどうなるのかをはらはらしながら見守っている、ということ。

問３　傍線部**３**「飄々と」とありますが、本文中での意味として最適なものを次の中から選び、記号で答えなさい。

ア　渋々《しぶしぶ》と　**イ**　ぼんやりと　**ウ**　イライラしながら
エ　申しわけなさそうに　**オ**　何事もなかったかのように

問４　傍線部**４**「水が垂れているようなものだし」について、このことは、やさいトリオの側から見ると、どのようなものであると緑デミは思っていますか。その答えとして最適な語句を八字で抜き出しなさい。

問５　空欄Ｘに最適なものを次の中から選び、記号で答えなさい。

ア　で、からかった。えいえいおう
イ　で、からかった。のらりくらり
ウ　で、からかった。やいのやいの
エ　で、からかった。くわばらくわばら
オ　で、からかった。えっちらおっちら

問６　傍線部**５**「俺たちは運転手にアクセルを踏まれれば前に行くが、人間は前に行きたくても、自分で自分のアクセルを踏まないといけない。決心するにも自分ひとりじゃ無理な場合があるわけだ」とありますが、ここでザッパが言おうとしているのはどのようなことですか。次の中から**ふさわしいものをすべて**選び、記号で答えなさい。

ア　人間は他人から応援してもらうことによって、前へ進む勇気をもらうこともある。

イ　車は運転手の命令によって前進するので、前進するべきかどうかを迷うという感覚はない。

ウ　正しい道を判断することが難しい場合、人間はナビゲーションに頼って機械任せにすればよい。

エ　車は、バッテリー切れなどの様々なトラブルで走れなくなってしまうので、あれこれと手間がかかる。

オ　人間は、普通進むべきかどうかを自分で判断するが、結果的に間違えることもあるので、何かと迷う。

問７　本文中での自家用車の描かれ方として**不適当なものを次の中から一つ**選び、記号で答えなさい。

ア　人間とは常識や感覚が一部ずれており、人間の世界を自分たちに引きつけて理解することがある。

イ　自家用車は自家用車なりの自尊心というものをもっており、それが傷つけられるとむきになることがある。

ウ　それぞれに性格は異なっていて、お互いの個性がぶつかり合う会話を通して、「僕」の認識は深まっている。

エ　人間と分かり合い、持ち主の生活を最後まで見届けることはできないので、この世界に対する未練は捨てている。

オ　人間の世界に強い関心をもっており、常に傍《はた》から見ているからこそ、人間ならではの言動に気付くことができる。

そんなの気にしなくていいから』と言っていた。それを聞いた圭一君のほうは、『やっぱり、僕の、お洩らしはみんなに観られちゃうんだ』とがっくりしていたけどな」

「そうしたら亨は?」

「いいこと言ってたぞ」

「いいこと?」

「まずな、『そんな映像、特別、面白くもないんだから誰も注目しないよ』と言った」

「それは正しい」

「だろ。で、『圭一君のお母さんは気にするかもしれないけれど、それだって、圭一君がしっかりしていれば、それほどショックは受けないよ』ともな」

「亨は鋭い」

「あとは、フランク・ザッパ(注)な」

「フランク・ザッパがどうしたんだい」

どうやら、亨は、細見氏がよく口にする、フランク・ザッパ自伝からの言葉を引用したらしかった。つまり、こうだ。

あのね、人間のやることの九十九パーセントは失敗なんだってさ。だから、失敗するのは普通の状態なんだ。フランク・ザッパが言うには、失敗するのを死ぬほど恐れているのは、自分を最高に恰好《かっこ》いいと思っている自惚《うぬぼ》れた人間なんだって。

「極端《きょくたん》だけれど」前にその台詞《せりふ》をザッパから聞いた時にも、僕は同じコメントを口にした気がする。

「圭一君も同じことを言ってたな。極端だ、って。でもまあ、失敗するのは当然で、お洩らしくらいはまったく普通のことだ、と思えば楽になる」

「それで圭一君は、アクセルを踏んで、人生にライトを点けることにしたわけだ」果たしてそれで、井伊田たちが黙っているとも思えなかった。

「いったい、どうなることやら、だ」

「亨たちがどうなるかは、学校に行けない僕たちには分からない」

が、驚くべきことに、それから十分もしないうちに、僕たちは、「どうなるか」を知ることができた。

(伊坂幸太郎『ガソリン生活』(朝日新聞出版)より)

(注) フランク・ザッパ…アメリカのミュージシャン。緑デミと話をしている「ザッパ」は、望月家の隣に住む細見氏がフランク・ザッパの曲をいつも聞きながら運転しているところから、ミュージシャンと同じ「ザッパ」というあだ名がついた。

問1 傍線部**1**「圭一君は望月家の門までやってくると、数分そこでうろうろし、インターホンを押すか押すまいか悩むそぶりを見せた」とありますが、ここでの圭一君の気持ちはどのようなものですか。解答欄に合うように五十字以上六十字以内で記しなさい。

問2 傍線部**2**「まあ迷惑と言えば迷惑に分類できるんだけれど」とありますが、ここでヴィッツが言いたかったのはどのようなことですか。最適なものを次の中から選び、記号で答えなさい。

ア 多くの男性を惹きつける瑠奈さんと平凡な良夫では釣り合わず、良夫が恋人になってほしいと言っても瑠奈さんは困るだけだ、ということ。

イ 瑠奈さんに一目ぼれした良夫は外見だけを見ているに過ぎず、人《ひと》

たのは、三日くらい経った頃だ。「この間、圭一君がおまえのところの亨にそう言っていた」

「あれ、それって三日も前のことじゃないか」良夫の恋路《こいじ》が気になるため、僕も忘れていたのは事実だが、ザッパの発言も唐突《とうとつ》に思えた。

「すっかり言うのを忘れていた」と彼は3飄々《ひょうひょう》と答える。

「立ち上がる、って、じゃあ、圭一君は今まで、座っていたわけ？」

「大仏じゃあるまいし」ザッパはずいぶん前に、細見氏の運転で鎌倉まで出かけたことがあるらしく、自慢げに言う。「まあ、ようするに立ち向かうってことだな。あの、いけ好かない同級生たちがいただろ」

「やさいトリオね。山田、佐藤、井伊田」

「あいつらは、圭一君の情けない名場面を録画している」

「ガラスを割って、怒られたり、小便を洩らしてしまったりしたところを。でもさ、そんなの、僕たち自家用車でいえば、マフラーから4水が垂れているようなものだし、気にすることはなさそうだけれどね」

「引火するわけでもないしな」

「そう」「まあ、人間にはいろいろあるんだろう」「自尊心《じそんしん》とか、羞恥心《しゅうちしん》とか？」「で、どうやらあいつらは、おまえのところの次男に見せたのと同じように、圭一君にもその録画映像を見せたらしい。［　X　］」

「遅い前方車両をパッシングするように」

「ただ、もうさすがにこのままでは駄目《だめ》だ、と思ったんだろう」

「駄目？」

「あいつらの言いなりになっていても、自分の道は暗いままだと気付いた。暗い道を不安のまま行くよりも、自分のライトを点《つ》けて、自分の道を行くべきだ、と」

僕は、圭一君が耳たぶを捻《ひね》ると、目に白色灯が光る、といった場面を思い浮かべた。

「まあ、ようするに、あいつらから何か命令しても断固拒否する、ってそういう決心をしたんだろうな。圭一君としては大いなる抵抗《ていこう》だ。そしてそうなれば、あいつらもきっと、怒るだろう」

圭一君を取り囲み、おまえそんな態度を取っていいのか、俺たちの言うことを聞かないようならば、例の録画映像を、あのガソリン洩れてる場面を、世界に公開してしまうぞ、と脅《おど》しつける。そんな光景が思い浮かぶ。「でも、圭一君は何でそれを亨に言いに来たんだろう。わざわざ宣言しに？」

「5俺たちは運転手にアクセルを踏《ふ》まれれば前に行くが、人間は前に行きたくても、自分で自分のアクセルを踏まないといけない。決心するにも自分ひとりじゃ無理な場合があるわけだ。びびってる時はアクセルを踏む勇気がないからな。他人に後ろから押してもらいたい」

「うちの亨に？」

「そうだ。もしくは、バッテリーが切れた時に、別の車両にブースターケーブルで、充電させてもらうのと似たようなものか」

「亨は何て」

「まあ、おまえのところの次男のことだから、冷静に、『無理しないように』とでも言うのかと思ったけどな、意外にも、後押ししてたぞ。『圭一君、がんばれ』と」

「珍《めずら》しい」

「『きっと井伊田たちは、君のあの動画をネットに公開するだろうけど、

ほっとする。

（中略）

「もう一つ？」

「気になることが二つあると言ってたじゃないか」

「ああ、そうだった」ヴィッツは少し明るい声を出し、「実はそっちも、君が関係しているんだ」と続ける。

「そっちもか！」僕は緊張する。

「ほら、それは君の持ち主の話だよ。さっきも君を運転してきた」

「良夫が？　何か迷惑《めいわく》をかけちゃったのかな」

「2まあ迷惑と言えば迷惑に分類できるんだけれど、もしかすると、うちの瑠奈さんに好意を抱いているのかもしれないぞ」

　僕はすぐには意味が分からず、黙ってしまう。

「この間の、ガラスの事件で、店に来ただろ。で、おそらく、『弟がご迷惑をおかけしました』と店長に頭を下げた。隣に瑠奈さんもいたんだろう。そこで、惹《ひ》かれたんだろうな」

「そんなに簡単に？」「瑠奈さんは魅力的《みりょくてき》だからな、普通の男ならすぐ虜《とりこ》だ。普通なら、な。で、この間、瑠奈さんがバイトに来た時と入れ違いで、おまえの持ち主が店から出てきて、すれ違う時には、ぽーっとなっていたぞ」

　自家用車の贔屓目《ひいきめ》もあるから、僕は話半分に聞く。「でも、良夫がここに来たのは、あの時以来、今日が初めてだけれど」

「いや、何度か友達の車で来ている」

「僕の知らないうちに！」

「その通りだ。緑デミ、大事なことを忘れちゃいけない。人間たちは、自家用車以外の車でも移動できるんだ」

　君のところの瑠奈さんだって君の知らない時に君の知らない場所に移動しているかもしれないぞ、と言ってやりたくなる。が、我慢《がまん》した。言い合いは不毛だ。

　でも実際、今の良夫が、ファミレスにわざわざ一人で食事に来たのだとすれば、その理由は瑠奈さんにある、という話も否定できない。先ほどの、僕に乗る際の、悪いことでも目論《もくろ》んでいるかのようなぎこちなさは、それが故《ゆえ》だったのか。

「けなげだな、良夫」と僕は感想を口にする。

「まあ、もし、万が一、瑠奈さんと君のところの長男が仲良くなった時には」ヴィッツが改まった調子で言った。

「うん」

「どちらの車でドライブに行くことになっても、恨《うら》みっこなしだ」

　もちろん、と僕は答える。同時に、いつ良夫に恋人ができるのか分からぬが、自分が望月家にいるまでの間にその時が訪れるのだろうか、と考えてしまう。いつまで僕は、あの家にいられるのだろうか。何を弱気に暗いことを考えているのか、と我ながら苦笑したくなる。縁起《えんぎ》でもないことを想像してはならないが、縁起でもないことを思い浮かべること自体が何か、不吉な予兆と言えるのかもしれない。

＊　＊

　良夫のファミレス通いはそれから、数日続いた。夕方になると僕を運転し、ファミレスに行き、いったい何を食べてくるのかは分からぬが、帰ってくる。その間、僕はヴィッツとどうでもいい話を交わした。

「そういえば、圭一君はどうやら、立ち上がるらしいぞ」ザッパが言っ

【国　語】（五〇分）〈満点：六〇点〉

【注意】字数制限のある問題については、かぎかっこ・句読点も一字と数えなさい。

一　次の文章は、「僕」（＝「緑《みど》デミ」）の視点で描かれた小説です。これを読んで、後の問に答えなさい。

亨《とおる》の同級生の圭一《けいいち》君がやってきたのは、平日の夕方だった。うっすらと暗くなり、子供が出歩いても良い時間帯からは、ずれているように僕は思った。

１圭一君は望月家の門までやってくると、数分そこでうろうろし、インターホンを押すか押すまいか悩《なや》むそぶりを見せた。

「何やってんだ、こいつは」とザッパが呆《あき》れる。

「亨に会いに来たんだから、さっさと呼び出せばいいのに」

僕とザッパで、逡巡《しゅんじゅん》しながらうろうろする圭一君を眺めていると、玄関が開いた。良夫が出てきた。駐車場のチェーンをいじくり、僕の鍵を開ける。

そしてそこで、良夫は、外に立つ圭一君に気付き、「あ、亨の友達か?」と言う。「ちょっと待ってろ。呼んできてやるから」

あ、いえ、うん、と圭一君が言い淀《よど》むうちにも良夫は家に戻り、亨を呼んできた。

「圭一君、どうしたの」と亨は例によって、落ち着き払った言い方をする。「ほら、お兄ちゃん、圭一君ってあの、この間のファミレスのガラスの時に」「あ、ああ、あの時の」良夫は思い出したらしく、手を叩《たた》く。お洩《も》らしのことを忘れたわけではないのだろうが、口にしない。「あの後、お母さんに怒られなかったか?」

「あ、いえ、うん」圭一君はやはりもじもじとしていた。

「偶然だな。俺、今からあのファミレスに行くんだよ」良夫が言う。

あ、そうなの?

「あ、そうなの?」亨も知らなかったらしく、小さく驚いた。

「え、そうなの。また何か」と圭一君は怯《おび》えた様子だった。

「単に食事に行くだけだよ」良夫はなぜか、照れ臭《くさ》そうになった。嘘《うそ》をついている気配もあり、何やら誤魔化《ごまか》すようでもあったが、そのまま僕に乗り込んでくる。ファミレスに行くことはそれほど後ろめたいことでもないだろうに。

ただ僕はその良夫の態度よりも、圭一君が何の用事で、亨に会いに来たのか、そちらのほうが気にかかったが、すでにエンジンがかかってしまう。

「ザッパ、亨たちがどんな話をしていたのか後で教えてくれよ」僕は発進すると同時に、言い残した。

「まあ、そうだな。もし聞けたら、な」ザッパが気乗りしない声で答えるが、それもすぐに遠ざかる。

＊　＊

良夫はファミレスの駐車場に僕を停《と》めると、店内に入っていく。いったい何の用事があるのか。平日の夕方だからなのか、車はほとんどいなかった。ぽつりぽつりと離れて停車している。

「やあ緑デミ」と声をかけてきたのは、ヴィッツだ。見れば、隣の隣に停まっている。彼の持ち主、瑠奈《るな》さんがバイト中なのだろう。親しいわけではないが、やはり、知っている自家用車から声をかけられるのは

問４　傍線部４「栄養にいい本」とありますが、どのような本ですか。**不適当なものを次の中から一つ**選び、記号で答えなさい。

ア　普通の生活をありのままに描いた本。

イ　安心の世界に揺さぶりをかけるような本。

ウ　当然こうなるはずだという物差しが明確な本。

エ　ありふれているものをありふれているものとして理解できる本。

問５　傍線部５「子どもの本の世界は、名づけることにはじまります。名づけるというのは、そのものをそのものの名でよぶということです」とありますが、どういうことですか。解答欄に合うように、二十字以上二十五字以内で記しなさい。

問６　空欄Ａ・Ｂに最適な語を次の中からそれぞれ選び、記号で答えなさい。

Ａ　ア　機　　イ　気　　ウ　奇　　エ　喜

Ｂ　ア　はら　　イ　はな　　ウ　みず　　エ　たか

だって。

　空想する力が観察する力を引っぱりだす。と同時に、観察する力によって空想する力の絞《しぼ》りが深くなる。そうやってまわりの世界の一つ一つとあらためて積極的な関係を結びなおす機会を、子どもの本は読むものにあたえてくれますが、そうした積極的な関係をみずから結びなおすことができてはじめてわたしたちは、物語のなかにじぶんの場所というものを見いだすのです。

　キャサリン・ストーの『ポリーとはらぺこオオカミ』（掛川恭子訳）という小さな本を思い出します。それは実にたのしい本ですが、その本のおもしろさというのは、誰でも知っている赤ずきんちゃんとオオカミの話を新しい読み方で読みなおして、誰もが知っているはずの話からまったく意外な物語をとりだしてくるおもしろさ。赤ずきんちゃんの物語なら先刻承知《せんこくしょうち》と［B］でも括《くく》ろうものなら、たちまち足もとをすくわれてしまいます。

　当然こうなるはずだという物差しがつかえない子どもの本の楽しさというのは、そうした自明の世界、既成《きせい》の世界というものを、疑いやおどろきや好奇心をもって、生き生きと読みなおしてゆく楽しさです。その楽しさを通して、わたしたちのいま、ここのありようを明るくする物語の世界への通路が、日常と伝説をつなぐ通路がひらかれるので、疑いやおどろきや好奇心をもつというのは、すべてが完了形《かんりょうけい》で語られてしまっているような自明の世界、既成の世界にあって、なお「なすこと」の夢がいま、ここにあるんだということをみずから確かめる、あるいは発見するよろこびです。

（長田弘「物語は伝説と日常をつなぐ」
（『本という不思議』所収）（みすず書房）より）

問１　傍線部**１**「「言葉をともにする」という読み方」とありますが、これはどのような本の読み方ですか。最適なものを次の中から選び、記号で答えなさい。

ア　子どもの頃を思い出し、身近な世界として物語を読むということ。

イ　大人としての観点からではなく、子どもの視点から物語を読むということ。

ウ　大人であることを忘れることで、じぶんをあらためて見つける言葉として物語を読むこと。

エ　父親として子どもに成り代わって、じぶんが思いもかけなかった物語の読み方をするということ。

問２　傍線部**２**「子どもの本の世界の魅力というのは、ある意味で、隠喩の世界の魅力」とありますが、どのようなことですか。それについて説明した次の一文の**ア**〜**ウ**にふさわしい言葉をかっこの中の字数に従って本文中から抜き出しなさい。

　ある物語を読むことで、それまでは平凡であると思っていたものを［**ア　漢字三字**］だと感じるようになり、明白だと思えたものに［**イ　五字**］や、［**ウ　六字**］ができるようになること。

問３　傍線部**３**「両義性の魅力」に**ふさわしいものを次の中から二つ**選び、記号で答えなさい。

ア　詩の世界

イ　変えうる世界

ウ　際限なくつづいてゆく世界

エ　出来合いの言葉でできている世界

オ　間違いと正しさがきっかりと区切られた世界

ろからはじまる。だから矛盾を怖《おそ》れないし、荒唐無稽《こうとうむけい》も、まちがいも怖れない。むしろ怖れたらどうにも何にもならなくなってしまうのです。

子どもの本の世界をつくる言葉は、出来合いの言葉じゃない。それは出来合いの言葉でできてる世界ではない。その言葉によってはじめてじぶんがその言葉を経験したというふうに感じられるような言葉。それは何も［ A ］をてらうような言葉ということでなく、言葉というのはごくありふれたものなのですから、ごくありふれた言葉がそこで思いがけなく、じぶんにとって初めての言葉のように立ちあがってくる、というような経験。そういった言葉こそ手にしたいのです。

子どもの本ではありませんが、ドイツの詩人で劇作家のベルトルト・ブレヒトに『三文オペラ』という広く知られる芝居があります。そのなかで歌われる「海賊ジェニー」という有名なバラード。ロンドンのソホーの貧しい皿洗い娘の夢をうたった歌ですが、それはメルヘンである歌です。

ジェニーはケチなホテルに働くボロ着た娘です。けれども、そのジェニーの夢というのは、八枚の帆を張って五十門の大砲をそなえた海賊船が港にはいってきて、街がぺちゃんこにつぶされて地面とおなじになっちゃうこと。それは、ジェニーがそこにいる現実というのは、際限なくつづいてゆく世界、絶対変わることのない世界なんじゃないんだ、変えうる世界なんだということです。それは夢だけれども、わたしたちはそんなふうに、どこかで現実の包囲をやぶる夢というのをじぶんに見つけようとしながら、いま、ここにあるのではないでしょうか。

夢の側から現実をするどく際立たせる、それがメルヘンのもつ力であって、二進《にっち》も三進《さっち》もゆかない行き詰まったところに、実はほんとうの出口がある。わたしは、エリナー・ファージョンの『ムギと王さま』（石井桃子訳）がとても好きですが、その中の「モモの木をたすけた女の子」という話のおしまいの言葉をいつも思いだします。

「そうかもしれないよ、そうかもしれないよ、どうしてそうでないとわかるね？」

こちらの安心の世界に揺《ゆ》さぶりをかけてくる。子どもの本のそうしたありようというのは、しかししばしば勝手な仕方で見誤られて、どうかするとすぐに、子どもたちの4栄養にいい本をといった掛け声がでがちですが、ルーマー・ゴッデンという子どもの本の作家が怒って言ったことがありますが、子どもの本というのは「本」なのであって、けっして「食料品」なのではありません。

5子どもの本の世界は、名づけることにはじまります。名づけるというのは、そのものをそのものの名でよぶということです。それは、現実をはっきりと見る、見つめなおすということ。

子どもの本を読んだあとで、わたしはときどき猛然《もうぜん》と動物園にゆきたくなることがあります。たとえば物語に、オオヤマネコがでてくる。そうするとわたしは、オオヤマネコという動物がいると知ってはいるけれども、ほんとうは知らないことに気づく。それで動物園にゆくと、オオヤマネコなんていうのはいないのです。シベリヤオオヤマネコがいて、チョウセンヤマネコがいて、ウンピョウがいる。そのどれもオオヤマネコだけれども、それぞれにちがう。それで一時間ぐらいじっと見ていると、実におもしろいのです。物語がそのような仕方でまわりの世界の一つ一つにはっきりと目を向けさせてくれるということがあります。鳥だっておなじです。鳥という名の鳥はいない。木だってそうです。貝

うと、隠喩《いんゆ》の世界なのです。わたしは、2子どもの本の世界の魅力というのは、ある意味で、隠喩の世界の魅力だと考えています。

隠喩というのは、批評家のウンベルト・エーコが言うように、公認されていない新しい認識というか、新しい感じ方というのを、いつもそのうえにのっけています。だからそれは、じぶんの置かれている世界をそれまでの仕方とはちがった仕方で読んでゆく、読みかえてゆく言葉です。子どもの本の世界は、そうした隠喩の文法に深くつらぬかれています。

物語を読んで、後になってみると、筋立てそのものははっきりと覚えていない。だけれども、そのときその本を読んでじぶんが確実に受けとった何かが、鮮やかに心にのこっているということがあります。その物語を通って明るいところへでてきたという感じがある。それが一つのイメージなり一つの言葉になって、じぶんのなかにのこっている。そのとき心にのこる何かというのは、そこで隠喩の世界をくぐりぬけることによってじぶんが手にした世界の読み方だろうと思う。

ある物語を読んで、とても不思議だなあと思う。その不思議さというのは、物語が不思議だというのではないのです。どうしていままでこうは思わなかったんだろうという不思議さです。目が新しくされる。そこで物が一つちがって見えてくる。その不思議さなのです。ありふれてるものはけっしてただありふれてるわけではないし、どんなに明白に見えるものだってけっして見た目ほど明白なのではない、ということです。

そのことを語ることができないなら、それがどんなにたくみに語られていても描かれていても、おもしろくも何ともないのです。子どもの本の世界をささえるのは、どうでもいいことをどうにでも語ることとはちがう。それは、ほんとうは誰にも見えているけれども、誰も見ていない。それをはっきり見えるようにするということだ、と思うのです。

子どもの本の世界には、間違う自由がある。間違ってもゆるされるというのではなく、間違いそのものが正しさとおなじだけの価値をもっている。間違うこと自体創造的なことであって、間違う自由そのものが自由の根拠でもあるというような。ただ、わたしたちをとりまく日常では間違いと正しさとは画然《かくぜん》と分かたれていて、間違うことは悪いことだとされます。どんな問いにもかならず答えがあって、答えには正しい答えと間違った答えがあるのだと。

しかし、そうではないのです。間違うことなしに正しさなんてないと思いますし、間違うことができないのはつまらない。間違うことを禁じられた世界というのは息苦しくてやりきれないでしょう。それでもやっぱり、間違うことの容易に許されない、あるいは間違いと正しさとがはっきり分けられてるような場所に、わたしたちは立たされているということがあると思う。

そうした間違いと正しさがきっかり区切られた世界に、子どもの本はなじまないし、なじむことができません。間違う自由を無くしたら、子どもの本の世界の自由というのは無くなってしまうだろう。正しさと間違いとはあいいれないというのは、二分法の論理です。正しさと間違いとを、たがいがたがいを押しのけるものとして考える二分法の論理は、そこに予断と選別とをつつみもっています。

子どもの本の世界の論理はちがうと思う。あいまいさというと勘《かん》ちがいされやすいけれども、子どもの本の世界の魅力は3両義性《りょうぎせい》の魅力であって、正しさも間違いも、ともにまず両義性においてつかまえるとこ

イ　以前とはまったく違う金村先生の態度に深く傷ついていたため、自分自身の何が悪いか考えられなかった。

ウ　校門を出てから商店街に来るまで誰にも会わずに済んだので、その間に自分自身の現状を冷静に考えられた。

エ　自分自身のことをまったく知らない他人がいる商店街に来たことで、学校での出来事を忘れ去ることができた。

オ　学校から遠く離れた商店街まで来たことによる安心感から、自分自身が今どこにいるか気づく余裕《よゆう》が生まれた。

問7　夏実は自分自身に暗示をかけることで、学校での生活を耐え忍んでいたと考えることができます。夏実はどのような自己暗示をかけていたのですか。解答欄に合うよう七字で抜き出しなさい。

問8　傍線部a～cのカタカナを漢字に直しなさい。

二　次の文章を読んで、後の問に答えなさい。

絵本や物語の世界に新たに親しく出会うようになったのは、ずっと後になってでした。じぶんが父親になってからのことで、子どもがいつか文字を読むようになって、ある日子どもが読んでたロシア民話の『おだんごぱん』という本を読んで、びっくりしました。新鮮なおどろきでした。それでいい大人が『おだんごぱん』にすっかり夢中になりました。「ぼくはてんかのおだんごぱん、おまえなんかにつかまるかい」というわけです。そんなふうにして、子どもをとおして、子どもの本の読者としてのじぶんをあらためて見つけて、子どもの本の世界の魅力《みりょく》に新たにとらえられました。

子どもとともに、大人として読む。1「言葉をともにする」という読み方ですが、そうすると、子どもの本の世界というのがどこか遠い世界の話というのでなくて、いま、ここにありえないような近さにある物語として見えてきます。じぶんの心を開く言葉として。

ありふれた世界が、子どもの本の世界では思いがけない世界として見えてきて、何でもないものがふいに生き生きとした姿かたちをあらわします。たとえばここにコップがあり、茶碗《ちゃわん》がある。このコップが歩きだして、茶碗が叫《さけ》んでもすこしもおかしくないのです。

どうしてというと、それはコップならコップ、茶碗なら茶碗を、まったくちがった仕方で見るという経験であるからで、子どもの本のおもしろさというのは、そうした一つの物なら物、一つの出来事なら出来事を、それはこうなんだとかこうだろうというふうな仕方でなく、べつの見方で見る、べつの仕方で経験する、そのおもしろさであり、楽しさだろうと思います。

だから、わたしたちの一日というのが、たとえ平凡な決まりきった、ありきたりな時間の切れはしのようにしか感じられないとしても、ほんとうにそうなのだろうかということです。そうではないのだというのが、子どもの本の世界です。

一日がちがって見えてくる。いい絵本や物語に出会ったあとでは、物のかたちとか人のかたちとか、一日のかたちがはっきりとしてくる。そんな確かな感じがのこります。目の向きとか、感じ方、意味の向き方が、その本を読んだことで、何かがどこかで、ぐーっと変わってくることがある。そういう物語や絵本に出会うと、うれしくなる。

そういうことでは、子どもの本の世界のありようというのは、詩の言葉の世界のありようなどと深くかよいあっています。それは、詰《つ》めて言

説明として最適なものを次の中から選び、記号で答えなさい。

ア　金村先生に注意されても、教科書の内容に対して自分自身が納得するまで徹底的に考えること。

イ　金村先生の要求に対して上手く対応できなかったことを、言い訳せずにただ黙って耐《た》え忍《しの》ぶこと。

ウ　金村先生に立てと言われて、とても恥ずかしくやりきれない気持ちになったが、指示通り立ち続けること。

エ　教科書の読むページを間違えたのは、教科書の内容について一生《いっしょう》懸命《けんめい》に考えていたからだと金村先生に言うこと。

オ　教科書に載《の》っていた詩を読んだ時に、分からない表現があったことについて、周りの生徒の前で先生に質問すること。

問２　傍線部**２**「体が熱くなり、頭がボーッとして、一行一行の意味などわからない」とありますが、この時の夏実の気持ちを説明した語句として最適なものを次の中から選び、記号で答えなさい。

ア　疑心暗鬼《ぎしんあんき》　**イ**　泰然自若《たいぜんじじゃく》　**ウ**　茫然自失《ぼうぜんじしつ》

エ　五里霧中《ごりむちゅう》　**オ**　四面楚歌《しめんそか》

問３　傍線部**３**「長い長い国語の時間」とありますが、国語の時間が長く感じた理由の説明として**不適当なものを次の中から一つ**選び、記号で答えなさい。

ア　授業中に立たされていたから。

イ　音読するページを間違えたから。

ウ　クラスメイトが誰も助けてくれなかったから。

エ　先生が自分の気持ちを理解してくれなかったから。

オ　教科書の言葉の意味が気になってしかたがなかったから。

問４　傍線部**４**「私は東先生が好きだ」とありますが、なぜ夏実は他の先生と違って「東先生が好き」なのですか。四十五字以上五十字以内で説明しなさい。

問５　傍線部**５**「水野君はみんなを笑わせることで、良い子ぶってると言われないようにしてるんだと思った」とありますが、なぜ夏実はそのように思ったのですか。その説明として最適なものを次の中から一つ選び、記号で答えなさい。

ア　「柏木は点を稼ぎました」とふざけた感じで言うことで、今後クラスメイトが水野をばかにするようになると思ったから。

イ　ずっこける動作によって、自分に向いていたクラスメイトの不満を水野君自身が代わりに引き受けてくれたと思っているから。

ウ　美術の東先生から「水野君」と君付けで呼ばれるくらい、クラスから一目を置かれた生徒が、夏実自身に言及してくれたから。

エ　おどけながらあえて「点を稼ぎました」と言って周りを笑わせることで、意地悪な雰囲気を和らげてくれたと思っているから。

オ　水野が夏実に話しかけて二人が両思いであることを周りに示すことによって、一緒にからかわれることを引き受けてくれたと思ったから。

問６　傍線部**６**「商店街のところまで歩いてきて、初めて、自分が商店街を歩いていることに気がついた」とありますが、この時、夏実はどのような精神状態になったと考えられますか。その説明として最適なものを次の中から一つ選び、記号で答えなさい。

ア　学校とは何も関係ない大人がいる商店街に来たことで、自分自身が見守られていると心強く感じた。

図工の時間が終わって教室へ帰る途中で、徹がまた調子に乗って言った。

「柏木は点を稼《かせ》ぎました。換算《かんさん》内申一・三倍」

高校受験には、家庭科や美術の試験はないが、内申書の点数になるのだ。笑い声を聞きながら夏実は、5水野君はみんなを笑わせることで、良い子ぶってると言われないようにしてるんだと思った。

美術室から教室に戻ると、今週の給食当番である夏実は、三角巾とエプロンを着けて手を洗った。ほかのもう一人の当番の女子、男子の当番二人、四人で廊下から給食を運び入れ、黒板の前に立った。生徒たちは並んで盆に食器をのせ、パンと牛乳を取る。夏実は女子の一人一人が差し出す盆の皿に鱈《たら》のムニエルをのせ、もう一人がボウルにシチューをついだ。最後に夏実は自分の分を盆にのせ、机の上に置いてから、廊下へ出てもう一度手を洗った。

席に着き、スプーンでシチューをすくって口に入れた時、舌にひっかかるものを感じた。今日のシチューには妙なものが入っている、何だろう、と舌の上でころがしながら考えてみたがわからない。指先で取り出してみた。それは、彫刻の削り屑《くず》だった。夏実はうつむいたままシチューを見つめた。それからもう一匙《ひとさじ》すくってみた。そこにも削り屑が入っていた。今日のシチューはとろりとした茶色だが、表面にぱらぱらと木屑が散っていたのなら気がついたと思う。誰かが混ぜたとしか思えない。もしそうだったら、席の周りの誰一人として知らない、ということはあり得ない。

眼を上げて周囲を見た。みんな何事もなかったように給食を食べている。異常だ、と夏実は思った。みんな狂ってる。いや、狂ってるのは自分なのかもしれない。だって、みんなこんなに平静なのだから。

夏実は机の右側に付いている鉤《かぎ》に掛けてあった通学鞄《かばん》を取ると、机の中のペンシルケースやノートを鞄の中にしまった。口金をパチンと留めた時、右の席の男子がチラとこちらを見たのを眼の端に感じた。夏実は黙って席を立ち、うしろの扉《とびら》を開けて廊下へ出た。

校門を出るまで、誰にも出会わなかった。

6商店街のところまで歩いてきて、初めて、自分が商店街を歩いていることに気がついた。何をしてしまったのだろう。なぜあの時、急に鞄を取ったのか、よくわからない。ただ、もうこれ以上ここに居たくない、という気持ちだけになっていた。どうやって学校を出てきたのかも、よく覚えていない。足元を見ると上履きのままだった。

今のうちに学校に戻らないと、大変なことになるような気がする。でも足はそのまま歩いていく。家への曲がり角も通り過ぎてまっすぐ歩いていく自分は、夢の中にいるようだ。

Cシメった土の匂いと、杉の樹の香ばしい匂いの中に夏実は立っていた。古い神社の鳥居の前だった。崩れかけている石段を上った。境内には奉納相撲《ほうのうずもう》の土俵の跡がある。朽《く》ちかけた社の、鈴を振る赤と白の布をねじった紐《ひも》も茶色くなっている。境内の石の上に腰を下ろした。

夏実は境内の周りの林を見上げた。杉のあいだに、何の樹か、紅葉した梢《こずえ》も見える。地面のどこかで虫が鳴いている。それが一層、あたりの静けさを感じさせる。

（干刈あがた「黄色い髪」（『干刈あがたの世界6』所収）〔河出書房新社〕より）

問1　傍線部1「強い勇気をもってこらえよって、どういうことだろう」とありますが、夏実は「勇気」をどのように受け止めましたか。その

は「柏木」と呼ぶ国語の金村先生が「柏木さん」と言ったので変な感じがした。

夏実は考えごとをしながら、黙って彫り続けた。

金村先生は機嫌の良い時と悪い時とで、とても教室の雰囲気が違う。それがコワイ。悪い時には〈愛のムチ〉が活躍する。〈愛のムチ〉とサインペンで書いてあるから、竹の棒が〈愛のムチ〉になるのだ。学校は名札が好きらしい。海水着の胸の名札は、油揚《あぶらあ》げの大きさ。体育着のは食パン二枚分。金村先生は相手によって言葉の調子をつかい分ける。成績の良い子や国語の好きな子には、あまり荒々しい態度はしない。できない子、と決めているらしい子には、そういう態度がわかる。うちのお母さんもそうだ。直美ちゃんに物を言う時は、どこかばかにしたような感じがある。そういうのって、とてもいや。でも金村先生は今までは、私にあんなこと言わなかったのに……。

夏実が一心に彫っていると、「ほう」という声がした。東先生が斜《なな》めうしろから、手元をのぞき込んでいた。

夏実の彫刻の図柄は鳥だった。いつだったか裏庭にスズメぐらいの大きさの鳥がいた。羽根は青灰色で、尾はスズメより長かった。物干し棹《ざお》に止まって鳴いている鳥をしばらく見ていたら、急に地面に飛びおりてきて、すぐ舞い上がった。クチバシには小さな青虫をくわえていた。それを描いたものだ。

「こういう鳥を見たことがあるのかな?」

と東先生が聞いたので、その時の様子を夏実は話した。すると先生は、その下絵を手に取った。

「あー、みんな、ちょっとこれに注目」

先生はそれを持ってテーブルのあいだを回り、みんなに見せながら、夏実が話したことをみんなに話した。

「このクチバシにくわえているのが花だったら、花喰鳥《はなくいどり》といって、古くからある図柄です。柏木さんは、よく見ていたから、こんなに生き生きと描けるのかもしれないね」

夏実は少し困った。今はなるべく特別な目立つ立場になりたくない。

「ちょっと話が脱線するが、この前、私と同じ年ごろの、ずっと作文教育をやっている先生と話しました」

東先生はぼそぼそと話した。顔を上げないで手を動かしている生徒もいる。

「その先生が言うには、近ごろは海に行った時の作文を書かせても、〈海へ行きました。泳ぎました。楽しかったです〉というようなものが多いそうです。五感をつかっていない。海はどんな色をしていたか、どんなふうにうねっていたか、風をどう感じたか、浜はどんな匂いがしたか。視覚、聴覚、嗅覚《きゅうかく》、触覚、そういうもので感じていない、というんですね」

「四感しかない」と誰かが言った。

東先生は「あー、もう一つは何かな? 今は思い出せない」と淡々《たんたん》と続けた。「みんなの図柄を見ると、アニメのキャラクターや、どこかで見た絵ハガキの絵のようなものが多いが、柏木さんは五感をつかって鳥を見ていたから、こんなに生き生きと描けるんでしょう」

まだ言葉が続くのかと思っていたら、先生は溜息《ためいき》をついて夏実に下絵を返し、それっきりだったので、水野徹が言った。

「ガクッ」

と先生は朗読の順番を戻し、臙脂色《えんじいろ》のスカートをゆったりと揺《ゆ》らしながら前の方へ歩いていった。

「わたしは負傷者たちの一人一人の処置をして回った。自分で動ける負傷者など一人もいなかった……」

夏実は立ったまま教科書を持ち、朗読の声を聞きながら文章の行を眼で追った。2体が熱くなり、頭がボーッとして、一行一行の意味などわからない。傷を負った兵隊を助けている人の幻が、うつむいている教室のみんなの上に浮かんでいる。眼に涙がふくらんできたが、じっとこらえた。みじめさ、やりきれなさ、寂しさ。勇気をもってこらえるって、どういうことかわからない。もし勇気があったら、こう言いたかった。先生、私は考えていたんです。

その文章は十八ページも続いていたので、夏実はだんだん落ち着いてきた。実感としてわからない言葉がたくさん出てくる。壕。艦船。分隊長。少尉《しょうい》。朗読が終わると先生が言った。

「新出漢字十回、宿題。この章は期末テストには入らないからね。この前渡したプリントを、よく復習しておくように」

そこでベルが鳴り、3長い長い国語の時間が終わって、夏実はやっと坐《すわ》った。

つぎは美術なので、みんなは彫刻刀や図面をサブバックから出し、それを持って教室を出ていく。手鏡の制作で、先週は糸ノコで板木の型抜きをし、裏面に彫る図柄《ずがら》を描いたのだった。夏実も美術室へとむかった。級友たちは図柄を見せ合ったりしているが、夏実に話しかける者はいない。廊下の前の方を、藤山里子と早川麗子が並んで歩いていく。このごろは里子は、同じ班の麗子を頼りにしているようだ。

美術室には大きなテーブルが四つあり、男子と女子が二つずつを占《し》めている。奥のテーブルには吉田典子や坂口光子が坐っていたので、夏実は藤山里子や早川麗子が坐っている方のテーブルの端《はし》についた。

私の班にはこれといった個性的な子がいないので、今では大きく典子と光子の班と、里子と麗子の班とに分かれている。そして典子の班は、彼女が表向きはリーダーのようだが、成績の良い光子が組むことでもっと力が増したというか、光子が典子を操っているというか、そんな感じだ。そして麗子は里子を庇《かば》うために、光子たちの班と同じように私を無視してバランスを取っている。だから最近は、里子はあまりいじめられなくなった。そんなこと気にしてないけど、誰とも話さないでいると息がつまる。これは無視じゃない。みんなそれとなく私を見てるんだもの、と思いながら夏実は下絵を描いた紙をひろげた。

「あー、それでは、今日は下絵にそって彫刻しましょう」

と美術の東先生は眼をしょぼしょぼさせながら言った。生徒たちはざわめきながら彫刻に取りかかった。美術の時間はみんなのびのびしている。実技が多いせいもあるが、東先生は少々おじいさんで迫力に欠けるので、みんなはそんな先生をばかにしているところがあるし、絵の好きな人は物足りないらしいけど、4私は東先生が好きだ。安心していられる。それに東先生は、生徒のことを「水野君」「早川さん」と呼んでくれる。生徒を呼び捨てにする先生が多いし、名前も呼ばずに「お前」と言う先生もいる。小学校では呼び捨てにされたり「お前」なんて言われたりしなかったのに、中学校で「お前ら」と言われた時は、とてもやな感じがした。

でも、いつのまにか慣れてしまったらしい。授業参観の時に、いつも

【国　語】（五〇分）〈満点：六〇点〉

【注意】字数制限のある問題については、かぎかっこ・句読点も一字と数えなさい。

一　次の文章は干刈《ひかり》あがたの小説「黄色い髪」の一部です。問題文は、主人公である柏木夏実が吉田典子にいじめられていた藤山里子をかばったために、周りから「良い子ぶっている」と言われるようになってしまった後に続く文章です。これを読んで、後の問に答えなさい。

「よし」

と金村先生が、一ページ分を読み終わった生徒に言った。

「この章では、田宮虎彦という人の書いた『沖縄の手記から』という文と、吉村昭という人の書いた『前野良沢』という文について勉強するんだね。前野ヨシザワじゃないよ、前野リョータクという人の名前だよ、いいね。ではつぎのページ、神田」

座席順で神田隆が立ち、読み始めた。金村先生は左手に教科書を持ち、右手に〈愛のムチ〉を持って机の間を歩いている。

「沖縄の手記から。田宮虎彦。昭和二十年三月二十六日、アメリカ軍は、沖縄の西方にある慶良間《けらま》列島に上陸、次いで四月一日には、沖縄の嘉手納《かでな》海岸に上陸した。戦局は、すでに敗色aノウコウとなっていた。軍医大尉《たいい》のわたしは……」

神田隆はすらすらと読んでいく。夏実は前のページに書いてあったことがどうしても気になるので、そっとページを戻してもう一度黙読してみた。《もしも美しいまつ毛の下に、涙がふくらみたまるならば、それがあふれ出ないように、強い勇気をもってこらえよ》。胸がじんとするような言葉だけれど、どうも意味がよくわからない。涙がふくらみたまるような時って、たしかにある。夏休みにバドミントン部の人たちと喫茶《きっさ》店《てん》に入った時。かわいそうな人を見た時。大切にしていた物が壊れた時。何かに感動した時も、涙がふくらんでくる。

でも、1強い勇気をもってこらえよって、どういうことだろう。《真実に生きることは、楽しいものとはかぎらない。それはしばしば人に、あふれ出る涙をこらえる勇気を要求する》。どういうことだろう、えーと、bガマンしろということじゃないみたいだけど……。その時、夏実の耳の横の空気がヒュッと鳴った。「あッ」と思った瞬間、机がバシッと叩《たた》かれた。

机の列のあいだをうしろから歩いてきた金村先生が、〈愛のムチ〉で机を叩いたのだった。夏実はあわてて教科書を一ページめくった。

「よし」と先生は神田隆に言ってから、座席順に朗読させていたのを急に変更した。

「柏木、つぎを読む」

夏実はどこから読んだらよいのかわからなかった。見当をつけて、段落のつぎから読み始めた。

「ふと目覚めると、目の前に包帯を探しに来た娘がいた……」

「そこか？」

先生が教室のみんなに聞いた。誰も返事をしない。笑う者もいないが、教えてくれる者もいない。それは自分が無視されているからではなく、授業中は誰も他人のことは関係ないのだと夏実にはわかっている。答えられないのは、頭が悪いか、勉強しなかった本人の責任なのだから。

「つぎ、木下。柏木は立っている」

なことをいうために鼻行類というものを紹介しているのですか。本文中のことばを用いて、解答欄に合うように四十字以上四十五字以内で書きなさい。ただし、次の二つのことばを必ず用いなさい。

実証　動物

問４　□　に最もふさわしい慣用句を次の中から選び、記号で答えなさい。

ア　足が出たり　　**イ**　あげ足をとられたり

ウ　足を棒にしたり　　**エ**　足もとをすくわれたり

問５　傍線部**４**「自分の中に複数の視点を持つこと」とありますが、それはどのようなことですか。本文中から十字以上十五字以内で抜き出しなさい。

問６　筆者の主張として最もふさわしいものを次の中から選び、記号で答えなさい。

ア　科学も一つのものの見方であって、絶対的に正しいというわけではない。

イ　科学者こそ、ものごとを柔軟に考える一般の人と同じような考え方に改める必要がある。

ウ　この世界には法則がないからこそ、科学者がそれを創造しなければならない。

エ　科学はものごとを見るひとつのツールにすぎないので、自分が信じるよりどころを探すべきだ。

すんだ。

　西欧はキリスト教という一神教を信じるがゆえに、絶対の神の法則を解き明かす科学が発展したという。

　しかしぼくの学んだフランスは、西欧の一部ではあるが、西欧的になっていない人が、数少ないながらもいるところだった。

　その意味でヨーロッパの知識層はすごいと思っている。生きる自信を宗教に頼らない層がちゃんとある。もちろんキリスト教に頼る一般の人々は非常に多いけれど。

　そういう、西欧的でない人は絶えず悩みながら生きている。楽ではないから。

　でもそういう人たちに出会ったときは、非常にうれしかった。

　彼らはものごとを相対化して見るツールのひとつとして科学を使っている。科学が絶対と信じ、それを唯一のものの見方とする姿勢ではないのだ。

　神であれ、科学であれ、ひとつのことにしがみついて精神の基盤《きばん》とすることは、これまでの人類が抱《かか》えてきた弱さ、幼さであり、これからはそういう人間精神の基盤をも相対化しないといけないのではないか。

　頼るものがあるほうが人間は楽だ。それにしたがい、疑問には目をつぶればいいのだから。

　でも引きこもりやカルト、無差別殺人といったさまざまな現代の問題には、どれも自分の精神のよって立つところを求めて、暗い洞窟《どうくつ》に入り込んでいった様子が見える。

　どんなものの見方も相対化して考えてごらんなさい。科学もそのうちのひとつの見方として。自分の精神のよって立つところに、いっさい、これは絶対というところはないと思うと不安になるが、その不安の中で、もがきながら耐《た》えることが、これから生きていくことになるのではないかとぼくは思う。

　近い将来、人類はほんとうに無重力空間に出ていく。

　ならばその精神もまた同じように、絶対のよりどころのない状態をよしとできるように成長することが大切ではないだろうか。

　それはとても不安定だけれど、それでこそ、生きていくことが楽しくなるのではないだろうか。

（日高敏隆『世界を、こんなふうに見てごらん』〔集英社〕より）

問１　傍線部**１**「科学的といわれる態度をめぐってずいぶん議論した」とありますが、この議論の結果、筆者は「科学的といわれる態度」をどのようにとらえましたか。次の中から最もふさわしいものを選び、記号で答えなさい。

ア　世の中にあるはずの筋道を見つけるために、理屈でものごとを考えようとする態度。

イ　日常生活に生かすために、自然界に存在する様々な法則を探り出そうとする態度。

ウ　自然界に存在する全ての事例に対し、実験という手法を使って、誰もが理解できる唯一の法則を見つけようとする態度。

エ　理屈や筋道というものを根底から疑い、この世の中の現実をよく見つめようとする態度。

問２　傍線部**２**「習性」を言い換《か》えている部分を本文中から五字以上十字以内で抜き出しなさい。

問３　傍線部**３**「鼻行類」とありますが、筆者はこの文章で、どのよう

くないと、その当時ずいぶん怒られた。

それに対してぼくはこう答えていた。人間はどんな意味であれ、きちんとした筋道がつくとそれを信じ込んでしまうということがおもしろかったので、そのことを笑ってやりたいと思って出したのです。わたしたちはこっけいな動物だということを示したかったのです、と。

すると今度は、あなたは人が悪いといわれた。

そもそも理屈は人間だけのものかというと、そうではない。

こうだからこうなるだろうという推測は動物もしている。

たとえばここにフンがあれば、それを残した動物がわかり、近くにその動物すなわち食いものがあるようだと推察する。どのくらいの理屈かということはあるけれど。

人間の場合は、筋さえつけば現実に存在してしまうというところまでいくのが特徴だ。

鼻行類は、徹底的に理屈をこねるとほんとうに存在することになるという、よい例だろう。

著者は、よくぞそこまでというくらい、いっしょうけんめい考えた。それは、遊びとしてすごくおもしろい遊びで、人間はその遊びがすごく好きなのだ。そしてときにそうした遊びに［　　］もする。そういう動物はほかにいない。

そのことに気がついている人は、『機械の中の幽霊』（日高敏隆、長野敬訳　ちくま学芸文庫）を書いたアーサー・ケストラーをはじめとして、昔からけっこういる。

ちゃんとした理屈に則っていると思えるような議論をすると、幽霊でも何でも存在すると証明できてしまう。

それをおもしろがるのはよいけれど、理屈にだまされることには気をつけなければ、と思った。そして次に、それで遊んでやろう、あるいは人を遊ばせてやろうと思った。

何が科学的かということとは別に、まず、人間は論理が通れば正しいと考えるほどバカであるという、そのことを知っていることが大事だと思う。

そこをカバーするには、[4]自分の中に複数の視点を持つこと、ひとつのことを違った目で見られることではないかと思う。

一般の人は科学の目で、逆に科学者は一般の人の目でものを見ると、いつもとは別の見方が開けるだろう。誰にとってもものごとを相対化して見ることは必要だ。

普通、我々は、科学的な目とは、あるパターンのものの見方だと思っている。日常、人々はいちいち科学的なパターンでものを見ないから、正しくないようにいわれるがそんなことはない。

正しく見えることと、ほんとうに正しいかどうかは関係ない。そう見れば見えるというだけの話だ。

まだ若手の研究者だったころから、ずいぶんそういう議論をしてきた。

相手は自分たちを進歩的だと思っている科学者の会だったりしたから、その人たちにはきっとどうしようもない人間だと思われていただろう。

しかしぼくは、科学もひとつのものの見方にすぎないと教えてくれるいくつかの書物に早く出会えて、ほんとうによかったと思っている。

おかげで科学によって正しい世界が見えると信じ込む人間にならずに

ことを思うようになった。

　自然界の事例をたくさん見れば、いきものが失敗することはままある。科学的にこういう2習性があるから、そのいきものの行動はこのように予想がつくと教わったが、どうもそううまくいかない場合がたくさんあるらしい。

　ならば世の中に理屈《りくつ》はないかというと、ないわけではない。うまくいった場合は、なるほど、こうしたからうまくいったのかということがわかり、うまくいかない場合も、こうしたからまずかったのかということがわかる。

　しかし、理屈がわかってもその通りにならないことはたくさんあって、よくわからなくなった。ほんとうにそういうものがあるのか。

　こんな議論もした。絵を描くときに、ある色を作り出そうとする。何色と何色を混ぜればその色ができるという理屈はわかっているから、それにしたがうと近い色が出てくる。でも近いだけでその色になるわけではない。

　理想通りにうまくいくことのほうがめずらしいのであって、現実にはノイズが入るのが普通ではないか。

　つまりこの世はめちゃくちゃなカオスというわけではなく、そこには何か筋道があるらしい。それを探るためには科学的にものを見ることが大切だ。それ以外に、ささやかな筋道すら見つける方法はないということだ。

　となるとぼくには、今度は、科学的にものを見るとはどういうことかがわからなくなった。どういうことが科学的な手法なのか。

　そのころぼくが手がけた翻訳書《ほんやくしょ》のひとつに『鼻行類《びこうるい》』（ハラルト・シュテュンプケ著　日高敏隆、羽田節子訳　平凡社ライブラリー）という本がある。今は消滅した群島に生息していたという、鼻で歩く奇妙ないきもののことを記述した本だ。

　翻訳しているとき、周囲にはさんざんにいわれた。だいたいそんな動物はいない。そこに書いてある話はうそに決まっているじゃないかと。

　ところがそこにはみごとな理屈があり、3鼻行類という生物種がいて、その中でも肉食のもの、花に擬態《ぎたい》するものなどさまざまに分かれていて、それぞれどうやって生きているかまで細かく書いてある。解剖図《かいぼうず》まである。

　そういう、いわば理論生物学ともいえる話を、ハラルト・シュテュンプケというドイツ人が考えた。

　人間は理屈にしたがってものを考えるので、理屈が通ると実証されなくても信じてしまう。

　実は人間の信じているものの大部分はそういうことではないだろうか。

　いつもぼくが思っていたのは、科学的にものを見るということも、そういうたぐいのことで、そう信じているからそう思うだけなのではないかということだ。

　本来いない動物の話を、あたかもいるように理屈っぽく考えて示すと、人はそれにだまされる。

　真《ま》に受けた学生や大学教授もずいぶんいた。正式な問い合わせや標本《ひょうほん》貸出の依頼《いらい》もあったくらいだ。

　そういう結果になるようなことを、なぜあなたは研究者としてやったのか。はじめからうそだとわかっているものをやるのは研究者としてよ

いを知ったことで、すぐに心を入《い》れ替《か》えて生きていこうという明良の強い決意が生まれたということ。

イ　明良の帰りを熱心に待っていてくれる仲間の存在に気付いたことで、仲間に対して罪悪感を覚えるとともに、ますます現在の自分自身にあきらめを感じているということ。

ウ　仲間たちの思いやりや優《やさ》しさに触《ふ》れたことで、明良の頑《かたく》なな心がほぐれ、自分を待っていてくれた仲間に恩返しをしたいという抑《おさ》えがたい衝動《しょうどう》が湧《わ》き上がってきているということ。

エ　どんな自分も受け止めてくれる仲間の存在に気付いた明良が、周囲に心を閉《と》ざして自らの不幸を嘆《なげ》くだけであったそれまでの自分に強い違和感を覚えているということ。

問７　二重傍線部について、小杉は「うらやましい」という言葉を繰《く》り返《かえ》していますが、結局小杉はどんな仲間がいる明良を「うらやましい」と思っているのですか。次の中から最もふさわしいものを選び、記号で答えなさい。

ア　力を合わせれば、いくらでも強くなれると思う仲間。

イ　打算なくどこまでも明良のことを思い、信じる仲間。

ウ　明良の理想のために、自らを犠牲《ぎせい》にしようと考える仲間。

エ　苦しんでいる時に、力ずくでも助けてくれる仲間。

二　次の文章を読んで、後の問に答えなさい。

これからの時代、人類にとってよい未来を切り開いていくためには、科学者だけでなく、一般の人々も科学を知らなければならない。すべての人間が科学的でなくてはいけない。そんなふうにいわれる。

その発想は何も今に始まったものではなく、戦後からずっと続いてきた風潮《ふうちょう》だと思う。子どもたちに科学的な見方・考え方を教育する運動というのも十年、二十年前からあった。

自分が研究者と呼ばれる者になり、ぼく自身、そうだ、ぼくは科学をやっているんだ、という気になったころ、ふと気がつくと世の中には、普通の人も日常生活を科学的に考えなければというテレビ番組や新聞・雑誌の記事があふれていた。

「科学的に見ないとちゃんと正しくものが理解できない」

そういう意見を耳にしてぼくは疑問に思った。じゃあ、科学的に見ればちゃんとものがわかるというのは、ほんとうのことなんだろうか。そもそも科学というのはそんなにちゃんとしたものなんだろうか。そんなことをつい考えてしまったのだ。

それからは1科学的といわれる態度をめぐってずいぶん議論した。

科学的にこうだと考えられるという話が、しばらくするとまったく間違いだったということはよくある。

たとえば、ある昆虫が非常に的確に行動しており、獲物《えもの》をつかまえるにはどこから近づいて、相手のどこを狙《ねら》えばいいかちゃんと知っていて、それを実行しているという。

実際にその様子を目撃すると確かにすごいなと思う。そのいきものにはそういう行動のパターンがあり、それに則《のっと》ってハンティングしているという科学的説明がされ、実に納得する。

でもほんとうにずっと観察していると、その説明ではダメな場合もたくさんあるということがわかってくる。

では人間の打ち立てた科学的説明とは、いったい何なのだ。そういう

まず、臭くてしかたない服をぬいでシャワーをあびた。身体も髪も洗って、下着や服を着替えた。それから、弁当の空き箱や空のペットボトルなど、捨てるべきものを次々にゴミ袋につっこんでいった。

（草野たき『リリース』〈ポプラ社〉より）

（注）　小杉ルール　小杉が、現在のチームのレベルに合わせるために、怪我《けが》をしたふりをして片手《かたて》で部活動に参加したことを指す。副キャプテンの真野が名付けた。

問１　傍線部ａ～ｃのカタカナを漢字に直しなさい。

問２　Ａ・Ｂに最もふさわしいことばをそれぞれ次の中から選び、記号で答えなさい。

Ａ　ア　後ろめたさ　　イ　歯がゆさ
　　ウ　うれしさ　　　エ　あさましさ
Ｂ　ア　すなおな　　　イ　あっけらかんとした
　　ウ　かなしそうな　エ　おざなりな

問３　傍線部１「かいだことのない強烈な異臭がおかしくて」とありますが、ここには明良のどのような気持ちが表れていますか。それについて説明した次の文章の〔ア〕～〔エ〕にふさわしいことばを書きなさい。ただし、ア～ウは指定の字数で本文中より抜き出し、エは自分で考えてひらがな二字で答えなさい。

少し前までの明良は、自分自身をみんなにうらやましがられるような〔ア　六字〕人間だと思っていた。だがそれは〔イ　五字〕であり、本当の自分は〔ア〕のではなく、正反対の〔ウ　二字〕な人間だったと思うようになっている。そんな思いもよらない真の自分の姿を〔エ〕笑う気持ちが表れている。

問４　傍線部２「ああいうチームメイトならよかった」とありますが、明良を訪問《ほうもん》した際、小杉は「ああいうチームメイト」がとった行動と同じような行動を結果的にとっています。それはどんな行動ですか。次の〔　〕に合うように四十字以上四十五字以内で具体的に書きなさい。

かつて試合中に嘔吐した吉田にかけより、汚れることも構わず懸命《けんめい》に助けようとしたチームメイトと同じように、〔　　　　〕こと。

問５　傍線部３「いい仲間にめぐりあえて、よかったじゃん」とありますが、ここでの明良の心情として最もふさわしいものを次の中から選び、記号で答えなさい。

ア　小杉の気持ちなど実はどうでもよく、自分の思いやりのなさを痛感し、さらに絶望的な気持ちになっている。
イ　小杉がようやくバスケットボール部の仲間に溶け込めたことに安心する一方で、どうしようもなく嫉妬《しっと》にかられている。
ウ　小杉が望み通りにいい仲間にめぐりあえたのに、自分は嫌《きら》われてしまったという現実からひたすら目をそらし、何も考えないようにしている。
エ　小杉がうらやましがっていた仲間を自分も今さらながら誇《ほこ》らしく思い、かえってひどい自己嫌悪《じこけんお》に陥《おちい》っている。

問６　傍線部４「自分の臭さに吐き気がした」とありますが、これはどのようなことを表していますか。次の中から最もふさわしいものを選び、記号で答えなさい。

ア　どうしようもない明良も受け入れてくれる仲間たちの前向きな思

しかし、小杉は明良に近づくといった。

「バーカ。全然よくないね」

そして、明良の胸ぐらをつかむと、無理やりソファから立たせて顔を近づけてきた。

「いいか、よくきけ」

小杉はなぜか怒っていた。

「あいつらの目的は、あくまで、おまえなんだよ。おまえにもどってきてほしくて、オレを受け入れてるんだよ！」

いっている意味も、わからなかった。

「あいつらはな、コーチがいなくなっても、オレがいれば後藤は必ず帰ってくるってバカみたいに信じてるんだよ！　オレとコンビプレイがしたくて帰ってくるってな」

小杉はますますcコウフンして、強く胸ぐらをつかんでくる。

「だから『小杉ルール』なんていう変なルールにつきあってまで、オレのことを受け入れているんだよ！　オレは単なる当て馬なんだよ。おまえがもどってくるためのエサなんだよ。そんなこともわかんないのかよ、バカヤロウ！」

そこで急に小杉の手がはなれ、明良はそのままソファにしりもちをついた。

「いったい、おまえのどこがいいんだよ」

小杉はくやしそうに顔をゆがめて続けた。

「オレには、わからないね」

一方、明良はそんな小杉を、やっぱりぼんやりと見上げるばかりだった。

みんなが自分を待っている。そのために、小杉を受け入れている。

もしそれが本当なら、それこそ小杉のいうとおり、わからなかった。

いったい自分のどこがよくて待っているのか、さっぱりわからない。

しかし、それはいかにもあいつらが考えそうなことで、やりそうなことではあった。

「まったく、うらやましいよ……」

小杉がぼそりといった。

「そういう仲間がいるおまえが、うらやましい」

不愉快そうに、くり返している。

「だから、帰ってやれよ」

小杉はそういうと、ちらりと明良を見た。

「本気でバスケをやりたがってるおまえに協力したくて、コーチのしごきにつきあっていた、あいつらの気持ちにこたえてやれよな」

部屋にただよう異臭が、急に強くなった気がした。

「不愉快なオレを受け入れてまで、おまえが帰ってくるのを待ってるあいつらの気持ちに、こたえてやれよな」

4自分の臭さに吐き気がした。

「いいたいことは、それだけだ」

小杉はそういうと、そのままドスドスと部屋からでていった。

明良はそのままの姿勢で、宙《ちゅう》を見上げているばかりだった。「うらやましい」とつぶやいた小杉の声だけが、いつまでも耳の奥に残っていた。

どうしてかは、自分でもよくわからなかった。

ただ、小杉がきたあとから、明良の身体は急に動くようになった。

「前の学校で、チームのやつらとうまくいかなくて、もうバスケなんてやめようって思ってたんだ」

　明良は身体を起こすと、シャンプーでもするみたいに、両手を激しく動かした。

「だけど、親の転勤で引っ越すことになって、新しい学校がここだって知って、続ける気になったんだ」

　目の前を白い粉が落ちていく。女子にもうらやましがられるさらさらヘアは、少し手入れしないだけで、こんなにもおぞましいものを生みだすのだ。

「オレ、今年の春、根津中の偵察《ていさつ》にいったとき、たまたまおまえたちの試合を見てたからさ」

　さあ、早く気持ち悪がって、帰ればいい。

「あの試合中、吉田が突然、コートの中で吐いただろう？」

　ほら、汚いだろう？　臭いだろう？

「そしたら、真野がかけよって吉田になんていったか覚えてるか？」

　だけど、小杉は話をやめなかった。

「全部吐いていいって」

　明良はあきらめて、頭をかきむしるのをやめた。

「ここで全部吐いていいからって」

　そして、ソファの背もたれに身体をあずけると、小杉を見上げた。

「それで吉田が安心して吐きはじめたら、久野が背中さすってやって、和田と谷口が靴をぬがせてやってたよ」

　小杉は明良のことなんて、見ちゃいなかった。じっと、ぬぎ捨てられた母さんのストッキングを見ていた。結婚式の日にぬぎ捨てられたままの、ストッキングを。

「で、落ち着いた吉田をコートの外に寝かせたあと、みんな迷わずユニフォームぬいで、吉田が吐いたやつをそれでふきはじめたんだ」

　さすがに、少しだけはずかしいと感じた。

「衝撃《しょうげき》だったよ」

　そして、あの試合のことを思いだした。

「スゲー、うらやましかった。2ああいうチームメイトならよかったなって思ったよ。レギュラー欲しさに足のひっぱりあいするような仲間じゃなくて、ああいう仲間とやりたかったなって……」

　あのとき、明良だけが、遠くからその様子を見ていた。なんで、試合中に吐くんだよと怒っていた。

　吉田なんかの世話をやきたくなくて、相手チームのキャプテンのもとに走って、謝った。審判《しんぱん》に試合の中断を申しこんだ。はずかしくて、とても試合を続ける気になれなかった。

　あのときも、オレは最低だった。

　吉田の心配なんてまるでしてやらなかった。ユニフォームをぬいで、あの汚い嘔吐物《おうとぶつ》をふくなんて、考えられなかった。

「今、あいつら、オレを受け入れてくれているよ。小杉ルール(注)を面白がって、受け入れてくれているよ」

「よかったじゃん」

　ますます自分が嫌《いや》になるようなエピソードを思いださせてくれた小杉に、明良はいってやった。

「3いい仲間にめぐりあえて、よかったじゃん」

　瀕死状態《ひんしじょうたい》の自分にとどめをさしにきてくれて、本当にありがとう。

ドアが開く音がした。母さんがカギをかけてでかけるのを忘れたらしく、さすがに起き上がって様子を見にいった。

「すみません」

それは、きき覚えのある声で、明良はそっと玄関のほうに顔をのぞかせた。

「なんだ、いたのか」

小杉だった。

明良はおどろく元気もなくて「ああ」と返事をした。

「話が……あって、きた」

小杉がいいにくそうにかすれた声でいう。明良は、返事もせずにリビングにもどると、ソファに寝転《ねころ》んだ。

なんの感情もわかなかった。なにをしにきたのか知りたいとも思わなかったし、帰ってくれと強く拒否する気力もなかった。

「なんか、すごいな」

しかし小杉は、リビングまで勝手にあがりこんでくると、散らかりぶりに感心したようにつぶやいている。

「うちは、母子家庭だからな」

今までなら、けしてこんな [B] いい方はしなかった。父親がいないのは、離婚ではなく事故死で、優秀な外科医であったことも必ずつけくわえた。そうして、自分は不運ではあるけど、不幸ではないことをアピールした。

「へえ、そうだったのか。大変だな」

こんな風に同情されたくないから、さけてきたいい方だった。

「そうだな」

だけど今は、どうでもよかった。どんなに格好つけたところで、これが事実だ。

自分は、片親の家で育った、ただのかわいそうな中学生だ。これが、本当の姿。小杉のいうとおり、最低の。

「なんで練習にこない」

明良は小杉のそのセリフにおもわずふきだした。

「なにがおかしいんだよ」

「真野にたのまれたのかよ」

真野もうまいな、と思った。どうやって小杉をコントロールしているのか、さすがとしかいいようがない。

「ちがう、自分できた」

小杉はムッとしているようだったけれど、明良の心は動かなかった。

自分の意志でこようが、真野にたのまれてこようが、どうでもよかった。

「なんで練習にこない」

小杉がまたくり返す。

「もう、やめるんだよ」

明良は頭をかきむしりながらいった。しばらく洗っていないので、かゆくて仕方なかった。

「よかったろ？　最低のキャプテンがいなくなってさ」

そして、かきむしったその手をそっと鼻の近くに持ってきてみる。

1かいだことのない強烈な異臭がおかしくて、明良は再び激しく頭をかきむしった。

「オレ……」

しかし小杉は、そんな明良の様子を気にすることなく続けた。

【国　語】（五〇分）〈満点：六〇点〉

【注意】字数制限のある問題については、かぎかっこ・句読点も一字と数えなさい。

一　次の文章を読んで、後の問に答えなさい。

後藤明良《あきら》は、根津《ねづ》中学の弱小バスケットボール部のキャプテンをしているが、将来はプロの選手になることを目標としていた。そこへ、全国大会出場常連校から小杉という生徒が転校してきた。しかし小杉はチームメイトになじもうとしなかった。現在のチームに不満を抱いていた明良は、小杉に向かって「うちのチームは雑魚《ざこ》の集まり」だが「身体《からだ》ならし」程度にはなると言った。小杉は内心チームプレーを望んでいたので、明良に対して「チームまとめる気ないだろ」、「最低だ」と馬鹿にして笑った。続く文章は、明良がバスケットボール以外にもさまざまな挫折《ざせつ》を経験した、その後の場面である。

明良は、これまで母子家庭というハンデをまったく感じてこなかった。

母さんは文句はいうもののあきらかに好きで働いていたし、兄ちゃんも大学にいきながら家事を楽しそうにこなしていて、自分は将来大物になることを期待されている。

自分たちは、そこらの家族より、よっぽど立派だと思ってきた。ずっとレベルが高いと思ってきた。

だけど、実情はちがっていたのだ。

母さんは手助けしてもらった［Ａ］で親戚《しんせき》にこび続け、兄ちゃんはイヤなことから逃げるために家事にのめりこみ、そして、自分はみんなに大事にされるあまりただのかんちがい野郎として育ってしまった。

明良はその事実を、認めないわけにはいかなかった。

くやしいとか哀《かな》しいとかムカつくとか、そんなａナマヤサしい挫折ではなく、完璧《かんぺき》につぶされた気分だった。

もう二度ともとにもどれそうにないくらいに、ぺしゃんこにされた気分だった。

兄ちゃんが、家事をしなくなったとたん、家の中はあっという間に荒れはじめた。

たった数日で床にはほこりがたまり、シャワーをあびてない身体や、洗っていない服が臭《にお》いはじめ、コンビニ弁当の空き箱は異臭《いしゅう》がした。

兄ちゃんはどこにでかけているのか、毎日、朝早く家をでて夜遅くまで帰ってこないし、母さんは臭《くさ》いのも汚《きたな》いのも平気らしく、相変わらず家事に手をだそうとしない。

そして明良も、ただその状況をながめるしかなかった。不快だと感じながらも、動く気にならなかった。

自分がこわれているという自覚はあった。

どうしたらいいかわからないとかじゃなく、ただ、身体も心も動かなかった。逃げるようにゲームにｂムチュウになっていたあの気力さえなくて、ただ毎日、横になってぼんやりするばかりだった。

電話や玄関《げんかん》のチャイムが鳴っても、動かなかった。しつこく鳴っても、たいていはあきらめてくれるので放っておいた。

あるとき、しつこく玄関のチャイムが鳴ったあと、ガチャリと玄関の

十五字以上二十字以内で抜き出しなさい。

問６　次の中から本文の内容に合うものを二つ選び、記号で答えなさい。

ア　正解の存在しない時代を生き抜くためには、情報の海で溺れてしまわないようにコンピューターよりも優れた判断ができる能力が求められる。

イ　正解の存在しない時代を生き抜くためには、他者と価値観が対立するときにも、それを乗り越え、共存していくための仕組みを作り上げる必要がある。

ウ　正解の存在しない時代を生き抜くためには、人間だからこそできる仕事の領域を維持《いじ》することで、変化しつつある世の中で自分の果たす役割を守らねばならない。

エ　正解の存在しない時代を生き抜くためには、まず事実認定に関する問題を処理する能力を身につけることが、善悪、美醜といった価値判断の問題を解決する力を養うのに役立つ。

オ　正解の存在しない時代を生き抜くためには、まずは自分にとって「価値がある」とはどういうことかを理解し、他人にとっても「価値がある」とはどういうことかを理解する必要がある。

カ　正解の存在しない時代を生き抜くためには、それが正解でなくなった理由について考える時間的なゆとりを持ち、ものごとの真偽、善悪を見極める力をつちかわねばならない。

それは、見方を変えれば、**5**「人間にしかできない」営みとは何かを問いかけ、到来する未来を見越して可能性を開いていこうと努力することだともいえます。

グーグルは、全自動運転の自動車を開発しています。同社の開発スケジュールによれば二〇二〇年ごろに実用化することを目指し、二〇一四年夏にも公道での走行実験を開始するとのことです。全自動運転が実用化されれば、人間は自動車を運転する必要がなくなります。通勤に自動車を使っている人にとっては、朝晩の出勤時間に読書を楽しんだりする余裕が生まれるかもしれません。一方で、運転に関係するあらゆる仕事が機械に取って代わられ、大量の失業が発生するかもしれません。道路の使い方自体も大きく変わり、趣味として自動車を運転することすら、レース・サーキットのような場所を除けば許容されなくなる時代が来るかもしれません。

何度も繰り返されるルーティン化された作業は機械に取って代わられる時代です。自動車の運転だけではありません。病気を診断《しんだん》したり、裁判の判決を書いたりする高度に知的な作業ですら、コンピューターのほうが正確に、緻密《ちみつ》に、迅速《じんそく》に行うことができるようになってきています。人間でなければできない、人間だからこそできる仕事の領域がどんどん縮小している、ぼくたちはそのような時代に生きているのです。

人間の仕事が、判断に特化していけばいくほど、「価値観の多様性とどう向き合うか」が重要になります。利害や価値観の対立を乗り越え、合意を形成していかなければならない場面では、自分や相手がどこまでなら譲《ゆず》れるのか理解し、平和的に共存していくためのメカニズムを構築していかなければなりません。これはかなり創造力が必要な仕事であり、人間にしかできない仕事だといえます。

変化しつつある世の中で、自分はどのような役割を果たしたいか、自分が一生かけてやりたい、取り組みたいことは何か。これこそ、決まった正解はありません。人間だから、自分だからできることとはすなわち、自分の頭で問い、考え、表現することそのものなのです。

（斉藤淳『10歳から身につく問い、考え、表現する力』〔NHK出版〕より）

問１　傍線部**1**「求められる資質」とありますが、筆者によればそれは何ですか。**文章A**の中から十字以内で抜き出しなさい。

問２　傍線部**2**「古代中国であれば、才能や知識のある者を食客として迎え入れ養い」とありますが、知識のある者が食客として大切にされたのはなぜですか。解答欄に合うように、**文章A**の中から十字以内で抜き出しなさい。

問３　傍線部**3**「正解かどうかわからない」とありますが、次の文は筆者の考える学問の世界での「正解」について述べたものです。［X］・［Y］にふさわしいことばをいずれも十五字以上二十字以内で書きなさい。ただし、本文中のことばを用いなさい。

筆者によれば、いわゆる「正解」とは、［　X　］という過程を経《へ》た、［　Y　］でしかないのである。

問４　傍線部**4**「『正解がない』の二つめ、価値判断による問題」とありますが、筆者が考える「正解がない」とは、ここではどういうことですか。**文章B**の中で、傍線部**4**より前から、最もふさわしい部分を解答欄に合うように十五字以内で抜き出しなさい。

問５　傍線部**5**「『人間にしかできない』営み」とありますが、筆者によればそれはどういうことですか。**文章B**から最もふさわしい部分を

説になりつつあります。

　他にも、「足利尊氏像」とされていた肖像画が、どうも尊氏の家来である高師直《こうのもろなお》がモデルではないかという説が優勢になり、単に「騎馬武者像」と呼ばれるようになったり、十七条憲法を制定した聖徳太子が、実は実在していなかったのではないかという説が出て物議《ぶつぎ》を醸《かも》すなど、日本史だけに限ってみても、かつて「正解」として暗記させられていた知識の確からしさが疑われるという事例は枚挙にいとまがありません。

　これらの例から得られる教訓は、いわゆる源頼朝像を「正解」として覚えることよりも、それがなぜ正解でなくなったのか、推論の過程を理解することこそが重要だということです。そもそも、教育の場で常識や正解として受け入れられている作法や知識のなかにも、学術的な根拠の怪《あや》しいものが含まれているかもしれないのです。また、学問には、その最先端に近づけば近づくほど、何が真理かは自明でなくなるという一面もあります。

　このようななかで、問われるべきは「正解とされてきたものは何か」ではなく、「正解という前提が崩《くず》れてしまったときに、どのように対処すればよいのか」ということです。それはとても苦しい営みです。答えはすぐには出ず、試行錯誤《しこうさくご》の連続でしょう。

　日本の教育は、ある意味で最低限必要な常識を入手するためには適しているのかもしれませんが、自分で深く物事を考えたり、世の森羅万象《しんらばんしょう》を理解するためにこれまでに存在しなかったものの見方をしたりするには、あまり適していないのではないかと感じることがよくあります。

　しかも、部活や習い事、塾や宿題で、子どもたちには試行錯誤をする時間的・精神的な余裕はあまりありません。中学入試に参加することを決断した段階で、組織的に詰《つ》め込《こ》む努力を強いられるという点は、あらかじめ織り込んでおいたほうがよいと思います。試行錯誤自体を目的にする必要はありませんが、試行錯誤を許す余裕がないと、ものを考える楽しみや苦しみが理解できません。

　4「正解がない」の二つめ、価値判断による問題がまだ残っていました。

　頼朝像のような、事実認定に関する問題については、正解か否かは、真か偽《ぎ》かの判断とその不確実性というかたちで処理できます。しかし善悪、美醜《びしゅう》といった価値判断を含む問題については、何通りも正解が存在することになります。むしろ、なぜそのように考えるか、説明をしていく作業が重要になります。

　そのために必要な知的基盤となるのが、自分の頭で「問う」「考える」「表現する」力です。頭から正解を覚え込もうとする態度は、問いかける問題の種類を最初から制限し、考える作業を放棄《ほうき》しているという点で大変に怠惰《たいだ》です。そして、ある意味で日本の教育は、こうした怠惰な態度を押しつけているともいえます。

　正解の存在しない時代を生き抜くために必要な力は、先にも述べたように、新しい価値を発見したり、つくり出したりすることができる力です。新しい価値を発見する前提として、自分にとって「価値がある」とはどのようなことかよく理解する必要があります。

　自分の価値観を理解するためには、それを言葉で表現する力が必要になります。そして他者にとっても「価値がある」とはどのようなことか、同じようによく理解することが必要になります。つまり人間の幸せの基盤に何があるのかをよく考え、納得していることが大切だといえます。

事実を受け入れ、生き延びるための準備をしてきたでしょうか。ゼロから考えて判断する能力がないと、情報の海で溺《おぼ》れてしまいかねない、そんな時代であることを十分に意識しておく必要があります。

このような時代の変化に直面しつつ、生き抜く力として本質的に重要なのは、新しい価値を発見したり、つくり出したりすることができる力です。その基盤《きばん》、土台となるのが「教養」、それも、新しい時代に必要な教養です。

（中略）

文章B

日本の小中高のカリキュラムは、大学入試をひとつのゴールとして設計されています。中学受験をしなくても、ほとんどの子どもが高校受験を経験しますし、大学受験も多くが経験します。つまり、大学に入るために、日本の子どもたちはゆるやかに長期間にわたって受験勉強を続けているわけです。

問題は、日本の入試が知識偏重《へんちょう》型であるという点です。そうした試験に対応するため、勉強も必然的に「正解」をゴールとするものになります。

「は？　正解を目指すのは当たり前じゃないか」、そう思われるのも無理はありません。ぼくたち親世代も、今の子ども同様、「正解」へ至る道順を覚える学習法しか教えられてこなかったのですから。しかし、いきなり「正解」に飛びつこうとする態度は、クイズ大会ならいざ知らず、実社会では使い物になりません。

学問や実業の世界での「正解」は、受験勉強で選択肢《せんたくし》のなかから選ぶような「正解」ではないことが多々あります。いきなり正解に飛びつくのではなく、正解を導く過程や、失敗したときの対処法こそが大切なのです。正しいかどうかわからない、不確実性が高い場合にどのような判断をしたほうがよいのか、これも含めて考える力を養っていかなければなりません。

生きていくうえで「正解がない」状況は頻繁《ひんぱん》に発生します。むしろ重要な課題ほど正解がないことが多いのです。この「正解がない」状況というものは、いかなるものでしょうか。第一に、事実かどうか判断する材料に乏《とぼ》しく、3正解かどうかわからない場合です。第二に、価値判断に関わる問題については、判断する主体の数だけ正解がありえます。

学問は常に進歩を続け、知識は常に更新《こうしん》され続けます。学問や科学がいかなる営みかについてはおいおい詳しく説明しますが、いわゆる事実として受け入れられている知識には、さまざまな前提が伴《ともな》います。「正解だから正解」なのではなく、さまざまな検証や反論を乗り越えてきた学説だからこそ、「現段階で」最大公約数的見解として「正解らしい」と受け取られているにすぎないのです。昨日まで正解だったものが、今日は違うということが起こります。

例えば国宝・源頼朝像。誰もが教科書で見たことのある京都神護寺《じんごじ》所蔵の絵ですが、最近の教科書では「この肖像画《しょうぞうが》は、源頼朝像と伝えられる」「伝源頼朝像」と保留つきの表記になっています。

実はこの絵に描かれた男性が頼朝であるかどうかは、以前から歴史学や美術史学の世界では疑義《ぎぎ》が出されていました。一九九〇年代になって画像解析《かいせき》技術が進んだこともあり、どうやらこの肖像画に描かれているのは源頼朝ではなく、足利尊氏の弟、足利直義《ただよし》ではないかというのが定

び、記号で答えなさい。

問7　傍線部4「心を覆っていた暗い翳り」とはどのような思いですか。それがよく表れている一段落を本文中から探し、その最初の三字を書きなさい。

問8　傍線部5「春を背負って」とありますが、「春」は何の比喩《ひゆ》ですか。その答えとして最もふさわしいことばを漢字二字で、傍線部3より後の本文中から抜き出しなさい。

二　次の**文章A**・**B**は、いずれも斉藤淳『10歳から身につく問い、考え、表現する力』の一節です。これを読んで、後の問に答えなさい。

文章A

国のあり方が根底から変わり、さまざまなバックグラウンドを持つ人たちとともに課題を乗り越えていかなくてはならない時代では、どこに所属しているか、ということは今まで以上に意味がなくなってくるでしょう。ひとりの人間として、知的な面で社会にどんな貢献《こうけん》ができるのか、1求められる資質も当然、変わってきています。

例えば「知識」への評価。情報端末《じょうほうたんまつ》にキーワードを入力すれば、簡単にさまざまな情報が手に入る便利な時代になりました。こうした技術進歩の裏側で、人間がこれまで手にしてきた知識の価値に変化が生じています。知識が稀少《きしょう》だった大昔なら、「昔こんなことがあった」と地域の歴史に通じ、天変地異の予兆となりうる現象について熟知していた長老の経験には大きな価値がありました。現代における受験秀才も、ＩＴが普及する前なら、丸暗記した知識そのものに価値があったのかもしれません。

しかし今となっては、ただ単に物知りなだけでは検索《けんさく》エンジンに太刀《たち》打《う》ちできません。情報端末自体もウェアラブル、つまり装着可能になりつつあります。グーグル眼鏡はそのさきがけですが、さらには情報端末が身体の一部に組み込まれる時代が来るといわれています。機械と人間を結ぶインターフェースが進歩していくなかで、知識を持つことの意味そのものが変化しつつあるのです。

このように情報の入手自体が容易になる技術変化が起こり続け、しかも人間の身体と外部情報が融合《ゆうごう》しつつある時代だからこそむしろ、人間は自らの能力を高めるために、また情報自体の価値がわかるように、ゼロから考える思考力が必要になる、そしてその価値は重要になっていくであろうと予想されます。

ぼくがここでいう「ゼロから考える思考力」は、素手《すで》で生《い》き延《の》びるためのサバイバル技術と似ているかもしれません。マッチやライターがあれば、誰も火種を保存したり、何もないところから火をおこすための苦労をせずに済みます。もちろん、進んで不要な苦労をする必要はありませんが、一方で人類が火を手にすることによって何を得たか、野外でキャンプをするなどの経験をしなければ想像することも難しいでしょう。学校教育でも農業体験や自然体験を得るためのキャンプが行われたりしますが、現代に生きる意味をかみしめるためにわざわざそのような経験をさせているのです。

昔、例えば2古代中国であれば、才能や知識のある者を食客《しょっかく》として迎《むか》え入れ養い、必要に応じて意見や知識を求めることは事実上、貴族にのみ許された特権でした。現代では、ネットにつながることで誰もがそのような特権を手にしたとさえいえます。しかしながら、ぼくたちはその

血液が一気に流れ出したような喜びをもたらした。

しかしその一方で、彼が連絡を寄越《よこ》さないのが気がかりだった。逮捕された日の会話を思い出し、無実が証明されようがされまいが、彼は亨とこの小屋に、あのとき別れを告げたのだと納得せざるを得なかった。

切ない思いが込み上げた。けっきょく自分もゴロさんを信じてやれず、冤罪を被る瀬戸際《せとぎわ》まで追いやった。その点では尾木たちと同罪なのだ。

そんな思いに鬱々《うつうつ》とし、なにをする気力もなく布団に潜《もぐ》り込んだとき、外で気になる音がした。ザッ、ザッ、ザッ、ザッ。残雪を踏みしだく力強い足音。そしてあのリズム。亨の心と体にそれは記憶として刻まれていた。

ゴロさんとともに繰り返した春のボッカ――。苦しいけれど気持ちは弾《はず》んだ。父が愛した奥秩父の自然が五感を通して語りかけてきた。ヤマガラの囀《さえず》り、笹擦《ささず》れの音、沢のせせらぎ、梢《こずえ》を吹き渡る風の音――。生前の父が語り得なかった言葉を、亨はそんな自然のざわめきのなかに聞きとった。

足音はゆっくりと、だが確実に近づいてくる。朝霧が陽光の温もりに融《と》けていくように、4心を覆《おお》っていた暗い翳《かげ》りが消えてゆく。

布団を撥《は》ね退《の》けて、亨は戸口へ駆《か》け出した。自分の背丈ほどもある荷物を背負い、まだ雪の残る沢の源頭《げんとう》をゴロさんが登ってくる。運びきれずに林道の終点に残しておいた小屋の荷物、亨とゴロさんの5春を背負って――。

亨の姿に気がつくと、ゴロさんは照れたように笑って手を振《ふ》った。

（笹本稜平『春を背負って』〔文藝春秋〕より）

問１　傍線部ａ～ｃのカタカナを漢字に直しなさい。

問２　傍線部１「本題」とありますが、このあと亨はゴロさんにどのような質問を突きつけることになりましたか。最もふさわしい一文を本文中から抜き出し、その最初の三字を書きなさい。

問３　Ⅰ に最もふさわしいことばを次の中から選び、記号で答えなさい。ただし、Ⅰ は二ケ所あります。

ア　大口　**イ**　冗談《じょうだん》　**ウ**　嫌味《いやみ》　**エ**　軽口　**オ**　不平

問４　傍線部２「もっと大事なこと」とありますが、二人の関係において、ゴロさんが最も大事にしたかったこととは何だったと考えられますか。解答欄に合うように、説明しなさい。

問５　傍線部３「亨の心は真冬の底冷えのような寂寥に震えていた」とありますが、この時の亨の心情の説明として最もふさわしいものを次の中から選び、記号で答えなさい。

ア　ゴロさんが小屋を去ることが決定的になり、どうしようもない孤独にさいなまれている。

イ　自分の言葉がきっかけでゴロさんを激怒させてしまい、後悔してもしきれないでいる。

ウ　山小屋の経営者として、人間関係を良好に築けなかった挫折感《ざせつかん》にうちひしがれている。

エ　はからずもゴロさんを疑うことになってしまい、自ら謝罪したくなっている。

オ　ゴロさんの本当の思いに気が付かなかった自分の鈍感《どんかん》さに、あきれかえっている。

問６　Ⅱ に最もふさわしいことばを、本文中の傍線部Ａ～Ｄから選

犯罪者の雇用主《こようぬし》ではいたくなかっただけなのだ。

　気まずい沈黙が流れた。二人は交互に茶を啜り、茶菓子を口に運び、ゴロさんは煙草《たばこ》に火を点《つ》けた。3亭の心は真冬の底冷えのような寂寥《せきりょう》に震《ふる》えていた。

＊　　＊　　＊

この後、山小屋に刑事の尾木がやって来てゴロさんを逮捕し連行していった。

＊　　＊　　＊

　翌日から連休のためのボッカに取りかかった。ゴロさん抜きで果たしてやりきれるか、ほとんど自信はなかったが、そのハードワークはゴロさんを失った寂しさを紛らすために、いまの亭に必要なものだった。

　ゴロさんが連行されて以来、テレビはまったく観なかった。麓《ふもと》へ下りても新聞は読まなかった。彼が真犯人かどうかは亭にはどうでもよかった。あの日、ゴロさんは言った。

〈　Ⅱ　〉

　まるで人生の敗北宣言のようなその言葉を、亭はいまも呑《の》み込《こ》みかねていた。それがたとえ冤罪だとしても、与えられた運命なら受け容れるということか。それは彼が生きる世界への絶望を表現したものなのか。それともそんな人生の受容の先に、なにか希望が見出せるとでも言おうとしたのか。

　語り合うべきことを語り得ずに父とは死別し、ゴロさんもまた心の真実を語り尽くすことなく亭のもとを去った。彼らが気前よく残してくれた孤独という置き土産を、正直、亭は持て余していた。

たった一人でのボッカはやはりはかどらず、ゴールデンウィークを目前にした四月の下旬《げじゅん》に入っても、まだ予定の三分の一も進まない。疲労も限界に達して、その日は休みにしようと朝寝坊を決め込んでいたところを、携帯電話の呼び出し音で起こされた。

　慌てて耳に当てると、流れてきたのは忘れもしないあの男の声だった。

「警視庁の尾木です。このたびは多田さんの件で大変ご迷惑をおかけしまして」

　馬鹿に低姿勢だ。当惑《とうわく》しながら問い返した。

「迷惑って、どういうことでしょう」

「報道でご存知《ぞんじ》かと思ったんですが」

　こんどは尾木が当惑する。亭はやむなく説明した。

「あれからテレビも新聞もみていないものですから」

「そうですか。お気持ちはわかります。じつは真犯人が自首してきまして」

「真犯人が自首——」

「別件の傷害事件で収監《しゅうかん》中の男でした。多田さんの逮捕をニュースで知って、呵責《かしゃく》に堪《た》えられなくなったようです。自分の代わりに無実の人間が罪を着せられるのは忍びないと」

「要するに誤認逮捕だったわけですね」

　思わず言葉が鋭《するど》くなる。恐縮《きょうしゅく》したように尾木の声が小さくなる。（中略）

　尾木は平身低頭といった調子で電話を終えた。

　ゴロさんは無実だった——。そのニュースは、体じゅうに滞《とどこお》っていた

かったのだ。しかし亨が惧《おそ》れたのは、彼が冤罪《えんざい》を被《こうむ》る危険性でもあった。

「それは違うよ。ゴロさんを信じているからこそ警察の手に渡したくなかった。おれの力で守りたかった」

亨は必死にbベンメイしたが、ゴロさんは聞き流すように茶菓子を口に抛《ほう》り込み、いかにも苦そうにお茶を啜った。

「だったら、もしおれが犯人だとしても、黙り通してくれるのか」

試されているような気がした。同時にゴロさんへの信頼が音もなく崩《くず》れはじめた。なぜいつもの［Ⅰ］で笑い飛ばしてくれないのだ。自分はこんなに不細工《ぶさいく》じゃないとでも、あるいはそんなけちな悪事は働かないとでも。

「本当のことを教えてほしい。この似顔絵の人物はゴロさんなのか。別人ならそう言ってほしい。証拠を示せなんておれは言わない。ゴロさんの言うことをそのまま信じる」

「十何年も昔の話だ。やらなかったと言ったって証明する方法はなにもない。それでもおれが信じられるか」

ゴロさんは穏やかに、だがしたたかにcカクシンを突いてきた。亨はそこで言葉に窮《きゅう》した。もし彼が犯人だとしたら、あるいは犯人かもしれないという疑惑を解消できないとしたら、たとえ逮捕は免《まぬが》れたとしても、これまでどおり自分は彼と付き合っていけるのか――。

「なあ、亨ちゃん。A人生には落とし穴がいっぱいある。だれも好きこのんでそこに落ちようとは思わないが、おれは馬鹿だから何度も嵌《はま》っちまった――」

ゴロさんは寂《さび》しげに笑って、人差し指で自分の頭を突ついてみせた。

「だけどね。その落とし前を他人につけてもらおうなんて一度も思ったことはない。B自分の人生が不幸だとも思わない。雨が降ろうが風が吹こうが、自分にあてがわれた人生を死ぬまで生きてみるしかない。人間なんてしょせんそんなもんだろう」

それがゴロさんからの決別の言葉のように受けとれて、唐突《とうとつ》に切ないものがこみ上げた。亨は思わず声を上げていた。

「だったら、おれはゴロさんのためになにもしてやれないのか。ゴロさんはおれのためになんでもしてくれたのに」

「言いたいのはそういうことじゃないんだよ、亨ちゃん。C与えられた運命に逆らったって、得することなんかなにもない――」

言い含めるようにゴロさんは続けた。

「Dつまりおれとあんたの付き合いも、そろそろ潮時だってことだよ。恨みごとを言ってるわけじゃない。むしろ感謝してるんだよ。おれみたいな半端者《はんぱもの》でも人並みに扱ってくれたからね。あんたも、あんたの親父さんも」

「ここを出て行くの」

「ああ、居続ければ、きっとあんたにも災難が降りかかる」

ゴロさんの言葉には頑《かたく》なな意志が感じられた。亨は戸惑うばかりだった。

自分が犯人なのかどうかを、ゴロさんは決して明らかにしようとしない。それが瑣末《さまつ》なことに過ぎないとでもいうように。2もっと大事なことが別にあるとでもいうように――。

けっきょくゴロさんに尾木のことを話す必要はなかったのだ。親切ごかしの言動の裏で、亨が守ろうとしたのはあくまで自分の立場だった。

【国　語】（五〇分）〈満点：六〇点〉

【注意】字数制限のある問題については、かぎかっこ・句読点も一字と数えなさい。

一　次の文章を読んで、後の問に答えなさい。

＊　　＊　　＊

「亨《とおる》」は死んだ父親から奥秩父《おくちちぶ》の山小屋を受け継ぎ、春の小屋開けに向けて準備をしている。相棒の「ゴロさん（多田悟郎《ただごろう》）」は亨の父親に世話になった縁から山小屋で働いており、小屋が冬季閉鎖されている間は都会でホームレスのような生活を送っているが、今は山に戻り亨のボッカ（山小屋に人力で荷物を上げること）を手伝っている。

＊　　＊　　＊

ゴロさんが荷物を置きに従業員用の部屋へ向かっているあいだに、亨は食堂のテーブルにお茶と茶菓子を用意して、1本題に入る準備を整えた。着慣らした綿入れ半纏《はんてん》を羽織《はお》って、ゴロさんは間もなく戻ってきた。

「どうしたの。えらくサービスがいいじゃない。よからぬ魂胆《こんたん》でもあるんじゃないの」

ゴロさんはさっそく［Ⅰ］を叩《たた》く。それがなにやら皮肉に聞こえるのは、こちらが意識過剰になっている証拠だろう。

亨は気持ちを落ち着けるように茶を啜《すす》り、さりげない口調で切り出した。

「じつは今年の二月に、東京から刑事が来たんだよ。こんなものを持って」

尾木が置いていった指名手配のチラシを差し出すと、ゴロさんはそれを一瞥《いちべつ》して吐き捨てるように言った。

「似てるって言うのかい、このおれに」

その言葉はaイヒョウを突《つ》いた。血相を変えて別人だと否定すると思っていた。ゴロさんの妙に醒《さ》めた物言いは、ある種の諦念《ていねん》のようなものさえ感じさせた。

「去年、この小屋に立ち寄った登山客の誰かが通報したらしいんだ――」

戸惑《とまど》いながら尾木とのやりとりを語って聞かせた。ゴロさんはどこか思いつめたような表情で、黙ってそれを聞き通した。

「他人の空似《そらに》だと思うけどね。ゴロさんには一応話しておいたほうがいいと思って」

努めて気楽な口調で付け加えると、ゴロさんは暗い眼差《まなざ》しを亨に返した。

「どうしてそいつに教えなかったんだよ。こいつとおれは瓜二《うりふた》つだって」

予期せぬ反応に亨は慌《あわ》てた。ゴロさんが覗《のぞ》かせた感情は、憤《いきどお》りとも悲しみともとれるものだった。

「似ているといえば似ているけど、同一人物だという確信は持てなかったし――」

「あんたもおれを疑ったということだよ」

「どうしておれがゴロさんを」

「信じられるんなら隠し立てする必要はないだろ。犯人かもしれないと思ったから、そいつにおれのことを言わなかったんだろ」

ゴロさんの言葉は胸を抉《えぐ》った。たしかにそんな理屈も成り立つ。ゴロさんが犯人ではないと信じられたなら、尾木に事実を告げてもかまわな

解答用紙集

○月×日　△曜日　天気（合格日和）

◆ご利用のみなさまへ

＊解答用紙の公表を行っていない学校につきましては、弊社の責任において、解答用紙を制作いたしました。

＊編集上の理由により一部縮小掲載した解答用紙がございます。

＊編集上の理由により一部実物と異なる形式の解答用紙がございます。

人間の最も偉大な力とは、その一番の弱点を克服したところから生まれてくるものである。――カール・ヒルティ――

東京学参株式会社

早稲田中学校(第1回)　2024年度

◇算数◇

※ 110%に拡大していただくと，解答欄は実物大になります。

[1]

(1)		(2)	ページ	(3)	通り

[2]

(1)	度	(2)	cm^2	(3)	m^3

[3]

(1)	m	(2)	倍	(3)	時速　km

[4]

(1)	回	(2)	回	(3)	回	(4)	

[5]

(1)

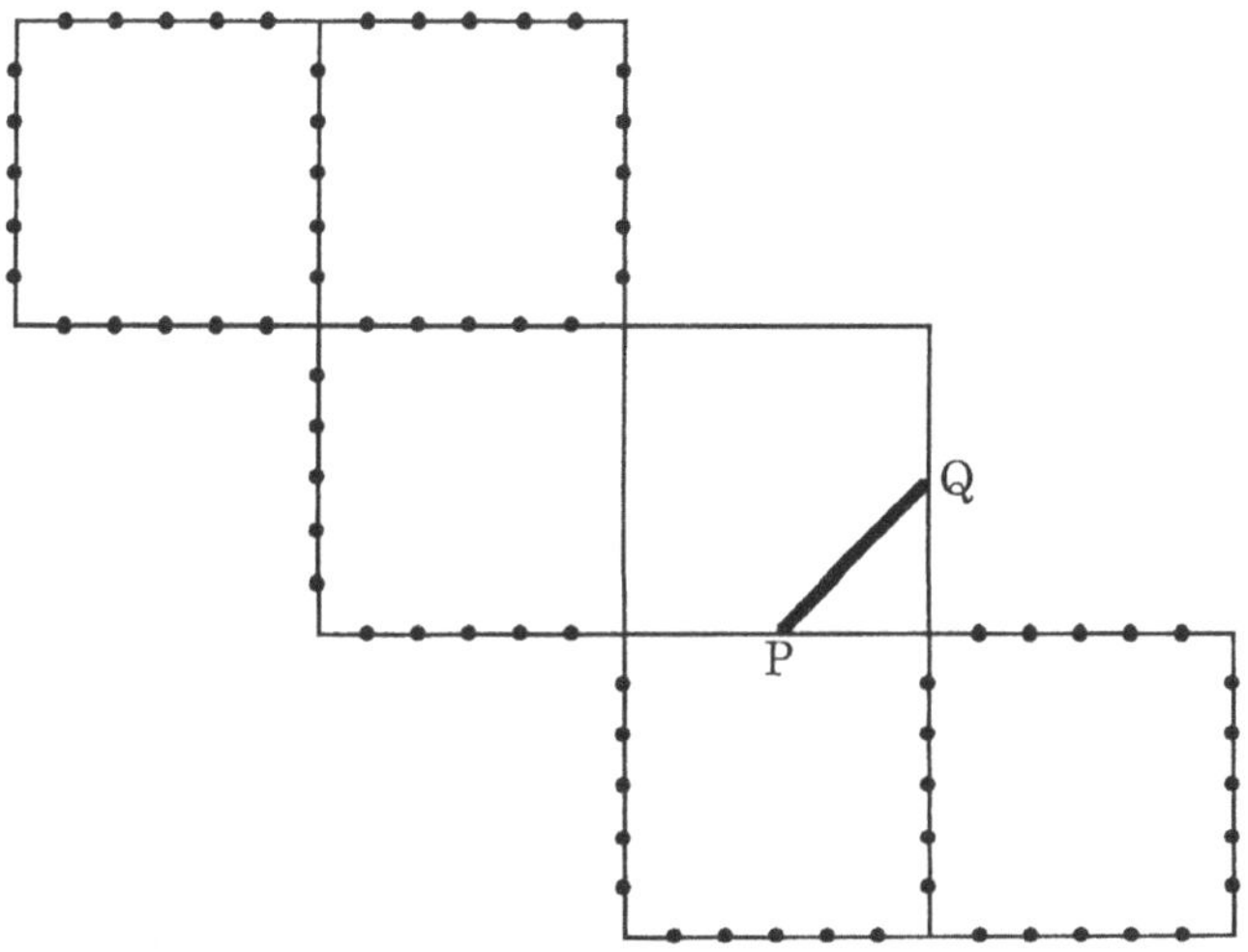

(2)	cm^3
(3)	cm^3

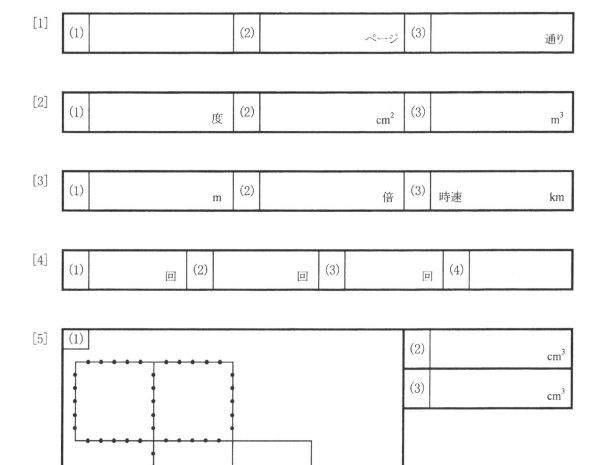

早稲田中学校(第1回)　2024年度　◇理科◇

※解答欄は実物大です。

〔1〕

問1	問2	問3	問4

問5

〔2〕

問1 ①	問1 ②	問1 ③	問1 ④	問2

問3	問4 (1)	問4 (2)
匹		

〔3〕

問1	問3
	cm^3

問4	問5
%	

問2

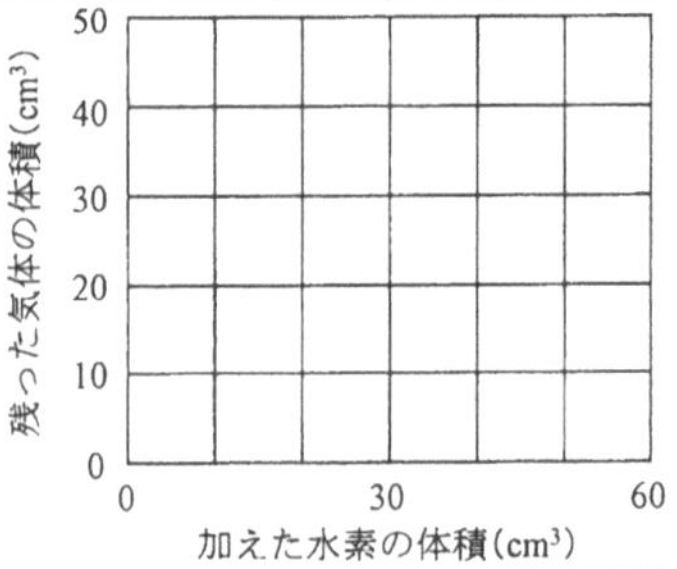

〔4〕

問1 (a)	問1 (b)	問2 ①	問2 ②

問3	問4	問5
	%	℃

早稲田中学校(第1回)　2024年度　　◇社会◇

※ 118%に拡大していただくと，解答欄は実物大になります。

〔１〕

問1(1)	(2) 記号	都市　市	(3)

(4)	(5)　倍	a	b	c

問2(1)	(2) 場所	島名	(3)　・　・

問3	問4い	う

〔２〕

問1A　天皇	B	C	問2

問3	問4	問5 生産物	写真	問6 大正	昭和	平成

問7	問8	問9		問10		

〔３〕

問1				問2	問3 E					F					

問4(1)	(2)	問5(1)	(2)　・	問6(1)

(2)													義	務

早稲田中学校（第1回）　2024年度

◇国語◇

※ 120%に拡大していただくと，解答欄は実物大になります。

一

問1

問2
A
B

問3

問4
「心」は　状態。

問5
ること。

問6

問7

問8

二

問1
a
b
c

問2

問3

問4

問5

問6

早稲田中学校(第2回)　　2024年度　　　　　　◇算数◇

※ 110%に拡大していただくと，解答欄は実物大になります。

[1]

(1)	箱	(2)	ア	イ	(3)	

[2]

(1)	度	(2)	倍	(3)	cm^2

[3]

(1)	倍	(2)	倍	(3)	時　　分

[4]

(1)	cm^2	(2)	個	(3)	個

[5]

(1)	B　秒	C　秒	(2)	秒	(3)	秒

早稲田中学校(第2回)　2024年度

◇理科◇

※解答欄は実物大です。

〔1〕

問1		問2	問3
名称	星座名		
	座		

問4	問5

〔2〕

問1		問2			問3
記号	名称	①	②	③	

問4	問5(a)		問5(b)	
	記号	実験番号	記号	実験番号

〔3〕

問1		問2	問3
①	②		
			℃

問4	問5
g	分　秒後

〔4〕

問1	問2	問3
g	cm	cm

問4	問5	問6
cm	cm	cm

早稲田中学校(第2回)　　2024年度　　◇社会◇

※ 118%に拡大していただくと，解答欄は実物大になります。

〔1〕

問1あ	い	う	問2(1)
問2(2) 記号	理由		
問3　・	問4 (1) X	Y	(2)
問5②	⑤		

〔2〕

問1A	B	C	D	問2	問3
問4	問5 ア	イ	ウ		
問6 ⑤	⑧	問7	問8		
問9　→　→　→	問10				

〔3〕

問1	問2　君主制	問3　の日	の日	
問4	問5	問6 名称	記号	問7

早稲田中学校（第2回）　2024年度

◇国語◇

※ 120%に拡大していただくと，解答欄は実物大になります。

一

問1

問2

問3

問4

問5

ことを周囲にも表明するため。

問6

問7

二

問1

a

b

されて

c

問2

A

B

問3

問4

問5

心を

抱くべきだと考えている。

問6

50

40

問7

早稲田中学校(第1回)　2023年度

◇算数◇

※ 110%に拡大していただくと，解答欄は実物大になります。

[1]

(1)		(2)	分　秒	(3)	B　点	C　点	D　点

[2]

(1)	度	(2)	cm	(3)	倍

[3]

(1)	時速　km	(2)	時速　km	(3)	午後　時　分

[4]

(1)	枚	(2)	枚	(3)	

[5]

(1) ①

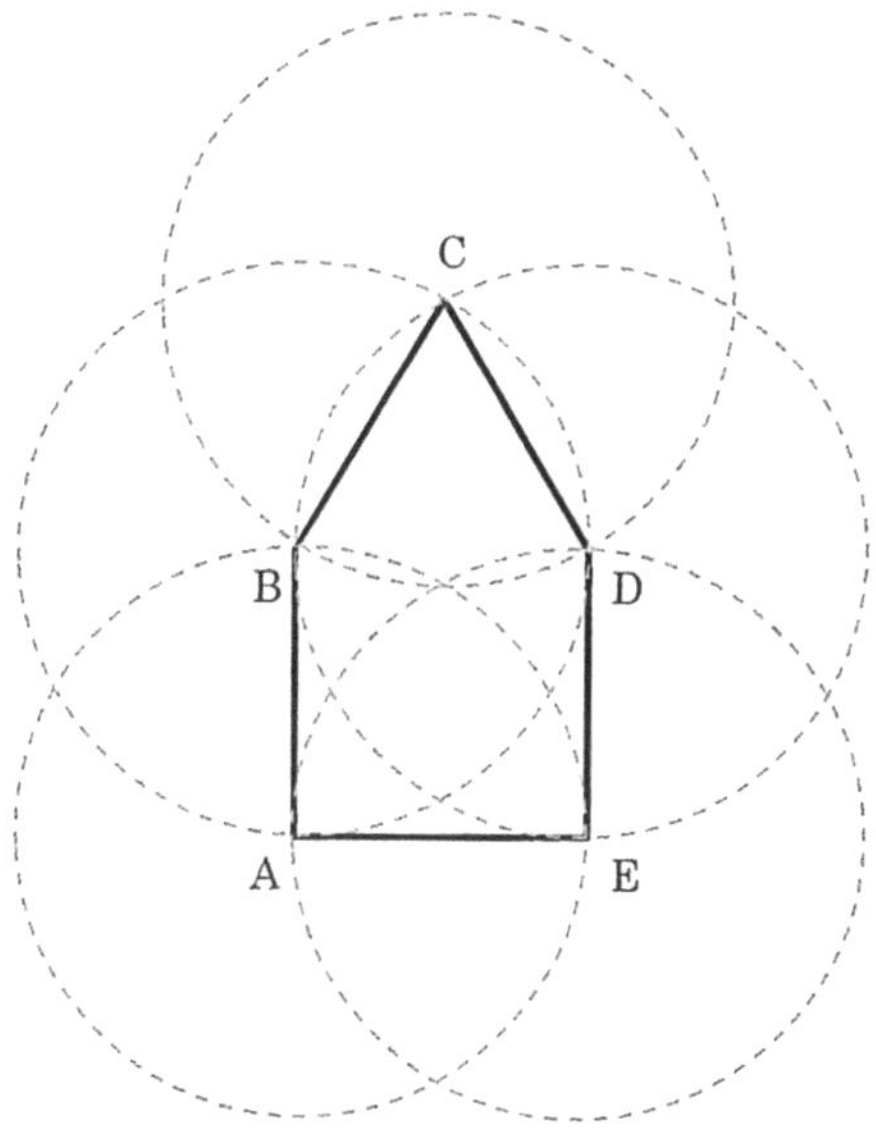

②	cm^2
(2)	cm^2

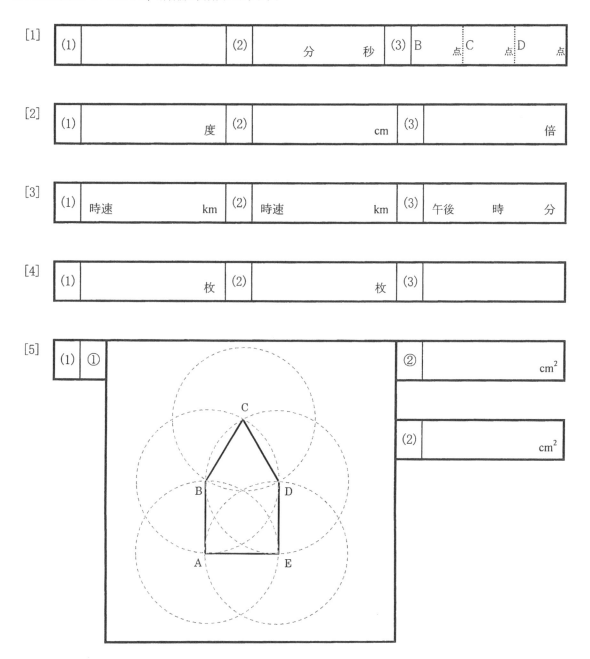

早稲田中学校(第1回)　2023年度

◇理科◇

※解答欄は実物大です。

〔1〕

問1	問2	問3
秒速　km	秒速　km	午前　時　分　秒

問4	問5
km	

〔2〕

問1	問2	問3
		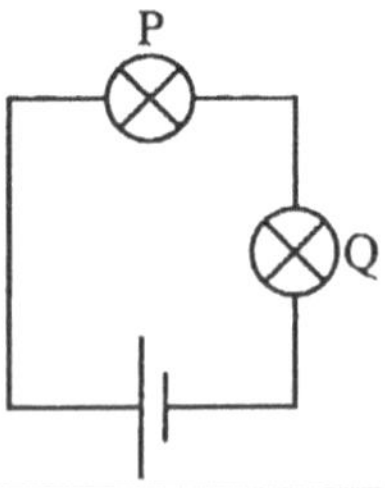

問4	
光	熱

問5	
(1)	(2)
mA	時間　分

〔3〕

問1				問2	問3	問4
①	②	③	④			

〔4〕

問1		問2		問3	
ウ	オ	操作と結果	水溶液X	①	②
種類	種類				

問4	
もう1つの結果	水溶液Y

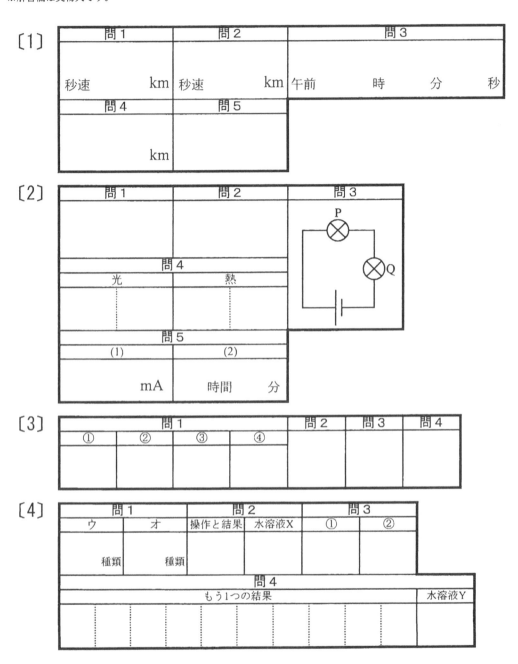

早稲田中学校(第1回)　2023年度　◇社会◇

※ 118%に拡大していただくと，解答欄は実物大になります。

〔１〕

問1	問2	問3①	②

問4										

問5　　　県	県	問6	問7

問8①	②	問9

〔２〕

問1Ａ	Ｂ	問2	問3

問4	問5	問6	問7	問8	記号

問9	問10　義務教育期間中の	問11

〔３〕

問1Ａ	Ｂ	Ｃ

問2Ｄ	Ｅ	問3				協定	問4	記号

問5	問6		問7Ａ	Ｂ	問8

早稲田中学校(第1回)　2023年度

◇国語◇

※ 120%に拡大していただくと，解答欄は実物大になります。

一

問1

i

ii・iii

問2

男の英弘はたとえ家事能力がなくてもおかしくはないが、

と感じている。

問3

問4

問5

問6

問7

二

問1

a

b

c

えば

問2

問3

問4

問5

問6

動物たちとは異なり、人間は

早稲田中学校(第2回)　2023年度

◇算数◇

※ 110%に拡大していただくと，解答欄は実物大になります。

[1]

(1)		(2)	倍	(3)	ア	イ

[2]

(1)		(2)	cm^2	(3)	cm^2

[3]

(1)	秒	(2)	午前　時　分	(3)	午前　時　分

[4]

(1)	cm^2	(2)	①	cm^2	②	cm^2

[5]

(1)	通り	(2)	枚	(3)	円	(4)	円

早稲田中学校（第2回）　2023年度

◇理科◇

※解答欄は実物大です。

〔1〕

問1		問2	
①	②	A	B

問3		問4	問5
記号	名称		

〔2〕

問1	問2	問3
	g	

問4	問5
	mL

〔3〕

問1	問2	問3
cm	cm	cm

問4	問5	問6
g	cm	

〔4〕

問1	問2	問3

問4		
(1)	(2)	(3)

早稲田中学校（第2回）　2023年度

◇社会◇

※ 118％に拡大していただくと，解答欄は実物大になります。

〔1〕

問1	問2	問3

問4①	②	③	④	問5

問6②　県	③　県

問7①　県	②　県	③　県	④　県

問8	問9

〔2〕

問1	問2	問3	問4　⇒　⇒　⇒　⇒	問5　藩

問6	問7	問8	問9

問10	問11

問12	問13

〔3〕

問1	問2						問3

問4	問5	問6（1）

問6（2）	問7

問8（1）　省	（2）

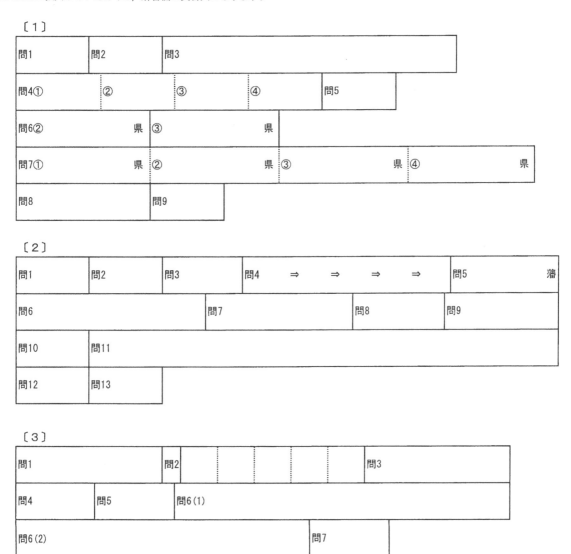

早稲田中学校(第2回)　2023年度

◇国語◇

※ 120%に拡大していただくと，解答欄は実物大になります。

一

問1　a　b

問2

問3

問4

問5

問6　A　B　～　C

二

問1　a　b　ぎ　c

問2

問3

問4

問5

問6

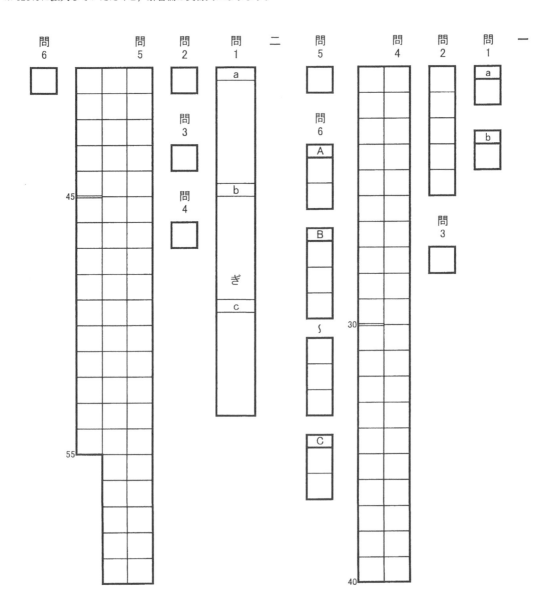

早稲田中学校(第1回)　2022年度

◇算数◇

※ 110%に拡大していただくと，解答欄は実物大になります。

[1]

(1)		(2)	枚	(3)	%

[2]

(1)	cm	(2)	cm^2	(3)	⑥		⑧	

[3]

ア		イ		ウ		エ	

[4]

(1)	時	(2)	時　分	(3)	時　分

[5]

(1)	cm^3

(2) ①

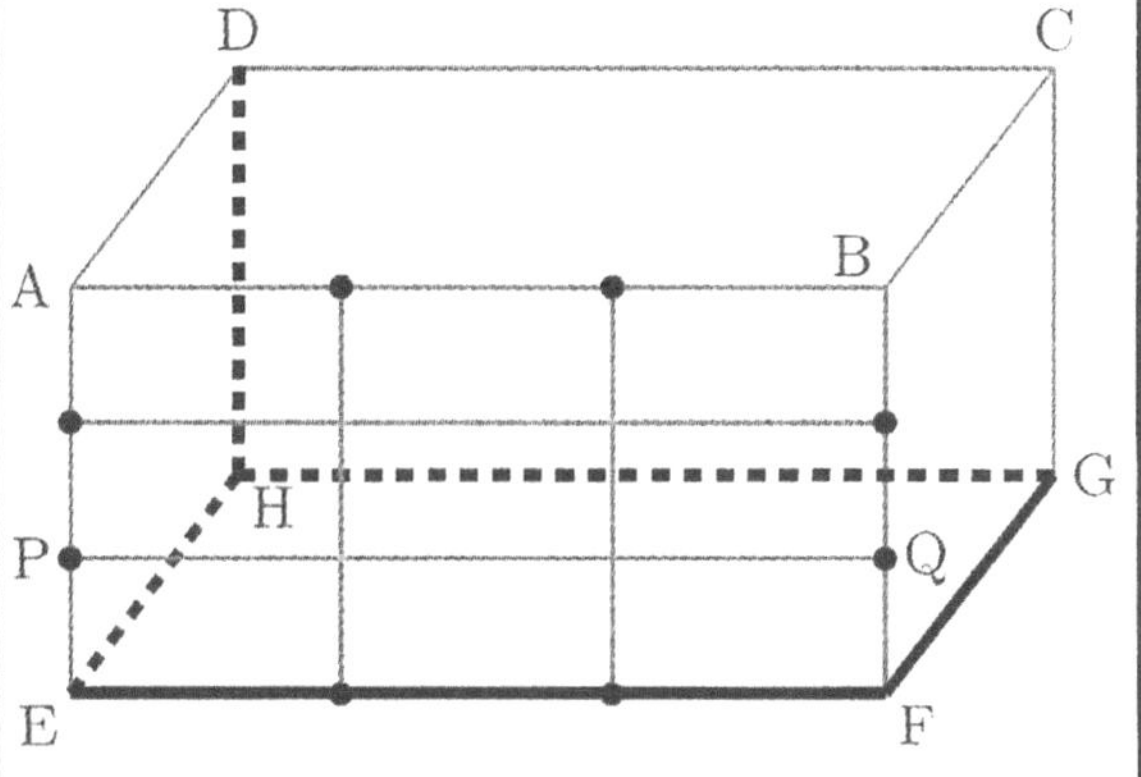

② cm^3

早稲田中学校(第1回)　2022年度

◇理科◇

※解答欄は実物大です。

〔1〕

問1	問2	問3	問4	問5

問6	

〔2〕

問1		
秒		
問2	問3	問4

問5

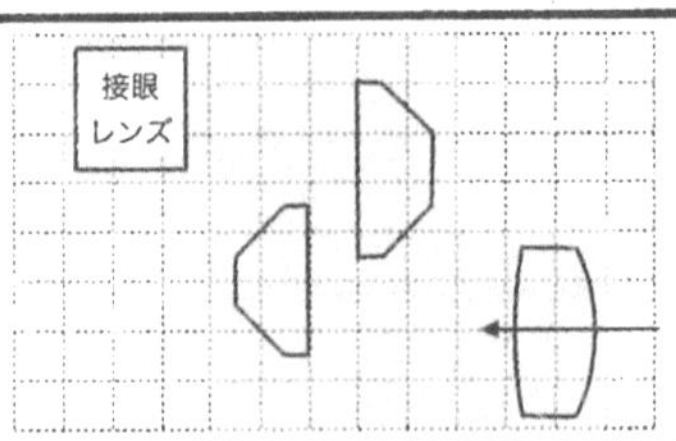

〔3〕

問1	問2	問3
	色	cm^3

問4	問5	問6
g	g	cm^3

〔4〕

問1	問2	問3	問4	問5

早稲田中学校(第1回)　2022年度

◇社会◇

※ 118%に拡大していただくと，解答欄は実物大になります。

〔1〕

問1(1)	(2)　・			
(3)	(4)	(5)		
問2 そば	鶏卵	問3(1)海流	番号	(2)
問3(3)	問4			

〔2〕

問1A	B　宗	C　馬子	
D	E　の改革		
問2　が　に通う。	問3		
問4	問5　→　→　→	問6	問7

〔3〕

問1(1)A	B	(2)	問2(1)	(2)	問3(1)A	B	
問3(1)X						権	(2)　条約

※ 120%に拡大していただくと，解答欄は実物大になります。

一

問1　a　b　c　んで

問2

問3　有人に、　　　　、
ということを考えて行動してほしい。

問4

問5

問6

問7

二

問1

問2

問3

問4　内容を　　　　タイトル。

問5　たとえば「門」というタイトルは、作者が　X　　　　ということを
表現することができ、そのようなタイトルを持つ小説を読んだ人は、
小説とは　Y　　　　ものだと受け止めるから。

問6

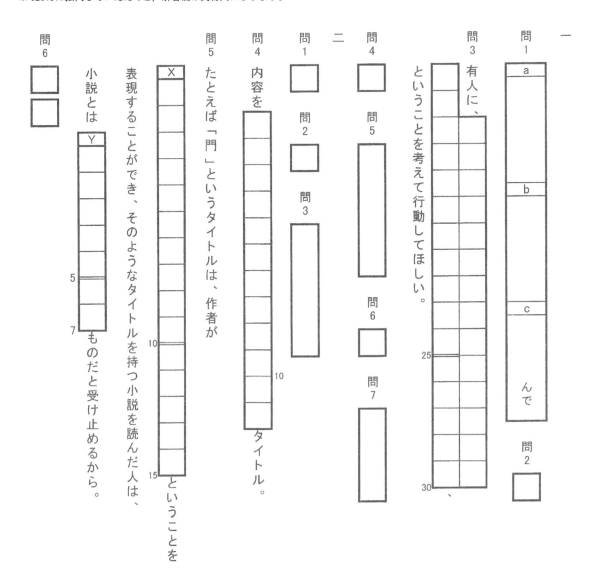

早稲田中学校(第2回)　2022年度

◇算数◇

※ 110%に拡大していただくと，解答欄は実物大になります。

[1]

(1)		(2)	年後	(3)	日間

[2]

(1)	度	(2)	cm	(3)	cm

[3]

(1)	①	%	②		(2)	①	g	②	%

[4]

(1)	毎分　m	(2)		(3)	m

[5]

(1)		(2)	点	(3)	1位　点	2位　点	3位　点	(4)	点

早稲田中学校(第2回)　2022年度　◇理科◇

※解答欄は実物大です。

〔1〕

問1		問2	問3		
			イリオモテヤマネコ	アマミノクロウサギ	ヤンバルクイナ

問4	問5	問6	

〔2〕

問1	問2	問3	問4	問5
		cm		

〔3〕

問1	問2		問3	問4
	a	b		
			mA	mA

問5	

〔4〕

問1	問2		
	アルミニウム片	鉄片	銅片
	枚	枚	枚

問3	問4	問5
g	g	g

問6

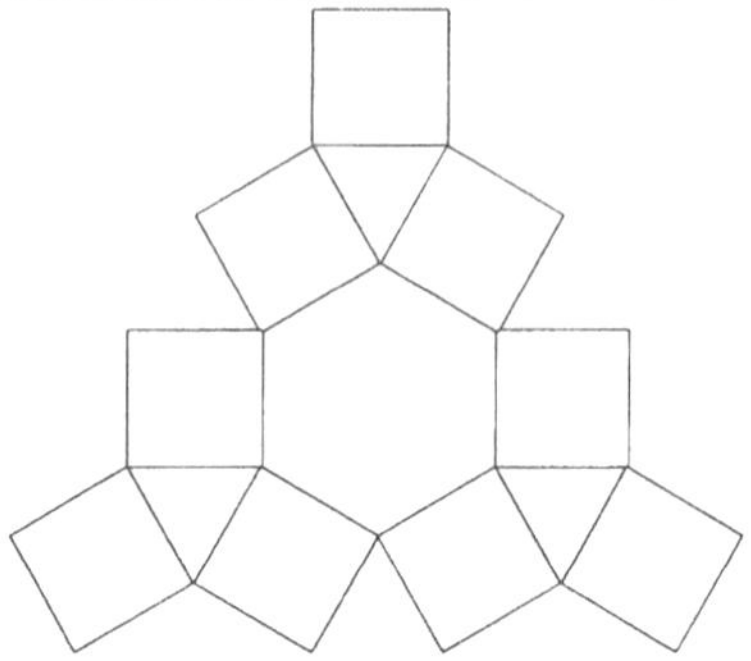

早稲田中学校(第2回)　2022年度

◇社会◇

※ 115%に拡大していただくと，解答欄は実物大になります。

〔1〕

問1　日　時	問2(1)	(2)	問3(1)あ

問3(1)い	(2)C	D	(3)A	B

問4 主に　大陸の国々が、　諸国から　したため

問5 主に　教徒が、聖地である　の方角に向かって　するため

問6 A	E

〔2〕

問1　→　→　→	問2 A　古墳	B

問3	問4	問5

〔3〕

問1	問2	問3

問4 直接国税　円以上を納める　歳以上の

〔4〕

問1 (1)	国連								事務所	(2)

問2						問3 A	B

問4 A	B	問5

問6 A	B

◇国語◇

※ 115%に拡大していただくと，解答欄は実物大になります。

一

問1

問2

問3 イオ先生は意味のわからない指示をするにも関わらず、

力がある人だということ。

問4

問5

問6

問7

二

問1 a

b

り

c

問2 日本語の表記では、

という点と、日本語話者は、脳内で

という点。

問3

問4

問5

問6

問7

早稲田中学校(第1回)　2021年度

◇算数◇

※ 111%に拡大していただくと，解答欄は実物大になります。

[1]

(1)	個	(2)	階	(3)	:

[2]

(1)	度	(2)	cm^2	(3)	cm^3

[3]

①		②		③		④	

[4]

(1)	毎秒　cm	(2)	秒後	(3)	cm^3

[5]

(1)	cm

(2) ①

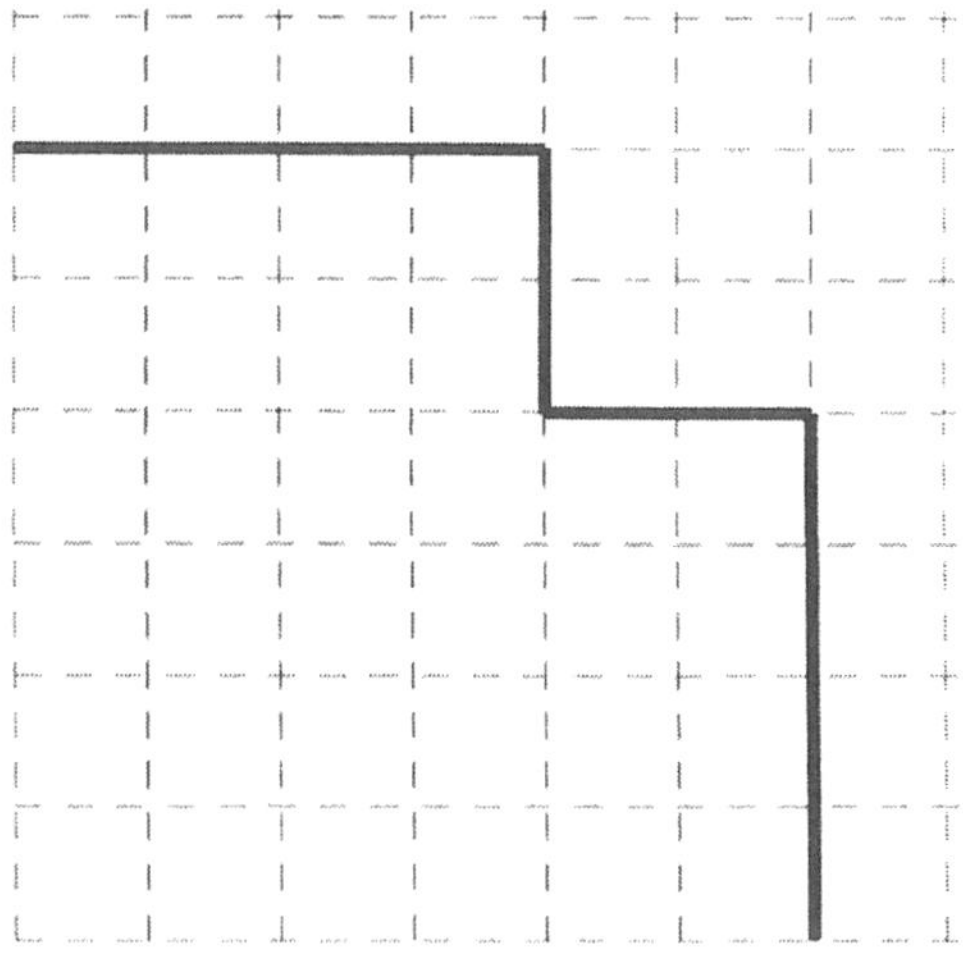

② cm^2

早稲田中学校(第1回)　2021年度

◇理科◇

※解答欄は実物大になります。

〔1〕

問1	問2	問3	問4
		秒	

問5		問6
(1)	(2)	

〔2〕

問1	問2	問3	問4	問5		
				A	B	C

〔3〕

問1	問2
g	マグネシウム:アルミニウム＝　　　:

問3	問4	問5
g		L

〔4〕

問1	問2	問3

問4	問5
	cm

早稲田中学校(第1回)　2021年度

◇社会◇

※ 125%に拡大していただくと，解答欄は実物大になります。

〔1〕

問1 (1)	あ			い		(2)	(3)

問2(1) A	B	C

(2) (　　　　　　　　　　) の緩和

問3	問4(1)	(2)

〔2〕

問1あ	い	う	
え	お	か	問2

問3 (1)					権	(2)				権	問4	問5

問6	問7	問8 G (　　) 番目	H (　　) 番目

〔3〕

問1	問2	問3 (　　　) 城	問4(1)	(2)	(3)

問5(1)	(2)	問6	問7				

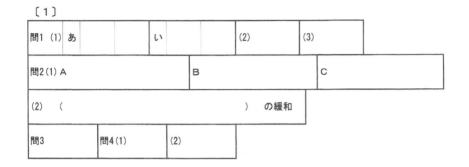

早稲田中学校（第1回）　2021年度

◇国語◇

※ 125％に拡大していただくと，解答欄は実物大になります。

一

問1

問2

問3

問4

問5

問6

問7

A

B

C

D

問8

50

40

二

問1

a

b

c

問2

問3

問4

問5

問6

問7

こと。

30

40

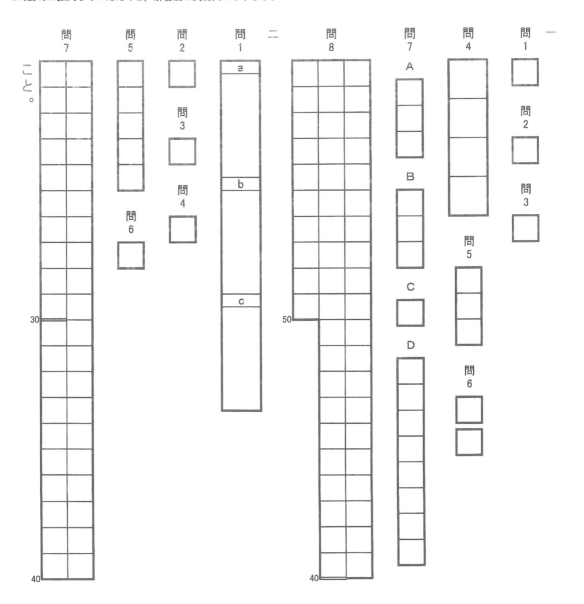

早稲田中学校(第2回)　2021年度

◇算数◇

※ 111%に拡大していただくと，解答欄は実物大になります。

[1]

(1)		(2)	→　→　→　→　→	(3)	時　分

[2]

(1)	度	(2)	cm^2	(3)	cm^3

[3]

(1)	m	(2)	m^2	(3)	m^3

[4]

(1)	時　分	(2)	分	(3)	m

[5]

(1)	黒	白	(2)		(3)	通り

早稲田中学校(第2回)　2021年度

◇理科◇

※解答欄は実物大になります。

〔1〕

問1	問2	問3	問4	
			(1)	(2)

問5
度

〔2〕

問1		問2	問3
①	②		

問4	
(1)	(2)

〔3〕

問1		問2(1)		問2(2)		問3	
		ひれ①	ひれ②	形Ⅰ	形Ⅱ	水温	昼の長さ

問4		問5	
①	②		

〔4〕

問1	問2	問3			
		②	③	⑤	⑥

問4			
A	C	E	G

早稲田中学校(第2回)　2021年度　◇社会◇

※ 111%に拡大していただくと，解答欄は実物大になります。

〔1〕

問1 (1)	(2)	A	B	(3)
(4)				
問2				

〔2〕

問1	問2	問3 (1)	(2)	問4

〔3〕

問1あ	い	う	え
お	か	問2	

問3								

問4	問5　鉱山名	都道府県名
問6	問7	問8

〔4〕

問1 (1)	(2)	(3)	(4)	(5)	問2	問3

問4				問5 (1)	(2)

◇国語◇

※ 118％に拡大していただくと，解答欄は実物大になります。

一

問1

問2 A B

問3

問4 という思い。

問5

問6

問7

二

問1 a b c やかに

問2 という意味。

問3 W X

問4

問5

問6

早稲田中学校（第1回）　2020年度

◇算数◇

※ 108％に拡大していただくと，解答欄は実物大になります。

[1]

(1)		(2)	時間　分	(3)	g

[2]

(1)	度	(2)	cm^2	(3)	cm^2

[3]

(1)	通り	(2)	通り	(3)	通り	(4)	通り

[4]

(1)	分速　m	(2)	時間　分　秒	(3)	m

[5]

(1)	cm^3	(2)	①		②	cm^3	(3)	cm^3

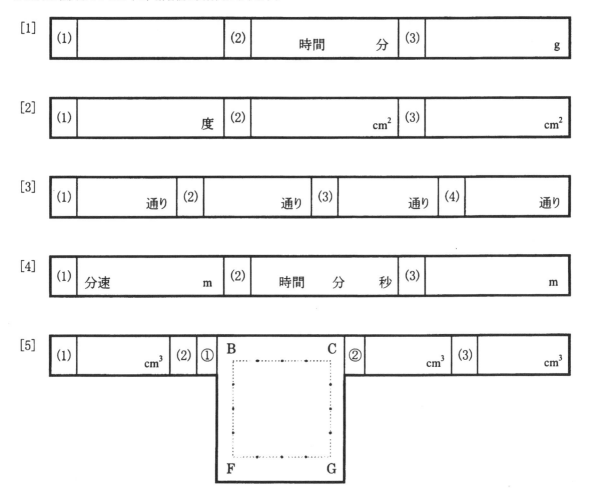

※解答欄は実物大になります。

〔1〕

問1	問2	問3

問4	問5

〔2〕

問1	問2	問3	問4
g	g		g

問5	
量	形

〔3〕

問1		問2	問3

問4	問5

〔4〕

問1	問2		問3				問4
			①	②	③	④	

問5	

※ 125％に拡大していただくと，解答欄は実物大になります。

〔1〕

問1	問2 (1)　島	(2)	
問2 (3)　ため	ため		
(4)	(5)	(6)	
(7) D　平野	E　平野		
(8)	問3 C	F	

問4

〔2〕

問1	問2	問3		
問4 (1)	(2)	問5	問6	問7 職名　一族
問8 (1)	問8 (2) a	b		
問9	問10	問11		

〔3〕

問1　の　機関				
問2 (1)　「（　　）、（　　）による、（　　）の政治」				
問2 (2)	問3 a　権	b　権利		
問4	問5	問6	問7	

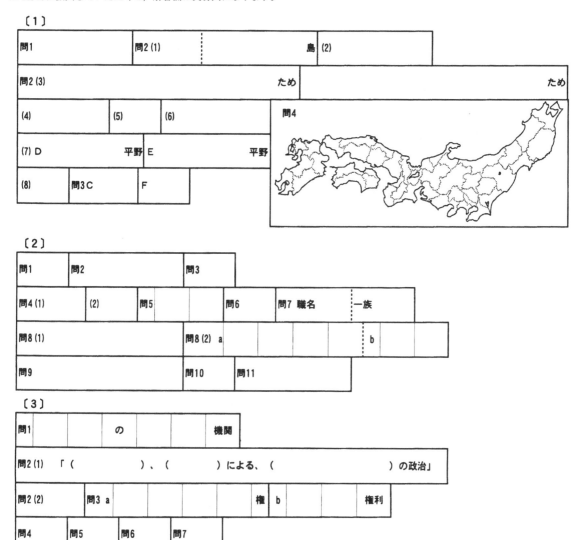

◇国語◇

※ 125％に拡大していただくと，解答欄は実物大になります。

一

問1 「私」にとって

という認識。

問2

問3

問4

問5

問6

問7

問8

問9

二

問1 a b やか c

問2

問3

問4

問5

問6 皆で唄っている「作業唄」の響きは、

であるから。

問7

早稲田中学校(第2回)　2020年度

◇算数◇

※ 108%に拡大していただくと，解答欄は実物大になります。

[1]	(1)	円	(2)	km	(3)		くん
[2]	(1)	cm	(2)	cm^3	(3)		
[3]	(1)	分速　m	(2)	分前	(3)		分
[4]	(1)	度	(2)	①		②	度
[5]	(1)	cm	(2)	cm^2	(3)		cm^2

早稲田中学校（第2回）　2020年度

◇理科◇

※解答欄は実物大になります。

〔1〕

問1	問2 記号	問2 しつ度	問3
		%	

問4	問5

〔2〕

問1	問2	問3	問4
g		mL	g

問5

〔3〕

問1	問2		問3 ①	問3 ②

問4	物質名		理由	

問5

〔4〕

問1 A	問1 B	問2	問3
g	g	cm	g

問4 (1)	問4 (2)	問4 (3)
ア:イ=　　:	cm	度

早稲田中学校（第2回）　2020年度　　◇社会◇

※ 115%に拡大していただくと，解答欄は実物大になります。

〔1〕

問1	問2	問3	問4 a	b	問5

〔2〕

問1 P	S	問2 Q	R
問3 P　県	Q　県	R　県	S　県

〔3〕

問1	問2	問3 氏名	県

問4	問5 ①　藩	②　藩	問6	

問7 氏名	記号	問8 a	b
問9 記号	氏名	問10 記号	ことば

〔4〕

問1	問2	問3	問4	問5	問6 (1)

問6 (2) a	b	問7

◇国語◇

※ 122％に拡大していただくと，解答欄は実物大になります。

一

問1

a

b

c

問2

ア

イ

ウ

エ

問3

問4

①

②

③

問5

問6

二

問1

問2

30

40

になること。

問3

問4

問5

①

②

問6

MEMO

大切なことはメモしておこうネ！

東京学参の
高校別入試過去問題シリーズ

＊出版校は一部変更することがあります。一覧にない学校はお問い合わせください。

東京ラインナップ

あ　愛国高校(A59)
青山学院高等部(A16)★
桜美林高校(A37)
お茶の水女子大附属高校(A04)
か　開成高校(A05)★
共立女子第二高校(A40)★
慶應義塾女子高校(A13)
啓明学園高校(A68)★
国学院高校(A30)
国学院大久我山高校(A31)
国際基督教大高校(A06)
小平錦城高校(A61)★
駒澤大高校(A32)
さ　芝浦工業大附属高校(A35)
修徳高校(A52)
城北高校(A21)
専修大附属高校(A28)
創価高校(A66)★
た　拓殖大第一高校(A53)
立川女子高校(A41)
玉川学園高等部(A56)
中央大高校(A19)
中央大杉並高校(A18)★
中央大附属高校(A17)
筑波大附属高校(A01)
筑波大附属駒場高校(A02)
帝京大高校(A60)
東海大菅生高校(A42)
東京学芸大附属高校(A03)
東京農業大第一高校(A39)
桐朋高校(A15)
都立青山高校(A73)★
都立国立高校(A76)★
都立国際高校(A80)★
都立国分寺高校(A78)★
都立新宿高校(A77)★
都立墨田川高校(A81)★
都立立川高校(A75)★
都立戸山高校(A72)★
都立西高校(A71)★
都立八王子東高校(A74)★
都立日比谷高校(A70)★
な　日本大櫻丘高校(A25)
日本大第一高校(A50)
日本大第三高校(A48)
日本大第二高校(A27)
日本大鶴ヶ丘高校(A26)
日本大豊山高校(A23)
は　八王子学園八王子高校(A64)
法政大高校(A29)
ま　明治学院高校(A38)
明治学院東村山高校(A49)
明治大付属中野高校(A33)
明治大付属八王子高校(A67)
明治大付属明治高校(A34)★
明法高校(A63)
わ　早稲田実業学校高等部(A09)
早稲田大高等学院(A07)

神奈川ラインナップ

あ　麻布大附属高校(B04)
アレセイア湘南高校(B24)
か　慶應義塾高校(A11)
神奈川県公立高校特色検査(B00)
さ　相洋高校(B18)
た　立花学園高校(B23)
桐蔭学園高校(B01)
東海大付属相模高校(B03)★
桐光学園高校(B11)
な　日本大高校(B06)
日本大藤沢高校(B07)
は　平塚学園高校(B22)
藤沢翔陵高校(B08)
法政大国際高校(B17)
法政大第二高校(B02)★
や　山手学院高校(B09)
横須賀学院高校(B20)
横浜商科大高校(B05)
横浜市立横浜サイエンスフロンティア高校(B70)
横浜翠陵高校(B14)
横浜清風高校(B10)
横浜創英高校(B21)
横浜隼人高校(B16)
横浜富士見丘学園高校(B25)

千葉ラインナップ

あ　愛国学園大附属四街道高校(C26)
我孫子二階堂高校(C17)
市川高校(C01)★
か　敬愛学園高校(C15)
さ　芝浦工業大柏高校(C09)
渋谷教育学園幕張高校(C16)★
翔凜高校(C34)
昭和学院秀英高校(C23)
専修大松戸高校(C02)
た　千葉英和高校(C18)
千葉敬愛高校(C05)
千葉経済大附属高校(C27)
千葉日本大第一高校(C06)★
千葉明徳高校(C20)
千葉黎明高校(C24)
東海大付属浦安高校(C03)
東京学館高校(C14)
東京学館浦安高校(C31)
な　日本体育大柏高校(C30)
日本大習志野高校(C07)
は　日出学園高校(C08)
や　八千代松陰高校(C12)
ら　流通経済大付属柏高校(C19)★

埼玉ラインナップ

あ　浦和学院高校(D21)
大妻嵐山高校(D04)★
か　開智高校(D08)
開智未来高校(D13)★
春日部共栄高校(D07)
川越東高校(D12)
慶應義塾志木高校(A12)
さ　埼玉栄高校(D09)
栄東高校(D14)
狭山ヶ丘高校(D24)
昌平高校(D23)
西武学園文理高校(D10)
西武台高校(D06)
た　東京農業大第三高校(D18)
は　武南高校(D05)
本庄東高校(D20)
や　山村国際高校(D19)
ら　立教新座高校(A14)
わ　早稲田大本庄高等学院(A10)

北関東・甲信越ラインナップ

あ　愛国学園大附属龍ヶ崎高校(E07)
宇都宮短大附属高校(E24)
か　鹿島学園高校(E08)
霞ヶ浦高校(E03)
共愛学園高校(E31)
甲陵高校(E43)
国立高等専門学校(A00)
さ　作新学院高校
（トップ英進・英進部）(E21)
（情報科学・総合進学部）(E22)
常総学院高校(E04)
た　中越高校(R03)＊
土浦日本大高校(E01)
東洋大附属牛久高校(E02)
な　新潟青陵高校(R02)
新潟明訓高校(R04)
日本文理高校(R01)
は　白鷗大足利高校(E25)
ま　前橋育英高校(E32)
や　山梨学院高校(E41)

中京圏ラインナップ

あ　愛知高校(F02)
愛知啓成高校(F09)
愛知工業大名電高校(F06)
愛知みずほ大瑞穂高校(F25)
暁高校（3年制）(F50)
鶯谷高校(F60)
栄徳高校(F29)
桜花学園高校(F14)
岡崎城西高校(F34)
か　岐阜聖徳学園高校(F62)
岐阜東高校(F61)
享栄高校(F18)
さ　桜丘高校(F36)
至学館高校(F19)
椙山女学園高校(F10)
鈴鹿高校(F53)
星城高校(F27)★
誠信高校(F33)
清林館高校(F16)★
た　大成高校(F28)
大同大大同高校(F30)
高田高校(F51)
滝高校(F03)★
中京高校(F63)
中京大附属中京高校(F11)★
中部大春日丘高校(F26)★
中部大第一高校(F32)
津田学園高校(F54)
東海高校(F04)★
東海学園高校(F20)
東邦高校(F12)
同朋高校(F22)
豊田大谷高校(F35)
な　名古屋高校(F13)
名古屋大谷高校(F23)
名古屋経済大市邨高校(F08)
名古屋経済大高蔵高校(F05)
名古屋女子大高校(F24)
名古屋たちばな高校(F21)
日本福祉大付属高校(F17)
人間環境大附属岡崎高校(F37)
は　光ヶ丘女子高校(F38)
誉高校(F31)
ま　三重高校(F52)
名城大附属高校(F15)

宮城ラインナップ

さ　尚絅学院高校(G02)
聖ウルスラ学院英智高校(G01)★
聖和学園高校(G05)
仙台育英学園高校(G04)
仙台城南高校(G06)
仙台白百合学園高校(G12)
た　東北学院高校(G03)★
東北学院榴ヶ岡高校(G08)
東北高校(G11)
東北生活文化大高校(G10)
常盤木学園高校(G07)
は　古川学園高校(G13)
ま　宮城学院高校(G09)★

北海道ラインナップ

さ　札幌光星高校(H06)
札幌静修高校(H09)
札幌第一高校(H01)
札幌北斗高校(H04)
札幌龍谷学園高校(H08)
は　北海高校(H03)
北海学園札幌高校(H07)
北海道科学大高校(H05)
ら　立命館慶祥高校(H02)

★はリスニング音声データのダウンロード付き。

都道府県別 公立高校入試過去問 シリーズ

●全国47都道府県別に出版
●最近数年間の検査問題収録
●リスニングテスト音声対応

公立高校入試対策 問題集シリーズ

●目標得点別・公立入試の数学（基礎編）
●実戦問題演習・公立入試の数学（実力錬成編）
●実戦問題演習・公立入試の英語（基礎編・実力錬成編）
●形式別演習・公立入試の国語
●実戦問題演習・公立入試の理科
●実戦問題演習・公立入試の社会

高校入試特訓問題集 シリーズ

●英語長文難関攻略33選（改訂版）
●英語長文テーマ別難関攻略30選
●英文法難関攻略20選
●英語難関徹底攻略33選
●古文完全攻略63選（改訂版）
●国語融合問題完全攻略30選
●国語長文難関徹底攻略30選
●国語知識問題完全攻略13選
●数学の図形と関数・グラフの融合問題完全攻略272選
●数学難関徹底攻略700選
●数学の難問80選
●数学　思考力―規則性とデータの分析と活用―

〈ダウンロードコンテンツについて〉

本問題集のダウンロードコンテンツ、弊社ホームページで配信しております。現在ご利用いただけるのは「2025年度受験用」に対応したもので、**2025年3月末日**までダウンロード可能です。弊社ホームページにアクセスの上、ご利用ください。
※配信期間が終了いたしますと、ご利用いただけませんのでご了承ください。

中学別入試過去問題シリーズ
早稲田中学校　2025年度
ISBN978-4-8141-3148-8

[発行所] 東京学参株式会社
〒153-0043　東京都目黒区東山2-6-4

書籍の内容についてのお問い合わせは右のQRコードから　⇒

※書籍の内容についてのお電話でのお問い合わせ、本書の内容を超えたご質問には対応できませんのでご了承ください。

2024年4月30日　初版